Wilhelm von Giesebrecht

Geschichte der Deutschen Kaiserzeit

Dritter Band: Das Kaisertum im Kampfe mit dem Papstum

Wilhelm von Giesebrecht

Geschichte der Deutschen Kaiserzeit
Dritter Band: Das Kaisertum im Kampfe mit dem Papstum

ISBN/EAN: 9783743653726

Hergestellt in Europa, USA, Kanada, Australien, Japan

Cover: Foto ©ninafisch / pixelio.de

Weitere Bücher finden Sie auf **www.hansebooks.com**

Geschichte der deutschen Kaiserzeit.

Von

Wilhelm v. Giesebrecht.

Dritter Band.

Das Kaiserthum im Kampfe mit dem Papstthum.

Dritte veränderte Auflage.

Braunschweig,
C. A. Schwetschke und Sohn.
(M. Bruhn.)
1869.

Inhalt.

Achtes Buch.
Ausgang des Streits mit dem Papstthum unter Heinrich V. 1106—1125.

Seite
1. **Innerer Friede und äußere Kämpfe** . . . . 771—800.

Die Stellung Heinrichs V. zu Reich und Kirche. Günstige Lage des Königs 771. Sein Charakter und seine Bestrebungen 771. 772. Stellung des Papstes zu Deutschland 772. 773. Concil zu Guastalla 773—775. Erneuerung des Investiturverbots 775. Der Papst giebt die beabsichtigte Reise nach Deutschland auf und zieht nach Frankreich 775. 776. Reinhard Bischof von Halberstadt 776. Die sächsischen Verhältnisse 777. Lothar von Supplinburg, Herzog von Sachsen 777. 778. Eine deutsche Gesandtschaft vor dem Papst und dem König von Frankreich zu Chalons an der Marne 778. 779. Der Zwiespalt zwischen König Heinrich und dem Papste in Bezug auf die Investiturfrage tritt zu Tage 779. 780. Concil zu Troyes 780. 781. Auffällige Strenge des Papstes gegen deutsche Bischöfe 781. Seine Nachsicht gegen König Heinrich 782. Händel des Papstes mit seinen Feinden in Rom 782. Der König im Bewußtsein überlegener Macht 783. Heinrichs V. Händel im Osten u. Wirren in Böhmen 784. Swatopluk in der Gefangenschaft Heinrichs 784. 785. Bündniß zwischen Koloman von Ungarn und Boleslaw von Polen 785. 786. König Heinrich zieht gegen Robert von Flandern und gegen Cambray 786—788. Mißglückte Heerfahrt gegen Ungarn 788—790. Der Krieg zwischen Ungarn und Böhmen dauert fort 790. Heinrichs erfolgloser Zug gegen Polen 790—792. Neue Verwickelungen der böhmischen Verhältnisse 792—794. Boleslaw und Koloman befestigen sich durch Frevel in der Herrschaft 794. 795. Vorbereitungen zur Romfahrt. Rüstungen und Gesandtschaft an den Papst 795. 796. Heinrichs Verlobung mit Mathilde von England 796. 797. Fortsetzung der Rüstungen und Aufbruch zur Romfahrt 797. 798. Unzureichende Resultate des bisherigen Regiments 798. Heinrichs leidenschaftliche Härte 799. Seine Stellung zu den deutschen Kirchenfürsten 799. 800. Stolze Hoffnungen des Königs 800.

2. **Italien und das Papstthum unter dem Zwange** . . . . 801—826.

Zersplitterung Italiens 801. Die unbefestigte Stellung des Papstes in Rom 802. Die normannischen Fürsten des Südens 802. 803.

Heinrichs Vorrücken, Heerschau auf den Roncalischen Feldern 804—806. Verhandlungen zwischen König und Papst 806. Der Papst will die Kirchenfürsten zur Aufgebung der Regalien nöthigen 807. 808. Uebereinkunft zwischen Heinrich und Paschalis 808—811. Heinrichs Einzug in Rom, die unterbrochene Kaiserkrönung 811—814. Bedrängniß und Gefangennahme des Papstes 814—816. Kampf in Rom 816. 817. Heinrich verläßt mit dem gefangenen Papste die Stadt 817. Paschalis gewährt dem Könige das Investiturrecht 818. 819. Friedensschluß im Lager bei Ponte Mammolo 819. 820. Vollzug der Kaiserkrönung 820. 821. Inhalt des päpstlichen Privilegiums 821. Rückkehr des Kaisers 821. 822. Die Erfolge des Zuges 822. 823. Des Kaisers wachsendes Ansehen in Deutschland, der Kanzler Adalbert wird Erzbischof von Mainz 823. 824. Schwere Erkrankung des Kaisers 824. 825. Der Kaiser Herr in Sachsen 825. 826.

3. Erhebung der kirchlichen Partei in Italien und Burgund . 826—835.

Widerstand der Cardinäle gegen das an Heinrich ertheilte Privilegium 826. 827. Opposition des gallicanischen Klerus 828. Der Papst in neuer Bedrängniß 829. Römische Fastensynode im J. 1112. 829. Der Papst und die Synode erklären das erzwungene Privilegium für ungültig 830. Aufnahme dieses Beschlusses in Deutschland 830. 831. In Burgund 831. Die Synode zu Vienne bannt den Kaiser 832. Der Papst unter dem Druck der Eiferer 833. Verbindungen zwischen Rom und Kaiser Alexius 833. Verfall der Pataria 833. 834.

4. Neue Wirren in Sachsen und Thüringen . . . . . 835—849.

Herzog Lothar und Markgraf Rudolf verbinden sich gegen den Kaiser 835. 836. Ihre Unterwerfung 836. Erfolglose Erhebung der Neffen Rudolfs 836. Unzufriedenheit der sächsischen Fürsten 837. Ludwig von Thüringen und Wiprecht von Groitsch 837. 838. Hermann von Winzenburg und Hoier von Mansfeld kommen in Sachsen empor, Zerwürfniß des Kaisers mit dem Pfalzgrafen Siegfried 838. Verschwörung der sächsischen Fürsten, Abfall Adalberts von Mainz 838. 839. Verhandlungen zwischen dem Kaiser und Adalbert 839. 840. Gefangennahme des letzteren 841. Konrad von Salzburg flieht nach Italien, die Hirschauer nehmen Partei gegen den Kaiser 841. 842. Der Kaiser verfährt mit Strenge gegen die Aufständigen in Sachsen 842. 843. Glückliche That des Grafen Hoier 843. Adalbert von Mainz und Wiprecht von Groitsch bleiben gefangen 844. Die Schicksale der übrigen Aufständigen 844. 845. Gefährdung Sachsens durch die Wenden 845. 846. Der Kaiser zieht an den Rhein 846. Ueberwältigung des Grafen Reginald von Bar und Mousson 846. 847. Des Kaisers Hochzeitsfeier zu Mainz 847. Herzog Lothar bemüthigt sich, plötzliche Verhaftung Ludwigs von Thüringen 848. Herrschaft des Schreckens 849.

5. Die Niederlagen des Kaisers . . . . 850—868.

Der Widerstand Kölns und seine Folgen. Das Unternehmen des Kaisers gegen die Friesen stößt auf Hemmnisse 850. Abfall der Kölner und ihrer Bundesgenossen 850. 851. Kämpfe am Unterrhein und in Westsalen 851—854. Wiedererwachen des Aufstandes im östlichen Sachsen und in Thüringen 854. 855. Die Siege der Sachsen. Neue Kämpfe mit den Wenden 855. 856. Sieg Ottos von Ballenstedt über die Wenden bei Köthen 856. Sieg der Sachsen über den Kaiser am Welfesholze 856—858. Erhebung der kirchlichen Partei in Deutschland. Der Cardinalbischof Kuno von Palestrina spricht das Anathem über Heinrich aus 858 bis 860. Neue Waffenerfolge der rebellischen Fürsten 860. 861. Verbindung des aufständigen Sachsens mit Rom 861. 862. Der Tod der großen Gräfin 862. Der Kaiser beruft die Fürsten vergeblich nach Mainz 862. 863. Die Mainzer zwingen den Kaiser ihren Erzbischof freizugeben 863. 864. Fürstenversammlung in Köln 864. 865. Verfahren des Kaisers gegen die ihm feindlichen Bischöfe 865. Der Kaiser tritt durch den Abt Pontius von Cluny in Unterhandlungen mit dem Papste 866. Uebersiedelung des kaiserlichen Hofes nach der Lombardei 867. 868.

6. **Heinrich V. als Erbe der großen Gräfin** . . . . 868—885.

Der Kaiser und die Lombarden. Heinrich in Venedig 868. Heinrich sichert sich die Mathildische Erbschaft 869. Sein maßvolles Verfahren gegen die Städte und den Abel Italiens 869—872. Verhandlungen des Kaisers mit Rom. Fastensynode in Rom 872—875. Der Papst wird durch einen Aufstand aus der Stadt vertrieben 875—877. Erzbischof Moritz von Braga (Burdinus) 877. Neue Verhandlungen und vorübergehende Annäherung zwischen Kaiser und Papst 878. 879. Der Kaiser in Rom 879. 880. Paschalis belebt den Widerstand gegen den Kaiser 880—882. Tod des Papstes 882. Charakteristik seines Regiments 882—884. Sein Haß gegen die Deutschen 884. Seine Streitigkeiten mit dem römischen Abel 884. 885.

7. **Der Investiturstreit von Neuem** . . . . 885—902.

Der innere Krieg in Deutschland. Erfolge der Aufständigen 885. 886. Fürstentag in Frankfurt 886. 887. Kriegsunwetter um Mainz, die benachbarten Städte und Abteien 887—889. Erzbischof Adalbert tritt mit Entschiedenheit den Kaiserlichen entgegen 889. Im östlichen Sachsen nehmen die Angelegenheiten eine den Aufständigen ungünstige Wendung 889. 890. Traurige Zustände in den rheinischen Gegenden und in Sachsen 890. In Schwaben, Baiern und Oberlothringen herrscht größere Ruhe 890. 891. Friedliche Stimmung der Mehrzahl in Deutschland 891. 892. Neue Kirchenspaltung. Johann von Gaeta wird als Gelasius II. auf den Stuhl Petri erhoben 892. Gewaltthat des Cencius Frangipane gegen den Neugewählten 892. 893. Aussicht auf Verständigung zwischen Kaiser und Papst 893. 894. Der Kaiser in Rom 894. Flucht des Papstes 894. 895. Unterhandlungen 895. Der Kaiser läßt Burdinus (Gregor VIII.) zum Gegenpapst wählen 896. Gelasius gewinnt Anhang 897. Gelasius kehrt nach Rom zurück 898. Seine Bedrängnisse 899. 900. Er reist über Pisa und Genua nach Frankreich 900. 901. Der Kaiser verläßt Italien 901. 902.

8. Die deutschen Fürsten und Papst Calirt II. . . . . . 902—930.
Des Kaisers Rückkehr nach Deutschland. Thätigkeit Kunos von Palestrina gegen den Kaiser, Synoden zu Köln und Fritzlar 902. 903. Erzbischof Adalbert tritt neuerdings in die Waffen 903. 904. Erscheinen des Kaisers in Deutschland 904. Verbindung der Aufständigen mit Mailand 904. 905. Die kirchlichen Angelegenheiten nehmen eine für die Aufständigen entmuthigende Wendung 905. Die Erhebung Calirts II. Gelasius stirbt in Cluny 905. 906. Guido von Vienne als Papst Calirt II. 907. Friedensabsichten des neuen Papstes 908. Reichstag zu Tribur, Nachgiebigkeit des Kaisers gegen die Fürsten, Reichsfriede 908. 909. Das Reimser Concil und die Verhandlungen zu Mouzon. Calirt II. bietet die Hand zu Verhandlungen 910. Der Kaiser verspricht auf die Investitur zu verzichten 911. Eröffnung des Concils zu Reims 912. 913. Der Papst geht zur Zusammenkunft mit dem Kaiser nach Mouzon 913. Gegenseitiges Mißtrauen zwischen Kaiser und Papst, Scheitern der Unterhandlungen 914. 915. Rückkehr des Papstes nach Reims 916. Schluß des Concils 916—918. Ein Mittel zur Lösung der Investiturfrage zeigt sich 918. Strafgericht gegen den Gegenpapst und den Kaiser 919. Das Schwanken der kirchlichen Partei in Deutschland. Der Streit in Deutschland gewinnt neue Nahrung 919. Bischofsstreit in Lüttich 920. Der Kaiser gewinnt Köln und die sächsischen Fürsten für sich 920—922. Der sächsische Episcopat verharrt im Widerstand 922. Die Verhältnisse in Lothringen 922—924. Erfolge des Kaisers in Franken, Adalbert verläßt Mainz 924. Das Ende des Schisma. Calirt in Italien 924. 925. Klägliche Lage und Gefangennahme des Burdinus 925. 926. Durchbruch der Friedensgedanken in Deutschland. Fortdauer der Fehden in Lothringen und Sachsen 927. Erzbischof Adalbert sucht vergeblich den Religionskampf wieder allgemein zu verbreiten 928. Dem Kaiser stehen bedeutende Kräfte zu Gebote 928. 929. Der Kaiser gegen Erzbischof Adalbert von Mainz 929. Die Fürsten verhindern den Kampf und verlangen einen gütlichen Austrag des Investiturstreits 929. 930. Alles drängt dem Frieden zu 930.

9. Das Friedenswerk. . . . . 931—945.
Das Würzburger Abkommen. Wie es zu Stande kam 931. 932. Die Wirkungen desselben 932. 933. Die Lütticher Angelegenheit 933. Händel in Utrecht 933. 934. Streit um das Bisthum Würzburg 934. 935. Unterhandlungen mit dem Papste 935. 936. Einladung zu einem allgemeinen Lateranconcil 936. Der Vertrag von Worms. Kämpfe um Würzburg 937. 938. Zusammentritt des nach Mainz ausgeschriebenen Concils zu Worms 938. 939. Die Verhandlungen und deren Ergebniß 939—941. Verkündigung des Friedens 941. 942. Stellung Adalberts zum Wormser Vertrag 942—944. Calirt erkennt den geschlossenen Frieden rückhaltslos an 944. 945.

10. Der Triumph des Papstthums. . . . . 945—959.
Das allgemeine Concil von 1123. Eröffnung des Concils im Lateran 945. 946. Bestätigung des Wormser Vertrags, kanonische Be-

stimmungen 946. Neue Verkündigung der Treuga Dei und des Kreuzzugs gegen den Islam 946. 947. Befestigung des gelockerten Verhältnisses der Klöster zu den Bischöfen 947. 948. Streit über die Metropolitanbefugnisse der Kirche von Pisa über Corsica 948. 949. Gnädiges Verfahren des Papstes gegen die deutsche Kirche 948. 949. Schluß des Concils 949. Das Ende Calixts II. Wilhelm von Palestrina als päpstlicher Legat in Deutschland 950. Befestigung der päpstlichen Macht in Italien und in Rom selbst 950. 951. Sorge des Papstes für Rom 951. 952. Sein Tod 953. Lambert als Papst Honorius II. 953. 954. Ergebniß des Investiturstreits. Die Entscheidung der Investiturfrage 954. Der Sieg der reformatorischen Ideen 954. 955. Befreiung des apostolischen Stuhls von der Kaiserherrschaft 955. 956. Wachsender politischer Einfluß des Papstthums in Deutschland 956. In Italien 957. Investiturstreit und Wormser Vertrag haben den Conflict zwischen Kaiserthum und Papstthum nicht beseitigt, sondern vielmehr erst geschaffen 958. Entschiedener Sieg Roms, empfindliche Niederlage der deutschen Herrschaft. 958. 959.

11. **Die letzten Zeiten Heinrichs V.** . . . . 959—982.

Heinrich V. und Lothar von Sachsen. Fortdauer der Rechtsunsicherheit und Zwietracht im Reiche 959. 960. Veränderung in der Natur der Grafschaften und Herzogthümer 960. 961. Sonderstellung des bairischen Herzogthums 961. Lothar von Sachsen erweitert seine herzogliche Macht 962—965. Seine Widersacher in Sachsen und Thüringen 966. Tod Ludwigs des Springers und des Markgrafen Heinrich von Meißen 966. 967. Zug des Kaisers gegen die Friesen 968. Der Kaiser verleiht die Ostmark an Wiprecht von Groitzsch und Meißen an Hermann von Winzenburg 969. Lothar führt Albrecht den Bären in die Ostmark, Konrad von Wettin in Meißen ein 969. 970. Kampf Lothars gegen Wiprecht von Groitzsch und dessen Verbündete 970. 971. Tod Wiprechts 971. Der Kaiser in Niederlothringen 971. Der gegen Lothar beschlossene Reichskrieg unterbleibt 971. 972. Heinrich V. im Bunde mit England. Der Kaiser wird durch die Aussicht seiner Gemahlin auf den englischen Thron in die englische Politik verwickelt 973. 974. Er beschließt den Krieg gegen Frankreich 974. Nationale Begeisterung in Frankreich 974. 975. Graf Karl der Gute von Flandern 975. Rückzug des Kaisers 975. 976. Unzufriedenheit in Deutschland 976. Streitigkeiten des Kaisers mit der Stadt Worms und ihrem Bischof 977. Schwere Zeiten 977. 978. Heinrichs V. Ende. Die Krankheit und die letzten Tage 978—980. Heinrichs Charakter 981. Seine Wittwe geht nach England zurück und wird die Stammmutter eines mächtigen Geschlechts 981. 982.

12. **Otto von Bamberg, der Apostel der Pommern** . . . 983—1001.

Ottos Theilnahme an den Friedensbestrebungen 983. Seine Stellung zu den Parteien 983. 984. Seine Thätigkeit für das Bisthum Bamberg 984. 985. Bauten 985. Klosterstiftungen 985—987. Ottos Wirksamkeit in den slawischen Ländern 987. Die Kämpfe Boleslaws von Polen gegen die heidnischen Pommern 987. 988. Bischof Bernhard ohne Erfolg als Missionar in Pommern 988. Bischof Otto entschließt sich nach Pommern zu gehen 989. Reise durch Böhmen und Polen 990. Begrüßung durch den Pommernherzog Wratislaw 991. Erfolge der Missionsthätigkeit in Pyritz 991. 992. In Kamin und Wollin 992—994. In Stettin 994 bis 997. Ottos weitere Umzüge und Rückkehr nach Bamberg 997—999. Bedeutung seiner Wirksamkeit in Pommern 999—1001.

Umblick . . . . 1002—1026.

Die Macht des Kaiserthums im Sinken 1002. 1003. Verhältniß des Kaisers zu den Fürsten und zum Volk 1003. 1004. Zeichen der gesunkenen kaiserlichen Autorität 1005. Veränderte Stellung des Kaiserthums zum Papstthum und den geistigen Bestrebungen des Abendlandes 1005. 1006. Erhebung der romanischen Nationen 1007. Neues Leben in Frankreich 1007. Die französischen Ritter in den Glaubenskämpfen voran 1008. Beginn einer nationalen ritterlichen Literatur in Frankreich 1008. Frankreich zugleich Mittelpunkt der theologischen und philosophischen Studien 1009. 1010. Neue geistliche Orden in Frankreich 1010. 1011. Die Phantastik des Franzosenthums 1011. 1012. Die italienischen Städte und ihr Handel 1012. 1013. Die praktische Art der Italiener und ihre Politik 1013. 1014. Das Studium des römischen und des kanonischen Rechts 1014. 1015. Die Stellung des deutschen Kaiserthums zu der fortgeschrittenen Entwickelung der romanischen Nationen 1015. 1016. Die kaiserliche Herrschaft findet noch immer eine starke Stütze in der Tradition 1016. Die äußeren Hülfsmittel des Kaiserthums bleiben bedeutend 1016. 1017. Geringe Betheiligung der Deutschen damals an auswärtigen Kämpfen, deshalb Wachsen des Nationalwohlstandes 1018. Der Besitzstand des Adels und der Kirche vergrößert sich 1018—1020. Die deutschen Städte kommen empor 1020—1022. Fortschritte der Architektur, große Burgbauten 1022. 1023. Die bildenden Künste vom Klerus gepflegt 1023. Klericale Literatur, deutsche geistliche Lieder 1023—1025. In Kunst und Wissenschaft stehen die Deutschen den Romanen nach, doch tritt kein Stillstand der geistigen Entwickelung bei ihnen ein 1025. 1026. Hinweis auf Friedrich den Rothbart 1026.

Quellen und Beweise.

I. Uebersicht der Quellen und Hülfsmittel . . . . 1029—1078.

   1. Gleichzeitige Quellenwerke in Deutschland . . . . 1029—1056.
   2. Gleichzeitige Quellenwerke außerhalb Deutschlands . . . . . 1056—1064.
   3. Quellenwerke aus späterer Zeit . . . . 1065—1071.
   4. Actenstücke, Urkunden, Briefe . . . . 1072—1075.
   5. Hülfsmittel . . . . 1075—1078.

II. Anmerkungen . . . . 1079—1222.

Inhalt. XXXI

Seite

III. **Documente** . . . . 1223—1248.
   A. **Briefe.**
      1. Kaiserin Agnes an den Abt von Fructuaria 1062 . . 1226.
      2. Bischof Günther von Bamberg an Erzbischof Anno. Spätsommer 1062 . . . . 1226. 1227.
      3. Scholasticus Meinhard an einen Bamberger Domherrn. Wahrscheinlich October 1063 . . . . 1227.
      4. Erzbischof Anno an Papst Alexander II. Sommer 1065 1228. 1229.
      5. Derselbe an denselben. Frühjahr 1066 . . . . . . 1229. 1230.
      6. Adalbert von Bremen an Anno. Frühjahr 1067 . . 1230. 1231.
      7. Anno an Papst Alexander II. 1066 oder 1067 . . . 1231.
      8. Anno von Köln an Papst Alexander II. Vielleicht Anfang 1073 . . . . 1232.
      9. Hezil von Hildesheim an Otto von Nordheim. Juni 1073 1232. 1233.
     10. Heinrich IV. an Abt Theodorich von S. Maximin. Frühjahr 1075 . . . . 1233.
     11. Rundschreiben des Legaten Otto von Ostia. Februar 1085 1234—1236.
     12. Heinrich IV. an Papst Paschalis II. Nach Ostern 1105 1237. 1238.
     13. Heinrich IV. an die deutschen Fürsten. Um den 1. August 1106 . . . . 1238.
     14. Heinrich V. über die Gefangennahme Adalberts von Mainz. Anfang 1113 . . . . 1239. 1240.
     15. Der Gegenpapst Gregor VIII. an Heinrich V. Herbst 1120 1240. 1241.
   B. **Urkunden.**
      1. Eid Wiberts von Ravenna. Februar oder März 1073 1242.
      2. Guido entsagt usurpirten Gütern Farfas. 24. Mai 1083 1142. 1243.
      3. Desgleichen Rodiland. 10. Juni 1083 . . . . . 1243. 1244.
      4. Schenkung Heinrichs IV. an Farfa. 15. Juni 1083 . 1244. 1245.
      5. Graf Saxo übergiebt die Hälfte von Civita-Vecchia an Farfa. 29. April 1084 . . . . 1245. 1246.
      6. Abt Hermann von Michelsberg verordnet Gedenkfeste für K. Heinrich II. und Bischof Otto. Um 1135 . . . 1246—1248.
   C. Gedicht auf Rom. Um 1110 . . . . 1248.

Berichtigungen und Nachträge.

S. 64. Z. 10 von unten lies **Banz** statt: Berg.

S. 182. Z. 3 von oben lies **Arialb** statt: Landulf.

S. 470. Z. 13 von oben lies **unmittelbar nach dem Kampfe** statt: am Tage nach dem Kampfe.

S. 821. Z. 13. 14 von oben lies **nach ihrer Investitur sollen sie kanonisch die Weihe von dem zuständigen Bischof erhalten** statt: nach ihrer kanonischen Einsetzung sollen sie die Weihe von dem zuständigen Bischof erhalten.

S. 1147. Z. 6 von unten. Die angeführten Worte der Annales Seligenstadenses sind, wie Herr Dr. Scheffer-Boichorst mir nachgewiesen hat, verderbt. Nach den Annales Cassinenses und Cavenses kann kein Zweifel sein, daß zu schreiben ist: Heinricus rex venit Romam, sed obsistentibus Romanis cum papa Gregorio sine effectu reversus est. Rodbertus dux Romaniam debellaturus ingreditur und daß diese Notizen z. J. 1081 gehören. Die Annahme von einem Zuge Roberts gegen Rom i. J. 1079 (vergleiche unseren Text S. 508) ist demnach grundlos.

S. 1158. Z. 5 von oben lies **unter unseren Documenten C** statt D.

S. 1161. Z. 2 von unten. Ueber das Geschlecht des Erzbischofs Hartwich von Magdeburg sehe man auch die Aufsätze von Mülverstedt, von Heinemann und Freiherrn von Reitzenstein in den Neuen Mittheilungen aus dem Gebiet historisch-antiquarischer Forschungen, herausgegeben vom thüringisch-sächsischen Alterthumsverein Bd. X. S. 127 ff. S. 213 ff. Bd. XI. S. 245 ff.

S. 1219. Z. 15 von oben. Die Thätigkeit Bischof Ottos von Bamberg für sein eigenes Bisthum ist neuerdings besonders erörtert worden von L. Hoffmann in seiner Inauguraldissertation: Otto I. episcopus Babenbergensis quomodo ecclesiae suae auctoritatem et dignitatem promoverit. Particula prior (Halle 1869).

Achtes Buch.

Ausgang des Streits mit dem Papstthum unter Heinrich V.

1106—1125.

1.

Innerer Friede und äußere Kämpfe.
Die Stellung Heinrichs V. zu Reich und Kirche.

Selten hat ein deutscher König sein Regiment unter glücklicheren Verhältnissen begonnen, als Heinrich V. Heiß ersehnte das Volk nach den stürmischen Zeiten des Vaters ruhige Tage, allgemein verlangte man nach einer Ausgleichung des langen Streites zwischen Reich und Kirche. Die Unsicherheit im Innern drückte schwer und schwerer auf die niederen Klassen; die Fürsten wurden inne, daß alle äußere Macht des Reichs, wenn nicht endlich die innere Eintracht hergestellt würde, dahinschwinden müßte. Der junge König schien wie vom Himmel selbst bestimmt, um den Streit zu schlichten, den allgemeinen Wunsch der Verständigung zu erfüllen. Durch den Tod des Vaters war die kaiserliche Partei an ihn gewiesen; sie fand in ihm jetzt ihren einzigen Mittelpunkt, während er sich schon früher auch zum Vertreter der kirchlichen Sache aufgeworfen hatte. Die großen Gegensätze der Zeit glichen sich wie von selbst in seiner Person aus, hoben sich gleichsam mit seinem Regierungsantritt auf. Niemand konnte Frieden stiften, als er allein, und für ihn schien es leichte Arbeit, den alten Hader auszutragen.

Heinrich fühlte alle Vortheile seiner Stellung und gedachte sie zu benutzen. Jedoch voll brennender Herrschsucht, wie er war, wollte er weniger die Ruhe des Reichs, als seine eigene Größe. Der Friede galt ihm nur etwas, wenn er zugleich seine Macht sicherte oder erhöhte. Ein Meister in der Verstellungskunst, wie es Wenige gegeben, hatte er sich bemüthig gegen die Bischöfe, nachgiebig gegen die weltlichen Großen gezeigt, mit unterwürfigen Worten um Roms Gunst gebuhlt, so lange es seine Lage forderte: jetzt war er Herr, und bald sah die Welt, daß sein Gemüth herrischer war, als das des Vaters. Dieser hatte sich mitleidig, freigebig, versöhnlich, als ein Freund des Volkes selbst im Elend bewiesen; der Sohn war herzlos, geldgierig, kannte in guten Tagen keine Schonung des Gegners. Trotz gegen den Papst, Stolz gegen die Fürsten, Verachtung gegen das Volk bargen sich im Grunde seiner Seele und traten allgemach deutlich zu Tage. Der Friede, den er wollte, war Unterwerfung des deutschen Fürstenthums, des diesseits und jenseits der Alpen aufstrebenden Bürgerthums, vor Allem des römischen Papstthums; mit der Hitze jugendlicher Leidenschaft verlangte er nach der Vollgewalt des Kaiserthums, wie sie seine Vorfahren geübt oder erstrebt hatten. Wie weit lag auseinander, was die Welt von ihm und was er von der Welt verlangte!

Noch kannte man in Deutschland zu wenig das harte und stolze Gemüth des Königs. Man freute sich seiner rastlosen Thätigkeit, seines scharfen Verstandes, der Entschiedenheit seines Willens. Man beugte sich selbst der Gewaltthat; denn es war eine Zeit, wo man die starre Gewalt einmal gelten ließ, weil nur sie zur Ordnung und zur Herstellung der verlorenen Machtstellung des Reiches führen konnte. Jene unruhigen sächsischen Fürsten waren williger geworden, als sich je erwarten ließ, und mit Staunen sah man, wie die ergebensten Anhänger Roms, ein Gebhard von Konstanz und Andere, welche so oft auf das Investiturverbot geschworen hatten, jetzt ungescheut dem König die Hand boten, wenn er willkürlich über die Bisthümer verfügte. Nur wenige Fürsten gab es, welche nicht zu begreifen anfingen, daß bei den Bisthümern auch ein Recht des Reiches zu wahren sei, und welche es noch mißbilligten, wenn der König sich dieses Recht zu schützen entschlossen zeigte. Seitdem der alte Kaiser gestorben war, schmolz die Zahl der unbedingten Anhänger des Gregorianischen Systems in Deutschland sichtlich zusammen. Die Investituren schienen wieder eine offene Frage geworden, welche der erhoffte Friede zu lösen hatte, und man wünschte kaum, daß sie ganz im Sinne des Papstes entschieden würde.

In Rom war die veränderte Lage der Dinge Anfangs nicht hinreichend erkannt worden. So lange der Vater lebte, hatten der Sohn und die deutschen Fürsten unbedingte Unterwürfigkeit gezeigt; man hatte sogar den Papst im Anfange des Jahres 1106 eingeladen in Person über die Alpen zu kommen, um den Frieden zwischen Kirche und Reich herzustellen. Die neuen Wirren, welche alsbald ausbrachen, machten freilich die Reise nach Deutschland unmöglich, doch bereits unter dem 31. März hatte der Papst Einladungen an die deutschen Bischöfe erlassen, um einem Concil in der Lombardei beizuwohnen, welches am 15. October eröffnet und auf welchem die Eintracht zwischen Kirche und Reich hergestellt werden sollte. Wenig später waren mehrere deutsche Bischöfe in Rom erschienen, welche dem Papste die vollste Devotion bezeigten. Erzbischof Bruno von Trier, ein Mann durch Geburt*), Gelehrsamkeit und Welterfahrung hervorragend, hatte Buße geleistet, daß er die Investitur vom Kaiser genommen, und durch seine Fügsamkeit und Gewandtheit im hohen Grade die Gunst des Papstes gewonnen. Dann erschien Bischof Otto von Bamberg und verlangte die Investitur, welche er nie vom Kaiser hatte empfangen wollen; er erhielt sie und die Weihe am 13. Mai zu Anagni, und zwar vom Papste selbst, der längere Zeit den ausgezeichneten und der römischen Kirche so ergebenen Mann bei sich zu fesseln wußte. Unter solchen Umständen mußte es dem Papste als ein Glück erscheinen, daß der Tod des alten Kaisers dem Sohne alle Macht in die Hand gab; jedes Hinderniß einer Verständigung mit dem Reiche schien damit beseitigt, und von dem lombardischen Concil ließ sich das Beste hoffen.

Im Spätsommer 1106 verließ der Papst Rom; es geschah nicht ohne Besorgniß, da ein Theil des römischen Adels in der Stadt und in der Campagna noch immer ihm widerstrebte. Um die Mitte des October war er in Guastalla, inmitten der Besitzungen Mathildens; hier sollte sich das Concil versammeln**). Viele Bischöfe Italiens hatten sich eingestellt; aus Deutschland waren freilich nur wenige gekommen, aber unter ihnen Männer von nicht geringer Bedeutung. Erzbischof Bruno, der damals nach dem Wunsche der Fürsten im Rathe des Königs die erste Stelle einnahm und als die Seele aller Geschäfte betrachtet wurde, erschien mit einem stattlichen Gefolge als Abgeordneter des Reichs, dann Gebhard von Konstanz, der Legat des apostolischen Stuhls, und der erwählte Erzbischof Konrad von Salzburg, der in Guastalla vom Papste selbst die Weihe erhielt. Von den Mainzer Suffraganen hatten sich die Bischöfe von Chur, Augsburg und Bamberg eingefunden; Robert

---

*) Vergl. S. 685 Anmerkung.
**) Es sollte zuerst in Piacenza gehalten werden, dann aber änderte der Papst seinen Entschluß.

von Würzburg war auf der Reise gestorben. Auch von mehreren bischöflichen Kapiteln stellten sich Abgeordnete ein, um über ihre und ihrer Bischöfe Angelegenheiten den Urtheilsspruch des Papstes zu fordern. Auffällig war, daß der Erzbischof von Köln weder selbst erschien, noch einer seiner Suffragane das Concil besuchte.

Erzbischof Bruno hatte den Auftrag, den Papst der unterwürfigen Gesinnung des Königs zu versichern. Heinrich versprach der Kirche wie seiner Mutter, dem Papste wie seinem Vater gehorsamen zu wollen; er bat um die Anerkennung seiner königlichen Gewalt, seiner kaiserlichen Rechte. Bruno forderte aber den Papst im Namen des Königs auf, über die Alpen zu kommen, um dort mit dem Könige und den Fürsten alle Streitpunkte persönlich auszutragen, und der Papst glaubte dem Wunsche entsprechen zu müssen. Danach war über die Hauptangelegenheit, welche das Concil beschäftigen sollte, nicht mehr zu verhandeln; die Entscheidungen desselben konnten nur noch Einzelnheiten betreffen.

Die Beschlüsse der Versammlung waren zum Theil versöhnlicher Art. Es war von großer Bedeutung, daß die im Schisma ordinirten Bischöfe vom Papste anerkannt wurden, wofern sie nicht Eindringlinge, Simonisten oder Verbrecher seien; auch manchen Metropoliten, denen bisher das Pallium verweigert war, ertheilte es jetzt der Papst in Gnaden. Heilsame Maßregeln wurden damit angebahnt, um die erschütterten Ordnungen der Kirchen Deutschlands und Italiens herzustellen, um die heillose Wirthschaft der Gegenbischöfe zu beseitigen. Doch nicht in allen Dingen zeigte der Papst gleiche Nachgiebigkeit. Die noch widerstrebenden Bischöfe wurden von ihm streng gezüchtigt. So verhängte er über das Erzbisthum Ravenna, wo man im Widerstande beharrte, harte Strafen; die Bisthümer von Piacenza, Parma, Reggio, Modena und Bologna wurden der Kirchenprovinz des Erzbischofs entzogen*) und gerade im Gegensatz gegen Ravenna Parma, einst der Heerd des Schisma, jetzt in Unterwürfigkeit allen Kirchen vorangehend, zu ungewohnten Ehren erhoben. Udalrich von Aquileja, den mächtigen Eppensteiner, traf der Bann, wie einige andere Bischöfe Italiens, welche sich noch nicht unterworfen hatten. Auch deutsche Bischöfe empfanden die Strenge des Papstes. So wurden Otbert von Lüttich und der von ihm geschützte

---

*) Das gegen Ravenna gerichtete Decret ist im Jahre 1118 von Gelasius II. wieder aufgehoben worden.

Walcher von Cambray gebannt, obwohl sich Beide bereits mit dem Könige
verständigt hatten. Friedrich von Halberstadt wurde auf die Klagen
seiner Domherren des Amtes entsetzt, ungeachtet ihm die Synode von
Nordhausen andere Hoffnungen erweckt hatte. Des Mindener Bischofs
Widelo Absetzung genehmigte der Papst und bestätigte damit eine Maßregel seines Legaten Gebhard von Konstanz (S. 731). Wenn eine gleiche
Strafe nicht auch den Bischof Hermann von Augsburg traf, gegen den
seine Domherren schwere Klagen erhoben, so dankte er es der Fürsprache
desselben Legaten; Hermann wurde nur suspendirt, bis der Papst in
Augsburg selbst seine Sache untersuchen könne.

Denn noch war der Papst entschlossen der Aufforderung des Königs
zu folgen und selbst über die Alpen zu gehen. Schon am 1. November
wollte er in Augsburg sein, Weihnachten dann zu Mainz mit dem
König und den deutschen Fürsten feiern und dort das große Friedens-
werk durchführen. Daß er dabei auf einen entschiedenen Triumph der
Kirche rechnete, zeigte die ausdrückliche Erneuerung des Investiturverbots auf dem Concil*); zugleich wurde den Aebten, Erzpriestern und
Pröpsten ohne die Zustimmung ihres Bischofs oder ihres Convents
Kirchengut zu verkaufen, zu vertauschen oder zu Lehen zu geben unter-
sagt. Offenbar gedachte der Papst in allen entscheidenden Punkten keinen
Schritt zu weichen. Es mochte ihn nicht wenig ermuthigen, daß König
Heinrich von England kurz zuvor ausdrücklich auf die Investitur ver-
zichtet und sich mit dem Lehnseid der kirchlichen Prälaten begnügt hatte,
daß auf diese Weise der lange Zwist zwischen der englischen Krone und
Erzbischof Anselm von Canterbury endlich beigelegt war. Um dieselbe
Zeit hatte auch König Koloman von Ungarn in aller Form das Investiturrecht aufgegeben.

Wie zuversichtlich aber der Papst auch in Guastalla sein mochte,
sein Muth sank schnell, als ihm von Männern, welche die Lage des
Reichs besser erkannten, klar gemacht wurde, daß er mit den deutschen Fürsten, die keineswegs dem Investiturverbot sehr geneigt seien, und vor
Allem mit dem herrschsüchtigen jungen König einen schweren Stand
haben würde. Immer hatte er die Deutschen für ein böses und gott-
loses Geschlecht gehalten: deshalb fanden solche Worte um so leichter

---

*) Den die Investitur ertheilenden Laien wurde Ausschluß aus der Kirchen-
gemeinschaft, den empfangenden Klerikern Amtsentsetzung angedroht.

bei ihm Glauben. Eilig änderte er darauf seinen Entschluß. Die Reise zum Könige gab er auf, laut sich beklagend, daß ihm die Thore Deutschlands verschlossen seien. Mit spanischen Gesandten, die vor ihm erschienen waren und sich gerade zur Heimreise anschickten, zog er unerwartet durch Burgund nach Frankreich und feierte das Weihnachtsfest in Cluny. Seine Absicht war nun in der Mitte Galliens eine große Kirchenversammlung zu halten, um dort den Frieden mit dem deutschen Reiche in seinem Sinne herzustellen. Er rechnete dabei nicht nur auf die Unterstützung des gallicanischen Klerus, sondern auch auf die König Philipps und seines Sohnes Ludwig; er forderte die Capetinger auf die Kirche zu vertheidigen, wie es einst Karl' der Große gethan habe, sie zu schützen auch gegen König Heinrich, gegen den sein Herz schon mit tiefem Mißtrauen erfüllt war.

Paschalis hatte das Richtige gewählt, wenn er den deutschen Boden mied. Nicht als Schiedsrichter über habernden Parteien, wie es einst Gregor VII. gewollt hatte, würde er hier gewaltet haben, sondern einem fast einmüthigen Widerstand, wenn er auf dem strengen Investiturverbot bestand, begegnet sein. Niederlagen harrten seiner eher in Deutschland, als Triumphe. Der König hatte den Papst vergeblich zu Augsburg erwartet, war dann zum Weihnachtsfest nach Regensburg gegangen, wo ihm Legaten des Papstes die sehr unerwünschte Nachricht überbrachten, daß derselbe seinen Plan geändert und sich nach Frankreich gewandt habe. Heinrich begab sich darauf durch Ostfranken und Thüringen nach Sachsen. Zu Queblinburg empfing er am 2. Februar eine Gesandtschaft des Königs von Frankreich, der ihn zu einer Zusammenkunft aufforderte. In welcher Absicht dies geschah, ist unklar; ungewiß ist auch die Antwort Heinrichs, die jedoch nicht ganz abweisend gewesen sein kann. Mit gespannter Aufmerksamkeit verfolgte er seitdem jeden Schritt des Papstes, dessen Mißtrauen er mit noch schärferem Mißtrauen begegnete. Wie wenig er die Erneuerung des Investiturverbots achtete, legte er an den Tag, indem er den Propst Reinhard, der Erzbischof Bruno nahe stand und ihn nach Guastalla begleitet hatte, an Stelle des entsetzten Friedrich in Halberstadt zum Bischof zu wählen befahl und ihm die Investitur ertheilte; weder Reinhard nahm daran Anstoß, noch Erzbischof Rutharb, der den Investirten unbesorgt weihte. Reinhard stammte aus dem im Halberstädtischen Sprengel reichbegüterten Geschlecht der Grafen von Blankenburg, welches Bischof Burchard mit seinem Geiste erfüllt hatte. Wie sein berühmter Vorgänger, war Reinhard streitlustigster Natur; Heinrich hatte seine Wahl später schwer zu bereuen.

Die Verhältnisse Sachsens hatten gerade damals durchgreifende Veränderungen erfahren. Im Jahre 1106 waren rasch nach einander die beiden höchstgestellten Männer des Landes gestorben: Markgraf Udo von der Nordmark (2. Juni) und Herzog Magnus (23. August). Udo hinterließ nur einen minderjährigen Sohn Heinrich: deshalb hatte der König die Verwaltung der Nordmark einem Bruder des Verstorbenen, Rudolf mit Namen, vorläufig auf acht Jahre übertragen. Mit Magnus starb der Mannesstamm der Billinger aus; das reiche Erbgut des Hauses kam an die Töchter des letzten Herzogs Wulfhilde und Eilika. Letztere, an den Grafen Otto von Ballenstedt vermählt, brachte ihrem Gemahl die durch Ostsachsen und Thüringen zerstreuten Billingischen Allodien zu; dadurch vermehrte sich Ottos ohnehin sehr beträchtliches Besitzthum so, daß man ihn fortan den Reichen nannte. Wulfhilde war die Gemahlin des Welfen Heinrich, des Bruders des Baiernherzogs; sie erbte Lüneburg und das umliegende Gebiet. Durch diese Erbschaft faßten die Welfen zuerst Fuß im Sachsenlande, wo sie bald eine so hervorragende Stellung gewinnen sollten.

Das sächsische Herzogthum mit den ihm verbundenen Grafschaften hatte der König keinem der Schwiegersöhne des letzten Billingers, sondern dem Grafen Lothar von Supplinburg*) übergeben. Es war kein Geschlecht alten Ruhms, dem Lothar entsprossen war; zuerst in demselben trat sein Vater Gebhard hervor, der in der Schlacht bei Homburg (1075) für die Freiheit Sachsens gefallen war. Lothar war beim Tode des Vaters noch Kind; sobald er zu den Waffen tüchtig war, hatte auch er sie gegen den Kaiser ergriffen. Treu hatte er zu Otto von Nordheim und dessen Söhnen gehalten, auch die verwegenen Unternehmungen Ekberts von Meißen unterstützt. In das Geschlecht Beider trat er dann, als er sich um das Jahr 1100 mit Richeza, der Tochter Heinrichs des Fetten, der Enkelin Ottos von Nordheim vermählte, deren Mutter Gertrud, Ekberts Schwester, die großen Besitzungen der Brunonen um Braunschweig ererbt hatte und damals, die Wittwe dreier Männer, zugleich für ihren minderjährigen Sohn Heinrich die Ostmark und Meißen

---

*) Die Stammburg Lothars war unweit Helmstädt, die wohl nicht sehr zahlreichen Allodien des Hauses lagen meist zwischen Oker und Elbe.

verwaltete (S. 718), die mächtigste und gefürchtetste Frau weit und breit. Alle Erinnerungen der langen Kämpfe für die sächsische Freiheit verbanden sich in Lothars Person, und die kirchliche Partei vergaß dabei schwerlich, daß seine Großmutter Ida jenem dem sächsischen Kaiserhause verwandten Geschlecht der Querfurter angehört hatte, welchem der Märtyrer Bruno-Bonifacius entstammte. Auch als sich König Heinrich gegen seinen Vater erhob, hatte Lothar sich abermals dem Aufstande gegen den gebannten Kaiser angeschlossen und mit dem Herzogthum dann den Lohn für seine Dienste gewonnen.

Lothar und Rudolf waren dem jungen König verpflichtet, und es lag in der Natur der Dinge, daß sie seine Gewalt stützten; mit ihnen hielt aber damals zugleich der Adel und das Volk Sachsens zu dem neuen Herrscher. In Merseburg und Goslar sprach Heinrich in der Macht der alten Kaiser Recht. Alles beugte sich seinem Willen; mit so freier Gewalt schaltete der König in diesen Gegenden, die einst der Heerd des Aufstandes gegen seinen Vater gewesen waren, daß das trotzige Volk der Sachsen völlig seine Natur verändert zu haben schien. Gegen Ostern nahm Heinrich dann durch Westfalen, wo er in Paderborn Hof hielt, seinen Weg dem Rheine zu. Palmsonntag feierte er zu Köln, Ostern (14. April) zu Mainz, wo er sich bis in die ersten Tage des Mai aufhielt.

Inzwischen hatte der Papst die deutschen Bischöfe zu einem Concil berufen, welches er um Himmelfahrt (23. Mai) zu Troyes zu halten gedachte und auf welchem der langersehnte Friede zwischen Kirche und Reich herbeigeführt werden sollte. Die Stimmung war Paschalis in Frankreich nicht nur beim Volke, sondern auch bei Hofe günstig. König Philipp zog in Begleitung seines Sohnes mit dem Papste an die Westgrenzen seines Reichs, wo man König Heinrich erwartete. In der That war Heinrich von Mainz aufgebrochen, um sich nach dem oberen Lothringen zu begeben. Aber nicht er selbst trat dem Papste entgegen, sondern eine stattliche Gesandtschaft, bestehend aus Erzbischof Bruno von Trier, Bischof Otto von Bamberg, Erlung von Würzburg*), Reinhard von Halberstadt, Burchard von Münster, den Herzögen Welf von

---

*) Erlung, der im Jahre 1105 vertriebene Bischof von Würzburg, war nach dem Tode Roberts wieder in das Bisthum eingesetzt; es geschah das unter allseitiger Verständigung und zu allgemeiner Befriedigung.

Baiern und Berthold von Zähringen, den Grafen Hermann von Win-
zenburg*) und Wiprecht von Groitsch nebst vielen anderen Herren.
Zu Chalons an der Marne trafen sie den Papst und den König von
Frankreich.

Die Gesandten Heinrichs traten mit Sicherheit und Selbstbewußtsein
auf, namentlich Herzog Welf, ein gewaltig beleibter, breitschultriger Herr,
der sich stets sein Schwert vortragen ließ und dessen Reden mehr den
Rittersmann als den Friedensboten verriethen. Die Gesandtschaft schien
den Papst eher einschüchtern als verhandeln zu sollen. Erzbischof Bruno
machte ihren Sprecher; er verhieß dem Papste den Gehorsam des Königs, doch unbeschadet der Rechte der Krone gegenüber der Kirche. Worin
der König diese sah, entwickelte Bruno in folgender Weise: bei der Erledigung eines Bisthums sei vor der Wahl der König über die Persönlichkeit zu befragen, welche man in das Auge fasse, dann habe die
kanonische Wahl und Weihe stattzufinden, schließlich die Investitur mit
Ring und Stab, wobei der neue Bischof dem Könige zu huldigen und
ihm den Lehnseid zu leisten schuldig sei; denn anders könne er die
Burgen und Städte, die Länder, Zölle und die anderen Regalien nicht
empfangen. So, erklärte Bruno im Namen des Königs, sei es in
früheren Zeiten gewesen, und berief sich dabei auf ein gefälschtes Privilegium, welches Hadrian I. Karl dem Großen ertheilt haben sollte; wenn
jetzt Gleiches dem Papste genehm sei, dann würden Reich und Kirche
fortan mit einander in Frieden leben. Der Papst ließ durch Bischof Albo
von Piacenza den Deutschen antworten: die Kirche dürfe nicht wieder
in die frühere Knechtschaft zurücksinken; wenn aber kein Prälat ohne
Zustimmung des Königs gewählt werden dürfe, so werde sie ihm abermals knechtisch unterworfen; Ring und Stab seien ferner kirchliche Sacramente, welche der König nicht zu beanspruchen habe; auch verunehrten
die Kleriker ihren Stand, wenn sie beim Lehnseide ihre für das Sacrament
des Altars geweihten Hände in die blutbefleckten eines Laien zu legen

---

*) Die Winzenburg, von welcher jetzt nur spärliche Ruinen vorhanden sind, lag
im Hildesheimschen. Sie war erst von diesem Hermann gebaut, der aus dem bairischen Geschlecht der Grafen von Formbach stammte, aber durch seine Mutter aus
dem Hause der Grafen von Reinhausen im Leinegau große Erbgüter in Sachsen gewonnen hatte. Neben Wiprecht von Groitsch besaß er damals das besondere Vertrauen des Königs, dem Beide unzweifelhaft schon beim Aufstande gegen den Vater
die wichtigsten Dienste geleistet hatten.

genöthigt würden; mit der Aufhebung der Investitur und des Lehnseides verlange der Papst daher nur, was die Ehre der Kirche erheische.

Heinrichs Gesandte murrten und stießen halblaut Drohungen aus; man hörte von ihnen: „Nicht hier, sondern mit den Schwertern zu Rom wird der Handel zur Entscheidung kommen". Sie schieden vom Papste ohne Friedensaussichten und mit der Erklärung: niemals werde der König zugeben, daß in einem fremden Reiche über ein Recht seiner Herrschaft entschieden werde. Der Papst sandte darauf noch vertraute Männer an Adalbert, den Kanzler des Königs, der in der nahen Abtei St. Menge zurückgeblieben war. Dieser junge Kleriker, ein Sohn des Grafen Siegharb von Saarbrücken, besaß im höchsten Maße das Vertrauen des Königs, so daß er dem Ansehen Brunos, welches sich besonders auf die Fürsten stützte, bereits gefährlich wurde. Der Papst mochte deshalb mehr durch ihn als durch den Trierer zu erlangen hoffen und ließ den Kanzler bringend bitten den König zur Nachgiebigkeit zu bewegen. Aber Paschalis hatte sich in Adalbert völlig getäuscht, welcher den Widerstand des Königs gespornt haben würde, wenn er eines Spornes bedurft hätte. Von der Zusammenkunft des Papstes mit dem Könige war nicht mehr die Rede, vielmehr lag der Zwiespalt zwischen ihnen klar zu Tage; jener verweigerte eben so bestimmt das Investiturrecht, als es dieser beanspruchte. Die Hoffnung auf die baldige Herstellung des Friedens zwischen Reich und Kirche begann mit jedem Tage mehr zu schwinden.

Paschalis begab sich von Chalons nach Troyes, um das Concil dort zu der bestimmten Zeit zu eröffnen. Wie die Reise des Papstes nach Frankreich vielfach an das Auftreten Urbans II. in den gallischen Ländern erinnerte, so sollte auch das Concil die großen Tage von Clermont wieder in das Gedächtniß rufen. In der That war dasselbe zahlreich besucht, namentlich von den französischen Bischöfen; der Papst trat in allem Glanz seiner Stellung auf, und die Devotion der Capetinger konnte sein Ansehen nur steigern. Wiederum tauchten Kreuzzugsgedanken auf, wiederum wurde die Treuga Dei verkündigt, wiederum das Investiturverbot[*] und das Verbot der Priesterehe erneuert und

---

[*] Wer sich investiren ließ und wer einen Investirten weihte, wurde mit dem Banne bedroht; von einer gleichen Strafe für den Investirenden war dagegen jetzt nicht die Rede.

manche wichtige Bestimmungen für die Kirche erlassen. Aber jene Begeisterung, welche Urban zu Clermont empfunden und erregt hatte, fehlte dem Papste und fehlte der Versammlung. Was man vor Allem von den Verhandlungen erwartet hatte, die Herstellung des Friedens mit dem deutschen Reiche, ließ sich nicht erreichen; der große Sieg, welchen der Papst und seine Anhänger erhofft hatten, zeigte sich als eine Täuschung.

Die deutschen Bischöfe waren nicht auf dem Concil erschienen, wahrscheinlich durch ein Gebot des Königs zurückgehalten; nicht einmal Gebhard von Konstanz, der Legat des Papstes, hatte sich eingestellt. Aber wie erbittert Paschalis auch gegen den König sein mochte, er wagte doch nicht mit Strafen gegen ihn einzuschreiten, vielmehr bestimmte er ihm das ganze folgende Jahr als Frist, um in Rom zu erscheinen, wo dann auf einem allgemeinen Concil die Investiturfrage entschieden werden solle. Dagegen ließ er die deutschen Bischöfe, welche sich Heinrich williger als ihm erwiesen hatten, seinen ganzen Zorn fühlen. Erzbischof Friedrich von Köln wurde mit allen seinen Suffraganen vom Amte suspendirt, weil sie auf dem Concil nicht erschienen waren. Dieselbe Strafe traf aus gleichem Grunde Ruthard von Mainz und dessen Suffragane, nur der Bamberger und Churer wurden ausgenommen, weil sie zu Guastalla bereits dem Papste ihre Ergebenheit bezeugt hatten; Ruthard war überdies dem Papste mißliebig, da er gegen sein Verbot Udo von Hildesheim restituirt und den vom Könige investirten Bischof von Halberstadt geweiht hatte. Selbst Gebhard von Konstanz drohte eine ähnliche Strafe, zumal er bei der Weihe des investirten Erzbischofs Heinrich von Magdeburg betheiligt gewesen war: doch verzieh dem Legaten der Papst, eingedenk der früheren Verdienste desselben, und gab den Fürbitten der versammelten Väter nach*). Laut klagte Paschalis, daß er in den Herzen der Deutschen die Demuth vermisse; hatte er früher den Gedanken gehegt, nach dem Concil noch über den Rhein zu gehen, so gab er ihn jetzt völlig auf.

Wie unzufrieden der Papst war, noch weniger zufrieden war man mit ihm. In Deutschland beklagte man sich über seine Hartnäckigkeit

---

*) Gebhard verhielt sich seitdem so ruhig, wie er früher stürmisch aufgetreten war. Nicht ohne Einfluß darauf mochte sein, daß die anderen Zähringer in unverbrüchlicher Treue zum jungen König standen. Am 12. November 1110 starb Gebhard.

und seine Strenge gegen den hohen Klerus. Wohin sollte es auch führen, wenn er die Bischöfe massenweise suspendirte? Die Gefahr, welche der Kirche hieraus erwachsen mußte, stellten ihm seine zuverlässigsten Freunde vor Augen. So erwirkten in der That Bruno von Trier, Gebhard von Konstanz, Otto von Bamberg und der Abt von Hirschau alsbald die Aufhebung der Suspension Ruthards, und wenig später wurden auch die Maßregeln gegen die anderen Bischöfe zurückgenommen. Nun mochte man sich an anderen Orten über die Schwäche des Papstes höchlich verwundern, und als solche war Vielen von Anfang an die Nachsicht gegen König Heinrich erschienen, welchen der Papst trotz der offenen Verletzung des Investiturverbots nicht einmal mit Strafen bedroht hatte. Anselm von Canterbury meldete bald nach dem Concil dem Papste: der König von England beklage sich, daß Heinrich ungeahndet die Investitur ertheile, und drohe selbst wieder das voreilig preisgegebene Recht zu üben. Der Papst antwortete, daß er Heinrich weder die Investitur zugestanden habe noch jemals zugestehen werde; Heinrich solle, wenn er auf dem bösen Pfade des Vaters verharre, sicher das Schwert des heiligen Petrus fühlen, welches schon gezückt sei; der Streich bleibe nur gehemmt, bis man den Trotz der Deutschen nicht mehr zu fürchten habe.

Als der Papst diese Antwort gab, war er bereits nach Italien zurückgekehrt und wußte, daß er andere und nähere Widersacher zu bekämpfen hatte, als die Deutschen. Im August 1107 trat er den Rückweg über die Alpen an; im November gelangte er nach Rom. Dort mußte er sogleich den aufständigen Stefano Corso in dem tuscischen Theile des päpstlichen Gebiets wieder zu unterwerfen suchen; er belagerte ihn in Montalto, ohne die Burg nehmen zu können. Abermals wuchs nun der Uebermuth der römischen Herren; täglich erfüllte Tumult die Stadt. Der Papst verließ endlich im Herbst 1108, um einem neuen allgemeinen Abfall vorzubeugen, den Lateran und begab sich nach Benevent; das Stadtregiment hatte er Pier Leone und Leo Frangipane, den Oberbefehl der päpstlichen Truppen seinem Neffen Walfred, den Schutz der Campagna dem Grafen Ptolemäus von Tusculum übergeben. Kaum im eigenen Hause sicher, wie wollte er den Ungehorsam des Königs und den Trotz der Deutschen brechen, zumal Krone und Fürstenthum in den deutschen Ländern einiger waren, als seit einem halben Jahrhundert?

Heinrich fühlte vollkommen das Uebergewicht seiner Stellung über den Papst. Während des Concils hatte er mit Heeresmacht bei Verdun und Metz gelegen, bald nach dem Schluß desselben verließ er Lothringen und feierte das Pfingstfest zu Straßburg. Wie wenig er die Beschlüsse des Concils achtete, legte er schon hier an den Tag, als er durch Investitur das durch Heinrichs Tod erledigte Erzbisthum Magdeburg dem Adalgot, einem Sohne des Grafen Werner von Veltheim und Neffen Burchards von Halberstadt, übertrug. Die Mutter Adalgots war eine Schwester des Grafen Wiprecht von Groitsch, und unzweifelhaft wirkten auf die Erhebung des neuen Erzbischofs mehr Rücksichten auf seinen einflußreichen Oheim, als kirchliche Interessen. Die Kirche hatte für Heinrich überhaupt nur insofern Bedeutung, als sie ihm Macht leihen oder nehmen konnte. Er hatte des Papstes bedurft, um zur Krone zu gelangen; im Besitze derselben sah er in dem Nachfolger Petri, der ihm das Investiturrecht bestritt, nur noch einen Gegner, und die gesammelten Kräfte des Reichs schienen ihm den Sieg über denselben kaum noch zweifelhaft zu machen, wenn es auf einen neuen Kampf ankommen sollte.

Noch war die Stunde nicht gekommen, wo Heinrich rücksichtslos dem Papste entgegentreten mochte. Ruhig erwartete er, was Rom gegen seine Investituren wagen oder nicht wagen würde; seine eigene Thätigkeit richtete er zunächst nach einer anderen Seite. Er nahm im Sommer 1107 seinen Weg nach Sachsen, den Geist mit umfassenden Plänen erfüllt, um die frühere Machtstellung des Reichs im Osten herzustellen.

Heinrichs V. Händel im Osten.

Böhmen, Polen und Ungarn hatten sich seit einem Menschenalter der deutschen Herrschaft mehr und mehr zu entziehen gewußt, viel aber fehlte, daß sie deshalb zu festen staatlichen Ordnungen gediehen wären. Ueberall rangen die unter dem Einflusse der Kaiser und Päpste begründeten neuen Zustände mit dem Urwesen der slawischen Stämme und der Magyaren, und Nichts hemmte eine gleichmäßige Entwickelung in den östlichen Staaten mehr, als daß es in den herrschenden Familien, da die Thronfolge nach dem Erstgeburtsrecht schwer Anerkennung gewann, selten an Streitigkeiten fehlte. Stets gab es im Osten Kronprätendenten, und wer als Fremder in die inneren Angelegenheiten dieser Reiche eingreifen wollte, hatte nur diesen Prätendenten seinen Beistand zu leihen. Auch Heinrich that dies, sobald er seinen Blick nach dem Osten richtete, und seine Absichten dabei konnten Niemandem zweifelhaft sein.

Böhmen hatte sich in der glänzenden Stellung, welche es zu den Zeiten König Wratislaws und seines ältesten Sohnes Herzogs Bretislaws eingenommen, nicht zu behaupten gewußt. Herzog Boriwoi, Wratislaws zweiter Sohn, konnte sich nie in der Gewalt festsetzen, welche er durch willkürliche Beseitigung der bestehenden Senioraterbfolge erlangt hatte (S. 682). Der unglückliche Aufstand seines Vetters Udalrich von Brünn schreckte andere Prätendenten nicht ab, und glücklicher als Udalrich war Swatopluk von Olmütz, ein zweiter Vetter Boriwois, ein Mann von brennendem Ehrgeiz und roher Gemüthsart. Keine bessere Stütze hätte Boriwoi in seinen Bedrängnissen finden können, als seinen jungen tapferen Neffen Boleslaw von Polen, der nach dem Tode seines Vaters (1102) den größten Theil der Piastenherrschaft geerbt hatte, aber mit seinem älteren minder gut bedachten Halbbruder Zbigniew in unausgesetztem Haber lebte. Doch durch eine schwankende und zaghafte Politik in diesen Streitigkeiten entfremdete sich Boriwoi seinen Neffen, und noch bedenklicher war, daß er durch Mißtrauen das mächtige Geschlecht der Werschowetzen in Böhmen gegen sich reizte, ja selbst seinen eigenen Bruder Wladislaw von sich abwendig machte. So war Boriwoi ein völlig verlassener Mann, als Swatopluk im Einverständniß mit Boleslaw von Polen und König Koloman von Ungarn im Frühjahr 1107 aufstand und gegen Prag anrückte. Unbehindert zog Swatopluk in die Stadt ein, wo er am 14. Mai als Herzog Böhmens installirt und sein Vetter Wladislaw zu seinem Nachfolger ernannt wurde. Boriwoi hatte mit seinem jüngsten Bruder Sobeslaw die Flucht ergriffen, zunächst zu seinem Schwager Wiprecht von Groitsch, dann zu König Heinrich, vor dessen Thron er über Swatopluks Gewaltthat Klage führte.

Der König beschloß in Böhmen einzuschreiten, freilich mehr im eigenen Interesse, als in dem des Flüchtlings. Er beschied Swatopluk vor seinen Richterstuhl: käme er nicht, so würde sich der König selbst sofort mit einem Heere vor Prag zeigen. Swatopluk folgte in der That, nachdem er seinen Bruder Otto als Statthalter in Böhmen zurückgelassen hatte, der Labung; kaum aber stellte er sich in Merseburg dem Könige, so wurde er in Haft gebracht, und Wiprecht von Groitsch erhielt den Auftrag, Boriwoi nach Prag zurückzuführen. Als sich Boriwoi und Wiprecht, nur von einem mäßigen Gefolge begleitet, der böhmischen Grenze näherten, stießen sie bei Dohna auf Otto und das böhmische Heer. Auf schimpfliche Weise ergriff da sofort Boriwoi die Flucht und suchte nun Schutz bei den Polen; sein Gepäck fiel in die Hände der Böhmen.

Kaum konnte noch zweifelhaft sein, daß Boriwoi den schwierigen Verhältnissen, welche er selbst in Böhmen geschaffen hatte, nicht gewachsen sei. Um so mehr hörte König Heinrich auf die großen Versprechungen, welche ihm der gefangene Swatopluk machte; 10,000 Mark Silber bot dieser für Böhmen, welches ohnehin in der Gewalt seines Bruders war. Nachdem Swatopluk Geiseln für seine Treue und die bedungene Geldsumme zu stellen versprochen hatte, wurde er im September zu Goslar mit dem Herzogthum belehnt. So kehrte er in sein Land zurück, konnte aber trotz aller Mühe nur 7000 Mark beschaffen; für den Rest mußte die Person seines Bruders als Geisel bürgen. Obwohl sich Otto alsbald der Haft entzog, erhielt sich doch ein gutes Vernehmen zwischen Heinrich und Swatopluk; denn sie waren Männer, die sich in ihrer Denkungsart vielfach begegneten. Als im folgenden Jahre Swatopluks Gemahlin einen Sohn gebar, hob Heinrich das Kind aus der Taufe und machte bei dieser Gelegenheit die noch schuldige Summe dem Vater zum Geschenk.

Die nahe Verbindung Swatopluks mit dem Könige erfüllte Koloman von Ungarn und Boleslaw von Polen mit gleichem Mißtrauen. Beide waren Fürsten von kräftigem Sinne und starkem Selbstbewußtsein, Beide nicht von fern gewillt deutschem Einflusse ihr Land zu öffnen — und nicht ohne Grund besorgten sie, daß Heinrich jene Autorität, die einst sein Großvater im Osten besessen, wiederzugewinnen suchen würde. Beider Macht hatte überdies dieselbe verwundbare Stelle; wie Boleslaw mit Zbigniew in unversöhnlichem Haber lebte, so Koloman mit seinem Bruder Almus. Wiederholte Reichstheilungen hatten keinen dauernden Frieden zwischen den feindlichen Brüdern in Ungarn herbeigeführt, und endlich hatte Almus bei Boleslaw eine Zufluchtsstätte gesucht und gefunden. Ob Koloman deshalb dem jungen Polenherzog zürnte, bot er ihm doch jetzt ein Schutzbündniß gegen König Heinrich und Swatopluk an; der Ungar und Pole kamen überein, wenn einer von ihnen im eigenen Lande angegriffen werde, sollte der andere in Böhmen einfallen.

Um Boleslaw nicht durch innere Wirren zu hemmen, wurde eine Verständigung mit Zbigniew herbeigeführt, freilich ohne dauernden Erfolg. Almus mußte aus Polen weichen und suchte darauf eine Zuflucht in Deutschland.

Schon die nächste Zeit zeigte, daß der Ungar und Pole Heinrichs und Swatopluks Absichten mit Recht fürchteten. Noch im Winter 1107 machten die Böhmen einen Einfall in Schlesien, während Boleslaw gegen die heidnischen Pommern in den Kampf gezogen war, in jenen Kampf, der ihm als seine Lebensaufgabe erschien. Mit Blitzesschnelle wandte er sich jedoch und trat den Böhmen entgegen, die eiligst Schlesien räumen mußten. Und schon hatte auch Zbigniew von Neuem den inneren Krieg angefacht. Dreifacher Gefahr sah sich der junge Held gegenüber, aus welcher ihn nicht allein seine Standhaftigkeit, sondern auch die rechtzeitige Hülfe der Ungarn und Russen befreite. Zbigniew mußte sich unterwerfen, und abermals griff nun Boleslaw das undankbare Geschäft an den treulosen Bruder zu versöhnen. Die Böhmen verschonten indessen auf einige Zeit die polnischen Grenzen, so daß Boleslaw bald abermals seine Waffen gegen die Pommern richten konnte.

Heinrichs Aufmerksamkeit hatte sich inzwischen auf die Westgrenzen seines Reichs gewendet. Hier drohten Gefahren von Robert von Flandern, der sein Schwert, welches er einst im fernen Orient geschwungen, nun zu fruchtbareren Eroberungen für seine ererbte Herrschaft auf französischem und deutschem Boden benutzte. Besonders lag ihm der Besitz von Cambray am Herzen, welche Stadt ihm der alte Kaiser zuletzt auf seine Lebenszeit überlassen hatte. Noch immer war um das Bisthum Haber*). Die deutsche Partei im Kapitel und in der Stadt hielt an Walcher fest; die französische hatte, nachdem Manasse zum Bischof von Soissons erhoben war, einen anderen Gegenbischof in Odo von Tournay aufgestellt. Robert war es gewesen, der Odo nach Cambray führte, obwohl er früher Walcher zu schützen versprochen hatte. Aber der neue Bischof besaß in der Stadt nur seinen Palast; die Einkünfte waren in den Händen des Grafen, der auch nach dem Tode des Kaisers nicht Cambray aufgeben wollte. Unstät irrte Walcher, unter dem Banne des Papstes stehend, in der Welt umher, bis er endlich an dem Throne König Heinrichs eine Zuflucht suchte, hier seine Klage verlauten

---

*) Vergl. oben S. 714—717, 720. 721.

ließ und um so eher Gehör fand, als auch Herzog Gottfried und andere Herren Niederlothringens über die Gewaltthätigkeiten des Flanderers Beschwerde führten.

Der König berief die Fürsten des Reichs, und alle erklärten sich für den Krieg gegen den übermüthigen Grafen. Das Aufgebot gegen ihn erging; zum Tage aller Heiligen sollte sich das Heer zu Tongern bei Lüttich sammeln. Der König, der sich bis in den Anfang des October in Sachsen aufgehalten hatte, war noch am 2. November in Köln, aber gleich darauf stieß er zum Heere, überschritt mit etwa 30,000 Mann die Schelde bei Valenciennes und griff Douay an. Die Stadt war gut befestigt und Graf Robert selbst zu ihrer Vertheidigung herbeigekommen. Ein Sturm der Königlichen auf die Mauern mißglückte und brachte herbe Verluste; die Umgegend wurde darauf furchtbar verwüstet, doch Douay hielt sich darum nicht minder. Bald wünschten die Großen auf beiden Seiten ein gütliches Abkommen, und auch der König war einem solchen nicht abgeneigt. So kam ein Vergleich zu Stande, und Robert erreichte wenigstens zum Theil, was er erstrebte. Unbedenklich leistete er den Vasalleneid, als ihm die Vogtei in Cambray und außerdem einige Plätze im bischöflichen Gebiet, vor Allem Château-Cambrésis, zugestanden wurden. Er versprach Walcher in Cambray frei gewähren zu lassen, welchen der König herzustellen beschlossen hatte; er hat das Versprechen jedoch diesmal nicht besser als früher gehalten.

Der König zog darauf selbst gegen Cambray. Schon als er gegen Robert angerückt war, hatten dessen Soldtruppen in der Stadt das Weite gesucht; jetzt flohen auch Odo und die Domherren, die es mit ihm hielten. Große Furcht herrschte in der Stadt, doch bereitete ein Theil des Klerus, welcher Walcher geneigt war, ihm und dem Könige einen glänzenden Empfang. Die Bürger hatten in dieser Zeit fortwährenden Wechsels der bischöflichen Herrschaft eine eigene Verwaltung für ihre Angelegenheiten begründet, sich selbst ihre Oberen gesetzt und ein Stadtrecht aufgezeichnet. Der König, dem von Köln her jede Selbstständigkeit der Städte verhaßt war, beschied jetzt die Bürger von Cambray vor sich und verwies ihnen hart ihre Willkür. Die Bürger baten um Gnade, und selbst Walcher trat fürbittend für sie ein. Heinrich ließ sich scheinbar erweichen, befahl aber das Stadtrecht zu bringen; als es in seinen Händen war, zerriß er es, indem er zugleich von den Bürgern einen Eid verlangte, daß sie es nie wieder aufrichten würden.

Außerdem mußten sie ihm Treue schwören und zwölf Söhne angesehener Männer aus ihrer Mitte als Geiseln stellen. Dennoch brachen bald nach dem Abzuge des Königs die Streitigkeiten von Neuem aus. Die geflohenen Domherren kehrten in die Stadt zurück, und Walcher mußte abermals in das Exil wandern. Der Gegenbischof wagte freilich nicht die Stadt selbst zu betreten, sondern nahm seinen Sitz zu Incy. Nach manchen Irrfahrten kam Walcher im Jahre 1109 als Gesandter des Königs nach Rom und wußte sich die Gunst des Papstes zu gewinnen; er legte sein Bisthum nieder, wurde darauf vom Bann gelöst und in die Würden und Einkünfte, die er vor Antritt seines bischöflichen Amtes gehabt hatte, wieder eingesetzt. Seitdem war Odo allgemein als Bischof in Cambray anerkannt; schließlich nahm er auch vom Könige die Investitur, gerieth aber gerade dadurch in neue Verwickelungen, so daß auch er das Bisthum endlich freiwillig aufgab.

Der Kriegszug des Königs war schnell beendet worden. Schon um die Mitte des December war Heinrich nach Lüttich zurückgekehrt, Weihnachten feierte er zu Aachen, wo Balduin an seinem Hofe erschien und Vasallenpflicht übte. Hatte auch der Zug keinen vollständigen Erfolg gehabt, Robert bekannte sich doch fortan als ein Mann des Königs; er selbst und sein Sohn Balduin haben in den nächsten Jahren öfters persönlich ihm Hofdienste geleistet. Wie im Osten, hatte Heinrich im Westen sein und des Reiches Ansehen zwar nicht glänzend, aber nicht ohne Glück zur Geltung gebracht.

Im Anfange des Jahres 1108 hielt sich der König längere Zeit in Mainz auf, wo er auch das Osterfest feierte. Am 1. Mai hielt er dann in Nürnberg Hof und begab sich im Sommer nach Sachsen. Vor Allem beschäftigten ihn Kriegsgedanken gegen die Ungarn. Es war unvergessen, wie Heinrich III. einst dieses Volk besiegt und unterworfen hatte, unvergessen zugleich, welchen hartnäckigen Widerstand es dann den Vorfahren des Königs entgegengesetzt hatte. Noch besonders hatte Koloman Heinrich selbst dadurch gereizt, daß er, von Kroatien aus über die dalmatische Seeküste seine Herrschaft ausbreitend, nicht nur Besitzungen Venedigs, sondern auch des deutschen Reichs an sich riß; nicht minder war klar, daß sein Bund mit Boleslaw von Polen sich mehr noch gegen Heinrich, als gegen Böhmen richtete. Es bedurfte so kaum der Klagen und Versprechungen des Almus, um Heinrich zum Kriege zu bewegen. Die deutschen Fürsten widerstrebten nicht dem Willen des Königs, der auf den September die Heerfahrt ansetzte, welche auch Swatopluk zu unterstützen bereit war.

Am 6. September stand der König bei Tulln an der Donau mit einem zahlreichen Heere; bei ihm befanden sich der Erzbischof von Köln, die Bischöfe von Münster, Halberstadt, Hildesheim, Naumburg, Regensburg, Freising, Passau, Eichstädt und Augsburg, Herzog Welf von Baiern und der junge Herzog Friedrich von Schwaben, des Königs Neffe, Friedrichs Mutter Agnes und ihr zweiter Gemahl Markgraf Liutpold von Oesterreich, ferner die Markgrafen Dietbold vom Nordgau und Engelbert von Istrien*), die Grafen Wiprecht von Groitsch, Hermann von Winzenburg, Ludwig von Thüringen, Berengar von Sulzbach, Otto von Habsberg, Friedrich von Tengling, Adalbert von Bogen, Otto von Regensburg, Gottfried von Calw, und viele andere Grafen und Herren. Gewaltige Zurüstungen waren gemacht; fast das ganze streitbare Baiern rückte aus und mit ihm Fürsten und Ritter aus allen Theilen des Reichs. Sofort überschritt das Heer die Grenzen und drang unbehindert bis Preßburg vor. Hier lag Koloman und bot den Deutschen Widerstand, welche die Stadt belagern mußten. Nur zu schnell schwanden da die stolzen Hoffnungen, mit denen man den Kriegszug begonnen hatte. An den Mauern Preßburgs wurde abermals, wie im Jahre 1052**), die deutsche Tapferkeit zu Schanden. Es half Nichts, daß inzwischen auch Swatopluk längst der Waag vorgedrungen und sich vor Preßburg mit den Deutschen vereinigt hatte. Denn kaum hier angelangt, erhielt er die Nachricht, daß Boleslaw von Polen in Böhmen eingefallen sei, Boriwoi mit sich führe und die Werschowetzen jetzt für diesen Partei ergriffen hätten. Er mußte zurückeilen, um sein Herzogthum zu retten. In Böhmen begegnete er freilich Boleslaw nicht mehr, der sich um einen Angriff der Pommern abzuwehren wieder der Heimath zugewandt hatte. Blutige Rache traf darauf die treulosen Werschowetzen; mehr als dreitausend dieses mächtigen Geschlechts wurden unter grausamen Martern hingeschlachtet.

---

*) Beim Tode des Eppensteiners Liutold (1090), als sein Bruder Heinrich das Herzogthum Kärnthen erhielt, war für Istrien in Engelbert wieder ein eigener Markgraf bestellt worden. Engelbert gehörte dem Geschlechte der fränkischen Grafen von Sponheim an, von welchen ein Zweig damals in Kärnthen ansässig war. Engelbert war ein Neffe des im Jahre 1102 verstorbenen Erzbischofs Hartwich von Magdeburg; seine Mutter Hedwig stammte wahrscheinlich aus dem Geschlecht der Eppensteiner.

**) Vergl. Bd. II. S. 481. 482.

Heinrich sah das Glück wanken und mußte um so eher an den Rückzug denken, als die üble Jahreszeit eintrat und das Heer murrend nach der Heimath verlangte. Um den 1. November zog er von Preßburg ab, ohne daß, wie es scheint, ein Friede geschlossen wurde. Am 4. November war Heinrich wieder in Passau, löste sein Heer auf und begab sich nach Franken. Das Weihnachtsfest feierte er in Mainz; ein für ihn ruhmloses Jahr ging hier zu Ende.

Inzwischen dauerte der Krieg zwischen Ungarn und Böhmen ununterbrochen fort. Noch im November hatte Koloman unter furchtbaren Verheerungen in Mähren einen Einfall gemacht. Mit einem starken Heere war ihm Swatopluk entgegen gezogen, aber ein Unfall hinderte ihn am Kampfe. Bei Nachtzeit durch einen dichten Wald reitend, wurde der Böhmenherzog von einem spitzen Aste am Auge so schwer verwundet, daß er dasselbe verlor und als ein kranker Mann umkehren mußte. So konnte Koloman seine reiche Beute sicher nach Ungarn schleppen. Kaum aber genesen, suchte Swatopluk noch mitten im Winter ihn dort wieder auf. Bis zur Feste Neitra drang er vor und kehrte erst, nachdem er durch Verwüstungen des feindlichen Landes seine Rache gesättigt, nach Böhmen heim. Vor Allem lag ihm daran, nun auch Boleslaw zu züchtigen. Schon vor Preßburg hatte ihm Heinrich einen Rachezug gegen den Polen versprochen; auch der König selbst brannte den verwegenen jungen Fürsten zur Rechenschaft zu ziehen, der überall hemmend seinen Plänen entgegentrat.

Der König hatte die Fastenzeit des Jahres 1109 in den überrheinischen Gegenden zugebracht und das Osterfest in Lüttich gefeiert. Die Vorbereitungen zum Polenkriege wurden möglichst geheim betrieben; im August dachte der König in den Kampf zu ziehen. Im Anfange dieses Monats war er noch in Erfurt, in der Mitte stand er bereits mit einem großen aus Sachsen, Franken, Baiern, Schwaben und Lothringen gesammelten Heere an der polnischen Grenze. Boleslaw war des Angriffs nicht gewärtig; er lag in den Netzeniederungen gegen die Pommern im Felde. Am 10. August hatte er hier dem heidnischen Volke eine schwere Niederlage beigebracht, in Folge deren Nakel und andere Burgen in der Nähe sich ergaben. Da erhielt Boleslaw eine Botschaft von König Heinrich, daß er Zbigniew die Hälfte seines Reichs abtreten, dem deutschen Reiche einen Jahrestribut von 300 Mark Silber zahlen oder ebenso viele Ritter dem Könige stellen solle; weigere er sich dessen, so werde er die deutschen Schwerter zu fühlen haben.

Wie zu erwarten stand, war Boleslaws Antwort eine zürnende Abweisung der schmählichen Forderungen. Unverzüglich rückte darauf der König bis an die Oder bei Beuthen vor. Zbigniew hatte leichtfertige Versprechungen gemacht, daß sich die Burgen Niederschlesiens dem Könige ohne Schwertstreich ergeben würden. Aber Beuthen setzte sich zur Wehr, ebenso bei weiterem Vordringen Glogau, obwohl am 24. August hier ein Theil des Heeres unbehindert über die Oder ging. Deutsche und Böhmen — denn schon war auch Swatopluk zum Heere gestoßen — schlugen nun vor Glogau ein Lager auf und begannen die Burg zu belagern. Die Besatzung vertheidigte sie tapfer, und bald eilte auch Boleslaw zum Entsatz herbei. Nur ein kleines Heer hatte er in der Eile mit sich führen können, nicht stark genug, um eine Schlacht zu wagen, aber thätig genug, um den Feind unaufhörlich zu beunruhigen. Nachdem die einige Zeit fruchtlos fortgesetzte Belagerung Glogaus aufgegeben war, zogen Heinrich und Swatopluk plündernd auf beiden Seiten die Oder hinauf; sie drangen bis Breslau, bis über Breslau zur Burg Ritschen zwischen Ohlau und Brieg vor. Nirgends ergaben sich die Burgen; überall neckte Boleslaw aus dem Hinterhalte mit seinen leicht bewaffneten, fast nackten Polen die schwer gepanzerten Ritter, die auf dem aufgeweichten Boden und in den ungelichteten Wäldern nur mühsam vorwärts kamen. Es machte auf Boleslaw wenig Eindruck, daß ihm Heinrich Krakau zu besetzen drohte; auch die mäßigeren Bedingungen, welche ihm nun angeboten wurden, wies er mit Stolz zurück.

Schon litt Heinrichs Heer schweren Mangel in den unwirthbaren Gegenden; er beschloß endlich den Rückweg anzutreten. Da traf ihn ein unerwarteter Schlag, der sein Mißgeschick steigerte. Bis zum späten Abend hatte er mit dem Böhmenherzog, der am anderen Tage abziehen wollte, Rath gehalten und sich kaum von ihm getrennt, als ihm die Nachricht zuging, daß jener durch die Hand eines Meuchelmörders gefallen sei. Ein unbekannter Mensch — man glaubte, daß er von den Werschowetzen gedungen sei — hatte sich, als der Herzog seinem Lager zuritt, in sein Gefolge gedrängt und den günstigen Augenblick erspäht, um ihm mit solcher Kraft einen Speer in die Schultern zu schleudern, daß er sogleich todt zur Erde sank. Im Dunkel der Nacht und bei der Bestürzung des Gefolges war der Mörder ohne Mühe entkommen

(21. September). In dem Lager der Böhmen entstand die größte Verwirrung; der König kam selbst am anderen Tage dorthin und suchte den Muth der Krieger, meist waren es Mährer, aufzurichten. Sie wünschten, daß das erledigte Herzogthum auf des Ermordeten Bruder Otto überginge, und der König willfahrte gern ihren Bitten. Swatopluks Heer brach darauf schleunigst auf, um Otto nach Prag zu führen, ehe ein Anderer dort von dem herzoglichen Stuhle Besitz ergreife.

Auch König Heinrich verließ nach kurzer Zeit mit seinem Heere den schlesischen Boden. Wir wissen nicht, wie er den Rückweg nach Sachsen nahm, auf welchem ihm Wiprecht von Groitsch wichtige Dienste geleistet haben soll. Boleslaw verfolgte die Deutschen nicht; es war ihm genug, daß er Schlesien und Polen gerettet hatte. Ohne Schlacht war der Sieg gewonnen; es war ein Krieg beendigt, bei dem es keines Friedens beburfte. Der junge Held mochte sich seinem glorreichen Vorfahren vergleichen, der in denselben Gegenden im Jahre 1017 dem zweiten Heinrich gegenüber gestanden hatte; er hatte Gleiches, ja mit geringeren Mitteln mehr als Boleslaw Chrobry erreicht*).

Wie der ungarische, hatte der polnische Krieg König Heinrich keine Lorbeeren eingetragen. Und schon verwickelten sich die böhmischen Verhältnisse abermals in traurigster Weise. Otto hatte in Prag nicht die erwartete Anerkennung gefunden; denn Wladislaw, König Wratislaws dritter Sohn, war schon zu jener Zeit, als Herzog Swatopluk erhoben war, als dessen Nachfolger bestimmt worden, und machte nun seine Ansprüche geltend. Otto selbst trat darauf freiwillig zurück, und am 2. October wurde Wladislaw als Herzog eingesetzt. Aber Swatopluks Tod hatte auch in Boriwoi neue Hoffnungen erregt, und in der That besaß er ein besseres Anrecht auf die Herrschaft, als sein jüngerer Bruder. Dies fühlte auch sein Neffe Boleslaw von Polen, der alsbald zu seinen Gunsten einen Einfall in Böhmen machte. Aber anderen Beistand hatte inzwischen Boriwoi bei seinem Schwager Wiprecht gesucht und erhalten. Der Sohn Wiprechts, gleichen Namens mit dem Vater, hatte Boriwoi ohne auf große Schwierigkeiten zu stoßen bis Prag geleitet. Boriwoi forderte deshalb Boleslaw, dessen Polen im Lande nicht gerade gern gesehen wurden, sofort zur Rückkehr auf; zu früh beraubte er sich dadurch einer bereiten Hülfe.

---

*) Vergl. Bd. II. S. 136—138.

Wladiſlaw war während dieſer Vorgänge von Prag entfernt. Zum 1. Januar von König Heinrich nach Regensburg beſchieden, hatte er ſich zeitig auf den Weg gemacht und wollte das Weihnachtsfeſt zu Pilſen feiern. Kaum traf ihn hier die Kunde von Boriwois Rückkehr, ſo eilten ſeine Boten nach Bamberg, wo der König das Feſt verlebte; er verſprach Heinrich 500 Mark Silber, wenn er ihm wirkſamen Beiſtand liehe. Zugleich aber ſtürmte Wladiſlaw ſelbſt mit den Streitkräften, die ihm zu Gebote ſtanden, gegen Prag vor. Am 24. December war Boriwoi hier eingezogen, bereits am dritten Tage nachher ſtand Wladiſlaw vor den Thoren der Stadt. Der bürgerliche Krieg brach in Böhmen aus, immer gräuelvoll, aber nirgends entſetzlicher, als unter dieſem im Parteitreiben ganz verwilderten Geſchlecht. Es war ein Glück, daß König Heinrich ſich einzuſchreiten beeilte. Bereits am 1. Januar 1110 überſchritt er die böhmiſche Grenze, und vor ihm her zogen Markgraf Dietbold und Graf Berengar mit ſtarkem Gefolge nach Prag, geboten Einſtellung der Feindſeligkeiten und beſchieden Boriwoi, Wladiſlaw, Wiprecht, den Biſchof von Prag und die böhmiſchen Großen ſofort nach Roklczan (unweit Pilſen), wo vor dem Richterſtuhl des Königs Böhmens Schickſal entſchieden werden ſollte. Alle erſchienen hier, aber ſofort ließ Heinrich Boriwoi und den jungen Wiprecht verhaften und Beide nach der Burg Hammerſtein abführen. Wladiſlaw kehrte, vom Könige belehnt, nach Prag zurück. Schneller als er Böhmen betreten, verließ Heinrich das Land wieder; er eilte nach Regensburg, wohin er die Fürſten des Reichs beſchieden hatte und wo er ſie nach wenigen Tagen begrüßte.

Böhmen kam auch jetzt noch nicht zur Ruhe. Nach der ſchlimmen Sitte ſeiner Vorgänger unterließ Wladiſlaw nicht ſeine Widerſacher, die dem feindlichen Bruder die Wege bereitet hatten, grauſam zu züchtigen. Wer ſich ſchuldig wußte, flüchtete ſich deshalb nach Polen, wo auch Sobeslaw, der es immer mit dem älteren Bruder gegen Wladiſlaw gehalten hatte, damals weilte, während in Böhmen Zbigniew Aufnahme fand. So erhielt ſich die Feindſchaft zwiſchen Böhmen und Polen und war um ſo gefährlicher, als es Wladiſlaw auch im eigenen Lande nicht an Feinden fehlte, er namentlich mit ſeinem Vetter Otto von Olmütz, der ihm den Thron abgetreten hatte, binnen kurzer Zeit in traurige Zerwürfniſſe gerieth. Noch im Jahre 1110 brach Boleslaw wieder mit einem Heere in Böhmen ein, und mit ihm kam Sobeslaw in das Land. Mit großer Mühe behauptete ſich Wladiſlaw, doch hielt er zuletzt ſeinen

Gegnern Stand, und bald darauf kam es endlich zu einer Aussöhnung zwischen ihm, seinem Bruder und Neffen. Ein Friede wurde geschlossen, und die Dauer desselben bewirkten zwei schwäbische Frauen; es waren die Töchter des Grafen Heinrich von Berg, Richeza und Salome, von denen die erstere dem Böhmenherzog vermählt war, die andere der Polenherzog heimführte, nachdem ihm seine erste Gemahlin, eine russische dem ungarischen Königshause verwandte Fürstin, ein frühzeitiger Tod entrissen hatte. Eine dritte Tochter des Grafen von Berg reichte wenige Jahre später ihre Hand dem Herzoge Otto von Olmütz, der nun auch zu Wladislaw in ein besseres Verhältniß trat. Ohne Zweifel war der Vermittler dieser Ehen Bischof Otto von Bamberg gewesen, der in Böhmen und Polen gleich großes Ansehen genoß. Die drei Schwäbinnen und Bischof Otto haben den Frieden jener Länder und den deutschen Einfluß im Osten besser gewahrt, als es König Heinrich vermochte.

Die Prätendenten in Böhmen, Polen und Ungarn hielten freilich auch jetzt nicht Ruhe. Als Boriwoi aus Hammerstein entlassen war, kehrte er im Jahre 1117 nach Böhmen zurück, und Wladislaw räumte dem Bruder sogar die Herrschaft ein, indem er sich nur einen Theil Böhmens vorbehielt. Aber der alte Zwist brach von Neuem aus; Boriwoi wurde abermals entsetzt und mußte abermals das Land verlassen; in Ungarn ist er im Jahre 1124 gestorben. Auch mit Sobeslaw konnte Wladislaw kein brüderliches Verhältniß wieder gewinnen. Wiederholt versuchte Sobeslaw sein Heil bei fremden Herren und söhnte sich mit seinem Bruder erst auf dessen Sterbebette unter Vermittelung des Bischofs Otto aus. Sobeslaw gewann nach Wladislaws Tode 1125 die herzogliche Gewalt in Böhmen, der letzte von König Wratislaws Söhnen, und erst mit seiner Regierung begannen sich in dem tief zerrütteten Lande wieder bessere Verhältnisse zu gestalten.

Schneller hatte Boleslaw durch eine blutige, viel bereute That Ruhe vor dem Bruder gewonnen. Als Friede mit Böhmen geschlossen war, kehrte Zbigniew in die Heimath zurück, trat aber hier mit solchem Stolz auf, daß er sofort neue Besorgnisse bei dem Bruder erregte. In leidenschaftlicher Erregung lieh Boleslaw üblem Rathe sein Ohr und ließ Zbigniew schon am dritten Tage nach seiner Heimkehr ergreifen und blenden; bald darauf fand der Unglückliche sein Ende. Schwer beklagte Boleslaw den Frevel und suchte durch kirchliche Werke seine Schuld zu büßen. Barfuß pilgerte er im Anfange des Jahres 1113 zum Grabe des heiligen Stephan nach Ungarn, wo Koloman den hohen Pilgrim mit ausgezeichneten Ehren empfing; in tiefster Zerknirschung feierte der Polenherzog dann die Osterzeit am Grabe des heiligen Adalbert zu Gnesen. Der sonst so kampflustige Fürst mied jetzt das Schlachtgetümmel; Jahre vergingen, ehe er den Krieg gegen die Pommern von Neuem begann.

Die Reue Boleslaws hat Koloman nicht vor einer ähnlichen Greuelthat abgeschreckt. Almus hatte sich nach dem unglücklichen Kriegszug König Heinrichs auf eine Wallfahrt nach Jerusalem begeben. Nach seiner Rückkehr gedachte er in Ruhe seine Tage in dem von ihm gebauten Kloster Dömös zu beschließen; hier nahm er mit den Seinen Wohnung. Aber Koloman fürchtete auch da noch den Bruder. Im Jahre 1113 ließ er ihn gefangen setzen und blenden; gleiches Schicksal erlitt des Almus fünfjähriger Sohn Bela. Schon im folgenden Jahre starb Koloman, und ihm folgte sein Sohn Stephan II., jugendlichen Alters und jugendlichen Leichtsinns. Schnell gingen die Eroberungen des Vaters in Dalmatien an Venedig verloren; bald gerieth der junge König mit seinen Nachbaren in Oesterreich und Böhmen und mit den russischen Großfürsten in Streit, zuletzt auch mit Byzanz, wohin Almus, dem Kerker entronnen, sich geflüchtet hatte. Almus hat im fernen Exil den Tod gefunden; sein Sohn, der blinde Bela, empfing im Jahre 1131 nach Stephans Tode die Krone Ungarns. Heinrichs Kriegszüge nach dem Osten blieben ohne dauernde Nachwirkung; das Ansehen des Reichs hat er dort nicht herzustellen gewußt.

Vorbereitungen zur Romfahrt.

König Heinrich hat die Prätendenten in den östlichen Reichen ferner weder geschützt noch ihre Unbilden gerächt; er war der ruhmlosen Kämpfe an der Donau und Oder müde. Als er im Jahre 1110 die deutschen Fürsten zu Regensburg versammelt fand, erklärte er ihnen seine Absicht über die Alpen zu ziehen: er wolle die Kaiserkrone in Rom gewinnen, die weiten Länder Italiens wieder dem Reiche verbinden, Recht und Gerechtigkeit dort zu Ehren bringen; überall sei er die Kirche nach dem Wunsche des Papstes in ihrem Rechte zu schützen und zu vertheidigen entschlossen. Alle lobten seinen Entschluß und versprachen ihm Beistand; wer sich ein Mann fühlte, glaubte bei einem so mannhaften Unternehmen nicht zurückbleiben zu dürfen.

Schon vorher hatte der König eine große Gesandtschaft an den Papst abgehen lassen; sie bestand aus den Erzbischöfen Bruno von Trier und Friedrich von Köln, dem Bischof Walcher von Cambray, dem Grafen Hermann von Winzenburg und anderen Fürsten; mit ihnen war auch der Kanzler Adalbert, der persönliche Vertraute des Königs, nach Rom gezogen. Während die Rückkehr dieser Gesandtschaft noch erwartet wurde, begann der König bereits in allen Theilen des Reichs mit großer Lebhaftigkeit seine Rüstungen; zur Beschleunigung derselben begab er sich selbst nach Niederlothringen. Hier stellten sich zu Lüttich die Gesandten endlich am Hofe wieder ein. Sie waren freundlich vom Papste empfangen worden; nur das der Kirche nach kanonischem Rechte Gebührende, hatte Paschalis erklärt, verlange er, das Recht des Königs wolle er nicht antasten; mit aller Freundlichkeit werde er ihn aufnehmen, wenn er sich als ein rechtgläubiger König, als ein Sohn und Schutzherr der Kirche, als ein Freund der Gerechtigkeit erweise. Auch die große Gräfin hatten die Gesandten aufgesucht und bei ihr eine günstige Aufnahme gefunden. Der König war mit den Antworten, die ihm seine Gesandten brachten, völlig zufrieden; seine Getreuen, schrieb er an Otto von Bamberg, hätten ihn überdies wissen lassen, daß die Winterszeit günstig sei, um der römischen Kirche und dem Papste Hülfe zu leisten. Denn vorzüglich unter diesem Gesichtspunkte suchte er, obwohl sein Zerwürfniß mit dem Papste offenkundig war, die Romfahrt darzustellen.

Zu derselben Zeit brachte der König eine andere Angelegenheit zum Abschluß, welche ihn längere Zeit beschäftigt hatte. Er wünschte sich mit Adelheid, der Tochter König Heinrichs von England, zu vermählen. Die Verhandlungen mit dem Vater waren bereits im Jahre 1109 in Westminster zum Abschluß gebracht und ein Vertrag abgeschlossen, in welchem dieser seiner Tochter eine Mitgift von 10,000 Mark Silber aussetzte. Die kaum achtjährige Fürstin kam nun mit großem Gefolge, geleitet von Burchard, einem vertrauten Rathe des Königs, später Bischof von Cambray, nach Deutschland. Zu Lüttich empfing Heinrich die ihm bestimmte Braut und feierte dann zu Utrecht, wo er um Ostern einen Reichstag hielt, feierlich die Verlobung mit dem Königskinde; wie es einem mächtigen Fürsten geziemt, gab er der Verlobten die glänzendste Morgengabe. Die normannischen Ritter, die sie begleiteten und die in den deutschen Ländern ihr Glück zu machen hofften, entließ er aber alsbald mit angemessenen Geschenken; er und die Deutschen versprachen sich wenig Gutes von diesen anspruchsvollen Gästen. Am 25. Juli 1110 wurde die Braut des Königs zu Mainz feierlich gekrönt; es geschah durch Friedrich von Köln, da der erzbischöfliche Stuhl von Mainz seit dem Tode Ruthards (2. Mai 1109) erledigt war. Nach der trefflichen Editha war Adelheid oder Mathilde, wie man sie nachher in Deutschland nannte, die erste englische Fürstin, welche die deutsche Königskrone trug; als Kind in unsere Gegenden gekommen, nahm sie leicht Sprache und Sitte unseres Volkes an.

Heinrich setzte indessen ununterbrochen seine Rüstungen zur Romfahrt fort. Auf dem Reichstage zu Utrecht hatte er bereits die dort anwesenden Fürsten zu dem Unternehmen verpflichtet, andere hatte er zu sich nach Speier beschieden, wo er in der Mitte des August mit ihnen tagen wollte. Manches beunruhigte damals die Gemüther. Ein Komet, der fast sechs Monate am Himmel stand, sollte auf schwere Zeiten deuten, und schwere Zeiten kamen wenigstens über Nordelbingen. Nachdem seit Jahren Fürst Heinrich, Gottschalks Sohn, im Bunde mit den sächsischen Herzögen den wendischen Raubzügen gewehrt hatte, brachen im Frühjahre 1110 große Schaaren plündernd in das Land ein, und im Kampf gegen sie verlor Graf Gottfried, dem noch Herzog Magnus den Schutz der deutschen Ansiedler hier übertragen hatte, das Leben. Ohne zu zögern überzog darauf Herzog Lothar mit Heeresmacht das feindliche Land, strafte den Friedensbruch und nahm neun Burgen der Wenden ein. Dann kehrte er heim und verlieh die Grafschaft in Nordelbingen dem tapferen Adolf von Schauenburg. Unheil über Unheil wollte man in den Zeichen am Himmel finden, aber was Andere schrecken mochte, hemmte den König nicht. Unermüdlich betrieb er die Vorbereitungen für seinen Kriegszug und sparte nicht große Summen, um sein Heer zu verstärken. Die meisten Fürsten boten ihm willig die Hand; selbst der Böhmenherzog verpflichtete sich ihm dreihundert wohlbewaffnete Ritter unter seinem jungen Neffen Bretislaw zu senden. Auch geistlichen Beistand nahm der König in Anspruch. Den Abt Pontius von Cluny, einen ihm verwandten Mann, der vor Kurzem nach Hugos Tode die Leitung der Congregation übernommen hatte, forderte er zu Gebeten auf für die Herstellung des Friedens zwischen Kirche und Reich und für die Nachgiebigkeit des Papstes in Bezug auf die königlichen Rechte.

Unmittelbar nach dem Speierer Tage brach der König auf. Mit

einem Theile seines Heeres zog er selbst den Rhein hinauf, dann auf Lausanne zu und überstieg am großen Bernhard die Alpen; die anderen Kriegsschaaren nahmen den Weg über den Brenner durch das Etschthal. Mit größerer Macht und unter günstigeren Umständen stieg Heinrich nach Italien hinab, als jemals sein unglücklicher Vater. Den Investiturstreit, welcher so lange die Welt beunruhigt, getraute er sich, gestützt auf sein stattliches Heer, zum Vortheile des Reichs endlich wohl oder übel zu beenden. Die große Zeitfrage schien ihm reif zur Entscheidung.

Mit gespanntem Blick pflegt die Welt die Anfänge eines jugendlichen Regenten zu verfolgen. Vier Jahre herrschte Heinrich nun unbestritten in Deutschland; Zeit genug zu Erwägungen, was man von ihm zu hoffen, was zu befürchten hatte. Viel hatte er angegriffen, wenig noch durchgeführt. Mit Strenge war er hier und da gegen Räuber und Mörder eingeschritten: im Jahre 1107 hatte er zwei Raubburgen in Thüringen und zwei andere in Lothringen zerstört, dann einen Menschen enthaupten lassen, der sich gegen das Leben des Bischofs von Utrecht verschworen. Aber von der Aufrichtung eines neuen allgemeinen Reichsfriedens hören wir nicht; wenn der innere Friede in Deutschland weniger gestört war, als in früheren Zeiten, so lag der Grund wohl hauptsächlich darin, daß viele Veranlassungen beseitigt waren, welche den Bürgerkrieg so lange immer von Neuem genährt hatten. Gegen die äußeren Feinde des Reichs hatte Heinrich eine nicht geringe Rührigkeit an den Tag gelegt. Robert von Flandern und die Böhmen hatte er so im Gehorsam erhalten; die Unternehmungen gegen Ungarn und Polen waren aber fast eilfertiger aufgegeben, als schnell ergriffen. Diese Kriege, in denen es gar nicht zu ernsten Kämpfen kam, hatten dem Könige wenig Ruhm gebracht. Mit Recht stieß man sich daran, daß er einem christlichen Fürsten, der im Kampfe gegen heidnische Stämme lag, ohne genügenden Grund in das Land fiel; man tadelte überdies, daß er Prätendenten, deren Ansprüche sehr zweifelhaft waren, seinen Beistand lieh. Die deutschen Fürsten waren ohne innere Theilnahme für diese Händel, in denen sich mehr haftiger Thatendrang und gewaltthätige Habgier des Königs, als ein fester und auf hohe Ziele gerichteter Sinn zu erkennen gab.

Die leidenschaftliche Härte des Königs blieb nicht lange den Fürsten verborgen. Gegen seine früheren Gegner erwachte leicht der alte Groll. So lieh er der Anklage, welche Graf Heinrich von Limburg im

Anfange des Jahres 1109 auf einem Fürstentage zu Frankfurt erhob, daß der rheinische Pfalzgraf Siegfried hochverrätherische Absichten gegen König und Reich hege, williges Gehör und übergab den Pfalzgrafen dem Bischof von Würzburg zur Bewachung; erst drei Jahre später schenkte er ihm auf die Bitte der Fürsten die Freiheit wieder. Vielleicht war es ebenfalls Heinrich von Limburg, der seinen alten Nebenbuhler Herzog Gottfried um die Gunst des Königs zu bringen suchte. Die Fürsten benutzten das englische Königskind, um Gottfried zu retten; die kleine Braut mußte für den Lothringerherzog ihre erste Fürbitte einlegen. Wenige Männer standen dem Könige im Anfang seiner Regierung näher, als Wiprecht von Groitsch, und doch hatte auch er die Härte des neuen Herrschers zu fühlen, als sein Sohn und Schwager nach Hammerstein in engen Gewahrsam gebracht wurden. Kaum milder, als gegen die weltlichen Herren, verfuhr der König gegen den Klerus. Mit welcher Willkür er die Bisthümer besetzte, sah Jedermann, und nicht minder willkürlich verfügte er über die Abteien; in Fulda setzte er im Jahre 1109 den Abt ab und übergab das reiche Kloster einem ihm vertrauten Mönch, Ernulf mit Namen. Den Bürgerschaften zeigte Heinrichs Verfahren in Cambray, was sie, wenn seine Macht völlig erstarkte, zu erwarten hatten.

Niemand wird bezweifeln, daß ein trotz seiner Jugend so rücksichtslos durchgreifender Regent Groll in vielen Gemüthern erweckte. Aber man fürchtete ihn und gehorchte, wenn man auch murrte. Selbst die am meisten den Gregorianischen Ideen zugethanen Kirchenfürsten bewiesen ihm ihre Ergebenheit, obwohl ihnen kaum entgehen konnte, wie wenig Devotion er in Wahrheit gegen die Kirche hegte. Wenn er mit Gebhard von Konstanz, Otto von Bamberg und ihren Geistesverwandten ein friedliches Benehmen erhielt, so leitete ihn dabei die Klugheit; nicht von weitem war er deshalb ein Recht des Reiches aufzugeben gewillt. Nur als Werkzeuge wollte er diese Männer benutzen, um den Papst hinzuhalten und schließlich seine Absichten zu ertrotzen, während sie an der Ueberzeugung festhielten, durch ihre Vermittelung ein gütliches Abkommen zwischen Kirche und Reich endlich doch noch zu ermöglichen, und deshalb bis an die äußerste Grenze der Nachgiebigkeit und darüber hinaus gingen. In vermittelndem Sinne suchte vornehmlich Bruno von Trier, welchen die Fürsten dem jungen Könige zur Seite gestellt hatten, auf die Angelegenheiten des Reichs zu wirken. Aber sein Ansehen wurde von Tag zu Tag mehr durch den ehrgeizigen Kanzler Adalbert herabgedrückt, welcher sich im Vertrauen des Königs völlig befestigt hatte; seit Jahr und Tag war dem Kanzler auch bereits das erledigte Erzbisthum Mainz versprochen und seine Wahl bewirkt worden. Wenn sich Erzbischof Bruno mit besonderer Zärtlichkeit der jungen Braut des Königs annahm, so hoffte er wohl durch sie den Boden wieder zu gewinnen, welchen ihm die List des Kanzlers entzogen hatte.

Wie unerfreulich die Zustände in manchem Betracht waren, darf man doch nicht vergessen, daß das Reich geeinigter war, als seit Jahrzehnten, daß das Königswort wieder galt, daß die deutschen Fürsten gemeinsame Interessen anerkannten. Großes glaubte der König jenseits der Alpen zu erreichen, was ihm nicht nur Glanz bei der Mitwelt verleihen, sondern auch Nachruhm bei den spätesten Geschlechtern sichern würde. Er führte als Herold seiner Thaten seinen Kapellan David mit sich, einen Schotten, der früher Vorsteher der Schule in Würzburg gewesen war, und später zum Bischof von Bangor in Wales erhoben wurde. David beschrieb des Königs Romfahrt; wir besitzen leider sein Buch nicht mehr, aber wir wissen, daß er, obwohl er nach Herolds Weise das Lob seines Herrn laut genug verkündigte, mit seinem Panegyricus wenig Glauben fand.

Als sich der König im September 1107 in Goslar aufhielt, war ihm ein besonderes Glück widerfahren. In sein Schlafgemach schlug der Blitz ein und fuhr an der Wand zu Häupten des Lagers nieder; aus des Königs Schild, der dort lag, wurden mehrere Nägel herausgesprengt, die Spitze des Schwertes an seiner Seite schmolz, doch er selbst blieb unversehrt. Wie Andere, mag er damals geglaubt haben, daß er ein erwählter Liebling des Glücks sei und nicht vor Schlägen zu beben habe, die andere Sterbliche niederschmettern. Nicht den Wetterstrahl hatte er zu fürchten, wohl aber die Strafe der Gewaltthaten, durch welche er die Macht gewonnen hatte und sie zu behaupten gedachte.

2.
Italien und das Papstthum unter dem Zwange.

Wenn Freiheit ohne Einheit stark machte, hätte Italien von dem jungen König, der jetzt mit Heeresmacht über die Berge kam, wenig zu fürchten gehabt. Seit mehr als zehn Jahren war die kaiserliche Autorität südlich der Alpen fast nicht mehr geübt. Die Marken von Verona und Istrien standen in unmittelbarer Verbindung mit Deutschland, in Ancona und im Herzogthum Spoleto behauptete sich mit nicht geringer Energie der Schwabe Werner als kaiserlicher Statthalter: sonst machte sich die deutsche Herrschaft in den Ländern Italiens kaum noch fühlbar.

Die Italiener hatten die Zeit der Freiheit nicht ungenützt gelassen. Die Bürgerschaften in der Lombardei und in Tuscien hatten ihre republikanischen Einrichtungen befestigt, ihre Territorien erweitert, zugleich der hohe Adel seine Lehnsherrschaften abgeschlossen und gesichert; die große Gräfin beherrschte ein glänzendes Fürstenthum mit factisch selbstständiger Gewalt, und andere einheimische Fürsten bemühten sich nicht ohne Glück Gleiches wie sie zu erreichen. Italien, das reichste Land des Occidents, bot unermeßliche Hülfsquellen zur Vertheidigung gegen jeden Angriff von außen, hätte sich nur eine Macht gefunden, stark genug, um seine Kräfte zur Abwehr eines Feindes, der die gewonnene Macht Aller in gleicher Weise bedrohte, zu sammeln und zu leiten.

Eine solche Macht fehlte. Mathilde war alt geworden; ihre Devotion gegen Rom war dieselbe geblieben, aber ihr kriegerischer Muth gebrochen. Kaum hat sie je daran gedacht, den Kampf, den sie siegreich gegen den Vater durchgeführt hatte, gegen den Sohn zu erneuern. Mailand mochte kräftig genug sein, um sich selbst zu schützen, aber darüber hinaus reichte seine Macht nicht; nicht einmal einen Städtebund, wie in den Zeiten Heinrichs IV., würde es jetzt haben bilden können. Es gab kein gemeinsames Ziel für die in rascher Entwickelung stehenden Communen; jede suchte nur sich zu sichern und für sich zu sorgen, um das Gedeihen Anderer unbekümmert, ja rücksichtslos jedes Recht Anderer verletzend. Lucca stand mit Pisa im Kampfe, Mailand in einer erbitterten Fehde gegen Lodi, Cremona und andere Städte. So lebten die Communen in Uneinigkeit mit einander, zugleich häufig im Streit mit ihren Bischöfen und den benachbarten Fürsten.

Am wenigsten war Papst Paschalis der Mann das zwieträchtige

Volk Italiens zu einigen. In seiner eigenen Herrschaft stets bedroht, hat er nicht einmal den Versuch für Italien einzutreten gemacht. Als er sich gegen Ende des Jahres 1108 von Benevent nach Rom endlich zurückzukehren entschloß, stand die ganze Campagna und das Sabinerland im Aufstande; auch Ptolemäus von Tusculum hatte sich empört; in Rom hielt Stefano Corso mit seinem Anhange das Capitol besetzt. Nur mit normannischen Schaaren, welche der Herzog von Gaeta Richard von Aquila*) führte, wagte der Papst sich in sein Land; mit ihrer Hülfe brachte er die Burgen der Aufständigen in der Campagna zur Uebergabe, gewann er endlich auch in Rom selbst die Oberhand. Die Burgen der Corsen auf dem Capitol wurden erstürmt; Stefano unterwarf sich und gab dem Papste zurück, was er der Kirche entzogen hatte. So wurde endlich ein Friedenszustand in der Stadt und ihrem Gebiet wieder hergestellt, wie man ihn lange entbehrt hatte. Kaum Herr wieder in Rom, empfing der Papst die Gesandten, welche ihm die Absicht des Königs zu seiner Kaiserkrönung nach Rom zu kommen kund gaben. Wie ihre Botschaft auch über die zwischen Kirche und Reich schwebenden Streitfragen gelautet haben mag, Paschalis konnte darüber nicht mehr in Zweifel sein, daß der König das Investiturrecht nicht gutwillig aufgeben würde: dennoch ertheilte er den Gesandten eine nicht ungünstige Antwort und eröffnete Aussichten auf eine Ausgleichung des Streits.

Unter solchen Umständen mußte es Verwunderung erregen, daß der Papst auf einer Synode, welche er am 7. März 1110 im Lateran eröffnete, nicht nur die Bestimmungen der Synode zu Troyes erneuerte, sondern überdies Alle, welche durch Gewalt oder gütliche Mittel die kanonische Besetzung der Kirchenämter hinderten, für Tempelschänder, und alle Kleriker, welche durch Tempelschänder auf solche Weise erhoben würden, der Excommunication verfallen erklärte. So vieldeutig die Verordnung schien, war ihre Beziehung auf Heinrich kaum zweifelhaft; um so weniger, als der Papst bald darauf nach Unteritalien ging, um sich des Beistandes der normannischen Fürsten für den Fall eines Angriffs zu versichern. Trotz der freundlichen Verhandlungen mit dem Könige schien Paschalis auf Maßregeln zu denken, um sich und die Kirche gegen Gewaltthaten zu sichern.

---

*) Das Herzogthum von Gaeta war damals eine vom Fürstenthum Capua abhängige Lehnsherrschaft.

Die Normannen ließen es an Hülfszusagen nicht fehlen, doch mochte der Papst selbst fühlen, daß er in ihnen feste Stützen kaum finden würde. In Capua war im Jahre 1106 auf Richard II. sein Bruder Robert I. gefolgt, ein rücksichtsloser und habgieriger Fürst. Mit Gewalt hatte Robert seine Macht in der Stadt wieder befestigt, mit Gewalt suchte er sein Fürstenthum zu erweitern: einen uneigennützigen Beistand hatte der Papst von ihm nicht zu erwarten. Herzog Roger von Apulien führte ein schwaches Regiment, theils durch Aufstände der Barone, theils durch seinen unruhigen Stiefbruder Bohemund gehemmt. Denn der Fürst von Antiochia war, nachdem er sich aus der Gefangenschaft der Türken gelöst hatte (S. 708), nach dem Abendlande geeilt, um Geld und Mannschaft für einen neuen Kreuzzug zu gewinnen. Sein Aufruf hatte besonders in Frankreich Wiederhall gefunden, wo er sich mit einer Tochter König Philipps vermählte. Die dort gesammelten Schaaren hatte er dann in seine apulischen Gebiete geführt und dort vermehrt, war aber mit ihnen nicht nach dem gelobten Lande, sondern nach Epirus gezogen, um hier gegen seinen alten Gegner Kaiser Alexius den Kampf zu erneuern. Mit Hülfe der Venetianer hatte indessen der Kaiser den Angriff zurückgewiesen und Bohemund zu einem Frieden genöthigt, in welchem er die Länder der Griechen nicht mehr anzugreifen gelobte, während Alexius alle Kreuzfahrer, welche durch seine Länder zögen, zu unterstützen versprach (1108). Seitdem waren Bohemunds Gedanken wirklich auf den neuen Kreuzzug gerichtet, zu dem er ausgedehnte Rüstungen machte; weder er noch Roger dachten daran, sich jetzt in einen Kampf gegen Heinrich zu stürzen. Auch Sicilien konnte dem Papste keine Hülfe bieten. Der große Graf Roger war bereits im Jahre 1101 gestorben, und seine Herrschaft hatte ein unmündiger Knabe, welcher den Namen des Vaters trug, überkommen. Adelheid von Montferrat, die Mutter des Knaben, führte das Regiment, oder vielmehr in ihrem Namen ihr übermüthiger Günstling Robert von Burgund. Mit sicilischem Gold hat Adelheid den Papst in mancher Bedrängniß unterstützt; ihn gegen die Deutschen zu schützen, lag außer ihrer Macht. So boten die Fürsten des Südens dem Papste wenig Rückhalt, wenn er selbst bedrängt werden sollte, und die Kräfte des nördlichen Italiens für sich zu gewinnen hatte Paschalis nicht einmal versucht. Was konnte es da nützen, daß er sich von den römischen Herren den Eid der Treue erneuern ließ? Es war ja offenbar, daß ein großer Theil des städtischen Adels doch niemals ernstlich zum Schutze der päpstlichen Macht mitwirken würde.

König Heinrich verkündigte, als er seine Rüstungen betrieb, daß er als Beglücker Italiens, als Freund der römischen Kirche ausziehen werde. Aber wer hätte nicht gewußt, daß er zur Herstellung der deutschen Herrschaft in der Halbinsel des Apennin die Waffen ergriff? Und wer hätte in dieser Herstellung nicht für die Selbstständigkeit der Städte, des Papstthums, der Normannenherrschaften Gefahren sehen sollen? Alle fürchteten, und doch dachte Niemand an gemeinsamen Widerstand; zu einer sicheren Beute gab sich Italien selbst dem Könige preis.

Unbehindert zog der König vom Paß des großen Bernhard gegen Jvrea, unbehindert stiegen die Fürsten vom Brenner in das Etschthal hinab. Novara wollte dem Könige bei weiterem Vorrücken nicht die Thore öffnen, büßte aber seine Unbotmäßigkeit schwer; die Mauern und Häuser der Stadt wurden Anderen zum warnenden Beispiele bis auf den Grund zerstört. Auch die Fürsten brachen auf ihrem Marsche einige Burgen, von denen sie aufgehalten wurden; aber sie so wenig, wie der König, begegneten bis zum Po irgendwo einem Feinde im offenen Felde. Unter Jubelruf vereinigten sich beide Heere auf den Roncalischen Feldern, wo es bereits Sitte war die große Heerschau bei der Romfahrt zu halten*). An einem Pfahle wurde das königliche Schild Allen sichtbar erhöht, und der Reichsherold rief die Vasallen des Reichs zur nächsten Nachtwacht am Königszelt auf; derselbe Ruf erging dann weiter an die Vasallen der einzelnen Fürsten von ihren Herolden. Wer bei der Nachtwacht von den zur Fahrt Entbotenen nicht erschien, wurde am folgenden Tage noch einmal vorgefordert; zeigte er sich auch dann nicht, so wurden ihm seine Lehen genommen. Es ergab sich, daß 30,000 Ritter von den Alpen herabgestiegen waren; wohlgerüstete, glänzende Schaaren, denen sich zahlreiches Fußvolk und ein endloser Troß anschloß.

Nach wenigen Tagen ging man über den Po und lagerte bei Piacenza. Diese Stadt, lange ein Mittelpunkt der Patarener, scheint zuerst einigen Widerstand versucht zu haben, gab ihn aber bald auf; auch die anderen lombardischen Städte mit Ausnahme von Mailand und Pavia hielten Unterwerfung für räthlich und schickten dem Könige Geschenke. Zugleich eilte fast der ganze lombardische Adel in das Lager des Königs.

---

*) Vergl. Bd. II. S. 513.

Mehr und mehr erweiterten sich die Räume desselben, so daß sie kaum noch zu übersehen waren. Wenn in der Nacht vor allen Zelten die Fackeln angezündet wurden und ein Flammenmeer durch die weite Ebene zu wogen schien, erregte der Anblick zugleich die Bewunderung und den Schrecken Italiens.

Drei Wochen lag der König bei Piacenza, dann brach er nach Parma auf, wo ihn Boten trafen, welche er an die große Gräfin gesandt hatte. Sie brachten erwünschte Antwort zurück; denn Mathilde, welcher sie zu Bianello begegnet waren, hatte ihre Verpflichtungen gegen das Reich anerkannt, wenn sie auch um Entbindung von der Heeresfolge gebeten hatte. Es war dem Könige genug, wenn sie nicht feindliche Gesinnungen zeigte; daß sie sich seinem Heere nicht anschließen wollte, konnte seinen Absichten eher förderlich als nachtheilig sein.

Als das Heer im November von Parma aufbrach und auf den Apennin seinen Marsch richtete, trat die Regenzeit ein. Unter unsäglichen Beschwerden, unter schwerem Verlust an Rossen und an Gepäck zog man weiter; nur sehr langsam rückte man aus der Stelle. Der alten Frankenstraße folgend, hatte man den Paß am Monte Barbone zu übersteigen, stieß aber hier auf unerwarteten Widerstand. Die Burg Pontremoli, welche auf steiler Höhe belegen den Paß schließt, hemmte den Fortschritt des Heeres; sie mußte erst bezwungen werden, ein Werk saurer und langer Arbeit. Im Anfange December stieg endlich das Heer in die Ebene von Toscana hinab und nahm seinen Marsch nach Pisa. Die reiche und mächtige Stadt lag damals, wie erwähnt ist, mit Lucca im Kampfe und hatte gegen ihre alte Nebenbuhlerin schon mehrere Schlachten geschlagen; der König entschied den Streit zu Gunsten Pisas und gewann sich dadurch den nicht gering anzuschlagenden Beistand dieser Commune für seinen weiteren Zug. Noch immer hatte man mit dem Wetter zu kämpfen — sieben Wochen lang hielt der Himmel die Schleusen geöffnet — erst als man kurz vor Weihnachten nach Florenz kam, verzogen sich die verderblichen Regenwolken. Mit um so größerer Freude feierte man das Fest in der schönen, rasch aufblühenden Stadt am Arno.

Gleich nach Weihnachten verließ der König Florenz und zog nach Arezzo. Man ließ ihn in die Stadt ein, in welcher gerade ein erbitterter Streit zwischen dem Klerus und der Bürgerschaft ausgebrochen war; jener hatte den Bischofssitz nach der Kirche des heiligen Donatus außerhalb der Stadt verlegen wollen, diese hatte sich widersetzt und die Kirche zerstört. Der König nahm sich des Klerus gegen die Bürger-

schaft an, aber die Bürger wollten deshalb nicht nachgeben; sie schlossen
dem Könige die Burg der Stadt, gewillt ihr Recht gegen ihn sogar mit
den Waffen zu schützen. In der That mußte der König erst mit Gewalt ihre Hartnäckigkeit bewältigen; die Burg wurde darauf bis auf den
Grund zerstört. Dieser Handel hielt den König längere Zeit bei Arezzo
auf; noch am 19. Januar 1111 war er in der Stadt.

Nirgends in Tuscien hatte der König weitere Widersetzlichkeit zu
besorgen; sein Blick war schon allein auf Rom und den Papst gerichtet.
Noch von Arezzo aus schickte er Gesandte nach der Kaiserstadt. Sie
überbrachten ein Schreiben an das römische Volk, in welchem der König
erklärte: gleich nach seinem Regierungsantritte habe er Rom, den Sitz
des Kaiserreichs, aufsuchen wollen, sei aber durch die Wirren in Deutschland daran bisher gehindert worden; nachdem er dieselben beigelegt
und auch in Italien, dem uneinigsten und zerrissensten Lande der Welt,
Frieden und Eintracht hergestellt habe, nahe er sich jetzt der Stadt, wie
seine früheren Gesandten es versprochen hätten und wie er selbst dazu
aufgefordert sei, um von dem römischen Volke und der römischen Kirche
Alles, was ihm gebühre, zu empfangen, dagegen Beiden Alles zu gewähren, worauf sie Anspruch hätten; er wolle die Römer erhöhen, ehren
und bereichern, wie ein Lehnsherr seine Getreuen, ein Vater seine
Söhne, ein Bürger seine Mitbürger. Er ließ die Römer auffordern
ihm Gesandte zu schicken, mit denen er, was ihrem gemeinsamen Vortheile diene in Berathung nehmen könne. Auch dem Papste ließ der
König zugleich sein Anrücken melden, erbot sich zu einem billigen Vergleiche, um den Streit zwischen Reich und Kirche zu schlichten, und beanspruchte die Krönung in St. Peter.

Die zurückkehrenden Gesandten trafen den König bereits in Aqua-
pendente auf dem halben Wege nach Rom; sie begleiteten römische Abgeordnete, welche Versicherungen der Ergebenheit von Seiten der Bürgerschaft überbrachten. Zugleich erfuhr der König, daß der Papst sich
zu einer Verständigung bereit zeige und die Absendung einiger königlichen Bevollmächtigten wünsche, um mit ihnen einen Vergleich festzustellen,
nach dessen Abschluß er die Krönung vollziehen werde. Der König
schickte darauf seinen Kanzler Adalbert ab, mit ihm vier ritterliche Männer, die Grafen Hermann von Winzenburg, Friedrich von Arnsberg,
Gottfried von Calw und den Truchseß Folkmar; in Begleitung der
römischen Gesandten eilten diese nach Rom, während das Heer langsam

weiterrückte und nach einigen Märschen bei Sutri ein Lager aufschlug; schon am zweiten Tage konnte es von hieraus in Rom einrücken.

Die Verhandlungen führten indessen in Rom zu dem unerwartetsten Resultate. Der Papst hatte, als der König näher und näher zog, als ihm kein Zweifel blieb, daß derselbe mit bewaffneter Hand das Investiturrecht beanspruchen würde, die normannischen Fürsten zur Hülfe gerufen, aber seine Boten hatten Worte statt Heere zurückgebracht. Da er nun überdies nicht mit Unrecht dem römischen Adel mißtraute, sah er sich jedes Schutzes gegen den König und sein Heer beraubt und völlig verlassen. In dieser Noth mußte er entweder das Investiturrecht, welches der König hartnäckig beanspruchte, ihm einräumen — und dies war der offene Bruch mit den von der römischen Kirche und ihm selbst unter so vielem Blutvergießen durch ein Menschenalter vertheidigten Principien — oder er mußte kraft seiner geistlichen Omnipotenz die kirchlichen Oberen zur Aufgabe aller jener Regalien zwingen, mit welchen die Kaiser bisher jenes Recht begründet hatten. Geschah das Letztere, so konnte allerdings Heinrich die Investituren nicht länger beanspruchen, aber es war klar, daß damit eine vollständige Revolution aller Verhältnisse des Kaiserreichs und der abendländischen Kirche eintreten mußte. Das geistliche Fürstenthum war bisher eine der stärksten Säulen gewesen, auf welcher das Kaiserthum, auf welcher alle staatlichen und kirchlichen Zustände des Abendlandes, auf welcher endlich das Papstthum selbst ruhte. Nicht mit den Principien eines Menschenalters, sondern mit der Tradition dreier Jahrhunderte, mit welcher alles Bestehende fest verbunden schien, war dann zu brechen.

Nimmermehr konnte sich der Papst verhehlen, welche Opfer er den kirchlichen Oberen zumuthete, wenn sie ihre fürstliche Stellung, ihre wichtigsten Rechte, ihre reichsten Einnahmen aufgeben sollten. Sie mußten dies nach den Vorstellungen der Zeit als einen Tempelraub empfinden, wie niemals ein ähnlicher begangen sei; vor Allem die deutschen Bischöfe, die am schwersten betroffen wurden. Denn in Italien hatte der Investiturstreit die merkwürdige Folge gehabt, daß die Bischöfe ihre Hoheitsrechte zum großen Theil bereits eingebüßt hatten; was die Kaiser ihnen an solchen einst in Fülle gewährt, hatte meist die siegreiche Pataria ihnen bereits entrissen und auf die Bürgerschaften übertragen. In Deutschland standen die Bischöfe dagegen damals in dem vollen Glanze fürstlicher Autorität, und kein Gedanke lag ihnen ferner, als gutwillig die langsam und mühsam gewonnenen Hoheitsrechte aufzugeben. Wollte der Papst sie ihnen dennoch entziehen, und traute er sich die Macht zu, die zu einem solchen gewaltigen Unternehmen erforderlich war?

Wunderbar genug, Paschalis glaubte in seiner Verzweiflung eher alle Consequenzen des gewagtesten Entschlusses auf sich nehmen zu sollen, als daß er Kirchengesetze opferte, die zwar ziemlich neuen Datums waren, in denen aber seine und seiner Gesinnungsgenossen Gedanken einmal gipfelten, und zu seinen Gesinnungsgenossen gehörte auch die Mehrzahl der Cardinäle. Als daher die Bevollmächtigten des Königs vor dem Papste erschienen und die Investituren für ihren Herrn mit aller Entschiedenheit in Anspruch nahmen, da das Reich ohne die Lehnspflicht der geistlichen Fürsten, nachdem die früheren Könige fast alles Reichsgut und alle Regalien ihnen zu Lehen gegeben, nicht bestehen könne, erklärte ihnen unverzüglich der Papst: Alles, was dem Reiche gehört habe, werde der König zurückempfangen und behalten; der Klerus habe sich fortan mit den Zehnten und frommen Schenkungen der Kirche zu begnügen. Die Bevollmächtigten des Königs erhoben dagegen die Einsprache, daß der König nie der Kirche einen so gewaltigen Verlust an längst erworbenen Rechten zugemuthet habe oder zumuthen werde; sie erhoben auch gegen die Ausführbarkeit einer so durchgreifenden Veränderung ernste Bedenken. Aber der Papst betheuerte, daß er dem Könige und dem Reiche alle Regalien zurückstellen und Jeden mit dem Banne strafen werde, welcher sich seiner Anordnung widersetzen würde. Werde dies durchgeführt, erklärten endlich die deutschen Unterhändler, so sei der König den Investituren zu entsagen entschlossen. So kam man überein, daß die Krönung am Sonntag dem 12. Februar vollzogen und am Tage der Krönung selbst die feierliche Entsagung auf die Investitur von Seiten des Königs, auf die Regalien von Seiten des Papstes stattfinden solle.

Am 4. Februar wurde in der Kirche von S. Maria in Turri in der Leostadt das Geschäft zwischen den königlichen Gesandten und einigen päpstlichen Bevollmächtigten, unter denen auch der mächtige Pier Leone war, zum völligen Abschluß gebracht. Zwei Urkunden stellte man aus, die eine die Zusagen des Königs, die andere die des Papstes enthaltend; jene wurde von den königlichen Gesandten, diese von Pier Leone beschworen. Wir kennen den Wortlaut beider Urkunden und ersehen daraus, mit wie großem Mißtrauen man von beiden Seiten verfuhr.

Der König — so wurde von seinen Abgesandten zugestanden — wird am Tage seiner Krönung öffentlich vor Klerus und Volk der Investitur bei allen Kirchen schriftlich entsagen und nachdem der Papst ihm die Regalien übergeben, eidlich geloben, niemals die Investitur wieder an sich zu ziehen und alle Besitzungen freizugeben, welche nicht offenkundig zum Reiche gehört haben. Das Patrimonium und die Besitzungen des h. Petrus wird der König dem Papste zurückstellen und überlassen, wie es Karl, Ludwig, Heinrich und andere Kaiser gethan haben, und wird alle diese Besitzungen ihm bewahren helfen. Die Würde, Leben, Leib und Freiheit des Papstes wird er weder selbst antasten noch durch seine Getreuen antasten lassen, auch Pier Leone oder Andere, die für den Papst Bürgschaft übernehmen, nicht beschädigen. Zwölf Fürsten des deutschen Reichs nach der Bestimmung des Papstes und der Kanzler Adalbert werden für diese Zusagen als Bürgen eintreten; sie werden dem Papste eidlich Sicherheit für seine Würde, Leben, Leib und Freiheit geloben und sich, wenn der König sein Versprechen nicht halten sollte, mit ihrer ganzen Macht dem Papste und der römischen Kirche zu Gebote stellen. Am nächsten Donnerstag wird ferner der König fünf deutsche Fürsten dem Papste als Geiseln stellen; die Geiseln, die er dagegen vom Papste empfängt, wird er am 12. Februar zurückgeben, selbst in dem Falle, daß die Krönung unterbleiben sollte; schließlich wurde noch den Gesandten des Papstes besondere Gewähr für ihre Sicherheit geleistet. Alle diese Zusagen, so bekräftigten die Gesandten eidlich, werde der König am nächsten Donnerstag selbst beschwören und durch zwölf Fürsten beschwören lassen, auch getreulich, wenn der Papst seine Versprechungen halte, in Ausführung bringen.

Dagegen beeidigte Pier Leone im Namen des Papstes, daß sein Herr, wenn der König die gemachten Zusagen erfülle, am Krönungstage den anwesenden Bischöfen gebieten werde, alle Regalien dem Könige und dem Reiche zurückzugeben, welche in den Zeiten Karls, Ludwigs, Heinrichs und ihrer Nachfolger zum Reiche gehört hätten, ferner werde der Papst schriftlich unter dem Bann verbieten, daß die anwesenden oder abwesenden Bischöfe und ihre Nachfolger je wieder die Regalien in Anspruch nähmen, als da seien Städte, Herzogthümer, Markgrafschaften, Grafschaften, Münze, Zölle, Märkte, Reichsvogteien, Zehntgerichtsbarkeiten, Reichshöfe, Reichsmannschaft und Reichsburgen; auch der Papst selbst werde diese Regalien von König und Reich niemals wieder beanspruchen und durch ein Privilegium ihn und seine Nachfolger gegen alle Beläftigungen durch spätere römische Bischöfe schützen. Der Papst wird den König — so hieß es weiter — feierlich und ehrenvoll empfangen, ganz nach der bei den früheren Kaisern beobachteten Ordnung die Krönung an ihm vollziehen und ihm sein Reich bewahren helfen. Erfüllt der Papst diese Versprechungen nicht, so wird Pier Leone mit aller seiner Macht zum König halten. Die vom König gestellten Geiseln werden am Tage nach dem für die Krönung bestimmten Termine zurückgegeben werden, selbst wenn durch Schuld des Papstes die Krönung nicht zum Vollzug kommen sollte. Endlich gelobte noch Pier Leone persönlich einige seiner nächsten Angehörigen als Geiseln zu stellen, damit die feierliche Procession zum Lateran bei der Engelsburg und auf der Brücke nicht gehemmt werde und ungestört stattfinden könne.

Mit diesen Urkunden kehrten die königlichen Gesandten, begleitet von Abgeordneten des Papstes, nach Sutri zurück. Hier leiftete am 9. Februar der König den Schwur, der von ihm verlangt war, ebenso die zwölf Fürsten und der Kanzler Adalbert. Ohne Verzug brach der König dann auf; am 11. Februar stand er mit seinem Heere am Monte Mario und auf den Neronischen Wiesen. Am anderen Tage sollte der langjährige Haber zwischen Kirche und Reich enden, sollte die Kaiserkrönung erfolgen. Wie oft, wie laut und wie heiß hatte man nach dem Abschluß des unseligen Streites verlangt! Und doch, als man nun das Langersehnte erreicht zu haben schien, war nirgends Freude und Jubel; Mißtrauen und Bangigkeit bedrückten alle Gemüther.

Allgemein besorgte man, daß kein aufrichtiges Uebereinkommen getroffen sei, und ein falscher Handel war in der That geschlossen. Der König hat den Papst der Unredlichkeit beschuldigt; gewiß mit Unrecht, denn der Papst handelte ehrlich, so weit eine That der Verzweiflung auf ehrlicher Ueberzeugung beruht. Denn ohne allen Grund hat man in Paschalis Entschließung ein der Zeit voraneilendes reformatorisches Streben, eine besondere sittliche Erhebung, ja eine höhere Erleuchtung finden wollen; nichts Anderes war sie, als das letzte zwecklose Vertheidigungsmittel in einer unrettbaren Stellung, der traurige Nothbehelf eines Mannes, der ein Princip, welches ihm für unantastbar galt, um jeden Preis erhalten will und doch alle wirksamen Mittel der Erhaltung nicht ohne eigene Schuld verloren hat. Dagegen hatten der Kanzler des Königs, durch dessen Hände alle Verhandlungen gegangen waren, und der König selbst sogleich erkannt, daß der Vertrag völlig unausführbar sei, daß sich die Bischöfe, namentlich die deutschen, gegen ihn auflehnen müßten, daß sich der Papst durch diesen verzweifelten Schritt in die größte Gefahr gestürzt hatte. Sie haben es selbst eingestanden, daß sie nie an die Ausführbarkeit des Vertrags geglaubt haben; sie haben ihn also nicht in ehrlicher Meinung geschlossen, sondern nur zur Erreichung ihrer letzten Absichten dem Papste gegenüber. Wie Heinrich seinen leiblichen Vater einst zur Abtretung des Reichs genöthigt hatte, so wollte er jetzt dem Papste, seinem geistlichen Vater, das bestrittene Investiturrecht in der äußersten Bedrängniß abbringen. Schwer wäre das Ziel zu erreichen gewesen, wenn ihm die Unbesonnenheit des Papstes nicht die Arbeit erleichtert hätte.

Am Sonntag den 12. Februar sollte die Krönung in St. Peter stattfinden. Alle Vorbereitungen waren getroffen, um sie mit dem gewohnten Glanze zu feiern. Am Morgen zogen die römischen Milizen, die Zünfte mit ihren Bannern, die päpstlichen Beamten, das Volk mit Blumen und grünen Zweigen hinaus, um den König zu empfangen. Inmitten der jubelnden Menge, umtönt von dem Rufe: „der heilige Petrus hat König Heinrich erwählt", nahte sich der König, hoch zu Roß, dem Thore der Leostadt; ein stattliches Kriegsvolk folgte ihm, in ihm die ersten Fürsten des Reichs. Zweimal beschwor der König die Rechtsgewohnheiten und Besitzverträge der Römer, einmal an einer kleinen Brücke vor dem Thore, dann am Thore selbst. Daß er den Schwur in deutscher Sprache leistete, befremdete die Römer; sie argwöhnten Schlimmes, einige eilten in die Stadt zurück und riefen: Verrath!

Vor dem Thore begrüßten die Juden den König mit ihren Psalmen; innerhalb desselben empfingen ihn die Hymnen der Griechen, die Chorgesänge des städtischen Klerus, der zahllosen Mönchsorden. Der König stieg vom Pferde; umrauscht von tausendstimmigen Lobliedern, umwallt von Weihrauchswolken, umwogt von der hochangeschwollenen Menschenmasse, schritt er langsam auf St. Peter zu und erstieg die zum Dome führende Treppe, auf deren Höhe ihn der Papst inmitten der Cardinäle empfing. Ehrerbietig senkte er vor dem heiligen Vater die Knie und küßte dessen Füße; freundlich erhob ihn der Papst und reichte ihm die Lippen zum Kuß. Dreimal umarmten sich Papst und König, dreimal küßten sie sich, und doch war Beider Herz ohne Friedensgedanken. Eine ähnliche

Gewaltthat, wie Heinrich einst in Bingen gegen seinen Vater geübt, trug er gegen den Papst im Sinne, und der Papst zitterte vor dem Manne, dem er selbst die Mittel zu der Gewalt geboten hatte, die sich nun gegen ihn wandte. Schon die nächsten Augenblicke belehrten ihn, wie er in das Netz gegangen war, mit welchem ihn der listige König umstellt.

Heinrich hat alsbald in einem Manifest behauptet, daß bei seinem Einzuge von den Römern Verrath geübt sei; mehrere Deutsche, die sich vom Zuge entfernt, seien getödtet oder gefangen, andere beraubt oder mißhandelt worden. Mit der gleichen Behauptung — und sie kann nicht grundlos gewesen sein, wo auch die Urheber der Unordnungen zu suchen sein mochten — muß Heinrich bereits damals an der Pforte St. Peters gegen den Papst hervorgetreten sein; denn er erklärte, nicht eher den Dom betreten zu können, als bis derselbe und die ihn umgebenden Befestigungen von seinen Rittern besetzt seien. Der hülflose Papst mußte in die Forderung willigen, und die deutschen Kriegsschaaren ergossen sich so in die Hallen, welche sonst das römische Volk zu füllen pflegte. Aber auch der Papst konnte den Argwohn nun nicht länger bergen; er verlangte die Stellung der ihm früher zugesagten Geiseln, welche bisher unterlassen war. Der König stellte seinen Neffen Herzog Friedrich und einige andere Herren — eine ungefährliche Maßregel, denn kaum war der Papst noch seiner selbst mächtig, und mit ihm blieben auch die Geiseln in Heinrichs Händen.

Die Feierlichkeiten nahmen darauf ihren Fortgang. Unter dem Zuruf der Menge schritten Papst und König Hand in Hand zu der sogenannten silbernen Pforte. Nach der Sitte leistete hier Heinrich das Kaisergelübde, wodurch er den Papst und die römische Kirche in allen Bedrängnissen zu schützen und zu vertheidigen versprach. Zugleich aber gab er folgende unter den obwaltenden Verhältnissen höchst befremdliche Erklärung ab: „Gott und dem heiligen Petrus, allen Bischöfen, Aebten und Kirchen bestätige ich, was ihnen meine Vorgänger zugestanden und übergeben haben; was jene um ihres Seelenheils willen Gott weihten, werde ich Sünder aus Furcht vor den Strafen des Gerichts ihnen nicht entziehen." Der König wollte damit, wie er selbst später gestand, jede Mitschuld an dem vom Papste beabsichtigten Kirchenraub von sich wälzen. Es war ein verderblicher Streich, gegen den Mann geführt, der ihn krönen sollte. Wie sehr der Papst dies fühlen mußte, seine Widerstandskraft war bereits gelähmt; er unterbrach die heilige Handlung nicht, designirte Heinrich zum römischen Kaiser, küßte ihn abermals und ließ das erste übliche Gebet von einem Cardinalbischof über ihn sprechen. Nach Beendigung desselben traten Papst und König in den Dom; hier war der Papst schon völlig in der Gewalt des Königs und seiner Krieger.

Inmitten des Doms auf der Porphyrplatte, wo das zweite Gebet über den designirten Kaiser gesprochen zu werden pflegte, waren zwei Sessel aufgestellt; denn hier sollten zuvor die gegenseitigen Verzichtsurkunden ausgewechselt werden, hier der Kaiser den Eid leisten, daß er auf immer dem Investiturrecht entsage. Als Papst und König sich niedergelassen hatten und die Urkunden verlesen wurden, erregte die päpstliche einen furchtbaren nicht zu beschwichtigenden Sturm in der Versammlung. In starken Ausdrücken unter Berufung auf die heilige Schrift war jede Beschäftigung der Bischöfe mit weltlichen Dingen verurtheilt; Grafschaft und Mannschaft waren für unvereinbar mit ihrem heiligen Amte erklärt, denn aus Dienern des Altars, hieß es, seien sie Knechte des Hofes geworden. Indem der Papst gebot alle Regalien dem Könige und Reiche zu überlassen, verbot er zugleich bei Strafe des Anathems für jetzt und alle folgenden Zeiten den Prälaten die aufgegebenen Regalien zurückzufordern; auch keiner seiner Nachfolger auf dem Stuhle Petri sollte sie jemals vom Reiche wieder beanspruchen dürfen.

Man begreift, daß die Maßregel des Papstes bei den Bischöfen, welchen unermeßliche Opfer zugemuthet wurden, eine gewaltige Empörung hervorrief. Nichts aber mußte ihre Stimmung gegen ihn mehr erbittern, als daß er gerade für sich die Aufrechterhaltung der alten Kaiserschenkungen ausbedungen hatte, während er sie für die anderen Bischöfe vernichtete, daß er gerade für seine Person die Verbindung des Fürstenthums mit der priesterlichen Würde, die er für Andere verdammte, aufrecht erhielt. Man rief dem Papste entgegen, seine Urkunde sei ketzerisch, nun und nimmermehr dürfe sie gesetzliche Kraft erlangen. Wie die Bischöfe und Aebte, waren die Fürsten und Ritter in leidenschaftlichster Erregung; wie jene in ihren Reichslehen, sahen sich diese in ihren Kirchenlehen bedroht. Alles stürmte tumultuirend auf den Papst los. Einer aus dem Gefolge des Königs rief ihm zu: „Was sollen die Worte? Unser König will gekrönt werden, wie einst Karl und Ludwig!" Schon drang auch der König mit Vorwürfen in den Papst, daß er

Stefano Normanno*) verfolgt habe, und verlangte, daß er diesem seinem Getreuen fortan Ruhe göune. Der Papst blieb gelassen; er bestand nur auf Erfüllung des Vertrags, den er aber selbst nicht mehr durchzuführen im Stande war. Der König hatte seine Absicht erreicht: die allgemeine Stimmung der Fürsten war gegen den heiligen Vater erregt, der in seiner Ohnmacht ihm preisgegeben war.

Mit den Fürsten des Reichs zog sich der König alsbald, scheinbar um über die Ausführung des Vertrags zu berathen, in ein Seitengemach der Kirche zurück; auch die Bischöfe von Piacenza, Parma und Reggio, sehr eifrige Patarener, Freunde der großen Gräfin, wurden zu den Verhandlungen zugezogen. Man berieth lange, was zu thun sei, bis endlich der Papst, der Verzögerung müde, an den König die Aufforderung sandte, sein Versprechen nun zu erfüllen und den eidlichen Verzicht auf das Investiturrecht zu leisten, damit die Ceremonie ihren Fortgang nehmen könne. Da erschienen mehrere deutsche Bischöfe vor dem Papste; die üblichen Zeichen der Devotion unterließen sie zwar nicht, aber ihre Botschaft war für ihn vernichtend. Sie erklärten die von ihm ausgestellte Urkunde für unkirchlich und deshalb ungültig. Der Papst versuchte den Inhalt derselben noch einmal mit Stellen der heiligen Schrift, mit Aussprüchen der Kirchenväter zu rechtfertigen. Alles war vergeblich. Da sich der Tag schon zum Abend neigte, riethen einige Cardinäle die Krönung schleunig vorzunehmen und alles Andere späterer Verhandlung vorzubehalten: auch davon wollten die deutschen Bischöfe nichts hören, sondern verlangten lediglich die Vernichtung der Urkunde. Von dem Eide Heinrichs, von seiner Krönung war nicht mehr die Rede.

Nachdem die Krönung so vereitelt war, hätte der Papst mit seinem Gefolge St. Peter verlassen, wäre er noch ein freier Mann gewesen. Aber deutsche Ritter hielten ihn, wie die ihn begleitenden Cardinäle und den Präfecten von Rom, eng umstellt, bewachten spähend jeden seiner Schritte. Kaum gestattete man noch ihm und seinem Gefolge sich zum Altare des heiligen Petrus zu begeben, um dort die Messe zu hören; kaum konnten sie Brod und Wein für den Altardienst beschaffen. Nach

---

*) Stefano Normanno hatte besonders die Erhebung des Gegenpapstes Maginulf unterstützt; er scheint nachher aus Rom verbannt gewesen zu sein, bis ihn Heinrich zurückführte. Vergl. oben S. 746.

der Messe mußte der Papst von seinem Throne am Altare herabsteigen, und unten am Grabe des heiligen Petrus mit den Cardinälen, umringt von Bewaffneten, Platz nehmen. Willenlos folgten die Gefangenen schon den Geboten ihrer Wächter. Als es Nacht wurde, führte man sie in ein benachbartes Hospiz, wo sie nicht minder streng bewacht wurden. Heinrichs Kriegsvolk räumte darauf den Dom. Viele Geistliche blieben in den Händen der Deutschen, Andere entkamen, aber erst, nachdem sie mißhandelt und geplündert waren. Der Klerus war zu der Feierlichkeit mit kostbarem Geräth und in den reichsten Gewändern ausgezogen; jetzt raubte man ihm die goldenen und silbernen Rauchfässer, die strahlenden Meßkleider; Manchen zog man sogar Hosen und Schuhe aus. Es floß kein Blut; aber kein Schlachtgemetzel verletzt das Gefühl tiefer, als dieser niedrige Frevel einer reichen Ritterschaft an wehrlosen Priestern.

Der Tag, der mit den Zurüstungen zur Kaiserkrönung begonnen hatte, endete mit einer beispiellosen Gewaltthat des Fürsten, welcher die Krone empfangen, mit der Mißhandlung des Priesters, der sie ihm auf das Haupt setzen sollte; statt der Festfreude hallte die Leostadt von dem Geschrei entfesselter Raub- und Rauflust, von dem Jammerruf der Geplünderten und Zerschlagenen wieder. Kaum kennt die Geschichte gleich widerwärtige Vorgänge, und uns bewältigt das Schamgefühl, daß ein deutscher König, deutsche Bischöfe und deutsche Ritter die Urheber waren. Den Kanzler Adalbert, durch dessen Hände die Verhandlungen gegangen waren, und den Bischof Burchard von Münster hat man alsbald als die Männer bezeichnet, welche dem Könige zur Haftnahme des Papstes und der Cardinälen gerathen hätten. Beide haben sich zu rechtfertigen gesucht, und wir zweifeln, ob Heinrich, der schon zu Bingen gezeigt hatte, wie er seine Zwecke erreichte, ihres Rathes bedurft hat. Aber sicher ist, daß die Mehrzahl der deutschen Geistlichkeit der Gewaltthat des Königs gegen den tempelräuberischen Papst Beifall schenkte. Nur Erzbischof Konrad von Salzburg wagte über das schmähliche Verfahren gegen den Papst seinen Unwillen zu äußern; aber ein fränkischer Ministerial des Königs, der bei ihm in hohem Ansehen stand — Heinrich Kopf war sein Name*) — zückte das Schwert und drohte Konrad mit dem Tode. Jenem Udalrich von Aquileja, der noch vor Kurzem unter dem Banne gestanden hatte, wurde die Obhut des Papstes über-

---

*) Es ist der erste uns bekannte Pappenheim.

geben. Der König war entschlossen, den Gefangenen nicht eher aus der Hand zu lassen, als bis er ihm das Investiturrecht zugestanden habe, und Heinrich war der Mann seiner Entschlüsse.

Zwei Cardinalbischöfe, Johannes von Tusculum und Leo von Ostia, waren in der Verwirrung verkleidet über die Tiberbrücke entkommen. Sie verbreiteten die Nachricht von der Gefangenschaft des Papstes in der Stadt und riefen das Volk zur Hülfe. Wie hätte das heiße Blut der Römer bei der Kunde von der Entweihung ihrer Heiligthümer, der Mißhandlung ihrer Priester, der Gefahr des Statthalters Petri nicht fieberhaft aufwallen sollen? Viele Deutsche, welche als Pilgrime oder in Handelsgeschäften in Rom weilten, wurden noch in der Nacht überfallen und ermordet, zugleich rüstete man sich zu einem Angriff auf Heinrich und sein Heer am folgenden Tage.

In hellen Haufen stürmten schon in der Frühe des Montags die Römer gegen die Leostadt an, wo man auf keinen Angriff vorbereitet war. Die deutschen Schaaren lagen größtentheils noch im Lager draußen auf den Neronischen Wiesen, als die Römer bereits von der Engelsbrücke gegen St. Peter vordrangen. Der König warf sich im Atrium des Doms kaum noch angekleidet auf ein wildes Roß, stürmte die Treppe hinunter und stürzte sich mit geringer Begleitung unter die anbringende Menge. Fünf Römer soll er mit eigener Hand erlegt haben; bald aber sank er verwundet aus dem Sattel und würde in die Hand der Feinde gefallen sein, wenn ihm nicht der Vicegraf Otto von Mailand sein Pferd geboten hätte. So entkam der König, aber Otto gerieth in die Gewalt der Römer; er wurde in die Stadt geschleppt, von der wüthenden Masse in Stücke gerissen, sein Fleisch den Hunden vorgeworfen.

Inzwischen waren auch die deutschen Schaaren aus dem Lager herbeigeeilt; zu dem hitzigsten Kampfe, einem entsetzlichen Gemetzel kam es nun vor St. Peter. Erst gegen Abend ermattete die Wuth des Streits. Die Deutschen wichen zurück, und die Römer plünderten siegestrunken die Leichen, welche jene auf dem Platze ließen. Als sie aber mit ihrer Beute über die Engelsbrücke abziehen wollten, setzten ihnen die deutschen Ritter noch einmal nach. Und abermals entspann sich ein blutiger Kampf an und auf der Brücke. Viele, die dem Schwerte entronnen, wurden erdrückt oder in den Tiber geworfen, der sich mit Blut färbte, wie einst der Aufidus am Tage von Cannä. Bald aber zogen sich die Deutschen zurück; denn noch war die Engelsburg in den Händen des

Pier Leone, und ein Hagel von Geschossen fiel von dort auf ihre
Schaaren. Sie liefen Gefahr auf der Brücke inmitten zweier Feinde
vernichtet zu werden.

Ein schwerer Tag war zu Ende gegangen, und doch konnten Heinrichs Krieger, da sie keinen Augenblick vor einem neuen Angriff sicher
waren, der Nachtruhe nicht pflegen. Auch am folgenden Tage, in der
folgenden Nacht und wieder am anderen Tage standen sie unausgesetzt
bei St. Peter und im Lager bei Monte Mario unter den Waffen; in
der Nacht vom 15. zum 16. Februar räumte der König endlich die
Leostadt, um einem neuen Kampf auszuweichen. Den Papst und sechszehn Cardinäle führte er mit sich fort; die Bischöfe von Parma, Reggio
und Piacenza, welche man ebenfalls bisher als Gefangene behandelt
hatte, gab er frei, um die große Gräfin nicht zu erzürnen.

Hatte der König einen neuen und schweren Kampf mit den Römern besorgt, so war dies nicht ohne Grund. Der Bischof von Tusculum hatte sich im Drange des Augenblicks selbst zum Stellvertreter des
gefangenen Papstes aufgeworfen und brachte in Rom alle Mittel des
Widerstandes in Bewegung. Er versammelte das römische Volk und
rief es zum heiligen Kampf auf; allen Theilnehmern desselben versprach
er Vergebung ihrer Sünden. Wie ein Herz und eine Seele schworen
Alle im Kampfe gegen Heinrich zusammenzustehen und Jeden als Bruder
zu begrüßen, der sich ihnen im Kampfe anschließen würde. Denn auch
auswärts, namentlich bei den Normannen, hoffte der Bischof jetzt Beistand
zu finden. Er täuschte sich; wenn auch der Fürst von Capua mit dreihundert Rittern auszog, so kehrte er doch schon bei Ferentino wieder
um, als er vernahm, daß der Graf Ptolemäus von Tusculum und
die benachbarten Herren der Campagna sich bereits für den König erklärt hätten und den Normannen den Weg verlegen wollten.

Heinrich hatte indessen mit seinem Heere und seinen Gefangenen
den Weg nach dem Soracte eingeschlagen, war bei Fiano über den
Tiber gegangen und dann durch das ihm geneigte Sabinerland gezogen. Hier ließ er den Papst mit den Bischöfen von Porto und der
Sabina und vier Cardinalpriestern in Castell Trevi zurück, die anderen
Gefangenen in einer Burg, Corcodilus mit Namen; alle in strenger
Haft, obschon sie sonst mit den ihnen gebührenden äußeren Ehren behandelt wurden. Er selbst schlug dann am Anio unter Tivoli bei der
Lucanischen Brücke ein Lager auf. Von hier aus konnte er leicht Verbin-

dungen mit den ihm zugethanen Grafen im Latinergebirge unterhalten; vor Allem scheint er aber bedacht gewesen zu sein, Rom jede Unterstützung durch die Normannen so abzuschneiden. Doch in Wahrheit hatte er von diesen wenig zu fürchten, vielmehr standen sie selbst in nicht geringer Besorgniß vor einem Angriff des Königs, der sie im übelsten Moment getroffen haben würde. Denn rasch nach einander, am 21. Februar und 7. März, waren Herzog Roger und sein Bruder Bohemund gestorben; die normannischen Herren erwarteten einen allgemeinen Aufstand der einheimischen Bevölkerung, wenn der König jetzt anrücken sollte, und setzten deshalb ihre Burgen in Stand. Der Fürst von Capua als der zunächst Bedrohte schickte sogar an Heinrich Gesandte und bat um Schonung und Frieden. Aber die Besorgnisse der Normannen waren eitel; denn Heinrichs Blick war nur auf Rom, auf die Kaiserkrönung und das Investiturrecht, welches er bereits mit voller Entschiedenheit vom Papste forderte, unverwandt gerichtet.

Unaufhörlich ließ inzwischen der König das römische Gebiet von Streifschaaren verwüsten; alle Römer, deren man habhaft werden konnte, wurden ergriffen und in das Lager des Königs geschleppt. Ueber Erwarten lang hielt die Widerstandskraft der Römer aus; eher brach die des Papstes zusammen, obwohl auch er durch Wochen geduldig die Leiden der Gefangenschaft ertragen hatte. Immer von Neuem bestürmte man ihn das Investiturrecht dem Könige zuzugestehen und damit das einzige Hinderniß zu beseitigen, welches dem Frieden zwischen Reich und Kirche im Wege stehe; der König suchte ihn durch Mittelspersonen zu überzeugen, daß durch die Investitur ja nicht die Kirchen und das geistliche Amt verliehen würden, sondern allein jene Regalien, welche er selbst habe aufgeben wollen; fußfällig soll Heinrich selbst den Papst, als er in das deutsche Lager gebracht war, nachzugeben beschworen haben. Aber alle diese Vorstellungen machten weniger Eindruck auf den gefangenen Papst, als daß er die Häupter der römischen Kirche in Banden, die Bürger der Stadt im Elend, das Gebiet der Stadt verheert sah; überdies befürchtete er ein neues Schisma, denn er wußte, daß mit Markgraf Werner auch jener Maginulf, den man vor fünf Jahren zum Gegenpapst aufgeworfen hatte, in das Lager des Königs gekommen war. „Für die Freiheit und den Frieden der Kirche," rief er aus, „muß ich thun, was ich um meines Lebens willen niemals gethan hätte." Unter Thränen und Seufzern erklärte er sich endlich bereit das

Investiturrecht dem Könige zuzugestehen; er gab jenes Verbot auf, um welches Gregor VII. und Urban II. gelitten und die Welt mit Kampf erfüllt hatten, — jenes Verbot, an welches die ganze kirchliche Partei die Hoffnung einer neuen Weltordnung geknüpft hatte. Dem moralischen Zwange wich jetzt, innerlich ganz gebrochen, der Mann, welcher einst unter dieser Partei der Hitzigsten einer gewesen war, dem jedes Mittel des Widerstandes gegen den Vater jenes Heinrichs erlaubt schien, der ihn jetzt auf das Tiefste bemüthigte; Paschalis gab selbst das Princip auf, für dessen Erhaltung er noch vor wenigen Wochen der deutschen Kirche unersetzliche Verluste zugemuthet hatte.

Der König hatte erreicht, was er wollte; der Friede zwischen ihm und der römischen Kirche bot nun keine Schwierigkeiten mehr. Die Bedingungen desselben wurden im Lager bei Ponte Mammolo, wo der Weg über den Anio nach Rom führt, in Gegenwart des Papstes festgestellt. Dieser bewilligte dem Könige die Investitur der Bischöfe und Aebte nach der alten Sitte, versprach wegen der ausgestandenen Leiden keine Rache zu nehmen, besonders aber über Niemanden, namentlich nicht über den König, wegen dieser Vorfälle das Anathem zu verhängen; er versprach ferner den König in der herkömmlichen Weise zu krönen und dessen Herrschaft in allen Dingen zu unterstützen. Dagegen machte sich der König anheischig, an einem der nächsten Tage den Papst, die Cardinäle und die gefangenen Römer freizugeben und fortan mit den Getreuen des h. Petrus und den Römern Frieden zu halten, alle Besitzungen der römischen Kirche zurückzustellen und dem Papste vorbehaltlich der Rechte des Reichs in derselben Weise, wie frühere Kaiser den Statthaltern Petri, fortan gehorsam und willig zu sein.

Die Zugeständnisse des Papstes sollten für ihn die gefangenen Cardinäle beschwören. Als der Papst eine ähnliche Klausel der Eidesformel beifügen wollte, wie bei dem ersten Vertrage, wonach seine Zusagen an die Erfüllung der Versprechungen Heinrichs gebunden wären, widersetzte sich der Graf von Blandrate mit voller Entschiedenheit jedem Zusatz. Da sagte der Papst: „Darf ich die Klausel nicht schreiben, so will ich sie wenigstens aussprechen: wir leisten den Schwur nur in der Voraussetzung, daß ihr eure Versprechungen haltet." Er richtete dabei einen prüfenden Blick auf den König, der ihm zu erkennen gab, daß diesmal auf sein Wort zu bauen sei. So beschworen am Dienstag den 11. April im Lager bei Ponte Mammolo sechszehn Cardinäle die Zusagen des Papstes; darauf beeidigte der König selbst seine Versprechungen, mit ihm sein Kanzler Adalbert und dreizehn Fürsten.

Heinrich eilte sich die errungenen Vortheile zu sichern, vor Allem verlangte er die Ausstellung des Privilegiums, welches ihm das Investiturrecht verbriefte, obwohl nicht einmal das päpstliche Siegel zur Hand war. Gleich am anderen Morgen, während das Lager abgebrochen wurde, mußte die Urkunde abgefaßt werden. Der König beschleunigte nun nach Kräften den Marsch auf Rom, nahm aber nicht den nächsten Weg über den Anio, da er hier noch immer Widerstand besorgte, sondern setzte unterhalb der Aniomündung unweit von Ponte Salaro über den Tiber. Als man nach dem Uebergange am Abend das Lager aufschlug, wurde in Eile ein Schreiber aus Rom geholt, um die Urkunde auf das Pergament zu bringen; widerstrebend unterzeichnete sie der Papst, nach ihm die Cardinäle. Als Heinrich das kostbare Blatt in Händen hielt, gab er die Gefangenen frei, zog aber gleich am folgenden Morgen (13. April) in ihrer Begleitung auf die nahe Leostadt los. Vor den Thoren derselben auf den Neronischen Wiesen mußte Maginulf der päpstlichen Würde förmlich entsagen und sich Paschalis unterwerfen*); dann rückte das deutsche Heer in die Leostadt ein und besetzte abermals St. Peter, wo der Papst unverweilt zur Krönung schritt.

Hastiger und würdeloser ist kaum je eine Kaiserkrönung vollzogen worden. Die alte Ordnung wurde zwar innegehalten, aber es fehlte die Freude des Festes, der Jubel der Menge; man hatte sogar die Thore der Stadt gesperrt, um das Volk von St. Peter abzuhalten. Nach der Krönung reichte bei der Feier der Messe der Papst dem neuen Kaiser die Hostie zur Bestätigung des Friedens zwischen Kirche und Reich, der hergestellten Eintracht zwischen ihnen beiden selbst und zur Vergebung jeder Schuld, welche Heinrich gegen ihn begangen habe. Zugleich übergab er ihm feierlich vor der Gemeinde das Privilegium über das Investiturrecht. So wollte es Heinrich, der die Urkunde noch einmal aus der Hand gelassen hatte, damit das Werk des Zwanges als eine freie Entschließung des Papstes erscheine. Gleich nach der Krönung brach Heinrich mit dem Heere von St. Peter auf, ohne die Stadt am linken Tiberufer nur betreten zu haben. Große Versprechungen, reiche

---

*) Maginulf erhielt dann das Gnadenbrod vom Markgrafen Werner, bei dem er seine Tage beschloß.

Geschenke ließ er dem Papste und den Cardinälen zurück; dennoch mißtraute der treulose Mann ihrer Treue und schleppte die ihm gestellten Geiseln des Papstes und des Pier Leone mit sich fort. Mit erleichtertem Herzen sah der Papst die deutschen Kriegsschaaren abziehen; frei kehrte er wieder nach dem Lateran zurück. Rom empfing ihn würdig, aber an Achtung konnte er kaum bei dem Volke gewonnen haben. Bald genug sollte er die ganze Tiefe seines Falls ermessen; nicht am Ende seiner Leiden stand er, sondern am Anfang.

Werthvoller, als selbst die Kaiserkrone, war Heinrich das Privilegium, welches er von Rom mit sich führte. „Wir bestätigen," sagte darin der Papst, „dir das Recht den Bischöfen und Aebten deines Reichs, die ohne Gewalt und Simonie frei gewählt sind, die Investitur mit Ring und Stab zu ertheilen; erst nach ihrer kanonischen Einsetzung sollen sie die Weihe von dem zuständigen Bischof erhalten, und wer vom Klerus und der Gemeinde ohne deine Zustimmung gewählt wird, nicht eher geweiht werden, als bis er von dir die Investitur erhalten hat. Denn deine Vorgänger haben die Kirche mit so vielen Kronrechten ausgestattet, daß es nothwendig ist das Reich selbst durch die Unterstützung der Bischöfe und Aebte zu erhalten und Wahlstreitigkeiten in der Gemeinde durch die königliche Autorität zu schlichten." Jede geistliche oder weltliche Gewalt, wie jede Person, welche dieses Privilegium antasten würde, erklärte der Papst, sei dem Anathem verfallen. Damit schien das Investiturverbot Gregors für immer beseitigt, der Einfluß auf die Besetzung der Bisthümer der Krone zurückgegeben, die Möglichkeit zur Herstellung der alten Kaisermacht eröffnet. Der lange Streit zwischen Kirche und Reich schien beendigt, und zwar durch einen glänzenden Sieg des Reichs. Der Kaiser selbst und Viele mit ihm trauten dem trügerischen Scheine, der aber bald zerrann. Wann auch hätten sich Gegensätze, welche die Welt durch Jahrzehnte bewegt, lediglich durch Handlungen roher Gewalt und tyrannischen Zwanges beseitigen lassen?

Der Kaiser beschleunigte, sobald er das römische Gebiet verlassen hatte, auf alle Weise seine Rückkehr nach Deutschland. Ueber Arezzo nahm er seinen Weg nach der Romagna; schon am 2. Mai war er in Forlimpopoli. Auf dem weiteren Zuge hatte er am 6. Mai zu Bianello eine Zusammenkunft mit der großen Gräfin. Mochte er der greisen Frau mit dem Namen einer Mutter, mit dem Preise ihrer unvergleichlichen Stellung schmeicheln, mochte er zu ihren Ehren neue Ehren häufen und ihr die Reichsverwesung Liguriens übertragen: Mathilde konnte sich unmöglich darüber täuschen, daß die Sache, für welche sie in den Jahren der Kraft siegreich gekämpft hatte, tief darniederlag. Während der Papst die Freiheit der Kirche, wie sie dieselbe auffaßte, dem Reiche geopfert hatte, mußte auch sie sich nun wieder als eine Vasallin des Reichs bekennen. Die Lorbeeren, welche ihr einst die Pataria um die Schläfe gewunden hatte, waren welk geworden, ehe sich noch ihre Augen geschlossen hatten; der Sohn Heinrichs IV. war der Herr Italiens, der Herr der Kirche.

Drei Tage hatte der Kaiser in Bianello verweilt; dann eilte er weiter heimwärts, überschritt den Po und machte erst wieder in Verona Rast, um das Pfingstfest (21. Mai) zu feiern. Dort erschienen an seinem Hofe Gesandte des Dogen von Venedig Ordelafo Faliero, welcher gerade in Zwistigkeiten mit den Paduanern lebte. Der Kaiser schlichtete den Streit, erneuerte den Bund seiner Vorfahren mit der mächtigen Seestadt, welcher er ihre alten Grenzen, Freiheiten und Rechte bestätigte, während sie ihm gleichsam als Tribut alljährlich 50 Pferde, 50 Pfunde Gewürz und einen Purpurmantel darzubringen versprach. Am 24. Mai war der Kaiser auf der Burg Garda, zwei Tage später in dem nahen Marciaga. Bald darauf überstieg er den Brennerpaß und betrat wieder deutschen Boden.

Nur neun Monate hatte Heinrich in Italien verweilt, aber sie hatten genügt, um einen starken Eindruck der kaiserlichen Macht zu hinterlassen. „Euer ist die Lombardei," schrieb ihm wenig später der ihm blutsverwandte Bischof Azzo von Acqui, „denn der Schrecken, den ihr verbreitet habt, lebt im Herzen Aller." Im Fluge die Halbinsel von den Alpen bis zu den Grenzen Apuliens durchziehend, hatte der junge Kaiser in der That mehr Anerkennung gewonnen, als jemals sein Vater nach langen Kämpfen. Hatten auch hervorragende Städte, wie Mailand, Pavia und Rom sich nicht unterworfen, so waren ihm doch die meisten Bürgerschaften Italiens demüthig genaht; fast alle Fürsten hatten ihm ihren Arm geboten, ihm Treue gelobt; die große Gräfin hatte in stumpfer Ergebung den Aufschwung der kaiserlichen Macht mindestens nicht zu hemmen gewagt; die Normannen waren vor einem Angriff der Deutschen erzittert. Von dem Papste, der einst dem Vater des Kaisers so schwere Kämpfe bereitet hatte, waren die Kaiserkrone und das Investiturrecht erzwungen worden; tief gebemüthigt, schien der Nachfolger Petri sich kaum noch in der Stadt und in seinem unmittelbaren Gebiete sicher zu fühlen. Der Kaiser hatte ihm die Rückgabe des Herzogthums Spoleto, der Mark von Fermo, einer Reihe von Grafschaften versprochen, aber diese Versprechungen wurden nicht erfüllt; selbst in Roms nächster Umgebung kamen dem Papste nicht alle Besitzungen wieder zu Händen, welche ihm die rebellischen Barone entrissen hatten. Wiederholentlich bedrängte er den Kaiser mit Klagen über die Bedrückungen, welche er von dessen Anhängern in Rom erleide, aber wir hören nicht, daß solche Klagen Gehör gefunden hätten.

Nicht nur scharf und rücksichtslos trat Heinrich in Italien auf, sondern er schien auch das Land fast wie eine vom deutschen Reiche eroberte Provinz zu behandeln. Der italienischen Mundart konnte er, der seine ersten Jahre jenseits der Alpen zugebracht hatte, kaum unkundig sein; dennoch beschwor er den Römern ihre Rechte in deutscher Sprache und gebrauchte dieselbe auch im Umgange mit der großen Gräfin. Es ist sehr auffällig, daß zu jener Zeit der deutsche Kanzler Adalbert, der erwählte Erzbischof von Mainz, als Erzkanzler Italiens fungirte, daß ein deutscher Bischof, Burchard von Münster, die italienische Kanzlei versah. Die Absicht einer unmittelbaren Vereinigung der italienischen mit den deutschen Reichsgeschäften scheint hiernach damals obgewaltet zu haben. Auch als dann später der Erzbischof von Köln wieder in das Erzkanzleramt für Italien eintrat, haben doch die deutschen Kanzler noch öfters die italienischen Urkunden ausgestellt, so daß eine scharfe Trennung in den Geschäften der Länder diesseits und jenseits der Alpen unter dieser Regierung niemals durchgeführt ist.

Die Erfolge Heinrichs in Italien erregten im ganzen Abendlande Bewunderung oder Schrecken; sie mußten vor Allem sein Ansehen auch in Deutschland erhöhen. Ob sie übel gewonnen waren, man sah bei seiner Rückkehr wieder einmal die Macht eines Kaisers, vor der jede andere Autorität zurücktrat. Nach einem längeren Aufenthalt in Baiern eilte Heinrich an den Rhein, um am Todestage seines Vaters die Leiche desselben, wie ihm der Papst jetzt hatte gestatten müssen, im Dome zu Speier mit allen kirchlichen Ehren beizusetzen*). Die mit imponirendem Pomp ausgestattete Leichenfeier war vor Allem ein großes Siegesfest des Kaisers und des Reiches. Kaum deutlicher, als es hier geschah,

---

*) Vergl. oben S. 762.

konnte der Kaiser zeigen, daß er die volle Erbschaft des Vaters antreten, das Werk desselben fortsetzen, der Sicherung der kaiserlichen Macht gegen Papstthum und Fürstenthum sein Leben widmen wolle. Nicht ohne Absichtlichkeit geschah es, wenn er mit großen Privilegien die Speierer wegen der seinem Vater bewiesenen Treue am 14. August ausstattete, wenn er sich gleich darauf nach Mainz begab, um die Dienste seines geschäftigen Kanzlers zu belohnen. Längst gewählt, wurde Adalbert am 15. August mit dem Erzbisthum Mainz investirt und in sein Amt eingeführt. Wohl murrten Manche, daß ein Mann, welchem man die schmähliche Behandlung des Papstes hauptsächlich beimaß, auf den ersten deutschen Bischofsstuhl erhoben wurde; denn daran fehlte doch viel, daß man mit dieser gewaltsamen Lösung der Investiturfrage und mit dem Zwange, durch welchen sie erreicht war, allgemein in Deutschland einverstanden gewesen wäre. Bald klagte Heinrich dem Papste über das Verhalten der deutschen Bischöfe, und sie werden im Stillen nicht minder über den Kaiser geklagt haben, der seine frühere Devotion gegen die Häupter der Kirche nun ganz vergessen zu haben schien.

Aber Heinrich stand einmal im Glücke, und auch die Widerstrebenden mußten sich beugen. Bischöfe, die bisher die königliche Investitur verschmäht hatten, wie Odo von Cambray, nahmen Ring und Stab jetzt willig aus seinen Händen; Klöster der strengsten Richtung, wie Schaffhausen, ließen sich ihre päpstlichen Privilegien von dem Kaiser bestätigen. Die verworrenen kirchlichen Verhältnisse wurden endlich einmal durchgängig geordnet; es geschah nach dem Willen des Kaisers und gewiß nicht zum Nachtheil des Reichs. Ruhe und Friede kehrten in die deutschen Länder zurück; man genoß ihre Segnungen um so mehr, als eine reiche Ernte die Arbeit des Landmanns belohnt hatte. So lange hatte man sich nach einem gesetzlichen Zustande gesehnt, man empfing ihn jetzt wie ein göttliches Geschenk, und so wenig man den Kaiser lieben mochte, gehorchte man ihm unweigerlich, da er die stärkste Stütze der besseren Verhältnisse schien, die man glücklich gewonnen hatte.

Vieler Herzen mochten erbeben, als sich da die unerwartete Nachricht verbreitete, daß der Kaiser an einem hitzigen Fieber erkrankt und für sein Leben zu fürchten sei. Wie Vater und Großvater, war auch er nicht von fester Gesundheit; schon aus Italien scheint er den Keim der Krankheit mitgebracht zu haben, welche ihn im September im Kloster Neuhausen bei Worms auf das Lager warf. Wie er selbst später dem

Papste schrieb, dachte er selbst, dachten die Seinen nur an sein Ende. Die Bestürzung war groß; die Wormser stürmten bewaffnet nach dem Kloster, um sich der Reichsinsignien zu bemächtigen. Als der Kaiser dies hörte, befahl er seinen Dienern, wird erzählt, ihn aus dem Bett zu heben, auf ein Pferd zu setzen und zu waffnen. Der Schweiß lief stromweis von seinen Gliedern, als er mit wenigen Begleitern sich unter die Bürger stürzte, ihren Bannerträger niederhieb, dann die Wormser in die Stadt verfolgte, wo die Flüchtigen nur in den Kirchen eine sichere Zuflucht fanden. Der Kaiser hat den Wormsern diesen Streich nie vergessen und nach Jahren ihnen zum Trotz eine starke Burg zu Neuhausen errichtet. Die Krankheit brach sich übrigens schnell; Heinrich genas und widmete sich mit gewohnter Lebhaftigkeit wieder den Reichsgeschäften.

Im Spätherbst verließ Heinrich die rheinischen Gegenden und begab sich nach Sachsen, wo ein bedenklicher Zwiespalt zwischen Herzog Lothar und Markgraf Rudolf ausgebrochen war. Allein die Gegenwart des Kaisers genügte, um den Haber sofort beizulegen. Die Versöhnung erfolgte zu Goslar, wo der Kaiser dann mit gewohntem Glanze das Weihnachtsfest feierte. Sachsen erschien ergebener als je, so daß der Kaiser gegen seine Art glaubte Milde walten lassen zu können. Er entließ den Pfalzgrafen Siegfried der Haft, in welcher er bei Bischof Erlung von Würzburg schmachtete, nahm ihn wieder zu Gnaden an und erwies ihm sogar in der nächsten Zeit eine besondere Ehre, indem er seinen Sohn aus der Taufe hob. Auch der junge Wiprecht durfte Hammerstein verlassen. Lange hatte sich der Vater vergeblich um die Lösung seines Sohnes bemüht; er erreichte sie jetzt, doch mußte er die Gaue Bautzen und Nisani an der böhmischen Grenze, wie die Burgen Leisnig und Morungen dem Kaiser übergeben, der mit diesen Besitzungen alsdann den tapferen Grafen Hoier von Mansfeld belehnte und dadurch ganz in sein Interesse zog. Binnen kurzer Zeit gewann sich auch der junge Wiprecht die Gunst des Kaisers wieder und erhielt dann die Burg Eckartsberga in Thüringen zum Lehen; zugleich wurden ihm größere Erwerbungen für die Zukunft in Aussicht gestellt.

Man konnte glauben, daß mit dem kirchlichen Kampf zugleich die alte Opposition der sächsischen Fürsten gegen das Kaiserhaus völlig erloschen sei, daß sich die kaiserliche Autorität sogar in diesen Gegenden wieder dauernd befestigen werde. Noch ahnte wohl Niemand, daß der unterdrückte Brand so schnell wieder auflohen, daß alle Friedensgedanken in kurzer Frist geschwunden sein würden. Der Kampf des Kaiserhauses mit den geistlichen Gewalten und den sächsischen Fürsten war nicht durchgekämpft, nur zu augenblicklichem Stillstand hatten ihn die List und Energie des jungen Kaisers gebracht. Die Verhältnisse, in denen man lebte, waren nur ein Trugbild des Friedens.* So blicken die schneebedeckten Gipfel der Berge zeitweise sonnenbeglänzt aus dem Nebelmeer hervor, um bald wieder von Wolken umhüllt und von Stürmen umtost zu werden.

3.

Erhebung der kirchlichen Partei in Italien und Burgund.

Hatte der Papst in schwerer Bedrängniß das Investiturverbot aufgegeben, so hielten die Führer der Gregorianer nichtsdestoweniger an den Ueberzeugungen fest, welche sie während ihres ganzen Lebens gehegt und vertheidigt hatten. Sie lebten einmal im Kampfe gegen das Kaiserthum, und ein von demselben erzwungener Vertrag konnte in ihren Augen niemals verbindliche Kraft gewinnen; wenn etwas ihre Erbitterung gegen die weltliche Macht noch zu steigern vermochte, so war es der Mißbrauch der Gewalt gewesen, welchen sich der Kaiser zur Unterdrückung der Kirche und des Papstes erlaubt hatte.

Schon bestand das Collegium der Cardinäle fast allein aus Männern, welche von den neuen Ideen ergriffen waren. Gerade hier in der nächsten Umgebung des Papstes regte sich zuerst der Widerstand gegen das Heinrich ertheilte Privilegium, gegen den auf Grund desselben geschlossenen Frieden. Alle Cardinäle, welche der Gefangenschaft entgangen und dem Kaiser nicht persönlich verpflichtet waren, traten bald gegen den Gnadenbrief des Papstes auf, den sie einen Schandenbrief nannten*), und zogen dann auch diejenigen auf ihre Seite, welche dem Papste in der Noth zur Seite gestanden und seine Schritte gebilligt hatten.

Niemand bestritt energischer das Investitur-Privilegium, als der

---

*) Das geläufige Wortspiel jener Zeit ist: Pravilegium, non privilegium.

Cardinalbischof Bruno von Segni, ein Mann von hervorragender Bildung, aber zugleich hitzigster Gemüthsart. Aus Norditalien gebürtig, war er früh nach Rom gekommen und von Gregor VII. zum Cardinalbischof von Segni bestellt worden; einer durch die Wibertisten stets gefährdeten Existenz in seinem Sprengel überdrüssig, hatte er sich endlich in das Kloster Monte Cassino begeben und dort zum Abt wählen lassen; sein Bisthum hatte er zwar nothgedrungen beibehalten, wendete aber demselben nur geringe Sorge zu. Der Gefangenschaft und der Bedrückung des Kaisers war er in seinem Kloster glücklich entgangen: dem Zwange, unter welchem die Zugeständnisse des Papstes gemacht waren, trug er deshalb keine Rechnung, sondern sah in dem Privilegium nur einen häretischen Gräuel und gab deutlich zu verstehen, daß einem Papste, der sich mit Häresie befleckt habe, nicht ferner zu gehorsamen sei. Brunos Auftreten schien um so bedenklicher, als sein Ansehen bei den Cardinälen nicht gering war. Wohin ihre Meinung sich neigte, zeigten sie offen, als im Juni 1111 der Papst Rom verließ und sich nach Terracina begab. Kaum hatte er der Stadt den Rücken gewandt, so versammelten die Bischöfe Johann von Tusculum und Leo von Ostia die Cardinäle, und ihre Versammlung erklärte sich gegen das Privilegium und erhob über die Schwäche des Papstes unverhohlene Klagen.

Gegen die Beschlüsse dieser Versammlung verfuhr der Papst glimpflich genug. Tadelte er auch ihren Mangel an Pietät, so suchte er doch das Privilegium nicht zu rechtfertigen, sondern nur mit dem Zwange der Umstände zu entschuldigen; er versprach sogar die Beseitigung desselben in das Auge zu fassen. Entschiedener trat er Bruno entgegen, dessen Einfluß auf die Mönchswelt ihm besonders Besorgnisse erweckt zu haben scheint. „Eile ich nicht," soll er gesagt haben, „ihm die Abtei zu nehmen, so bringt er mich mit seinen Spitzfindigkeiten um den päpstlichen Stuhl." In der That nöthigte er Bruno die Abtei aufzugeben und in das ihm unbehagliche Bisthum zurückzukehren. Diese Maßregel des Papstes mochte Manche erschrecken, bekehrte aber Wenige, zumal sich die Unsicherheit seiner eigenen Ueberzeugung leicht verrieth. „Die zu unserer Seite stehen," schrieb er dem Kaiser, „erheben sich dreist gegen uns, beunruhigen unser Gemüth durch Gewissensbedenken und treiben uns die Schamröthe in das Antlitz; da wir kein Gericht über sie bestellen können, überlassen wir sie dem Urtheile Gottes, um nicht die Kirche in noch ärgere Wirren zu stürzen."

Und alsbald sah sich der Papst einer noch bei Weitem rücksichts-
loseren Opposition gegenüber, die sich unter dem gallicanischen Klerus
erhob. Die Führer derselben waren dieselben Kirchenfürsten Burgunds
und Frankreichs, welche auf den Synoden von Clermont und Troyes
die kräftigste Unterstützung dem Papstthum. geboten hatten. Es waren
der Erzbischof Johann von Lyon, welcher den Primat über die ganze
Kirche Galliens in Anspruch nahm, Bischof Gerard von Angoulême,
ein gefeierter Lehrer der Theologie, der als päpstlicher Legat auch eine
bedeutende praktische Thätigkeit bereits für die Durchführung der kirch=
lichen Reformen entfaltet hatte, und vor Allem Erzbischof Guido von
Vienne, ein Sohn des Grafen Wilhelm Testardita von Hochburgund,
der mächtigen, weit verzweigten Nachkommenschaft Otto Wilhelms*) an-
gehörig und deshalb den Königen von Spanien, Frankreich und England,
vielen angesehenen Fürsten in allen Theilen des Abendlandes und selbst
dem Kaiser verwandt, ohne Frage noch einflußreicher durch seine welt=
liche als durch seine kirchliche Stellung, — Männer ungleicher Art, aber
von demselben Ingrimm erfüllt, daß der Papst die von Gregor vorge=
zeichnete Bahn verlassen habe, und in gleicher Weise den Kampf, wenn
ihn der Papst aufgäbe, dennoch fortzuführen entschlossen. Sie wußten,
daß der alte Kaiser dem Banne schließlich erlegen war, und glaubten
dieselbe Waffe mit demselben Erfolge jetzt gegen den Sohn gebrauchen
zu können.

Johann von Lyon berief alle Prälaten der gallicanischen Kirche zu
einem großen Concil nach Anse, um die Laieninvestitur als Häresie zu
verurtheilen, den Bann über den Kaiser auszusprechen und entscheidende
Schritte gegen den Papst zu thun. Wenn Johann und seiner Freunde
Absicht scheiterte, dankte es der Papst vornehmlich dem gelehrten Ivo
von Chartres, der im Namen aller Suffragane des Erzbisthums Sens
Protest einlegte, daß sich ein Concil, wie das beabsichtigte, zum Richter
über die Rechtgläubigkeit des apostolischen Stuhls aufwerfe; freilich that
es Ivo nur, nachdem er bestimmte Erklärungen vom Papste erhalten
hatte, daß derselbe nur unter dem Zwange das Investiturverbot aufge=
geben habe, im Herzen aber an der Ueberzeugung, die er während seines
ganzen Lebens bethätigt, nach wie vor festhalte.

Paschalis stand abermals in der schwersten Bedrängniß. Seine

---

*) Vergl. Bd. II. S. 144. 365.

alten Freunde und seine nächste Umgebung wollten ihn zur Zurücknahme des Privilegiums nöthigen, zur Erneuerung des Investiturstreits zwingen. Und doch konnte er, durch sein Wort und sein Gewissen gebunden, dem Kaiser nicht aufs Neue entgegentreten; auch hätte er sich dadurch den größten Gefahren ausgesetzt, denn die Barone in Roms Umgegend hielten es zum Theil offen mit dem Kaiser und glaubten an dem Markgrafen Werner einen kräftigen Rückhalt zu haben. Aber wie sollte er sich andererseits von den Männern völlig lossagen, die ihn erhoben und bisher unterstützt, deren Eifer er seit einer Reihe von Jahren selbst angespornt hatte? Sollte er von ihnen, auf die Autorität des Kaisers gestützt, Achtung des geschlossenen Friedens, den er selbst nach seiner Vergangenheit verwerfen mußte, mit Strafen erzwingen und sich zu einer dienstwilligen Creatur des Kaisers erniedrigen? Niemand bricht ungestraft mit der Richtung, die er sein ganzes Leben verfolgt hat, und in Paschalis war auch nicht eine Regung, welche ihn in die Stelle eines Wibert zu treten verführt hätte. Wenn ein neues Schisma drohte, schien ihm seine Aufgabe dasselbe im Keime zu ersticken, nicht aber die Führerschaft in demselben zu übernehmen.

Um seiner peinlichen Lage ein Ziel zu setzen, beschloß der Papst für die nächste Fastenzeit eine große Synode nach Rom zu berufen. Am 18. März 1112 wurde die Synode im Lateran eröffnet. Elf Erzbischöfe und mehr als hundert Bischöfe umgaben den Papst, fast sämmtlich aus Italien; aus Frankreich waren nur Gerard von Angoulême, damals päpstlicher Legat in Aquitanien, und Bischof Gualo von St. Pol de Leon, der zugleich die Erzbischöfe von Bourges und Vienne vertrat, erschienen; kein deutscher Bischof hatte sich eingefunden.

Die ersten Sitzungen der Synode waren sehr stürmisch. Wir hören, daß der Papst sogar zu resigniren und sich auf die Insel Ponza zurückzuziehen entschlossen war, wenn die Vernichtung des Privilegiums nicht ohne Verletzung seines dem Kaiser geschworenen Eides zu ermöglichen sein sollte, und offenbar drang die Synode mit vollster Entschiedenheit auf die Vernichtung, welche dem Papste so schwere Gewissensbedenken erregte. Der kluge Gerard von Angoulême fand endlich einen Ausweg, bei welchem sich der Papst und die Synode beruhigten; er machte darauf aufmerksam, daß der Eid, welcher dem Kaiser geschworen sei, nicht ausdrücklich einen Widerruf des Privilegiums ausschließe, wenn man auch dem Papste nach dem Wortlaut die Bannung Heinrichs nicht zumuthen könne. Diese sophistische Auslegung der Eidesformel schlug durch; auf Grund derselben fand eine Verständigung Statt. Von der vierten Sitzung an handelten der Papst und die eifrigen Gregorianer in voller Uebereinstimmung. An diesem Tage nahm Paschalis bereits auf ihr Verlangen den einst in Guastalla zu Gunsten der Wibertisten erlassenen Kanon (S. 774) so weit zurück, daß er ihnen die geistlichen Functionen nur dann gestattete, wenn sie vorher volle Genugthuung der Kirche geleistet hatten. In der folgenden Sitzung sprach er seinen Entschluß aus, nach dem Willen der Synode auch das ihm vom Kaiser abgedrungene Privilegium zurückzunehmen, und die Synode beauftragte darauf die Bischöfe Gerard von Angoulême, Leo von Ostia und Gregor von Terracina nebst zwei Cardinalpriestern eine Erklärung abzufassen, welche das Privilegium aufheben und von allen Anwesenden unterschrieben werden sollte. In der sechsten und letzten Sitzung legte der Papst endlich ein förmliches Glaubensbekenntniß ab, um seine Rechtgläubigkeit darzuthun; namentlich erklärte er sein entschiedenes Festhalten an allen Decreten Gregors VII. und Urbans II. mit folgenden Worten: „Alles, was sie gebilligt, festgehalten, bestätigt oder verurtheilt, verworfen, untersagt und verboten haben, billige, halte, bestätige, verurtheile, verwerfe, untersage, verbiete auch ich." Hierauf verlas Gerard von Angoulême das Schriftstück, welches er mit den anderen Beauftragten der Synode abgefaßt hatte. Der wesentliche Inhalt desselben ging dahin, daß das dem Papste abgepreßte Privilegium von der Synode in der Autorität des heiligen Geistes verworfen, für ungültig erklärt und gänzlich aufgehoben sei, und zwar deshalb, weil es die Weihe eines kanonisch erwählten Bischofs von der vorgängigen Investitur abhängig gemacht habe. Alle anwesenden Bischöfe und Cardinäle unterschrieben diese Synodalerklärung; einige Abwesende, wie Bruno von Segni, setzten noch später ihren Namen darunter. Am 23. März wurde die Synode geschlossen, welche mindestens die Gefahren eines neuen Schisma entfernt hatte.

Die Beschlüsse der Synode wurden von Gerard von Angoulême und dem Cardinalpriester Divizo dem Kaiser überbracht. Sie erregten am deutschen Hofe, obwohl sie Gerard dort mit vieler Beredsamkeit zu begründen suchte, wobei der kaiserliche Kanzler seinen Dolmetscher machte, nicht geringen Anstoß. Erzbischof Friedrich von Köln, der ein Schüler Gerards in Frankreich gewesen war und ihm jetzt Herberge geboten hatte, brach in die Worte aus: „Ein gewaltiges Aergerniß, ehrwürdiger Vater, haft du an unserem Hofe gegeben." „Halte du es mit dem Aergerniß," erwiederte ihm Gerard, „ich halte es mit dem Evangelium." Die deutschen Großen sahen in den Beschlüssen der römischen Synode nur das Bestreben, den alten unheilvollen Streit von Neuem zu entzünden, und dies wollten sie um jeden Preis vermeiden. Denn daran war natürlich nicht zu denken, daß der Kaiser das schwer errungene Investiturrecht auf die Beschlüsse einer römischen Synode hin, an welchen der deutsche Episcopat keinen Antheil gehabt hatte, freiwillig aufgeben würde. Wenn er auch Gerard freundlich empfing und gnädig entließ, so behandelte er doch jene Beschlüsse als völlig bedeutungslos; gestützt auf das Privilegium des Papstes, ertheilte er ungescheut weiter die Investitur, und noch nahm Niemand in Deutschland daran einen erheblichen Anstoß.

Anders, als die deutschen Bischöfe, dachte der gallicanische Klerus. Namentlich regte sich in Burgund eine Partei, welche nicht nur die Beschlüsse der römischen Synode anerkannte, sondern selbst Consequenzen aus denselben zog, vor welchen der Papst und die versammelten Väter zurückgeschreckt hatten. Sie wußte recht wohl, daß sie vor Gewaltthaten des Kaisers nicht sicher war, aber sie ermuthigte zum Widerstande, daß die angesehensten Herren Burgunds ihr Unterstützung zusagten und selbst der überaus thätige und tüchtige junge König Ludwig von Frankreich*) ihr günstig war. An der Spitze dieser Partei stand Guido von Vienne, in jedem Betracht der geeignetste Führer. Es war kein Geheimniß, daß er im Vertrauen auf seine mächtigen Verbindungen den Kampf mit dem Kaiser aufzunehmen und den Bann, welchen der Papst zurückhielt, gegen Heinrich zu schleudern entschlossen sei. Man wird es nur der verzweifelten Lage des Papstes zuschreiben können, wenn er Guido allen Drohungen und feindlichen Worten, womit ihn die wilde Barbarei zu beugen suche, Beharrlichkeit entgegenzusetzen ermunterte, ihn zur Ausdauer im männlichen Kampfe ausdrücklich ermuthigte, wenn er ihm gegenüber nochmals das Privilegium in dem bestimmtesten Ausdruck verwarf und ihn ausdrücklich ermächtigte in seiner Stellung als apostolischer Legat eine Synode in Vienne zu halten, deren Beschlüsse sich nur gegen

---

*) Ludwig VI. war im Jahre 1108 seinem Vater Philipp gefolgt; von ihm datirt ein neuer Aufschwung des Capetingischen Hauses.

den Kaiser richten konnten, während er doch selbst zu derselben Zeit noch freundliche Verbindungen mit diesem Kaiser unterhielt und ihn seiner Geneigtheit Friede und Eintracht zu erhalten versicherte.

Am 16. September 1112 trat die Synode in Vienne zusammen; der Erzbischof von Embrun und siebenzehn Bischöfe waren erschienen, unter ihnen auch jener Gualo von St. Pol, der Guidos Geschäftsführer auf der Lateransynode gewesen war; überdies hatten sich viele Aebte eingestellt, namentlich aus den burgundischen Gegenden. Der Kaiser fürchtete die Beschlüsse der Synode, fürchtete vor Allem den ihm drohenden Bann und hatte deshalb Gesandte abgeordnet, welche der Versammlung ein erst kürzlich erlassenes Schreiben des Papstes vorlegten, in welchem dieser ihm deutlich Gesinnungen des Friedens kundgab. Aber auf die Synode machte dies nur geringen Eindruck; sie ließ sich nicht hemmen die hitzigsten Beschlüsse zu fassen und erklärte jede Investitur für Häresie, das erzwungene Privilegium des Papstes für unbedingt nichtig. Ueber den Kaiser, der durch Verrath, Meineid und Tempelraub, ein zweiter Judas, dieses nichtswürdige und fluchbeladene Schriftstück erzwungen habe, verhängte sie den Bann; von aller kirchlichen Gemeinschaft solle er ausgeschlossen sein, bis er der Investitur entsagt und volle Genugthuung für die dem Papste und der Kirche zugefügten Beleidigungen geleistet habe.

Alle auf der Synode anwesenden Bischöfe mußten diese Beschlüsse unterschreiben; man überschickte sie dem Papste und verlangte nicht ohne Drohungen ihre Bestätigung. „Wenn ihr mit uns steht," schrieben die Bischöfe dem Papste, „wenn ihr unsere Beschlüsse bestätigt, wenn ihr ferner in der Folge die Briefe, Reden und Geschenke des grausamen Tyrannen und seiner Gesandten abweist, so werden wir in gebührender Weise euch Gehorsam leisten. Solltet ihr aber wider Erwarten einen anderen Weg einschlagen und unseren Beschlüssen die Bestätigung verweigern, so sei uns Gott gnädig; denn ihr selbst macht uns dann den Gehorsam unmöglich." Diese Sprache war deutlich genug, um vom Papste verstanden zu werden. Am 20. October 1112 bestätigte er die Beschlüsse der Synode von Vienne in allgemeinen Ausdrücken; mittelbar erkannte er damit auch den gegen Heinrich ausgesprochenen Bann an, obwohl er freilich auch jetzt noch nicht selbst die Verbindungen mit ihm völlig abbrach.

Augenscheinlich beherrschte nicht der Papst die Kirche, sondern eine klerikale Partei, welche an dem Investiturverbot festhielt und auch einen neuen Kampf um dasselbe nicht scheute, beherrschte ihn; wie einst unter dem Drucke des Kaisers, stand er jetzt unter dem Drucke dieser Eiferer. Aber nicht minder war klar, daß des Kaisers Gewaltthaten zwar den Papst gedemüthigt, nicht aber die Ideen Gregors VII. vernichtet hatten. Heinrich kannte die Geschichte seines Vaters zu gut, um nicht den Bann zu fürchten. Mochten die Kirchenstrafen, welche Guido über ihn verhängte, nach dem kanonischen Recht anfechtbar sein, mochten sie bei der noch in Deutschland vorwaltenden Friedensliebe im Augenblick hier kaum eine erhebliche Wirkung üben, in Italien standen die Sachen anders, da Guido dort mächtige Verbindungen und rührige Freunde hatte, so daß zu befürchten war, der Papst, schon weit genug gedrängt, werde trotz seines Eides bald auch das Anathem gegen Heinrich aussprechen müssen.

Der Kaiser hatte allen Grund dem Papste zu mißtrauen. Nicht nur der Verkehr desselben mit Guido war ihm bekannt; er war auch über die Verbindungen unterrichtet, welche man damals in Rom mit Kaiser Alerius unterhielt. Im Jahre 1112 kamen Gesandtschaften vom Hofe zu Konstantinopel und wurden durch andere erwiedert; griechisches Gold und kaiserliche Geschenke sah man wieder in Rom und Monte Cassino. Man verhandelte zunächst über eine Vereinigung der morgenländischen und abendländischen Kirche, aber unfraglich hegte Kaiser Alerius weitergehende Absichten, welche Heinrichs kaiserliche Macht in Frage stellten. In Unteritalien und in Rom lagen die Dinge günstig genug, um an eine Herstellung der griechischen Herrschaft zu denken: Bohemund von Tarent, lange der Schrecken von Byzanz, war nicht mehr, und Rom hatte jüngst einem deutschen Kaiser die Thore verschlossen.

Heinrich war über die Verhältnisse Italiens durch seine dortigen Anhänger vollständig unterrichtet; dringend riethen sie ihm zur schleunigen Rückkehr, um seinen Widersachern entschieden entgegenzutreten, zumal sich auch in Mailand Wirren entsponnen hätten, welche sich leicht zur Demüthigung dieser stolzen Stadt benutzen ließen. Als nämlich Erzbischof Anselm auf der Kreuzfahrt umgekommen war (1101)*), hatte sich sein Vicar Bischof Grossolan von Savona, ein gelehrter, aber ränkesüchtiger Mann, nicht gerade mit den besten Mitteln das Erzbis-

---

*) Vergl. oben S. 710.

thum zu verschaffen gewußt. Seine Erhebung verletzte den Mailänder Stolz, erregte den lebhaftesten Widerspruch in der Bürgerschaft, und Grossolan mußte die Stadt verlassen, die dann neun Jahre keinen Erzbischof in ihren Mauern hatte. Trotzdem hielt der Papst an Grossolan, der für einen eifrigen Patarener galt, fest. Als aber die Autorität des Papstes tief erschüttert wurde und Grossolan, der eine Wallfahrt nach dem gelobten Lande angetreten hatte, selbst seine Sache aufzugeben schien, gedachten die Mailänder daran, ihrer Kirche endlich wieder eine feste Ordnung zu geben. Ein Ausschuß aus Klerus und Adel erklärte Grossolan des Erzbisthums für verlustig und empfahl die Wahl des Priesters Jordan von Clivi, eines Mailänders, der bisher es nicht gerade mit der kirchlichen Partei gehalten hatte, aber als ein um so eifrigerer Vertreter der städtischen Rechte galt. In der Lombardei war die Pataria bereits im Ersterben; an ihrer Stelle erhob sich eine kirchliche Partei, welche ihre Zukunft mehr noch auf die Macht des republikanischen Regiments, als auf die Verbindung mit Rom gründete, und dieser Partei gehörte auch Jordan an.

Am 1. Januar 1112 wurde Jordan gewählt und bald von einigen Suffraganen Mailands geweiht. Aber es blieb in der Stadt eine Opposition gegen ihn, welche die Rechtmäßigkeit seiner Wahl in Zweifel zog und von den Bischöfen von Acqui und Lodi genährt wurde. Diese Opposition hielt an Grossolan fest und suchte, da der Papst keinen wirksamen Beistand gewähren konnte, Unterstützung beim Kaiser zu finden, während Jordan weder die Investitur beim Kaiser, noch beim Papste das Pallium nachsuchte, vielmehr einen Bund zwischen Mailand und Pavia herbeiführte, um sich auf gleiche Weise gegen Eingriffe des Papstes und des Kaisers in die geistlichen Angelegenheiten der Städte zu schützen. Da indessen auch in Mailand selbst Jordan zahlreiche Gegner hatte, würde dieser Bund ihn kaum gesichert haben, wenn der Kaiser, wie seine Anhänger ihn aufforderten, nach Italien zurückgekehrt wäre.

Nicht unwahrscheinlich ist, daß der Kaiser damals ohne erheblichen Kraftaufwand allein durch seine Erscheinung seine Autorität über die ganze Lombardei hätte verbreiten, dadurch auch auf den schwankenden Papst bestimmend einwirken und den heißblütigen Gregorianern das Spiel gleich im Beginn verderben können. Indessen wollte sein Mißgeschick, daß sich gerade zu jener Zeit neue Wirren in Sachsen und Thüringen erhoben, die erst mit Strenge leicht zu bewältigen schienen, aber in ihren Folgen einen so weit verbreiteten Aufstand hervorriefen, daß die königliche Gewalt nur mit Mühe aufrecht zu halten war. Erst dieser Aufstand war es, welcher dem Widerstande der Gregorianer gegen den Kaiser einen festeren Rückhalt gewährte und den in Deutschland verhaßten Investiturstreit noch einmal zum Ausbruch brachte.

4.

Neue Wirren in Sachsen und Thüringen.

Als der Kaiser noch vor Kurzem den Zwist zwischen Herzog Lothar und Markgraf Rudolf gütlich beigelegt hatte, mochte er am wenigsten erwarten, daß sich Beide so bald die Hände reichen würden, um sich gemeinschaftlich ihm zu widersetzen.

Die Veranlassung zu diesem unvermutheten Bunde gab ein Mann unfreien Standes, Friedrich mit Namen, welcher durch Klugheit und Beherztheit den Stader Grafen so namhafte Dienste geleistet hatte, daß ihm zuletzt die Verwaltung der Grafschaft von ihnen übertragen wurde. In solcher Macht, überdies im Genuß eines großen, nicht mit den besten Mitteln erworbenen Reichthums hatte Friedrich kein dringenderes Verlangen, als den Makel unfreier Geburt zu entfernen, um unter den Herren Sachsens als ebenbürtig auftreten zu können. Es gelang ihm durch 40 Mark Goldes vom Kaiser die Erlaubniß zu erwirken, auf einer Tagfahrt in der Grafschaft einen Zeugenbeweis für seine freie Geburt antreten zu dürfen, und der Kaiser versprach ihn sogar dabei mit seinem Ansehen zu unterstützen. Aber der Herzog Lothar, gegen welchen Friedrich manchen Strauß ausgefochten hatte, wollte die ehrgeizigen Absichten des unfreien Mannes vereiteln; er gewann Markgraf Rudolf und den Erzbischof von Bremen, von welchem die Stader Grafschaft zu Lehen ging, gegen Friedrich und erschien selbst, von Mannschaft begleitet, mit dieser auf dem Tage zu Radolfsdorf*), wo sich die Sache entscheiden sollte. Friedrich hatte Zeugen gestellt, Leute niederen Standes und wahrscheinlich von ihm bestochen; auch kaiserliche Gesandte waren eingetroffen, um für Friedrich einzutreten. Aber Markgraf Rudolf gab

---

*) Vielleicht Rahmsdorf im Amte Moisburg.

der Verhandlung eine unerwartete Wendung: von seinem Gefolge ließ er Friedrich ergreifen und nach Salzwedel in der Nordmark, wo die Markgrafen schon damals zu hausen pflegten, den Gefangenen bringen. Fast unter den Augen des Kaisers, der noch in Sachsen weilte, war der Friedensbruch erfolgt, und sofort beschied er Lothar und Rudolf vor seinen Richterstuhl nach Goslar. Da sie sich nicht stellten, wurde sogleich mit der äußersten Strenge gegen sie eingeschritten. Beiden wurde nach dem Spruch der Fürsten ihr Fürstenthum genommen, das Herzogthum Sachsen dem Grafen Otto von Ballenstedt, einem Schwiegersohne des letzten Billingers, zugesagt, die Nordmark dem Grafen Helperich von Plötzke, einem Verwandten der Stader Grafen, zur Verwaltung übergeben.

Das Urtheil sollte vollstreckt werden, und der Kaiser selbst sammelte ein Heer. Nach Pfingsten brach er in die Altmark ein und belagerte Salzwedel, wo sich Lothar und Rudolf vertheidigten. Bald aber gaben sie den Widerstand auf, suchten und erhielten die Gnade des Kaisers, der ihnen ihre Fürstenthümer zurückgab. Weniger glimpflich wurde mit zwei jungen Männern verfahren, welche zugleich in unbesonnener Weise zu den Waffen gegriffen hatten. Es waren die Neffen Markgraf Rudolfs, Söhne seiner Schwester Adelheid, die, in erster Ehe dem sächsischen Pfalzgrafen Friedrich vermählt, nach dessen Ermordung dem reichen Grafen Ludwig von Thüringen, dem wahrscheinlichen Urheber des Mordes, ihre Hand gereicht hatte. Aus Adelheids erster Ehe stammte ein Sohn, Friedrich von Putelendorf, welchem sein nächster väterlicher Verwandter Friedrich von Sommerschenburg und sein Stiefvater Ludwig sein Erbe zurückhielten und der deshalb mit Beiden in Feindschaft lebte, zu seinem wenige Jahre jüngeren Halbbruder Hermann, Ludwigs Sohn, aber ein herzliches Verhältniß gewonnen hatte. Die beiden Jünglinge erhoben sich jetzt keck für ihren Oheim, doch das gewagte Unternehmen stürzte sie in das Verderben. In der Burg Teuchern vom Grafen Hoier von Mansfeld eingeschlossen, mußten sie sich am 6. Juni ergeben und wurden vor den Kaiser gebracht, der sie zum Kerker verurtheilte. Hermann starb nach zwei Jahren (14. Juli 1114) auf der Burg Hammerstein. Friedrich wurde um dieselbe Zeit aus dem Kerker entlassen, nachdem er sich mit 500 Pfund Silber gelöst hatte; die bedeutende Summe war nur zu beschaffen, indem Friedrich einen großen Theil seiner mühsam erstrittenen Erbschaft der Halberstädter Kirche abtrat.

So schnell dieser Handel beendet war, blieb er nicht ohne nachhaltige Folgen; nur zu deutlich zeigte er, daß der Kaiser auf die Ergebenheit jener sächsischen Fürsten, die zu seiner Erhebung am meisten beigetragen hatten, nicht unbedingt zählen konnte. Der Zwist zwischen ihm und Herzog Lothar war beseitigt, aber nicht vergessen; am wenigsten von dem Herzog, einem Fürsten von starkem Selbstgefühl und nicht ohne Ehrgeiz, dabei von unbestreitbarer Tüchtigkeit und ausgebreiteten Verbindungen, gerade damals in der Fülle der Manneskraft. Nicht minder bedenklich war, daß sich auch Wiprecht von Groitsch und Ludwig von Thüringen, die bisher das besondere Vertrauen des Kaisers genossen, über die harte Behandlung ihrer Söhne grollend, von ihm wandten. Beide waren ergraute Männer, die Söhne ihrer Thaten, die Begründer stattlicher Fürstenthümer. Der Vater Ludwigs, gewöhnlich Ludwig der Bärtige genannt, stammte, wie es scheint, aus den fränkischen Gegenden, ein Verwandter des Erzbischofs Bardo von Mainz und deshalb auch der Kaiserin Gisela; durch Bardo, der ihm Mainzer Lehen übertrug, wird er zuerst nach Thüringen gekommen sein, wo dann er und nach seinem Tode sein Sohn theils durch Kauf, theils durch Heirath, theils durch Gewalt so ausgedehnte Besitzungen von der Hörsel bis zur Unstrut hin gewannen, wie sie hier noch nie in e i n e r Hand gewesen waren. Ludwigs Zeit war solchen Erwerbungen günstig; Vieles, was dem Reiche oder den Mainzer Erzbischöfen gehörte, ließ sich wie herrenloses Gut besetzen und leicht behaupten, wenn nur im richtigen Augenblicke Partei gewechselt wurde, und diese Kunst verstand Ludwig meisterlich. Früher auf Heinrichs IV. Seite, war er in den Tagen Urbans II. ein Anhänger der kirchlichen Partei geworden und hatte endlich zu den Ersten gehört, welche den Sohn in der Empörung gegen den Vater unterstützten. Ob er jetzt mehr kaiserlich oder päpstlich war, hätte wohl Niemand entscheiden mögen; sicher war nur, daß er stets seine eigene Sache im Auge hatte und sein Vortheil ihm mehr galt, als kaiserliche oder päpstliche Autorität. Man hat ihn als den Gründer des Klosters Reinhardsbrunn hochgepriesen, doch dieses fromme Werk mußte als Deckmantel mancher schweren Sünde dienen. Jedenfalls war Ludwig ein zu fürchtender Feind, und nicht minder der alte Wiprecht, der sich durch ähnliche Künste in den Gegenden an der Saale, Mulde, Elster und Elbe eine ausgedehnte Herrschaft gewonnen hatte, für welche er seine verwandtschaftlichen Verbindungen mit dem böhmischen Herzogshause und dem Erzbischof Adalgot klug benutzte (S. 736). In nahen Beziehungen zu Beiden stand der sächsische Pfalzgraf Friedrich von Sommerschenburg, ein Mann verwandter Denkart.

Je mehr diese mächtigen Fürsten am Hofe fortan zurücktraten, desto betriebsamer drängte sich ein neues Geschlecht von Männern, die bisher wenig bedeutet hatten, in Sachsen hervor; zu ihm gehörten der aus Baiern übersiedelte Graf Hermann von Winzenburg und Graf Hoier von Mansfeld; auch Ministerialen finden wir unter ihnen, wie den ebengenannten Friedrich und jenen Heinrich Kopf, der in Rom dem Erzbischof von Salzburg so übel begegnet war. Sie alle wollten steigen und konnten es nur durch die Gunst des Kaisers; Kriegsleute scharfen Blicks und fester Faust, kampflustig und beutegierig, waren sie höchst gefährliche Werkzeuge in der Hand des rücksichtslosen Herrschers, so lange sie etwas von ihm zu hoffen hatten. Ob sie auch in den Tagen der Noth bei ihm ausharren würden, war freilich fraglich, und mindestens Hermann von Winzenburg hat diese Probe nicht bestanden.

So war Sachsen ein Boden, wo beim ersten Anlaß der innere Krieg wieder auszubrechen drohte. Dieser Anlaß bot sich, als der Kaiser die großen Reichslehen des am 13. Mai 1112 ohne Nachkommen verstorbenen Grafen Udalrich aus dem Hause Weimar-Orlamünde einzog. Die Seitenverwandten hatten sich Rechnung auf diese Lehen gemacht, vor Allem der rheinische Pfalzgraf Siegfried, der Bruder Ottos von Ballenstedt; je sicherer er sich wieder in der Gunst des Kaisers glaubte, desto bitterer fühlte er sich enttäuscht, und die vereitelte Hoffnung brachte ihm alle einst erlittene Unbill aufs Neue in frische Erinnerung. Als Heinrich im Sommer 1112 Sachsen verließ und sich in die rheinischen Gegenden begab, kehrte Siegfried in seine Heimath am Harze zurück. Laut ergoß er hier seine Klagen über alte und neue Gewaltthaten des Kaisers, über von ihm wirklich oder vermeintlich erlittenes Unrecht; er verhehlte nicht, daß er unter dem Drucke der Tyrannei nicht länger leben wolle und Genossen suche, um ihre Macht zu brechen.

Die Stimmung Vieler im Lande kam Siegfried entgegen. Ludwig von Thüringen, Wiprecht von Groitsch, die mächtige und unternehmende Markgräfin Gertrud, Bischof Reinhard von Halberstadt erhoben ähnliche Klagen über des Kaisers Härte, über seine und seiner Creaturen Gewaltthaten und reichten Siegfried die Hände zum gemeinsamen Kampfe gegen den gemeinsamen Feind. Auch Herzog Lothar stand dem Bunde nicht fern, in welchem seine Schwiegermutter Gertrud (S. 777) eine hervorragende Bedeutung hatte; zu ihm hielt die ganze Nachkommenschaft Ottos von Nordheim, und auch auf Markgraf Rudolf, Pfalzgraf Friedrich und Erzbischof Abalgot war bei dem Aufstande gegen den Kaiser zu rechnen. In kurzer Zeit stand ein großer Theil Sachsens und Thüringens in offener Empörung.

Das Bedenklichste unter diesen Verhältnissen war, daß Heinrich auch bereits dem Manne mißtrauen mußte, der früher sein unbegrenztes Vertrauen genossen, den er zum ersten Kirchenfürsten des Reichs erhoben hatte. Adalbert von Mainz schien, seitdem er Ring und Krummstab vom Kaiser erhalten, wie umgewandelt; aus einem gefügigen Diener war er der trotzigste Fürst des Reichs geworden; einst nur auf des Kaisers Macht bedacht, dachte er jetzt nur an seine eigene Größe. Mit starker Hand herrschte er in Mainz, wo man seit Erzbischof Siegfrieds Tagen die Macht des Krummstabs wenig gefühlt hatte. Wie er früher bereits seinem Bruder Bruno zum Bisthum Speier verholfen hatte, suchte er nun auch das Bisthum Worms und die reichen Abteien am Mittelrhein in seine Gewalt zu bekommen. Die Burgen der ihm benachbarten geistlichen Herren und des Kaisers wußte er mit guten oder schlechten Mitteln an sich zu bringen. So hielt er Trifels besetzt, die damals zuerst genannte hochberühmte Burg in der Pfalz; so hatte er sich der nahen Marienburg*), an welcher der Kaiser und die Speierer Kirche Eigenthumsrechte besaßen, mit Gewalt bemächtigt. Auch die Zölle und anderen Einkünfte des Reichs am Rhein hatte er sich zu gewinnen gewußt und füllte mit ihnen seine Schatzkammern. Schon stand er wie ein König in Rheinfranken da; ein bedeutender Anhang hatte sich um ihn gesammelt, und er unterhielt ausgedehnte Verbindungen, welche sogar den Kaiser mit Besorgniß erfüllten.

Niemand kannte besser die Klugheit, Thätigkeit und Keckheit Adalberts, als der Kaiser. Nachdem er einmal Argwohn gegen ihn gefaßt hatte, maß er jede Auflehnung gegen die kaiserliche Gewalt, welche in der letzten Zeit eingetreten war, dem Einflusse des Erzbischofs bei: er sollte den Aufstand der Wormser veranlaßt, er Friedrich von Schwaben zu verführen versucht, er die Beschlüsse von Vienne veranlaßt, er Ludwig

---

*) Die jetzige Madenburg, noch in ihren Trümmern die ausgedehnteste mittelalterliche Feste der Pfalz, kaum zwei Stunden von Trifels.

von Thüringen und Wiprecht von Groitsch aufgewiegelt, ja selbst die Lombarden zum Widerstande ermuthigt haben; mehr als einmal, glaubte der Kaiser, habe ihm Adalbert nach dem Leben gestellt. Wie weit diese Beschuldigungen, welche der Kaiser später öffentlich erhob, begründet waren, ist nicht zu ermitteln; dagegen unterliegt keinem Zweifel, daß sich Adalbert bereits damals der strengkirchlichen Partei zugewendet hatte und durch frischen Eifer bei ihr seine alten Fehler zu verdecken suchte, daß er andererseits mit Ludwig von Thüringen und mit Bischof Reinhard von Halberstadt, mit dem er stets nach seinem eigenen Wort „ein Herz und eine Seele" war, in vertrauten Verhältnissen lebte; er wird demnach schwerlich bei der in Sachsen und Thüringen zum Ausbruch gekommenen Verschwörung theilnahmlos geblieben sein.

Diese Verschwörung hatte zunächst keine kirchlichen Beweggründe. Ganz Sachsenland hielt damals an der königlichen Investitur fest und wurde deshalb von Guido von Wienne und seinen Freunden als eine Stätte der Ketzerei betrachtet; Reinhard und Adalgot selbst hatten ohne Bedenken ihr Amt vom Kaiser genommen. Aber so verschieden die Motive der Auflehnung waren, darin begegneten sich die Gregorianer doch mit den Sachsen, daß beide Parteien dem Druck des neu erstarkten Kaiserthums einen Gegendruck entgegenstellen wollten, und dieser mußte sich durch gemeinsames Handeln verdoppeln und so des Erfolgs um so sicherer sein. Adalbert war der rechte Mann, um die Opposition des gallicanischen Klerus und der sächsischen Fürsten in eine engere Verbindung zu bringen, und er scheint selbst sich diese Aufgabe gestellt zu haben. Sollte sich die Kette seiner Widersacher nicht schließen, so mußte deshalb Heinrich den Erzbischof um jeden Preis zu beseitigen suchen.

Der Kaiser war entschlossen und beschied Adalbert an seinen Hof; aber nur in Worms, wo er auf die Bürgerschaft rechnen konnte, wollte sich der Erzbischof ihm stellen. Der Kaiser berief ihn, wie er verlangte, nach Worms in den letzten Tagen des November; hier erschien Adalbert, nicht nur durch die Bürgerschaft, sondern auch durch ein starkes Kriegsgefolge gesichert. In Gegenwart mehrerer Fürsten verlangte Heinrich nun die Auslieferung der Marienburg; der Erzbischof verweigerte sie nicht nur, sondern brach sogar in die Worte aus: „Nie werde ich bei meinen Lebzeiten euch die Burg zurückgeben; nicht umsonst will ich euch dienen. Könnte ich euch und euer Gut entbehren, würde ich nach Beiden nicht fragen." Es war eine ähnliche Antwort, wie sie einst der hochfahrende Erzbischof Aribert von Mailand Kaiser Konrad ertheilt hatte*), wie denn der Lebensgang Ariberts und Abalberts auffällige Analogien darbietet. Aber Heinrich wagte weniger, als sein Ahnherr, gegen den trotzigen Bischof. Er ließ ihn nicht inmitten seiner Vasallen ergreifen; nicht einmal die Marienburg nahm er jetzt weiter in Anspruch, sondern verlangte nur, daß der Erzbischof ihm bei dem bevorstehenden Kriege gegen die aufständigen Sachsen Heeresfolge leiste. Der Erzbischof versprach es, verließ dann dreist, wie er gekommen, die Hofburg und kehrte nach Mainz zurück.

Das Weihnachtsfest gedachte der Kaiser in Erfurt zu feiern. Er hat später behauptet, daß Abalbert sich mit Anderen verschworen habe ihn dort zu ermorden; doch ehe der Kaiser nach Erfurt kam, war dem Erzbischof bereits jede Macht benommen. Auf dem Wege dorthin stieß der Kaiser durch einen verhängnißvollen Zufall bei einem Orte, der Langesdorf**) genannt wird, auf seinen gefürchteten Widersacher. Abalbert war nur von einem kleinen Gefolge begleitet und konnte dem Kaiser nicht ausweichen, der ihm entgegentrat und zuerst abermals die Auslieferung der Marienburg, dann aller von ihm besetzten Reichsburgen verlangte. Als der Erzbischof eine bestimmte Antwort vermied, bemächtigte sich Heinrich seiner Person und schleppte ihn als Gefangenen mit sich fort. Wie einst der Kerkermeister seines Vaters, dann des Papstes, wurde er jetzt der seines früheren Vertrauten.

Die unerwartete That machte das größte Aufsehen; kein Bischof im Reiche konnte sich noch sicher fühlen, wenn der gewaltige Abalbert nicht schonender behandelt wurde. Auch das Schicksal Konrads von Salzburg mußte Manchen wohl nachdenklich machen. Aus dem weitverzweigten Geschlecht der Grafen von Abensberg entsprungen, hatte Konrad seine Hausmacht benutzt, um sich in seinem Erzbisthum festzusetzen, jeden Widerstand gegen die neuen kirchlichen Ideen dort zu brechen. Ihm erst gelang eine Kirchenreform, wie sie sein eifriger Vorgänger Gebhard vergebens versucht hatte, in das Leben zu führen. Der Gegenbischof Berthold wurde verdrängt, Hirschauer Mönche in die Klöster berufen, die Weltgeistlichkeit zum kanonischen Leben genöthigt. Konrad

---

*) Vergl. Bd. II. S. 320.
**) Wahrscheinlich Langendorf an der fränkischen Saale; der Kaiser mochte von Würzburg, der Erzbischof von Aschaffenburg kommen.

war glücklich, so lange er die Gunst des Hofes genoß. Aber als er den Kaiser sich immer weiter von den einst zur Schau getragenen Grundsätzen entfernen und den Nachfolger Petri mißhandeln sah und als er da seine rasche Zunge nicht mäßigte, gerieth er alsbald in Zerwürfnisse mit seinen Untergebenen, die am Hofe nun Schutz suchten und fanden. So bedroht sah er sich nach kurzer Zeit in seinem eigenen Sprengel, daß er im Jahre 1112 ihn ganz verließ und jenseits der Alpen bei der großen Gräfin eine Zuflucht suchte.

Schon fühlte man es an vielen Orten, wie schwere Bedenken es habe, die Kirche ganz in die Hand des Kaisers zu geben. Die Principien Gregors gewannen in Deutschland wiederum warme Anhänger und laute Bekenner. Die Hirschauer Mönche hatten es kein Hehl mehr, daß sie sich in dem Kaiser getäuscht, und warfen sich aufs Neue in den Kampf für die kirchliche Freiheit. Ihre Congregation erstreckte sich bereits über alle deutschen Länder, aber nicht Hirschau war jetzt so sehr der geistige Mittelpunkt derselben*), wie St. Georgen an der Donauquelle (S. 634), wo Abt Theoger, ein Schüler des heiligen Wilhelm, im Geiste seines Lehrers wirkte und dessen Grundsätze in immer weiteren Kreisen über das obere Deutschland verbreitete.

Der Kaiser achtete wenig darauf, daß sich die kirchliche Partei auch in Deutschland von ihm zu trennen begann; ihm lag nur an der Bestrafung Abalberts und der aufständigen Fürsten in Sachsen. Er begab sich nach Erfurt, wohin er die letzteren beschieden hatte. Als sie sich dort nicht stellten, gerieth er in den höchsten Zorn und ließ über sie Gericht halten. Die anwesenden Großen verurtheilten die rebellischen Sachsen wegen Hochverraths und verhängten über sie die Reichsacht; ihr Hab und Gut sollte der Plünderung, ihre Felder der Verwüstung preisgegeben werden. Auch Erzbischof Abalbert wurde vor das Gericht der Fürsten gestellt. Die schwersten Anklagen erhob der Kaiser gegen ihn; waren sie auch nur zum Theil begründet, so hatte der Erzbischof die Strafe, die ihn traf, mehr als reichlich verdient. Zu strengster Kerkerhaft wurde Abalbert verurtheilt, und der Kaiser gefiel sich darin, sie gegen einen Mann, der ihm einst die wichtigsten Dienste geleistet

---

*) Abt in Hirschau war damals Bruno, ein Bruder des Grafen Konrad von Würtemberg, ein ruheliebender, die Geschäfte seines Amts nur lässig betreibender Mann.

hatte, mit ausgesuchter Strenge zu vollstrecken. Es machte keinen Eindruck auf ihn, als ihn der Papst dem Erzbischof die Freiheit zurückzugeben aufforderte. Freund und Feind, versicherte der Papst, seien aufgebracht über das Verfahren des Kaisers, welches das Reich in Verruf bringe; er wisse, daß Adalbert stets den Kaiser über Alles geliebt habe. Heinrich hatte bereits allen Grund dem Papste zu mißtrauen, und die Verwendung desselben konnte ihn nur in der Meinung bestärken, daß Adalbert mit jener kirchlichen Partei in Verbindung stehe, welche das Investiturrecht ihm wieder zu entreißen drohte und den Papst bereits völlig zu beherrschen schien.

Von Erfurt eilte der Kaiser nach Sachsen, um die Aufständigen zu strafen. Zuerst wandte er sich gegen Halberstadt. Der Bischof, den Adalberts Schicksal mit Entsetzen erfüllt, hatte die Stadt verlassen und sich zu seinen Bundesgenossen geflüchtet; Halberstadt wurde nun mit Feuer und Schwert zerstört, die Mauern niedergerissen, dann mit Heeresmacht die bischöfliche Feste Hornburg angegriffen; nach längerer Belagerung wurde auch sie genommen. In der Nähe lagen Bischof Reinhard, Pfalzgraf Siegfried, Ludwig von Thüringen und Wiprecht von Groitsch mit einem Heere, ohne jedoch einen Kampf zu wagen. Nachdem der Kaiser mit ungewohnter Nachsicht dem Bischof von Halberstadt noch einen neuen Tag anberaumt hatte, um sich wegen der gegen ihn erhobenen Anklagen zu rechtfertigen, verließ er Sachsen und kehrte in die überrheinischen Gegenden zurück; er mochte den Krieg als im Wesentlichen entschieden ansehen.

Die weitere Verfolgung der Aufständigen hatte der Kaiser dem Grafen Hoier überlassen, und diesem glückte alsbald ein Schlag, welcher dem ganzen Unternehmen ein plötzliches Ziel setzte. Er vernahm, daß Pfalzgraf Siegfried mit den Grafen Ludwig und Wiprecht zu Warnstedt an der Teufelsmauer unfern Quedlinburg eine Zusammenkunft hatte. Ungesäumt brach er mit 300 Reitern auf und überfiel die sorglosen Fürsten. Es entspann sich ein ungleicher Kampf, in welchem der Pfalzgraf eine Wunde erhielt, an welcher er nach wenigen Tagen (9. März 1113) starb. Der alte Wiprecht von Groitsch gerieth, ebenfalls schwer verwundet, in Gefangenschaft; Ludwig von Thüringen entkam wie durch ein Wunder.

Die glückliche That Hoiers gab dem Kaiser abermals das Schicksal Sachsens in die Hand. Die Aufständigen verzagten und dachten nur daran, wie sie möglichst schnell ihren Frieden mit dem Kaiser machten. Schon glaubte man, daß auch Erzbischof Adalberts Trotz sich beugen würde. Als Heinrich am 6. April zu Worms Ostern feierte, ließ er den Erzbischof vor sich bringen. Lieber aber kehrte Adalbert in den Kerker zurück, als er in alle Forderungen des Kaisers willigte; nur Trifels gab er nothgedrungen heraus, und diese starke Feste blieb fortan dem Reiche. Wenig später hielt Heinrich einen Reichstag zu Würzburg, wo über den alten Wiprecht das Urtheil gefällt werden sollte, der bis dahin in Leisnig, einst seiner eigenen Burg, gefangen gehalten war. Die Fürsten verurtheilten Wiprecht zum Tode, und schon sollte das Urtheil vollstreckt werden, als sich seine Söhne Groitsch und die anderen Erbgüter ihres Geschlechts dem Kaiser zu übergeben entschlossen. So wurden sie zu heimatlosen Abenteurern, retteten aber dem Vater das Leben. Der alte Wiprecht wurde darauf in die Kerker von Trifels gebracht, der Erste einer langen Reihe, welche dort ihre Widersetzlichkeit gegen die Kaisermacht abgebüßt haben; drei lange Jahre hat er, fern von der Heimath und von den Seinen, dort geschmachtet. Zu derselben Zeit scheint auch nach dem Urtheile der Fürsten über die Hinterlassenschaft des Pfalzgrafen Siegfried verfügt zu sein. Nicht allein die Lehen, sondern auch zum Theil die Allodien des im Hochverrath Verstorbenen wurden dem Kaiser zugesprochen. Die Söhne Siegfrieds waren unmündig, und ihr Oheim, der reiche Otto von Ballenstedt, ließ damals geschehen, was er nicht zu ändern vermochte, ergriff aber später für seine Neffen die Waffen. Die Pfalzgrafschaft in Lothringen übertrug der Kaiser einem seiner getreusten Anhänger, dem schwäbischen Grafen Gottfried von Calw.

Auch der Halberstädter Bischof unterwarf sich. Als der Kaiser im Sommer nach Goslar kam, erschien Reinhard vor seinem Throne und bat um Gnade; die Fürsprache der Fürsten bewirkte, daß der Kaiser des Bischofs schonte, nur mußte derselbe in die Zerstörung der Hornburg willigen. Auch der flüchtige Ludwig von Thüringen wagte jetzt vor den Kaiser zu treten. Am 15. August unterwarf er sich ihm zu Dortmund, wurde dann auf kurze Zeit in Haft gehalten, aber aus derselben entlassen, als er sich die wichtige Wartburg, seinen gewöhnlichen Aufenthalt bisher, dem Kaiser zu überliefern bequemte. Bestimmte Nachrichten über des Pfalzgrafen Friedrich Schicksal fehlen; doch muß er damals oder wenig später seine pfalzgräfliche Stellung verloren haben, in welche der junge Friedrich von Putelendorf, nachdem er aus dem Kerker entlassen war (S. 836), schon im folgenden Jahre eintrat. Die Markgräfin Gertrud scheint sich nicht unterworfen, und der Kaiser deshalb über die von ihr verwalteten Marken anders verfügt zu haben. Wir haben urkundliche Zeugnisse von einem sächsischen Markgrafen Hermann in dieser Zeit; nur an Hermann von Winzenburg läßt sich denken, und seine Mark muß Meißen oder die Lausitz gewesen sein, also eine der bisher von Gertrud verwalteten Marken. Auch der Burggraf Burchard von Meißen war — es ist ungewiß bei welcher Gelegenheit — in die Hände des Kaisers gefallen; in seine Stelle trat Heinrich Kopf, der Ministerial und Günstling des Kaisers.

Herzog Lothar, Markgraf Rudolf und Erzbischof Adalgot, welche an der Erhebung nicht unmittelbaren Antheil genommen hatten, hielten nicht für nöthig sich vor dem Kaiser zu stellen, und auch er, obschon er Beschwerden gegen sie hatte, unterließ es diese jetzt zu erheben. Um so weniger hatte er von ihnen für den Augenblick zu besorgen, je mehr sie selbst gerade von den heidnischen Wenden bedrängt waren. Diese hatten sich längere Zeit unter dem Drucke der vereinten Macht der sächsischen Herzöge und des Abodritenfürsten Heinrich, Gottschalks Sohn, befunden; auch die Markgrafen der Nordmark hatten ihre Autorität in den Gegenden an Havel und Spree wieder zur Geltung gebracht*). Erst während der neuen inneren Wirren in Sachsen erhoben die Wenden sich wieder und wurden selbst wiederholt von den streitenden Großen in das Land gerufen. So bediente sich Markgraf Rudolf ihres Beistandes, als er in diesem Jahre mit Milo, dem Sohne des Grafen Dietrich von Ammensleben, in Streit gerieth. Es war um dieselbe Zeit, daß die aufgestandenen Liutizen Havelberg besetzten; nur mit Mühe wies der Abodritenfürst den Einfall zurück, der ihn selbst am gefährlichsten bedrohte. Auch mit den Ranen, den Bewohnern der Insel Rügen, lag er in Streit; ihre Schiffe umschwärmten seine Küsten und die benachbarten Gegenden Nordelbingens, welches Herzog Lothar dem Grafen Adolf von Schauenburg übergeben hatte. Vereint mit dem Grafen hatte Heinrich die bis Lübeck vorgedrungenen Ranen geschlagen, aber er sah, daß er sich dieser lästigen Feinde nicht anders, als wenn er sie im eigenen Lande angriffe, auf die Dauer entledigen könne. Dazu rüstete er bei allen ihm unter-

---

*) Vergl. oben S. 683 und 797.

worfenen Völkern und nahm auch die Hülfe der Holsteiner und Stormarn in Anspruch. Der nachhaltigste Widerstand gegen die heidnischen Wenden ging von diesem Heinrich aus, der sich einen König in Slawien und Nordelbingen nannte; doch auch der Herzog von Sachsen, der Markgraf der Nordmark und der Erzbischof von Magdeburg waren von den Vorgängen jenseits der Elbe damals nahe und unmittelbar berührt.

Der Kaiser verließ im August Sachsen, wo der Aufstand schon völlig unterdrückt schien, und begab sich wieder an den Rhein. Im Herbst brach er dann nach Oberlothringen auf, um den Grafen Reginald von Bar und Moußon entgegenzutreten, gegen den seine Hülfe der Bischof Richard von Verdun in Anspruch genommen hatte. Reginald, ein Neffe Guidos von Vienne, gehörte unfraglich jener weit verzweigten Partei an, welche in Burgund und Frankreich dem Kaiser feindlich gesinnt war und die Beschlüsse von Vienne mit Jubel begrüßte. Bisher hatte er dem Kaiser, dem er weitläufig verwandt war, den Lehnseid nicht geleistet und sich keck in den Kampf gegen Bischof Richard, einen kaiserlichen Mann, geworfen, um ihm die Grafschaft von Verdun, welche einst schon sein Vater besessen hatte, zu entreißen. Der Bischof, von dem Grafen Wilhelm von Luxemburg unterstützt, vertheidigte sich tapfer, drang in Reginalds Länder ein, konnte aber dessen Burgen nicht brechen. Erst als der Kaiser herbeikam, wurde Bar genommen und Reginald hier selbst zum Gefangenen gemacht, dann rückte man gegen Moußon, wo sich die Gemahlin des Grafen befand. Die hochgelegene, gut ausgerüstete Burg widerstand den Angriffen; endlich ließ der Kaiser einen Galgen errichten und drohte Reginald aufknüpfen zu lassen, wenn sich die Burg nicht sofort ergäbe. Die Vertheidiger verlangten, um ihren Beschluß zu fassen, Frist bis zum anderen Tage; sie wurde gewährt, und gerade in der folgenden Nacht gebar Reginalds Gemahlin einen Sohn. Sogleich leistete die Besatzung diesem Kinde den Eid und verweigerte nun die Uebergabe der Burg, da sie, wenn der Kaiser das Aeußerste gegen ihren Herrn wagen würde, nun einen Erben seiner Gewalt besäße.

In der That wollte der Kaiser sich mit dem Blute eines fürstlichen und ihm überdies verwandten Mannes beflecken. Die Fürsten beschworen ihn von einem solchen Frevel abzustehen und drohten ihm mit der göttlichen Rache. Im höchsten Zorn soll er da das Bibelwort schändlich mißbraucht haben: „Der Himmel allenthalben ist des Herrn, die Erde hat er den Menschenkindern gegeben" *). Dennoch ging er in sich und schenkte Reginald das Leben. Nach einiger Zeit, als der Graf ihm den Lehnseid geleistet, gab er demselben sogar die Freiheit wieder und sandte ihn den Seinen zurück. Am 11. November war der Kaiser auf der Rückkehr von diesem Zuge in Metz; bald darauf ging er wieder über den Rhein, denn er hatte beschlossen das Weihnachtsfest in Bamberg zu feiern.

Nicht um Bischof Otto zu ehren, wollte der Kaiser damals Bamberg besuchen; vielmehr geschah es aus Argwohn gegen den hochgeachteten und einflußreichen Kirchenfürsten, der sich stets als ein Gegner der Laieninvestitur kundgegeben hatte und jetzt mit Absichtlichkeit den Hof zu meiden schien. Der vorsichtige Bischof fürchtete das Glück des Kaisers und das Schicksal des Adalbert; glänzend nahm er Heinrich mit seinem zahlreichen Gefolge auf und zeigte sich mit den reichen Gütern seiner Kirche so freigebig, als er nur irgend vermochte. Dadurch beschwichtigte er das Mißtrauen des Kaisers, dessen Hof er in der nächsten Zeit unermüdlich begleitete.

Von Bamberg eilte der Kaiser nach Mainz, wo er am Tage nach Epiphanias (7. Januar 1114) die Hochzeit mit Mathilde, welche kaum noch den Kinderschuhen entwachsen war, begehen wollte. Die Hochzeit sollte zugleich eine große Siegesfeier sein. Keiner der Reichsfürsten, hatte der Kaiser entboten, dürfe in Mainz am Hofe fehlen, und wirklich stellte sich eine so zahlreiche und glänzende Versammlung ein, daß man nie Aehnliches gesehen zu haben glaubte. Bei der kirchlichen Handlung waren fünf Erzbischöfe, dreißig Bischöfe, eine unermeßliche Schaar von Aebten und Pröpsten zugegen; das kaiserliche Paar umstanden die Herzöge von Baiern, Schwaben, Kärnthen, Sachsen und Böhmen nebst zahllosen Grafen und Herren. Bei dem Hochzeitsmahle versahen die Herzöge die Erzämter; zum ersten Male diente hier der Böhmenherzog als Mundschenk. Die benachbarten Könige und Fürsten hatten in solcher Fülle Geschenke gesandt, daß sie die Schatzkammer des Kaisers kaum faßte. Aus weiter Ferne waren Schaaren von Sängern und Gauklern herbeigeströmt, welche reich belohnt von dannen zogen. Seit langer Zeit entfaltete sich am Kaiserhofe zum ersten Male wieder aller Glanz früherer Tage.

---

*) Psalm 115, 16.

Auch ernste Geschäfte beschäftigten die Fürsten inmitten der Lustbarkeiten. Herzog Lothar, durch das Schicksal seiner sächsischen Mitfürsten besorgt gemacht, hatte sich nicht länger dem Hofe entfremden wollen; barfuß, in einen schlichten Mantel gehüllt, hatte er sich in Mainz dem Kaiser zu Füßen geworfen und Verzeihung von ihm erbeten: sie wurde ihm gewährt und seine Dienstwilligkeit sogleich auf die Probe gestellt. Der Kaiser ging damals mit einem Zuge gegen die Friesen um, welche der Abhängigkeit vom Reiche sich abermals zu entziehen suchten und den jährlichen Tribut verweigerten; die Fürsten mußten sich eidlich dem Heere des Kaisers zuzuziehen verpflichten, und auch Lothar wurde für diesen Kriegszug in Anspruch genommen. Markgraf Rudolf scheint sich auch jetzt noch nicht dem Kaiser gestellt zu haben; vielleicht war es eine Folge davon, daß ihm alsbald die Nordmark entzogen und seinem Neffen Heinrich, der inzwischen zur Mündigkeit gediehen war, übertragen wurde.

Das Verfahren gegen Lothar war nachsichtig gewesen, aber wer daraus auf eine versöhnlichere Stimmung des Kaisers gegen die Fürsten insgesammt geschlossen hatte, sah sich bald gründlich enttäuscht. Auch Ludwig von Thüringen war nach Mainz gekommen, völlig sorglos, denn er glaubte längst die volle Gunst des Kaisers wiedergewonnen zu haben. Ihm und Allen unerwartet wurde er da plötzlich verhaftet und abermals in den Kerker geworfen; wir kennen weder den Grund noch den Vorwand, wenn der Kaiser überhaupt einen solchen brauchte. Dieses Verfahren erregte die größte Bestürzung und Erbitterung unter den Fürsten. Alle Freude des Festes war vergällt; es schien, als ob der Despot sich Alles erlauben dürfe, als sei man rettungslos seinen Gewaltthaten preisgegeben. Es konnte kaum anders sein, als daß man sofort auf Mittel sann, um diese unerhörte Tyrannei zu brechen. Noch in Mainz selbst wurden die Fäden zu neuen Verschwörungen angesponnen; viele Fürsten verließen die Stadt, ohne sich nur vom Kaiser zu verabschieden.

Die Anhänger des Gregorianischen Systems und die sächsisch-thüringischen Fürsten waren die unbezwinglichen Gegner des alten Kaisers gewesen. Mit ihrer Hülfe hatte der Sohn die Macht einst an sich gerissen, dann aber schnell mit wundersamer Dreistigkeit in die Bahnen des Vaters eingelenkt. Da erhoben sich auch gegen ihn die alten dem

Kaiserthum feindlichen Parteien: doch schien ihre Kraft gebrochen, sie schienen sich selbst überlebt zu haben. Die Beschlüsse von Vienne blieben Jahre lang ohne Wirkung; die Fürsten Sachsens und Thüringens mußten sich bemüthigen, in die Kerker wandern, ihre besten Burgen und angesammelten Schätze ausliefern, über ihre Lehen wurde in willkürlicher Weise geschaltet, und Ministerialen sah man in Ehren, welche sonst nur freien Männern zufielen. Es war ein System in dem Verfahren dieses Heinrichs, welches weiter durchgeführt die Kirche und das deutsche Fürstenthum ganz in die Gewalt des Kaiserthums geben mußte, und dieses System war bisher mit entschiedenem Glück von ihm befolgt worden.

Die Tage Konrads II. schienen zurückgekehrt — doch hatte sich Vieles verschlimmert oder war mindestens schwerer zu tragen. Was bei dem Ahnherrn aus einer freien und edlen Persönlichkeit hervorging, beruhte bei seinem Epigonen theils auf kalter Berechnung, theils auf maßloser Leidenschaft; was dort höheren nationalen Zwecken entsprach, schien hier lediglich der Sättigung unbegrenzter Herrschgelüste zu dienen. Dieser junge Fürst — eine Tyrannennatur, wie sie unter den deutschen Königen noch nicht hervorgetreten war — übte auf seine Untergebenen überall einen unerträglichen Druck; wie in Italien, herrschte in Deutschland der Schrecken.

Aber die Macht des Schreckens ist ihrer Natur nach von kurzer Dauer, und am wenigsten konnte sie sich einem so hartnäckigen Geschlecht, wie es die Gregorianer und die deutschen Fürsten waren, gegenüber befestigen. Nur einiger Gunst der Umstände bedurfte es, um aller Orten jener unüberwindlich scheinenden Gewalt eine Opposition zu bereiten, der sie nicht gewachsen war. Bekannt ist, wie einst den vom Papst und den Fürsten verfolgten Vater des Kaisers die rheinischen Städte vom Untergange retteten: seltsam genug, daß es jetzt gerade die Bürgerschaft einer Rheinstadt war, welche zuerst der gefürchteten Tyrannenmacht einen nicht zu verwindenden Stoß versetzte. Wie an Mailand Konrads II. Glück in Italien scheiterte, so brach sich an den Mauern Kölns seines Urenkels Gewaltherrschaft in Deutschland.

5.
Die Niederlagen des Kaisers.
Der Widerstand Kölns und seine Folgen.

In der zweiten Woche nach Pfingsten, gegen Ende Mai — so hatte der Kaiser bestimmt — sollte das Heer gegen die Friesen ausrücken, welche er zugleich auch von der Seeseite durch eine Flotte angreifen wollte. Der Auszug verzögerte sich. Der Kaiser, der inzwischen den Rhein hinaufgegangen war, war erst gegen die Mitte des Juni im Anmarsch; am 16. Juni befand er sich mit den Herzögen von Schwaben und Sachsen, den Zähringern Berthold und Hermann zu Dollendorf unweit Münstereifel. Ein großes Heer, in Sachsen und dem oberen Deutschland aufgeboten, begleitete ihn; außerdem war auf die Unterstützung der Herren und Städte in Niederlothringen gerechnet.

Große Vorbereitungen waren getroffen, aber das Unternehmen stieß plötzlich auf Hemmnisse, die sich nicht voraussehen ließen. Kaum war vom Vortrab das Friesenland betreten, so gerieth die von Köln ausgesandte Schaar in einen Hinterhalt der Friesen und wäre völlig vernichtet worden, wenn nicht rechtzeitig ihr Herzog Lothar noch Hülfe gebracht hätte. Die Kölner wußten längst, daß der Kaiser nicht vergaß, wie sie ihm einst widerstanden hatten, und hatten deshalb schon im Jahre 1112 einen Bund unter einander zum Schutz ihrer Freiheit beschworen; es war um dieselbe Zeit, als sich die ersten Bewegungen in Sachsen gegen den Kaiser bemerklich machten. Voll Mißtrauen gegen ihn, glaubten sie jetzt, daß er selbst die Friesen gegen sie angestellt habe, so wenig erklärlich ein solches Verfahren auch gewesen sein würde. Eiligst verließen sie das Heer des Kaisers, kehrten nach ihrer Stadt zurück, und hier entschloß man sich sofort gegen den Kaiser zu rüsten, dessen Strafe man mit vollem Rechte fürchtete.

Den aufständigen Kölnern schloß sich ihr Erzbischof an. Schon früher einmal hatte Friedrich, weil er seine Sache von den Bürgern getrennt, flüchtig werden müssen; er wollte nicht wieder Kölns Mauern verlassen. Gnade genug hatte er allerdings bisher vom Kaiser erfahren, aber Adalberts Beispiel zeigte ihm, daß ihn weder frühere Verdienste noch seine hohe Stellung schützen würden, wenn er einmal dem Kaiser verdächtig werden sollte, und bei den Verbindungen, welche er, der Zögling französischer Schulen, mit dem gallicanischen Klerus unterhielt, war er vor dem Argwohn Heinrichs nie sicher. Auch scheint er, obwohl früher keineswegs ein Anhänger Gregorianischer Grundsätze, doch damals bereits mit den Häuptern der streng kirchlichen Partei in Frankreich und Burgund wirklich in Zusammenhang gestanden zu haben; offen erklärte er sich bald für die Wienner Beschlüsse.

Nicht minder wichtig für die Kölner war, daß ihnen eine Anzahl mächtiger Herren nahe und fern die Hand boten: nicht allein in Westfalen die Arnsberger Brüder, Graf Friedrich und Heinrich, die Enkel Ottos von Nordheim, welche beim Kaiser bisher große Gunst genossen hatten, sondern auch in Niederlothringen Herzog Gottfried, der unruhige Heinrich von Limburg, der reiche Graf Heinrich von Zütphen, Graf Dietrich von Are, ein überaus gefürchteter Kriegsmann, und die Grafen Gerhard von Jülich und Heinrich von Kessel. Weshalb diese lothringischen Herren einen besonderen Groll gegen den Kaiser hegten, ist nicht klar. Ein Zeitgenosse sagt: keinen anderen Grund zur Empörung hätten sie angegeben, als daß sich ein Ministerial des Kaisers unter ihnen allzu herrisch betragen habe. Wahrscheinlich war dies nur Vorwand und ihre Mißstimmung tiefer begründet. Vielleicht hatte sie gereizt, daß einem Fremden abermals die erledigte Pfalzgrafschaft in ihrem Lande zugefallen war; vielleicht fühlten sie sich am Hofe zurückgesetzt, an dem allerdings vorzugsweise Herren aus dem oberen Deutschland und Sachsen verkehrten. Heinrich, der so schwer verzieh, mochte es die Herren des unteren Lothringens empfinden lassen, daß er allein in ihrem Lande im Jahre 1106 einem gefährlichen Widerstande begegnet war, und diese hochfahrenden Herren mochten die Zurücksetzung des jungen Fürsten nicht ruhig ertragen.

Sobald der Kaiser den Abfall der Kölner und ihrer Bundesgenossen erfuhr, gab er den Kampf gegen die Friesen auf und zog an den Rhein, um die Verwegenheit der abtrünnigen Stadt zu strafen. Ihn begleitete ein größeres Heer von Sachsen, Baiern und Schwaben; auch Herzog Lothar folgte demselben. Die nächste Absicht war Deutz zu besetzen, um so den Fluß beherrschen und der Stadt die Zufuhr abschneiden zu können. Der Kaiser selbst ging deshalb mit einem, wie es scheint, nur kleinen Theile seines Heeres über den Rhein. Aber sofort kamen auch die Kölner in hellen Haufen über den Fluß und forderten ihn zum Kampfe heraus. Der Kaiser suchte vergeblich einem Angriff auszuweichen. Ein Pfeilregen überschüttete alsbald seine Ritter, schadete indessen nicht viel, da sie unburchdringliche hörnerne Panzer trugen; erst als sie bei der Mittagshitze diese ablegten, fanden Einige von ihnen den Tod. Die kaiserliche Schaar wurde jedoch bis zum Abend hart bedrängt und blieb die ganze Nacht unter Waffen; am anderen Tage entschloß sich der Kaiser sie über den Rhein zurückzuführen und den Angriff auf Deutz aufzugeben.

Weithin verheerten nun die Kaiserlichen das linke Rheinufer; bis nach Bonn und Jülich hin wurde Alles mit Feuer und Schwert verwüstet, Jülich selbst zerstört. Hierauf rückte Heinrich gegen Köln selbst an, um die Stadt zu umschließen. Da traten ihm Erzbischof Friedrich, Herzog Gottfried, Dietrich von Are und Heinrich von Zütphen mit ihren Mannen und den Kölner Schaaren entgegen. Es kam zu einem heißen Kampfe, in welchem die Aufständigen große Verluste erlitten; bedeutende Männer in ihrer Mitte fielen oder geriethen in Gefangenschaft, unter den letzteren auch Graf Gerhard von Jülich. Dennoch zog der Kaiser bald darauf von Köln ab, als der streitbare Friedrich von Arnsberg mit seinem Bruder Heinrich und zahlreichen Mannen von Westfalen her anrückte. Ueberall wuchsen neue Kräfte den Aufständigen zu und brachten den Kaiser in Gefahr, wenn er den Gegnern nicht rechtzeitig auswich, zu unterliegen.

Die Gefahr des Kaisers theilten seine Anhänger im Lande. Zu diesen gehörte der Graf Gisilbert von Duraz, Vogt des Klosters St. Trond: deshalb überfiel Herzog Gottfried gleich im Anfange des Kampfes das Kloster und die mit demselben verbundene Ortschaft, welche schlecht befestigt und noch schlechter vertheidigt dem Feinde keinen Widerstand leisten konnte, der auf das Schlimmste in dem Kloster und in dem Orte hauste. Der Schreckenstag für St. Trond, dessen man noch lange gedachte, war der 19. Juli. Als der Kaiser dann von Köln abgezogen war, wütheten Gottfried und seine Genossen in ähnlicher Weise am ganzen linken Rheinufer hinauf bis Koblenz. Was dem Kaiser oder seinen Anhängern gehörte, wurde zerstört; so Sinzig und Andernach. In Westfalen übernahmen die Arnsberger das Werk der Verwüstung; vor Allem wurde Dortmund geplündert und den Flammen preisgegeben. Wo sie es vermochten, gaben freilich die Kaiserlichen Gewalt mit Gewalt zurück.

Heinrich, der seinen Rückzug nach Mainz genommen hatte, war von dort nach Erfurt geeilt, wo er sich am 26. August inmitten vieler sächsischer und thüringischer Fürsten befand. Mit Haft sammelte er ein neues Heer, besonders aus dem oberen Deutschland. Am 22. September trat das Heer zusammen, und am 1. October brach er mit einem Theil desselben in Westfalen ein. Die Länder des Kölner Erzbischofs und der Grafen von Arnsberg wurden verwüstet; was von kölnischen Besitzungen in Heinrichs Hände fiel, gab er seinen Anhängern zu Lehen. Die Stadt Soest, welche seinen Zorn zu fürchten hatte, wandte nur mit großen Geldsummen das Verderben von sich ab. Gleichzeitig hatte der Kaiser den anderen Theil seines Heeres dem Rheine zugesandt, wo es gegen Köln vorrücken sollte. Aber schon bei Andernach stießen die Kaiserlichen auf die Kölner und ihre Bundesgenossen. Erzbischof Friedrich war selbst in den Kampf gezogen, mit ihm die Grafen Heinrich von Limburg, Dietrich von Are und Heinrich von Kessel. Der erste Angriff der Aufständigen war unglücklich; sie mußten sich gegen ihr Lager zurückziehen. Doch sofort wagten sie einen neuen Kampf und stritten nun mit großer Beherztheit und besserem Erfolg; lange schwankte der Kampf, entschied sich aber, als die junge Mannschaft von Köln mit Löwenmuth vorbrang, endlich gegen die Kaiserlichen. Diese wichen zurück, verfolgt von dem Grafen Dietrich, dessen Schaar niederhieb, was sie erreichen konnte. Angesehene Männer vom kaiserlichen Heer fielen oder geriethen in Gefangenschaft; unter den letzteren auch Herzog Berthold von Zähringen, ein Mann großen Ansehens beim Kaiser. Die Aufständigen sollen geringe Verluste erlitten haben, doch hatte der tapfere Graf Heinrich von Kessel unter den Hufen der Rosse ein trauriges Ende gefunden; die Kölner bereiteten ihm in ihrer Stadt ein ehrenvolles Grab.

Obwohl der Kaiser bei dieser Niederlage nicht zugegen gewesen war, empfand er den Schlag überaus schwer. Von einem neuen Angriff auf Köln nahm er Abstand, nur noch bedacht, wie er sich Westfalen sichern und seinen Kanzler Burchard, den Bischof von Münster, schützen könne. Deshalb stellte er die Feste Dortmund her und legte eine starke Besatzung hinein. Wenig war damit erreicht; denn kaum hatte Heinrich Westfalen den Rücken gewandt, so wurde das Münsterland von den Bundesgenossen Kölns mit Feuer und Schwert verwüstet. Noch weniger wollte es bedeuten, wenn der Kaiser Friedrich von Arnsberg zur Strafe seiner Lehen entkleidete, da er die Strafe doch nicht vollstrecken konnte.

Nicht anders war zu erwarten, als daß die Vorgänge am Unterrhein und in Westfalen dem Aufstande auch im östlichen Sachsen und Thüringen neue Nahrung geben würden. Die alten Gegner des Kaisers waren nicht versöhnt, vielmehr hatte sich ihre Erbitterung von Tag zu Tag gesteigert. Herzog Lothar hatte sich nur der Noth weichend gedemüthigt, und der Kampf in Westfalen gegen Friedrich von Arnsberg, seinen Verwandten, erweckte sein unmittelbarstes Interesse. Friedrich von Sommerschenburg und Rudolf von Stade hatten ihre Aemter verloren; auch Reinhard von Halberstadt sah sich aufs Neue vom Kaiser bedroht. Die Markgräfin Gertrud hatte sich nie gebeugt und war zu jedem Wagniß entschlossen. Die Söhne Wiprechts von Groitsch, voll Unwillen über die langandauernde Haft ihres Vaters, trieb überdies ihre bedrängte Lage Alles zu wagen. In einem Walde bei Gundorf zwischen Skeuditz und Leipzig hatten diese länderlosen Herren den Sommer zugebracht und als Wegelagerer ihr Leben gefristet; als der Winter kam, gab ihnen ihr Vetter Erzbischof Adalgot eine Zufluchtsstätte, indem er ihnen die Lohburg jenseits der Elbe einräumte. In ähnlicher Stimmung, wie sie, waren die Söhne Ludwigs von Thüringen, der auch noch im Kerker schmachtete.

Kaum sahen die sächsischen Herren, daß den Kaiser das gewohnte Glück verlassen habe, so dachten sie an eine neue Erhebung. Erst fanden kleinere Zusammenkünfte statt, endlich eine große Versammlung zu Kreuzburg an der Werra; aus allen Theilen Sachsens und Thüringens hatten sich hier die Unzufriedenen eingefunden. Die ganze Sippe Ottos von Nordheim war zur Stelle: Herzog Lothar, Hermann von Calverla, Friedrich von Arnsberg und Friedrichs Schwiegervater Graf Heinrich von Limburg. Alle beschworen einen Bund, um der Tyrannei in Sachsen Einhalt zu thun. Man wußte, daß des Kaisers Macht hier besonders auf Hoier von Mansfeld beruhte; um diesem zu widerstehen, beschloß man zu Walbeck unweit Hettstedt eine Burg zu bauen. Man ging sogleich an das Werk, rüstete die Burg aus und legte eine starke Besatzung hinein; Walbeck wurde der Sammelplatz der sächsischen Aufständigen, der Mittelpunkt ihrer Unternehmungen. Binnen kurzer Zeit sah sich Hoier stäten Angriffen ausgesetzt; nicht anders erging es Allen, die mit ihm zum Kaiser hielten.

Der Kaiser mußte selbst in Sachsen einschreiten. Aus den rheinischen Gegenden — am 30. November war er noch in Worms — begab er sich gegen Weihnachten nach Goslar und beschied Herzog Lothar, den Erzbischof von Magdeburg, den Bischof von Halberstadt, Friedrich von Sommerschenburg und Rudolf von Stade zu sich. Die Vorgeladenen erschienen mit Ausnahme des Erzbischofs Adalgot nicht, sondern blieben in Walbeck. Bald gereute auch Adalgot, daß er gekommen war; man warnte ihn vor dem Schicksal Adalberts, und er ergriff unverzüglich die Flucht. Ihm und den anderen Aufständigen wurde dann das Urtheil gesprochen und der Reichskrieg sogleich gegen sie verkündigt. Am 10. Februar sollte das Heer, nachdem es in Wallhausen zusammengetreten, aufbrechen; das Ziel des Zuges war zunächst Walbeck, welches die Häupter des Aufstandes barg.

Die Siege der Sachsen.

Was den eifrigen Gregorianern, was den gekränkten sächsischen Fürsten nicht gelungen war, glückte den Kölner Bürgern. Sie widerstanden nicht nur dem Kaiser, sondern riefen zugleich eine Opposition gegen ihn in das Leben, die von Tag zu Tage erstarkte und ihn bald mit ernsten Besorgnissen erfüllte.

Der Kaiser sah, daß er keinen Augenblick zu verlieren hatte, und warf sich sogleich nach dem Tage von Goslar auf seine Feinde. Er besetzte Braunschweig, das Erbe der Markgräfin Gertrud, und verwüstete Halberstadt. Inzwischen belagerten Einige seiner Anhänger Orlamünde (am Einfluß der Orla in die Saale), welches in die Hände der Aufständigen gefallen war. Die zu Walbeck vereinigten Fürsten sahen nicht ohne Besorgniß dem Tage entgegen, wo das Reichsheer zusammentreten sollte, zumal ihnen manche Streitkräfte, auf welche sie rechneten, ausblieben. Denn zu sehr ungelegener Zeit gewannen die Kämpfe mit den heidnischen Wenden wieder größere Bedeutung; doch waren es die Christen selbst gewesen, welche die Wenden herausgefordert hatten.

Mit sächsischen Hülfstruppen war im Winter des Jahres 1113 der Abodrite Heinrich ausgezogen, um die Ranen zu unterwerfen. Der starke Frost ermöglichte ihm die Feinde auf ihrer Insel anzugreifen; überrascht erkauften sie sich den Frieden durch das Versprechen einer ungeheuren Geldsumme, welche sie dann nicht aufzubringen vermochten.

Im folgenden Jahre drang darauf Herzog Lothar selbst mit einem Heere tief in das Wendenland an der Ostsee ein; mit ihm der junge Markgraf Heinrich, welchem dreihundert Reiter der Zirzipaner Heeresfolge leisteten. Lothar unterwarf einen Häuptling, Dumar mit Namen, und dessen Sohn. Auch der Fürst der Ranen trat ihm zum Kampfe entgegen, sah sich aber bald von den Sachsen umstellt und erbat den Frieden; er erhielt ihn, als er seinen Bruder als Geisel stellte und eine Geldsumme zu zahlen versprach. Lothar hat, wie es scheint, selbst den Boden Rügens nicht betreten, aber mit sächsischer Unterstützung ging wenig später, als starker Frost das Meer abermals gangbar machte, der Abodrite noch einmal nach der Insel hinüber. Kaum jedoch hatte er sich drei Nächte dort aufgehalten, so trat Thauwetter ein, und er mußte eiligst den Rückzug antreten; die Ranen waren ihrer Feinde im eigenen Lande erledigt und traten nun wieder keck auf. Es war um dieselbe Zeit, daß auch die Wenden an der mittleren Elbe zu den Waffen griffen; große Schaaren derselben gingen über den Fluß und rückten bis gegen Köthen vor. Hier trat ihnen aber Graf Otto von Ballenstedt mit sechszig sächsischen Herren entgegen und erfocht am 9. Februar 1115 über eine weit überlegene Zahl — es sollen 2800 Wenden gewesen sein — einen glänzenden Sieg; die große Mehrzahl der Feinde blieb auf dem Platze. Von einer schweren Sorge befreite dieser Sieg die sächsischen Länder.

Ottos Waffenthat war von nicht geringer Bedeutung, doch bei weitem folgenreicher der Sieg, welchen zwei Tage später die aufständigen Fürsten Sachsens über den Kaiser gewannen. Sobald am 10. Februar Heinrich sein Heer gesammelt hatte, brach er unverweilt von Wallhausen auf. Er wußte, daß die Aufständigen Walbeck, wo sie sich nicht hinreichend gesichert glaubten, räumen und südlich in der Richtung auf Orlamünde abziehen wollten, um ihre Freunde dort zu entsetzen; seine Absicht war ihnen den Weg zu verrennen, und wirklich ereilte er sie noch an demselben Tage, wo er Wallhausen verlassen hatte, am Welfesholze zwischen Hettstedt, Sandersleben und Gerbstedt. Hier bot er ihnen eine Schlacht an. Die Stimmung der sächsischen Fürsten wird nicht sehr kampfesmuthig gewesen sein; denn sie sandten eine Botschaft an den Kaiser und betheuerten ihm, daß sie nicht um ihn zu reizen, sondern nur zu ihrer Vertheidigung zu den Waffen gegriffen hätten. Aber der Kaiser wollte vom Kampf nicht abstehen, den nur ein Schneegestöber noch an diesem Tage verhinderte. Der folgende Tag sollte entscheiden.

In der Frühe des 11. Februar bereitete sich das sächsische Heer mit Ernst zu dem gefährlichen Waffengang. Bischof Reinhard hielt die Messe, rief den Beistand Gottes für die gerechte Sache an, ermuthigte zum Kampfe für Freiheit und Vaterland, den er zugleich als einen Glaubenskampf ansah. Ruhig erwarteten die Sachsen dann das Anrücken des kaiserlichen Heeres, dessen Vordertreffen Hoier von Mansfeld führte. Niemand war gleich ihm der Schrecken der Feinde, und niemals hatte er selbst heißer von Kampfeslust geglüht. Nachdem er vom Roß gesprungen, stürmte er Allen voran mit blinkendem Schwerte wüthend gegen die Sachsen vor; nur sein Waffenbruder Lutolf konnte ihm folgen. Der jüngere Wiprecht, begleitet von zwei Brüdern — Konrad und Hermann hieß das kriegsmuthige Paar — warf sich ihm kühn entgegen und schleuderte den Speer auf ihn. Im Brustharnisch Hoiers hing das schwere Geschoß; Lutolf zog es heraus, und mit dem Schwerte fiel nun Hoier über Wiprecht her, dessen Schild jedoch jeden Schlag abwehrte. Ein glücklicher Streich Wiprechts traf endlich Hoiers Haupt und betäubte ihn so, daß er zu Boden sank. Noch suchte Hoier sich aufzurichten, aber Wiprecht bohrte ihm das Schwert, wo der Panzer eine Lücke bot, tief in die Seite.

Hoiers Fall erfüllte jede Brust im Sachsenheere mit neuem Muth. Die alte Streitlust des Stammes gegen die Tyrannen erwachte; wie einst die sächsischen Bauern gekämpft hatten, so jetzt der Adel. Siegesgewiß stürzten sich die Grafen und Ritter in die kaiserlichen Schaaren. Ein furchtbares Gemetzel entstand; Mancher unter den Sachsen soll mehr als zwanzig Gegner mit sicherer Faust erlegt haben. Den ganzen Tag hielten die Kaiserlichen Stand; erst am Abend zogen sie sich zurück. Noch immer fürchteten die Sachsen einen neuen Ueberfall und blieben in der ganzen Nacht auf dem Schlachtfelde unter den Waffen; doch ihre Besorgniß war eitel, denn der Kaiser konnte einen neuen Kampf nicht mehr wagen. Nachdem sie ihre Todten begraben — den gefallenen Kaiserlichen wollte Bischof Reinhard die Ehre eines christlichen Begräbnisses nicht gestatten — zogen sie vom Welfesholz ab, dem sie für alle Zeit einen denkwürdigen Namen gegeben hatten. Zwei Tage, nachdem ihre Brüder das Land von den Wenden befreit, hatten sie dem Kaiser eine nicht zu verwindende Niederlage beigebracht. Weithin durchtönte Jubel das Sachsenland und die thüringischen Gauen.

So oft hatte der Vater des Kaisers gegen die Sachsen gestritten, niemals aber einen gleichen Schlag erlitten; er genügte, um Heinrichs Herrschaft für immer in einem Lande zu erschüttern, wo sie noch vor Kurzem aufs Höchste gefürchtet war. Nichts Anderes blieb ihm übrig, als den inneren Streit in Sachsen durch einige seiner Anhänger mühsam zu unterhalten. Hermann von Winzenburg im östlichen Sachsen, Heinrich Kopf in der Mark Meißen und Thüringen, die Vasallen des Bischofs Burchard in Westfalen suchten mit mehr oder weniger Glück dem völligen Abfall zu steuern. Der Kaiser selbst verließ den sächsischen Boden und begab sich in die rheinischen Gegenden; zu Mainz verlebte er das Osterfest. Sein harter Sinn war nicht gebrochen, aber das Glück hatte ihm den Rücken gewandt, und er mußte vorsichtig die Zeichen der Zeit erwägen.

Die Erhebung der kirchlichen Partei in Deutschland.

Die Folgen der Schlacht am Welfesholze machten sich im ganzen Reiche fühlbar; sie boten auch der kirchlichen Partei erst die Möglichkeit zu offener Erhebung. Die Beschlüsse der Synode von Vienne und der von ihr über den Kaiser verhängte Bann waren, wie wir wissen, in Deutschland wenig beachtet worden; einen tieferen Eindruck machte jetzt die Kunde, daß der Cardinalbischof Kuno von Palestrina als apostolischer Legat für Gallien am 6. December 1114 zu Beauvais von Neuem das Anathem über den Kaiser ausgesprochen habe. Kuno war ein Deutscher von Geburt, früh jedoch nach England gekommen, wo er am Hofe Wilhelms des Eroberers die Stellung eines Kapellans bekleidet hatte. Nach Wilhelms Tode nach dem Festlande zurückgekehrt, schien Kuno ganz der Welt entsagen zu wollen. Mit einigen Genossen begründete er in einem einsamen Walde der Picardie das Chorherrenstift Arrouaise, welches dann eine Zeit lang unter seiner Leitung blieb. Auf der Synode zu Troyes wurde er Papst Paschalis bekannt und zog durch seine lebendige Auffassung der Gregorianischen Principien die Aufmerksamkeit desselben auf sich. Kuno folgte der Einladung des Papstes nach Rom und wurde bald zum Cardinalbischof erhoben. Als die schweren Tage der Gefangenschaft über Paschalis kamen, war Kuno als Legat im gelobten Lande. Die Nachricht von der Mißhandlung des Papstes und des römischen Klerus ergriff ihn so, daß er sogleich auf einer Synode in Jerusalem den Bann gegen den tempelschänderischen Tyrannen schleuderte. Das Anathem wiederholte er dann auf mehreren Synoden, die er auf seiner Rückreise im griechischen Reiche und in Ungarn abhielt; er lebte nur in dem Gedanken die Kirche an ihrem verwegenen Unterdrücker zu rächen. Auf der Lateransynode des Jahres 1112, welcher er beiwohnte, hatte die Rücksicht auf die bedenkliche Lage des Papstes seinen Eifer zurückgehalten, aber keinen Zügel gab es mehr für ihn, als er während seiner Legation in Frankreich die Vorgänge in Köln und die Erhebung der Sachsen vernahm. Ohne Auftrag des Papstes verhängte er abermals den Bann gegen den Kaiser und excommunicirte zugleich Heinrichs eifrigste Anhänger, namentlich Bischof Burchard von Münster und Hermann von Winzenburg. Kuno war bereits ein älterer Mann, aber, wo es den Kampf gegen die Feinde der Kirche galt, noch voll jugendlicher Hitze.

Augenscheinlich handelte der Legat im Einverständniß mit Friedrich von Köln, der schon zuvor Burchard von Münster von der Kirchengemeinschaft ausgeschlossen hatte und sich nun den Bann des Legaten aller Orten bekannt zu machen befleißigte, um weiter und weiter den Aufstand zu verbreiten. Selbst an den bedächtigen Otto von Bamberg wagte sich Friedrich; wir besitzen den Brief, worin er diesem die Knechtschaft der Kirche mit den lebhaftesten Farben ausmalt. „Alle kirchliche Autorität," sagt er, „dient jetzt nur zum Erwerbe des Hofes. Die Bischöfe können keine Synoden halten; die ganze kirchliche Verwaltung ist an den Hof gezogen, um Geld zu erpressen, und die Bischofsstühle werden mit königlichen Pächtern besetzt. So wird das Bethaus zu einer Mördergrube gemacht, und vom Heil der Christenseelen kann da keine Rede sein, wo es nur darauf abgesehen ist, den unersättlichen Schlund des königlichen Fiscus immer von Neuem mit Geld und Gut zu füllen." Friedrich ermahnt Otto, daß auch er nun, wo der rechte Zeitpunkt eingetreten, offen gegen die Tyrannei auftrete; denn schon habe die römische Kirche für sich und die deutschen Bischöfe das entscheidende Wort gesprochen, Frankreich stehe auf Seite der gerechten Sache, und auch Sachsen bekenne sich freimüthig wieder zu derselben. Er unterrichtet dann Otto, indem er einen Gruß des Legaten bestellt, daß derselbe die in Beauvais ausgesprochene Excommunication demnächst zu Reims zu erneuern gedenke.

In der That sprach Kuno am 28. März 1115 auf einer Synode zu Reims abermals über Heinrich den Bann aus, und unmittelbar darauf ging er sogar nach Köln, um das erlassene Strafurtheil auch außerhalb seiner Legation zu verbreiten und auf den deutschen Boden zu tragen. Am Ostermontag den 19. April verkündigte er feierlich in der Kirche des heil. Gereon den Bann über den Kaiser, eilte dann nach Sachsen und veröffentlichte auch dort — wir wissen nicht, an welchem Orte — das Anathem. Hierauf kehrte er in seine Legation zurück, verließ sie aber nicht eher, als bis er noch einmal auf einer Synode zu Chalons an der Marne am 12. Juli den Bann wiederholt hatte. Wohin er immer seine Schritte lenkte, schleuderte er den Fluch der Kirche über ihren Verfolger; der Bann war gleichsam die Spur, welche er allenthalben zurückließ.

Wie sehr man die Berechtigung Kunos zu solchem Verfahren außerhalb seiner Legation und ohne besondere Vollmacht des Papstes auch bestreiten mochte, blieb es nicht ohne erhebliche Folgen, daß er auf deutschem Boden über den Kaiser den Bannfluch der Kirche auszusprechen gewagt hatte. Der Aufstand Kölns, der niederlothringischen Herren und der Sachsen suchte sich nun mit der Autorität der Kirche zu decken; eine Verbindung der Aufständigen in Deutschland mit den eifrigsten Gregorianern, denen sich auch der Papst wieder immer unverhohlener anschloß, war angebahnt, und sie befestigte sich von Tage zu Tage. Noch wichtiger jedoch, als die Schritte des Legaten, waren für den Augenblick die Waffenerfolge der rebellischen Fürsten.

Der Bischof von Halberstadt, Pfalzgraf Friedrich und Markgraf Rudolf zogen bald nach der Schlacht am Welfesholze gegen Queblinburg, wo man noch immer durchaus kaiserlich gesinnt war. Nach längerer Belagerung wurde Queblinburg genommen, dann fiel auch die Heimburg bei Blankenburg in die Hände jener Fürsten. Inzwischen hatte sich Herzog Lothar mit seinen Bundesgenossen aus Westfalen und Lothringen gegen Dortmund aufgemacht und die vom Kaiser hergestellte Feste aufs Neue zerstört. Auch Friedrich von Köln rückte mit seinen Mannen in Westfalen ein und gewann die sehr starke Burg Lüdenscheid den Kaiserlichen ab; noch zwei andere Festen derselben fielen in seine Hände. Die Kölner Bürgerschaft belagerte und zerstörte um dieselbe Zeit die Burg Wissel, welche bei Rees am Unterrhein lag und dem Grafen Dietrich von Kleve gehörte. Herzog Lothar wandte sich mit seinen Freunden nach der Zerstörung Dortmunds gegen das Münsterland; Münster selbst wurde belagert und erst dann von den Feinden verlassen, als sich die Bürger binnen einer gewissen Frist zu unterwerfen versprachen, wenn nicht ihr Bischof inzwischen beim Kaiser einen Frieden erwirken werde.

Der ganze Unterrrhein und Westfalen waren augenscheinlich dem Kaiser bereits verloren; nirgends zeigten sich Hoffnungen mit Waffengewalt das Verlorene wieder zu gewinnen. Auch wenn ihn die Münsteraner nicht drängten, mußte der Kaiser an einen Frieden mit den Rebellen denken. Schon als Lothar auf dem Abzug von Münster an die Weser bei Korvei kam, trafen bei ihm Herzog Welf von Baiern und Bischof Erlung von Würzburg ein und eröffneten ihm, daß der Kaiser Friedensverhandlungen einleiten wolle. Aber Lothar traute dem Worte des Kaisers nicht und warf sich sofort aufs Neue in den Kampf gegen Hermann von Winzenburg im östlichen Sachsen; es gelang ihm die von Hermann besetzten Burgen Falkenstein und Wallhausen in seine Gewalt zu bringen. Lothar war damals der Glückliche; weithin wurde sein Name gefeiert. Je tiefer die Autorität des Kaisers sank, desto mehr erhob sich das Ansehen des Sachsenherzogs.

Und schon suchte sich das aufständige Sachsen in unmittelbare Verbindung mit Rom zu setzen. Auf die Einladung der Fürsten erschien dort im Spätsommer 1115 der mit einer Legation in Ungarn betraute Cardinal Dietrich. Am 1. September war er in Braunschweig, wo Bischof Reinhard damals das von der Markgräfin Gertrud gebaute Aegidienkloster weihte; am 8. September saß er einer Synode zu Goslar vor, bei welcher die geistlichen und weltlichen Herren Sachsens in großer Zahl erschienen waren. Der Legat verkündigte hier, wie schon vor Jahren ein römisches Concil die Ungültigkeit des Investiturprivilegs beschlossen habe, wie demnach der Kaiser selbst und alle Bischöse, welche sich von ihm hätten investiren lassen, dem Banne verfallen seien; die Reuigen nahm er zu Gnaden an, und zu ihnen gehörten vor Allen Erzbischof Adalgot und Bischof Reinhard. Das ketzerische Sachsen bekehrte sich wieder zu der reinen Lehre der Gregorianer. Ueber seine Thätigkeit erstattete der Legat sofort dem Papste Bericht, der seinen Eifer belobte, in allgemeinen Ausdrücken seine Verordnungen bestätigte und ihn im Besondern anwies sich Bischof Reinhard wegen seines bewiesenen Eifers gnädig zu zeigen. So schien Sachsen wieder mitten in dem alten Streit zu stehen, in dem es einst gegen den Vater des Kaisers so viel Blut vergossen hatte. Wieder hatten die Fürsten die Waffen ergriffen; wieder waren der päpstliche Legat, der Erzbischof von Magdeburg und der Bischof von Halberstadt an ihrer Spitze; wieder brachten das Investiturverbot und der Bann auch das Volk in Bewegung.

Auffällig ist, daß der Kaiser, sonst so hitzig in der Bekämpfung seiner Gegner, jede persönliche Einmischung in die Streitigkeiten, welche Sachsen und den Niederrhein aufregten, jetzt sorgfältig zu meiden schien. Aber alle seine Gedanken waren bereits auf Italien gerichtet, wohin ihn die Nachricht vom Tode der großen Gräfin rief. Am 24. Juli 1115 war zu Bondeno bei Canossa die mächtige, viel bewunderte Frau gestorben. Die Zeiten ihres Glanzes, wo sie unmittelbar tief in die Weltgeschicke eingriff, waren längst vorüber. Ihre letzten Jahre blieben von Trübsalen nicht frei; denn sie sah den Papst mißhandelt, die Kirche gespalten, ihre eigenen Unterthanen, namentlich die Mantuaner, gegen ihre Herrschaft im Aufstande. Für die kirchliche Sache war ihr Abscheiden kaum noch ein Verlust, dagegen für den Kaiser ein Gewinn von unberechenbarer Bedeutung, zumal es ihm die Aussicht auf eine überaus reiche und glänzende Erbschaft in Italien eröffnete. Es drängte ihn sie in Empfang zu nehmen, zugleich hoffte er auch ein neues Abkommen mit dem Papste zu treffen, dessen bedrängte Lage ihm hinreichend bekannt war; denn kaum sah Heinrich noch einen anderen Ausweg aus den deutschen Wirren, welche unter den Händen der Legaten mehr und mehr eine kirchliche Richtung annahmen.

Wollte aber Heinrich Deutschland verlassen, so mußte ihm daran liegen, mindestens für die Dauer seiner Abwesenheit einen Frieden herzustellen. Deshalb berief er die Fürsten zum 1. November nach Mainz, um die Angelegenheiten des Reichs nach ihrem Wunsche zu ordnen. Die Lothringer scheinen seiner Absicht geneigt gewesen zu sein; denn Graf Dietrich von Are begab sich, von Bischof Hartwich von Regensburg begleitet, mit der Bitte des Kaisers zu den Sachsen, daß sie sich den Verhandlungen des Reichstags nicht entziehen möchten. Aber Herzog Lothar, welchen die Gesandten gegen Erfurt mit einem Heere im Anmarsche fanden, hörte nicht auf den Wunsch des Kaisers. Nicht nach Mainz begab er sich, sondern nach Fritzlar, wo die sächsischen Fürsten mit dem päpstlichen Legaten die Lage des Reichs zu berathen beschlossen hatten. Die Friedensverhandlungen waren dadurch von vorn herein vereitelt, und selbst solche Fürsten blieben zurück, welche ein gütliches Abkommen gewünscht hatten.

Zu der bestimmten Frist erschien der Kaiser in Mainz, aber nur einige Bischöfe waren seinem Rufe gefolgt. Der Reichstag trat nicht zusammen, und schon war der Kaiser selbst in Mainz vor dem Aufstande nicht sicher. Die sonst so kaiserliche Stadt war wie verändert. Die Bevölkerung erhob sich, um die Freilassung ihres Erzbischofs zu erzwingen, dessen Herrschaft ihnen zuvor drückend genug erschienen war. Die Vasallen und Dienstmannen des Erzstifts drangen in den Kaiser Adalberts Kerker zu öffnen; zugleich stürmte die Bürgerschaft, geführt von dem Burggrafen Arnold, gegen die Pfalz an, füllte den Hof derselben und forderte unter dem wildesten Toben Adalberts Freigebung. Man besorgte, sie würde die Pfalz in einen Schutthaufen umwandeln und den Kaiser mit seinem Gefolge unter demselben begraben. Dem Kaiser blieb kaum eine freie Entschließung. Als ihm die Bürger gelobten, daß der Erzbischof fortan Nichts mehr gegen das Reich unternehmen solle, daß sie selbst ihn, wenn er sich dessen schuldig mache und auf erhobene Anklage an einem ihm anberaumten Tage nicht stelle und rechtfertige, aus der Stadt vertreiben würden, als sie ferner Geiseln für diese ihre Versprechungen stellten und auch Erzbischof Bruno von Trier für seinen alten Widersacher eintrat und sich als Bürgen für dessen Treue in Zukunft darbot, da erklärte der Kaiser: innerhalb drei Tagen werde er Adalbert entlassen.

Heinrich kannte seinen früheren Kanzler zu gut, um zu begreifen, daß er seinen Widersachern in ihm den listigsten, thätigsten und verwegensten Führer gab, daß alle Künste, welche Adalbert einst für das Reich geübt hatte, nun allein zum Ruin desselben dienen würden. Heinrich und Adalbert waren verwandte Naturen; sie hatten sich auch lange genug nahe gestanden, um sich völlig zu durchschauen. Sie hatten sich gegenseitig von dem Augenblicke an gefürchtet, als sich ihre Wege schieden, und Adalberts Furcht war nicht grundlos gewesen; dennoch bebte vielleicht der Kaiser jetzt mehr vor seinem früheren Genossen, dessen Kerker er öffnete, als dieser jemals vor ihm gezittert hatte. Adalberts Freilassung kam einer Niederlage des Kaisers gleich, weit empfindlicher für ihn als der Tag am Welfesholze.

Der Erzbischof war im Kerker mit besonderer Härte behandelt worden, nicht einmal ausreichende Kost hatte man ihm gereicht. Wie ein Jammerbild, kaum in den Knochen hängend, der Schatten eines Lebenden, kehrte der einst so hochfahrende Mann nach Mainz zurück, wo man ihn jubelnd empfing. Er schien sich in die vom Kaiser gestellten Bedingungen fügen zu wollen; selbst begab er sich nach Speier an den Hof, stellte seine Neffen als Geiseln und schwur, was die Mainzer geschworen hatten. Doch er schwur nur den Eid, um ihn zu brechen. Denn zu derselben Zeit waren bereits seine Boten zu dem Cardinal Dietrich auf dem Wege, nicht nur um ihm seine Unterwerfung zu melden und sich als vom Kaiser Investirten lossprechen zu lassen, sondern auch um den Cardinal aufzufordern einer Versammlung der Fürsten beizuwohnen, welche nach Köln berufen sei, wo man die Befehle des Papstes empfangen und die Lage des Reichs berathen wolle.

Adalberts Berufung nach Köln hatte besseren Erfolg, als die des Kaisers zum Mainzer Reichstag wenige Wochen zuvor. Daß sich selbst Otto von Bamberg in Köln einstellte, zeigt deutlich, wie tief die Niederlagen des Kaisers gewirkt hatten. Man erwartete um Weihnachten dort den Legaten, doch ein jäher Tod raffte ihn auf der Reise fort. Der Cardinal starb zu Schwelm. Die Leiche wurde nach Köln gebracht und dort unter großen Feierlichkeiten begraben; vierzehn Bischöfe, Herzog Lothar und viele andere Fürsten gaben durch ihre Gegenwart dem Begräbniß einen besonderen Glanz. Am Tage nach Weihnachten beschäftigte die Fürsten eine andere Feier; erst jetzt ließ sich Erzbischof Adalbert von Otto von Bamberg weihen. Mehr als drei Jahre waren vergangen, seit er die kaiserliche Investitur empfangen; erst wenige Wochen, seit er sie abgebüßt hatte. Der Neugeweihte trat dann mit den Fürsten über die Lage des Reichs in Berathung. Leider kennen wir ihre Beschlüsse nicht im Einzelnen, doch ist kein Zweifel darüber, daß sie darauf abzielten: der Kaiser sei wie ein Gebannter zu behandeln, der Umgang mit ihm zu meiden. Wenn man auf diesem Wege mit Consequenz vorschritt, machte man Heinrich die Regierung des Reichs unmöglich. Zugleich mußte man den Papst zu bestimmen suchen selbst den Bann über den Kaiser auszusprechen; denn die Maßregeln seiner Legaten waren anfechtbar und schienen Vielen ungenügend. Wie hätte man sich nicht jetzt daran erinnern sollen, daß Gregor einst so lange den Handlungen der Legaten die Anerkennung versagt und dadurch die Fürsten in die schwersten Bedrängnisse getrieben hatte? Die aufständigen Fürsten drängten zu einem neuen Tage von Tribur, und unzweifelhaft meinten

sie dann mit dem Sohne weniger schonend zu verfahren, als einst mit
dem Vater.

Heinrich, der zu Speier das Weihnachtsfest feierte, war wegen der
Vorgänge in Köln in hohem Grade besorgt und schickte Bischof Erlung
ab, um mit den Fürsten zu unterhandeln. Allein die Strömung dort
war schon so mächtig, daß sie auch Erlung fortriß. Als er zurückkehrte,
weigerte er sich mit dem Kaiser ferner Gemeinschaft zu pflegen. Da
dieser ihn zwang vor ihm die Messe zu halten, verließ Erlung heimlich
den Hof und wandte sich ganz den Aufständigen zu. Der Kaiser hatte,
als er die Kölner Beschlüsse erfuhr, sofort Abalbert zur Verantwortung
nach Speier berufen, aber trotz seiner Eide und seiner Geiseln stellte
sich der Erzbischof nicht; unzweifelhaft hat auch er sich darauf berufen,
daß ihm mit dem Gebannten nicht mehr zu verkehren erlaubt sei.

Die Gregorianischen Ideen gewannen abermals in Deutschland
breitesten Raum. Offen bekannten sich die Aufständigen zu ihnen: und
wie sollte der Kaiser ihnen begegnen? Mit Recht scheute er sich die
Wege zu betreten, welche einst der Vater in ähnlicher Lage eingeschlagen
hatte. Die Entsetzung der aufständigen Bischöfe, die Erhebung von
Gegenbischöfen würde das Reich in neue Gefahren gestürzt, mehr geschadet als genützt haben. So tastete er die kirchliche Stellung jener
Bischöfe nicht an, aber er nahm ihnen, so weit er es vermochte, was
sie vom Reiche besaßen. Die Bischöfe von Würzburg hatten die Graf-
schaftsrechte in ihrem ganzen Sprengel gewonnen und ließen sie durch
ihre Vasallen üben; damit besaßen sie eine der herzoglichen ähnliche
Stellung und nannten sich Herzöge in Ostfranken: dieses Herzogthum
nahm jetzt der Kaiser Erlung und übertrug es seinem Neffen Konrad
von Staufen. In ähnlicher Weise nahm er Abalbert und Friedrich das
Erzkanzleramt, wie die damit verbundenen politischen Rechte und Einkünfte; die Urkunden der nächsten Jahre sind von den Kanzlern des
Kaisers — Bruno für Deutschland, Bischof Burchard von Münster für
Italien — im eigenen Namen, nicht in Stellvertretung der Erzkanzler
ausgestellt. Es scheint klar, daß der Kaiser, wenn ihm die deutschen
Bischöfe die Investitur bestritten, auf jene frühere Verordnung des
Papstes zurückgriff, welche ihm die Regalien zusprach; vielleicht gerade
deshalb, weil sie einst eine so gewaltige Aufregung unter den deutschen
Kirchenfürsten hervorgerufen hatte und er wußte, wie empfindlich sie
gerade in diesem Punkt waren.

Vor Allem suchte der Kaiser den Papst von den Aufständigen zu trennen. Von dem höchsten Werthe war ihm, daß Paschalis die Excommunication seiner Legaten nicht bestätige; zu dem Ende entschloß er sich mit ihm sofort über einen neuen Vertrag in Unterhandlung zu treten. Zum Unterhändler wählte er den Abt Pontius von Cluny, der in vielen Beziehungen zu diesem Geschäfte besonders geeignet schien. Pontius war der Sohn des Grafen Peter von Mergueil im Languedoc, dem Kaiser und dem eifrigen Guido von Vienne blutsverwandt, denn auch er gehörte der Nachkommenschaft Otto Wilhelms an; noch näher stand er dem Papste, der ihn aus der Taufe gehoben und seinen Eintritt in die Abtei Cluny bestimmt hatte. Schon früher hatte Cluny eine vermittelnde Stellung zwischen den Gregorianern und dem alten Kaiser eingenommen: so blieb Pontius gleichsam in der Tradition der Cluniacenser. Aber auch dem Selbstgefühl des jungen und sehr stolzen Mannes, welcher durch den Titel „Abt der Aebte" die Empfindlichkeit der Mönche am Monte Cassino reizte, mochte die Rolle gefallen, die ihm als Friedensstifter zwischen Kirche und Reich zugedacht war.

In der Mitte des December war Pontius am Hofe des Kaisers zu Speier; schon damals werden ihm die Aufträge ertheilt sein, die er im Anfang des nächsten Jahres in Rom auszuführen suchte. Gleichzeitig oder wenig später schrieb der Kaiser dem Papste: er beklage tief, daß der heilige Vater um seinetwillen, d. h. wegen des Investiturprivilegs, in große Streitigkeiten und Bedrängnisse gerathen sei, die ihn mehr als seine eigene Noth bedrückten; deshalb habe er den Abt nach Rom gesandt und wünsche nach dem Rathe des Papstes, des Abtes und anderer religiöser Männer den apostolischen Stuhl der Noth zu entreißen und einen dauernden Frieden zwischen Kirche und Reich herzustellen.

So sehr lag eine Verständigung mit dem Papste dem Kaiser am Herzen, daß er selbst Deutschland sofort zu verlassen entschlossen war, obwohl er dort den Aufstand ungebrochen zurückließ und nicht einmal eine augenblickliche Waffenruhe gewinnen konnte. Die Klugheit rieth ihm sich mit Rom abzufinden, ehe die deutschen Fürsten auf dem betretenen Wege weiter gingen, ehe ein neues Tribur ihn sich schlimmeren Demüthigungen zu unterwerfen zwang, als einst der Vater auf sich nehmen mußte. Ueberdies schadete seine Anwesenheit hier mit jedem Tage mehr, als sie nützte. Besser gab es gar keinen Hof in Deutschland, als daß die Fürsten denselben geflissentlich mieden, um nicht durch den Umgang mit dem ketzerischen Kaiser in Kirchenstrafen zu verfallen.

Auf einen längeren Aufenthalt jenseits der Alpen rechnete der Kaiser, aber nicht auf gefährliche Kämpfe. Deshalb nahm er kein Heer mit sich. Aber seine Gemahlin, die Kanzler und diejenigen Bischöfe, Aebte und Pröpste, deren Rath er bei den Geschäften des Reichs und der Kirche besonders bedurfte, wie die Bischöfe Mazo von Verden, Heinrich von Augsburg, die Aebte Erlulf von Fulda und Berengoz von S. Marimin, der Propst Arnold von Aachen, mußten ihm folgen. Der ganze kaiserliche Hofhalt wurde nach der Lombardei verlegt, wo der Kaiser in näherer Verbindung mit Deutschland bleiben und zugleich die Verhandlungen mit Rom leichter führen konnte. Die Stellvertretung in den deutschen Ländern übertrug er seinem Neffen Friedrich von Schwaben und dem Pfalzgrafen am Rhein, Gottfried von Calw. Sie Beide sollten den Kampf am Unterrhein fortführen, während Friedrichs Bruder in Ostfranken, Hermann von Winzenburg und Heinrich Kopf in Thüringen und Sachsen die Gegner des Reichs nach Kräften niederhielten.

Am 15. Februar 1116 war der Kaiser noch in Augsburg. Wenige Tage später muß er — am Brenner, wie es scheint — die Alpen überstiegen haben. Im Anfange des März war der Hof bereits in Treviso; Heinrich, der Bruder Herzog Welfs, welchen die Angelegenheiten seines Hauses nach Italien führten, Herzog Heinrich von Kärnthen, die Bischöfe von Brixen und Trient hatten sich dem Kaiser auf dem Wege angeschlossen; bald traf auch Bischof Udalrich von Konstanz ein, Gebhards Nachfolger, dessen Weihe der Papst schon seit vier Jahren verhinderte und der jetzt selbst in Rom die Erlaubniß zu derselben erwirken wollte*).

Allerdings war es nicht auf Kriegsthaten, wie sie sonst die Kaiser über die Alpen geführt, diesmal in Italien abgesehen, sondern auf den Antritt einer reichen Erbschaft und die Einleitung politischer Verhandlungen mit Rom. Aber diese Verhandlungen waren von größter Tragweite. Der Bestand des Kaiserthums, welches Heinrich wieder zu einer furchterregenden Gewalt erhoben, doch gerade dadurch in neue Gefahren

---

*) Udalrich aus dem Geschlecht der Grafen von Dillingen hatte die königliche Investitur ohne vorgängige Wahl erhalten. Erst nach Paschalis Tode gelang es ihm, vom Erzbischof von Mailand die Weihe zu erlangen.

gestürzt hatte, wie auch die Zukunft der Kirche hing von denselben ab; nicht minder hatten sie zu entscheiden, ob den Schrecken des Bürger- und Glaubenskrieges, welche abermals in Deutschland entfesselt waren, noch ein schnelles Ziel gesetzt werden könne. Auf der abschüssigen Bahn der Gewalt war Heinrich an einen Abgrund gerathen, wo Dreistigkeit ohne Vorsicht keine Rettung mehr bot. Es mußte sich zeigen, ob er noch andere Mittel der Herrschaft kenne, als er bis jetzt angewandt hatte, ob er ebenso umsichtig, wie verwegen zu sein vermöge.

6.

Heinrich V. als Erbe der großen Gräfin.

Der Kaiser und die Lombarden.

Sobald Heinrich die Alpen überschritten hatte, richtete er seinen Weg nach Venedig. Am 11. und 12. März hielt er dort in der Pfalz des Dogen einen glänzenden Hoftag. Niemals waren die Beziehungen des Reichs zu der Republik vertrauter; der junge kriegsmuthige Doge Ordelafo Faliero und der Kaiser schlossen sich auf das Engste an einander an. Vielleicht geschah es deshalb, weil sie ein gemeinsames Interesse gegen die Ungarn hatten, denen die Republik damals die dalmatische Küste und Zara wieder zu entreißen suchte; in der That warb der Doge bald mit Bewilligung des Kaisers in der Lombardei jenes Heer, durch welches er in dem glücklichen Feldzuge des Jahres 1116 Zara einnahm. Vielleicht wollte aber auch Heinrich den Einfluß der Republik in Constantinopel benutzen, wo der Papst noch immer in Verhandlungen stand, deren Ausgang ihn mit Sorgen erfüllte; wir wissen, daß der Kaiser später seinen Kanzler Burchard von Münster an den griechischen Hof sandte, und nicht unwahrscheinlich ist, daß die Venetianer diesem das Feld bereiteten, wie einst den Gesandten Ottos des Großen. Gewiß waren es Geschäfte ernstester Art, welche Heinrichs damaligen Aufenthalt in Venedig bedingten und ihn zum Bundesgenossen des Dogen machten.

Nachdem der Kaiser Venedig verlassen hatte, war sein nächstes Ziel sich die Mathildinische Erbschaft zu sichern. Am 8. April hielt er zu Reggio Hof, am 17. April war er zu Canossa. Jene Burg betrat er jetzt als Herr, deren Pforten einst dem Flehen seines Vaters verschlossen blieben, an deren Mauern sich die trübsten Erinnerungen in der Geschichte seines Hauses knüpften. Bis tief in den Sommer hinein verweilte Heinrich auf verschiedenen Burgen der großen Gräfin, dann machte er einen Kaiserritt durch die Länder Lombardiens, der ihn bis nach Jvrea und Novara führte, und kehrte bei Einbruch des Winters wieder in die Gegend um Modena zurück.

Die große Gräfin hatte, nachdem die Schenkung ihrer Hinterlassenschaft an die römische Kirche, welche sie einst Gregor VII. ausgestellt, verschwunden war, am 17. November 1102 zu Canossa eine neue Urkunde ausgefertigt und dem Cardinallegaten Bernhard übergeben. Wie unbestimmt die Ausdrücke der Urkunde auch waren, Mathilde konnte durch dieselbe nur über ihre Allodien verfügen; die großen Reichslehen, welche das Geschlecht von Canossa gewonnen hatte, fielen bei dem Aussterben desselben nach jedem Recht an den Kaiser. Nichts desto weniger hat später Rom auch auf diese Reichslehen Anspruch erhoben; um so auffälliger ist, daß der Papst, in dessen Hand Mathildens Testament war, damals nicht einmal die Güter verlangte, auf welche ihm dasselbe ein Anrecht gab. Nicht einmal ein Protest Roms ist Heinrich entgegengestellt, als er sich in den vollen Besitz der Erbschaft setzte, und auch später ist bei seinen Lebzeiten ein solcher niemals erhoben worden.*) Die Reichslehen vertheilte er zum Theil an seine Getreuen, wie er z. B. die Markgrafschaft Tuscien an einen gewissen Rapoto verlieh, wahrscheinlich einen Seitenverwandten des Vohburgschen Hauses, welches auch in Italien große Besitzungen gehabt hatte. Die ausgedehnten Allodien Mathildens behielt Heinrich, so weit er sie nicht zu frommen Stiftungen für ihr Seelenheil verwandte, selbst in der Hand; denn auch durch solche Stiftungen stellte er sich als ihr vollberechtigter Erbe dar.

Durch diese Erbschaft war der Kaiser der erste Fürst der Lombardei geworden. Nicht ohne Bedeutung war, wie er die ihm zugewachsene Macht nun benutzen würde. Sein früheres Auftreten in Italien ließ

---

*) Kaum eine andere Erklärung für diese auffällige Thatsache möchte sich finden lassen, als daß im Jahre 1111 ein persönliches Abkommen zwischen allen Betheiligten getroffen sei, welches Paschalis das Testament Mathildens geltend zu machen hinderte.

vermuthet, daß er der städtischen Freiheit jetzt nur um so schroffer entgegentreten, daß er den Schrecken steigern werde, um Alles in Unterthänigkeit zu erhalten. Nicht ohne Verwunderung nimmt man wahr, daß gerade das Gegentheil eintrat. Mit gewinnender Milde behandelte er die Städte, wie den Adel des Landes, gleich als ob er sich heimisch auf dem lombardischen Boden machen und hier eine dauernde Macht gründen wolle. Die Ereignisse in Deutschland mochten ihn belehrt haben, daß er neue Stützen für seine Herrschaft hier suchen müsse.'

An dem Aufstreben der Seestädte nahm der Kaiser den lebhaftesten Antheil. Wie er Venedig gegen die Ungarn unterstützte, ist so eben berührt worden. Nicht geringere Theilnahme zeigte er den Pisanern, denen es nach langen und gefahrvollen Kämpfen in diesem Jahre gelungen war, die Herrschaft der Araber auf den Balearen zu erschüttern, Iviza und Majorca zu erobern. Pisa sandte an Heinrichs Hof den Consul Petrus, den Vicegrafen gleichen Namens und einen Rechtsgelehrten Tlepold. Der Kaiser nahm diese Gesandten gnädig auf und schenkte die Höfe Livorno und Papiana der Stadt zum Ausbau ihres Domes, weil ihre Bürger, heißt es in der Urkunde, „durch ihre Anstrengungen, ihre Opfer und Gefahren nicht allein unserem Reiche, sondern der ganzen Christenheit großen Ruhm gewonnen haben, indem sie die mächtige und volkreiche Stadt Majorca mit Kriegsmacht besiegten und von Grund aus zerstörten."

Sehr freigebig war der Kaiser damals mit Freiheitsbriefen für die Städte; nicht wenige Communen danken ihm die Sicherung ihrer unter vielen Mühen und Drangsalen erworbenen Rechte. Die Stadt Mantua, mit welcher die große Gräfin noch in den letzten Zeiten vielfach in Streit gelegen hatte, pries Heinrich als ihren Wohlthäter; denn er bestätigte nicht nur ihre Freiheiten, so daß sie den bestgestellten Städten des Reiches gleichstand, sondern bestimmte auch die Niederreißung der kaiserlichen Burg in der Stadt und schenkte den Bürgern die Insel Ripalta, deren Feste sie zu Mathildens großem Verdruß zerstört hatten und die nun der Kaiser nie wieder aufzurichten befahl. Man weiß, mit welcher Härte Heinrich vor wenigen Jahren Novara zerstört hatte; inzwischen hatten die Bürger ihre Mauern und Thürme hergestellt, und jetzt bestätigte ihnen der Kaiser nicht nur den Besitz derselben, sondern belobte sie auch wunderbarer Weise für die bisher ihm bewiesene Treue. Ein gleiches Lob spendete er der Stadt Turin, welche abgesehen von den bestehenden Gerechtsamen der Bischöfe fortan Niemandem mehr als ihm selbst zu Diensten und Abgaben verpflichtet sein sollte; die Abhängigkeit der Stadt von der Markgrafschaft Susa wurde völlig gelöst. Besondere Freiheiten erhielt die Stadt Bologna, deren Ruf die kürzlich begründete Schule des römischen Rechts bald über das ganze Abendland verbreitete. Warnerius, der große Rechtslehrer, ist selbst in dem kaiserlichen Privileg als Zeuge unterschrieben; vielfach finden wir ihn auch als Beisitzer oder Urtheilsfinder auf den Gerichtstagen des Kaisers erwähnt. Wie ein Petrus Crassus gegenüber den neuen Ansprüchen Roms die alten Kaiserrechte mit dem Justinianeischen Coder vertheidigt hatte*), stellte Warnerius jetzt seine gelehrte Autorität dem Kaiserthum zu Gebot.

Nicht minder huldvoll, als gegen die Städte, erwies sich der Kaiser gegen den Adel, selbst gegen Geschlechter, deren bisherige Haltung ihm Anlaß zur Unzufriedenheit geboten hatte. So verzieh er den Söhnen des Grafen Raimbold von Treviso, welcher sich mehrmals gegen das Reich aufgelehnt hatte; er gab den Söhnen die dem Vater entzogenen Besitzungen zurück. Die reiche Erbschaft bot dem Kaiser die Mittel zu ungewöhnlicher Freigebigkeit gegen die abligen Herren, und sie waren nicht unempfänglich gegen seine Gaben. Der Hof wurde häufig und gern von ihnen besucht. Die Markgrafen Werner von Ancona, Bonifacius von Savona, Anselm von Busco und Rainer von Montferrat verweilten fast ununterbrochen in der Umgebung des Kaisers; zahlreiche Grafen und Ritter Tusciens, der Romagna und der Lombardei fehlten niemals an seiner Seite. Auch die geistlichen Herren sprachen häufig bei Hofe vor; eine ganze Reihe italienischer Bischöfe ließe sich aufführen, welche die Gemeinschaft mit dem Kaiser suchten, den man in Deutschland als einen Ketzer mied. Unter ihnen waren nicht Wenige, welche durch die Pataria ihr Amt gewonnen hatten; auch die letzte Lebenskraft dieser einst so gefürchteten Verbindung schien mit dem Tode der großen Gräfin erloschen.

Mochten Städte, wie Mailand und Pavia, sich der Einwirkung des Kaisers entziehen, unzweifelhaft war doch in dem Hofe des Kaisers dem nördlichen Italien wieder ein Mittelpunkt gegeben, wie er dem durch die verschiedensten Interessen getheilten Lande seit lange gefehlt

---

*) Vergl. oben S. 499. 500.

hatte. Italien erwuchs daraus mancher Gewinn, und für den Kaiser war es ein unberechenbarer Vortheil, daß seine Macht gerade, als sie diesseits der Alpen erschüttert wurde, jenseits derselben wieder festeren Boden gewann. Dort herrschte er fast unangefochten, und die Wirkungen des Anathems, welche ihn unter den Deutschen zu beunruhigen anfingen, ließen sich hier wenig verspüren. Erzbischof Konrad von Salzburg, der sich nach der Lombardei geflüchtet, fand nach dem Tode der großen Gräfin hier keine Sicherheit mehr und kehrte nach Deutschland zurück.

Mit großer Klugheit hatte der Kaiser die Freunde Mathildens an sich zu fesseln, ihre Widersacher zu gewinnen gewußt. Sollte es dem Erben der großen Gräfin nun nicht auch gelingen, mit dem Papste, der in der Macht des Hauses Canossa so lange seine festeste Stütze gefunden hatte, ein Abkommen zu treffen, wie er es bedurfte? Jede Nachricht aus Deutschland zeigte ihm, daß der alte Streit um die Investitur dort von Neuem zu entbrennen drohte und daß seine Gegner zu denselben Waffen griffen, die sie einst gegen seinen Vater geführt. Um so bringlicher war für ihn die Verständigung mit Rom, um so wichtiger das Ergebniß der Verhandlungen, mit denen er den Abt von Cluny beauftragt hatte.

Verhandlungen des Kaisers mit Rom.

Der Papst hatte auf die Fastenzeit 1116 abermals eine große Synode nach Rom berufen. Wichtige Beschlüsse sollten gefaßt werden, namentlich über die Investiturfrage, welche aufs Neue die Welt bewegte. Man war um so gespannter auf die Entscheidung, da die Gregorianer hofften, daß der Papst nun endlich seine zurückhaltende Stellung aufgeben und die von seinen Legaten über Heinrich verhängte Excommunication öffentlich bestätigen würde. Am 6. März wurde die Synode eröffnet. Bischöfe und Aebte, Herzöge und Grafen aus verschiedenen Ländern hatten sich theils persönlich eingestellt, theils Gesandte geschickt. Die Versammlung scheint nicht sehr zahlreich gewesen zu sein, doch befanden sich in ihr gerade hervorragende Vertreter der strengsten Richtung, wie Kuno von Palestrina. Vorauszusehen war, daß diese Nichts unterlassen würden, um den Papst zu einem entscheidenden Schritte zu drängen.

Aber auch der Abt von Cluny, der Gesandte des Kaisers, war in

Rom, und zu derselben Zeit, wo die Synode zusammentrat, war der
Kaiser selbst von den Alpen in die lombardische Ebene hinabgestiegen.
In der nächsten Umgebung des Papstes standen Männer, die ihn unter
solchen Umständen von einem haftigen Verfahren abriethen, wie der
Cardinal Johann von Gaeta, der Kanzler des Papstes, der Stadtpräfect Petrus und Pier Leone, dessen Geiseln noch in der Gewalt des
Kaisers waren. Ohnehin bebte der Papst vor einer Erklärung zurück,
die er nicht ohne offenbare Verletzung seines dem Kaiser geschworenen
Eides abgeben konnte. So bemühte er sich Anfangs die Investiturfrage auf der Synode hinauszuschieben und legte zunächst den versammelten Vätern die Entscheidung über das ärgerliche Schisma vor, welches
seit Jahren die Mailänder Kirche beunruhigte.

Die Parteien Jordans und Grossolans lagen in Mailand noch
immer im Kampfe; der Streit war um so hitziger geworden, als Grossolan nach seiner Rückkehr von der Kreuzfahrt nicht die mindeste Neigung zeigte, freiwillig von seinem erzbischöflichen Stuhl zu weichen. Die
Partei Jordans war die republikanische, die Grossolans berief sich auf
den Papst. Nach blutigen Auftritten in der Stadt kam es endlich zu
einem Vergleich, welcher die letzte Entscheidung dem Papst in die Hand
gab. Auf der Synode waren die beiden hadernden Erzbischöfe zugegen,
und ihre Sache ließ der Papst nicht nur am ersten, sondern auch am
zweiten Tage verhandeln. Als dann am dritten Tage, ehe noch jener
verwickelte Handel entschieden war, eine neue Streitfrage, welche zwischen
den Bischöfen von Lucca und Pisa schwebte, vor die versammelten Väter gebracht wurde, riß endlich einem der Bischöfe die Geduld und er
wagte die Aeußerung: der Papst solle doch bedenken, zu welchem Zwecke
so Viele unter großen Gefahren auf seine Einladung von fern hierher
gekommen seien; bisher verhandle man wider die Ordnung nur über
weltliche Dinge, nicht über die großen geistlichen und kirchlichen Fragen;
vor Allem müsse man erfahren, wie der Papst über die Investitur denke,
denn deshalb sei man erschienen; man dürfe nicht in der Ungewißheit
heimkehren, was man in Zukunft zu lehren habe.

Nicht länger konnte der Papst jetzt die große Streitfrage des Augenblicks zurückhalten. Ungesäumt trat er mit der Erklärung hervor: was
er in der äußersten Bedrängniß gethan, dabei habe er die Befreiung
des Volkes Gottes im Auge gehabt, wenn er auch in menschlicher
Schwachheit gehandelt; er bekenne offen gefehlt zu haben und bitte

Alle Gott für ihn um Verzeihung zu bitten; das Investiturprivileg verdamme er für ewig und wolle, daß dies allgemein geschehe. Diese Worte des Papstes fanden allgemeinen Beifall, und Bruno von Segni wollte die günstige Gelegenheit nicht vorübergehen lassen, seine alte Ansicht von dem häretischen Inhalt des Privilegs zur Anerkennung zu bringen. „Gott sei Dank," rief er aus, „daß der Papst jetzt mit eigenem Munde jene schandbare und ketzerische Schrift verwirft." „Ist die Schrift ketzerisch," rief ein Anderer, „so ist auch ihr Urheber ein Ketzer." Erzürnt trat dem Verwegenen Johann von Gaeta entgegen. „Du wagst," rief er ihm zu, „hier im Concil vor unseren Ohren den Papst einen Ketzer zu nennen; ein Uebel war jene Schrift, nicht aber Ketzerei." „Auch nicht einmal ein Uebel," fügte ein Anderer hinzu, „denn sie befreite das Volk Gottes, und das rühmt die heilige Schrift als ein löbliches Werk." So brachen unerwartet die Gegensätze in der Kirche selbst noch einmal auf das Heftigste hervor und stießen hart auf einander. Die Versammlung war in gewaltiger Aufregung, der Papst selbst in größter Bestürzung. Endlich gelang es ihm das Getümmel zu beschwichtigen und zu der Erklärung Raum zu gewinnen, daß die römische Kirche niemals häretisch gewesen sei, vielmehr alle Ketzereien überwältigt habe.

Die Sitzung der folgenden Tage fiel aus, weil der Papst mit dem Abt Pontius, mit Johann von Gaeta, Pier Leone und Anderen, die für kaiserlich galten, wichtige Verhandlungen pflog. Offenbar war nach den letzten Vorgängen auf der Synode zu fürchten, daß die extreme Partei nicht eher ruhen würde, als bis der Papst den Bann über Heinrich ausspreche. Pontius und seine Freunde mußten wenigstens dieses Aeußerste zu verhindern suchen; in der That scheinen sie bindende Zusagen deshalb vom Papste gewonnen zu haben, so wenig er sonst von neuen Verhandlungen mit dem Kaiser wissen wollte. Am folgenden Tage fand die vierte Sitzung der Synode statt, und hier kam sogleich die Investiturfrage aufs Neue zur Verhandlung. Heftig verlangte Kuno von Palestrina die Bannerklärung vom Papste, entschieden widersetzten sich der Kanzler, Pier Leone und Andere. Der Papst trat darauf mit einem unanfechtbaren Bekenntniß zu dem Investiturverbot Gregors VII. hervor und erklärte Jeden dem Banne verfallen, welcher als Laie die Investitur ertheile oder als Kleriker sie von einem Laien empfange; das waren die Principien, wie sie Gregor zuletzt aufgestellt, an denen Urban festgehalten hatte. Aber Kuno und seinen Freunden war auch dies noch nicht genug; Kuno verlangte ein ausdrückliches Anerkenntniß, daß er vom Papste als Legat ausgesandt sei und seine Handlungen als Legat vom apostolischen Stuhle gebilligt wären. Dieses Anerkenntniß verweigerte ihm der Papst nicht, und nun berichtete Kuno, wie er aller Orten den Bann über Heinrich ausgesprochen habe, und bat auch die Synode sein Verfahren zu bestätigen, wie es bereits der Papst gethan habe. Das gleiche Verlangen stellte auch Guido von Vienne, der zur Synode Bevollmächtigte geschickt hatte. Die Mehrzahl der Synode sprach ihre Zustimmung zu den Amtshandlungen Beider, d. h. zu den Excommunicationen aus, welche Kuno und Guido über Heinrich verhängt hatten.

Noch eine Sitzung fand am folgenden Tage statt, doch nur die Mailänder Sache ward in ihr zum Schlusse gebracht. Der Papst selbst gab Grossolan auf, der in sein altes Bisthum Savona zurückkehren sollte, aber in Rom zu bleiben vorzog und dort im folgenden Jahre starb. Jordan wurde als Erzbischof von Mailand vom apostolischen Stuhle bestätigt. Die Angelegenheit des Kaisers kam in der Synode nicht wieder zur Sprache. Wie weit Kuno und seine Anhänger auch den Papst gedrängt, dahin hatten sie es nicht gebracht, daß vom Stuhle Petri herab der Bannstrahl gegen Heinrich geschleudert wurde.

Der Kaiser hoffte noch immer, obwohl durch Pontius Sendung nur wenig erreicht war, auf einen ihm günstigen Vergleich mit dem Papste, und seine Hoffnungen steigerten sich, als sich auf Paschalis bald darauf zu den alten Bedrängnissen neue häuften. Am grünen Donnerstag (30. März) starb der Stadtpräfect in Rom, und sofort, ehe noch die Leiche beigesetzt war, erhob die städtische Menge, ohne den Papst nur zu befragen, den Sohn des Verstorbenen, einen ganz jungen Mann, und forderte ihn zur Uebernahme des Amtes auf. Der Papst suchte dies zu verhindern, aber tobend drang das Volk in den Lateran während des Gottesdienstes ein und verlangte ungestüm, daß der Papst die Wahl bestätige. Der Papst verweigerte dies, da Zeit und Ort völlig ungeeignet waren, er überdies einem Anderen das Amt zu übertragen wünschte. Sofort brach der Aufstand in der Stadt los. Am Charfreitage verschwor sich das Volk, welches bereits zu den Waffen gegriffen, geradezu gegen den Papst. Man rüstete noch am folgenden Tage und trat dann am Ostersonntage (2. April), als sich der Papst zur Messe in St. Peter mit großem Gefolge begab, ihm bewaffnet an der Engelsbrücke entgegen, um die Bestätigung des Erwählten zu erzwingen. Als sie der Papst versagte, griff man sein Gefolge an; Einige wurden getödtet, Andere gefangen, Alle mißhandelt. Der Papst setzte seinen Weg fort, hielt die Messe und kehrte in feierlicher Procession nach dem Lateran zurück. Man bedrängte ihn auch da aufs Neue mit demselben Verlangen; auf seine Weigerung verfolgte man ihn und die Procession mit Schimpfreden und Steinwürfen. Endlich erklärte er sich bereit, am nächsten Freitag die Sache nach gemeinsamer Uebereinkunft zum Austrag zu bringen.

Die Römer wollten keinen Aufschub, sondern installirten ohne Verzug den jungen Petrus als Präfecten, entschlossen auch mit Gewalt ihre Wahl aufrecht zu erhalten. Am 7. April griffen sie die Burgen derer an, die zu dem Papste hielten; vor Allem bekämpften sie Pier Leone und seinen zahlreichen Anhang. Der Papst verließ sogleich den Lateran, suchte zuerst in dem festen Septizonium am Fuße des Palatin eine Zufluchtsstätte, wandte aber schon folgenden Tags der Stadt flüchtig den Rücken und begab sich nach Albano. Die Sache des Papstes in Rom schien nur noch Pier Leone aufrecht halten zu können, und kaum auch er, wenn ihm nicht Hülfe von außen kam. Durch große Geldsummen und Veräußerungen von Kirchengut gewann der Papst deshalb mehrere Grafen der Campagna, vor Allen Ptolemäus von Tusculum, obwohl dieser ein Mutterbruder des jungen Präfecten war. So ermöglichte es der Papst, daß er mit einem kleinen Heere Pier Leone unterstützen und im Mai wieder gegen Rom ziehen konnte; bei Trastevere bezog er ein Lager. Seine Schaar war sehr mangelhaft ausgerüstet, und es war ein ganz unerwartetes Glück, als sie bei einem Angriff auf einen kleinen auf Kundschaft ausgezogenen Haufen unter anderen Römern auch den jungen Präfecten in ihre Gewalt bekam.

Der Papst und seine Anhänger frohlockten, aber die Siegesfreude verrann schnell. Als man den gefangenen Präfecten nach dem Castell Fumone bei Anagni abführen wollte und hinter Albano an den Algibus kam, überfiel Ptolemäus den Zug, befreite seinen Neffen mit den anderen Gefangenen und verließ die Partei des Papstes noch schleuniger, als er sie ergriffen hatte. Heftiger entbrannte nun wieder der Kampf in Rom. Vom Capitol aus wurden die Burgen des Pier Leone berannt; manchen Sturm hielten sie aus, bis endlich bei der Julihitze die Kraft der Römer ermattete. Der Papst hatte inzwischen Trastevere, welches sich ihm geöffnet, wieder verlassen und eine Zuflucht in dem Volskergebirge gesucht; dort lebte er zu Sezza und Piperno in einer Art von Verbannung. Im Herbst kehrte er nach Trastevere zurück; hier und in dem Castell von S. Paolo nahm er in der Folge Wohnung, ohne die Stadt selbst zu betreten. In derselben hielt sich Pier Leone mit unerschüttertem Muthe, doch gelang ihm nicht seine Gegner zu bewältigen. Von einem päpstlichen Regiment in Rom war kaum die Rede. Als Vertreter der Stadt erscheint damals der Präfect und neben ihm Consuln, welche nach dem Vorbild der lombardischen Städt vielleicht jetzt auch in Rom erwählt wurden; wie sie aber auch bestellt sein mochten, sie waren lediglich Führer der Adelsfactionen, denn diese allein beherrschten noch immer das Leben der Stadt.

An dem Aufstande Roms hatte der Kaiser unseres Wissens keinen unmittelbaren Antheil, aber er benutzte die Bedrängniß des Papstes zu neuen Verhandlungen über einen Vergleich, und diese hatten jetzt, wie es scheint, besseren Fortgang. Anfangs wird auch jetzt der Abt Pontius die Verhandlungen geführt haben, da wir ihn noch bis gegen Ende des Mai 1116 in der Umgebung des Kaisers finden; später der Erzbischof Moritz von Braga in Portugal, gewöhnlich Burdinus genannt, ein umsichtiger, welterfahrener Mann, welcher zu dieser Zeit das besondere Vertrauen des Papstes genoß. Burdinus stammte wahrscheinlich aus Südfrankreich, war aber früh über die Pyrenäen gekommen und hatte sich dort durch Gelehrsamkeit und kirchlichen Eifer einen Namen gemacht, so daß er alsbald zum Erzbisthum Braga erhoben wurde. Sein Ehrgeiz verwickelte ihn jedoch nach kurzer Zeit in ärgerliche Rangstreitigkeiten mit dem Erzbischof Bernhard von Toledo, dem Primas der spanischen Christenheit, welche damit endeten, daß ihn Bernhard als päpstlicher Legat vom Amte suspendirte und Paschalis im Jahre 1114 die Suspension bestätigte. Aber bald wurde Burdinus wieder zu Gnaden angenommen, ja sogar Bernhard, als er die Streitigkeiten erneuern wollte, die Legation über Braga entzogen. Im Jahre 1115 kam Burdinus selbst nach Rom und gewann sich in solchem Maße die Gunst des Papstes, daß dieser ihn nicht wieder in seinen Sprengel zurückkehren ließ, sondern zu den wichtigsten Botschaften benutzte. So wurde Moritz auch dem Kaiser gesandt, welcher den eben so begabten als hochstrebenden Bischof an sich zu fesseln wußte. Burdinus war bald nicht mehr der Mann, auf welchen der Papst sein Vertrauen setzen konnte,

Wir kennen den Gang der Verhandlungen nicht im Einzelnen, doch kann man kaum daran zweifeln, daß im Sommer wirklich eine Annäherung zwischen Kaiser und Papst erfolgte. In einer Urkunde, welche der Kaiser am 1. Juli 1116 dem Kloster Maximin ausstellte, erwähnt er der besonderen Fürsprache seines geistlichen Vaters, des heiligsten Papstes Paschalis. Um dieselbe Zeit, wie es scheint, kamen die Bischöfe von Asti, Acqui und Piacenza an den kaiserlichen Hof zurück, welche Heinrich abgesandt hatte, um die Stimmung des Papstes zu erforschen. Sie waren vor dem Papste erschienen, als kämen sie aus freiem Antrieb, ohne besonderen Auftrag des Kaisers; aber sie hatten den Frieden der Kirche zur Sprache gebracht und Erklärungen vom Papste vernommen, welche die größten Aussichten auf eine Verständigung boten. Paschalis hatte ihnen eröffnet, daß er weder mündlich noch schriftlich Verbindungen mit den Bischöfen von Köln, Salzburg, Würzburg und Halberstadt gepflogen und das Benehmen des Erzbischofs von Mainz entschieden mißbillige, wie auch Alles, was Kuno und Guido ohne seine Einwilligung gethan hätten; er hatte sich endlich dem Kaiser selbst Beweise seiner friedlichen Gesinnung zu geben anheischig gemacht und ihm und den Bischöfen seiner Begleitung seinen Segen und Gruß entboten. So wenigstens berichtete der Kaiser, der nun sofort nach Rom selbst aufbrechen wollte, seinen Anhängern in Deutschland; unzweifelhaft wird er die Zugeständnisse des Papstes übertrieben haben, aber ganz ohne Grund kann sein Bericht nicht gewesen sein.

Dennoch unterblieb damals der Aufbruch Heinrichs nach Rom. Weniger mag ihn vereitelt haben, daß der Papst zeitweise wieder die Stadt und die nächste Umgegend verlassen mußte, als daß dieser, wie er sich jenen Bischöfen gegenüber auch ausgesprochen haben mag, eine öffentliche Zusammenkunft mit dem Kaiser zu vermeiden hatte, wenn er sich nicht ganz die Partei Kunos entfremden wollte. Der König blieb bis zum December auf den Burgen, welche er von Mathilde ererbt hatte, dann nahm er seinen Weg nach der Romagna, wo er, von einer großen Zahl geistlicher und weltlicher Fürsten Italiens umgeben, bis in den Januar verweilte.

Gewaltige Naturrevolutionen bezeichneten den Beginn des Jahres 1117 und erfüllten Alles mit Schrecken; besonders litt Norditalien durch Erdbeben von ungewöhnlicher Stärke und Ausdehnung. In Cremona und Padua stürzten die Dome ein, in Mailand das Rathhaus. Zur

Sühne des göttlichen Zorns berief Erzbischof Jordan eine große Provinzialsynode nach Mailand; eine ähnliche Versammlung der städtischen Behörden Lombardiens beriefen die Consuln von Mailand. Nicht ungefährliche Maßregeln waren dies für den Kaiser; denn Versammlungen in Mailand, wo Erzbischof Jordan bereits im Sinne der eifrigen Gregorianer den Bann über ihn verhängt hatte und wo man noch immer auch jede weltliche Autorität ihm bestritt, konnten leicht einen tieferen Einfluß auf den ganzen Norden Italiens gewinnen. Auch dies mußte den Kaiser drängen, nun endlich mit dem schwankenden Papst wohl oder übel zum Ziele zu kommen. Ueberdies luden ihn der Präfect und die Consuln Roms jetzt selbst ein nach der Stadt zu kommen und begegneten seinen Wünschen; er versprach ihnen nicht nur seine Ankunft, sondern sandte ihnen auch reiche Geschenke. Unter Zustimmung der Fürsten, die ihn umgaben, brach er alsbald mit einem Heere gegen Rom auf.

Wo der Kaiser sich im Römischen zeigte, fand er die beste Aufnahme. Der Abt von Farfa und der Graf von Tusculum kamen ihm mit offenen Armen entgegen; dem letzteren bestätigte er alle Besitzungen seines Geschlechts und vermählte oder verlobte dem Sohne desselben seine natürliche Tochter Bertha*). Alle Vesten der Päpstlichen, die auf seinem Wege lagen, öffneten sich ihm, ohne einen Widerstand auch nur zu versuchen. Am Ostersonntag (25. März) hielt er mit seiner Gemahlin in die bekränzte Stadt seinen feierlichen Einzug, welcher an das Triumphgepränge der alten Imperatoren erinnerte. Der Papst hatte Trastevere, sobald er die Ankunft des Kaisers erfuhr, verlassen und sich über Monte Cassino und Benevent nach Capua begeben. Jeder Begegnung mit dem Gebannten wich er jetzt um so mehr aus, als er auf den Ruf der empörten Römer erschien; nicht abermals wollte er sich Zugeständnisse abzwingen lassen, die ihn in neue Verwirrungen stürzten.

Die Engelsburg war in den Händen des Pier Leone, die Peterskirche mit den benachbarten Vesten in der Gewalt des Präfecten. Der Kaiser begab sich sofort nach dem Einzuge, auf einem Nachen über den Tiber setzend, nach der Peterskirche, wo die zurückgebliebenen Cardinäle zur Festfeier versammelt waren. Er erbot sich gegen sie, wenn er etwas

---

*) Ueber diese Tochter des Kaisers wissen wir nichts Näheres; sie scheint in Italien geboren. Vielleicht war Bertha damals ein Kind und ist früh gestorben.

gegen die römische Kirche gefehlt haben sollte, zur Genugthuung; Niemand wagte Anschuldigungen gegen ihn zu erheben, denn der Schrecken hemmte jede Zunge. Nach der Sitte des hohen Festes verlangte er darauf mit der Krone geschmückt zu werden, aber die Cardinäle weigerten sich der Krönung. Was sie nicht thun wollten, bot dem Erzbischof Moriz von Braga keinen Anstoß. Vor dem Grabe des heiligen Gregorius setzte er dem Kaiser die Krone auf, und der Jubelruf des Volkes begleitete sein dreistes Beginnen. Der Kaiser kehrte darauf über den Tiber zurück; unter dem Zulauf der Masse hielt er im Kaiserschmuck seine feierliche Procession nach dem Lateran. Frohlockend begleiteten ihn jetzt die Römer, welche ihm noch vor wenigen Jahren die Thore geschlossen hatten.

Am folgenden Tage zog der Kaiser mit allen Würdenträgern Roms auf das Capitol. Man drängte sich ihm hier zu huldigen, und freigebig belohnte er die Ergebenheit des römischen Adels. Mit einem Adler belehnte er den jungen Präfecten; auch die anderen Ordnungen, welche sich die empörten Römer gegeben hatten, wird er bestätigt haben. Rom war völlig in seiner Gewalt, und bei diesem Stande der Dinge glaubte er die Nachgiebigkeit der Cardinäle, ja des Papstes selbst erzwingen zu können. Der Papst war fern, aber drei Cardinäle erschienen schon nach einigen Tagen vor ihm mit der Erklärung, daß der Herstellung des Friedens zwischen Reich und Kirche kein Hinderniß mehr im Wege stehe, wenn er nur auf Ring und Stab bei der Investitur verzichten wolle. Der Kaiser gab ihnen zur Antwort: es sei sein Recht, die Regalien den Bischöfen mit Ring und Stab zu verleihen; weitere Verhandlungen wollte er mit dieser Antwort, wie es scheint, nicht abgeschnitten haben. Indem er diese Vorgänge nach Deutschland berichtete, verglich er die Cardinäle den Schriftgelehrten und Pharisäern, welche Mücken saigen und Kameele verschlucken, da sie das Wort des Apostels nicht beachteten, daß man ein kleines Uebel tragen müsse, um ein größeres zu vermeiden; wie sich die Dinge auch gestalten würden, er war fest überzeugt, daß sich der Papst keinenfalls den Bann über ihn auszusprechen getrauen werde.

Darin irrte sich Heinrich nicht, daß Paschalis auch jetzt noch nicht zu der Excommunication zu bewegen war; wenn er aber auf eine neue Nachgiebigkeit des alten Papstes gerechnet hatte, so sah er sich bald völlig enttäuscht. Paschalis war fest entschlossen die Zurücknahme des

Investiturprivilegs nicht abermals zurückzunehmen, sich keiner der Kirche anstößigen Vergleich zum dritten Mal abnöthigen zu lassen: deshalb belebte er jetzt mit allen Kräften den Widerstand gegen den Kaiser. Auf einer Synode zu Benevent verhängte er den Bann über Burdinus, seinen früheren Günstling, welcher dem Gebannten die Krone gereicht hatte. Als der Kaiser neue Friedensanerbietungen machte, erwiederte er, daß den Bann, den angesehene Kirchenfürsten ausgesprochen, nur eine allgemeine Synode aufheben könne, auf welche die deutschen Bischöfe und namentlich der Erzbischof von Mainz überdies drängen. Erzbischof Friedrich von Köln, der ihm gemeldet, daß er über den Kaiser die Excommunication verhängt habe, belobte er und rieth Allen den Gebannten zu meiden, wie er selbst es thue; er forderte Friedrich auf der bedrängten römischen Kirche Beistand zu leisten. Wenig später sandte er Kuno von Palestrina abermals über die Alpen, um dem Investiturstreit in Deutschland neue Nahrung zu geben. Offenkundig war der Papst ganz zu den Bestrebungen der eifrigsten Gregorianer zurückgekehrt; mit den aufständigen Bischöfen in Deutschland stand er jetzt offen in unmittelbarer Verbindung; wenn er auch den Kaiser nicht bannte, behandelte er ihn doch wie einen Gebannten.

Und schon suchte er die Normannen in die Waffen zu bringen, um den Kaiser aus Rom zu verdrängen. Sein Hülferuf fand aber auch diesmal wenig Beachtung; nur der Fürst von Capua entschloß sich 300 Reiter gegen Ptolemäus auszusenden, und auch diese brachen langsam auf. Als sie nach Pfingsten in die Campagna einbrangen, war der Kaiser, welcher das Fest (13. Mai) noch in Rom gefeiert hatte, bereits auf dem Wege nach Sutri, um dem Einbruch der heißen Jahreszeit zu entgehen. Kaum hörte er, daß Normannen bis Piglio im Sabinergebirge vorgedrungen seien und dort plünderten, so schickte er einen Theil seines Heeres Ptolemäus zur Hülfe. Auf die Nachricht, daß der Graf von Tusculum Verstärkung erhalten hatte, kehrten die Normannen dann sogleich nach Monte Acuto zurück und erlitten auf dem Rückzuge noch erhebliche Verluste.

Dieser üble Erfolg entmuthigte den Papst nicht. Sobald er vernahm, daß der Kaiser Rom verlassen habe, ging er mit einem eilig zusammengerafften Heere selbst von Neuem vor. Es gelang ihm Piglio und Pagliano in der Sabina, in der Maritima die Burg des h. Silvester einzunehmen. Aber dem Kriegsgetümmel waren die schwindenden Kräfte des Greises nicht mehr gewachsen. Völlig erschöpft begab er sich im Spätsommer nach Anagni; man hielt seine Tage schon für gezählt. Gegen Weihnachten erholte er sich jedoch und beschloß das Fest in Palestrina zu feiern; seine Kräfte ermöglichten ihm da wieder selbst die Messe zu halten. Als sich bald für seine Rückkehr nach Rom günstige Aussichten eröffneten, drängte er selbst zu schleunigem Aufbruch. Bei einem Theile des Adels war nämlich ein Umschwung der Gesinnung erfolgt. Pier Leone, in dessen Händen noch immer die Engelsburg war, hatte durch seine Beherztheit und Ausdauer Manche, welche bisher dem Präfecten angehangen hatten, auf seine Seite gezogen, namentlich die Grafen Petrus Colonna und Rainald Senebaldi. Man rief den Papst, da man schon des vollen Sieges gewiß zu sein glaubte. Paschalis eilte herbei, und in der That gelang es ihm durch die Unachtsamkeit der Wachen des Präfecten, sich in die Engelsburg zu stehlen. Seine Ankunft befeuerte seine Getreuen, lähmte die Energie der Aufständigen. Schon wurden neue Sturmmaschinen gegen die Festen bei St. Peter aufgeführt, welche man bis dahin stets vergeblich berannt hatte; schon sollen der Präfect und Ptolemäus von Tusculum an Unterwerfung gedacht haben. Aber am zweiten Tage nach seiner Rückkehr warf die Erschöpfung den Papst auf das letzte Lager. Sterbend ermahnte er die Cardinäle zur Ausdauer im Glauben und zum Halten an der Wahrheit, zur Vorsicht gegen die Nachstellungen von innen und außen, zur Verfolgung der Wibertisten und der deutschen Ruchlosigkeit; er verwies sie auf sein eigenes Beispiel, forderte Einigkeit in der Liebe von ihnen und Festigkeit in den Geboten Gottes. Darauf empfing er die letzte Oelung, beichtete und verschied unter Sterbegesängen, in welche er noch selbst einzustimmen versucht hatte, bald nach Mitternacht am 21. Januar 1118. Sein Sterbelager stand in einem Hause neben der ehernen Pforte der Engelsburg; da der Präfect die Bestattung in St. Peter nicht gestatten wollte, wurde die Leiche in der Kirche des Lateran noch an demselben Tage beigesetzt.

Ueber achtzehn Jahre hat Paschalis von dem Stuhle Petri das Regiment der abendländischen Kirche geführt; wenige seiner Vorgänger haben gleich lange oder länger regiert*). Man rechnete auf sein Pon-

---

*) Eine längere Regierung hatten nur Leo der Große und der Gegenpapst Wibert.

tificat zehn Friedensjahre und acht Jahre des Kampfes: jene aber waren Friedenszeiten nur für die Stadt, wenn man sie Friedenszeiten nennen kann, nicht für die Kirche. Das Regiment des Papstes war in Wahrheit eine ununterbrochene Reihe von Kämpfen und Gefahren; bald stand er dem Kaiser, bald dem römischen Adel, bald dem deutschen Episcopat, bald einer Partei im Collegium der Carbinäle und in der gallicanischen Kirche gegenüber, welche päpstlicher schien als er selbst. Welche Demüthigungen hatte er erlitten! Um so schmerzlicher für ihn, da sie ihn nicht ohne sein Verschulden getroffen. Nicht furchtsamen Gemüths war er, doch ihm fehlte die Voraussicht der drohenden Gefahr: deßhalb traf ihn der Moment der Entscheidung meist unvorbereitet; er erreichte nicht, was er wollte, und was er nicht wollte, wurde ihm abgezwungen. In dem Drange des Augenblicks ließ er sich mehr als ein Mal zu Zugeständnissen verleiten, die er schwer zu bereuen hatte. Niemanden hat er wohl mehr verabscheut, als Heinrich IV., den Unterdrücker Gregors und der kirchlichen Freiheit, und doch bietet Paschalis Pontificat mit seinen endlosen Kämpfen, schweren Demüthigungen, bitteren Enttäuschungen mehr als einen Vergleichungspunkt mit dem Regiment seines gleich unglücklichen Widersachers.

Seinen Grundsätzen nach war Paschalis der starrste Gregorianer. Hätte er ihnen folgen können, er würde sich nie auch nur zu ähnlichen Zugeständnissen an die weltlichen Mächte verstanden haben, wie sie sein Vorgänger gemacht hatte. Und doch wie viel weiter ließ er sich treiben! Zu einer völlig unausführbaren Beraubung der Kirchen an zeitlichen Gütern und Rechten entschloß er sich, um das Investiturverbot aufrecht zu halten, und als er auch so dasselbe nicht retten konnte, gab er mit demselben das ganze System preis, welches Gregor überliefert hatte. Erst allmählich an dem Widerstand, dem er in der Kirche begegnete — bald hat der deutsche Episcopat, bald der gallicanische Klerus seine Verordnungen als häretische bezeichnet — erkannte er die Größe des Opfers und suchte nun zu retten, was noch zu retten war. Noch einmal warf er sich als Greis mit aller Hitze seiner früheren Jahre in den Kampf gegen die Laieninvestitur, gegen das Kaiserthum und den Troß der widerstrebenden Bischöfe in Deutschland. Als sein Körper schon zusammenbrach, lebte sein Geist noch in großen Entwürfen für die Herstellung der kirchlichen Herrschaft. Dem jungen Grafen Roger von Sicilien suchte er die Legation, welche Urban II. seinem Vater übertragen hatte, als unvereinbar mit der kirchlichen Freiheit im Wesentlichen wieder zu entziehen. Mit dem griechischen Kaiser hat er noch in seinen letzten Tagen in Verhandlungen gestanden. Schon schürte auch jener Kuno von Palestrina, der erbittertste Gegner des Kaisers, wieder als apostolischer Legat das Kriegsfeuer in den deutschen Ländern.

Von jeher haßte Paschalis die deutsche Nation, welcher er die Unterbrückung der Kirche vor Allem beimaß. Hart traf dieser Haß die deutsche Kirche; es war ein schwerer Streich, den er derselben versetzte, als er im Jahre 1104 den Dänen ein eigenes Erzbisthum in Lund gab. Die so wichtige Legation Hamburg-Bremens im Norden war damit vernichtet. Ungarn und Polen waren bereits dem Einfluß des deutschen Klerus entzogen; jetzt ging ihm auch der skandinavische Norden verloren. Die glänzende Zeit Bremens war dahin; wo der Erzbischof einst bestimmend wirkte, da walteten nun päpstliche Legaten mit großer Willkür. Nicht ohne Grund hat Paschalis bis an sein Lebensende mit dem dänischen Könige und den dänischen Bischöfen in ununterbrochenem Verkehr gestanden. Wohl bemühte sich Bremen alsbald das Verlorene wieder zu erlangen, aber es war ein unfruchtbares Anringen gegen vollendete Thatsachen. Die Anhänglichkeit seiner Erzbischöfe an die kaiserliche Sache hat Bremen theuer bezahlen müssen.

Nichts hat Paschalis vielleicht mehr gehemmt, als seine andauernden Streitigkeiten mit dem römischen Adel. Er liebte Rom und wollte das Papstthum, welches unter Urban gleichsam auf der Wanderung gewesen war, in der Stadt wieder heimisch machen. Die Friedensjahre ließ er nicht ungenutzt, um die Spuren des normannischen Brandes zu vertilgen. Die zerstörten Heiligthümer wurden hergestellt, und noch jetzt erinnern umfängliche Kirchenbauten dort an ihn und seine Zeit. Lieber weilte er am Tiber, als in Benevent, wo er unter einer fremden Bevölkerung mit nicht geringerem Widerstreben zu kämpfen hatte — und doch mußte er mehr als ein Mal sich von Rom nach Benevent flüchten. Indem er das Regiment, welches Gregor in Rom geübt, herstellen wollte, entwickelte sich eine erbitterte Opposition im Adel und in der Masse, welche ihm und seinen Nachfolgern die schwersten Tage bereitet hat. Auch in Rom fing man an von städtischer Freiheit und von Consuln zu reden, so wenig die Verhältnisse der Stadt auch sonst denen der lombardischen Communen entsprachen. Hinter den Mauern der Engelsburg, fast wie ein Gefangener in seiner eigenen Stadt, ist Pa-

schalis gestorben. Unsägliche Qualen hat er im Leben erduldet, ohne
daß sein Muth je ganz zusammenbrach; vielleicht durch nichts hat er der
Kirche in ihrer Bedrängniß mehr genützt, als durch dieses zähe Dulden.

Der Tod des Papstes mußte dem Kaiser willkommen sein; denn
schon war jede Hoffnung geschwunden mit ihm noch eine Verständigung
zu erreichen. Theilnahmlos hatte sich Heinrich zuletzt bei den Kämpfen
in Rom verhalten, nach seiner Rückkehr von dort meist auf den Burgen
Mathildens gelebt und erst gegen Weihnachten sich in das Gebiet von
Imola begeben. Nichts mußte er mehr wünschen, als daß ein füg-
samerer Mann nach Paschalis den Stuhl Petri besteige. Denn seine
Lage war trotz der großen Erbschaft, die er angetreten, noch immer
bedenklich. Da sich der Friede mit der Kirche nicht erreichen ließ, ver-
stärkte sich die kirchliche Partei in Deutschland täglich, und schon war
in manchen Theilen des Reichs die Verwirrung auf das Höchste gestiegen.
War auch Heinrichs Herrschaft in Italien kaum ernstlich angefochten,
so war sie um so bedrohter am Rhein, am Main, an der Weser
und Elbe.

7.

Der Investiturstreit von Neuem.

Der innere Krieg in Deutschland.

Die Absicht des Kaisers, durch seine Entfernung aus Deutschland
dem inneren Hader die Erbitterung zu nehmen, war nicht erreicht worden.
Kaum hatte er den Rücken gewandt, so machte Erzbischof Adalbert
(um Ostern 1116) einen Handstreich gegen Speier; als derselbe mißglückte, wandte der Erzbischof sich gegen die kaiserliche Burg Stromberg
bei Bingen und zerstörte sie. Etwa um dieselbe Zeit stürmte Herzog
Lothar in Westfalen die Veste Bentheim, welche er den Flammen preis-
gab, während es im östlichen Sachsen dem jüngeren Wiprecht gelang,
mit Hülfe des Erzbischofs von Magdeburg und der Markgräfin Gertrud
eine Schaar von 2000 Kriegern zu sammeln und sein altes Stammgut Groitsch den Kaiserlichen zu entreißen. Dann zog Wiprecht, begleitet

von den Bischöfen von Magdeburg und Halberstadt, Friedrich von Sommerschenburg und dem jungen Ludwig von Thüringen gegen Raumburg, welches sich in den Händen der Kaiserlichen befand.

Am Rhein und in den Elbgegenden begegneten die Aufständigen kaum einem ernsten Widerstand, und das Glück ließ sie einen Fang thun, der ihnen neue namhafte Vortheile verhieß. Heinrich Kopf war von Meißen aufgebrochen, um Raumburg zu entsetzen; manches Ungemach bereitete er auf dem Zuge Wiprecht und seinen Freunden, fiel aber endlich in die Hände seiner Gegner. Gleich darauf ergab sich Raumburg; noch wichtiger war, daß die Aufständigen einen der keckften Vertreter der kaiserlichen Sache in ihrer Gewalt hatten.

Indessen hatten sich Friedrich von Schwaben und der Pfalzgraf Gottfried gerüstet und gingen nun gegen die Widersacher des Kaisers vor. Von Basel aus zog Friedrich bis Worms den Rhein hinab. Schritt für Schritt sicherte er sich hier das Land, bemannte die alten Burgen und legte neue an; man sagte von ihm, daß er am Schweife seines Rosses stets eine Burg mit sich führe. Der junge Schwabenherzog war thätig, leutselig, freigebig; leicht gewann er sich Anhang. Auch Worms öffnete ihm die Thore, wo Pfalzgraf Gottfried zu ihm stieß. Aber um den 1. August 1116 trafen sie hier auf überlegenen Widerstand; denn alle aufständigen Fürsten hatten sich vereinigt, um die Stadt zu belagern. Die Mannen in derselben machten voreilig einen Ausfall, bei dem sie schwere Verluste erlitten, und Friedrich gerieth dadurch in solche Bedrängniß, daß er in das Anerbieten der Fürsten willigen mußte, ihn aus der Stadt abziehen zu lassen, wenn er sich auf einem allgemeinen Fürstentage, der Michaelis zu Frankfurt um über die Lage des Reichs zu berathen gehalten werden solle, zu erscheinen verpflichte.

Friedrich zog ab und setzte sich in der Abtei Limburg bei Speier fest. Nichts ließ er fortan unversucht, um jenen Fürstentag zu vereiteln; denn er fürchtete, daß man hier über des Kaisers Absetzung verhandeln werde. Wir wissen, daß er die Baiern vom Erscheinen in Frankfurt durch seine Vorstellungen fern hielt; nicht anders wird er auf die Schwaben eingewirkt haben. Er selbst mußte freilich mit den Aufständigen in Frankfurt tagen, doch zu Beschlüssen, wie sie beabsichtigt schienen, kam es nicht. Eine Spaltung trat sogar unter den Aufständigen selbst ein. Um Heinrich Kopf zu lösen, entließ Friedrich damals Ludwig von Thüringen, Wiprecht von Groitsch und den Burggrafen Burchard von Meißen aus ihren Kerkern. Wiprecht erhielt Groitsch und Leisnig zurück, auch Ludwig werden seine Burgen zurückgegeben sein, doch mußten Beide Geiseln für ihre Treue stellen. Durch das Unglück belehrt, nahmen die Befreiten am Kampfe nicht weiter thätigen Antheil; mit ihnen zogen sich ihre Angehörigen, wie auch der Erzbischof von Magdeburg, Markgraf Rudolf und Friedrich von Sommerschenburg von demselben zurück. In dem östlichen Sachsen gewannen dadurch die Sachen für die Kaiserlichen einen besseren Stand.

Erzbischof Adalbert kehrte unzufrieden von Frankfurt nach Mainz zurück; ihn begleiteten Friedrich von Köln, Herzog Lothar, Graf Hermann von Calveria, die Bischöfe von Utrecht, Halberstadt und Paderborn, der Abt von Korvei. Hatten sie ihre Absichten gegen den Kaiser nicht erreicht, so wollten sie wenigstens gegen seine Anhänger jetzt rücksichtslos vorschreiten. So erklärten sie Bischof Mazo von Verden, welcher dem Kaiser nach Italien gefolgt war, seines Amtes für verlustig und ließen einen gewissen Dietrich wählen, den Erzbischof Friedrich weihte. Das alte Unwesen der Gegenbischöfe begann so von Neuem.

Nachdem der Bischof von Paderborn den Rückweg in die Heimath angetreten hatte, brach Erzbischof Adalbert mit seinen anderen Anhängern auf, um die Kaiserlichen aus Limburg zu verjagen. Herzog Friedrich, der um ihre Absichten wußte, eilte nach dem Elsaß, um ein neues Heer zu sammeln. Die Aufständigen rückten bis vor Limburg; drei Wochen wurde die stark befestigte Abtei umlagert, wo unter der Besatzung, da die Mönche ihre versteckten Vorräthe schonten, Hungersnoth auszubrechen drohte. Man mußte sie mit Gewalt nöthigen die Besatzung nothdürftig zu verpflegen; endlich erschien Friedrich mit überlegener Macht und zwang die Belagerer zu weichen. Unter stäter Verfolgung traten sie den Rückzug nach Mainz an, wo sie bald zu erfahren hatten, daß sich die Stimmung der Bürgerschaft geändert hatte. Als der Abt von Korvei abziehen wollte, wurden seine Schätze geplündert; er selbst und die Seinen retteten kaum das Leben. Die Mainzer waren von dem Kaiser aufgefordert worden der Versprechungen zu gedenken, welche sie bei der Freilassung ihres Erzbischofs gegeben hatten, und schon murrten auch sie selbst wieder über das harte Regiment desselben. Sobald daher Friedrich und Gottfried gegen die Stadt anrückten, vertrieben sie den Erzbischof, der jedoch kurz darauf, als der Herzog und Pfalzgraf abgezogen waren, seine Rückkehr in die Stadt erzwang. Er hatte eine Mainzer Schaar überfallen, mehrere hervorragende Bürger getödtet, andere gefangen genommen und dadurch die Stadt zur Unterwerfung genöthigt. So mußten die Mainzer sich wieder unter seine Herrschaft fügen und widerwillig die Schicksale ihres ehrgeizigen Gebieters theilen.

Schon im folgenden Jahre (1117) war Mainz abermals neuen Gefahren ausgesetzt. Herzog Friedrich rückte mit einem Heere an und belagerte den Erzbischof. Er wollte die Stadt schonen, da sie reich und mit vielen Heiligthümern geschmückt war, auch die Bürgerschaft dem Erzbischof nur gezwungen diente. Deshalb erklärte er sich zum Abzuge bereit, als ihm der Erzbischof bis zu einer gewissen Frist Unterwerfung versprach. Der größte Theil seines Heeres zog ab, endlich auch der Herzog selbst mit den letzten Schwaben. Da überfiel ihn eine Schaar, geführt von dem Grafen Emicho von Leiningen, dem Bannerträger der Mainzer Kirche. Mit seinen wenigen Schwaben widersetzte sich Friedrich, setzte dem Feinde gewaltig zu und verfolgte ihn bis zu den Mauern von Mainz. Emicho kam im Kampfe um, mit ihm mehrere Jünglinge aus angesehenen Familien der Stadt. Der Bürgerschaft wurde das Regiment ihres streitlustigen Erzbischofs immer lästiger, aber sie mußten es in Geduld tragen. Auch ein neuer Angriff, den Friedrich gegen Weihnachten auf Mainz wagte, scheiterte; unter nicht geringen Verlusten mußte er von der Stadt abziehen.

So wüthete Jahre lang das Kriegsunwetter um Mainz, indem zugleich die Städte Worms und Speier, die Abteien Limburg und Lorsch in Mitleidenschaft gezogen wurden. In Worms war 1115 ein Bamberger Kleriker, Burchard mit Namen, zum Bischof erwählt worden; die Domherren scheinen auf Seiten des Kaisers gestanden zu haben, und auch Burchard mußte zunächst die Partei desselben ergreifen, wurde aber deshalb vom Erzbischof in den Bann gethan. Eine nicht geringe Thätigkeit entwickelte Burchard; er rühmte, daß er alles Volk zwischen Worms und Straßburg vermocht habe einen Bund gegen die Aufständigen zu beschwören, und wenigstens die Wormser waren jetzt wohl kaiserlich gesinnt. In Speier waltete seit dem Jahre 1110 Bischof Bruno, der Bruder Adalberts von Mainz; so wenig er diesem gleich gesinnt war, trat er ihm doch nicht entgegen, obwohl das Kapitel und die Bürgerschaft zum Kaiser hielten. In Lorsch wurde der von Heinrich eingesetzte Abt Benno von dem Klostervogt Berthold, der sich den Aufständigen angeschlossen hatte, so übel behandelt, daß er die Kirchenschätze zusammenraffte und nach Italien zum Kaiser floh.

So weit Adalberts Macht nur reichte, verfolgte er die Anhänger des Kaisers mit rücksichtsloser Härte. Den Abt Burchard am Petersklofter zu Erfurt entsetzte er seines Amtes und gab die Abtei einem gewissen Rupert. Das Kloster Fulda, dessen Abt im kaiserlichen Gefolge in Italien lebte, brachte er so herab, daß trotz seines unermeßlichen Reichthums die Mönche kaum ihr Leben fristeten. Den Bischof Erlung von Würzburg, der mit dem staufenschen Konrad in unausgesetzter Fehde lebte, unterstützte er nach Kräften. Auch in Baiern und Schwaben unterhielt er Verbindungen; hier durch die Augsburger Mönche, die er zum Abfall von ihrem Bischof Hermann aufstachelte; dort durch Erzbischof Konrad von Salzburg, der nach einem vergeblichen Versuch in seinem Bisthum wieder festen Fuß zu fassen sich nach Sachsen geflüchtet hatte. Ueberall traten jetzt auch die Hirschauer für Adalbert und seine Sache ein. Friedrich von Köln handelte mit ihm in völligem Einverständniß, nicht so Bruno von Trier, der sich durch das hochfahrende Benehmen des Mainzers schlecht für die erwiesenen Dienste belohnt sah. Bruno machte sich damals — es ist ungewiß, aus welchem Grunde — auf die Reise nach Italien, wo er sich dem Kaiser anschloß. Er gehörte nicht zu denen, welche die päpstlichen Legaten und ihre Anhänger unter den deutschen Bischöfen für berechtigt hielten den Kaiser aus der Kirchengemeinschaft auszuschließen und die deshalb dessen Hof ängstlich mieden.

Was Herzog Friedrich und Pfalzgraf Gottfried auch unternehmen mochten, das kaiserliche Ansehen war in Franken, am Unterrhein, in Westfalen tief erschüttert. Im östlichen Sachsen nahmen dagegen die Angelegenheiten eine den Aufständigen sehr ungünstige Wendung, als am 9. December 1117 die Markgräfin Gertrud, Herzog Lothars Schwiegermutter, ihr Leben beschloß. Bis an den Tod hatte sie für ihren unmündigen Sohn die Marken verwaltet und gegen die Angriffe der Kaiserlichen geschützt. Heinrich, kaum dem Knabenalter entwachsen, bedurfte auch jetzt noch des Schutzes Anderer, zumal gegen seinen nächsten Verwandten Konrad von Wettin, der die Erbansprüche des Kindes nicht anerkannte und sich selbst alsbald den Namen eines Markgrafen von Meißen beilegte*); Heinrich und seine Getreuen scheinen eine Stütze

---

*) Vergl. oben S. 718.

für sein Recht bald beim Kaiser gesucht und gefunden zu haben. Die Ostmark und die Lausitz blieben dem Knaben; den Angriffen Konrads von Wettin wurde begegnet, und endlich gerieth dieser selbst in die Gewalt seiner Widersacher, welche ihn auf die Burg Kirchberg bei Jena brachten und dort mit großer Härte behandelten. Hermann von Winzenburg wurde durch die Begünstigung des jungen Heinrich verletzt und scheint deshalb die Partei verlassen zu haben, welche er bisher mit nicht geringer Energie vertreten hatte. Er reichte Herzog Lothar die Hand, welcher die einmal ergriffene Sache mannhaft vertrat und ihr namentlich in Westfalen das Uebergewicht sicherte. Im östlichen Sachsen hat Hermanns Abfall keine wesentliche Aenderung herbeigeführt; er hat mehr sich, als der kaiserlichen Sache geschadet.

Mit grellen Farben schildert ein Annalist die Zustände jener Zeit. „Nach zehn Jahren inneren Friedens," sagt er, „wurde das Reich aufs Neue gespalten, und bei der Abwesenheit des Kaisers handelte Jeder nach seiner Willkür. Es bildeten sich Banden von Räubern und Mordbrennern, welche dem unterdrückten Volke seine Habe nahmen. Weder der Gottesfriede noch durch Eide bekräftigte Verträge werden jetzt noch geachtet, sondern Alle wüthen unter einander mit viehischer Lust. Den Klerikern wird fast nur das nackte Leben gelassen, die Aecker liegen verwüstet, die Dörfer zerstört, viele Gegenden und Städte sind völlig verödet, und in manchen Kirchen hat der Gottesdienst ganz aufgehört." In der That sah es in den rheinischen Gegenden und in Sachsen damals traurig genug aus. Der Investiturstreit, von Neuem ausgebrochen, entwickelte sich wieder mit allen seinen Gräueln und Schrecken.

Aber unbeachtet darf nicht bleiben, daß keineswegs alle deutschen Länder in gleichen Wirrnissen standen. Die Erneuerung des Kampfs berührte Schwaben wenig, wo das staufensche Herzogthum einen starken Damm der Wiederkehr ähnlicher Kämpfe entgegensetzte, wie sie einst so viel Blut dem Lande gekostet hatten; die Mönche der Schwarzwaldklöster hatten jetzt doch meist nur fromme Wünsche. Noch weniger wurde Baiern von diesen Wirren betroffen. Wie eifrig Konrad von Salzburg für die kirchliche Sache wirken mochte, er war aus seinem Bisthum flüchtig. Mit starker Hand hielt Welf II., ein kaiserlicher Mann, das Herzogthum zusammen, während sein Bruder Heinrich das weitzerstreute Familiengut diesseits und jenseits der Alpen überwachte. Zu den treuesten Anhängern des Kaisers zählten auch die Markgrafen Dietbold vom

Nordgau und Engelbert von Istrien, der reiche Graf Berengar von Sulzbach und der tapfere Otto von Wittelsbach aus dem altberühmten Geschlecht der Scheiern.

Auch in Oberlothringen hatten die Parteistreitigkeiten seit der Bewältigung Reginalds kaum neue Nahrung gewonnen. Der alte Herzog Dietrich hielt sich von ihnen in seinen letzten Lebensjahren fern, ebenso sein Sohn Simon, der im Jahre 1115 vom Vater das Herzogthum ererbt hatte, obwohl er mit Herzog Lothar in nächster Verwandtschaft stand. Aber gerade hier suchte Rom damals wieder festeren Boden zu gewinnen; denn es war klar, daß die Opposition gegen den Kaiser, wenn dies gelang, von der Rhone bis zur Elbe hin in Zusammenhang gebracht wurde. Ein Streit im Metzer Bisthum bot Rom erwünschte Gelegenheit in die Verhältnisse Lothringens einzugreifen. Der kaiserlich gesinnte Bischof Adalbero von Metz hatte seinen Archidiakon Alberius vertrieben, dieser sich mit Beschwerden nach Rom gewandt und mit seinen Klagen dort bereites Gehör gefunden. Kuno von Palestrina wurde als Legat nach Deutschland abgesandt, um Adalbero von Metz zu entsetzen und an seine Stelle einen anderen Bischof wählen zu lassen, zugleich aber Erzbischof Adalbert von Mainz das Pallium zu überbringen und mit ihm in enge Verbindung zu treten. Kuno begab sich zuerst nach Reims und betrieb von hier die Sache. Seine Absicht war den Abt Theoger von St. Georg im Schwarzwalde, den eifrigsten Mönch der Hirschauer Schule, auf den Bischofsstuhl von Metz zu erheben. Unvermuthet fand er bei Theoger nicht das erwartete Entgegenkommen, und ehe er noch selbst den deutschen Boden betreten hatte, traf die Nachricht vom Tode Paschalis II. ein. Sie machte auf ihn und die Aufständigen in Deutschland den tiefsten Eindruck.

So gewiß es ist, daß es eine mächtige Partei in der Kirche gab, welche den Investiturstreit absichtlich von Neuem erregte und bis zum vollständigen Sieg der Gregorianischen Ideen durchkämpfen wollte, daß ferner der Kaiser unter den deutschen Fürsten erbitterte Gegner zählte, die auf seine völlige Vernichtung bedacht waren, nicht minder steht fest, daß die Mehrzahl des Klerus und der Laien in Deutschland die Erneuerung des alten Streits unter den schwersten Befürchtungen wahrnahm und sich nach Herstellung des Friedens sehnte. Das war die Stimmung selbst vieler Fürsten, die mitten im Kampfe standen, aber gern bereit waren sich mit dem Kaiser, wenn nur ihre eigene Stellung ungefährdet blieb, friedlich abzufinden. Durch ungewöhnliche Naturerscheinungen waren die Gemüther aufgeregt und schwer bedrückt. Den Erdbeben waren furchtbare Gewitter, große Ueberschwemmungen gefolgt; man sah die Flüsse plötzlich versiegen, dann wieder übermäßig anschwellen, die Erde sich spalten, den Himmel sich mit blutrothen Wolken bedecken und meinte hierin Drohungen des göttlichen Zorns zu erkennen, daß der deutsche Trotz sich noch immer Rechte der römischen Kirche anzuerkennen weigere, denen sonst im Abendlande kaum noch widersprochen wurde. An einen vollständigen Sieg des Kaisers über Rom glaubte man nicht mehr, sondern erwartete nur über lang oder kurz einen billigen Vergleich. Wie bald und unter welchen Bedingungen er geschlossen würde, schien vor Allem davon abzuhängen, wer jetzt Paschalis auf dem Stuhle Petri folgen würde; denn an die Möglichkeit eines neuen Schisma wurde in Deutschland wohl von keiner Seite gedacht.

Neue Kirchenspaltung.

Die römischen Cardinäle beeilten die Wahl des neuen Papstes. Wegen der Unruhen in der Stadt traten sie am 24. Januar 1118 in dem Kloster S. Maria in Pallara auf dem Palatin — in der Mitte zwischen den Burgen des Pier Leone und der Frangipani — im Geheimen zusammen, wählten hier einstimmig den bisherigen Kanzler des römischen Stuhls Johann von Gaeta und inthronisirten ihn sogleich unter dem Namen Gelasius II. Johann hatte schon längst im Wesentlichen die Geschäfte der Curie geleitet; die Wahl schien demnach darauf hinzuweisen, daß man bei der von Paschalis eingeschlagenen Richtung auch ferner beharren wolle.

Nur widerstrebend hatte Johann die Wahl angenommen. Wenn er einer leidvollen Zukunft entgegenzugehen fürchtete, so zeigten schon die nächsten Stunden, wie gerechtfertigt seine Besorgnisse waren. Kaum hatte sich die Nachricht von der Wahl in der Stadt verbreitet, so brach Cencius Frangipane mit einer bewaffneten Schaar in die Versammlung der Cardinäle, ergriff den Gewählten bei der Gurgel, riß ihn zur Erde und trat ihn mit Füßen, dann schleppte er ihn nach seiner Burg, wo er ihn in Ketten warf. Zugleich wurden die Cardinäle in gleich abscheulicher Weise von dem Gefolge des Cencius mißhandelt.

Die Beweggründe dieser Gräuelthat sind uns nicht überliefert, wahrscheinlich lagen sie in ganz persönlichen Verhältnissen. Unwillkürlich erinnert das ruchlose Unternehmen an jenen Anschlag, den einst ein anderer Cencius auf Gregor VII. machte*). Auch die Wirkung auf die Bevölkerung Roms war die gleiche. Noch vor Kurzem bekämpfte man sich in der Stadt: jetzt reichten sich Pier Leone und seine Widersacher die Hände, mit den Dienstmannen des Abels verbanden die zwölf Rioni, in welche Rom eingetheilt war, Trastevere und die Tiberinsel ihre bürgerlichen Milizen. Alles eilte auf das Capitol, und man beschloß hier Gesandte an die Frangipani mit der entschiedenen Forderung abzusenden, sofort den gewählten Papst auf freien Fuß zu setzen. Der einmüthige Widerstand ließ den Frangipani keine Wahl. Sie gaben ihren Gefangenen frei; Leo Frangipane, der Bruder des ruchlosen Cencius, erbat sich sogar fußfällig Verzeihung vom Papste und erhielt sie. Der Befreite wurde auf einen weißen Zelter gehoben und in feierlicher Procession durch die bekränzten Straßen der Stadt nach dem Lateran geleitet. Ganz Rom huldigte nun dem neuen Papste; auch die Grafen und Barone der Campagna schienen mit der Wahl einverstanden. Die Consecration wurde nur dadurch verhindert, daß Gelasius noch Diakon war und die Priesterweihe nicht vor dem nächsten Quatember (6. März) erhalten konnte.

Eine Verständigung zwischen dem Kaiser und dem neuen Papste mochte Anfangs Vielen nicht unmöglich erscheinen. Der Kanzler hatte wiederholentlich Paschalis gegen die Angriffe kirchlicher Eiferer, wie Kuno von Palestrina, Bruno von Segni und Guido von Vienne vertreten; noch im Jahre 1116 hatte er sich einem Abkommen mit dem Kaiser geneigt gezeigt. Aus seinem eigenen Munde wissen wir, daß er zu Zeiten dem Kaiser und jenem Moritz von Braga, der schon mit Wärme die kaiserliche Sache verfocht, persönlich sehr nahe gestanden hatte. Als Kuno von Palestrina erfuhr, daß der Kanzler gewählt sei, war er keineswegs damit zufrieden. Die zögernde Annahme der Wahl faßte er als feiges Schwanken auf. „Niemals habe ich," äußerte er sich, „nach dem apostolischen Stuhl getrachtet; dennoch würde ich, wäre ich in Rom gewesen, entschlossen die Last des Kirchenregiments auf meine Schultern genommen haben, um den Feind der Kirche mit aller Macht zu bewältigen." Erzbischof Konrad von Salzburg erlaubte sich sogar

---

*) Vergl. oben S. 350.

das Witzwort: „Niemand taugte weniger, als Johann; vielleicht wird etwas Gutes an Gelasius sein." Diese Männer und ihre Freunde fürchteten offenbar, daß der neue Papst dem Kaiser mehr als Paschalis entgegenkommen werde, Andere werden dasselbe gewünscht haben. Bald zeigte sich, daß jene Besorgnisse weniger gerechtfertigt waren, als diese Wünsche.

Auch die römischen Consuln scheinen eine Verständigung gewünscht und erwartet zu haben; denn sie schickten sogleich an den Kaiser, der damals in der Gegend von Turin verweilte. Heinrich zeigte sich nicht abgeneigt Gelasius anzuerkennen, nahm ein Abkommen mit ihm in Aussicht, verrieth jedoch durchaus keine übermäßige Hast; erst auf Ostern stellte er seine Ankunft in Aussicht. Dennoch brach er plötzlich mit einem kleinen Gefolge auf, zog heimlich gegen Rom, meldete bereits am 1. März den Consuln, daß man ihn zu erwarten habe, und betrat schon in der folgenden Nacht die Leostadt. Offenbar wollte er den Papst und die Römer überraschen, ehe noch die Weihe stattfinden konnte; schon vorher wollte er einen ihm genehmen Vertrag von Gelasius erzwingen.

Der Papst suchte der Gewalt des Kaisers zu entkommen; er wollte einer Zusammenkunft mit ihm ausweichen, um nicht von vornherein den Cardinälen und einer zahlreichen Partei in der Kirche Aergerniß zu geben, überdies schreckte ihn Heinrichs befremdliche Eile. Noch in derselben Nacht, als der Kaiser nach St. Peter kam, verließ Gelasius den Lateran, bestieg ein Pferd und eilte nach einem Thurme der Bulgamini im Rione S. Angelo am Tiberufer gegenüber der Insel. Hier hielt er sich am folgenden Tage verborgen, um mit Anbruch der Nacht seine weitere Flucht zu bewerkstelligen. Zwei Galeeren führten ihn, mehrere Bischöfe und Cardinäle nebst einigen römischen Edlen die Tiber hinab nach Porto. Man wollte sofort in die See gehen, wurde aber durch einen Sturm gehindert, welcher das Wasser der Flußmündung staute. Die Gefahr war um so größer, als bei Porto das Gestade schon von Leuten des Kaisers besetzt war, welche die Galeeren beschossen und sie mit Feuerbränden bedrohten, wenn man nicht anlege. Dennoch rettete das Dunkel die Flüchtlinge. Sie landeten am anderen Ufer des Flusses, und der Cardinal Hugo von Alatri trug auf starken Schultern den Papst nach dem mehrere Meilen entfernten Castell von S. Paolo bei Ardea; das Gefolge des Papstes blieb die Nacht über bei den Galeeren.

Bei Anbruch des Tages wurden sie aufs Neue von Heinrichs Leuten angehalten; erst nachdem man ihnen beschworen, daß der Papst nicht auf den Schiffen sei, zogen sich die Kaiserlichen zurück. Glücklich gelang es nun den Flüchtigen, das Meer zu erreichen; unweit Ardea nahmen sie bei Einbruch der nächsten Nacht den Papst wieder auf und gelangten am dritten Tage nach Terracina, dann schnell nach Gaeta, der Vaterstadt des Papstes, wo man des besten Empfangs gewiß war.

Als die Flüchtlinge zu Gaeta angekommen waren, stellten sich alsbald Boten des Kaisers bei ihnen ein. Denn sobald Heinrich die Gewißheit der Flucht erlangt, hatte er die Römer versammelt und mit ihnen den Papst zur Rückkehr aufzufordern beschlossen. Der Kaiser versprach durch seine Boten Gelasius Weihe nicht nur nicht zu hindern, sondern durch seine eigene Gegenwart in St. Peter zu verherrlichen, verlangte dagegen, daß der Erwählte ihm zuvor in Person eine eidliche Gewähr für ein friedliches Abkommen zwischen Kirche und Reich leiste; weigere sich dessen Gelasius, so werde der Kaiser seine Macht brauchen. Die Boten erhielten eine unbefriedigende Antwort. Gelasius erklärte: gern würde er jedem gerechten Vergleich zustimmen, um den Streit zwischen Kirche und Reich zu beendigen, aber eine so wichtige Entscheidung könne nicht ohne eine allgemeine Synode getroffen werden, welche er an dem Tage des heiligen Lucas (18. October) zu Mailand oder Cremona zu halten gedenke; dies sei er bereit dem Kaiser, wenn dieser nur nicht selbst die Synode verhindere, mit Wort und Schrift zu verbürgen, einen Schwur dagegen persönlich zu leisten passe sich nicht für seine Würde und sei gegen die Sitte; nach Rom zurückzukehren müsse er bei dem auffälligen Benehmen des Kaisers Bedenken tragen.

Dem Kaiser wurde klar, daß der neue Papst ganz auf dem Standpunkte beharrte, welchen Paschalis zuletzt eingehalten hatte; auch Gelasius mied ihn wie einen Gebannten und beabsichtigte die Entscheidung des Streits auf eine Synode zu vertagen, auf welcher gerade jene Männer, die bisher den Bann verbreitet hatten, ihre Meinung zur Geltung bringen konnten. Wollte dies Heinrich verhindern, so blieb ihm kaum ein anderer Ausweg, als noch vor erfolgter Weihe des Gelasius Schritte zu thun, die dessen Autorität in Frage stellten. Deshalb beschloß er noch einmal einen Gegenpapst aufzustellen und ihn unverzüglich weihen zu lassen. Seine Wahl fiel auf Moritz von Braga, dessen Ergebenheit er kannte, den wissenschaftliche Bildung und Gewandtheit in den Weltgeschäften empfahlen und dessen Rechtgläubigkeit bei seinem früher vertrauten Verhältniß zu Paschalis und Gelasius selbst von den Gegnern schwer zu bestreiten war.

Nach der Rückkehr der Gesandten versammelte der Kaiser eiligst die Römer in der Peterskirche. Die Antwort des Gelasius wurde mitgetheilt, und nicht geringe Mißstimmung entstand, als man hörte, daß der Papst die Entscheidung über die wichtige Frage der Zeit nicht auf einer römischen Synode, sondern in Mailand oder Cremona herbeiführen wollte. Darauf entwickelte der gelehrte Warnerius von Bologna den aufgeregten Römern die alten Rechte der römischen Kaiser; auch wurden die früheren Decrete der Päpste verlesen, um darzuthun, daß Gelasius Wahl wegen der mangelnden kaiserlichen Zustimmung ungültig sei. So erreichte der Kaiser, was er beabsichtigte. Sofort wurde eine neue Wahl getroffen, und alle Wähler vereinigten sich auf Erzbischof Moritz von Braga, obwohl dieser Mann Rom und den Römern ganz fern stand. Man legte ihm den päpstlichen Mantel um und proclamirte ihn als Gregor VIII., doch hat die Welt ihn kaum unter diesem Namen gekannt, sondern auch fortan als Burdinus bezeichnet. Ein großer Theil des römischen Adels und der städtischen Masse hatte sich an der Wahl betheiligt, Wenige vom römischen Klerus; nur drei Wibertistische Cardinäle, längst ihres Amtes entkleidet, waren unseres Wissens zugegen. Der Kaiser bestätigte sogleich die Wahl und geleitete dann den Erwählten nach dem Lateran, wo noch an demselben Tage die Inthronisation und Weihe stattfand. Das geschah zu Rom am 8. März; erst am folgenden Tage empfing Gelasius zu Gaeta die Priesterweihe und am 10. März die Weihe als römischer Bischof.

So stand man in einem neuen Schisma. Einem durch die Cardinäle eingesetzten Papste stand ein anderer gegenüber, der seine Erhebung dem Kaiser und dem römischen Volke verdankte; jener war früher gewählt, dieser früher geweiht; jener hatte die Weihe in Gaeta, dieser in Rom erhalten; jener wollte die Fortsetzung des Kampfes mit dem Reiche bis zu einem den Sieg der Kirche sichernden Frieden, dieser kannte seiner ganzen Stellung nach nur Unterwerfung der Kirche unter den Kaiser.

Gelasius ließ kein Mittel unversucht, um Burdinus Aufkommen zu hindern. Sobald er die Erhebung desselben erfuhr, schrieb er den Römern, daß sie sich jedes Umgangs mit dem Gegenpapste zu enthalten hätten; bald darauf rief er alle geistlichen und weltlichen Fürsten auf, der rechtgläubigen Kirche gegen den Eindringling beizustehen. Schon stand auch ihm ein größerer Anhang zur Seite. Viele Bischöfe Unteritaliens waren nach Gaeta gekommen, um seiner Weihe beizuwohnen; auch der junge Herzog Wilhelm von Apulien, Fürst Robert von Capua, Richard von Aquila hatten sich eingestellt und hatten Hoffnung auf Unterstützung eröffnet. Sein Vertrauen wuchs, und schon am Palmsonntag (7. April) wagte er zu Capua den Schritt, welcher Paschalis so schwere Bedenken eingeflößt hatte: feierlich sprach er das Anathem über Heinrich und den von ihm eingesetzten Gegenpapst aus. Nach allen Seiten verbreitete er das gefällte Strafurtheil, warb er um Freunde in dem Kampfe, den er gegen den Kaiser begann. Auf das Kloster Monte Cassino, aus dem er selbst hervorgegangen war, konnte er sich unbedingt verlassen; auch mit Cluny setzte er sich in Verbindung, mit Kuno von Palestrina, den er als Legaten in Deutschland bestätigte, mit allen Anhängern der Gregorianischen Principien diesseits und jenseits des Rheins.

Seine nächste Absicht war die Rückkehr nach dem Lateran zu bewirken. Schon rüsteten die Normannen, und zuerst war Robert von Capua auf dem Platze. Während der Kaiser Rom verlassen hatte, um die Burgen einiger widerstrebenden Herren in der Campagna zu brechen, überfiel Robert unvermuthet die Stadt. Noch beherrschte sie die Furcht vor den Normannen Robert Guiscards, und feige räumten die Anhänger des Kaisers, als jetzt ein anderer Robert einbrach, den Platz und flüchteten nach Trastevere hinüber. Nur Erzbischof Bruno von Trier, welcher mit großem Gefolge und gefüllten Säckeln nach Rom gekommen war, hielt sich mit seinen Leuten und schützte, wie ihm befohlen war, den Papst des Kaisers. Noch unerwarteter aber, als er gekommen, brach Robert zum Rückzuge auf; wahrscheinlich weil er einer Begegnung mit dem Kaiser ausweichen wollte.

Ein größeres Unternehmen bereitete Gelasius vor, der inzwischen seinen Sitz in Monte Cassino genommen hatte. Hierhin kam Robert von Capua mit neuen Schaaren, hierhin wenig später auch Herzog Wilhelm von Apulien und mehrere normannische Barone. Als Robert jedoch vernahm, daß der Kaiser bis Torricella unweit Fondi, hart an der Grenze des Fürstenthums Capua, vorgedrungen sei und diese Feste belagere, und als der Kaiser darauf selbst Verhandlungen mit ihm begann, wurde er schwankend und gab den Zug auf. Auch Herzog

Wilhelm und die Barone beschlossen nun die Waffen ruhen zu lassen. Das ganze Unternehmen löste sich auf; die Normannen gingen nach Hause und überließen den Papst seinem Schicksal.

Nachdem die von den Normannen drohende Gefahr beseitigt war, zog der Kaiser von Torricella ab. Das Pfingstfest (2. Juni) feierte er in Rom; bald darauf verließ er die Stadt und wandte sich nordwärts, wohl schon damals auf die Heimkehr nach Deutschland bedacht. Der Gegenpapst blieb in Rom zurück, aber nur zu schnell zeigte sich, wie wenig Boden er in der fremden Stadt hatte. Ein Theil des römischen Adels wandte sich wieder Gelasius zu und knüpfte mit ihm Verbindungen an, so daß er bald nachher an seine Rückkehr nach der Stadt denken konnte. Am 16. Juni war er in Ferentino; langsam zog er weiter, sich den Durchzug durch die Campagna mit Geld erkaufend. Am 5. Juli schlich er sich mit einem kleinen Gefolge in die Stadt; es war als ob eine arme Pilgerschaar dort einrückte. So unsicher fühlte er sich noch, daß er nicht in den Lateran einzog, sondern in einem Hause neben S. Maria in Secundicero im Rione Ripa inmitten der Thürme der Normanni und Corsi Wohnung nahm. Hier lebte er einige Zeit, wie in einem Verstecke. An der Octave des Peter- und Paultages (6. Juli) hielt er die Messe in S. Paolo vor den Thoren der Stadt, während sein Widersacher in S. Peter celebrirte.

Die Anwesenheit des Gelasius machte die Lage des Gegenpapstes immer bedenklicher. Nicht allein die Normanni und Corsi hatten sich jenem zugewandt, sondern auch der Stadtpräfect; auffällig ist, daß Pier Leone sich jetzt weniger eifrig der kirchlichen Sache annahm als früher, doch hatte der kaiserliche Papst deshalb keinen Schutz von ihm zu erwarten*). So verließ Burdinus nach kurzer Zeit Rom und begab sich nach dem festen Sutri; in den Händen der Kaiserlichen blieb nur S. Peter. Der Rückzug des Gegenpapstes brachte indessen Gelasius selbst nur geringe Vortheile. Die Spaltungen unter dem römischen Adel dauerten fort; er zählte unter ihnen erbitterte Gegner, wie die Frangipani, nur wenige zuverlässige Freunde, wie Stefano Normanno; daß

---

*) Die auffällige Zurückhaltung des Pier Leone erklärt sich zum Theil wohl daraus, daß einer seiner Söhne noch seit dem Jahre 1111 in den Händen des Kaisers als Geisel war. Beachtenswerth ist auch, daß gerade die hitzigsten Gegner des Paschalis unter dem römischen Adel jetzt Gelasius schützten: die Normanni, Corsi und der Präfect.

er seinen Schutz besonders seinem Neffen Crescentius von Gaeta anvertraute, hat ihm vielleicht mehr geschadet als genützt.

Nicht vor den ärgsten Gewaltthaten war Gelasius in der Stadt gesichert. Als er am 21. Juli sich nach der Kirche S. Prassede begab, um dort das Fest der Schutzheiligen durch seine Theilnahme zu verherrlichen, hatte er bitter zu bereuen, daß er die Nähe der Frangipani zu wenig beachtet hatte. Noch war die Messe nicht beendigt, als Cencius und Leo Frangipane, den alten Groll im Herzen nährend, unter einem Hagel von Pfeilen und Steinen in die Kirche brachen. Stefano Normano und Crescentius schützten den Papst; in der Kirche und vor derselben kam es zu einem heißen, mehrere Stunden dauernden Kampfe, während dessen der Papst unbemerkt entfloh. Als Stefano ihn in Sicherheit glaubte, rief er: „Der Papst ist entflohen. Weshalb wollt ihr, Frangipani, uns verderben, die wir ja auch Römer und euch verwandt sind? Laßt uns die Waffen niederlegen." Die Frangipani standen darauf von der Fortsetzung eines Kampfes ab, den sie bereits als einen Sieg ansehen konnten.

Der Papst hatte eilig ein Pferd bestiegen; noch mit dem kirchlichen Ornat halb bekleidet, stürmte er auf demselben aus der Stadt in der Richtung von S. Paolo. Jammernd und wehklagend sahen die Frauen das klägliche Schauspiel. Nur der Kreuzträger folgte Gelasius, stürzte aber bald mit seinem Rosse und verlor das Kreuz, welches ein armes Weib aufhob und später zurückgab. Man suchte den Papst und fand ihn erst gegen Abend auf dem Felde bei S. Paolo; er war völlig erschöpft und ergoß sich in lauten Wehklagen über sein schmähliches Loos unter diesem frevelhaften Geschlecht. Man brachte ihn nach Rom zurück; hier berieth er sich noch an demselben Tage mit seinen Vertrauten, was zu thun sei. Als man am anderen Tage die Berathung fortsetzte, gab er endlich selbst die Entscheidung. „Wozu," sagte er, „die vielen Reden? Folgen wir dem Beispiel unserer Väter, folgen wir dem Evangelium. Da wir in dieser Stadt nicht leben können, laßt uns in eine andere fliehen, fliehen aus Sodom, fliehen aus Aegyptenland und dem neuen Babylon, der Stadt des Blutes. Einst wird die Zeit kommen, wo wir entweder alle oder wenigstens die, welchen Gott das Leben läßt, unter glücklicheren Umständen zurückkehren werden. Ich bekenne es vor Gott und der ganzen Kirche: wäre es möglich gewesen, ich hätte lieber einen Herrn haben wollen, als deren so viele. Der eine schlimme hätte die anderen schlimmeren vernichtet, bis auch über ihn der Herr der Herren gerechtes Gericht geübt." Die letzten Worte bieten den Schlüssel zu dem früheren freundlichen Verhalten des Gelasius zum Kaiser; vielleicht mochte er bedauern einen Weg verlassen zu haben, auf welchen er nun nicht mehr zurückkehren konnte.

Hierauf traf der Papst alle Anstalten für eine längere Abwesenheit von Rom. Den Cardinalbischof Petrus von Porto ernannte er zu seinem Vicar, der mit den zurückbleibenden Cardinälen die kirchliche Verwaltung führen sollte, dem Cardinal Hugo von Alatri übergab er das Regiment von Benevent, die Vertheidigung der Stadt Rom dem Stefano Normanno als Bannerträger des apostolischen Stuhls; als Präfect von Rom wurde jetzt jener Petrus bestätigt, dessen Erhebung Papst Paschalis so trübe Schicksale bereitet hatte. Am 2. September fuhr der Papst mit zwei Cardinalpriestern, vier Cardinaldiakonen, unter welchen ein Sohn des Pier Leone war, mit mehreren vornehmen Römern, namentlich Petrus Latro und Johannes, einem Bruder des Präfecten, wie mit zahlreicher Dienerschaft auf mehreren Schiffen den Tiber hinab und ging in die See. Nach einigen Tagen landete er in Pisa. Hier, wo man die Gunstbezeugungen der Kaiser und Päpste mit der gleichen Elle des Handelsmanns maß, wenn sie dem Vortheile der Stadt dienten, fand Gelasius die beste Aufnahme; unter großen Feierlichkeiten weihte er am 26. September den prachtvollen neuen Dom, an welchem die Pisaner über ein halbes Jahrhundert gebaut hatten, und bestätigte der Kirche ihre Privilegien als Metropole für ganz Corsica. Im Anfange des October gaben die Pisaner dann dem Papste weiter das Geleit.

Am 10. October war Gelasius in Genua. Noch konnte es scheinen, als ob er seinen Weg nach der Lombardei zu dem angekündigten Concil nehmen werde. Wie er aber wegen der Unsicherheit die Landstraße durch Tuscien vermieden und den Seeweg vorgezogen hatte, so mochte er auch in der Lombardei in die Gewalt seiner Feinde zu fallen befürchten. Er beschloß nach Frankreich und Burgund seine weitere Flucht zu richten; dort war er gewiß einen mächtigen Anhang zu finden, dort hatte er keine Nachstellungen des Kaisers zu besorgen. Abermals ging er zu Schiff, legte am 23. October zu Marseille an und stieg wenige Tage später bei St. Gilles an das Land. Der Abt von Cluny empfing ihn dort mit dem größten Glanze; die Bischöfe und Herren Frankreichs und Burgunds kamen ihm zahlreich entgegen und brachten unermeßliche Geschenke. Die weitere Reise des Papstes die Rhone hinauf war ein Triumphzug; der Flüchtling schien ein Sieger.

Durch dieselben Gegenden, wo einst Urban II. vor mehr als zwanzig Jahren seinen Weg genommen hatte, zog der Papst; einen ähnlichen Enthusiasmus erweckte er, als er Segen spendend, Kirchen weihend, Privilegien ertheilend durch das heißblütige, von den kirchlichen Ideen ganz ergriffene Volk des südlichen Frankreichs seine Reise nahm. Von den Normannen hintergangen, von dem römischen Adel mit Füßen getreten, brachte ihn erst die Devotion der Provenzalen zu dem vollen Gefühl seiner Würde. Wohl mochte er sich seinem Vorgänger Urban vergleichen, und doch war zwischen ihnen ein großer Unterschied. Urban kam nach unzweifelhaften Erfolgen in der Fremde in seine Heimath zurück, um neue Kräfte für den kirchlichen Kampf zu gewinnen, die Masse der Laien für Roms Sache zu befeuern und so ein andauerndes Schisma siegreich zu beendigen. Gelasius erschien flüchtig auf fremdem Boden und suchte hier die Mittel, um sich dem neu erhobenen Gegenpapste, dem feindlichen Kaiser, dem nicht minder feindlichen römischen Volke gegenüber nur zu behaupten. Urban hatte die Gregorianische Partei vom Verderben gerettet; Gelasius mußte den Schutz derer nachsuchen, die ihn bisher an Entschiedenheit überboten hatten. Nach Vienne ging er zu jenem Guido, dessen Hitze er früher bekämpft hatte; denn er bedurfte jetzt seiner Person und seiner Verbindungen, wenn er nicht ganz unterliegen sollte.

Zwei Päpste hatte die Kirche, und doch war Rom ohne Bischof. Von der Stadt und Italien selbst hing am wenigsten die Zukunft der Kirche ab; bei Weitem mehr kam darauf an, wie weit sich die Ideen der Reform in dem deutschen und französischen Episcopat befestigt hatten, welche Stellung man hier in dem Schisma ergriff; vor Allem aber war von Bedeutung, ob die Opposition des deutschen Fürstenthums gegen den Kaiser den Sieg behalten würde.

Heinrich selbst fühlte, daß die Entscheidung der Dinge jetzt wesentlich in Deutschland lag. Etwa um dieselbe Zeit, wo der Papst über das Mittelmeer ging, kehrte der Kaiser über die Alpen in die deutschen Länder zurück. Wohl hatte er ein anderes Verfahren, als er früher geübt, diesmal in Italien angewendet und unzweifelhaft seine Herrschaft auf der Halbinsel befestigt; doch zu einem Abkommen mit Rom hatte er es nicht gebracht. Vielmehr hatte sich der Investiturstreit jenseits der

Alpen zu einem neuen Schisma entwickelt, der Aufstand in Deutschland mehr und mehr die Natur eines kirchlichen Kampfes angenommen; schon schien der Bann gegen ihn eine eben so furchtbare Waffe, wie einst gegen seinen Vater. Was Heinrich vermeiden wollte, war eingetreten: die Dinge lagen wieder, wie zwanzig Jahre früher, nur daß er es jetzt war, an dessen Fersen sich der Bann heftete. Eines mochte er als Glück preisen, daß er keinen Sohn hatte, welcher den Fluch der Kirche benutzen konnte, um die Krone dem Vater vom Haupte zu reißen.

8.
Die deutschen Fürsten und Papst Calixt II.
Des Kaisers Rückkehr nach Deutschland.

Die Nachricht von Paschalis Tode und dem Ausbruch des neuen Schisma hatte die Thätigkeit der kirchlichen Partei in Deutschland für den Augenblick gehemmt, bald aber gewann sie durch Kuno von Palestrina, der als päpstlicher Legat nach Ostern an den Rhein kam, neues Leben. Eine Aufgabe war dem übereifrigen Manne zugewachsen, die ganz seiner Neigung entsprach: den Bann des Gelasius gegen den Kaiser in den deutschen Ländern zu verbreiten, wirksam zu machen und so dem Kampfe frische Nahrung zu geben.

Im Einverständniß mit Adalbert von Mainz beschloß Kuno zunächst eine große Synode zu Köln zu halten, zu der eiligst Einladungen an alle deutschen Bischöfe ergingen. Nicht alle erschienen, doch konnte der Cardinal eine zahlreiche Versammlung in Köln begrüßen*). Eine Reihe von Strafurtheilen wurde auf der Synode verhängt. Ueber den Kaiser wurde das Anathem ausgesprochen, wie über die Führer der kaiserlichen Partei, über Herzog Friedrich und seinen Bruder Konrad, den Pfalzgrafen Gottfried und Andere. Auch gegen die nicht erschienenen Bischöfe schritt man ein. Bischof Hermann von Augsburg, den man schon längst beseitigen wollte, wurde gebannt und seines Amtes entsetzt, andere Bischöfe suspendirt und vor eine zweite Synode geladen,

---

*) Wahrscheinlich wurde die Synode am 19. Mai eröffnet.

welche am 28. Juli zu Fritzlar abgehalten werden sollte. Selbst Otto von Bamberg würde wegen seines Ausbleibens die gleiche Strafe getroffen haben, wenn sich nicht Erzbischof Adalbert für ihn verwendet hätte.

Der Legat und Erzbischof Friedrich gaben den abreisenden Bischöfen das Geleit bis Koblenz; hier hatte Kuno die Freunde den Abt Theoger zu begrüßen, dessen Widerstand er endlich gebrochen hatte. Theoger, das Metzer Bisthum zu übernehmen nun entschlossen, begleitete den Legaten und den Erzbischof nach Köln zurück; bald darauf folgte er dem Legaten nach Korvei, wo er am 7. Juli die Weihe erhielt. Der Legat hatte hier mit dem Erzbischof von Magdeburg und dem Bischof von Halberstadt eine Zusammenkunft, deren Veranlassung und deren Resultat nicht bekannt sind. Am 28. Juli eröffnete dann der Legat die Synode in Fritzlar. Trotz der erneuten Mahnung waren auch diesmal mehrere Bischöfe nicht erschienen, welche nun strengere Strafen trafen. Der Bann gegen den Kaiser wurde abermals verkündigt, auch Berathung über die dem Bann in Bezug auf die Reichsregierung zu gebenden Folgen, wie es scheint, gehalten. Leider sind wir über die Verhandlungen sehr mangelhaft unterrichtet.

Die Erneuerung des Kampfes war unvermeidlich. Schon in Fritzlar fühlten sich die Bischöfe vor einem Ueberfall der Kaiserlichen nicht sicher, und wenig später trat Erzbischof Adalbert mit seinen Genossen selbst wieder in die Waffen. Er hatte die Mainzer gewonnen, indem er ihnen jenes werthvolle Privilegium ertheilte, welches später in die ehernen Pforten ihres Doms eingegraben wurde; die Bürger, erklärte er darin, sollten fortan keinem Vogt mehr außerhalb der Stadt zu Recht zu stehen oder Abgaben zu zahlen verpflichtet sein. Zugleich hatte der Erzbischof seine Brüder, den Bischof Bruno von Speier, die Grafen Siegbert und Friedrich von Saarbrücken, welche bisher nicht offen gegen den Kaiser Partei ergriffen hatten, an sich zu ziehen gewußt. Auch die Bischöfe von Straßburg und Worms traten nun ganz auf die Seite der Aufständigen. Noch wichtiger war, daß der Erzbischof in Sachsen namhafte Unterstützung fand, und zwar nicht allein bei seinem alten Bundesgenossen Friedrich von Arnsberg, sondern auch bei Hermann von Winzenburg, seinem früheren Gegner. Eine nicht geringe Macht stand Adalbert so zu Gebot, und er benutzte sie zunächst gegen Herzog Friedrichs Feste in Oppenheim. Von Mainzern und Sachsen wurde die Burg umlagert, gestürmt und dann mit Feuer zerstört; gegen zweitausend

Menschen sollen im Kampfe dort umgekommen sein. Um dieselbe Zeit wurde auch die Burg Kyffhausen, welche der junge Pfalzgraf Friedrich besetzt hielt und von dort aus die Aufständigen bedrängte, von den Sachsen umschlossen; nach längerer Belagerung wurde auch sie übergeben und dann ebenfalls zerstört.

So war der Kampf am Rheine und in Sachsen wieder im Gange und nahm eine den Aufständigen entschieden günstige Wendung, als der Kaiser unerwartet im Herbst 1118 wieder in Deutschland erschien. Die Umtriebe des päpstlichen Legaten waren ihm bekannt; er hatte vernommen, daß die deutschen Fürsten schon damit umgingen, einen Tag nach Würzburg auszuschreiben, auf dem er sich entweder persönlich rechtfertigen oder entsetzt werden sollte; überdies mußte er zu verhindern suchen, daß die deutschen Bischöfe nicht jene allgemeine Synode beschickten, welche Gelasius nach Mailand ausgeschrieben hatte und deren Zusammentritt man damals noch erwartete. So ließ Heinrich seine junge Gemahlin als seine Statthalterin in der Lombardei zurück, mit ihr seinen Hofhalt; er mochte bald zurückzukehren hoffen, nie aber hat er Deutschland wieder verlassen.

Mit einem kleinen Gefolge ging der Kaiser — wir wissen nicht an welcher Stelle — über die Alpen. Auf das Beste wurde er in Augsburg, wo Bischof Hermann sich gegen seine Widersacher behauptete, empfangen; dann nahm er den Weg nach den rheinischen Gegenden, nach Franken und Lothringen. Bald durch Drohungen, bald durch Vergünstigungen, hier durch Gewalt, dort durch Nachgiebigkeit suchte er die aufständigen Fürsten zur Niederlegung der Waffen zu bewegen, und sein persönliches Eingreifen in die Angelegenheiten blieb jetzt nicht ohne Wirkung. Der Muth der Kaiserlichen belebte sich; die Aufständigen fühlten ihre Kräfte gelähmt, zumal gleichzeitig die kirchlichen Angelegenheiten eine wenig ermuthigende Wendung nahmen.

Man hatte große Hoffnungen auf die Mailänder Synode gesetzt. Konnte man auch nicht selbst mehr dieselbe besuchen, so schickte doch Erzbischof Friedrich Boten und Briefe nach Mailand. Wir kennen die Briefe, und ihr Inhalt ist nicht ohne Interesse. An die versammelten Väter richtete der Erzbischof die Bitte, gegen die übermüthigen Tyrannen dieselbe Standhaftigkeit zu bewähren, wie einst der heilige Ambrosius gegen den Kaiser Theodosius. In Bezug auf das Schisma gab der Erzbischof keine weitere Erklärung ab, als daß man den als Paschalis

Nachfolger anzuerkennen habe, der kanonisch gewählt sei und treu dem
Beispiele seines Vorgängers folgen werde; offenbar schenkten Friedrich
und seine Freunde noch immer Gelasius wenig Vertrauen. Zugleich
aber ermunterte Friedrich in einem anderen Schreiben das mailändische
Volk seine Freiheit muthig gegen die Tyrannen zu vertheidigen, welche
die Kirche unterdrückten. Alle Fürsten Lothringens, Sachsens und Thüringens, ja ganz Deutschlands, versicherte der Erzbischof, hegten die
größte Theilnahme für Mailands Freiheit, denn wie sie in einem
Reiche vereinigt seien, wollten sie auch im Kampfe für Wahrheit und
Recht zusammenstehen; die deutschen Fürsten seien Mailand auf alle
Weise zu unterstützen bereit.

Friedrich mochte nicht weniger dagegen auf die Unterstützung Mailands gerechnet haben, aber er und seine Freunde sahen sich bald in
allen ihren Berechnungen getäuscht. Die Mailänder Synode trat nicht
zusammen, Gelasius mußte Rom verlassen und eilte als Flüchtling nach
Frankreich; die kirchliche Sache schien in Italien einmal wieder völlig
verloren. Auch auf ihre Anhänger in Deutschland konnten die Verhältnisse nur entmuthigend wirken. Kuno von Palestrina verließ den
deutschen Boden, um Gelasius zu begegnen; seiner aufregenden Thätigkeit hier war für immer ein Ziel gesetzt. Wo der Legat wich, trat der
Kaiser ein; von dem Würzburger Tage war nicht mehr die Rede.

Die Erhebung Calixts II.

Kuno kam zur rechten Zeit, um noch die letzten Worte des Papstes
zu vernehmen. Nachdem Gelasius im Januar 1119 eine Synode zu
Vienne gehalten und eine größere für den März in Aussicht gestellt
hatte, wo er den Streit zwischen Kirche und Reich zum Austrage zu
bringen versprach, machte er sich auf den Weg nach Cluny, um dort
einen längeren Aufenthalt zu nehmen. Auf der Reise befiel ihn eine
heftige Pleuresie, und todtkrank kam er in Cluny an. Ruhig sah er
seinem Ende entgegen und sprach Kuno von Palestrina den letzten
Wunsch seines Herzens aus, daß er nach ihm die Leitung der Kirche
übernehmen möge. Kuno widersetzte sich, indem er geltend machte, daß
bei den großen die Kirche bedrängenden Gefahren zu ihrer Leitung
weltliche Macht und Klugheit erforderlich seien, welche ihm fehlten; Guido
von Vienne sei der rechte Mann, um die Kirche aus langer Knecht-

schaft zur Freiheit zu führen. Der Sterbende erkannte Kunos Gründe an. Am Boden liegend im Bußgewande nach Klostersitte, hauchte er den letzten Athem aus; der Cassinese fand in Clunys Mauern sein Ende. Am 18. Januar 1119 starb Gelasius; kein volles Jahr hat er auf dem Stuhle Petri gesessen und wohl wenige Tage seines Pontificats ohne Kränkungen und Demüthigungen beschlossen. Wahrlich, Gregor VII. hatte seinen nächsten Nachfolgern eine Dornenkrone hinterlassen!

Guido empfing die Todesnachricht auf dem Wege nach Cluny, wohin er dem Papste zu folgen versprochen hatte. Am Tage nach seiner Ankunft daselbst (2. Februar) wurde er von den wenigen dort anwesenden Cardinälen zum Papste gewählt, und ihrer Wahl traten die anderen gegenwärtigen Kleriker und Laien bei. Obwohl Guido die Annahme beanstandete, erfolgte doch sogleich die Inthronisation, bei welcher der Erwählte den Namen Calixt II. erhielt. Krönung und Weihe geschahen am 9. Februar zu Vienne.

Die Wahl bot große Unregelmäßigkeiten dar, dennoch fand sie bei den Führern der herrschenden kirchlichen Partei in Frankreich und Burgund, namentlich bei dem Erzbischof von Lyon, dem Bischof Gerard von Angoulême, Bischof Hugo von Nevers sogleich Anerkennung, und da König Ludwig, der sich im Jahre 1115 mit Adelheid von Maurienne, einer Schwestertochter Guidos, vermählt hatte, den neuen Papst mit merklichem Eifer unterstützte, war Calixts Autorität bald in ganz Frankreich gesichert. Noch wichtiger war, daß die Wahl in Rom auf keinen Widerspruch stieß. Die Cardinäle, welche Calixt umgaben, hatten sogleich ihre Wahl dem Bischof Petrus von Porto angezeigt, der am 1. März in der Kirche des heil. Johann auf der Tiberinsel den römischen Klerus und das Volk versammelte, um in dieser wichtigen Angelegenheit Beschluß zu fassen. Allgemein wurde die in Cluny getroffene Wahl als eine glückliche empfunden, und die Cardinalbischöfe, Cardinalpriester, Cardinaldiakone und der übrige Klerus übersandten einzeln schriftlich durch den Erzpriester Otto von der Kirche S. Salvator ihre förmliche Zustimmung. Auch der Präfect und die römischen Consuln erkannten im Namen des Volks die Wahl an, indem zugleich Pier Leone, was von nicht geringer Bedeutung war, seine Macht dem neuen Papste zu Dienste stellte; von besonderem Einfluß auf den Entschluß des letzteren soll sein Sohn gewesen sein, der sich zu Cluny unter den Wählern befunden hatte*). Die Römer nahmen sogleich den Namen Calixts II. in das Kirchengebet und ihre Urkunden auf.

Die Wahl Guidos war ein Ereigniß von großer Tragweite. Zum ersten Male seit dem Tode Alexanders II. erhob die kirchliche Partei einen Mann an ihre Spitze, der nicht dem Mönchsstande angehörte. Ein bald mehr bald weniger hervorspringender, aber immer wirksamer Gegensatz zwischen Kloster- und Weltgeistlichkeit zieht sich durch alle jene Streitigkeiten zwischen Kirche und Reich, welche nun bereits zwei Menschenalter erfüllten. Es war nicht ein Werk des Zufalls, wenn alle Gegenpäpste aus dem Weltklerus hervorgingen, während die Gregorianer nur Mönche wählten. Die Erhebung Guidos, der in eminenter Weise als ein Vertreter der Weltgeistlichkeit anzusehen war und doch sich als ein unerschrockener Vertreter der kirchlichen Freiheit kundgegeben hatte, versprach einem gefährlichen Bruch in dem Klerus selbst vorzubeugen und das reformirte Papstthum wieder in unmittelbarere und günstigere Beziehungen zu dem Episcopat zu bringen.

Aber der neue Papst war zugleich ein Mann von hochfürstlicher Geburt: zu seinen Ahnherren zählten die letzten selbstständigen Könige Italiens, der König von Frankreich war der Gemahl seiner Nichte, der Erbe Castiliens sein Neffe Alfons, den König von England sah er als seinen Vetter an, selbst mit dem Kaiser stand er in Blutsverwandtschaft durch jene Agnes von Poitiers, welche einst in Kirche und Reich eine so wichtige Rolle gespielt und in manchem Sinne die Saat ausgestreut hatte, die ihm zu ernten blieb. Durch das ganze Abendland war dieses Geschlecht verbreitet und verzweigte sich bis zu den höchsten Thronen; ein Mann aus demselben war ein Fürst unter den ersten Fürsten, und diese mochten ihm eine Krone gönnen, welche ihnen auf dem Haupte eines Klosterbruders, selbst wenn er das Herrschtalent eines Hildebrand besaß, als frevelhafte Anmaßung erschien. Wie dem Episcopat, trat durch Guido das Papstthum auch dem weltlichen Fürstenthum näher, dessen Ansprüche auf äußere Ehren es überboten hatte, ohne daß Gregor und seine Nachfolger jene Vorzüge der Geburt besaßen, welche man als Vorbedingung so außerordentlicher Auszeichnungen anzusehen gewohnt war. Wie von selbst vollzogen sich durch Guidos Person die wichtigsten Transactionen für die Zukunft der Kirche, und zugleich eröffneten sich

---

*) Dieser Sohn des Pier Leone war der spätere Gegenpapst Anaclet II.

neue Aussichten auf die Beilegung des langen Streits zwischen Kirche und Reich, auf eine Aussöhnung mit dem Kaiser.

Von Gelasius hatte man Frieden erwartet, und doch hatte er nach kurzer Zeit die Kirche zu neuem Kampf aufgerufen. Calixt mochte dagegen Anfangs den Meisten als der Mann erscheinen, welcher jeden Gedanken einer Verständigung mit dem Kaiser weit von sich werfen würde; war er es doch gewesen, der zuerst den Bann über Heinrich ausgesprochen und Paschalis manche schwere Stunde durch seinen hartnäckigen Widerstand gegen die Investitur bereitet hatte — und doch hörte man gerade von ihm bald Worte des Friedens und der Versöhnung. Schwerlich war es allein kirchlicher Eifer gewesen, der bisher Guidos Verfahren bestimmt hatte; Alles zeigt ihn als einen vorzugsweise politischen Geist, und mehr als ein Grund konnte einen burgundischen Erzbischof mit starkem Rückhalt in Frankreich zu energischer Gegenwehr gegen ein übermächtiges deutsches Kaiserthum bewegen. Aber ein Mann von politischem Blick erfaßte auch leicht, daß einem Haupt der abendländischen Kirche andere Aufgaben als einem Erzbischof von Vienne zugewiesen seien und daß es vor Allem im Interesse der Kirche hohe Zeit sei, den Investiturstreit endlich zum Abschluß zu bringen; das Beispiel seiner Vorgänger mußte ihn überdies belehren, daß er selbst in Rom nicht eher eine sichere Stätte finden würde, als bis ein Friede mit dem Kaiser geschlossen sei. Calixt war alt genug — ein Menschenalter hatte er schon auf dem Bischofsstuhle von Vienne gesessen — um bei einem Werke nicht zu zögern, welches ihm recht eigentlich als seine Lebensaufgabe erschien.

Die Cardinalbischöfe hatten aus Rom den neuen Papst wissen lassen, daß sie nichts sehnlicher wünschten, als die schleunige Berufung eines Concils, um der Kirche Friede und Freiheit zurückzugeben. Sie begegneten damit nur den eigenen Gedanken des Papstes, der bereits am 16. April an den Erzbischof von Köln schrieb, daß er im Herbst zu Reims ein Concil zu halten beabsichtige; die Kirche wieder aufzurichten, den Widerstand ihrer Feinde zu vernichten und den Anschuldigungen, die gegen sie erhoben würden, zu begegnen bezeichnete er als die Aufgaben dieser Versammlung. Calixt wünschte eine starke Betheiligung des deutschen Episcopats an dem Concil und unterließ deshalb Nichts, um die Häupter desselben für sich zu gewinnen. Nicht allein mit Adalbert von Mainz und Friedrich von Köln trat er in brieflichen

Verkehr, sondern auch mit Bruno von Trier, obwohl dieser noch vor Kurzem seine Dienste dem Gegenpapste gewidmet hatte. Uebrigens fehlte viel daran, daß die deutschen Bischöfe, so wenig der Name des Burdinus bei ihnen galt, dem Burgunder sogleich eine allgemeine Devotion entgegengebracht hätten.

Der innere Krieg war in Deutschland inzwischen zu einem Stillstand gekommen. Immer lebhafter regte sich das Verlangen nach Herstellung fester Ordnung im Reich, und die Fürsten selbst wandten sich an den Kaiser mit der Bitte, Mittel und Wege zur Aufrichtung eines allgemeinen Friedens ausfindig zu machen. Heinrich zögerte nicht dieser Aufforderung zu entsprechen und berief auf den Johannistag einen großen Reichstag nach Tribur. So zahlreich stellten die Fürsten sich ein, daß sie mit ihrem Gefolge alle Ortschaften rings um Mainz besetzt hielten; die Scheu schien vergessen, die viele bisher gegen den Kaiser und seine gebannten Freunde gehegt hatten. In den letzten Tagen des Juni wurden die Verhandlungen eröffnet. Allgemein erkannte man die Nachgiebigkeit und Mäßigung des Kaisers an; auf den Rath seiner bisherigen Widersacher hörte er nicht minder, als auf den seiner alten Freunde; er suchte Jeden zu versöhnen, den er verletzt. In der That einigte man sich über einen allgemeinen Reichsfrieden; auch sollte Jeder, was er von seinem Eigenthum im Kampfe verloren, zurückerhalten und die Aufständigen dem Kaiser alle Reichsgüter ausliefern, die sie sich angeeignet hatten.

Vor dieser Versammlung erschienen auch Gesandte von Rom und Vienne, um die Anerkennung Calixts und die Beseitigung des Schisma zu erwirken. Sie kamen zur guten Stunde, wo die versöhnlichste Stimmung herrschte. Dennoch wurde zu Tribur Nichts in den kirchlichen Dingen entschieden; es sollten hierüber erst die Beschlüsse des Reimser Concils abgewartet werden, wo mehrere Bischöfe mit dem Papst selbst zusammenzutreffen hofften. Wurde deshalb Calirt auch hier noch nicht, wie behauptet ist, von allen deutschen Bischöfen anerkannt, so neigte sich doch die deutsche Kirche schon entschieden auf seine Seite; auf Burdinus wurde kaum noch geachtet, und selbst der Kaiser schien ihn bereits aufgegeben zu haben. Guidos Erhebung hatte dem Anschein nach dem Schisma ein schnelles Ende bereitet.

Das Reimser Concil und die Verhandlungen zu Mouzon.

Die Friedensgedanken des Papstes begegneten sich mit einer ähnlichen Stimmung der deutschen Fürsten, und nun nahm Calirt keinen Anstand mehr selbst Unterhandlungen mit dem Kaiser zu eröffnen. Als sich Heinrich am 1. October in Straßburg aufhielt, erschienen vor ihm der Abt von Cluny und der wegen seiner Gelehrsamkeit hochgefeierte Lehrer Frankreichs Wilhelm von Champeaux, früher Abt von St. Victor, damals Bischof von Chalons; sie boten sich als Friedensvermittler an, scheinbar aus freiem Antrieb, ohne allen Zweifel aber im Auftrage des Papstes.

Der Bischof von Chalons stellte dem Kaiser vor, daß er mit der Aufgabe des Investiturrechts keine Einbuße an realer Macht erleiden würde. Die französischen Bischöfe, bemerkte er, erhielten weder vor noch nach der Weihe die Investitur und wären doch zu denselben Abgaben, Kriegsdiensten und anderen Leistungen für die Regalien verpflichtet, wie die deutschen Bischöfe; die Investitur nähre daher lediglich die innere Zwietracht in den deutschen Ländern und ziehe dem Kaiser empfindliche Kirchenstrafen zu, ohne ihm nennenswerthe Vortheile zu gewähren. Da sich der Kaiser davon zu überzeugen schien und erklärte, daß er, wenn dem Reiche alle Rechte den kirchlichen Oberen gegenüber bewahrt blieben, auf die Investitur zu verzichten entschlossen sei, fuhr der Bischof fort: „Wenn du dazu entschlossen bist und wenn du ferner Allen, die für die Kirche gestritten haben, ihre Besitzungen zurückgeben und aufrichtigen Frieden mit ihnen schließen willst, werden wir uns den Streit auszutragen bemühen."

Der Kaiser besprach mit seiner Umgebung das Anerbieten und erklärte dann auf die ihm gestellten Bedingungen mit der Kirche Frieden schließen zu wollen, wenn er auf die Aufrichtigkeit und Treue des Papstes bauen könne und auch seinen Anhängern die Rückgabe ihrer verlorenen Güter und ein fester Friede verbürgt würden. Der Bischof verlangte für des Kaisers Versprechen eine Gewähr, und Heinrich selbst leistete sie mit seinem Handschlag; dasselbe thaten der Bischof von Lausanne, Pfalzgraf Gottfried und einige andere Herren aus der Umgebung des Kaisers. Hierauf eilten der Bischof von Chalons und der Abt von Cluny zum Papste, den sie zu Paris trafen und der sie hocherfreut in der Begleitung des Cardinalbischofs Lambert von Ostia und des Carbinals Gregor*) alsbald in das Hoflager des Kaisers zurücksandte, um die Friedensurkunden zu vereinbaren, die dann von beiden Seiten sogleich eidlich bestätigt werden sollten; auch sollte ein Tag anberaumt werden, wo sie persönlich von Kaiser und Papst noch vor dem Schluß des Concils ausgewechselt werden könnten. Man sieht, daß auch der Papst selbst die Scheu vor einer Begegnung mit dem gebannten Kaiser bereits überwunden hatte.

Die Gesandten des Papstes fanden den Kaiser zwischen Verdun und Metz, und ihre Geschäfte ordneten sich ohne Schwierigkeit. Die Urkunden wurden in der kaiserlichen Kanzlei abgefaßt und enthielten genau Alles, was Heinrich versprochen und beansprucht hatte. Die im Namen des Kaisers ausgestellte Urkunde lautete: „Ich verzichte durchaus auf die Investitur bei allen Kirchen und gewähre Allen, die von Anbeginn der Zwietracht an die Kirche vertheidigt haben oder noch vertheidigen, wahren Frieden. Die Besitzungen der Kirchen und ihrer Anhänger gebe ich zurück, soweit sie in meinen Händen sind; wo dies nicht der Fall ist, werde ich die Rückgabe zu erwirken bestrebt sein. Wenn das Eigenthumsrecht streitig sein sollte, wird bei Kirchengütern nach kanonischem Recht, bei weltlichem Besitz nach weltlichem Recht darüber entschieden werden." Die im Namen des Papstes ausgestellte Urkunde enthält in Bezug auf den Frieden und die Rückgabe des Eigenthums fast wörtlich dieselben Bestimmungen zu Gunsten des Kaisers und seiner Anhänger. Beide Urkunden sollten, so wurde verabredet, persönlich am 24. October zu Mouzon von Papst und Kaiser ausgewechselt werden. Heinrich verpflichtete sich hierzu durch Handschlag, und sein Versprechen bekräftigten Herzog Welf, Graf Berengar von Sulzbach, Pfalzgraf Gottfried und Graf Wilhelm von Luxemburg eidlich; das Gleiche thaten die Gesandten des Papstes in dessen Namen und eilten dann zum Papste nach Reims, wo inzwischen das auf den 18. October anberaumte Concil zusammentrat. Kaum ließ sich bezweifeln, daß sich noch auf demselben die Herstellung des kirchlichen Friedens und die gänzliche Beseitigung der Laieninvestitur würde verkündigen lassen — glänzender hätte Calirt sein Pontificat nicht eröffnen können.

Eine stattliche Versammlung sah damals Reims. Wenn freilich

---

*) Beide wurden die nächsten Nachfolger des Papstes: Lambert als Honorius II., Gregor als Innocens II.

die Zahl der Bischöfe, welche der Einladung des Papstes folgten, auf mehr als zweihundert angegeben wird, so waltet dabei wohl eine bei Zahlen gewöhnliche Uebertreibung ob; nach einem, wie es scheint, genauen Verzeichniß hatten sich in Allem fünfundsiebzig Bischöfe, darunter vierzehn Metropoliten, um den Thron des Papstes versammelt. Die meisten gehörten Frankreich und Burgund an; aus Spanien hatte sich der Erzbischof von Tarragona mit zwei Suffraganen, aus Italien nur zwei Suffragane der Kirchenprovinz Grado eingefunden. Aus England kam der Erzbischof von York mit zwei, der Erzbischof von Canterbury mit drei Suffraganen; ihr König hatte ihnen befohlen keine Klagen gegen einander zu erheben und keine Neuerungen nach Hause zu bringen, im Uebrigen aber mit gebührender Demuth die Befehle des Papstes zu vernehmen. Deutschland war durch elf Bischöfe vertreten: Erzbischof Adalbert erschien selbst und mit ihm fünf seiner Suffragane, ein Bischof gehörte der Erzbiöcese Köln, zwei der von Trier und zwei der von Magdeburg an. Besonders hatte die Ankunft des Mainzers den Papst erfreut; er ließ Adalbert, der von fünfhundert Rittern begleitet war, einen feierlichen Einzug in Reims durch den Grafen von Troyes bereiten. An die Bischöfe schlossen sich eine ungewöhnlich große Zahl von Aebten und anderen Würdenträgern der Kirche, wie von Gesandten der ausgebliebenen Prälaten an. Neben dem Glanze, welche so viele Kirchenfürsten verbreiteten, entfaltete sich auch die Pracht eines Königshofes. Denn König Ludwig, obwohl schwer erkrankt, hatte sich der Einladung des Papstes nicht entziehen wollen und verherrlichte durch seine und seiner Großen Gegenwart die Versammlung.

Am 20. October wurde das Concil in der Marienkirche eröffnet. Im Schiffe waren die Sitze für die Prälaten aufgestellt; auf einer erhöhten Bühne nahe dem Eingang stand der apostolische Stuhl, auf welchem der Papst nach der Eröffnungsmesse Platz nahm, umgeben von den anwesenden Würdenträgern der römischen Kirche und den ernannten Wortführern des Concils — es waren die Cardinalbischöfe Kuno von Palestrina und Lambert von Ostia, die Cardinalpriester Boso und Johann von Crema, und der Bischof Hatto von Viviers, ein gelehrter Kanonist — ferner einem Diakonen mit der Kanonensammlung und mehreren Kirchendienern zur Aufrechthaltung der Ordnung. Der Papst begrüßte die Väter in einer feierlichen Rede, bezeichnete den Zweck des Concils, drückte seine Wünsche für die Herstellung des kirchlichen Friedens aus und wies auf die mit Heinrich bereits geführten Verhandlungen hin. Den Gang derselben setzte dann in lateinischer Rede der Bischof von Ostia, in französischer der Bischof von Chalons auseinander. Die versammelten Väter konnten nach diesen Berichten die besten Hoffnungen schöpfen. Hierauf legte der Papst einige Kanones vor, welche am Schluß des Concils veröffentlicht werden sollten, und die er in der zweiten Sitzung am folgenden Tage noch durch Zusatzbestimmungen ergänzte.

Auch andere Sachen kamen in dieser zweiten Sitzung zur Verhandlung. Vor den Vätern erschien persönlich König Ludwig und erhob die schwersten Anklagen gegen König Heinrich von England, der seinen eigenen Bruder der Normandie beraubt, ihn in den Kerker geworfen habe und sich unausgesetzt die größten Gewaltthaten gegen Vasallen der französischen Krone erlaube. Sowohl König Ludwig forderte den Beistand des Concils, wie die von ihrem Gemahl verstoßene Gräfin Hildegard von Poitiers und der von dem Grafen Amalrich von Montfort gekränkte Bischof von Evreur. Diese Anklagen berührten die brennendsten Tagesinteressen in Frankreich und erregten stürmische Bewegungen in der Versammlung; zwischen den Franzosen und Normannen kam es zu sehr hitzigen Erörterungen, und das Concil lief Gefahr sich ganz auf den Boden weltlicher Interessen zu begeben. Der Papst wußte dies zu verhindern, indem er gegenüber den beklagten Gewaltthätigkeiten auf die Bestimmungen des Gottesfriedens verwies, welche Papst Urban einst zu Clermont erlassen hatte. Calirt erneuerte diese Bestimmungen und versprach in nächster Zeit selbst seinen Vetter den König von England aufzusuchen, um ihn und seine Leute von Freveln abzuhalten, wie sie zur Sprache gebracht seien; wirke dies nicht, so werde er mit dem Banne gegen ihn einschreiten. Der Papst brach darauf die Verhandlungen ab und vertagte vorläufig das Concil, da er anderen Tages nach Mouzon zur Zusammenkunft mit dem Kaiser aufbrechen werde. Den versammelten Vätern befahl er in Reims zu bleiben, um mit ihren Gebeten das Friedenswerk zu unterstützen; gelinge es, so wünsche er von ihnen den Frieden bestätigt zu sehen, anderenfalls werde er schleunig zurückkehren, um in ihrer Mitte das Schwert des heiligen Petrus gegen den Ungetreuen zu zücken.

Schon scheint der Papst einigen Argwohn gegen den Kaiser gehegt zu haben; dieser steigerte sich, als er, von vielen Cardinälen, Erzbischöfen und Bischöfen geleitet, am 23. October nach Mouzon, einer Burg des Erzbischofs von Reims unfern der Maas, gelangte und vernahm, daß der Kaiser in der Nähe mit einem großen Heere — es sollen 30,000 Ritter gewesen sein — ein Lager bezogen habe. Das Gefolge, welches der Papst mit sich geführt hatte, war in gewaltiger Bestürzung über das Heer des Kaisers und hütete mit ängstlicher Vorsicht seinen Herrn; man fürchtete, daß Heinrich in gewaltthätiger Weise, wie einst gegen Paschalis, abermals gegen den Papst vorgehen und den Vertrag erzwingen wolle. Man begann gegen die bisher unbeanstandete Fassung desselben Mißtrauen zu hegen. Deßhalb ging man noch einmal am anderen Tage die Urkunden durch und stieß da auf unklare Ausdrücke. Wenn es in der kaiserlichen Urkunde hieß: „Ich verzichte durchaus auf die Investitur bei allen Kirchen," so hielt man nun für bedenklich, daß der Verzicht nicht auch auf die Investitur bei den Kirchengütern ausdrücklich ausgedehnt sei; in Bezug auf diese könne der Kaiser doch die Investitur festhalten wollen oder mindestens später wieder beanspruchen. Wenn andererseits sich in der päpstlichen Urkunde die Worte fanden: „Ich gewähre wahren Frieden Allen, die den Kaiser gegen die Kirche unterstützt haben oder noch unterstützen," so ließen sich darunter auch die kaiserlichen Gegenbischöfe und die von der päpstlichen Partei entsetzten Prälaten verstehen, welchen eine Amnestie nicht schlechthin gewährt werden dürfe. Man einigte sich deshalb über Erklärungen der Urkunden, welche diese Bedenken hoben und welche der Bischof von Ostia, der Cardinal Johann von Crema, die Bischöfe von Chalons und Viviers mit dem Abt von Cluny dann noch selbigen Tages dem Kaiser überbrachten, der sich auf einem Gute der Abtei Mouzon, Beureliacum mit Namen, mit mehreren Fürsten aufhielt; kaum eine halbe Meile trennte ihn von dem Papste und seinem Gefolge.

Als man dem Kaiser diese Erklärungen vorlegte, erwachte auch in ihm das Mißtrauen. Er gerieth in den höchsten Zorn und rief aus: „Nichts von dem Allen habe ich versprochen." Der Bischof von Chalons erbot sich darauf auf das Evangelium zu beschwören, daß der Kaiser mit seinem Handschlage die Urkunden bereits bestätigt und daß er selbst, der Bischof, den Inhalt derselben nie anders aufgefaßt habe, als man jetzt sie auslege. Das Erstere konnte der Kaiser nicht leugnen, aber er beklagte sich schwer über die Vermittler, daß sie ihm arglistig einen Vertrag angerathen hätten, welchen er ohne Schaden für das Reich nicht durchführen könne. Als ihn die Gesandten des Papstes zu beruhigen suchten, da es sich in keiner Weise um den Verlust seiner lehnsherrlichen Rechte über die Bischöfe handle, verlangte der Kaiser bis zum anderen Morgen Bedenkzeit, um mit den Fürsten in seinem Gefolge die Sache zu berathen. Aber schon waren auch die kaiserlich gesinnten Fürsten nicht ohne ernste Bedenken; vor Allem besorgten sie, daß der Papst den Kaiser nicht ohne eine ähnliche schimpfliche Buße zu fordern, wie sie einst Heinrich IV. zu Canossa auf sich genommen hatte, öffentlich empfangen werde. Sie forschten die Cardinäle aus, erhielten aber von diesen nur zur Antwort: sie würden sich verwenden, daß der Papst dem Kaiser nicht eine öffentliche Kirchenbuße zumuthe und barfuß zu erscheinen nöthige. Der Kaiser, welcher die Rechtmäßigkeit des Bannes niemals anerkannt hatte, vielmehr sich über Vertragsbruch von Seiten der römischen Kirche beschweren zu können meinte, war aber nicht gewillt sich irgend einer Kirchenbuße zu unterwerfen, von welcher die Vermittler des Friedens überdies bisher niemals gesprochen hatten. Von beiden Seiten hatte man ohne Zweifel aufrichtig den Vertrag gewollt, aber schon stellte man hier wie dort den Abschluß in Frage.

Als die päpstlichen Gesandten nach ihrer Unterredung mit dem Kaiser am Abend nach Mouzon zurückkehrten, gab Calixt sogleich Alles auf; schon am nächsten Morgen wollte er abreisen, und nur auf Zureden des Grafen von Troyes und Anderer entschloß er sich bis zum Mittag zu bleiben. In der Frühe des 25. October gingen seine Gesandten noch einmal in das kaiserliche Lager und erklärten Heinrich, daß der Papst allen seinen Verpflichtungen gewissenhaft und zur bestimmten Zeit nachgekommen sei, ja die festgestellte Frist, zu welcher sich der Kaiser verpflichtet, um einen Tag verlängert habe; wenn der Kaiser nun sofort den Vertrag noch zum Abschluß zu bringen bereit sei, werde der Papst keine Schwierigkeiten machen, anderenfalls aber alle weiteren Verhandlungen abbrechen. Die Gesandten hielten natürlich dabei an den Erklärungen fest, die man nachträglich aufgestellt hatte. Der Kaiser, welchem die Berathung mit den zufällig anwesenden Fürsten kein befriedigendes Resultat gegeben zu haben scheint, verlangte eine abermalige Vertagung der Verhandlungen bis zu einem Reichstage, ohne welchen er den Vertrag in der Weise, wie er jetzt aufgefaßt werde, nicht eingehen könne. Die Gesandten des Papstes konnten sich darauf nicht einlassen.

So waren die Verhandlungen, an welche sich so große Hoffnungen geknüpft hatten, völlig gescheitert. Die päpstlichen Gesandten verließen eiligst, ohne sich nur vom Kaiser zu verabschieden, das Lager; schon hörten sie Drohungen und meinten Schwerter und Lanzen gegen sich gezückt zu sehen. Als sie ihre Botschaft nach Mouzon brachten, eilte der Papst wie ein Flüchtling nach einer nahen festen Burg des Grafen von Troyes, wo er sich besser geborgen glaubte. Der Kaiser sandte schleunigst einen Boten dem Grafen: er möchte nur einen Tag den Papst zu verweilen bestimmen, da sich doch noch ein Abkommen würde treffen lassen. Der Papst ging zwar mit seinen Begleitern noch einmal zu Rath, aber schon wollte Niemand mehr von längerem Aufenthalt wissen. „Mehr als alle meine Vorgänger," sagte der Papst, „habe ich für den Frieden gethan. Ich habe das Concil verlassen und bin diesem Manne entgegen gegangen; aber ich habe keine Friedensgedanken in ihm gefunden. Deshalb kehre ich unverzüglich jetzt zum Concil zurück; will uns Gott noch während desselben oder später wahren Frieden gewähren, so werde ich stets gern ihn annehmen." Am folgenden Tage (26. October) brach der Papst schon im Dunkel mit seinem Gefolge auf, legte mit unglaublicher Schnelligkeit einen Weg von sieben Meilen zurück und kam so zeitig nach Reims, daß er dort noch die Messe halten konnte. Er mochte fürchten, daß ihm, wie einst Gelasius, die Schergen Heinrichs auf den Fersen folgten.

Am 27. October wurden die Sitzungen des Concils wieder begonnen; es geschah in bedrückter Stimmung. Der Papst war in der Versammlung, ergriff aber, noch von der Reise völlig erschöpft, nicht das Wort; den Bericht über die gescheiterten Verhandlungen erstattete der Cardinal Johann von Crema. Die Schuld war gewiß nicht allein dem Kaiser beizumessen, doch eine Versammlung gleich dieser konnte nach einer Darstellung, wie sie der Cardinal gab, einseitig nur Heinrich verurtheilen; sie ließ ihrem Unmuth gegen den Friedensstörer freien Lauf und zeigte sich zu den entschiedensten Maßregeln entschlossen. Das Vertrauen zu solchen steigerte sich, als auch Friedrich von Köln durch Gesandte Calirt förmlich anerkannte und als Beweis seiner Ergebenheit einen Sohn des Pier Leone, der im Jahre 1111 dem Kaiser als Geisel übergeben und dann, man weiß nicht wie, in die Gewalt des Erzbischofs gekommen war, nach Reims sandte.

In der Sitzung des folgenden Tages erschien der Papst nicht. Unter den Verhandlungen erregten besonders diejenigen Theilnahme, welche durch die Beschwerden verschiedener Bischöfe über die Abtei Cluny veranlaßt wurden. Es war die alte Opposition des französischen Episcopats gegen das von Rom begünstigte Mönchsthum, welche sich durch das unvorsichtige Auftreten des jungen, auf seine mächtige Vetterschaft vertrauenden Abtes jetzt von Neuem belebt und geschärft hatte. Nur mit Mühe schützte Johann von Crema den Abt, einen Verwandten des Papstes, dem derselbe noch in den letzten Tagen sein besonderes Vertrauen geschenkt hatte, und die Congregation vor hitzigen Beschlüssen der Versammlung, doch mußte Pontius nach einiger Zeit wirklich dem Zorne seiner Feinde weichen.

Schon drängte es den Papst das Concil zu schließen; deshalb begab er sich am 29. October selbst wieder in die Sitzung. Nachdem einige andere Angelegenheiten erledigt waren, ließ er die im Anfange des Concils vorgelegten, vom Cardinal Johann von Crema abgefaßten Kanones durch einen Cardinaldiakon verlesen, um sie als ein bleibendes Resultat der legislativen Thätigkeit des Concils zu veröffentlichen. Sie verschärften die früheren Bestimmungen gegen Simonie und Priesterehe, sicherten der Kirche den Besitz der Regalien wie aller sonstigen Besitzungen und Schenkungen, verboten jede Vererblichung von Kirchenämtern. In allen diesen Punkten, wo sie den fast allgemein anerkannten Principien der Kirchenreform entsprachen, begegneten sie kaum einem Widerspruch in der Versammlung. Dagegen erregte ein Kanon, welcher die Laieninvestitur bei allen Kirchen und Kirchengütern unter Strafe des Banns für den Investirenden, des Verlustes des Amtes oder Gutes für den Investirten verbot, die lauteste Opposition bei Klerikern und Laien; vor Allem besorgte man eine große Einbuße der Kirchen, indem sie alle Güter, welche sie bisher durch Investitur von Laien besessen hätten, herauszugeben genöthigt werden könnten. Die Verhandlung wurde so stürmisch, daß der Papst sie mit dem Versprechen abbrach, den Kanon so zu mildern, wie er allgemeine Billigung finden würde.

Am folgenden Tage eröffnete der Papst die Sitzung, indem er den Hymnus: „Komm, heil'ger Geist" anstimmte; in längerer Rede pries er dann den heiligen Geist als das Band der Liebe und Eintracht und ermahnte zur Einigkeit, damit die Verhandlungen des Concils nicht fruchtlos ausgingen. „Von dem Herrn," sagt er, „sind viele seiner

Jünger gewichen, weil sie an seinen Worten Aergerniß nahmen: so haben auch gestern sich manche Ungetreue an unserem die Freiheit der Kirche sichernden Gesetz gestoßen. Solchen Ungetreuen rathen wir auch von uns zu weichen und den Treuen den Platz zu räumen, aber euch, ihr Väter der Kirche, frage ich mit den Worten des Heilands: Wollt ihr auch weggehen"*)? Der Widerspruch schwieg, und um so mehr, als der anstößige Kanon über Nacht eine sehr wesentliche Veränderung erfahren hatte; denn in der neuen Gestalt verbot er nur die Laieninvestitur in Bezug auf das Bisthum und die Abtei. Hatte der Kanon vorher auf den Erklärungen gefußt, welche Heinrich zurückgewiesen hatte, so ging er jetzt selbst weit über das zurück, was der Kaiser bereits zugestanden hatte, indem dieser bei allen Kirchenämtern auf die Investitur verzichten wollte. Von den Kirchengütern war jetzt gar nicht mehr die Rede, und der Kanon verbot jetzt nicht einmal die Investitur bei allen Kirchen, sondern nur in Bezug auf die Amtsgewalt der Bischöfe und Aebte.

Gregor hatte die Kirche mit allen ihren Besitzungen aus dem Lehnsverbande und damit aus der Abhängigkeit von den weltlichen Gewalten lösen wollen: man konnte sich nicht verhehlen, daß der neue Papst darauf verzichtete, diese Absichten seines Vorgängers consequent durchzuführen, als er dem Reimser Concil nachgab. Nun erst konnte die Ansicht eine allgemeinere Anerkennung gewinnen, daß die Investitur in Bezug auf die Temporalien der kirchlichen Oberen ihre Berechtigung habe, während das geistliche Amt selbst nur durch Wahl und Weihe erlangt werden dürfe: eine Ansicht, die längst nicht nur von kaiserlicher Seite, sondern auch von angesehenen Männern der kirchlichen Partei, wie Ivo von Chartres, ausgesprochen war, aber ohne bisher recht verstanden zu werden. Ein Weg zur Lösung des langen Streits war gebahnt, und man darf sagen, daß sich in den Tagen des 29. und 30. October 1119 zu Reims die Principien durchsetzten, welche den Abschluß des Wormser Concordats ermöglichten. Damit war mehr gewonnen, als mit den scharfsinnigen Erörterungen über Königthum und Priesterthum, welche der Bischof von Barcelona dem Concil in der Schlußsitzung vortrug.

Aber Calirt stand nicht nur in einem Kampf um Principien, son-

---
*) Joh. 6, 67.

bern auch gegen sichtbare Mächte. Ein Gegenpapst hinderte sein Regiment, und die Macht dieses Gegenpapstes stützte ein Kaiser, der durch die letzten Vorgänge aufs Neue höchlich gereizt war. Unnachsichtig mußte der Papst gegen Beide schon um der eigenen Erhaltung willen einschreiten. So schloß er das Concil mit einem großen Strafgericht. Vierhundert und siebenundzwanzig Kerzen wurden in die Versammlung gebracht und den anwesenden Würdenträgern in die Hände gegeben. Alle erhoben sich darauf, während der Papst das Anathem über Kaiser Heinrich und den Usurpator des apostolischen Stuhls Burdinus verkündigte und die Unterthanen des Kaisers, wenn er nicht Reue zeige und der Kirche Genugthuung leiste, von allen ihm geschworenen Eiden löste. Eine Reihe anderer Bannungen folgte nach herkömmlicher Weise. Nachdem die Fackeln gelöscht, entließ der Papst die Väter der Kirche mit seinem Segen.

So endete das Concil von Reims. Die Friedenshoffnungen, mit denen es eröffnet war, hatten sich nicht erfüllt, dennoch hat es der Herstellung des kirchlichen Friedens Bahn gebrochen und so große Dienste geleistet. Von fern wurde den auf verschiedenen Wegen Irrenden das Ziel sichtbar, welches sie zu verfolgen hatten, um sich die Hand zu reichen.

Das Schwanken der kirchlichen Partei in Deutschland.

In den deutschen Ländern war freilich nach den gescheiterten Verhandlungen in Mouzon vorläufig von Frieden noch nicht die Rede. An die Durchführung der Triburer Beschlüsse war jetzt nicht mehr zu denken; der Streit entbrannte sogleich von Neuem, und der Bann des Reimser Concils gab ihm frische Nahrung. Der Papst hatte Erzbischof Adalbert zum ständigen Legaten des apostolischen Stuhls in Deutschland ernannt und damit den rechten Mann gefunden, um den Kampf gegen den Kaiser möglichst zu erhitzen. Es war sicherlich nicht Adalberts Schuld, wenn die kirchliche Partei dennoch mit ihren Waffen nicht mehr rechte Erfolge gewann, wenn auch sie sich bald zu Friedensgedanken neigte.

Von Niederlothringen war der glückliche Widerstand gegen den Kaiser einst ausgegangen, aber gerade hier bildete sich jetzt wieder eine kaiserliche Partei, welche Friedrich von Köln selbst gefährlich wurde. Die Veranlassungen gaben Streitigkeiten, welche nach Otberts Tode

(31. Januar 1119) um das reiche Bisthum Lüttich entstanden waren. Der Kaiser hatte dem Archidiakon Alexander, einem Manne nicht ohne Verdienste, die Investitur ertheilt und sich, wie man sagte, dieselbe mit 7000 Pfund Silber bezahlen lassen; erst nachher hatte unter manchen Unregelmäßigkeiten die Wahl stattgefunden. Erzbischof Friedrich von Köln hatte deshalb Alexander die Weihe verweigert und eine neue Wahl zu Lüttich angeordnet, welche jedoch der Widerstand des Herzogs Gottfried vereitelte. Zu Köln gelang es dann den Widersachern Alexanders sich zu einer Wahlhandlung zu vereinigen, bei welcher die Stimmen auf den Propst Friedrich fielen, einen Lütticher Domherrn, der in seinem Bruder, dem mächtigen Grafen Gottfried von Namur, eine starke Stütze besaß. Friedrich begab sich zum Papste, der ihn am 26. October zu Reims weihte; Alexander und seine Anhänger wurden excommunicirt. Aber mit geistlichen Waffen allein war Alexander nicht zu besiegen, da außer Herzog Gottfried ein großer Theil des lothringischen Adels und die meisten Vasallen des Lütticher Stifts zu ihm hielten. Friedrich mußte, um sich zu behaupten, die Streitkräfte seines Bruders in Anspruch nehmen, und da auch Walram von Limburg, der Sohn des entsetzten Herzogs Heinrich, für ihn zum Schwerte griff, die Bürger von Lüttich und der größere Theil des dortigen Klerus ihm ergeben waren, gelang es ihm sich den Besitz der Stadt zu sichern, ohne jedoch seinen Widersacher ganz zu bewältigen. Der Bischofsstreit in Lüttich erfüllte weithin das Land; der ganze Adel Niederlothringens war in Fridericianer und Alexandriner gespalten.

Der Zustand wurde so beunruhigend, daß man ein Einschreiten des Kaisers wünschte; selbst entschiedene Anhänger der kirchlichen Partei luden ihn ein in das Land zu kommen, zumal sie auf Nachgiebigkeit von seiner Seite rechneten. Heinrich zögerte nicht. Am 21. November war er mit seiner Gemahlin, die er inzwischen aus der Lombardei zurückgerufen hatte, in Maastricht, einige Tage später in Aachen. Alles fand er gegen früher verändert: statt einer einmüthigen Opposition trat ihm ein geschlossener Anhang zur Seite, und selbst seine hitzigsten Gegner, wie Friedrich von Köln, waren schwankend geworden. Der Kaiser beschied den Erzbischof nach Aachen, angeblich um seinen Rath in den kirchlichen Wirren zu benutzen, und Friedrich wagte jetzt nicht mehr dem Befehle des Gebannten zu widerstreben. Er erschien in Aachen, doch war von dem Schisma weniger die Rede, als von der Stadt Köln, deren Thore der Erzbischof dem Kaiser öffnen sollte. Friedrich weigerte sich, doch erreichte der Kaiser darum nicht minder seine Absicht. Denn schon erhob sich für ihn ein Theil der Bürgerschaft selbst, und als er gegen die Stadt anzog, wurde er nicht nur willig eingelassen, sondern ihm sogar ein feierlicher Empfang bereitet. Es war kein geringer Triumph für den Kaiser, keine geringe Demüthigung für den Erzbischof. Grollend mied Friedrich Köln und belegte seine eigene Kirche mit dem Interdict. Wenig wurde damit erreicht, noch weniger durch einen Hülferuf Friedrichs an Erzbischof Adalbert und die sächsischen Fürsten; bald hielt er es für gerathen, selbst da eine Zuflucht zu suchen, wo sie der Erzbischof von Salzburg bereits gefunden hatte.

Aber auch in Sachsen war Friedrich vor dem Kaiser nicht sicher. Von Köln zog Heinrich nach Münster, wo er das Weihnachtsfest feierte; auch hier hatten sich die Dinge bereits zu seinen Gunsten gewendet. Der Umschwung in Köln hatte auf den streitbaren Friedrich von Arnsberg gewirkt, der rücksichtslos die Partei wechselte und sich dem Kaiser zu Diensten stellte. Auch in Münster, wo nach Bischof Burchards Tode wider den Willen des Kaisers ein gewisser Dietrich zum Bischof eingesetzt war*), wurde man nun wieder kaiserlich und nahm den Kaiser bereitwillig auf; Bischof Dietrich mußte das Weite suchen. Von Münster begab sich der Kaiser, vom Grafen Friedrich begleitet, nach dem östlichen Sachsen, welches er seit dem Unglückstage am Welfesholze nicht mehr betreten hatte. Am 20. Januar 1120 war er in Goslar, und hier hießen ihn nicht nur die Einwohner willkommen, sondern auch die angesehensten Fürsten Sachsens stellten sich am Hofe ein. Es waren zum Theil dieselben Männer, welche den Kaiser am Welfesholze besiegt hatten: Herzog Lothar, der ehemalige Markgraf Rudolf und der alte Friedrich von Sommerschenburg; mit ihnen Andere, wie Graf Wiprecht, welche sich schon längere Zeit von dem Kampfe gegen den Kaiser fern hielten. Die Fürsten hatten mit Heinrich wichtige Verhandlungen, die wir leider nicht näher kennen; hauptsächlich scheint man über eine Waffenruhe in Sachsen einig geworden zu sein. Von Friedrich von Sommerschenburg wissen wir, daß er sogar ein engeres Verhältniß mit

---

*) Burchard starb am 19. März 1118 auf der Rückreise von Constantinopel; sein Nachfolger Dietrich war, wie gewöhnlich angegeben wird, ein Winzenburger, nach der Annahme Anderer aus dem Geschlecht der Grafen von Zütphen.

dem Kaiser schloß, welches aber ohne erhebliche Folgen blieb, da Friedrich schon im nächsten Jahre starb. Auch der Erzbischof von Köln zeigte sich in Goslar wieder am Hofe des Kaisers; schon fürchtete man in der Umgebung des Calirt, daß er sich ganz auf die kaiserliche Seite wenden würde.

So günstig die Stimmung in Sachsen für den Kaiser war, blieb doch nicht unbemerkt, daß sich noch die Bischöfe des Landes mit wenigen Ausnahmen vom Hofe fern hielten. Reinhard von Halberstadt verharrte in schroffer Opposition. In Magdeburg war am 12. Juni 1119 Erzbischof Adalgot gestorben und unter dem Einflusse Wiprechts von Groitsch, welchem Adalgot die Burggrafschaft übertragen hatte, dessen Neffe Rudger gewählt worden. Obwohl Rudger an einen Kampf gegen den Kaiser kaum dachte, hatte er doch die Investitur nicht nachgesucht, sondern sich sogleich für Calirt erklärt. Rudger und Reinhard standen zu Erzbischof Adalbert in nahen Beziehungen; in noch näheren Bischof Berthold von Hildesheim, der seine Erhebung ihm vor Allem verdankte. Denn in diesem wichtigen Bisthum war nach dem Tode Udos (1115) ein älterer Domherr, Bruning mit Namen, gewählt worden, der kaum einen anderen Fehler hatte, als daß es ihm an Muth gebrach. Brunings Anhänglichkeit an den Kaiser schien aber Adalbert eine noch weit größere Schwäche, und er ruhte nicht, als bis er unter Androhung des Interdicts und Anrufung des päpstlichen Beistands die Hildesheimer ihrem Bischof entfremdet und die Wahl Bertholds durchgesetzt hatte, welche Calirt dann auf dem Reimser Concil ausdrücklich bestätigte. Nur wenige treue Anhänger, wie den Bischof von Merseburg, zählte der Kaiser in dem sächsischen Episcopat; im Ganzen verwarf derselbe mit Entschiedenheit die Investitur, hielt zu Calirt und ließ sich von Adalbert, dem päpstlichen Legaten, leiten. Es war klar, daß der Kaiser, so lange dieser kirchliche Widerstand in Sachsen fortdauerte, auch den weltlichen Fürsten des Landes, wie nachgiebig sie sich auch im Augenblicke zeigen mochten, nicht recht vertrauen konnte.

Für den Augenblick waren jedoch Adalberts Kräfte in Sachsen, wie am Rheine gelähmt. Der ausgedehnte Gebrauch, den er hier von seinen Rechten als päpstlicher Legat machte, hatte ihn überdies in Streitigkeiten mit Bruno von Trier verwickelt, der bald nach dem Concil nach Frankreich gegangen war, um seine Beschwerden über den Mainzer dem Papste vorzulegen. Calirt kannte den Einfluß Brunos auf die deutschen Angelegenheiten, und viel lag ihm daran diesen Kirchenfürsten, der so deutliche Beweise seiner kaiserlichen Neigungen gegeben hatte, ganz zu gewinnen. Deshalb unterließ er nicht ihm am 3. Januar 1120 zu Cluny zwei wichtige Privilegien für die Kirche von Trier zu ertheilen, von denen das eine alle früheren Metropolitan- und Ehrenrechte dem Erzbischofe bestätigte, das andere ihn von der Gewalt jedes Legaten befreite, der nicht unmittelbar von der Seite des Papstes gesendet würde. Es bildete sich fortan ein vertrautes Verhältniß zwischen dem Papste und Bruno, und als am 20. April 1120 Bischof Theoger von Metz starb, der niemals recht zur Gewalt gelangt war, bot der Erzbischof die Hand, daß Stephan von Bar, ein Schwestersohn des Papstes, das Bisthum erlangte. Kein geringer Liebesdienst war dies in den Augen Calirts, und Bruno ahnte wohl kaum, welche Zuchtruthe er sich auflud, indem er dem Ehrgeize eines päpstlichen Nepoten behülflich war.

Während Brunos Abwesenheit war der innere Krieg in Lothringen ununterbrochen fortgeführt worden und hatte auch den Trierer Sprengel berührt. Der Erzbischof erhielt jedoch Nachricht von seinen Archidiakonen, daß die Fürsten Niederlothringens bis zum nächsten Osterfest eine Waffenruhe vereinbart und sich jede Verletzung derselben mit vereinten Kräften zu züchtigen verpflichtet hätten. Dieser Waffenruhe hatte sich auch Graf Otto von Ballenstedt angeschlossen, der damals am Rheine in Fehde lag, ohne Frage wegen der großen Erbschaft des Pfalzgrafen Siegfried, welche der Kaiser eingezogen hatte und deren Auslieferung die Söhne des Pfalzgrafen, als sie zu männlichen Jahren kamen, in Anspruch nahmen. Im Trierer Sprengel hatte man sich nicht allein der Friedenseinigung angeschlossen, sondern auch Herzog Friedrich und den Grafen Wilhelm von Luxemburg an Erzbischof Adalbert zu senden beschlossen. Man verlangte von Adalbert, daß er vom Kampfe abstehe und in Worten und Werken Nichts mehr gegen den Kaiser unternehme; man war überzeugt, daß die Sachsen und Kölner, wenn Adalbert den Kampf fortsetzen sollte, sich offen von ihm lossagen würden. Die Trierer wünschten unter diesen Verhältnissen Brunos eilige Rückkehr, damit er im Anfange des März mit Friedrich von Köln eine Zusammenkunft in Koblenz halten könne; zugleich bat man ihn einige Ritter seines Gefolges zurückzusenden, weil sie am geeignetsten seien, um die Verhandlungen mit den Sachsen, welche demnächst zu Korvei tagen würden, zum Abschluß zu bringen. „Wenn du eilst," schrieben die Archidiakone dem Erzbischof, „wirft du uns durch deine Ankunft den Frieden bringen; dein Zögern dagegen kann uns und zugleich das ganze deutsche Reich in die größten Verwirrungen und Gefahren stürzen."

Was Bruno in der Sache gethan hat, wissen wir nicht, wie denn auch der weitere Gang dieser Friedensverhandlungen nirgends überliefert ist. Ohne Zweifel zerschlugen sie sich; weder Adalbert ließ sich binden, noch kam ein Bund gegen ihn zum Abschluß. Aber nichtsdestoweniger war der Erzbischof in großer Bedrängniß. Als der Kaiser nach Ostern in Ostfranken Hof hielt, trat auch der Würzburger Erlung wieder auf seine Seite, da ihm die Rückgabe der entzogenen Grafenrechte in seinem Sprengel zugesagt wurde. Schon fühlte sich Adalbert nicht einmal in Mainz mehr sicher; er verließ die Stadt und suchte, wie so oft seine Vorgänger, bei den Sachsen eine Zufluchtsstätte. Die Erfolge des Kaisers waren unbestreitbar; weniger durch Waffengewalt, als durch Nachgiebigkeit und kluge Benutzung der Verhältnisse hatte er sie erzielt und vielleicht dadurch am meisten gewonnen, daß er die kirchlichen Fragen möglichst bei Seite ließ. Denn dem neuen Schisma war man in Deutschland durchaus zuwider, und mit Ausnahme Hermanns von Augsburg ließ kaum ein Bischof im Reich für den Gegenpapst das Kirchengebet halten. Der Kaiser sah wohl ein, daß die Klugheit neue Märtyrer zu machen verbiete; er verfolgte weder die Anhänger des Calixt, noch erzwang er Devotion für den von ihm aufgestellten Gegenpapst, den er sogar selbst seit dem Triburer Tage mit sehr bemerklicher Kälte behandelte.

Das Ende des Schisma.

Wenn sich die Autorität des Kaisers ausbreitete, so nicht minder die seines Widersachers auf dem Stuhle Petri. Für Calixt und die kirchliche Sache war es von entscheidender Bedeutung, daß ihm unerwartet schnell ganz Italien auf seine Seite zu ziehen gelang.

Um die Mitte des Februar 1120 hatte Calixt Vienne verlassen, um die Mitte des März überstieg er die Alpen, durchzog ohne auf Hindernisse zu stoßen die Lombardei und Tuscien und gelangte am 3. Juni nach Rom, wo er die beste Aufnahme fand. In der Krone, auf einem weißen Zelter hielt er den Einzug, und jubelnd geleitete ihn das Volk nach dem Lateran, wo ihm Pier Leone, der Stadtpräfect mit seinem

Geschlecht, die Frangipani, Stefano Normanno, Petrus Colonna und fast der ganze römische Adel huldigten. Nach einigen Wochen begab er sich nach dem Süden, um Benevent, welches schon eine sichere Beute der Normannen schien, aufs Neue in Pflicht zu nehmen, Herzog Wilhelm mit Apulien zu belehnen und von dem Fürsten von Capua und den anderen normannischen Grafen und Baronen den Lehnseid zu empfangen. Ueberall beugte man sich unweigerlich dem königlichen Papste, der glänzend und freigebig auftrat; überall schlichtete er die Streitigkeiten der Großen und steuerte der Noth der niederen Klassen, indem er die Treuga Dei auch hier wieder zur Anerkennung brachte. Als er im December nach Rom zurückkehrte, war auch St. Peter bereits in die Hände des Pier Leone gekommen — Geld war dabei wirksam gewesen — und Calixt konnte dort nach alter Weise wieder die Weihen der Priester und Diakonen vornehmen. Weihnachten feierte der Papst im Lateran als Herr der Stadt mit fürstlichem Glanze. Die kirchliche Partei herrschte unbestritten in der Stadt; Rom hatte wieder einen Bischof erhalten, dem Klerus, Adel und Volk dienten.

Burdinus hielt sich noch in dem nahen Sutri, aber seine Lage war die kläglichste. Hülfe flehend wandte er sich an den Kaiser, doch kamen ihm von Deutschland nur schöne Worte; er wurde auf die Unterstützung des Markgrafen Werner von Ancona verwiesen, wie des Markgrafen Konrad von Tuscien, der vor Kurzem diese Mark nach Rapotos Abgang übernommen hatte *). Werner erschien mit etwa siebenzig Rittern in Sutri, verweilte dort müßig zwei Wochen, dann trat er, durch Geld bestochen, wie wenigstens Burdinus meinte, den Rückweg an. Markgraf Konrad schickte zuerst seinen Neffen Friedrich, der ebenfalls unthätig blieb und abzog, als er die Ankunft seines Oheims vernahm, von dem sich Burdinus noch weniger Gutes versprach und sich darin nicht irrte. Der Gegenpapst fühlte, daß der herzlose Kaiser ihn ganz verlassen habe. „Woher die Härte," schrieb er ihm, „daß ihr unser ganz vergesset und uns in solchen Gefahren schutzlos lasset? Alle, die euch kennen, sind erstaunt und selbst eure Feinde beschuldigen euch, daß eure Thaten euren Verheißungen wenig entsprechen; eure Freunde zittern deshalb, während eure Feinde sich keck erheben." Mit solchen

---

*) Markgraf Konrad hatte Besitzungen in Baiern; er war unfraglich ein Deutscher, wahrscheinlich ein Verwandter des früheren Markgrafen Rapoto.

Vorstellungen erreichte Burdinus wenig bei Heinrich. In der höchsten
Noth soll der Gegenpapst, um nur sein Leben zu fristen, zuletzt sogar
die nach Rom ziehenden Pilger geplündert haben.

Bald war Burdinus auch in Sutri gefährdet. Nach Ostern 1121
zog Calixt mit einem Heere gegen die Stadt und belagerte sie. Schon
am achten Tage der Belagerung übergaben die Bürger, um sich selbst
zu retten, Burdinus in die Hände des Papstes. Gebunden und in
Bocksfelle statt des päpstlichen Mantels gehüllt, schleppte man den Unglücklichen fort; rückwärts setzte man ihn auf ein Kameel, welches zum
Transport der päpstlichen Küchengeräthschaften diente, und gab ihm den
Schweif als Zügel in die Hand. So zog man mit ihm in Rom ein
und gab den schon so tief Gedemüthigten auch noch dem Spott des
Pöbels preis, um ihm dann für immer die Freiheit zu rauben. Zuerst
ließ Calixt den Gegenpapst in den Kerker des Septizonium werfen, dann
in der Burg Passerano bewachen, bis man ihn nach Cava schaffte und
dort zum Mönch machte. Auch dann hat man Burdinus noch nicht
Ruhe gegönnt, sondern ihn wiederholentlich den Kerker zu wechseln genöthigt. Wir wissen, daß er Calixt überlebte, doch ist sein Todesjahr
unbekannt; in dem Kloster Cava soll er seine letzten Tage verlebt haben.

Waren die Zeiten der Pataria vorüber, so zeigte zugleich das Geschick des Gegenpapstes, daß auch die Rolle eines Wibert nicht mehr
durchzuführen war. Das Schisma, welches Heinrich vor drei Jahren
erneuert hatte, war ein trauriger Anachronismus gewesen, dessen Wirkungen er selbst übel genug empfand; das Abendland ertrug keinen
Papst mehr, der sich lediglich auf die Macht des Kaisers stützte. Darauf beruhte zuletzt der vollständige Sieg des Calixt, eine wie bedeutende
Hülfe ihm auch sein königlicher Neffe in Frankreich gewährt hatte. Es
lag nur in der Natur der Dinge, wenn sich König Ludwig für die geleisteten Dienste schlecht belohnt glaubte, als der Papst nicht mehr in alle
seine Forderungen willigte, und wenn dieser sich solchen Undank wenig
zu Herzen nahm. Calixt wollte so wenig ein Vasall Frankreichs, wie
des deutschen Kaisers, sondern das freie Oberhaupt der Kirche sein —
und war es.

Durchbruch der Friedensgedanken in Deutschland.

Mit großer Beflissenheit hatte der Papst die Kunde von seinen Siegen sogleich nach Deutschland verbreitet, um die kirchliche Partei zu ermuthigen. Die Wirkungen machten sich auch in dem Gange der deutschen Angelegenheiten alsbald bemerklich. In Niederlothringen gewann der Lütticher Bischofsstreit eine für die kirchliche Partei günstige Wendung: Alexander wurde, schon längere Zeit von seinen Widersachern in der Burg Huy eingeschlossen, sich zu ergeben und der bischöflichen Würde zu entsagen genöthigt. Freilich war auch damit der unter dem lothringischen Adel entstandenen Parteiung kein Ziel gesetzt; noch immer lagen Fribericianer und Alexandriner hier in Fehde, und der Erzbischof von Köln, der inzwischen in seine Stadt zurückgekehrt war, nährte den Haber mehr als er ihn zu beschwichtigen suchte. In Sachsen und Thüringen war man dagegen des inneren Streits, wenigstens für den Augenblick, herzlich müde, und selbst Erzbischof Adalbert konnte den Kampf nicht neu beleben. Verheerende Unwetter und große Theuerung bedrückten im Sommer 1120 hier alle Gemüther; man sah die Noth nicht mit Unrecht als eine Strafe der andauernden Zerwürfnisse an und beschloß diese gründlich zu beseitigen. Ein Friede wurde aufgerichtet zur Sicherung des Volkes und des Landes gegen Jedermann. Nicht gerade gegen den Kaiser geschlossen, gewann dieser Landfriede doch unter dem Eindruck der päpstlichen Erfolge eine vor Allem ihm feindliche Richtung. Einige kaiserliche Ritter, welche die Wachsenburg bei Gotha besetzt hielten, wurden auf Grund des Friedens von den Sachsen umschlossen und das Land zu verlassen gezwungen. Im Frühling des Jahres 1121 eröffnete dann Herzog Lothar, Hermann von Winzenburg und mehrere andere sächsische Herren geradezu wieder den offenen Kampf gegen die kaiserliche Partei: sie fielen mit Heeresmacht in das Münsterland ein, um den vertriebenen Bischof Dietrich herzustellen. Sie erreichten ihre Absicht, aber nicht ohne langen Kampf und harte Verluste für Münster; der Dom ging in Flammen auf, die Umgegend wurde verwüstet, fast alle Vasallen und Ministerialen des Stifts schleppte der Sachsenherzog als Gefangene fort. Auch die von Bischof Burchard angelegte Burg Dülmen ist damals in Lothars Hände gefallen.

Von Bischöfen, die nicht durch kanonische Wahl erhoben waren, wollte man in Sachsen längst nichts mehr wissen; man war dort, namentlich im Klerus, jetzt wieder einmal streng Gregorianisch. Nicht minder an anderen Orten. Als der Kaiser auf einer Rundreise, welche er in den ersten Monaten des Jahres 1121 durch Baiern und Schwaben unternahm, nach Ostern gegen Konstanz kam, floh jener Bischof Udalrich, der so lange in Italien dem kaiserlichen Hoflager gefolgt war, mit seinen Klerikern aus der Stadt, um nur nicht mit den Gebannten in Berührung zu kommen. Der Religionskampf, der einst in Schwaben am furchtbarsten gewüthet, dann aber seine Kraft erschöpft hatte, drohte durch Erzbischof Adalbert noch einmal angefacht zu werden. Denn Adalbert war es, der Udalrich gegen den Kaiser anstachelte, der in Augsburg die Opposition gegen Bischof Hermann nährte. Er wird es auch gewesen sein, der noch im Jahre 1120 einen Reichstag nach Fulda ausgeschrieben hatte, um über die Mittel zu berathen, wie der traurigen Lage des Reichs ein Ziel zu setzen, d. h. der Kaiser zu beseitigen sei.

Der Augenblick schien glücklich gewählt, um dem Kaiser einen tödtlichen Streich zu versetzen — und doch hatte sich Adalbert in seiner Rechnung gründlich getäuscht. So allgemein man Calirt anerkannte, war man zu energischen Maßregeln gegen den Kaiser, wie sich sofort in Fulda zeigte, wenig geneigt. Eine Anzahl von Fürsten — die meisten waren wohl aus Sachsen — hatten sich eingestellt: als aber einige Getreue des Kaisers sich zu ihnen fanden, brachten diese es durch Versprechungen und Bitten leicht dahin, daß die Berathungen bis zu einem neuen Tage in Worms verschoben wurden. Der Plan Adalberts war damit gescheitert; einige Sachsen schlossen sich sogar dem Kaiser sofort wieder enger an. Nichts Anderes wurde erreicht, als daß Heinrich einsah, wie er ohne einen ernsten Kampf Adalbert, Lothar und ihre Anhänger, welche einmal unversöhnliche Feinde seines Regiments schienen, kaum zum Gehorsam zurückbringen werde, und schon war er zu einem solchen Kampfe entschlossen.

Nicht geringe Kräfte standen Heinrich zu Gebote. Wenn die kirchliche Stimmung in Schwaben schwankte, der Streitkräfte des Landes schien er durch Herzog Friedrich und die Zähringer sicher. In Baiern war Heinrichs Ansehen niemals ernstlich bestritten worden. Am 24. März 1120 war Herzog Welf II. ohne Erben gestorben und ihm sein Bruder Heinrich der Schwarze im Herzogthum gefolgt; um dieselbe Zeit kam die Pfalzgrafschaft in Baiern an Otto von Wittelsbach, der damit den alten Glanz seines Hauses, einst des mächtigsten im Lande, dauernd erneute. Heinrichs und Ottos kaiserliche Gesinnung war Niemandem zweifelhaft, und mit ihnen stand der größte Theil des baierischen Stammes. In Ostfranken gebot Heinrich über die Mittel der Bisthümer Würzburg und Bamberg, am Rhein waren Worms, Speier und Straßburg, wo man die Bischöfe vertrieben, ganz in seine Hände gegeben. Ein Theil des lothringischen Adels hielt zu ihm, und auch in Sachsen zählte er alte und neue Freunde, obschon hier seine Widersacher noch immer ihren sichersten Sammelplatz hatten. Wohl mit Besorgniß mochten diese der Zukunft entgegensehen, als nach Pfingsten 1121 ein Reichsheer gegen sie zusammentrat.

Der nächste Zweck des Kaisers war sich der Stadt Mainz zu bemächtigen, deren Bürgerschaft sich wieder gegen ihn erklärt hatte. Die Schifffahrt auf dem Rheine wurde gesperrt, zugleich alle Zufuhr vom Lande der Stadt abgeschnitten, so daß bald eine Hungersnoth dieselbe bedrohte; dann rückte der Kaiser selbst vom Elsaß her mit dem Heere vor und umschloß Mainz von allen Seiten. Aber zu derselben Zeit — nach der Mitte des Juni — nahte sich auch Adalbert aus Sachsen mit bewaffneter Macht zum Entsatz und drang unbehindert bis in die unmittelbare Nähe der Stadt vor. Vor Mainz lagen die feindlichen Heere, und ein neuer blutiger Kampf schien nicht mehr zu vermeiden.

Aber gerade hier im entscheidenden Augenblick zeigte sich, wie wenig noch die Fürsten um des kirchlichen Streits willen ihre Waffen gegen einander zu wenden gewillt waren. Auf beiden Seiten tauchte der Gedanke auf, daß auf gütlichem Wege ein Ende des unseligen Streites im Reiche herbeigeführt werden müsse, und der Kaiser selbst war zu einer solchen Ausgleichung die Hand zu reichen erbötig. So wurde unter seiner Zustimmung beschlossen je zwölf Fürsten als Vertreter beider Seiten zu wählen, welche ohne jeden fremden Einfluß die Bestimmungen eines Ausgleichs zwischen dem Reich und Kirche zerreißenden Parteien aufstellen und diese dann einem auf Michaelis nach Würzburg anzuberaumenden Reichstage vorlegen sollten, damit auf Grund derselben der Friede zum Abschluß käme. Die vierundzwanzig Fürsten wurden erwählt und durch Handschlag von allen Seiten das getroffene Abkommen bestätigt. So trennte man sich gegen Ende des Juni mit leichtem Herzen, ohne die Schwerter aufs Neue mit Blut gefärbt zu haben.

Man glaubte an das Ende des langen Streites, und diesmal hatte der Glaube nicht völlig getäuscht.

Seitdem die theoretischen Erörterungen über die Investiturfrage, wie sie besonders von dem französischen Klerus ausgegangen waren, in den Beschlüssen der Reimser Synode kirchliche Anerkennung gewonnen hatten, konnte die Fortsetzung des Krieges in Deutschland kaum noch ein Resultat erzielen, welches großen Opfern entsprach. Die Investiturfrage war bereits so begrenzt und beschränkt worden, daß die Kirche dem Kaiser vollauf gewähren konnte, was er zuletzt beansprucht hatte, zumal die Aufgabe der Investitur in Bezug auf das geistliche Amt der Bischöfe und Aebte von ihm bereits zugestanden war. Allerdings hatte der kirchliche Streit von jeher noch eine andere und wichtigere Bedeutung für die deutschen Fürsten gehabt: er diente ihnen als Mittel die kaiserliche Macht herabzudrücken und ihre fürstliche Gewalt zu heben. Doch auch nach dieser Seite hin war so viel erreicht, daß es gerathen schien, die Ernte, welche ein neues Unwetter leicht gefährden konnte, sicher unter Dach zu bringen. Und welche Stellung gab es nicht schon diesen Fürsten, wenn sie durch die Beilegung ihrer inneren Zerwürfnisse zugleich dem weltbewegenden Streite, dem weder die Kirche noch das Kaiserthum bisher ein Ziel zu setzen vermocht hatte, ein Ende machten! Denn das lag auf der Hand: dieser Streit konnte weder von Rom noch vom Kaiser weiter fortgeführt werden, sobald sie sich einmüthig die Hände reichten. Einst hatte Gregor nach dem Amt des Schiedsrichters zwischen ihnen und ihrem König getrachtet; jetzt waren sie, wenn sie den Reichsfrieden herstellten, gleichsam zu Schiedsrichtern zwischen Kirche und Reich geworden.

Glückliche Momente im Völkerleben, wo gütlicher Verständigung anheimgegeben wird, was die Gewalt nicht zu entscheiden vermag — dreimal glücklich, wenn so ein Kampf geschlichtet wird, in dem es sich um die höchsten Güter handelt, wo jeder Einzelne mit seinem Gewissen betheiligt ist! Auch nach kurzem hoffnungslosem Kampf tönt das Friedenswort lieblich, aber wie Himmelsschall nach dem Bürgerkriege eines halben Jahrhunderts, in dessen Wirren und Gefahren eine ganze Generation hineingeboren ist, ohne je die Segnungen eines gesicherten Friedenszustandes kennen zu lernen. So lange hat sie vor der verschlossenen Pforte nur geahnten Glücks gestanden, welche sich nun endlich zu öffnen verheißt.

9.

Das Friedenswerk.

Das Würzburger Abkommen.

Alles, was der Kaiser und die Fürsten bei Mainz versprochen hatten, wurde gehalten. Der Kaiser fand sich mit einem sehr zahlreichen Gefolge zu Michaelis in Würzburg ein; nur der baierische Adel fehlte in demselben, da er durch uns unbekannte Landesangelegenheiten daheim zurückgehalten wurde. Die sächsischen Fürsten mit dem Erzbischof Adalbert hatten am Wernbach, nördlich nur wenige Meilen von Würzburg, ein besonderes Lager bezogen. Noch war nicht alle Furcht vor dem Kaiser bei ihnen geschwunden; erst auf die Verbürgung sicheren Geleits zogen auch sie am dritten Tage gegen Würzburg. Der Kaiser mußte sie vor den Thoren der Stadt empfangen, weil die Menschenmenge in derselben keinen Raum mehr fand. Acht Tage lang wurde dann mit größtem Eifer zu Würzburg über den Frieden unterhandelt. Wohl gab es Einige, welche noch jetzt das löbliche Werk zu hindern und den Kaiser von einem nachtheiligen Abkommen abzumahnen suchten. Aber ihre Bemühungen waren vergeblich; der Kaiser blieb bei seinem Versprechen, überließ Alles, ohne sich einzumischen, der Entscheidung der Fürsten und wies übertriebene Ansprüche seiner Anhänger zurück.

Wir kennen die Vorschläge, welche der zu Mainz erwählte Ausschuß den Fürsten vorlegte; sie beruhen auf der Voraussetzung, daß der Reichstag die eigentlich kirchlichen Streitfragen nicht endgültig entscheiden könne, sondern dies durch ein allgemeines Concil geschehen müsse, welches der Papst demnächst in Deutschland abzuhalten veranlaßt werden solle. Der Kaiser hat sich — dahin gingen die Vorschläge — dem apostolischen Stuhl zu unterwerfen und soll dann durch die Fürsten sein Streit mit der Kirche ausgetragen werden. Inzwischen ist ein fester Friede herzustellen, durch welchen dem Kaiser sein Hausgut und das Reichseigenthum gesichert wird, auch die Kirchen und die Einzelnen wieder zu dem ruhigen Besitz des Ihrigen gelangen. Bis zu dem Concil bleiben die kanonisch gewählten und geweihten Bischöfe im ungestörten Besitz ihrer Kirchen; auch die Bischöfe von Speier und Worms übernehmen wieder die Verwaltung ihrer Sprengel, nur bleibt die Stadt Worms bis zum Concil in der Gewalt des Kaisers. Die Gefangenen und Geiseln werden von beiden Seiten ausgeliefert. In Betreff der Erbschaft des Pfalzgrafen Siegfried hat es bei dem, was zwischen dem Kaiser und Papst darüber früher*) zu Metz festgestellt ist, sein Bewenden. Die Investiturfrage werden die Fürsten ohne Hintergedanken und böse Absichten so zu erledigen suchen, daß die Ehre des Reichs gewahrt wird. Bis dies geschehen, werden die Bischöfe und alle Rechtgläubigen am Hofe des Kaisers, ohne Gefahr und Unbill zu erleiden, frei verkehren. Sollte der Kaiser in Zukunft wegen dieser Händel auf den Antrieb eines Anderen an Jemandem Rache zu nehmen beabsichtigen, so verstattet er, daß die Fürsten gemeinsam verfahren, ihm in aller Ehrerbietung Vorstellungen machen und im Fall, daß er diesen nicht Raum giebt, nach ihrer Uebereinkunft handeln.

Diese Vorschläge wurden von den Fürsten und dem Kaiser, und zwar, wie es scheint, in ihrem ganzen Umfange angenommen. Auf Grund derselben wurde ein allgemeiner Reichsfriede aufgerichtet, für dessen Bewahrung sich Alle mit ihrem Kopfe verbürgten. Die Regalien und Fiscalgüter sollte der Kaiser, die Kirchengüter die Kirchen, sein ihm bestrittenes Eigenthum jeder Einzelne, eingezogene Erbschaften die Erben zurückerhalten. Kaiserliche Edicte wurden erlassen, welche die Verfolgung aller Diebe und Mörder geboten und die alten Gesetze gegen sie wieder in Kraft setzten. Der Reichstag schickte Gesandte an den Papst, um ihm Nachricht von dem Würzburger Abkommen zu bringen und ihn zugleich aufzufordern das allgemeine Concil zu berufen, welches man in Aussicht genommen hatte. Eine andere Gesandtschaft — sie bestand aus Bischof Otto von Bamberg, Herzog Heinrich und Graf Berengar — ging nach Baiern, um die dortigen Großen zum Beitritt zu den Würzburger Beschlüssen zu bestimmen. Dies geschah auf einem Landtag, der am 1. November zu Regensburg gehalten wurde.

Durch das Würzburger Abkommen wurde mehr erreicht, als zwei Jahre zuvor durch die Triburer Beschlüsse. Die alten Ordnungen des Reichs, welche so lange in Frage gestellt waren, traten wenigstens äußer-

---

*) Es müssen über Siegfrieds Erbschaft im October 1119 zu Metz zwischen dem Kaiser und den Gesandten des Papstes Verabredungen getroffen sein, doch sind wir über dieselben nicht unterrichtet. Vergl. S. 911.

lich wieder in Kraft. Es ist bezeichnend dafür, daß in der nächsten Zeit die Urkunden wieder im Namen der Erzbischöfe von Mainz und Köln als Erzkanzler ausgestellt wurden. Die vertriebenen Bischöfe kehrten in ihre Sprengel zurück; auch Erzbischof Konrad sah nach langem Exil Salzburg wieder. Aber wie hätten sich so viele Streitigkeiten und Zerwürfnisse, Spannungen und Feindseligkeiten in einem Moment beseitigen lassen? Um so weniger war es möglich, als der Friede zwischen Kaiserthum und Papstthum noch nicht geschlossen, die kirchlichen Fragen noch nicht gelöst waren. Diese waren es denn auch, welche bald alle Resultate des Würzburger Tages wieder zu vernichten drohten.

Zunächst machte noch immer das Lütticher Bisthum dem Kaiser Sorge. Am 27. Mai 1121 war Bischof Friedrich unerwartet gestorben; man glaubte an Gift, welches ihm die Alexandriner gegeben. Diese gewannen in der That wieder die Oberhand; Alexander bemächtigte sich der Stadt und des Sprengels, und die Lütticher erkannten ihn durch einen neuen Wahlact an. Doch auch die Gegenpartei ruhte nicht, und Erzbischof Friedrich unterstützte sie kräftigst. Er erklärte die Wahl für ungültig, da die Lütticher mit dem gebannten Herzog Gottfried Gemeinschaft gepflogen und deshalb keine kirchliche Handlung hätten vornehmen können. Alexander versprach abermals zurückzutreten, schöpfte aber bald durch das Würzburger Abkommen neue Hoffnungen; er und sein Anhang rechneten auf die Unterstützung des Kaisers. Dieser begab sich in Person gegen Ostern 1122 nach dem unteren Lothringen. Ostern (26. März) feierte er zu Aachen und hielt hier einen Hoftag, auf welchem Erzbischof Friedrich, die Bischöfe von Utrecht, Münster und Osnabrück, Herzog Gottfried, Graf Adalbert von Namur und andere Herren gegenwärtig waren. Bald darauf ging er nach Lüttich selbst, um die Parteien zu beruhigen und den Frieden in der Stadt herzustellen. Erklärte er sich auch nicht entschieden für Alexander, so doch für die Alexandriner. Als vor ihm Klagen über die Gewaltthaten des Grafen Gozwin, eines eifrigen Fribericianers, erhoben wurden, griff er mit Hülfe des Herzogs Gottfried Vauquemont (Falkenburg) an und zerstörte das Raubnest. Selbst der Erzbischof schien die Fribericianer nun aufzugeben.

Das Pfingstfest feierte der Kaiser zu Utrecht. Hier kam es während des Festes zu Händeln zwischen den Knappen des kaiserlichen Gefolges und der Stiftsvasallen. Die Herren selbst mischten sich in die Händel ihrer Knappen, und die Kaiserlichen nöthigten endlich Bischof

Godebald, der als Urheber des Streits beim Kaiser verklagt war, zu seiner Sicherheit in den Dom zu flüchten. Auch hierhin verfolgte man den Bischof; Blut floß an der heiligen Stätte, und Godebald selbst mußte sich gefangen geben. Der Kaiser ließ ihn in Haft bringen, gab ihn aber bald auf Fürbitte des Erzbischofs Friedrich und anderer Fürsten wieder frei. Die wichtigen Privilegien, welche der Bischof der Stadt verliehen hatte, bestätigte der Kaiser, doch nur nachdem ihm die Bürger einen Schwur geleistet hatten, daß sie unter allen Umständen ihren Bischof in der Treue gegen das Reich erhalten würden. Zu derselben Zeit bestimmte der Kaiser urkundlich die Zollsätze für Utrecht und verfügte, daß die fremden Kaufleute dort unter der Gerichtsbarkeit der Stadtschöffen stehen sollten.

Die Zustände des unteren Lothringens waren offenbar noch bedenklich genug, aber bei Weitem mehr bedrohte den aufgerichteten Reichsfrieden ein Streit, der zwischen den Fürsten um das Bisthum Würzburg entstanden war. Am 28. December 1121 hatte Bischof Erlung nach langer Krankheit sein Leben beschlossen und mehrere Höflinge für das reiche Bisthum sogleich einen jungen Mann aus dem angesehenen Hause der Grafen von Henneberg in Vorschlag gebracht. Gebhard — so war sein Name — hatte zwar noch keine kirchlichen Weihen empfangen, aber er besaß mächtige Freunde, und zu diesen zählten, wie es schien, selbst Erzbischof Adalbert und dessen Bruder Bruno von Speier. Gebhard, der sich bei Erlungs Tode seiner Studien wegen in Frankreich aufhielt, eilte nach Würzburg, wohin der Kaiser selbst zur Erledigung der Sache gegangen war, und Alles schien sich nach Wunsch zu fügen. Unter dem Einflusse des Kaisers wurde eine Wahl abgehalten; sie fiel auf Gebhard, welchem der Kaiser auch sogleich unbedenklich die Investitur in herkömmlicher Weise ertheilte. Im Gefolge des Kaisers begab sich der Erwählte darauf nach Breitungen im Hennebergischen; hier trafen Beide mit Erzbischof Adalbert zusammen, der keine Schwierigkeiten in Betreff der Weihe trotz der kaiserlichen Investitur zu machen schien. Aber der Schein täuschte. Kaum hatte sich Gebhard vom Kaiser getrennt und war nach Würzburg zurückgekehrt, so fand er hier eine Gegenpartei thätig, an deren Spitze der Dompropst Otto und ein älterer Kanonikus, Rudger mit Namen, standen und welche die Erhebung des Letzteren auf den erledigten Bischofsstuhl beabsichtigte; offenbar war es Erzbischof Adalbert, welcher diese Partei in das Leben gerufen hatte und ihre Schritte bestimmte. Ein Theil der Würzburger Domherren verwarf nun Gebhards Wahl, trat zu einem neuen Wahlact zusammen und gab die Stimmen dem Rudger. Ganz Würzburg spaltete sich alsbald in zwei Lager, aus denen man sich offen bekriegte. Gebhard behielt die Uebermacht in der Stadt, und sein Gegner wurde aus derselben zu weichen genöthigt. Aber für Rudger nahm nicht nur Adalbert, sondern auch viele andere Fürsten Partei; selbst Herzog Friedrich und sein Bruder Konrad von Staufen erhoben sich offen gegen Gebhard und den Kaiser. Man empfand es mit Recht sehr übel, daß Heinrich rücksichtslos die Investitur gerade in einem Momente geübt hatte, wo sie den Gegenstand der Verhandlungen mit dem Papste bildete. Die Investiturfrage schien noch einmal Alles vernichten zu sollen, was durch das Würzburger Abkommen gewonnen war.

Unter solchen Verhältnissen war es offenbar von der höchsten Bedeutung, wie sich der Papst selbst zu den Friedensverhandlungen stellte, welche man mit ihm in Aussicht genommen hatte. Er hatte die ersten Eröffnungen, welche ihm über das Würzburger Abkommen gemacht waren, empfangen, ohne bestimmte Verpflichtungen wegen des beabsichtigten Concils einzugehen. Indessen setzte er sich bald darauf unmittelbar mit dem Kaiser in Verbindung. Im Anfange des Jahres 1122 sandte er als Unterhändler an Heinrich den Bischof Azzo von Acqui, einen Mann, der besonders zu diesem Geschäfte geeignet schien. Denn Azzo war dem Kaiser und Papst verwandt und hatte Beiden bereits wichtige Dienste geleistet; schon im Jahre 1120 war er im Auftrage Calirts nach Deutschland gegangen, und für die kaiserliche Sache hatte er früher in den lombardischen Händeln sich mehrfach thätig erwiesen. Jetzt überbrachte Azzo dem Kaiser ein Schreiben des Papstes vom 19. Februar, in welchem dieser Heinrich an ihre Blutsverwandtschaft und ihr gemeinsames Interesse erinnerte und zugleich sein Bedauern aussprach, daß er ihm nicht mit dem apostolischen Gruß begegnen dürfe. Dringend bat der Papst den Kaiser von der bisher bewiesenen Hartnäckigkeit abzustehen und sich durch Azzo über seine Absichten unterrichten zu lassen. „Die Kirche," schreibt er, „will sich nichts von deinem Rechte anmaßen; wir trachten nicht nach königlichem oder kaiserlichem Glanze. Der Kirche werde gegeben, was Christi ist, und dem Kaiser bleibe, was sein ist; jeder Theil sei mit seinem Amte zufrieden, damit die, welche Allen gerecht sein sollen, sich nicht einander durch Eifersucht schaden. Wenn du uns hören willst, wirst du nicht nur die Höhe des zeitlichen Königs- und Kaiserthums ersteigen, sondern dir auch die Krone des ewigen Lebens verdienen; leihst du aber thörigen Schmeichlern das Ohr und giebst weder Gott die Ehre noch der Kirche ihr Recht zurück, so werden wir durch fromme und erfahrene Männer solche Maßregeln für das Wohl der Kirche ergreifen, daß du nicht ohne Schaden ausgehen wirst; denn den gegenwärtigen Zustand können wir nicht länger ertragen." Wir kennen die Aufträge Azzos nicht, doch scheinen sie dem Kaiser nicht unanstößig gewesen zu sein, da es eines nochmaligen Einschreitens der Fürsten bedurfte, um ihn zu Schritten zu vermögen, in welchen Rom ein versöhnliches Entgegenkommen erblicken konnte.

Eine gemeinschaftliche Friedensgesandtschaft beschlossen endlich der Kaiser und die Fürsten nach Rom zu schicken und erwählten zu derselben den Bischof Bruno von Speier und den Abt Erlulf von Fulda. Als diese vor dem Papst erschienen, erklärten sie, daß der Kaiser aufrichtig die Herstellung der Eintracht zwischen Kirche und Reich wünschte, wofern diese ohne Schaden für die kaiserliche Gewalt und ohne Einbuße für das Reich hergestellt werden könne. Man kam den Wünschen des Papstes damit entgegen, und ohne Schwanken ergriff er die Gelegenheit, um seine Friedensabsichten deutlich an den Tag zu legen. Nicht selbst wollte er über die Alpen gehen, aber mit ausgedehnten Vollmachten sandte er den Bischof Lambert von Ostia, die Cardinäle Saro und Gregor mit den deutschen Abgesandten zurück. Zugleich richtete er ein Schreiben an Erzbischof Adalbert, worin er aussprach: Nichts wünsche er sehnlicher, als daß zu seinen Zeiten Friede und Eintracht wieder in die Welt einkehrten, wenn der Kaiser anders einen Frieden annehmen wolle, bei welchem die Ehre Gottes und der Kirche nicht in den Schatten gestellt würde.

Um dieselbe Zeit, am 25. Juni 1122, erließ der Papst die Einladung zu einem allgemeinen Concil, welches er am 18. März des nächsten Jahres im Lateran abzuhalten gedachte. Eine höhere Bedeutung sollte dieses Concil haben, als die früher üblichen Fastensynoden. Mit allen Erzbischöfen, Bischöfen, Aebten und frommen Männern gedachte der Papst zu berathen, was der Ehre Gottes, dem Frieden und dem Nutzen der Kirche fromme. Sich anschließend an die großen ökumenischen Concilien der Vorzeit, sollte diese Versammlung des gesammten Episcopats der abendländischen Kirche eine Periode langer und schwerer Kämpfe zum Abschluß bringen.

Mochte man in Deutschland von Neuem an dem Frieden zweifeln, der Papst wollte denselben, und hierin lag die Entscheidung. Calixt hatte sich zu der hohen Erkenntniß aufgeschwungen, daß Nichts seiner Stellung würdiger sei, als der Kirche und damit der abendländischen Christenheit den Frieden zurückzugeben, die gemeinsamen Interessen von Kirche und Reich wieder zur Geltung zu bringen und eine aufrichtige Verständigung mit dem Kaiserthum anzubahnen. Nicht allein der Charakter seines bischöflichen Amtes, sondern auch politische Klugheit trieb ihn an, das segensreiche Friedenswerk in dem Augenblicke zu ergreifen, wo die deutschen Fürsten an demselben aufs Neue zu zweifeln begannen. Viel war für das Papstthum gewonnen, wenn Calixt jetzt gelang, was er früher bei noch unbefestigter Macht nicht hatte durchführen können und was auch die Kräfte der deutschen Fürsten zu übersteigen schien.

Der Vertrag von Worms.

Als die päpstlichen Gesandten nach Deutschland kamen, fanden sie kriegerische Vorbereitungen statt Friedensverhandlungen. Erzbischof Adalbert hatte sich gerade mit den sächsischen Fürsten und den staufenschen Brüdern an der Werra zusammengefunden, um in der Würzburger Sache eine Entscheidung zu treffen. Gebhards Wahl wurde vernichtet, die des Rudger bestätigt und vom Erzbischof ein naher Termin zu Rudgers Weihe angesetzt. Sichtlich lag Adalbert mehr an der Würzburger Sache, als an dem Frieden, aber der Papst verlangte denselben: und so wurde von Adalbert und seinen Freunden auf den 1. August eine Reichsversammlung nach Würzburg berufen, um mit dem Kaiser und den päpstlichen Legaten dort über die Investitur zu verhandeln.

Dieser neue Würzburger Reichstag kam nicht zu Stande. Der Kaiser weigerte sich denselben zu besuchen; angeblich weil ihn andere Geschäfte am Rhein festhielten, in Wahrheit aber wohl deshalb, weil er weder mit dem Ort noch mit der Art der Berufung einverstanden war. So entschlossen sich denn auch Adalbert und die sächsischen Fürsten, die sich zum Theil mit großem Gefolge aufgemacht hatten, noch vor den Thoren Würzburgs unverrichteter Sache heimzukehren. Aber kaum hatten sie den Rückweg angetreten, so brach Gebhard, welcher die Bürgerschaft für sich gewonnen hatte, mit einem starken Heereshaufen aus Würzburg und überfiel einige der Fürsten, welche mit den Ihrigen sorglos etwa eine Meile von der Stadt lagerten, wie Feinde des Reichs und des Kaisers. Die Angegriffenen ordneten sich schnell. Es kam zu einem hitzigen Kampfe, welcher sich am Nachmittag entspann und dem erst die Nacht ein Ende machte; im Dunkel zogen sich Gebhard nach Würzburg, die Angegriffenen zu ihren Zelten zurück. Vereint wollten nun zuerst diese wieder gegen Würzburg aufbrechen, Gebhard verjagen und Rudger dort einsetzen. Aber man sah ein, daß man dadurch das Signal zu einem neuen Bürgerkriege geben würde; deshalb stand man, wohl nicht ohne Einwirkung der Legaten, von den Waffen ab und begnügte sich in solenner Weise die Weihe Rudgers im Kloster Schwarzach vorzunehmen. Die Weihe erfolgte durch Erzbischof Adalbert in Gegenwart der päpstlichen Legaten und mehrerer Bischöfe. Adalbert war unzufrieden damit, daß sich Otto von Bamberg nicht zu derselben einstellte; auch Bischof Lambert soll darüber so ungehalten gewesen sein, daß er nur von Adalbert die Suspension über Otto zu verhängen gehindert wurde.

Würzburg hatte zwei Bischöfe, von denen der eine Herr in der Stadt war, der andere sich in den Neckargegenden festsetzte. Beide drohten einander Krieg, und ihr Krieg konnte leicht in einen allgemeinen Reichskrieg umschlagen. Schon befestigte Adalbert Aschaffenburg, dessen Mauern seit Generationen gesunken waren, von Neuem mit großem Fleiße — zum Verdruß des Kaisers, der darin eine Verletzung der Reichsgesetze sah, welche nicht ungestraft bleiben dürfe. Auch Friedrich von Köln nahm wieder mit den Kölnern eine entschieden feindliche Haltung an; sie zerstörten gemeinsam die kaiserliche Burg Kerpen. Die Mainzer, welche den päpstlichen Legaten in ihrer Stadt Herberge boten, werden keine andere Gesinnung gehegt haben, als die Kölner.

Um so mehr war es als ein Glück anzusehen, daß die päpstlichen Legaten so bestimmte Friedensaufträge mitgebracht hatten. Wenn sie auch in der Würzburger Sache sich gegen den Kaiser erklärt hatten, konnten sie es doch nicht zum Ausbruche eines neuen Kampfes kommen lassen, vielmehr mußten sie Alles aufbieten, daß ein Friedensconvent alsbald zusammentrete. So schrieb denn Lambert von Ostia zum 8. September ein allgemeines Concil, wie er es nannte, nach Mainz aus, zu welchem er alle Bischöfe, Aebte und den gesammten Klerus in Deutschland, sowie die Herzöge, Grafen und alle Getreuen einlud.

Als Zweck des Concils wurde die Beilegung des langen Streits zwischen Kirche und Reich angegeben, welcher letzteres spalte und dem Untergange nahe bringe. „Wir vertrauen zu Gott," heißt es in dem Einladungsschreiben, „daß seine Gnade uns, wenn wir in seinem Namen versammelt sind, nicht fehlen wird; denn er hat im Evangelium verheißen, wo zwei oder drei in seinem Namen bei einander sind, mitten unter ihnen sein zu wollen." Auch den Kaiser Heinrich — jetzt verweigerte der Legat ihm den gebührenden Titel nicht mehr — lud Lambert durch ein besonderes Schreiben zu dem Concil ein. „Wisset," sagt er darin, „daß wir dort Nichts zu eurem Nachtheil verhandeln, sondern nur eurem Vortheil, so weit es die Gerechtigkeit zuläßt, dienen wollen; unsere Absicht ist nicht darauf gerichtet, eurem kaiserlichen Ansehen irgend einen Schaden zuzufügen, sondern vielmehr es nach allen Seiten zu mehren."

Auf solche Erklärungen hin bot der Kaiser dem Legaten die Hand. Zu der bestimmten Frist trat die Versammlung zusammen, die Lambert wohl in Anknüpfung an das Würzburger Abkommen ein allgemeines Concil genannt hatte, welche aber in Wahrheit eine deutsche Nationalsynode und zugleich ein deutscher Reichstag war. Der Kaiser selbst erschien, und mit ihm die Fürsten von beiden Seiten. Wenn der Tag nicht in dem feindlichen Mainz abgehalten wurde, wie zuerst der Legat angeordnet, sondern in Worms, welches nach dem Würzburger Abkommen in des Kaisers Gewalt war, so ist darin unfraglich ein Zugeständniß zu sehen, welches Lambert dem Kaiser machte.

Die Verhandlungen waren schwierig und nahmen mehr als acht Tage in Anspruch. Denn der Kaiser zeigte sich jetzt in der Behauptung seiner Rechte hartnäckiger, als in den Tagen des Reimser Concils. Von der Investitur mit Ring und Stab wollte er nicht lassen, sondern sie als ein verjährtes Recht des Reichs behaupten, und die weltlichen Fürsten stimmten ihm darin zu. Adalbert, welcher die Aufgabe der Investitur mit Ring und Stab für nöthig erachtete, wurde von den Laien ein Zerstörer des Reichs gescholten. Nur durch das Zugeständniß, zu welchem sich die Legaten und die geistlichen Fürsten nur zögernd entschlossen, daß die Wahlen der deutschen Bischöfe und Aebte in Gegenwart des Kaisers zu halten seien, ließ sich Heinrich endlich der Investitur in der bisherigen Form zu entsagen bewegen. Adalbert hat später dem Papste gegenüber behauptet, daß dieses Zugeständniß nur unter dem ausdrücklichen Vorbehalt päpstlicher Genehmigung gemacht sei, doch weder in den Vertragsurkunden selbst, wie sie alsbald veröffentlicht wurden, findet sich ein solcher Vorbehalt, noch hat sich jemals Rom auf denselben berufen.

Das Zugeständniß der Theilnahme des Kaisers bei den Wahlen der deutschen Prälaten hat den Verhandlungen die entscheidende Wendung gegeben. Daß der Kaiser nach Wegfall der Investitur durch Ring und Stab eine besondere Belehnung mit den Regalien durch das Scepter forderte, scheint der kirchlichen Partei nicht mehr erheblichen Anstoß geboten zu haben. Eher scheinen darüber Bedenken entstanden zu sein, ob die kaiserliche Belehnung oder die kirchliche Weihe voranzugehen habe. Denn man bestimmte in dieser Beziehung einen Unterschied, der sich nicht aus dem kanonischen Recht, sondern lediglich durch politische Verhältnisse begründen ließ. In Deutschland — dahin kam man überein — habe der erwählte, d. h. noch nicht geweihte Bischof die Belehnung zu empfangen, in den anderen Ländern des Kaisers dagegen der bereits Geweihte sich innerhalb sechs Monate die Regalien ertheilen zu lassen.

Aus den Verhandlungen gingen die beiden Urkunden hervor, in welchen sich Kaiser und Papst gegenseitig die gemachten Zugeständnisse verbrieften, und auf denen der Wormser Vertrag beruht. Die kaiserliche, welche mit der goldenen Bulle versehen noch im vaticanischen Archiv bewahrt wird, hat folgende Fassung: „Ich Heinrich, von Gottes Gnaden römischer Kaiser, überlasse aus Liebe zu Gott, der h. römischen Kirche und dem Herrn Papst Calirtus an die heiligen Apostel Gottes Petrus und Paulus und die h. katholische Kirche jede Investitur durch Ring und Stab; ich gestatte, daß in allen Kirchen meines Reichs kanonische Wahlen und freie Weihen erfolgen. Die Besitzungen und Regalien des h. Petrus, welche ihm von Anfang dieses Streites an bis auf den heutigen Tag entweder zur Zeit meines Vaters oder während meiner Regierung entzogen sind, gebe ich, so weit sie in meiner Gewalt sind, der h. römischen Kirche zurück; sind sie dies nicht, so werde ich getreulich zu ihrer Rückgabe behülflich sein. Auch die Besitzungen aller anderen Kirchen, sowie der Fürsten oder anderer Personen, werde ich, wenn sie in meine Gewalt gekommen sind, nach dem Rathe der Fürsten und richterlichem Spruch herausgeben und für die Rückgabe solcher Güter, die nicht in meiner Hand sind, getreulich sorgen. Ich gewähre wahren Frieden dem Herrn Papst und der h. römischen Kirche und Allen, die auf ihrer Seite stehen oder gestanden haben. In allen Fällen, wo die römische Kirche meine Hülfe beanspruchen sollte, werde ich solche getreulich leisten und, wenn sie Klagen an mich bringt, ihr zu dem gebührenden Rechte verhelfen." Die Urkunde ist von 18 deutschen Fürsten, welche bei dem Vertrage besonders mitgewirkt haben, gleichsam als Zeugen unterschrieben; es sind zur Hälfte geistliche, zur anderen Hälfte weltliche Fürsten. Unter den ersteren stehen in vorderer Linie die Erzbischöfe von Mainz und Köln; im Namen des Kölners als des Erzkanzlers für Italien ist die Urkunde ausgestellt.

Die päpstliche Urkunde, deren Original jetzt nicht mehr vorhanden ist, lautete also: „Ich Calirt, Knecht der Knechte Gottes, bewillige dir, meinem geliebten Sohne Heinrich, durch Gottes Gnade römischem Kaiser, daß im deutschen Reiche die Wahlen der Bischöfe und reichsunmittelbaren Aebte in deiner Gegenwart, aber ohne Simonie oder irgend welchen Zwang stattfinden, damit du bei eintretender Spaltung nach dem Urtheil des Metropoliten und der Bischöfe derselben Provinz den besseren Theil mit Rath und That unterstützen könnest. Der Erwählte soll dann die Regalien, so weit sie nicht unmittelbar der römischen Kirche zustehen, von dir durch das Scepter empfangen und von ihnen Alles dir leisten, was du zu fordern berechtigt bist. In anderen Theilen des Kaiserreichs wird der Geweihte binnen sechs Monaten die Regalien durch das Scepter von dir empfangen. In allen Fällen, wo du Klagen an mich gelangen läßt und meine Hülfe in Anspruch nimmst, werde ich sie dir gewähren. Dir und allen deinen Anhängern während dieses Streites gewähre ich wahren Frieden."

Die päpstliche Urkunde trug das Datum des 23. September 1122. Wahrscheinlich an diesem Tage geschah es, daß der langersehnte Friede öffentlich verkündigt wurde. In der Rheinebene bei Worms vor einer unzählbaren Menge, welche die Stadt nicht fassen konnte, wurden da die beiden Urkunden verlesen und dann vom Bischof Lambert die Messe gehalten. Bei der Feier derselben reichte der Legat dem Kaiser den Friedenskuß und das heilige Abendmahl. Damit war der Kaiser vom Banne gelöst und wieder in den Schooß der Kirche aufgenommen; von einem vorgängigen Bußact ist nirgends die Rede. Mit dem Kaiser gewannen auch alle seine Anhänger wieder den Eintritt in die kirchliche Gemeinschaft. Es war ein großer Tag, wo von Tausenden endlich Strafen genommen wurden, welche ihre Gewissen bedrückten und alle ihre Lebensbeziehungen erschwerten, wo eine Streitfrage zum Austrag kam, welche ein halbes Jahrhundert hindurch Deutschland immer von Neuem mit blutigen Kämpfen erfüllt hatte. Wohl selten ist aus vollerem Herzen das Te Deum gesungen worden, als damals bei Worms. Jubelnd begrüßte die versammelte Menge den Frieden; jubelnd kehrten die Schaaren, welche dem Friedensfest beigewohnt hatten, in die Heimath zurück; jubelnd wurde die Kunde von demselben in allen deutschen Gauen aufgenommen. Ueber ein Jahr hatte man in überschwänglichen Hoffnungen geschwebt und mehr als ein Mal vor ihrer Vereitelung gebangt: jetzt erfüllten sich die heißesten Wünsche. Kirche und Reich, Kaiser und Papst waren versöhnt, der lange furchtbare Streit ausgekämpft, in welchem das Volk seine tüchtigsten Männer verloren, dem es unsägliche Opfer an Hab und Gut gebracht hatte. Ein neues besseres Dasein glaubte das hartgeplagte Geschlecht nun endlich erwarten zu dürfen und schwelgte in den Seligkeiten des ungekannten Friedens.

Man hat geglaubt, daß der Abschluß des Wormser Vertrages hauptsächlich Adalbert zu verdanken gewesen sei. Der Abt Laurentius vom Kloster St. Vannes zu Verdun schrieb bald darauf an Adalbert selbst: „Die Eintracht zwischen Königthum und Priesterthum hat die bedrängte Christenheit nach so vielen Leiden und Wirren besonders durch euch wiedergewonnen", und Aehnliches ist bis auf die neueste Zeit häufig wiederholt worden. Auch ist klar, daß Adalbert zum Abschluß des Friedens mitgewirkt hat. Aber nicht minder gewiß ist — wir wissen es aus Adalberts eigenen Worten — daß er höchst widerwillig die Hand bot, daß er den Frieden nur förderte, weil es der Papst verlangte, und jedes Zugeständniß nur unter dem Zwange machte, welchen die weltlichen Fürsten gegen ihn übten. Wir wissen, daß Adalbert selbst dem Papste eine Hinterthür zeigte, durch welche er dem Vertrage entkommen könne, wenn Rom nämlich die Bestimmung desselben über die Theilnahme des Kaisers an den deutschen Wahlen als unkanonisch verwerfe, daß er zugleich dem Papste Besorgnisse einflößte, der Kaiser möchte die ihm eingeräumte Gewalt schmählich mißbrauchen. Er führte alsbald Beschwerde in Rom über das übermüthige Benehmen Heinrichs in Gegenwart der päpstlichen Legaten und unterließ Nichts, um in der Würzburger Sache, in welcher Gebhard an den Papst appellirt hatte, ein entschiedenes Einschreiten Roms gegen den Kaiser und dessen Schützling hervorzurufen.

Adalbert verlangte, wie er sich gegen den Papst aussprach, im Leben und Tode nichts Anderes, als Freiheit der Kirche unter päpstlicher Autorität; er besorgte, daß der Friede dem Kaiser eine Macht gebe, welche zu noch härterer Unterdrückung der Kirche führen werde, als man sie früher erlebt habe, wofern nicht Rom noch rechtzeitig mit aller Energie aufträte. Als einige Monate später der Bischof Kuno von Straßburg angeklagt wurde an dem Tode des Herzogs Bertholb von Zähringen*) Antheil zu haben, eines dem Kaiser sehr vertrauten Fürsten, welcher einen Angriff auf Molsheim im Elsaß gemacht hatte, und als Kuno auf diese Anklage hin entsetzt und aus seinem Bisthum verjagt, Bruno, der frühere Kanzler des Kaisers, aber zum Bischof von Straßburg erhoben wurde, da war es wieder Adalbert, der den Schutz des Papstes anrief. So wenig er Kunos Verschuldung leugnete, sah er dessen Entsetzung doch nur als eine Folge der durch den Wormser Frieden übermäßig gewachsenen Macht des Kaisers an und rieth dem Papste gegen Kuno nachsichtig zu sein, um jene Macht nicht noch zu verstärken.

Es ist nicht zu bezweifeln, daß Adalbert das Werk, an welches er unter dem Zwange der Verhältnisse Hand hatte legen müssen, am liebsten wieder selbst zerstört hätte. Und um so eher schien dies möglich, als in Worms nur die allgemeinen Streitpunkte entschieden waren, zahllose persönliche Differenzen aber ungeschlichtet blieben, über welche in jedem Moment der Streit von Neuem entbrennen konnte. Nicht einmal jener Würzburger Handel, der noch vor Kurzem ganz Deutschland in Spannung versetzt, war zum Austrag gebracht. Glücklicher Weise stand Adalbert in seiner Abneigung gegen den Vertrag fast vereinzelt. Als am 11. November 1122 der Kaiser einen Hoftag zu Bamberg hielt und sich mehrere Fürsten, die in Worms nicht zugegen gewesen waren, unter ihnen auch Erzbischof Rudger von Magdeburg und Reinhard von Halberstadt, bei Hofe einstellten, erkannten diese alle bereitwillig den Frieden an und boten dem Kaiser gern die Hand, um weitere Anordnungen zur Sicherung der Ruhe in Kirche und Staat zu treffen. Es war hier, wo die neue Art der Belehnung auch zum ersten Male in Anwendung kam. Abt Erlulf von Fulda war gestorben (11. October

---

*) Der Todestag Herzog Bertholds (III.) scheint der 8. December 1122 gewesen zu sein. Bertholds Gemahlin Sophie, eine Tochter Herzog Heinrichs des Schwarzen vermählte sich später abermals mit Markgraf Liutpold dem Tapfern von Steiermark. Das Herzogthum Bertholds ging auf seinen Bruder Konrad über.

1122), und dem zu seinem Nachfolger nach den Bestimmungen des Vertrags erwählten Bruder Udalrich ertheilte der Kaiser die Regalien mit dem Scepter.

Nichts aber nöthigte Adalbert mehr zur Fügsamkeit, als daß der Papst selbst den geschlossenen Frieden vollständig und rückhaltslos anerkannte. Von Bamberg aus hatte der Kaiser eine feierliche Friedensgesandtschaft mit einem Schreiben und ausgewählten Geschenken für den Papst nach Rom abgeordnet; sie begleitete der heimkehrende Cardinal Gregor, während die beiden anderen Legaten noch bis zum Ende des Januar 1123 in Deutschland verweilten und meist dem Hofe des Kaisers folgten. Die deutschen Gesandten fanden im Lateran die beste Aufnahme und brachten ein Schreiben des Papstes vom 13. December zurück, welches von dem versöhnten Gemüthe desselben beredtes Zeugniß ablegte. In demselben bezeigt der Papst dem Kaiser die aufrichtigste Freude, daß er in den Schooß der Kirche zurückgekehrt sei, stellt ihm wegen seiner dadurch bewiesenen Demuth besondere Ehren in Aussicht und bittet ihn zu erwägen, welchen Schaden der lange Zwiespalt zwischen Kirche und Reich den Getreuen in Europa — unter diesem Namen faßte der Papst die Länder der abendländischen Christenheit zusammen — bisher gebracht habe und welchen großen Gewinn der zwischen ihnen hergestellte Friede nun verheiße. Auf die mündlichen vertraulichen Anfragen der Gesandten antwortete der Papst in derselben Weise; in dem Schreiben bittet er nur, daß wegen des bevorstehenden Concils die beiden noch in Deutschland zurückgehaltenen Legaten alsbald abgefertigt würden und der Kaiser zugleich Gesandte mit bestimmten Weisungen zur Zurückgabe der dem heil. Petrus zustehenden, aber ihm noch entfremdeten Regalien abgehen ließe.

Die höchsten Interessen der abendländischen Christenheit, wie den besonderen Vortheil der römischen Kirche faßt der Papst, wie man sieht, bei dem Frieden gleichmäßig in das Auge. Indem Calirt den lebhaftesten Wunsch seines Herzens, seitdem er die päpstliche Krone trug, durch den Vertrag endlich erfüllt sieht, tritt er nun auch sogleich zu dem Kaiser, den er so lange mit dem Bann verfolgt, in ein inniges persönliches Verhältniß; erst jetzt scheint er ganz zu fühlen, daß sie Beide eng durch Gemeinschaft des Blutes verbunden sind. Im Namen des Metzer Bischofs und der Brüder desselben, seiner Neffen, dankt er Heinrich für erhaltene Gunstbeweise, in denen er thatsächliche Beweise einer gütigen

Gesinnung sieht. Erfreut meldet er, wie er eine schwere Krankheit überstanden habe, und wünscht dem Kaiser ebenfalls körperliches und geistiges Wohlbefinden. Mit dem gesammten römischen Klerus grüßt er den Kaiser mit allen seinen Fürsten und Baronen und bittet Gott, daß er ihm ein langes Leben zum Heil der Kirche erhalten möge.

In dieser Gesinnung gegen den Kaiser verharrte Calixt, welche Beschwerden auch immer Adalbert erheben mochte, bis an das Ende. So gewann der Wormser Vertrag Bestand, und dem Investiturstreit war für immer ein Ziel gesetzt. Das Wormser Concordat — wie man den Vertrag später genannt hat — war nicht das erste Abkommen zwischen Kaiserthum und Papstthum, aber alle früheren bezogen sich entweder auf vorübergehende Interessen oder gewannen nicht eine eingreifende Wirkung, während der Vertrag von Worms durch Jahrhunderte seine Geltung behielt und die weitesten Folgerungen später aus ihm gezogen wurden. Nach den Principien, welche in ihm niedergelegt sind, hat sich die deutsche Kirche weiter entwickelt, und es ist für ihre Zukunft von größter Bedeutung geworden, daß sie fortan auf einem rechtlichen Fundament beruhte, welches durch die Vereinbarung des Kaiserthums und Papstthums als zweier völlig selbstständiger Mächte gelegt war.

10.

Der Triumph des Papstthums.

Das allgemeine Concil von 1123.

Niemand erkannte besser als der Papst, wie im Wormser Vertrag ein Riesenschritt zur Emancipation der abendländischen Kirche geschehen war, wie zugleich das römische Bisthum durch den Frieden einen seiner größten Erfolge errungen hatte. Einen siegreichen Abschluß des langen und blutigen Streites für die kirchliche Freiheit meinte der greise Papst erreicht zu haben und wollte die Welt die ganze Bedeutung seines Sieges erkennen lassen.

Als ein großes Siegesfest der Kirche sah er das allgemeine Concil an, welches er längst berufen hatte und am 18. März 1123 im Lateran eröffnete. Eine so zahlreiche Versammlung kirchlicher Würdenträger hatte man noch niemals hier gesehen; ihre Zahl soll gegen tausend betragen haben, unter denen über dreihundert Bischöfe waren. Wir besitzen leider kein Verzeichniß der anwesenden Kirchenfürsten, aber wir haben allen Grund anzunehmen, daß sämmtliche Länder der abendländischen Christenheit reichlich in dem Concil vertreten waren und dieses dadurch den Namen eines allgemeinen, den es sich beilegte, mit einem gewissen Rechte führte. Auffällig war, daß Erzbischof Adalbert diesmal nicht, wie nach Reims, der Einladung des Papstes gefolgt war; er hatte sich mit Krankheit entschuldigt.

Der zwischen Papst und Kaiser geschlossene Friede wurde den versammelten Vätern verkündet und durch das Ansehen des Concils bestätigt. Nicht minder wichtig war, daß in einer Reihe von kanonischen Bestimmungen die großen Grundsätze der kirchlichen Reform von Neuem proclamirt wurden und dadurch in der nun geeinten Kirche des Abendlandes unbestrittene Geltung bekamen. Das Verbot der Simonie und der Ehe für den Klerus bis zum Subdiakonat herab, das Gebot kanonischer Wahlen und ordnungsmäßiger Weihen, die Sicherung des Kircheneigenthums gegen Eingriffe der Laien — das Alles war auf zahllosen Synoden zwar bereits verkündet, doch nie zuvor von einem Oberhaupt der Kirche und von einer Kirchenversammlung ausgesprochen worden, deren Ansehen man nirgends mehr zu bestreiten wagte. Diese Kanones ließen sich als das schließliche Resultat des großen Kampfes betrachten, welches für das allgemeine Kirchenrecht des Abendlandes gesichert wurde. Es ist bezeichnend, daß das Verbot der Investitur in diesen Kanones nicht mehr erscheint; die Investiturfrage hatte durch den Frieden ihre Bedeutung verloren.

Zur Erhebung der kirchlichen Partei hatten wesentlich ihre Bestrebungen beigetragen, mitten im Streit mit dem Kaiserthum den Kampf gegen die Ungläubigen zu erneuern und den inneren Frieden der Christenheit durch die Treuga Dei zu fördern. Calirt zeigte auf dem Concil, daß die Kirche auch im Siege in diesen Bestrebungen verharre. Die Treuga Dei und der Kreuzzug gegen den Islam wurden von ihm aufs Neue verkündigt. Schon vorher hatte er den Krieg gegen die Ungläubigen in Spanien angeregt; er gebot jetzt Allen, die das Kreuz genommen hatten, unverzüglich zum Kampf in den Orient oder gegen die spanischen Moslems zu ziehen, verhieß ihnen Sündenvergebung und

nahm ihr Eigenthum in seinen besonderen Schutz. Das Papstthum
wollte die Waffen des Glaubens nicht niederlegen, sondern vielmehr
nach Herstellung des inneren Friedens noch zahlreichere Streitkräfte der
abendländischen Christenheit gegen die Ungläubigen werfen. Größeres,
als das gespaltene Abendland zu Urbans Zeiten erreicht hatte, ließ sich
jetzt von den vereinten Waffen Europas erwarten. Calirt hegte ein
ganz persönliches Interesse für diese Glaubenskämpfe, von denen auch
die Macht seines Neffen Alfons von Castilien abhing. Unter Calirts
Augen waren schon in Vienne zum großen Theil jene Mährchen entstanden, welche den Namen des Turpin tragen und welche Karl den
Großen noch im Grabe zum Kreuzfahrer stempelten. Die päpstliche Autorität Calirts hat dann gewiß nicht wenig dazu beigetragen, daß diese
Erzählungen bald so weite Verbreitung und so allgemeinen Glauben
fanden. In der That haben sie wesentlich mitgewirkt, dem Kampf gegen
die Ungläubigen neue Nahrung zu geben und das Interesse für die Eroberungen im Osten unter dem christlichen Adel rege zu erhalten. Konnte
es für denselben einen kräftigeren Sporn zum Zuge nach dem gelobten
Lande geben, als wenn man ihm das Beispiel des großen Kaisers
vorhielt?

Wir wissen, wie neben dem Streit zwischen Kirche und Reich ein
anderer zwischen den Bischöfen und Klöstern sich hinzog, dessen Anfänge
sich in frühe Zeiten verlieren und der niemals dauernd zum Austrag
gebracht war. Wie einst in Reims sich ein Sturm des Episcopats
gegen Cluny erhoben hatte, so brach auf dem Lateranconcil ein neues
Unwetter gegen Monte Cassino los. Die bittersten Klagen verlauteten
über die Mönche, welche die Rechte der Bischöfe und Pfarrer an sich
rissen; dringend verlangte man, daß die übermüthigen Klosterbrüder der
bischöflichen Gewalt wieder völlig unterworfen würden. Da erhob sich
einer der Cassinesen und rief: „Versammelt haben sich unsere Feinde
gegen uns und frohlocken in ihrer Macht. Du aber, unser Gott, zer-
malme ihre Kraft, daß man erkenne, daß kein Anderer, als du, für uns
kämpfest. Denn was sollen wir Cassinesen thun, wenn unsere Privilegien von den römischen Päpsten nicht mehr geachtet werden. Wahrlich, wir haben es nicht um den apostolischen Stuhl verdient, daß wir
unter eurem Pontificat — damit wandte sich der Mönch an den Papst
— unsere alten Rechte verlieren." Calirt schützte, eingedenk der Dienste,
welche das Kloster des heiligen Benedict dem Stuhle Petri geleistet

hatte, damals M. Cassino, wie er früher Cluny geschützt; zugleich aber wurden auf dem Concil mehrere Kanones festgestellt, welche das gelockerte Verhältniß der Klöster zu den Bischöfen befestigten und die Mönche, wo sie in das Pfarramt eingriffen, der episcopalen Jurisdiction unterstellten. Calirt suchte auch hier Gegensätze, welche sich einmal nicht völlig aufheben ließen, wenigstens vermittelnd auszugleichen.

Zu noch heftigeren Scenen im Concil führte ein Streit über die Metropolitanbefugnisse, welche Urban II. einst der Kirche von Pisa über Corsica verliehen hatte. Schon gegen diesen Papst selbst hatten die Genuesen so erbitterte Beschwerden über Pisas Bevorzugung erhoben, daß er sich endlich die Bischöfe Corsicas wieder selbst zu weihen entschloß. Trotzdem hatten Gelastus und Calirt den Pisanern auf ihre Bitten Urbans Privilegium erneuert, Calirt aber selbst diese Bestätigung nach kurzer Zeit zurückgenommen, als er die Erbitterung, welche sie nicht nur in Genua, sondern auch in Rom erregte, wahrnehmen mußte. Diese alte Streitsache wurde nun von Neuem zur Verhandlung gebracht, und es schien unmöglich die habernden Städte und ihre Bischöfe zu versöhnen. Der Papst ernannte endlich ein Gericht von 12 Erzbischöfen und 12 Bischöfen, um einen endgültigen Spruch zu fällen. Die bestellten Richter erklärten jedoch einstimmig, daß sie ein Urtheil in dieser Sache nicht auszusprechen wagten, sondern nur zu einem Gutachten sich ermächtigt hielten; das Gutachten ging aber dahin, daß die Ansprüche des Erzbischofs von Pisa auf die Weihe der corsicanischen Bischöfe unberechtigt seien. Als der Papst und das Concil sich hiermit einverstanden erklärten, warf der Erzbischof von Pisa dem Statthalter Petri Mitra und Ring vor die Füße und rief wüthend: „Weder dein Erzbischof noch dein Bischof will ich ferner sein!" Der Papst stieß Mitra und Ring mit dem Fuße zurück und sagte zu dem Erzbischof: „Du hast übel gethan und wirst es bald bereuen." Man sieht, wie es noch auf diesem Friedensconcil kaum minder stürmisch herging, wie einst auf der Reimser Synode.

Gegen die deutsche Kirche bewies sich der Papst auffällig gnädig. Es war nicht ohne Bedeutung, daß er dem Abt von Fulda, der zuerst vom Kaiser das Scepter erhalten hatte, selbst die Weihe ertheilte, daß er dem Bischof Hermann von Augsburg, dem hart heimgesuchten treuen Anhänger des Kaisers, endlich Ruhe in seiner Stadt und seinem Bisthum gegen die Mönche verschaffte, daß er auf die Bitten der Kon-

stanzer einen ihrer früheren Bischöfe, den Welfen Konrad*), unter die
Zahl der Heiligen versetzte, daß er die von Otto von Bamberg gestifteten Klöster unter seinen besonderen Schutz nahm. Aber bezeichnender, als dies Alles, waren für die Stellung, welche Calirt jetzt zur deutschen Kirche nahm, seine eifrigen Bemühungen, um Bremen-Hamburg die Mission im scandinavischen Norden zurückzugeben, welche ihm Paschalis genommen. Der neugewählte Erzbischof Adalbert von Bremen war zum Concil nach Rom gekommen: er wurde hier nicht nur vom Papste selbst geweiht und mit dem Pallium beehrt, sondern ihm auch die alten Privilegien seines Erzbisthums als Metropole des scandinavischen Nordens erneuert; überdies ertheilte der Papst damals einem Bremer Kleriker, der mit Adalbero nach Rom gekommen war, die Weihe zum Bischof für Schweden und gab dem Erzbischof einen Cardinal mit, um die früheren Verhältnisse Bremens im Norden herzustellen. Nichts Anderes war beabsichtigt, als das Erzbisthum Lund aufzuheben, aber es zeigte sich bald, daß die Kirchen Scandinaviens nicht in die alte Abhängigkeit von dem deutschen Erzstift zurückzubringen waren.

Calirt benutzte zugleich das Ansehen des Concils, um die Verhältnisse des eigenen Bisthums und Roms, wo er dem Papstthum wieder die Stätte bereitet hatte, gründlich zu bessern. Alle von Burdinus ertheilten Weihen wurden für ungültig erklärt, die Pilger gegen Gewaltthaten und Erpressungen geschützt, dem Adel seine Burgen an und um die Kirchen zu bauen verboten, die Opfergaben auf den Altären und Kreuzen gegen das diebische Volk gesichert. Durch einen Kanon des Concils suchte der Papst auch Benevent gegen neue Angriffe der Normannen zu wahren.

Am 27. März 1123 wurde das allgemeine Concil geschlossen, das immer eine hervorragende Stelle in der Geschichte der Kirchenversammlungen einnehmen wird. Etwas über zehn Jahre waren seit der vielberufenen Synode von Vienne vergangen, welche derselbe Kirchenfürst berufen und geleitet hatte. Nicht er allein war seitdem ein Anderer geworden, auch alle Verhältnisse der Kirche und des Papstthums hatten sich umgestaltet, und zwar in solcher Weise, daß die Kirche sich eines Triumphes nicht mit Unrecht rühmen konnte.

---

*) Konrads bischöfliches Regiment fiel in die Zeit Kaiser Ottos I.

Das Ende Calirts II.

Nur eine kurze Friedenszeit war dem Papste noch zu durchleben vergönnt, aber es war eine Zeit des Glücks für ihn, für Rom und die Kirche.

Auch die deutsche Kirche hatte diese Friedenszeit zu preisen. Im Jahre 1124 schickte der Papst den Bischof Wilhelm von Palestrina als seinen Legaten nach Deutschland und gab ihm den Bischof Azzo von Acqui, den Mann des kaiserlichen Vertrauens, zum Begleiter. Ganz anders, als sein Vorgänger Kuno*), trat dieser Bischof von Palestrina in den deutschen Ländern auf; hatte jener aller Orten Zwietracht und Aufruhr gestiftet, so suchte er überall auszugleichen und zu vermitteln. In dem Augsburger Sprengel bemühte er sich die Ordnung herzustellen und dem angefeindeten Bischof Achtung zu verschaffen. In Würzburg war er bestrebt dem noch immer schwebenden Streit Gebhards und Rudgers eine für den ersten günstige Wendung zu geben. In ähnlicher Weise wirkte er in Trier, wo am 25. April 1124 Bruno gestorben war und gegen seinen Nachfolger Gottfried von manchen Seiten der Vorwurf der Simonie erhoben wurde. Auch in der Lütticher Kirche wurde endlich der Streit beigelegt, als Alexander abermals zurücktrat, um die Wahl des Albero, eines Bruders des Herzogs Gottfried, zu ermöglichen; selbst Friedrich von Köln erhob gegen diese Wahl keine Einsprache weiter, und die Parteien der Alexandriner und Fridericianer verloren ihre Bedeutung. So stellten sich unter Mitwirkung der päpstlichen Legaten fast überall in den deutschen Bisthümern wieder gesicherte Verhältnisse her, in welche der Kaiser selbst wenig oder gar nicht eingriff; niemals ist es zwischen ihm und Rom zu neuen Reibungen gekommen.

Welchen persönlichen Antheil auch Calirt an der Herstellung der Ordnung in der deutschen Kirche nehmen mochte, seine wesentlichste Thätigkeit war doch auf die Befestigung der päpstlichen Macht in Italien gerichtet. Williger, als je zuvor, dienten jetzt die Bischöfe der Lombardei und Romagna dem Nachfolger Petri. Die Händel der Patarener und Wibertisten waren ausgekämpft; die Erzbischöfe von Mailand

---

*) Kuno war am 9. August 1122 gestorben. Der streitlustige Mann hat die Tage des Friedens nicht erlebt.

und Ravenna mit ihren Suffraganen vereinten sich in Unterwürfigkeit gegen Rom und stritten nur noch darüber, wem der Sitz zur Rechten des heiligen Vaters gebühre. Es war nicht wider den Willen des Papstes, wenn die Mailänder Kirche jetzt neue Verbindungen mit dem Kaiser anknüpfte, wenn Erzbischof Ubalrich, der Nachfolger Jordans, die am Palmsonntag geweihten Zweige an den deutschen Kaiser sandte. Und noch beflissener in der Devotion waren die Bischöfe Unteritaliens; unausgesetzt verkehrten sie im Lateran, um dort Schutz gegen die Gewaltthaten der normannischen Barone zu suchen. Apulien war unter dem schwächlichen Regiment Herzog Wilhelms im Zustand fast völliger Auflösung, und es bedurfte aller Energie des Papstes, um das Herzogthum vor dem Ehrgeize des jungen Roger von Sicilien zu sichern. Roger trachtete nach Höherem, als sein Vater, der große Graf, erreicht hatte; die Vereinigung aller Normannenländer diesseits und jenseits des Pharus hatte er in das Auge gefaßt und ging rücksichtslos auf sein Ziel los. Der Widerstand des Papstes allein war es, welchen der kühne Neffe Robert Guiscards nicht zu bewältigen vermochte.

Zugleich unterließ Calirt Nichts, um das zerstreute Patrimonium Petri wieder zusammenzubringen und geordnete Zustände in Rom selbst zu begründen. Obwohl den Gebrechen des Alters und häufigen Krankheiten unterworfen, wurde er die widerstrebenden Grafen der Campagna zu bekriegen nicht müde; namentlich lag er mit den rebellischen Herren im Volskergebirge in unausgesetztem Streit. Noch im Jahre 1123 zog er gegen sie aus und eroberte Maenza und Torre Acquapuzza. Nicht minder entschlossen trat er den Factionen in Rom entgegen, wo er die Schreckensthürme des Cencio Frangipani dem Erdboden gleich machen ließ. Man erfreute sich in der Stadt eines ganz ungewohnten Friedens und gedachte der Zeiten des Augustus, welcher dem Bürgerkriege ein Ziel gesetzt hatte. „Christus schien in den Herzen der Gläubigen von Neuem geboren zu werden," sagt ein römischer Kleriker, welcher zu jenen Zeiten lebte, und preist Calirt bald als den Vater, bald als das Kind des Friedens.

Nur wenige Jahre verweilte Calirt in Rom, aber sie reichten hin, um die Spuren der normannischen Zerstörung, welche schon Paschalis zu beseitigen versucht hatte, mehr und mehr zu verwischen. Die Peterskirche, welche so oft mit Kriegsgräueln erfüllt war und die Spuren derselben zeigte, wurde gereinigt und in angemessenen Stand gesetzt.

Mehr noch that Calirt für den Lateran, welchen er wieder zur ständigen Residenz des Nachfolgers Petri machte und als solche mit einem damals seltenen Luxus ausstattete. Den von ihm erbauten Audienzsaal ließ er mit Wandgemälden schmücken, auf welchen die rechtgläubigen Päpste seit Alexander II. und unter ihnen die überwundenen Gegenpäpste, die jenen als Fußschemel dienten, dargestellt waren. Mochte die Malerei einer späteren Zeit kläglich erscheinen, der Sieg des reformirten Papstthums konnte kaum drastischer dargestellt werden, und was die Figuren nicht sagten, sprachen die unbeholfenen, doch wenig mißverständlichen Verse aus, welche die Bilder erläuterten. Ein anderes ähnliches Denkmal für jene Päpste, welche muthig im Kampfe gegen das Kaiserthum gestanden hatten, errichtete Calirt in einer dem h. Nicolaus von Bari geweihten Capelle, welche er neu im Lateran gebaut hatte; aus der Rotunde derselben blickten jene Päpste, welche die Freiheit der römischen Kirche erstritten hatten, als eine Versammlung von Heiligen auf die gläubige Gemeinde herab.

War auch ein geistliches Kaiserthum, wie es Gregor VII. vorgeschwebt hatte, nicht hergestellt worden, die Person des greisen Papstes und seine Umgebung vergegenwärtigten doch eine Verbindung von höchster fürstlicher und geistlicher Gewalt, wie man sie kaum noch gesehen hatte. Die Erscheinung des Papstes entsprach durchaus der Vorstellung, welche man von dem großen Friedensstifter hatte. Heiterkeit und Milde paarten sich mit würdigem Ernst in Haltung und Rede. Nicht leicht mochte sich Jemand ihm nahen, ohne zu bewundernder Verehrung hingerissen zu werden; das Volk hielt ihn für einen Wunderthäter, der namentlich die Gabe habe durch seine Berührung das Fieber zu heilen.

Calirt selbst fiel als das Opfer des Fiebers. Nach kurzer Krankheit endete er, viel betrauert von den Seinen, am 13. December 1124 im Lateran, wo er neben Paschalis II. beerdigt wurde. Er war kein Mann gewesen, der neue Ideen erweckte; vielmehr stand er ganz unter dem Einfluß der geistigen Bewegung, welche seine Zeit erfüllte. Aber er begriff die Aufgabe des Moments und wußte sie glücklich zu lösen; er verstand das Erreichbare zu erreichen, und auch das wird nur bevorzugten Naturen gelingen, denen das Glück zur Einsicht die Macht giebt.

Wie viel Calirt auch geglückt war, so zeigten doch schon die nächsten

Tage, daß er in wenigen Jahren die Verhältnisse Roms nicht von Grund aus zu ändern vermocht hatte; zugleich wurde klar, wie mancher Gewinn, der dauernd schien, nur seiner Persönlichkeit verdankt wurde. Gleich die Wahl seines Nachfolgers führte zu den ernstesten Auftritten. Man hatte drei Tage mit derselben zu warten beschlossen, hauptsächlich auf den Betrieb des Leo Fragipane, welcher Lambert von Ostia erhoben wünschte. Lambert, ein Mann von niederer Herkunft, aus dem kleinen Ort Fagnano bei Imola gebürtig, ohne Familienverbindungen in der Weltstadt, der nur durch Gelehrsamkeit und Eifer zu hohen kirchlichen Ehren gelangt war, ein friedlicher Charakter und deshalb gern von Calixt in Friedensgeschäften gebraucht, mochte den Frangipani als die geeignetste Persönlichkeit erscheinen, um ihren unter dem letzten fürstlichen Papst verlorenen Einfluß wiederzugewinnen. Das römische Volk hatte dagegen auf eine andere Persönlichkeit seine Absichten gerichtet. Es war der Cardinal Saro vom Titel des heiligen Stephan, aus Anagni gebürtig und mit allen Verhältnissen der Stadt vertraut; auch er hatte unter Calixt eine hervorragende Rolle im Collegium der Cardinäle gespielt und Lambert von Ostia auf dem Wormser Tage zur Seite gestanden. Als aber die Cardinäle an dem bestimmten Tage im Lateran zur Wahl zusammentraten, zeigte sich, daß ihre Absichten weder mit denen der Frangipani noch mit der Neigung des römischen Volkes übereinstimmten. Sie wählten keinen der Männer von Worms, sondern mit großer Einmüthigkeit gaben sie dem Cardinal Theobald vom Titel der heiligen Anastasia, einem bisher wenig genannten Manne, ihre Stimmen. Schon wurde das Te Deum angestimmt, als plötzlich der kecke Robert Frangipani Schweigen gebot und Lambert von Ostia als Papst ausrief. In der Verwirrung und dem Schrecken, den sein verwegenes Unterfangen hervorrief, gelang es ihm, die Erhebung seines Candidaten in der gewaltsamsten Weise durchzusetzen.

Lambert selbst sträubte sich eine Würde anzunehmen, die ihm in so unregelmäßiger Weise ertheilt war. Gerade durch dieses Sträuben entwaffnete er seine Gegner; Theobald trat selbst bald zurück, und die Cardinäle, welche ihn gewählt hatten, wandten sich auf Lamberts Seite. So wurde Lambert am 21. December 1124 unter allgemeiner Zustimmung geweiht und übernahm als Honorius II. die Leitung der römischen Kirche; seit langer Zeit der erste Papst, der sogleich beim Antritt seines Pontificats allgemeine Anerkennung in der abendländischen Welt fand. Er blieb in den Wegen seines Vorgängers und die ersten Jahre seines Pontificats verliefen frieblich. Aber bald sah man doch, daß der Mann von Fagnano weder das Ansehen noch die Umsicht seines hochgeborenen Vorgängers besaß; er gerieth in Verwicklungen mit den Normannen und Römern, die ihm zur Quelle schwerer Leiden wurden. An dem Wormser Vertrag, welchen er selbst verhandelt, hielt Honorius fest; mit dem deutschen Hofe ist er stets in gutem Vernehmen geblieben. Weder hat er bedenkliche Forderungen an Heinrich und dessen Nachfolger, noch haben diese solche an ihn gestellt.

Ergebniß des Investiturstreits.

So groß die Erfolge waren, deren Calirt sich oft und gern gerühmt hatte, der Sieg der Kirche war nichtsbestoweniger kein vollständiger gewesen. Die großen Ziele, welche Hildebrand bezeichnet: Freiheit der Kirche vom Staate und Herrschaft über denselben waren nicht von fern erreicht; überall im Abendlande blieben vielmehr die Vorsteher der Kirchen in einem Abhängigkeitsverhältniß von den staatlichen Gewalten, dessen Maß und Umfang sich durch Gesetz und Herkommen in jedem Reiche besonders feststellte.

Nicht einmal in der Investiturfrage, welche zuletzt noch allein den ermattenden Kampf zwischen Kirche und Reich im Gange erhielt, waren die Principien der Gregorianer rein durchgeführt worden. Denn wahrlich nicht deshalb hatte man durch Jahrzehnte Opfer auf Opfer gebracht, Gefahren auf Gefahren bestanden, Blut in Strömen vergossen, daß die Regalien fortan statt mit dem Krummstabe mit dem Scepter ertheilt würden. Auch entsprachen die Bischofswahlen, wie sie nun in Deutschland in Gegenwart und unter dem Einfluß des Kaisers nach den Bestimmungen des Wormser Vertrags abgehalten wurden, wenig dem Begriff, den man sich von kanonischen Wahlen gebildet und während des langen Streits festgehalten hatte.

Und doch war von einem Siege der Kirche zu reden, doch hatte sie unberechenbare Vortheile im Kampfe gewonnen. Mit allen Mitteln der Gewalt und einer einst aller Orten gefürchteten Autorität hatten die Kaiser die Ideen der kirchlichen Reform nicht nur nicht zu unterdrücken vermocht, sondern waren ihnen nachzugeben genöthigt worden — schon das mußte in der Kirche vom Haupte bis zu den untersten Gliedern das Bewußtsein selbsteigner Kraft aufs Neue erwecken und heben. Und dann war es für sie ein außerordentlicher Gewinn, daß mindestens der Kampf gegen Simonie und Priesterehe, in welchem sich die Reformpartei gebildet hatte, als durchgekämpft anzusehen war. Jene Principien der reinen und keuschen Kirche, von denen die Reform ausging, hatten allgemeine Anerkennung erlangt; nicht eine Reformpartei gab es jetzt mehr, sondern die Kirche selbst war eine reformirte geworden, in welcher die Simonisten, Nicolaiten und Wibertisten keine rechtliche Stellung mehr hatten.

Dieser siegreiche Fortschritt der reformatorischen Ideen in der Kirche schloß aber zugleich eine, obschon nicht vollständige, doch sehr umfassende Emancipation von der kaiserlichen Gewalt in sich. Karl der Große und Otto der Große hatten die kirchlichen Reformen, welche ihre Zeit erheischte, selbst in das Leben gerufen und durchgeführt: deshalb unterwarf sich ihnen die Kirche des Abendlandes und verehrte sie als ihre Regenten. Wie hätten aber ihre Nachfolger wohl in der Kirche, nachdem sich diese nicht durch das Kaiserthum, sondern im Kampfe mit demselben reformirt, eine gleiche Stellung behaupten können? Mochten die Kirchen Deutschlands, Italiens und Burgunds noch in einer gewissen Abhängigkeit von dem Kaiser verbleiben: die Kirche in ihrer Gesammtheit erkannte eine solche nicht mehr an. Dem Nachfolger Petri allein ordneten sich fortan alle christlichen Gemeinden des Occidents unter; der apostolische Stuhl von Rom, der Ausgangspunkt des Reformkampfes, der Mittelpunkt desselben durch ein halbes Jahrhundert, war mehr als je zugleich zum Centrum aller kirchlichen Gewalt in Europa geworden.

So war der Sieg der Kirche denn vor Allem ein Sieg des Papstthums und der wesentlichste Erfolg des Kampfes die Befreiung des apostolischen Stuhls von der Kaiserherrschaft. Der erste und wichtigste Schritt zur Emancipation war die freie Erhebung der Päpste durch die Cardinäle gewesen, welche sich weniger durch Gesetze, als durch die Macht der Verhältnisse durchgesetzt hatte. Schon scheiterten alle Versuche den von den Kaisern gesetzten Päpsten Anerkennung zu gewinnen; nur die von den Cardinälen gewählten Bischöfe Roms beherrschten noch die Gemüther. Diese allein waren es, die nachhaltige Erfolge erreichten; nur einer von ihnen hatte endlich den Frieden herbeiführen können. Daß Calixt dann als gleichberechtigte Macht den Friedensvertrag mit

Heinrich V. abschloß und ihm Bedingungen auferlegte, legte klar an den Tag, daß die Herrschaft der Kaiser über den apostolischen Stuhl thatsächlich ihr Ende erreicht hatte; fast nur historische Reminiscenzen waren es, wenn sie in der Stadt Rom und dem Patrimonium Petri noch unbestimmte oberherrliche Rechte behielten. Die deutschen Fürsten, obgleich sie die Ehre des Reichs gewahrt wissen wollten, hatten zu Würzburg verlangt, daß der Kaiser dem Papste gehorsamen solle, und Heinrich hatte sich ihrer Forderung gefügt; jene Zeiten waren also vorüber, wo die Kaiser von den Päpsten Gehorsam verlangten und ihn erzwingen konnten.

Die Geschichte lehrt, daß die unter Roms Einfluß eingesetzten Gegenkönige in Deutschland und Italien sich nicht behaupten konnten, daß alle Versuche der Päpste eine unmittelbare politische Macht zu begründen diesseits und jenseits der Alpen auf hartnäckigen Widerstand stießen. Nur dadurch war der Wormser Vertrag ermöglicht worden, daß der Papst dem Kaiser verbürgt hatte, er solle in seinen kaiserlichen und königlichen Rechten nicht beeinträchtigt werden. In der That sind diese Heinrich in den deutschen Ländern durch die Kirche kaum geschmälert worden, mindestens ist dem Papstthum durch den Vertrag kein Recht des Reichs unmittelbar zugestanden. Und doch müßte man sich absichtlich verblenden, wenn man nicht den außerordentlichen Zuwachs, welchen der päpstliche Einfluß während des Investiturstreits in Deutschland gewonnen hatte, wahrnehmen sollte. Wie oft hatten nicht die Päpste oder ihre Legaten während dieses Streits nicht allein in die kirchlichen, sondern auch in die politischen Angelegenheiten tief, ja entscheidend eingegriffen? Und wer hätte nicht begreifen sollen, was mit dem über die Kaiser verhängten Banne Roms bezweckt und erreicht war? Kaum wagte man noch dem Papste das Recht solcher Bannung zu bestreiten, und schon war der Grundsatz aufgestellt, daß ein Kaiser im Bann nicht das Reich regieren könne. Die deutschen Fürsten hatten gelernt, daß gegen kaiserliche Uebermacht nirgends ein wirksamerer Schutz, als in Rom, zu finden sei, und die Söhne gewöhnten sich dieselben Wege zu wandeln, welche die Väter zum Ziele geführt. Die Politik Roms und der deutschen Fürsten war auf Jahrhunderte hin in Zusammenhang gebracht; das Band mochte sich zeitweise lockern, wurde aber deshalb nicht völlig zerrissen. Auf jedem Schritt haben Heinrichs Nachfolger verspürt, daß das Papstthum eine politische Macht in Deutschland geworden war, mit welcher sie sich abzufinden oder sie zu bekämpfen hatten.

Noch entschiedener zeigte sich in Italien, wie viel Rom durch den Kampf gewonnen hatte. Man weiß, wie die Ottonen besonders durch die Besetzung der Bisthümer jenseits der Alpen ihre Macht begründet und erhalten hatten. Länger als ein Jahrhundert war der Episcopat Norditaliens durchaus kaiserlich gewesen, und noch Heinrich IV. hatte in ihm die treusten Anhänger, die kühnsten Vorkämpfer des Kaiserthums gefunden. Aber es wurde für die Zukunft Italiens und des Kaiserthums entscheidend, daß er diese getreuen Bischöfe nicht gegen die Patarener zu schützen vermochte. Den Bischöfen der Lombardei, der Romagna und Tusciens blieb zuletzt kein anderer Ausweg, als sich Rom zu unterwerfen. Schon hatten sie ihre meisten Hoheitsrechte an die Communen verloren, aber auch daraus zog Rom schließlich seinen Vortheil; denn die Communen vergaßen nicht, daß sie zum großen Theil Rom und der Pataria ihre Begründung verdankten. Das gesammte Leben des Landes neigte sich fortan mehr zu Rom, als zu dem deutschen Hofe jenseits der Berge. Schon Urban II. war es leichter geworden, als Gregor VII., die Kräfte Italiens gegen das Kaiserthum zu sammeln und mit Erfolg zu wenden; mehr als Urban ist dies dann Alexander III. und Innocenz III. gelungen.

Mochte Heinrich als Erbe Mathildens jetzt der mächtigste Fürst Lombardiens und Tusciens sein, mochte er die Bischöfe Italiens noch mit dem Scepter belehnen und seine alten königlichen und kaiserlichen Rechte äußerlich festhalten: dennoch besaß er nicht mehr von fern eine ähnliche Autorität, wie sie die Kaiser dort bis auf seinen Großvater geübt hatten. Es ist die Formel des Eides erhalten, welche ihm nach dem Wormser Vertrage von den Italienern geschworen werden mußte; der wesentliche Inhalt ist, daß der Schwörende zur Erhaltung der königlichen Gewalt im Lande seinen Beistand zusagt. Wir erfahren aber zugleich, daß die Leistung dieses Schwures Alle, welche nicht unmittelbar vom Kaiser oder von der Kirche Lehen trugen, von jeder Verpflichtung persönlich vor dem Richterstuhl des Kaisers zu erscheinen entband; nur seinem Missus in Italien hatten sie sich zu stellen. So lockerten sich die unmittelbaren Beziehungen zwischen dem deutschen Herrn und seinen Unterthanen in Italien mehr und mehr, während die Verbindungen der Italiener mit Rom sich mit jedem Tage fester zogen. Was an algemeiner Autorität die Kaiserkrone im Süden verlor, war in gewissem Sinne zuletzt Alles Gewinn für das Papstthum.

Der Investiturstreit und der Wormser Vertrag haben den Conflict zwischen Kaiserthum und Papstthum nicht beseitigt, sondern vielmehr erst geschaffen. Denn erst in diesem Streit hat sich das Papstthum zu einer ebenbürtigen Weltmacht neben dem Kaiserthume erhoben; erst in dem Wormser Vertrage haben sich Papst und Kaiser gleichsam als gleichberechtigte Gewalten neben einander anerkannt und als solche gegenseitig Beistand gelobt. Aber der Vertrag hatte zugleich nur über einen Punkt — die Besetzung der Bisthümer — Bestimmung getroffen; sonst hatte das Kaiserthum stillschweigend alle seine alten Ansprüche festgehalten, das Papstthum Nichts von seinen neuen Forderungen aufgegeben. Beide Mächte hatten fortan eine vielfach verwandte universelle Stellung in der Christenheit, ihre Aufgaben berührten sich allenthalben, ihre Grenzgebiete waren kaum zu scheiden. Denn dadurch war thatsächlich wenig bestimmt, daß der Papst als Regent der Kirche, der Kaiser als höchster weltlicher Herrscher betrachtet wurde, da eben die Grenzen zwischen kirchlicher und weltlicher Gewalt überall schwankend waren und blieben. Neue Streitigkeiten und Kämpfe konnten so nicht fehlen; Schritt für Schritt mußten die Rechte der rivalisirenden Mächte durch besondere Verträge festgestellt werden, nachdem sie Schritt für Schritt bestritten und erstritten waren. Erst die Jahrhunderte haben wieder festere Rechtsverhältnisse gebildet, in denen Kaiserthum und Papstthum frieblich wenigstens zeitweise mit einander bestehen konnten.

Man hat wohl gefragt, ob der Wormser Vertrag dem Papstthum oder Kaiserthum größere Vortheile geboten habe. Richtig ist, daß derselbe Heinrich günstigere Bedingungen gewährte, als er zuvor hatte hoffen können. Aber weniger kommt bei dem Abschluß eines so langen Kampfes auf die Entscheidung einzelner Rechtsfragen an, als auf die Autoritäten, die während desselben erwachsen oder geschwunden, und auf die Machtverhältnisse, welche der Friede befestigt. So betrachtet liegt in dem Wormser Vertrage einer der glänzendsten Siege Roms, eine der empfindlichsten Niederlagen der deutschen Herrschaft. Die Signatur der Zeit war durch ihn eine andere geworden, und die Befestigung des Papstthums als einer Weltmacht neben dem Kaiserthum war die Summe der Aenderung. Durch die Reform der Kirche hatte das Papstthum die Kräfte gewonnen, um sich ebenbürtig dem Kaiserthum an die Seite zu stellen. Mochten Cluny und die Kaiser selbst diese Reform angeregt haben, vor Allem war sie doch das Werk der Päpste, welche mit bewunderungswürdiger Ausdauer unter tausend Gefahren sie aufrecht erhielten und durchführten. Bemerkenswerth ist, daß ein Verwandter des Kaiserhauses (Leo IX.) die Reform begonnen und ein anderer (Calixt II.) sie zum Abschluß gebracht hat, daß hier und dort die Verwandtschaft nicht ohne Einfluß blieb. Es war, als ob alles Große auch jetzt noch die letzte Kraft aus dem Kaiserthume saugen müsse.

11.

Die letzten Zeiten Heinrichs V.

Heinrich V. und Lothar von Sachsen.

Wenn dem Papste nach Abschluß des Friedens mit dem Reiche die Aufgabe zufiel, in der Kirche die innere Ordnung herzustellen, so sah sich der Kaiser eine ähnliche in Bezug auf die weltlichen Verhältnisse gestellt, doch kann man nicht sagen, daß er sie mit gleichem Erfolge gelöst hätte. Die letzten Jahre Heinrichs V. waren weniger glücklich, als die Calixts II.

Der auf dem Würzburger Tage aufgerichtete Reichsfriede ließ sich nur mühsam in Kraft erhalten; auch die Zurückgabe des den Kirchen und weltlichen Personen während des Streits entzogenen Eigenthums, wie sie damals festgestellt und im Wormser Vertrag dann von Neuem bestimmt war, machte die größten Schwierigkeiten und wurde deshalb verzögert. Die Begründung eines festen und gesicherten Zustandes im deutschen Reiche schien eine fast unlösbare Aufgabe.

Nur aus den ungeordneten Verhältnissen des Reichs, namentlich in Sachsen, Franken und Lothringen, ist zu erklären, daß hier die sogenannten „Reiter" längere Zeit ungestraft ihr wüstes Treiben fortsetzen konnten. Es war zusammengelaufenes Volk, welches während des inneren Krieges in den Sold der Fürsten genommen und beritten gemacht war. Im Fürstensold hatten sie sich an Ritterart und Ritterleben gewöhnt und wollten nun, als sie im Frieden des Dienstes entlassen wurden, ihr arbeitsloses, üppiges und übermüthiges Leben fortführen. Nur als Räuber und Wegelagerer konnten sie dazu die Mittel gewinnen und wurden so die Plage der Landstraßen, der Schrecken der Kirchen und Klöster; denn auf die unbeschützten Kirchengüter und Kirchenleute warfen sie sich am liebsten.

Leicht hätte man sich ohne Zweifel solcher Banden entledigen können, wenn sich die Fürsten unter einander verständigt und zusammen mit dem Kaiser eine gemeinsame Politik verfolgt hätten, wenn mit dem Frieden die Eintracht im Reiche hergestellt wäre. Die deutschen Herren konnten aber niemals zu diesem Kaiser, der ihnen so Schweres auferlegt, wahres Vertrauen fassen, und sie selbst hatten zu lange in feindlichen Lagern gegen einander gestanden, um sich redlich zu vereintem Handeln die Hand zu reichen. Selbst Männer, welche bisher zu derselben Fahne gehalten, zerfielen alsbald, als alle die besonderen Interessen, welche in dem großem Kampf mehr zurückgedrängt waren, wieder in den Vordergrund traten. So blieb die Zwietracht und mit ihr der innere Krieg auch nach dem zwischen Kirche und Reich geschlossenen Frieden.

Diese traurigen Zustände der Zeit hingen mit großen Veränderungen zusammen, welche sich während des Investiturstreits im Reiche vollzogen hatten und die Krone und das weltliche Fürstenthum in ein anderes Verhältniß zu einander setzten, als vordem bestanden hatte.

Bei der Gründung des Reichs hatten bekanntlich die Grafschaften und Herzogthümer die Grundlage der gesammten Reichsverwaltung gebildet; die Grafen und Herzöge, durch den Lehnseid dem König besonders verpflichtet, waren in erster Stelle Beamte des Reichs, welche von dem König eingesetzt wurden und bei erwiesener Untreue oder Unfähigkeit auch abgesetzt werden konnten; die Vererblichung der Grafschaft oder des Herzogthums war nicht Regel, obwohl sie von früh an von den fürstlichen Geschlechtern erstrebt wurde.

Inzwischen hatte sich aber allmählich die Bedeutung der Grafschaften völlig verändert, theils weil sie seit der Zeit Konrads II. mit den amtlichen Befugnissen, welche sich an ihren Besitz knüpften, factisch Erblehen wurden, theils weil sie von dieser Zeit an und namentlich während der Jugend Heinrichs IV. in großer Zahl an die Bisthümer und Reichsabteien geschenkt wurden, so daß viele Inhaber derselben nicht mehr unmittelbar bei dem Kaiser, sondern bei den geistlichen Fürsten zu Lehen gingen. Das unmittelbare Verhältniß der Grafen zu der Reichsgewalt lockerte sich seitdem, das Bewußtsein des Reichsamts schwand, und die Kaiser hatten wenig Interesse mehr den räumlichen Zusammenhang der Grafschaften innerhalb ihrer alten Grenzen zu erhalten. Innerhalb derselben bildeten sich durch kaiserliche Schenkungen zahlreiche Immunitäten geistlicher und weltlicher Herren, während andererseits die Reste der Grafschaften mit den anderweitigen Besitzungen ihrer Inhaber, seien es Allodien oder Lehnsgüter, in eine engere Verbindung geriethen. Bald war in dem Hausgut der gräflichen Geschlechter fast unmöglich das aus der alten Grafschaft Erwachsene von den anderen Lehen und den Allodien auszuscheiden; man gewöhnte sich deshalb den Namen der Grafschaft auf den gesammten Besitz des Hauses zu übertragen, der dann durch Theilungen, Vererbungen, Verpfändungen und Tausch den mannigfachsten Veränderungen unterworfen wurde. Mit der Grafschaft waren nun Rechte und Pflichten sehr verschiedener Art verbunden, die sich theils aus dem Reichsrecht, theils aus dem Lehnsrecht, theils aus dem Hofrecht herleiteten, und bei denen die ursprüngliche Abhängigkeit des Amts von der königlichen Gewalt immer mehr vergessen wurde. Es hing mit diesen tiefgreifenden Veränderungen in der Stellung der Grafen zusammen, daß sie sich nicht mehr nach den Gauen, in welchen ihre Grafschaften lagen, sondern nach ihren Stammburgen zu nennen pflegten; schon begann man auch Glieder der gräflichen Geschlechter, welche noch nicht in den Besitz der Grafschaften getreten waren, als Grafen zu bezeichnen und machte so, was ehedem Amtsbezeichnung gewesen war, zu einem erblichen Standestitel.

Diese Entwicklung, längst angebahnt, vollzog sich ungehemmt während des Investiturstreits. Durch das Königthum ist dieselbe weder ausdrücklich gehindert noch befördert worden, dagegen wurde sie wesentlich durch eine neue Erhebung des Herzogthums beeinflußt, welche auch für den Gang der allgemeinen Reichsangelegenheit von großer Bedeutung war. Es ist bekannt, wie Konrad II. das Herzogthum völlig zu beseitigen gewillt war, sein Sohn aber dasselbe, obwohl in herabgedrückter Stellung, bestehen ließ. Erst zu der Zeit der Kaiserin Agnes gewann das Herzogthum wieder eine selbstständigere Macht, welche der junge Heinrich IV. ihm dann vergebens wieder zu entreißen suchte. Die Regierung dieses Kaisers war ein fast ununterbrochener Kampf mit den Herzögen; zeitweise gelang es ihm, ihre Gewalt zu brechen, aber nicht auf die Dauer, und am wenigsten in Baiern und Schwaben.

Entscheidend für die Herstellung kräftiger Herzogthümer im oberen Deutschland war die Zeit, wo Heinrich IV. in Italien unglücklich gegen die große Gräfin und Papst Urban II. stritt. Damals glückte es Welf, sich nach langen Kämpfen gegen den Kaiser im Herzogthum Baiern festzusetzen; mit selbstgewonnener Gewalt beherrschte er fortan das Land und beschützte den Frieden desselben. Um nur die Rückkehr nach Deutschland gewinnen zu können, mußte der Kaiser dem Welf die erstrittene Macht bestätigen, bald darauf auch seinen Söhnen die Nachfolge im Herzogthum zusichern. Anders erging es in Schwaben. Friedrich von Staufen, welchem der Kaiser die herzogliche Fahne verliehen hatte, fehlte lange fast alle Autorität im Lande; die mächtigsten Herren waren der päpstliche Legat Bischof Gebhard von Konstanz und sein Bruder Berthold von Zähringen, welchen die schwäbischen Großen als ihren Herzog anerkannt und dem sie sich eidlich verpflichtet hatten. Erst die Versöhnung der Welfen mit dem Kaiser und Friedrich von Staufen erschütterte die selbstständige Macht der Zähringer in Schwaben und gab Friedrich eine wirklich herzogliche Gewalt im Lande; die Zähringer behielten nur den herzoglichen Namen, ein reichsunmittelbares Gebiet in Burgund, wo sie überdies aus der Rheinfelder Erbschaft ausgedehnte Besitzungen hatten, und reiche Güter mit einer zahlreichen Vasallenschaft im südwestlichen Theile Schwabens. Friedrich von Staufen vererbte dann das Herzogthum auf seinen Sohn; das Einverständniß mit den Welfen erhielt sich, und der zweite staufensche Herzog in Schwaben vermählte sich mit einer Tochter des dritten Welfenherzogs in Baiern. Mit einander haben sich dann die Staufen und Welfen in ihren Herzogthümern befestigt, ohne daß sie dabei durch die kaiserliche Gewalt gehemmt worden wären.

Es ist klar, daß das Herzogthum in den beiden Ländern des oberen Deutschlands, wo es von jeher am tiefsten gewurzelt war, einen neuen Aufschwung genommen hatte. Um sich zu behaupten, mußte es unter neuen Verhältnissen auch zu neuen Mitteln greifen. Die Erblichkeit haben die Welfen und Staufen da von Anfang an in Anspruch genommen, aber sie genügte kaum, wenn sie nicht zugleich die gräflichen Geschlechter in ihren Herzogthümern in eine besondere Abhängigkeit von sich brachten, welche sich nach den Vorstellungen der Zeit nur als ein Lehnsverhältniß denken ließ. In der That ist nachzuweisen, daß fast alle weltlichen Großen Baierns — selbst die Mark- und Pfalzgrafen nicht ausgenommen — zu Vasallen ihres Herzogs geworden sind. Das baierische Herzogthum gewann hierdurch gleichsam die Natur eines geschlossenen Reichs im Reiche; es wird sogar abermals, wie in den Tagen Herzog Arnulfs, von einem baierischen Reiche und dessen Fürsten gesprochen. Aus dieser Sonderstellung des baierischen Herzogthums erklärt sich auch die sonst so befremdliche Erscheinung, daß die Großen desselben zur Zeit Heinrichs V. öfters vereint auf den Reichstagen zu erscheinen unterlassen, daß der Kaiser zu den in ihrer Abwesenheit gefaßten Beschlüssen wohl noch besonders ihre Einwilligung nachträglich einholt. Wenn die Staufen in ihrem Herzogthume nicht ebenso weit gelangten, so lag der Grund gewiß hauptsächlich in dem Dualismus, welcher durch die eigenthümliche Stellung der Zähringer in Schwaben geschaffen war; doch haben auch sie nach demselben Ziele gestrebt, und mindestens ein Theil der schwäbischen Grafen hat sie als Lehnsherren anerkannt.

Wir bezweifeln nicht, daß auch die Grafen von Verdun, nachdem sie die herzogliche Fahne Lothringens gewonnen, nach einer Macht getrachtet haben, stark genug, um ihre Mitfürsten im Lande von sich abhängig zu machen. Aber die Kaiser, denen die besondere Gefahr eines starken Fürstenthums gerade in diesen Grenzgegenden nicht entging, haben mit großer Festigkeit die Spaltung des lothringischen Herzogthums aufrecht erhalten, und die lothringischen Herren schienen überdies wenig geneigt sich einem aus ihrer Mitte zu fügen. Auch waren die Nachfolger der Gottfriede nicht die Männer, ein Werk durchzuführen, welches die Kraft ihrer mächtigeren Vorgänger überstiegen hatte. So verloren die beiden lothringischen Herzogthümer zu derselben Zeit, wo das baierische und schwäbische Herzogthum emporkam, sogar mehr und mehr an Bedeutung und Zusammenhalt; sie waren bereits zu nur mit gewissen Ehrenrechten bekleideten Territorialherrschaften neben den Grafschaften herabgesunken. Die amtlichen Befugnisse, welche die Herzöge einst über die Grafen und Herren Lothringens geübt hatten, mochten kaum noch im Gedächtniß fortleben.

Dagegen trat in Sachsen zu Heinrichs V. Zeiten eine Entwicklung ein, welche zur Herstellung eines Stammesherzogthums führen konnte, wie man es seit Heinrich I. hier nicht gekannt hatte. Denn das Herzogthum der Billinger hatte niemals eine allgemeine Bedeutung gewonnen; seine Machtsphäre hatte sich dauernd nur auf die Gegenden an der unteren Elbe und die benachbarten wendischen Küstenlande erstreckt. Als die Sachsen gegen Heinrich IV. aufstanden, haben nicht die Billinger die Führerschaft des sächsischen Stammes übernommen, sondern nur eine untergeordnete und schwankende Rolle im Lande gespielt; eher konnten zeitweise Otto von Nordheim und Ekbert als Leiter der Bewegung, als die Vorfechter der sächsischen Freiheit gelten. Erst als Lothar von Supplinburg das Herzogthum erhielt, gewann dieses eine allgemeinere Bedeutung für den ganzen sächsischen Stamm. Lothar trat nicht nur in die alten herzoglichen Rechte der Billinger ein, sondern übernahm in gewissem Sinne mit der Hinterlassenschaft des Nordheimers und Ekberts auch ihre geistige Erbschaft. Als sich die Sachsen gegen Heinrich V. erhoben, trat Herzog Lothar mit dem Steigen der populären Bewegung immer mehr in deren Vordergrund; unfraglich war er es vor Allem, der in der letzten Zeit den Aufstand im Gange erhielt und leitete, und sein Endziel bei demselben wird schwerlich ein anderes gewesen sein, als sich eine ähnliche Stellung im Sachsenlande und den angrenzenden Marken, wohl auch in dem engverbundenen Thüringen zu gewinnen, wie sie die Welfen in Baiern besaßen.

Eine außerordentliche Rührigkeit hat Lothar als Herzog entfaltet, bald in den wendischen Ländern*), bald in den östlichen Theilen Sachsens, bald in Westfalen; er trug seine Waffen in Gegenden, wo die Billinger niemals eine Autorität gewonnen hatten. Der innere Streit, in welchem die sächsischen Fürsten keinen geeigneteren Führer finden konnten und sich ihm willig unterordneten, begünstigte seine Bestrebungen; die Erfolge des Schwerts steigerten sein Ansehen. Der Sieg am Welfesholz wurde ihm besonders beigemessen; manche rasche und glückliche Unternehmungen machten ihm einen solchen Namen, daß man ihn Julius Cäsar verglich und der Ueberzeugung lebte, der Sieg sei für immer an seine Fahnen gebannt. In Wahrheit hatte das Sachsenvolk seit Heinrich I. und Otto dem Großen nie einen glücklicheren Führer gehabt. Schon mehrmals hatte sich in Sachsen der Gedanke einer selbstständigeren Stellung zum Kaiserreiche geregt, und Lothar schien ebenso

---

*) Im Jahre 1121 hatte Lothar nach der Eroberung Münsters ein starkes Heer über die Elbe geführt und das Land eines gewissen Zwentibold plündernd bis zum Meer durchzogen, sich mehrere Ortschaften daselbst, namentlich das reiche Kizun, die Hauptstadt der Kizzinen, unterworfen und war dann mit Geiseln und großen Geldsummen zurückgekehrt. Jener Zwentibold scheint der gleichnamige Sohn des mächtigen Wendenfürsten Heinrich gewesen zu sein; die Wege Lothars und dieses Heinrichs würden sich dann schon damals getrennt haben.

bestrebt, wie befähigt, um diesen Gedanken zur Ausführung zu bringen. Als im Jahre 1120 die Sachsen einen Landfrieden zur Sicherung gegen jeden inneren Feind schlossen und auf Grund desselben die Anhänger des Kaisers aus dem Lande jagten, als Lothar dann siegreich in Westfalen vordrang, Münster und Dülmen gewann, da mochte er sich seinem Ziele nahe fühlen, und die Wünsche Bieler im Lande werden mit ihm gewesen sein. Aber die weitere Entwicklung der Dinge stellte unerwartet schnell, wenigstens dem Namen nach, das Ansehen des Kaisers in Sachsen her, und selbst erbitterte Gegner der kaiserlichen Herrschaft unterwarfen sich wieder dem Reiche.

Unseres Wissens hat Lothar weder bei dem Würzburger Abkommen noch bei dem Wormser Vertrage mitgewirkt; fast scheint es, daß ihm der große Friedensschluß, da er seine bei dem kirchlichen Streite verfolgten besonderen Absichten noch nicht vollständig erreicht sah, zu früh kam. Auch nach dem Frieden ist er in einem feindseligen Verhältniß zum Kaiser verblieben; er vor Allem ist wohl die Veranlassung gewesen, daß die kaiserliche Autorität in den deutschen Ländern so schwer wieder herzustellen war. Lothars Bestrebungen für Erweiterung seiner Macht, für Befestigung seines Einflusses im ganzen Sachsenlande und den angrenzenden Gegenden blieben dieselben, wie vorher; nur daß er damit alsbald nicht allein bei dem Kaiser, sondern noch mehr bei den sächsischen Fürsten selbst auf Widerstand stieß. Denn wenn diese auch in den Zeiten der Gefahr seine Führerschaft anerkannt hatten, die meisten waren deshalb doch nicht gewillt sich ihm als Vasallen zu ergeben und Rechte über sich einzuräumen, welche die Billinger niemals beansprucht hatten.

Früher einmal hatte Lothar mit den Grafen von Stade Gemeinschaft gegen den Kaiser gemacht. Jetzt, als jener Friedrich, der damals die Ursache der Händel gewesen war (S. 835), in die Grafschaft zurückgekehrt war und sich mit dem Markgrafen Heinrich aufs Neue verfeindete, nahm sich Lothar des unruhigen und ehrgeizigen Ministerialen gegen seinen Herrn an. Mit allen ihm zu Gebote stehenden Streitkräften brach er im Jahre 1122 zur Unterstützung Friedrichs auf, fand aber bei dem Markgrafen und dessen Oheim Rudolf entschiedenen Widerstand. Dennoch wußte er Friedrich in der Grafschaft eine sichere Stätte durch die Burg Bremervörde, welche er anlegte, zu bereiten; nach Rudolfs Tode (7. December 1124) setzte sich Friedrich wieder in den vollen Besitz der Grafschaft und gewann sogar vom Bremer Erzbischof die Belehnung. Als ferner nach Weihnachten des Jahres 1122 Vasallen Reinhards von Halberstadt die von Lothar zerstörte Heimburg herstellten, empfand dies der Herzog als eine persönliche Kränkung. Sogleich brach er aus der benachbarten Blankenburg, welche ihm aus Elberts Erbschaft zugefallen war und wo er sich häufig aufhielt, mit seinen Reisigen auf und umschloß die Heimburg. Da aber erhoben sich unverzüglich Markgraf Heinrich von der Nordmark und Graf Rudolf von Stade, Graf Ludwig von Thüringen und selbst Lothars eigener Schwager, der Markgraf Heinrich von Meißen, und kamen Reinhard zur Hülfe. Es waren Lothars alte Bundesgenossen, die sich jetzt gegen ihn wandten, und zu dem traurigsten Bürgerkriege wäre es in Sachsen gekommen, wenn nicht Abalbert von Mainz eine Vermittelung zwischen den Fürsten noch rechtzeitig geglückt wäre. Und doch setzte auch diesmal Lothar seinen Willen durch; denn die Heimburg mußte ihm übergeben werden und wurde durch Feuer zerstört.

Bald nach diesen Vorgängen starb plötzlich Bischof Reinhard von Halberstadt (27. Februar 1123). Erzbischof Abalbert betrauerte tief den Tod eines ihm so vertrauten Mannes, und um so mehr, als unter dem Einflusse Lothars, Wiprechts von Groitsch und des Erzbischofs Rudger von Magdeburg das Halberstädter Capitel sofort den Magdeburger Domherrn Otto gewählt und dem Erwählten unmittelbar Ring und Stab übergeben hatte. Abalbert, der hierin einen bedenklichen Eingriff in seine Rechte*) sah, that Einsprache, und diese schien dem Erzbischof von Magdeburg ernst genug, um durch Otto von Bamberg die Verwendung des Kaisers für den neuen Bischof von Halberstadt in Anspruch zu nehmen. Auch Abalbert war, wie man sieht, mit Lothar nicht mehr immer gleichen Sinnes.

Unter Lothars Widersachern in Sachsen und Thüringen räumte der Tod schnell auf. Bald nach Bischof Reinhard starben der alte Graf Ludwig von Thüringen und der junge Markgraf Heinrich von Meißen. Jener war kurze Zeit, nachdem er die Waffen gegen Lothar ergriffen hatte, in das von ihm gestiftete Kloster Reinhardsbrunn gegangen, um im Mönchsgewand sein nahes Ende abzuwarten. Dieser Ludwig, dem

---

*) Seit der König nicht mehr Ring und Stab übergab, geschah dies durch den Consecrator.

man aus einem uns unbekannten Grunde den Beinamen des Springers *) gegeben hat, wird in der Geschichte Thüringens stets einen bedeutenden Namen behalten; denn erst durch den reichen Besitz, welchen er zusammenbrachte, gewann das seit Jahrhunderten zersplitterte Land abermals einigen Zusammenhalt und bekam wieder eine eigene Geschichte. Die ausgedehnten Besitzungen des Grafen gingen auf seine Söhne Ludwig und Heinrich Raspe über, welche mit Eifer und Geschick das Werk des Vaters fortsetzten. Weder Herzog Lothar noch Erzbischof Adalbert räumten sie einen Einfluß in Thüringen ein, welcher den ihrigen schwächen konnte. Adalbert hielt den Augenblick für günstig, um die alten Ansprüche seines Erzstifts auf die Thüringer Zehnten geltend zu machen. Als er sie aber in der Mark Duderstadt einzutreiben versuchte, widersetzten sich die Landleute mit Gewalt, und es kam zu blutigen Händeln mit den Mannen des Erzbischofs; einige Thüringer wurden dabei erschlagen, andere verwundet, andere in Adalberts Kerker geschleppt. Da erhob sich gegen den Bedrücker sogleich das ganze Land. Auf der alten Dingstätte von Triteburg bei Gebesee traten die Thüringer zusammen und beschlossen gemeinsamen Widerstand. Ein Heer von 20,000 Mann rückte gegen Erfurt, wo sich Adalbert aufhielt, und ein übles Spiel würde ihm bereitet sein, wenn er nicht unverzüglich nachgegeben hätte. Es war Heinrich Raspe, welcher dieses Heer führte; er war es auch, welcher das Kloster St. Peter zu Erfurt gegen die Habgier des Erzbischofs **) schützte.

Der Tod des Thüringers hatte Lothar wenig Gewinn gebracht, um so reicherer ließ sich für ihn vom Abscheiden seines Schwagers erwarten. Markgraf Heinrich, dessen schleuniges Ende man einer Vergiftung beimaß, hinterließ keine Erben, und die Allodien des Meißners vermehrten Lothars schon hinlänglich großen Besitz. Zugleich aber wurden zwei bedeutende Reichslehen durch seinen Tod erledigt: die Mark Meißen und die Ostmark mit der Lausitz. Es war für Lothar sehr wichtig, in diesen Marken, die in den Händen seiner Familie gewesen

---

*) Den Beinamen kennt schon das zwölfte Jahrhundert, nicht aber die Sage von dem Sprunge aus Gibichenstein in die Saale, welche vielleicht erst aus dem Beinamen entstanden ist.

**) Adalbert hatte sich tiefe Eingriffe in das Klostervermögen erlaubt und als Grund angegeben: ein Abt dürfe nicht reicher sein, als ein Erzbischof.

waren, sein Ansehen zu befestigen. Um so mehr aber stand zu erwarten, daß der Kaiser ihm hier mit Ernst entgegentreten werde, zumal dieser ohnehin selbst mit dem mächtigen Herzog in neue Händel gerathen war.

Der Kaiser hatte an den letzten Wirren Sachsens keinen unmittelbaren Antheil genommen; ihn beschäftigten die Angelegenheiten des Friesenlandes, welches seit dem verunglückten Unternehmen des Jahres 1114 im Widerstande verharrte. Der Widerstand der Friesen mußte wachsen, als sich auch Gertrud, die Wittwe des Grafen Florentius von Holland, eine Halbschwester Herzog Lothars, vom Kaiser offen lossagte. Ob Gertrud auf Antrieb Lothars zur Empörung schritt, wissen wir nicht; wir hören nur, daß sie auf seine Unterstützung rechnete. Der Kaiser schickte gegen sie ein Heer, welches Holland verwüstete, aber die Gräfin nicht zu unterwerfen vermochte. Darauf brach er selbst, nachdem er im Anfange des Jahres 1123 in den mittelrheinischen Gegenden verweilt hatte, im Sommer nach dem östlichen Friesland auf, zunächst um die Schulenburg, welche im Besitz des Bischofs von Utrecht war, zu belagern; denn er hegte gegen diesen Bischof von Neuem Mißtrauen und sah ihn als einen Mitschuldigen der Gräfin an.

Gertrud hatte sich in dem Vertrauen auf ihren Bruder nicht getäuscht. Plötzlich erschien Lothar, unterstützt von dem Bischof von Münster und dessen Vasallen, in der Nähe der Schulenburg und bezog ein Lager, welches nur ein Sumpf von dem Heere des Kaisers trennte. Man erwartete einen Kampf, doch brach plötzlich Lothar auf und eilte mit den Münsteranern weiter nach Westen gegen Deventer, eine kaiserliche Stadt. Ein schlecht vorbereiteter Sturm der Münsteraner auf Deventer mißlang; nicht ohne Verlust wurden sie von den Einwohnern zurückgetrieben. War es aber Lothars Absicht gewesen, den Kaiser durch sein weiteres Vorgehen zum Abzug von der Schulenburg zu nöthigen, so erreichte er seinen Zweck; wirklich zog Heinrich, um Deventer zu schützen, von der Schulenburg ab. Eiligst warf Lothar nun neue Streitkräfte und Lebensmittel in diese Burg und kehrte darauf nach Sachsen zurück. Aufs Neue wurde er wegen dieser Vorgänge als Sieger über den Kaiser verherrlicht; nicht ganz mit Recht, denn der Bischof von Utrecht hielt es doch für gerathener, möglichst bald eine Aussöhnung mit dem Kaiser zu suchen, welche auch unter Vermittelung der Königin und der Fürsten erfolgte, und die Schulenburg wurde darauf zerstört. Am 2. August 1123 war der Kaiser in Utrecht und ertheilte den Einwohnern von Deventer unter Zustimmung des Bischofs werthvolle Privilegien.

Der Kaiser kehrte nach Franken zurück, wo er zu Worms alsbald einen Hoftag hielt. Hier entschied er über die durch den Tod des Markgrafen Heinrich erledigten Marken. Die Ostmark mit der Lausitz erhielt der alte Wiprecht von Groitsch, der mit dem Kaiser ausgesöhnt wieder in den Besitz aller seiner Besitzungen gelangt war und jetzt 2000 Pfund Silber für die Mark bot. Meißen kam an den Sohn Hermanns von Winzenburg, der im Jahre zuvor, wahrscheinlich nach erfolgter Versöhnung mit dem Kaiser, gestorben war. Der Sohn, welcher den gleichen Namen mit dem Vater führte, erlangte damit wohl nur die Markgrafschaft wieder, welche einst bereits sein Vater besessen, aber wieder hatte aufgeben müssen; er hatte noch kaum die Jünglingsjahre erreicht, und nach der Natur der Verhältnisse wurde er unter Wiprechts Obhut gestellt, der allein in Sachsen noch Lothar das Gegengewicht zu halten vermochte. Es war um dieselbe Zeit, daß auch Adalbert wieder dem Kaiser nahe trat. Von seinen alten Freunden getrennt, bedurfte der Erzbischof unter den Gefahren, die er durch sein dreistes Auftreten beschworen, eines Rückhalts am Kaiser.

Die Bestimmungen des Kaisers verletzten Lothar, verletzten nicht minder auch andere Herren des Landes. Konrad von Wettin hatte schon früher Ansprüche auf Meißen erhoben und sich den Namen eines Markgrafen beigelegt. Wie nicht anders zu erwarten war, trat er, nachdem er endlich aus seiner langen Haft in Kirchberg befreit war, alsbald aufs Neue als Prätendent gegen Hermann von Winzenburg auf und suchte sich den Beistand Lothars zu gewinnen. Der Herzog eilte herbei und führte Konrad nach Meißen. Zu ihm hielt der junge Albrecht von Ballenstedt, der kurz zuvor durch den Tod seines Vaters Otto der einzige Erbe der großen Besitzungen seines Geschlechts an der Saale und Elbe geworden war. Albrecht, den man später den Bären genannt hat, stammte von einer Tochter jenes Hodo her, der in den Zeiten der Ottonen die Ostmark und Lausitz mit unvergessener Tüchtigkeit verwaltet hatte; ihm übergab der Herzog jetzt unter Zustimmung der Großen des Landes auf einem Tage zu Eilenburg die Verwaltung der Ostmark. Lothar erkannte also nicht nur die Verleihungen der Marken durch den Kaiser nicht an, sondern verfügte über dieselben nach eigenem Ermessen; es ließ sich fragen, ob er oder der Kaiser in Sachsen regierte. Wir wissen nicht, ob Konrad und Albrecht irgend welche besondere Verpflichtungen gegen Lothar eingingen, doch war klar, daß ihre Zukunft mit dem Schicksal des Herzogs auf das Engste verbunden war, daß sich abermals in Sachsen eine Partei an ihn anschloß, welche seine Sache auch gegen das Kaiserthum zu vertreten bereit war.

Der alte Wiprecht gerieth in nicht geringe Bedrängniß und suchte Hülfe beim Kaiser. Aber Heinrich scheute sich in die sächsischen Händel aufs Neue einzugreifen und forderte Adalbert von Mainz und den Böhmenherzog Wladislaw auf, dem Groitscher Unterstützung zu leihen. Wladislaw konnte sich der Sache um so weniger entziehen, als Wiprecht sein Schwager war und er überdies besondere Verpflichtungen gerade damals gegen ihn und den Kaiser hatte. Denn im März dieses Jahres hatte er seinen Bruder Sobeslaw abermals aus dem Reiche vertrieben; der Flüchtling hatte dann bei Wiprecht und dem Kaiser Hülfe gesucht, aber Beide hatten sie ihm versagt, so daß er nothgedrungen seine Schritte nach Polen wandte. Unverweilt zog also Herzog Wladislaw, von Otto von Mähren begleitet, mit einem Heere über das Erzgebirge bis nach Meißen; unweit davon bei der Burg Wozbek stießen die Böhmen auf Lothar und seine Verbündete, welche zugleich von einem Heere des Erzbischofs und Wiprechts, das bereits an der Mulde stand, sich bedroht sahen. Lothar stand in nicht geringer Gefahr und rettete sich nur aus derselben, indem er Wladislaw Argwohn gegen Wiprecht und den Erzbischof erregte, welche sich über kurz oder lang — dies suchte er dem besorgten Böhmen glaublich zu machen — doch des verbannten Sobeslaw gegen ihn annehmen würden.

Wladislaw, dessen Mißtrauen erregt war, beschloß sich sofort von dem Kampf zurückzuziehen. Am 24. November 1123 traten die Böhmen unter großen Verwüstungen ihren Rückzug an, und Lothar konnte sich nun gegen den anderen Feind an der Mulde wenden. Nun hielten auch Wiprecht und Adalbert ihm nicht mehr Stand; sie dachten nur auf ihre Rettung, und ihre Heere lösten sich auf. Lothar belagerte noch die alte Feste Lebusa zwischen Dahme und Schlieffen, in welcher Heinrich Kopf lag und nöthigte diesen ihm seinen Sohn als Geisel zu geben. Als Sieger zog er darauf aus den Marken ab und überließ seinen Schützlingen sich in denselben selbst zu behaupten. Der alte Wiprecht überlebte dieses letzte Mißgeschick nicht lange. Bei einem Aufenthalte in Halle an der Saale, wo er das Kloster Neu-Werk gestiftet hatte, zog er sich eine schwere Brandwunde am Fuße zu. Seine Kräfte schwanden seitdem mit reißender Schnelligkeit, und er sah sein nahes Ende voraus. Auf den Rath seines Neffen des Erzbischofs Rudger und anderer geistlicher Herren begab er sich im Anfange des Jahres 1124 in das Kloster Pegau, wo er am 22. Mai starb. Sein älterer Sohn Wiprecht war bereits vor ihm aus der Welt abgerufen; die große Erbschaft fiel an seinen jüngeren Sohn Heinrich, der ihm auch in der Burggrafschaft Magdeburg folgte. Um die Lausitz hatte fortan Heinrich von Groitsch mit Albrecht von Ballenstedt, um die Mark Meißen Hermann von Winzenburg mit Konrad von Wettin zu kämpfen; Beide waren ihren Gegnern wenig gewachsen, und der Kaiser that Nichts, um sie zu schützen und damit sein Ansehen in Sachsen zu wahren.

Zum Winter war der Kaiser nach dem unteren Lothringen gegangen, wo er in Aachen das Weihnachtsfest feierte. Noch immer beschäftigte ihn vorzugsweise die Empörung in Holland und Friesland; im Februar 1124 zog er selbst gegen die Gräfin Gertrud zu Felde, welche sich nun endlich ihm unterwerfen mußte. Lothar hatte der Schwester diesmal keine Hülfe gewährt, wahrscheinlich weil er die östlichen Gegenden Sachsens für bedroht hielt: dennoch besorgte der Kaiser, daß der Herzog das Mißgeschick Gertruds, obwohl er es nicht habe verhindern können, noch rächen werde. Es schien ihm nothwendig, mit allem Ernst sofort gegen Lothar einzuschreiten. Deshalb ließ er seine Gemahlin an den Grenzen Lothringens zurück und eilte im März nach Worms, wohin er die Fürsten auf Mittfasten beschieden hatte, um ein Unternehmen gegen Lothar in das Leben zu rufen. Da aber die Baiern, Böhmen und Sachsen, auf welche gegen Lothar besonders zu rechnen war, sich nicht einstellten, berief er einen neuen Reichstag zum 4. Mai nach Bamberg, zu dem Lothar selbst vorgeladen wurde.

Die meisten Herzöge fanden sich in Bamberg ein und mit ihnen viele andere Herren aus verschiedenen Theilen des Reichs. Auch der flüchtige Sobeslaw trat abermals vor den kaiserlichen Thron, um Klagen gegen seinen Bruder zu erheben und die Hülfe des Reichs zu beanspruchen. Ihn begleitete ein Gesandter Lothars, welcher die Sache des unglücklichen Böhmenfürsten dem Reiche empfehlen sollte; der Sachsenherzog scheute sich nicht jetzt selbst eine Unterstützung für Sobeslaw zu beanspruchen, obgleich er früher Andere für die Herstellung desselben zu arbeiten fälschlich verdächtigt hatte. Der Vorladung des Kaisers war er weder selbst gefolgt, noch die Fürsten Sachsens, welche es mit ihm hielten.

Der Ungehorsam Lothars und das befremdliche Auftreten seines Gesandten erregten den höchsten Zorn des Kaisers. „Herrisch genug," rief er aus, „spricht dieser Herzog. Er selbst erlaubt sich uns zu beleidigen und verlangt, daß wir Anderer Beleidigungen strafen sollen. Soll ich Unrecht rächen, warum nicht das, welches mir selbst angethan wird? Kann es aber ein größeres Unrecht gegen mich geben, als daß Lothar, wiewohl zum Reichstage geladen, nicht vor mir erscheint? Wer das Recht liebt und diese Kränkung empfindet, schwöre mir auf diese heiligen Reliquien die Waffen zu ergreifen und mir nach Sachsen zu folgen." Die Fürsten leisteten den Schwur, und es wurde bestimmt, daß der Reichskrieg gegen Lothar am 25. Juli eröffnet werden sollte.

Aber der nicht geringen Gefahr, die ihm jetzt drohte, entging der Sachsenherzog mit seinem gewohnten Glücke. Als die Zeit kam, wo das Heer gegen ihn ausziehen sollte, war der Kaiser bereits mit ganz anderen Dingen beschäftigt. Niemals hat das aufgebotene Heer die sächsischen Grenzen betreten; niemals ist der Kaiser dem Herzog wieder entgegengetreten, welcher in Sachsen schaltete, als ob es keinen anderen Herrn dort gebe. Als der wilde streitlustige Friedrich von Arnsberg, einst Lothars, dann des Kaisers Genosse, der lange ganz Westfalen mit Schrecken erfüllt hatte, in diesem Jahre starb, befahl der Herzog dessen gefürchtete Burg Rietbeck niederzureißen; auch die Weselsburg, welche Friedrich erst in der letzten Zeit hatte herstellen lassen, wurde von den westfälischen Bauern, welche beim Bau Frohndienste hatten leisten müssen, jubelnd dem Erdboden gleich gemacht. So sicher fühlte sich Lothar, daß er im Anfange des folgenden Jahres über die Elbe zu gehen und die Wenden anzugreifen wagte. Ohne sonderliche Erfolge kehrte er von dort zurück, doch bedurfte er kaum neuen Ruhms, um seine Stellung in Sachsen zu befestigen.

Heinrich V. im Bunde mit England.

Obwohl Heinrichs Heirath mit dem englischen Königskinde eine politische gewesen war, lassen sich bis in die letzten Regierungsjahre des Kaisers keine unmittelbaren Beziehungen zwischen dem deutschen und englischen Reiche nachweisen. Möglich ist allerdings, daß schon dem Unternehmen des Kaisers gegen die Friesen im Jahre 1114 die Absicht zu Grunde lag, leichtere Verbindungen mit England zu ermöglichen, aber Beweise dafür liegen nicht vor. Des Kaisers Verhältniß zu England scheint erst ein engeres geworden zu sein, seitdem sich seiner Gemahlin unerwartet Aussichten auf den englischen Thron eröffneten.

Bei einem Schiffbruch hatte der einzige eheliche Sohn König Heinrichs von England im Jahre 1120 das Leben verloren; des Königs erste Gemahlin war bereits früher gestorben, eine zweite Ehe, welche er alsbald mit der schönen Adelheid, der Tochter Herzogs Gottfried von Niederlothringen, schloß, blieb kinderlos und wurde dadurch so unglücklich, daß sie endlich getrennt werden mußte. Als alle Hoffnung dem Könige schwand, sein Reich einem Sohne zu hinterlassen, hegte er keinen anderen Gedanken, als gegen das bestehende Recht die Krone Englands auf seine einzige Tochter, die Gemahlin des Kaisers, zu vererben. Der Einfluß Englands auf die deutschen Angelegenheiten wurde nun bald merkbarer, und es ist wahrscheinlich, daß auch die eifrigen Bestrebungen des Kaisers in den Jahren 1123 und 1124 seine Autorität in Holland und Friesland herzustellen bereits mit seinen näheren Verhältnissen zu England nicht ohne Zusammenhang waren.

Die englische Politik richtete sich damals noch immer besonders gegen Frankreich. Der Friede, welcher unter Vermittelung Calirts II. im Anfange des Jahres 1120 geschlossen war und in welchem König Ludwig von Frankreich den König Heinrich von England als Herzog der Normandie anerkannt hatte, begründete keine dauernde Eintracht zwischen den beiden sich innerlich widerstrebenden Herrschern. Ludwig wartete vielmehr nur auf den günstigen Augenblick, wo er für erlittene Niederlagen Genugthuung nehmen könnte, und ein solcher schien ihm gekommen, als im Jahre 1123 ein neuer Aufstand in der Normandie ausbrach. König Heinrich war nach längerer Abwesenheit wieder in sein Stammland zurückgekehrt, hatte jedoch fast überall dort eine feindliche Gesinnung gefunden; bald trat eine Verschwörung zu Tage, welche nichts Anderes bezweckte, als ihm das Land zu entreißen und seinem jungen Neffen Wilhelm Clito zu überliefern. Durch einen glücklichen Zufall gelang es indessen Heinrich, im März 1124 die Führer der Verschwörung in seine Gewalt zu bekommen, und Nichts lag ihm nun mehr am Herzen, als Ludwig, der erst im Geheimen, dann offen die Empörung unterstützt, empfindlich zu züchtigen. Mit Sicherheit hoffte er seine Absicht zu erreichen, wenn Ludwig von Osten her durch den Kaiser und ein deutsches Heer angegriffen würde, während er selbst aus der Normandie in das Gebiet des Feindes einbräche, und um so bereitwilliger bot der Kaiser seinem Schwiegervater zu diesem Unternehmen die Hand, als er niemals vergessen, wie Ludwig einst alle gegen ihn gerichteten Bestrebungen der kirchlichen Partei geflissentlich unterstützt hatte. Es schien ihm eine persönliche Genugthuung, Reims in seine Gewalt zu bringen, wo einst in Ludwigs Gegenwart der Bann gegen ihn geschleudert war.

So beschloß der Kaiser den Krieg gegen Frankreich, und statt gegen Herzog Lothar nach Sachsen zu ziehen, führte er die Streitkräfte, welche sich gegen Ende des Juli um ihn sammelten, plötzlich gegen die französische Grenze. Es war kein sehr starkes Heer, welches ihm folgte, aber er hielt es für genügend; denn er hoffte den Feind zu überraschen und Reims zu nehmen, ehe noch ihm Ludwig entgegentreten könnte. Nur wenige Bischöfe, wie Arnold von Speier, Udalrich von Eichstädt, Gebhard von Würzburg, dann Pfalzgraf Gottfried von Lothringen und einige fränkische und lothringische Grafen scheinen mit dem Kaiser von Worms ausgezogen zu sein: das Unternehmen, welches im Interesse Englands, nicht des eigenen Reichs begonnen wurde, war bei den deutschen Fürsten im hohen Grade mißliebig.

In der größten Täuschung lebte der Kaiser, wenn er glaubte, daß König Ludwig seine Absichten verborgen geblieben seien. Sobald Ludwig aber von denselben Kunde erhielt, hatte er die Großen seines Reichs versammelt, ihre Unterstützung gewonnen und das Volk zum Schutz des bedrängten Vaterlandes aufgerufen. Er eilte selbst nach St. Denis und nahm vom Altare die Oriflamme, das alte Banner des Klosters, damit es ihm in dem heiligen Kampfe vorgetragen werde. Einen ganz ungewöhnlichen Erfolg hatte der Kriegsruf des Königs; von allen Seiten strömten in Waffen die Barone, die Ritter und Bürger herbei. Nie zuvor hatte sich in dem sonst so uneinigen Frankreich in ähnlicher Weise eine nationale Begeisterung gezeigt. Während man in Deutschland sich mißtrauisch vom Kaiser abwandte, schaarten sich die Franzosen opferbereit um ihren König. Wie hatten sich die Dinge doch in dem letzten Jahrzehnt im Ostreich und Westreich verändert!

Bei Reims, wo sich im Anfange August das Kriegsvolk sammelte, sah Ludwig ein so zahlreiches Heer um sich, wie es seit den Tagen

Karls des Großen wohl Keinem seiner Vorfahren zu Gebote gestanden hatte. Dürfte man den Schätzungen des Abts Suger von St. Denis, der selbst den König begleitete, Glauben schenken, so müßte dasselbe über 200,000 Mann betragen haben. In vier große Massen zerfiel nach Sugers Bericht das Haupttheer: die erste bildete die ganze streitbare Mannschaft von Reims und Chalons, die zweite die von Laon und Soissons, die dritte das Kriegsvolk von Orleans, Etampes, Paris und St. Denis, mit welchem der König selbst kämpfen wollte, die vierte die Ritterschaft des Grafen Hugo von Troyes und seines Neffen des Grafen Theobald von Chartres und Blois. Eine fünfte Schaar, zur Vorhut bestimmt, führten der Herzog von Burgund und der Graf von Nevers. Der Graf von Vermandois sollte mit seinen eigenen Rittern und denen von St. Quentin den rechten Flügel, die Reisigen von Ponthieu, Amiens und Beauvais den linken schützen. Für die Nachhut waren außer dem nur spärlich erschienenen Gefolge des Herzogs von Aquitanien, der Grafen von Anjou und der Bretagne die 10,000 Flanderer aufbehalten, welche ihr Graf Karl der Gute führte.

Dieser Karl, ein Sohn des Dänenkönigs Knud IV. und einer Tochter Roberts des Friesen, war im Jahre 1119 dem jungen Balduin VII. gefolgt, der an einer im englisch-französischen Kriege empfangenen Wunde gestorben war, nachdem er seinen dänischen Vetter zum Erben der reichen Grafschaft bestimmt hatte. Aber die Erbschaft hatte sich Karl erst erkämpfen müssen, namentlich gegen Balduins Mutter, eine Schwester Papst Calirts. In diesem Kampfe hatte Karl vielfache Förderung vom Kaiser erhalten, der ihm sogar im Jahre 1122 die Stadt Cambray überließ. Aber, obwohl Vasall des Kaisers, fühlte er sich jetzt doch vor Allem als Lehnsmann der französischen Krone und eilte deshalb König Ludwig gegen den Kaiser zur Hülfe. Ebenso dachte Theobald von Blois, der noch so eben erst mit seinem Oheim dem Könige von England gegen Ludwig im Kriege gestanden hatte, jetzt aber zuerst seine Pflichten gegen das Vaterland erfüllte. Ganz Frankreich stand bei Reims in den Waffen, um den Angriff des Kaisers abzuwehren.

Vermessenheit wäre es gewesen, wenn sich Heinrich mit einem solchen Heere hätte messen wollen. Sobald er die Rüstungen in Reims erfuhr, trat er den Rückzug an; nur bis Metz war er gekommen, die französischen Grenzen hatte er nicht überschritten. Acht Tage lang hatte

Ludwig den Angriff erwartet, dann löste auch er sein Heer wieder auf; denn auch von dem König von England hatte er Nichts mehr zu befahren, da derselbe, auf den Widerstand des Grafen Amalrich stoßend, ebenfalls bereits den Angriff aufgegeben hatte. Um die Mitte des August verstummte der Kriegslärm um Reims, ohne daß nur die Schwerter gezogen waren. König Ludwig und die geistlichen Herren, welche keinen Angriffskrieg gegen den Kaiser beabsichtigten, konnten ihre aufgeregten Schaaren nur mit Mühe von Verheerungen der deutschen Grenzländer abhalten.

War das Unternehmen an sich in Deutschland unbeliebt gewesen, so steigerte der traurige Ausgang noch den Unmuth. Man tadelte, daß der Kaiser im Dienste Englands auf Kriegsabenteuer ausziehe, während die inneren Zustände noch so sehr seiner Sorge bedürften. Wenn sich der Landfriede nicht herstellen ließ, maß man wohl ihm allein die Schuld bei, obwohl er noch auf dem letzten Reichstage zu Bamberg sich ernstlich um die Sicherung der Ruhe bemüht hatte; mit größerem Rechte konnte man ihm vorwerfen, daß er den Kirchen und weltlichen Herren trotz der eingegangenen Verpflichtungen ihr Eigenthum noch immer vorenthielt. Auch in den inneren Angelegenheiten des Reichs höre der Kaiser, meinte man, zu sehr auf die Rathschläge seines englischen Schwiegervaters, dessen Regiment als ein hartes, namentlich dem Adel und der Geistlichkeit gegenüber, verschrien war. Der Kaiser hatte große Schätze aufgehäuft; man erzählte sich, daß er zur Mehrung derselben auf den Rath seines Schwiegervaters, eines gleich emsigen Sammlers, sogar eine allgemeine Reichssteuer einzuführen beabsichtige.

Zu den Unzufriedenen gehörten unzweifelhaft auch die staufenschen Brüder, welche es nicht verschmerzt zu haben scheinen, daß der Kaiser das Herzogthum in Ostfranken ihrem Hause wieder entzogen hatte. Seitdem zeigten sie eine entschiedene Hinneigung zu dem Theil der Geistlichkeit, welcher sich mit dem Kaiser nicht aussöhnen wollte. Konrad bereute öffentlich seine früheren Fehler und that das Gelübde eines Kreuzzuges; er scheint es auch gelöst zu haben, obwohl es darüber an bestimmten Nachrichten fehlt. Friedrich hatte bereits gegen den Kaiser in dem Würzburger Bischofsstreite Partei genommen, in ähnlicher Weise mischte er sich jetzt in ärgerliche Händel, welche der Kaiser mit der Stadt Worms und ihrem Bischof hatte.

Worms war dem Kaiser durch das Würzburger Abkommen zugesprochen worden, und auch nach dem hergestellten Frieden hatte er die Stadt an Bischof Burchard nicht ausgeliefert. Der Kaiser muß die Bürger, welche ihm mehrfach Beweise einer abgeneigten Gesinnung gegeben, übel heimgesucht haben; denn sie mißhandelten einige seiner Günstlinge, welchen sie besondere Mitschuld an jenen harten Maßregeln beimaßen. Seitdem war Fehde zwischen den Wormsern und den Leuten des Kaisers. Um den Trotz der Bürger zu brechen, baute Heinrich nördlich von der Stadt bei Kloster Neuhausen eine Burg und belästigte durch deren Besatzung vielfach die Wormser. Als nun diese Besatzung mit gegen Frankreich ausgezogen und die Burg unvertheidigt war, fielen die Wormser plötzlich über diese her, zerstörten sie und riefen zugleich auf Antrieb Herzog Friedrichs Bischof Burchard in die Stadt zurück. Sie freuten sich nicht lange ihres Triumphs. Denn sobald der Kaiser heimkehrte, stellte er die Burg her und belagerte Worms. Trotz manuhafter Gegenwehr mußte sich die Stadt nach einem mißglückten Ausfall ergeben und mit 2000 Mark Silber ihre Empörung büßen; Bischof Burchard mußte von Neuem die Mauern derselben verlassen. Herzog Friedrich söhnte sich gleich nach Worms Fall oder doch wenig später wieder mit dem Kaiser aus.

Nur die Angelegenheiten des Westens scheinen noch den Kaiser bekümmert zu haben; unseres Wissens ist er auf das diesseitige Rheinufer nie mehr zurückgekehrt. Im Winter nahm er einen längeren Aufenthalt in Straßburg, wo er auch das Weihnachtsfest feierte. Eine furchtbar schwere Zeit war über die Länder des mittleren Europas eingebrochen. Auf einen überaus harten Winter war ein trauriges Frühjahr und ein stürmischer Sommer gefolgt; vollständiger Mißwachs und Viehseuchen hatten sich als die nächste Folge, eine entsetzliche Hungersnoth als die weitere gezeigt, — und wieder trat der Winter früh mit ungewöhnlicher Strenge ein. Die Sterblichkeit war bei solcher Noth so gestiegen, daß man an vielen Orten die Todten nicht mehr bestatten konnte. Auch um den Kaiser sah es trübe aus, doch hatten sich viele Fürsten aus den überrheinischen Gegenden, namentlich aus dem oberen Lothringen, dem Elsaß und den burgundischen Gegenden an seinem Hofe eingefunden. Die Angelegenheiten Burgunds scheinen damals zuerst Heinrich ernstlich beschäftigt zu haben; der Erzbischof von Besançon, der Bischof von Genf, Bischof Gerald von Lausanne, Herzog Konrad von Zähringen, die Gra-

fen Wilhelm von Burgund, Adalbert von Habsburg, Rudolf von Lenz-
burg und andere Herren aus jenen Ländern waren am Hofe. Auch
mehrere vornehme schwäbische Herren diesseits des Rheins hatten den
Kaiser aufgesucht, unter ihnen Herzog Friedrich und Graf Burchard von
Zollern.

Das Osterfest des Jahres 1125 (29. März) feierte der Kaiser zu
Lüttich, wo bereits Albero, Herzog Gottfrieds Bruder, als Bischof allgemein anerkannt war. Auf einem Hoftage daselbst traf der Kaiser neue
und strenge Maßregeln zur Aufrechthaltung des Landfriedens. Wir besitzen ein Schreiben von ihm, worin er Erzbischof Gottfried von Trier
auffordert mit aller seiner Macht den Gewaltthaten zu steuern, welche
sich Wilhelm, der Sohn des ehemaligen Pfalzgrafen Siegfried*), im
Trier'schen erlaubte. Auch hier, wie in den oberen Gegenden, wird der
Kaiser Nichts unterlassen haben, um jenseits des Rheins an sich zu
ziehen, was sich eben ziehen ließ.

Was bezweckte diese Thätigkeit in den westlichen Theilen des Reichs?
Fürchtete der Kaiser einen Angriff von Frankreich? Oder wollte er selbst
mit größerer Macht das Unternehmen erneuern, welches er wegen un-
zureichender Ausrüstung im vorigen Jahre aufgeben mußte? Die Folge
ist die Antwort auf solche Fragen schuldig geblieben; denn schon war
die Zeit, wo allen Sorgen und Mühen Heinrichs ein Ziel gesetzt ward,
nahe herangerückt.

Heinrichs V. Ende.

Des Kaisers Tage waren gezählt. Schon als er nach Ostern in
Aachen Hof hielt, befielen ihn so heftige Schmerzen, daß er sich länger,
als er beabsichtigt, dort aufhalten mußte. Ein krebsartiges Leiden,
welches er von Kindheit an gehabt haben soll, aber sorgfältig verheim-
lichte, nahm überhand, und er begann selbst die Gefahr zu erkennen, in
welcher sein Leben schwebte. Am 14. April machte er noch dem Pfalzgrafen Otto von Wittelsbach zu Aachen wegen der oft bewiesenen Dienst-
fertigkeit desselben eine bedeutende Schenkung in Oberfranken; es war
unseres Wissens die letzte Gunst, welche er einem seiner Getreuen erwies.

---

*) Wilhelm war der zweite Sohn Siegfrieds; der ältere Bruder, welcher den
Namen des Vaters führte, war im Jahre 1124 gestorben.

Trotz seiner schweren Leiden machte sich der Kaiser dann doch auf den Weg nach Nymwegen. Am 7. Mai war er in Duisburg, wo der Abt von S. Marimin in Trier vor ihm schwere Klagen über Beeinträchtigungen seines Klosters durch den Pfalzgrafen Gottfried erhob. Acht Jahre lang hatte sie der Abt unaufhörlich vergebens erneuert: jetzt fand er Gehör, und zugleich gab der Kaiser selbst Alles zurück, was er oder seine Ministerialen dem Kloster entzogen hatten. Er that dies, wie er selbst in der darüber ausgestellten Urkunde sagt, im Angesicht des Todes; unter der Furcht vor dem jüngsten Gericht versprach er jetzt zugleich auch alles andere Kircheneigenthum auszuliefern, welches noch in seinen Händen war. „Weil wir von so schwerer Krankheit befallen sind," heißt es in der Urkunde, „daß wir keine sichere Hoffnung auf dieses zeitliche Leben mehr setzen können, versprechen wir vor Gott allen Kirchen in unserem Reiche, welche von uns oder den Unsrigen ihres Eigenthums beraubt sind, von heute an ihre Güter getreulich zurückzustellen, wenn uns Gott das Leben erhält. Sollte er uns aber plötzlich von der Welt abrufen, so daß wir dieses Versprechen nicht selbst erfüllen können, so überlassen wir nicht nur dem Papst und den anderen Bischöfen, in deren Sprengel entfremdetes Gut liegt, die Kirchenräuber mit dem geistlichen Schwerte zu züchtigen, sondern übertragen auch unserem Nachfolger und allen Fürsten des Reichs diesen unseren Willen in Ausführung zu bringen." So schloß Heinrich seinen letzten Frieden mit der Kirche und mochte mit erleichtertem Herzen den Weg bis Nymwegen fortsetzen.

Dieselbe Straße wandelte er zu seinem Todtenbette, wie sein Ahnherr Kaiser Konrad. Gleich jenem ging auch er von Rymwegen nach Utrecht, um dort das letzte Pfingstfest (17. Mai) zu feiern. Aber es gab keine Festfreude mehr; die Krankheit des Kaisers steigerte sich mit jedem Tage, und bald schien es hohe Zeit, daß der Sterbende seine letzten Anordnungen treffe. Seine Gemahlin war seit Monaten nicht von seiner Seite gewichen; auch Friedrich von Schwaben, der nächste Verwandte, eilte nun herbei. Mit ihnen und den anwesenden Fürsten sprach der Kaiser über den Zustand des Reichs und traf Bestimmungen über die Zukunft desselben, so weit er darüber noch zu bestimmen hatte. Die Krone und die Reichsinsignien übergab er der Obhut seiner Gemahlin und befahl dieselben zu Trifels aufzubewahren, bis die Wahl seines Nachfolgers bewirkt sei. Den Schutz seiner Gemahlin und die

Sorge für sein Hab' und Gut vertraute er Herzog Friedrich an, in dem er wohl nicht nur den nächsten Verwandten, sondern auch den Erben des Kaiserthums sah.

Nachdem Heinrich sich der letzten Sorgen der Herrschaft und des Lebens entledigt hatte, empfing er die Sterbesacramente und hauchte am 23. Mai, am Sonnabend nach Pfingsten, den letzten Athem aus. Er hatte sein Leben auf 43 Jahre gebracht, 26 Jahre den königlichen Namen getragen, 14 Jahre den kaiserlichen ihm so oft bestrittenen Titel geführt. Da seine Ehe mit Mathilde kinderlos geblieben war, starb mit ihm der Mannsstamm eines Geschlechts aus, welches seit den Tagen Ottos des Großen in unserer Geschichte geglänzt hatte. An derselben Stelle, wo der erste Kaiser dieses Hauses geendet hatte, war auch dem letzten das Ende beschieden. Nicht so unähnlich, wie es scheinen könnte, war Heinrich, der Vielgeschmähte, jenem hochgepriesenen Konrad — aber die Zeiten waren andere geworden. Jener wurde vom Glück auf eine ungeahnte Höhe erhoben; seinen Nachkommen blieb das Glück nicht treu, und mindestens dieser letzte wäre auch der Gunst desselben kaum würdig gewesen.

Neben seinen Ahnen in Speier, wo auch sein unglücklicher Vater nun in Frieden ruhte, wurde Heinrich V. bestattet. An einem stattlichen Geleit der Fürsten, an großen äußeren Ehren für den Todten fehlte es nicht, aber wenige Klagen sind an seinem Sarge laut geworden, wenige Thränen um ihn geflossen. Er war ein herzloser Mensch gewesen, der sich nirgends Liebe gewonnen hatte. Niemand wollte die Zeiten seines Regiments als glückliche preisen. Selbst Fürsten, die ihn mit Ausdauer unterstützt hatten, wie Herzog Heinrich von Baiern, Pfalzgraf Gottfried von Lothringen und Graf Berengar von Sulzbach bezeichneten unmittelbar nach dem Leichenbegängniß Heinrichs Regierung als einen Zustand der Unterdrückung für Kirche und Reich; sie baten Gott dem Abgeschiedenen einen Nachfolger zu geben, unter dessen Herrschaft nicht mehr Kirche und Reich im knechtischen Joche zu seufzen hätten, sondern sich gesetzlicher Ordnung erfreuen könnten. Ein strenges, aber nicht ungerechtes Urtheil sprachen diese Fürsten damit über Heinrichs Regiment aus.

Auffällig ist, daß wir in den gleichzeitigen Quellen so wenige Nachrichten über Heinrichs Persönlichkeit finden; weder von seiner äußeren Erscheinung, noch von seinen Lebensgewohnheiten und seinem Verhalten im Kreise der ihm zunächst Stehenden erhalten wir Kunde. Fast scheint es, als ob man die Nähe des Despoten scheute und bei ihm wenig Interesse an Dingen nahm, welche sonst so sehr bei den Mächtigen der Erde die Aufmerksamkeit fesseln. Wenn irgend ein Volk, hat das unserige, einen Abscheu gegen selbstsüchtige und finstere Tyrannen, und es hätte diesen Heinrich wohl gern, wenn es dies vermocht hätte, ganz vergessen; denn so leicht vergaß sich freilich nicht, was er erst an dem eigenen Vater, dann an dem Statthalter Petri gefrevelt hatte. Die Furcht vor ihm schlich noch lange umher. Weit verbreitet war noch nach Jahren die Meinung, daß er nicht gestorben sei, sondern sich durch Flucht nur den Blicken der Welt entzogen habe. In England erzählte man sich, daß er noch geraume Zeit in einer Wüste bei Chester als Klausner gehaust habe. In Burgund trat im Jahre 1138 ein Mensch, der lange als Einsiedler in Solothurn gelebt hatte, plötzlich mit der Behauptung hervor, daß er Heinrich V. sei, und gewann sich dadurch einen Anhang, dem mit den Waffen begegnet werden mußte. Nachdem der Betrüger entlarvt war, brachte man ihn in das Kloster Cluny und schor ihn zum Mönch; dort ist er gestorben. Ob die Furcht vor dem harten Kaiser fortlebte, das Volk hat nicht gern von ihm gesprochen. Keinen Kranz hat die Sage um seinen Namen gewunden, während sie für das Andenken seiner meisten Vorgänger sorgte.

Die Geschichte wird von den Freveln Heinrichs V. immer mit Abscheu berichten, aber zugleich wird sie bezeugen, daß er ein Mann hochstrebenden Geistes, festen Willens und rascher That war. Persönlichen Muth hat ihm Niemand abgesprochen, obwohl er kein glücklicher Kriegsmann war. Klugheit haben ihm selbst seine Feinde zugestanden, und beredter, als ihr Zeugniß, ist die nimmer rastende Furcht vor dem listigen Manne. Vieles ist Heinrich, dessen Ehrgeiz weiter als die Kraft reichte, freilich mißglückt, dennoch hat er den Frieden zwischen Reich und Kirche, den er während seiner ganzen Regierung erstrebte, zum Abschuß gebracht; geschah es nicht unter so vortheilhaften Bedingungen für das Reich, wie er sie erzwingen wollte, so doch unter günstigeren, als sich erwarten ließen. Im Besitz seiner kaiserlichen Macht, so viel sie ihm bestritten wurde, ist er gestorben; ihr früherer Glanz war getrübt, doch war sie noch immer geachtet. Heinrichs Ehrgeiz blieb unbefriedigt, aber das Reich war erhalten, und glücklich schien der Sterbliche, dem die große Erbschaft zufiel.

Die Kaiserin Mathilde verließ noch in demselben Jahre, wo ihr

Gemahl gestorben war, Deutschland. Sie war schön, klug und prangte in erster Jugendfrische: kein Wunder, daß man sie trauernd scheiden sah, daß noch später Manche über das Meer gingen, um ihr zu huldigen. Man sagt, daß auch sie ungern von unserem Boden schied, nur dem Willen des Vaters weichend, der sie zur Erbin Englands ersehen hatte. Nach dem Wunsche desselben schritt sie im Jahre 1129 zu einer zweiten Ehe und reichte ihre Hand einem viel jüngeren Manne, dem Grafen Geoffroy von Anjou. In Deutschland hat man Mathilde nie des Ehrgeizes geziehen; in England ist sie — die Kaiserin, wie sie hier sich nannte — nach dem Tode des Vaters im Streit um die Herrschaft auf Bahnen gerathen, auf denen Niemand ohne bittere Erfahrungen wandelt.

Nicht allein persönliche Herrschsucht, sondern auch die Pflichten der Mutter trieben Mathilde in den Kampf; denn während ihre erste unfruchtbare Ehe das Aussterben des fränkischen Kaiserhauses zur Folge hatte, wurde sie durch ihre mit Kindern gesegnete zweite Verbindung die Stammmutter eines Geschlechts, welches Jahrhunderte lang über England geherrscht hat. Ihrem Sohne Heinrich — nicht nur der Name, sondern auch die Sinnesart desselben erinnerte an ihren ersten kaiserlichen Gemahl — sicherte sie durch ihre Standhaftigkeit erst die Normandie, das Stammland ihres Geschlechts, dann bereitete sie ihm den Weg zum Throne Englands. Die wunderbarsten Abenteuer, die schwersten Verfolgungen hat sie mit männlichem Geiste bestanden, um dieses Ziel zu erreichen. Erst im Jahre 1167 ist Mathilde in der Normandie gestorben; die neue glänzende Erhebung des deutschen Kaiserthums in der Zeit Friedrichs des Rothbarts hat sie noch gesehen. Wenige Monate nach ihrem Tode ging eine andere Mathilde, die Tochter König Heinrichs II., die Enkelin der Kaiserin, nach Deutschland, um sich Herzog Heinrich dem Löwen zu vermählen; eine Ehe wurde geschlossen, welche Deutschland und England in engere Beziehungen zu einander brachte, als sich zu Heinrichs V. Zeiten gebildet hatten.

12.

Otto von Bamberg, der Apostel der Pommern.

Häufig ist im Verlauf des Investiturstreits der Name Ottos von Bamberg genannt worden. So oft sich eine Hoffnung zeigte den Streit zwischen Kirche und Reich auszutragen, tritt auch seine Persönlichkeit hervor. Er gehörte zu den deutschen Bischöfen, welche im Jahre 1106 Papst Paschalis zu einem Friedensconcil einladen sollten; im folgenden Jahre begleitete er die Gesandtschaft Heinrichs V. nach Chalons; im Jahre 1121 war er für das Würzburger Abkommen thätig und ging selbst nach Baiern, um die Zustimmung der dortigen Großen zu gewinnen. Als dann Lambert von Ostia mit den Friedensaufträgen Calixts II. kam, nahm er alsbald Ottos Mitwirkung in Anspruch, und wenn auch der Antheil desselben an dem Wormser Vertrag unbekannt ist, so war es doch in seiner Gegenwart zu Bamberg, wo erst das Friedenswerk zum letzten Abschluß gedieh. Von hier schickte Heinrich jene große Gesandtschaft nach Rom, welche der Welt die Herstellung der Einigkeit zwischen Kaiser und Papst darthat.

Ein Bischof, dessen Herz nur Friedensgedanken hegte, ist in jenen Zeiten des Streits eine seltene Erscheinung. Sie überrascht um so mehr, als Otto ein Mann lebhaften Geistes, energischer Thätigkeit war und gerade die Ideen der Reform ihn mächtig ergriffen hatten. Die Investitur mit Ring und Stab durch die Hand des Kaisers schien ihm ein Gräuel, und die Autorität des Nachfolgers Petri stand ihm weit über jeder anderen hienieden. Das engere Verhältniß Bambergs zu Rom galt ihm als ein besonderes Privilegium seiner Kirche, welches er zu allen Zeiten hoch hielt. So war er durch und durch Gregorianer, und doch kein Eiferer gegen das Kaiserthum. Nie vergaß er, daß Bamberg Alles einem Kaiser verdankte und er selbst kaiserlicher Gunst seine hervorragende Stellung zuzuschreiben hatte.

Allerdings war es die schwierigste Aufgabe, Gehorsam gegen Rom mit Dienstwilligkeit für den Kaiser in jenen Kämpfen zu verbinden, welche bisher während seines fast zwanzigjährigen Episcopats beinahe ununterbrochen Kirche und Reich in Verwirrung gesetzt hatten. Es konnte nicht fehlen, daß die Vorsicht, mit welcher er da jeden seiner Schritte bemessen mußte, ihn dem Verdacht der streitenden Parteien aussetzte. Mehr als ein Mal wurde er, der treueste Anhänger Roms, von den päpstlichen Legaten sogar mit Suspension vom Amte bedroht, und andererseits kam Heinrich V. selbst wiederholt nach Bamberg, um das Verhalten des Bischofs in der Nähe zu überwachen. Kaum läßt sich behaupten, daß Otto sich immer fleckenlos erhalten, der mächtigen Zeitströmung unverrückt widerstanden habe — dem alten Kaiser hat er in den letzten Tagen die Treue gebrochen und sich auch dem Sohne, als er im Jahre 1115 Erzbischof Adalbert zu Köln die Hand bot, mit Recht verdächtig gemacht — dennoch hat sich kein Anderer besonnener über den erhitzten Parteien gehalten, keiner mehr Charakterstärke unter tausend Fährlichkeiten gezeigt. So bewahrte er sich schließlich die Achtung Aller; so suchte man ihn, wenn man die Unbefangenheit finden wollte.

Wenn Otto Kämpfe mied, die sein Gewissen beunruhigten, so entfaltete er nichts desto weniger eine außerordentliche Thätigkeit; mit dem segensreichsten Erfolge wirkte er in dem Kreise, der ihm zunächst angewiesen war, in seinem Bisthum. Reichliche Arbeit fand er hier; denn trotz seiner glänzenden Stiftung war Bamberg unter Ottos nächsten Vorgängern sehr herabgekommen. Stets im Dienste des Kaisers, hatten diese sich wenig um ihren Sprengel bekümmert; die Einkünfte des Bisthums waren zum großen Theil für die Bedürfnisse des Reichs und Hofes verwendet worden. Viele Güter des Domstifts und der von Bamberg abhängigen Kirchen und Klöster geriethen bei der ungeordneten Verwaltung in fremde Hände; von den zerstreuten, zum Theil weit entlegenen Besitzungen des Bisthums erzielte man einen geringen oder gar keinen Ertrag. Als Otto in sein Bisthum einzog, war überall Verkommenheit und Verfall. Der im Jahre 1081 durch Brand zerstörte Dom stand noch mit seinen dachlosen Mauern und zerbröckelten Pfeilern als Ruine da; auch auf dem Michelsberg drohten die Klostergebäude den Einsturz. Die Zucht fehlte, wie unten bei den Domherren, so oben unter den Mönchen, die Studien lagen danieder, und eher schlimmer, als besser, stand es in anderen zu Bamberg gehörigen Abteien und Stiften.

Mit bewunderungswürdiger Umsicht ordnete Otto die verworrenen Verhältnisse; mit Glück legte er, wo Schäden zu beseitigen waren, die heilende Hand an. Im alten Glanze strahlte bald das Bisthum wieder, neues Leben ging von Heinrichs Stiftung aus. Von Kloster Michelsberg hat man gesagt: Kaiser Heinrich sei der Begründer, Bischof Otto der Hersteller gewesen; mit demselben Rechte ließe sich dies überhaupt von Bamberg behaupten. Wohl kam Otto zu Hülfe, daß der unter dem Regiment Heinrichs V. neu ausgebrochene innere Krieg den Bamberger Sprengel wenig oder gar nicht berührte, aber das Verdienst des Bischofs blieb, daß er die günstigeren Verhältnisse trefflich nützte.

Otto theilte die damals unter den deutschen Bischöfen weit verbreitete Neigung zu stattlichen Bauten und muß wohl selbst hervorragende Kenntnisse in der Architektur besessen haben, da sich Heinrich IV. seiner Dienste beim Speierer Dombau bedient hatte. Bald stiegen Bambergs Einkünfte so, daß sich Otto frei seiner Neigung hingeben konnte. Der Dom wurde hergestellt, erweitert, mit Malereien geziert, und Alles statt mit Holz nun mit Kupfer gedeckt, um einen neuem Brande vorzubeugen. Auf dem Michelsberg wurden die alten Gebäude niedergerissen und neue errichtet; Alles, was man fortan dort sah, war Ottos Werk, welcher die größten Summen auf die würdige Ausschmückung des Klosters verwandte, wo er einst seine Ruhestätte zu finden hoffte. Noch 14 andere Kirchen werden erwähnt, welche er auf den Besitzungen des Bisthums errichtete. Aber nicht auf die Kirchen allein, auch auf Gebäude zu weltlichen Zwecken war er bedacht. Hier und da richtete er Wohnhäuser für sich und seine Nachfolger auf den bischöflichen Gütern ein; sechs feste Burgen stellte er zum Schutze des Bisthums her, von denen namentlich die zu Pottenstein über der Wiesent später den Bambergern gute Dienste leistete; in Bamberg gründete er ein Hospital diesseits, ein anderes jenseits des Flusses, ebenso andere Pilger- und Krankenhäuser an anderen Orten.

Vor Allem war er jedoch auf die Stiftung neuer Klöster bedacht. Die entfernteren Besitzungen des Bisthums benutzte er vornehmlich zu diesem Zwecke, und 15 neue Klöster sind so entstanden, abgesehen von sechs Zellen, in welchen er die Keime zu weiteren selbstständigen Stiftungen sah. Es war genug, wie einer seiner Biographen sagt, für einen Bischof, ja für drei. In dem Bamberger Sprengel wurden die Klöster Michelfeld an der Pegnitz und Langheim bei Lichtenfels in der Nähe des Main, im Würzburgischen Aura bei Kissingen und das nahe Herrenaurach begründet; in der Regensburger Diöcese baute Otto sechs Klöster: Ensdorf an der Vils, Windberg bei Straubing, Mallersdorf südöstlich von Regensburg, Priefling an der Donau bei Regensburg, Mönchsmünster unweit Vohburg und in geringer Entfernung Biburg an der unteren Abens. In der Eichstädter Diöcese war er der Gründer des Klosters Heilsbronn bei Anspach, welches die fränkischen Hohenzollern später zu ihrer Familiengruft wählten*). In dem Passauer Bisthum verdankten ihm die Klöster Albersbach bei Vilshofen und Glinck an der Enns, im Patriarchat Aquileja Arnoldstein in Kärnthen die Entstehung. Selbst Sachsen erhielt durch Otto ein neues Kloster; es war Reinersdorf an der Unstrut bei Nebra im Halberstädter Sprengel.

Man wunderte sich, daß Otto so viel Geld auf die Gründung neuer Klöster verwende, da die Welt ohnehin an Mönchen und Nonnen Ueberfluß habe. Auf Vorstellungen, die ihm deshalb gemacht wurden, antwortete er: die letzte Stunde sei nahe, die Welt liege im Argen, und für Alle, welche aus derselben flüchten wollten, müßten Asyle beschafft werden; überdies wären mit dem starken Anwachsen des Menschengeschlechts auch die Klöster zu vermehren, zumal kein Bedürfniß sei die Population durch Begünstigung des ehelichen Lebens noch zu steigern. Daneben machte aber Otto auch einen anderen sehr praktischen Gesichtspunkt geltend. Die Klöster, sagte er, gediehen zur Zeit vortrefflich, ihre Wirthschaften blühten, und fromme Spenden gingen ihnen in Fülle zu: so brächten sie dem Bisthum zugleich Gewinn und Ehre. Deshalb sorgte er auch dafür, daß sie in unmittelbarer Beziehung mit Bamberg blieben, und behielt ihre Verwaltung scharf im Auge. In den inneren Ordnungen, welche Otto seinen neuen Klöstern gab, schloß er sich meist an die Cluniacenser an; er folgte hierin dem Beispiele Hirschaus, woher er auch Mönche berief. In einzelnen Klöstern führte er aber auch die Ordnungen der Cistercienser und Prämonstratenser ein; vielleicht hat ihn gerade die besondere wirthschaftliche Thätigkeit dieser erst jüngst entstandenen Orden hiezu bewogen. Otto wollte, daß alle zu Bamberg gehörigen Klöster eine eigene Congregation bilden und Aenderungen in ihren Einrichtungen nur nach gemeinsamem Beschluß aller oder wenigstens der Mehrheit vornehmen sollten; die von ihm beabsichtigte Congregation hat jedoch niemals Leben gewonnen.

War auch Otto selbst in seinen späteren Jahren weit mehr dem

---

*) Die ältesten Theile der neuerdings hergestellten Kirche gehören noch dem Baue Ottos an.

thätigen Leben, als wissenschaftlicher Beschäftigung zugewandt, so wollte er doch offenbar die Studien in seinen Klöstern nicht vernachlässigt sehen. Den Geschichtsschreiber Eckehard setzte er zum ersten Abt des Klosters Aura ein, und Wolfram, dem er das Kloster auf dem Michelsberg anvertraute, war wenigstens ein Freund und Gönner der Studien. Unter Wolfram und seinem nächsten Nachfolger gewann dieses Kloster eine für jene Zeit beträchtliche Bibliothek, welche die Mönche selbst durch fleißiges Abschreiben vermehrten. Auch eigene, nicht werthlose Arbeiten gingen bald von dort aus, namentlich wurde für das Andenken Ottos gesorgt.

Man kann sagen, daß Otto überall in dem Geiste handelte, in welchem Bamberg von Kaiser Heinrich gestiftet war. Es entsprach auch dem Gedanken der Gründung, wenn er die ihm gebotenen Mittel benutzte, um den deutschen Einfluß über die slawischen Länder im Osten zu erhalten und auszubreiten. Die Gegenden am oberen Main und der Pegnitz waren allerdings damals schon gründlich germanisirt; auch in das Egerland waren bereits deutsche Sprache und Sitte eingedrungen. Dagegen war in Böhmen während der inneren Kämpfe der deutsche Einfluß sichtlich gesunken, und wenn er nicht alle Bedeutung verlor, so war es in den letzten Zeiten besonders Otto zu danken gewesen. Kaum minder geachtet, als bei den Czechen, war der Name Ottos von Bamberg in Polen, und eigenthümliche Verhältnisse führten den fürstlichen Bischof zu einem äußerst folgenreichen Unternehmen in jenes Land zurück, welches er vor mehr als 40 Jahren schon einmal als ein wandernder Scholar betreten hatte (S. 722).

Otto hatte das sechzigste Jahr bereits überschritten, sein Haar war ergraut — und doch war ihm die größte That seines Lebens noch vorbehalten. Ein neuer, unendlich weiter Wirkungskreis eröffnete sich ihm in Jahren, wo Andere nur an die Ruhe des Lebens oder an die Ruhe des Grabes denken.

Im Jahre 1119 hatten die Kämpfe des tapferen Herzogs Boleslaw von Polen gegen die heidnischen Pommern aufs Neue begonnen. Es war dem Polenherzog endlich gelungen, den in den Netzegegenden mächtigen Pommernfürsten Svatepole ganz zu vernichten; darauf wandte er sich sofort gegen Herzog Wratislaw, dessen Herrschaft sich auf beiden Seiten der unteren Oder und ihrer Mündungen ausdehnte. Verheerend durchzogen die Polen die pommerschen Länder bis zur Meeresküste; weite Landstrecken wurden völlig verwüstet; die Bewohner flüchteten über das

Meer oder versteckten sich in den Wäldern. Ganz Pommern zitterte vor Boleslaw. Als er darauf im Winter 1120 auf 1121 wiederum einfiel und sein Heer über das Eis der Oder führte, um Stettin anzugreifen, als auch diese Stadt, welche als die erste und mächtigste Pommerns galt, sich ergeben mußte, und eine andere Burg, Nabam genannt, auf welche die letzten Hoffnungen Pommerns gesetzt waren, bald darauf fiel, unterwarf sich das Volk in seiner Verzweiflung dem polnischen Sieger, versprach ihm Tribut und die Annahme des Christenthums, die er vor Allem verlangte. Seitdem war Boleslaw unablässig bemüht, die christliche Kirche über Pommern zu verbreiten, aber in dem Klerus seines Landes fand er nicht Männer, welche Geschicklichkeit und Entschlossenheit für eine erfolgreiche Missionsthätigkeit besaßen.

Da erbot sich ein fremder Bischof, der sich am Hofe des Herzogs einstellte, zu dem schwierigen Unternehmen. Sein Name war Bernhard, und er gehörte dem Orden der Eremitenmönche an. Aus Spanien gebürtig, hatte er seinen Weg nach Rom genommen und war zum Bischof einer Stadt Italiens geweiht worden, in welcher er sich jedoch während des Schisma nicht behaupten konnte. So kehrte er in die Einsamkeit zurück, und hier erreichte ihn die Nachricht von den neuen Aussichten, welche sich im Norden der Mission eröffneten. Einem Jünger des h. Romuald konnte nicht unbekannt sein, was Brun von Querfurt und andere Brüder einst nach jenen Gegenden geführt hatte; Bernhard trieb es ihr Werk aufzunehmen und zu vollenden. Der Herzog mißtraute den Anerbietungen des ihm fremden Mannes, dennoch gab er ihm einen Führer und einen Dolmetscher, wie dieser wünschte, nach Pommern. Aber der unbekannte, machtlose, dürftige Prediger des Evangeliums fand nirgends williges Gehör; in Wollin, wo man die Schwere der polnischen Waffen noch nicht aus eigener Erfahrung kannte, war Bernhard sogar Mißhandlungen ausgesetzt und mußte das Weite suchen. Enttäuscht kehrte der Missionar nach Gnesen zurück und theilte dem Herzog seine traurigen Erfahrungen mit; nur ein hochgestellter Kirchenfürst, dessen glänzende Erscheinung und dessen Reichthum dem Volke Achtung einflöße, meinte er, könne dem Christenthum in Pommern zum Siege verhelfen.

Bernhard kam bald darauf nach Bamberg; es war im November 1122, als Heinrich V. dort gerade einen Hoftag hielt. Die Gelehrsamkeit und die merkwürdigen Schicksale des spanischen Bischofs erregten die allgemeine Aufmerksamkeit; besonders traten die Mönche auf dem Michelsberg dem fremden Bruder näher, und die neuen Ordnungen ihres Klosters sagten diesem so zu, daß er in ihrer Mitte seine Tage zu beschließen wünschte. Als Bernhard hier das Walten Ottos in der Nähe sah, wurde ihm klar, daß dieser Mann der rechte Apostel für Pommern sei. Aus seinen Gedanken machte er kein Geheimniß. „Du wirst," sprach er zu Otto, „ein unermeßliches Volk in das Land der Verheißung führen. Die harte und ungewohnte Arbeit darf dich nicht abschrecken; je heißer der Kampf, desto schöner der Siegeskranz." Solche Worte machten auf Otto Eindruck, und obwohl Bernhard durch die Eremitenmönche bald von Bamberg abberufen wurde, blieb seine Anwesenheit daselbst nicht ohne nachhaltige Folgen.

Nach kurzer Zeit ließ der Polenherzog, wohl nicht ohne Bernhards Einwirkung, eine dringende Einladung an Otto ergehen, seine Absichten für die Ausbreitung der Kirche zu unterstützen und die Mission in Pommern zu übernehmen; der Herzog erinnerte Otto an dessen frühere Verbindungen mit seinem Vater und bat ihn um Erneuerung der alten Freundschaft. Otto war schnell entschlossen der Aufforderung des Herzogs zu entsprechen. Unverzüglich sandte er Boten nach Rom, um die Erlaubniß zu der Missionsreise vom Papste zu erwirken; unbedenklich wurde sie ihm ertheilt. Der Herzog hatte alle Kosten der Reise zu tragen versprochen und außerdem Wegweiser, Dolmetscher, priesterliche Gehülfen zugesagt: dennoch machte Otto selbst die sorgsamsten Vorbereitungen. Aus dem Bamberger Klerus wählte er sich zuverlässige Begleiter, den Priester Udalrich von der Aegidienkirche, auf dessen Vorschlag einen jungen gewandten und im Schreiben geübten Mann, Sefrid mit Namen, den Diakon Hermann und Andere. Dann wurden Meßbücher, Meßgewande, Altargeräthe beschafft, um den Gottesdienst im fremden Lande mit allem Glanze zu feiern, wie auch die Kirchen, welche gegründet werden sollten, gebührend auszustatten. Endlich wurde für kostbare Kleider und andere in die Augen fallende Geschenke gesorgt, mit welchen sich Otto die Gunst der vornehmen Pommern zu gewinnen hoffte.

Während Otto die Vorbereitungen zur Reise traf, hatte der Kaiser einen neuen Hoftag nach Bamberg berufen: der Bischof mußte denselben abwarten. Da man seine häufige Abwesenheit vom Hofe, vielleicht auch seine Verbindung mit dem Polenherzoge beargwöhnte, zeigte er sich nur um so dienstwilliger gegen den Kaiser und die Fürsten; zugleich aber eröffnete er ihnen seine Missionspläne, und seine Absichten fanden allgemeine Billigung. Gleich nach Auflösung des Hoftags machte sich Otto auf die Reise; selbst eine schwere Erkrankung Udalrichs, welche diesen zurückhielt, hemmte den Bischof nicht mehr. Viele gaben ihm noch das Geleit bis zur Abtei Michelfeld, wo er noch einige Tage verweilte. In den ersten Tagen des Mai 1124 betrat er den Boden Böhmens. Gesandte des Böhmenherzogs Wladislaw empfingen ihn bei dem Kloster Klabrau und geleiteten ihn nach Prag, wo er von dem Bischof, dem Klerus und Volk feierlich eingeholt wurde; auch der Böhmenherzog selbst begegnete ihm auf seiner Burg Miletin mit großen Ehren. Ohne längeren Aufenthalt suchte jedoch Otto möglichst schnell die polnische Grenze zu erreichen, wo ihn Gesandte des Polenherzogs erwarteten und ihn über Nimptsch, Breslau und Posen nach Gnesen geleiteten. Auch hier wurde Otto überall ein festlicher Empfang bereitet.

Zweihundert Schritte kam Herzog Boleslaw barfuß mit seinen Großen dem Bischof vor Gnesen entgegen und geleitete ihn in den Dom, wo die Gebeine des h. Adalbert ruhten. Wie einen Heiligen ehrte der Herzog den deutschen Kirchenfürsten; mit größter Beflissenheit diente er ihm und seinem Gefolge. Einen längeren Aufenthalt machte Otto in Gnesen, wo er wahrscheinlich das Pfingstfest (25. Mai) feierte. Inzwischen rüstete der Herzog für die weitere Reise Ottos. Er gab ihm eine große Zahl von Dienern, welche der deutschen und wendischen Sprache kundig waren, befahl dreien seiner Kapellane zur Unterstützung des Bischofs die Reise mitzumachen*) und übertrug die Führung des ganzen Zuges dem Grafen Paulitius von Zantok, einem umsichtigen, entschlossenen und zugleich redefertigen Manne. Für Wagen, Pferde, Lastthiere, alle Reisebedürfnisse wurde reichlich gesorgt.

Der Weg führte durch einen Wald, dessen ungelichtetes Dickicht die Grenzscheide zwischen Polen und Pommern bildete. Nur mühsam brach man sich Bahn, die Wagen und Pferde blieben oft in dem Sumpfe stecken, Schlangen und wilde Thiere ängstigten die Durchziehenden. Mehrere Tage vergingen so unter großen Bedrängnissen und Sorgen;

---

*) Einer dieser Kapellane war ein Adalbert, der wahrscheinlich in Bamberg erzogen war und auf den Otto von Anfang an gerechnet hatte; er war später der erste Bischof von Pommern.

endlich lichtete sich die Waldung und man kam an einen Fluß, wo der Pommernherzog Wratislaw mit einem stattlichen Gefolge den Bischof und Paulitius begrüßte. Der Herzog war von dem Unternehmen Ottos unterrichtet und mit demselben durchaus einverstanden. Nichts lag ihm ferner, als dem Willen des mächtigen Polenherzogs neuen Widerstand zu bereiten; überdies neigte er sich im Herzen selbst dem Christenthum zu. In seiner Jugend war er als Gefangener in einem christlichen Lande getauft worden; hatte er auch dann, in die Heimath zurückgekehrt, wieder in den Tempeln der Götzen geopfert, so lebten die Erinnerungen christlichen Lebens doch in seiner Seele fort. Auch seine rechtmäßige Gemahlin war eine Christin, die ihren Glauben treu inmitten der Heiden bewahrte, wie manche Andere in seiner und ihrer Nähe. So war die Ankunft Ottos dem Pommernherzog hoch erwünscht, und die kostbaren Geschenke, welche ihm der Bischof machte, gewannen ihn vollends. Ein elfenbeinerner Stab entzückte ihn so, daß er ihn sogleich in Gebrauch nahm und mit demselben umherstolzirend ausrief: „Welchen gütigen Vater hat uns Gott gesendet, und wie prächtig sind seine Geschenke!" Wratislaw schied alsbald, aber er ließ Führer und Diener für Otto zurück. Unter dem Schutz des Polen- und Pommernherzogs ging die Reise weiter.

Der erste größere Ort, auf welchen man stieß, war Pyritz. Schon auf dem Wege dorthin wurden einige Pommern in Eile getauft; reicheren Gewinn erwartete Otto in der Stadt selbst. Man feierte dort gerade ein heidnisches Fest; eine große Menschenmenge war zusammengeströmt und schwelgte in Spielen und Gelagen. Als der Bischof sich gegen Abend der Stadt näherte, schollen Geschrei und wüster Lärm von dort herüber, so daß er sich doch unter die aufgeregte Menge zu treten scheute. Er blieb mit seinen Begleitern die Nacht im Freien vor den Thoren; nicht einmal Feuer zündete man an, um nicht Aufmerksamkeit zu erregen. Am anderen Morgen ging Paulitius mit den Gesandten des Pommernherzogs in die Stadt und verlangte ehrenvolle Aufnahme für den Bischof, der im Auftrage beider Herzoge käme, um das Christenthum zu predigen. Nach einigen Bedenklichkeiten entschloß man sich in Pyritz den Willen der Herrscher zu achten, und das Volk strömte sogar neugierig hinaus, um Otto und seine Begleiter einzuholen.

Auf einem freien Platze vor dem Stadtthore ließ Otto schnell von seinem Gefolge Zelte aufschlagen und eine Tribüne errichten. Im bischöflichen Ornate bestieg er dann die Erhöhung und verkündete unter Beihülfe eines Dolmetschers der versammelten Menge das Evangelium. Otto war ein Prediger, dem das rechte Wort zur rechten Zeit zu Gebot stand, aber gewiß größeren Eindruck, als seine Worte, machten auf das Volk die Würde und Anmuth, welche seine Erscheinung auszeichneten, und der ungewohnte bischöfliche Glanz inmitten eines zahlreichen klerikalen Gefolges. Viele erboten sich sofort den Glauben der Christen anzunehmen; den Erstlingen folgten Andere in großer Zahl.

Ehe die Taufe den Verlangenden zu Theil wurde, ließ Otto einen siebentägigen Unterricht und ein breitägiges Fasten eintreten. Die Taufe geschah in Tonnen, welche in die Erde gegraben und mit Wasser gefüllt wurden. Um bei der Handlung jeden Anstoß zu vermeiden, hatte er besondere Veranstaltungen getroffen: die Frauen, die Männer und Knaben wurden gesondert getauft, und jeder Täufling war durch Vorhänge den Blicken der Anderen entzogen. Gleich nach der Taufe salbte der Bischof die neuen Christen mit dem Chrisma. Noch heute zeigt man die Stelle, wo Otto damals getauft haben soll, und ein Brunnen, welcher an derselben fließt, trägt den Namen des Ottobrunnens; König Friedrich Wilhelm III. von Preußen hat dem Pommernapostel dort ein Denkmal errichten lassen. Die Neubekehrten zählten nach Hunderten, vielleicht nach Tausenden, so daß sich eine Gemeinde aus ihnen bilden ließ. So wurde sofort der Grund zu einer Kirche gelegt, in Eile nothdürftig Altar und Chor hergerichtet und vom Bischof geweiht. Zum Messelesen blieb ein Priester zurück, und die nothwendigen Altargeräthschaften empfing die neue, die erste Gemeinde in Pommern aus den Händen ihres Apostels.

Von Pyritz ging Ottos Reise nach Kamin, wo Herzog Wratislaw gewöhnlich seine Hofhaltung hatte und sich seine Gemahlin gerade damals aufhielt. Erfreut hatte sie von dem glücklichen Anfang der Mission in Pyritz gehört, festlich empfing sie Otto und seine Begleiter, als sie am 24. Juni in Kamin anlangten, und unterstützte dann unermüdlich ihre Bestrebungen. Von allen Seiten drängte man sich bald zum Unterricht und zur Taufe, so daß die Geistlichen oft in der Arbeit ermüdeten. Nach einiger Zeit kam auch Herzog Wratislaw nach Kamin und zeigte sich über den Fortgang der Mission sehr befriedigt. Er selbst und Mehrere aus seinem Gefolge, die früher bereits getauft, aber gleich ihm dem Glauben der Christen nicht treu geblieben waren, wurden nach geleisteter Genugthuung in die Gemeinschaft der Kirche zurückgeführt. Otto drang darauf, daß die pommerschen Herren der unter ihnen üblichen Vielweiberei entsagten; sie versprachen es, vor Allen der Herzog selbst, welcher vierundzwanzig Frauen neben seiner rechtmäßigen Gemahlin hatte. Auch in Kamin gründete Otto sofort eine Kirche, weihte Altar und Chor, stattete sie mit Meßgeräthschaften aus und gab ihr einen Priester; der Herzog widmete zum Unterhalt des Gotteshauses liegende Gründe.

Erst nach längerem Aufenthalt trennte sich Otto von dem herzoglichen Paare. Wollin sollte jetzt aufgesucht werden, und da die Reise dorthin zu Schiff zu machen war, übernahm der Herzog die Sorge für die Pferde, Wagen und das schwere Gepäck, welches der Bischof mit sich führte; ein angesehener Einwohner von Kamin wurde für die Ueberfahrt des Bischofs und seiner Begleiter zu sorgen beauftragt. Das Schiff landete glücklich an der Insel, doch besorgte der Führer einen Aufstand, wenn der Bischof am hellen Tage in die Stadt einzöge. Die Wolliner waren als ein rohes Schiffervolk verrufen; ihre Abneigung gegen das Christenthum hatten sie gegen Bernhard an den Tag gelegt, und die Mißhandlungen, welche der fremde Bischof hier erfahren hatte, waren noch nicht vergessen. Der Führer bat deshalb Otto das Dunkel abzuwarten; dann könne er sich mit seinen Begleitern unbemerkt in die Stadt nach dem herzoglichen Hofe begeben, wo er nichts zu fürchten habe, da derselbe als Freistätte gelte. Man that, was der Führer anrieth. Dennoch umringte die aufgebrachte Menge gleich am folgenden Morgen den Herzogshof und verlangte, daß die Christen die Stadt verließen. Man wollte den Hof stürmen und ließ sich nur durch Paulitius und die Gesandten des Pommernherzogs dazu bewegen, dem Bischof und seinen Priestern freien Abzug zu gewähren. Unter Todesgefahr, unter Drohungen und Schmähungen entkamen Otto und seine Begleiter aus der Stadt. Auf einer Brücke gingen sie über die seichte Divenow, auf deren anderem Ufer sie mitten zwischen Scheuern und Bauernhöfen dann ein Lager aufschlugen.

Auf die guten Tage waren schlimme gefolgt. Sollte Otto, wie einst Bernhard, die Mission aufgeben, weil man ihn zu Wollin beim ersten Anlauf zurückgewiesen und mißhandelt hatte? So leicht ließ er sich nicht entmuthigen. Er und Paulitius begannen vielmehr mit angesehenen Männern der Inselstadt in Unterhandlungen zu treten, bei benen man bie Rache burchblicken ließ, welche der Polenherzog an denen nehmen würde, die sich seinen Gesandten und seinen Absichten widersetzten. So brachte man es dahin, daß die Wolliner sich zur Annahme des Christenthums bereit erklärten, wenn die Stettiner ihnen vorangehen würden; wie in anderen Dingen, wollten sie auch hierin dem Beispiel der Hauptstadt folgen.

Sofort begab sich nun Otto mit seiner ganzen Begleitung zu Schiff nach Stettin. Erst gegen Abend gelangte man an, wahrscheinlich am 23. August; still zog man in die Stadt ein, ungefährdet gelangte man dort nach dem Herzogshofe. Am anderen Morgen gingen Paulitius und die Gesandten des Pommernherzogs zu den Vorstehern der Stadt und gaben ihnen kund, weshalb der Bischof gekommen sei. Diese wollten von einer Aenderung ihrer Verhältnisse Nichts wissen, und es war klar, daß Otto eher Hindernisse, als Förderung, bei ihnen finden werde. Dennoch wagte man nicht ihn auszuweisen, nicht einmal das Predigen wurde ihm verwehrt. Aber die Predigt wirkte Nichts, und der unfruchtbaren Arbeit müde faßte Otto nach einiger Zeit den Entschluß, Boten an den Polenherzog zu senden, um ihm die Hemmung des Missionswerks zu melden und um weitere Verhaltungsmaßregeln zu bitten. Das erfüllte die Stettiner, welche Ottos Absicht erfuhren, mit Besorgniß, und sie verlangten deshalb ebenfalls eine Botschaft an den Herzog abfertigen zu dürfen; sie seien bereit, erklärten sie, das Christenthum anzunehmen, wenn ihnen Boleslaw beständigen Frieden und eine Erleichterung des Tributs zugestehen würde. Paulitius bewilligte die Absendung von Boten und reiste selbst dann mit den Boten des Bischofs und der Stettiner nach Gnesen.

Inzwischen hörte Otto nicht auf sich vor der Menge zu zeigen. An den Markttagen, wo das Landvolk herbeiströmte, zog er mit seinem ganzen geistlichen Gefolge in feierlicher Procession unter Vortragung des Kreuzes durch die Straßen, und die Menge fand an dem ungewöhnlichen Schauspiel Gefallen, ohne sich jedoch weiter um den fremden Prediger zu bekümmern. Endlich gelang dem Bischof dennoch eine Bekehrung. Zwei schöne Jünglinge, Söhne eines reichen und angesehenen Mannes in der Stadt, Domuslaw mit Namen, wurden mit dem Bischof bekannt, kamen öfters in den Herzogshof und fühlten sich bald von der Würde und Freundlichkeit des fremden Mannes so angezogen, daß sie auch seiner Predigt ihr Herz nicht verschlossen. Sie wurden unterrichtet und am

25. October getauft, nachdem neun Wochen bereits Ottos Arbeit in Stettin eine vergebliche gewesen war, als er schon völlig an ihrem Erfolg zu verzweifeln anfing.

Die Jünglinge waren im Herzogshofe ohne Wissen der Eltern getauft und blieben dort auch während der folgenden Woche, in welcher sie die weißen Taufkleider trugen. Als die Mutter die Taufe erfuhr, — der Vater war auf einer Reise — eilte sie nach dem Herzogshofe; sie fand den Bischof mit seinen Geistlichen auf einem Rasenplatz vor dem Thore sitzend, ihre Söhne in den weißen Kleidern zu seinen Füßen. Da diese die Mutter erblickten, erhoben sie sich und eilten ihr voll kindlicher Freude entgegen. Ueberwältigt von ihren Gefühlen, brach die Frau ohnmächtig zusammen. Man hielt für Schmerz, was Uebermaß der Freude war. Sobald sie wieder ihrer Sinne mächtig war, umarmte und küßte sie ihre Kinder und rief aus: „Du weißt, Herr Jesu, daß ich sie in der Stille meines Herzens deiner Barmherzigkeit unablässig empfohlen und dich gebeten habe das an ihnen zu thun, was du nun gethan hast." Dann sprach sie zum Bischof gewendet: „Gesegnet sei dein Eingang in diese Stadt, denn ein großes Volk wird hier dein Eifer dem Herrn gewinnen. Siehe, ich selbst, die ich vor dir stehe, bin eine Christin, was ich bisher nicht zu gestehen wagte." In ihrer Jugend hatte man sie aus einem Christenlande geraubt und, da sie schön und von edler Abkunft war, einem vornehmen Manne vermählt. Otto war beglückt durch die Freude der Mutter und ehrte sie mit ihren Söhnen auf alle Weise. Die Jünglinge beschenkte er mit seinen goldgestickten Röcken, mit goldenen Gürteln und bunten Schuhen, die Mutter mit Pelzwerk.

Offen verkündete die Frau nun das Evangelium in ihrem Hause, und Alle in demselben nahmen die Taufe; die Söhne wurden die Evangelisten ihrer Altersgenossen, und nicht allein die Worte derselben wirkten, sondern auch die prächtigen Geschenke, bei welchen sie die Milde des Bischofs priesen. Die ganze Nachbarschaft wurde für Otto und seine Botschaft gewonnen. Schon drängte man sich zu dem Manne, welcher für die Gefangenen das Lösegeld gab, die Hungrigen speiste, die Nackten kleidete; Aehnliches hatte man zuvor im Pommernland weder gesehen noch gehört, am wenigsten von den Priestern der Götzen. Domuslaw vernahm, was in seinem Hause vorgegangen sei, erschrak und eilte heim. Aber als er mit eigenen Augen die große Umwandlung der Seinigen sah, brach auch sein Widerstand, und er nahm selbst die Taufe.

Alles hatte bereits in Stettin eine andere Gestalt gewonnen, als Paulitius und die Boten vom Polenherzog heimkehrten. Sie überbrachten ein Schreiben des Herzogs, welches den Stettinern streng ihren Ungehorsam verwies, zugleich aber eine Erleichterung der Lasten Pommerns, wenn man das Christenthum annähme, zusagte; nur 300 Mark Silber sollte das Land dann als jährlichen Tribut zahlen, bei einem Aufgebot des Polenherzogs nur der zehnte Hausvater ausrücken, dessen Ausrüstung die anderen neun zu leisten und dessen Hauswesen sie während des Kriegs zu bestellen hätten. Man frohlockte über die gute Botschaft, und nirgends begegnete Otto weiteren Schwierigkeiten.

Nun schien es Zeit, die Götzenbilder und Tempel in Stettin zu zerstören. Der letzteren gab es vier — die Pommern nannten sie Continen — und der angesehenste, dem Triglaw geweiht, lag in der Mitte der Stadt auf dem höchsten Punkt derselben; in ganz Pommern scheint diese Contine eine besondere Achtung genossen zu haben. Otto selbst legte mit seinen Genossen zuerst Hand an den Abbruch des Tempels, aber bald machten sich auch die Neubekehrten selbst an das Werk. Viele Weihgeschenke waren hier aufgehäuft: man bot sie dem Bischof an, aber er wies sie zurück und überließ sie den Stettinern. Für sich behielt er nur die drei vom Rumpfe getrennten Köpfe des Triglawbildes, welche er später dem Papste nach Rom übersandte. Wie die Hauptcontine, wurden auch die drei anderen niedergerissen und dem Erdboden gleichgemacht. In einer derselben hatte das schwarze Roß des Triglaw gestanden, aus dessen Tritt man den Erfolg der Kriege zu weissagen pflegte: das Thier befahl Otto jetzt außerhalb des Landes zu verkaufen, um dem Aberglauben ein Ende zu machen. Auch eine heilige Eiche wollte der Bischof fällen lassen, doch die Stettiner baten für die Erhaltung des schönen weitschattenden Baumes, und ihre Bitten fanden, als sie der heidnischen Verehrung desselben fortan zu entsagen versprachen, bei Otto Gehör.

Nach dem Sturz des Götzendienstes suchte Otto auch die heidnischen Sitten zu beseitigen: das Verkaufen der Kriegsgefangenen als Sklaven, die abscheuliche Sitte die neugeborenen Mädchen zu tödten und die in dem Volke weitverbreitete Vielweiberei. Vor Allem war Otto unermüdlich im Predigen, Unterrichten und Taufen. Zugleich wurde der

Bau zweier Kirchen begonnen. Die eine, in der Nähe des alten Triglawtempels belegen, empfing den Namen des h. Adalbert, des Vorgängers Ottos in der Mission; die andere vor dem Thore wurde den Aposteln Petrus und Paulus, den Schutzpatronen Bambergs, geweiht. Otto bestellte Priester für diese Kirchen und versah sie mit den Altargeräthen. Ganz Stettin schien eine christliche Stadt geworden; die Götzenpriester und ihre Anhänger verkrochen sich.

Schon war man in den Winter hineingekommen, und mit ungewöhnlicher Härte trat diesmal früh die rauhe Jahreszeit ein: dennoch wollte der Bischof in Stettin nicht Rast machen. Man lud ihn nach zwei benachbarten Burgen, welche Gresch und Lubin genannt werden*), und er kam, als man ihn rief, um auch hier Kirchen und Gemeinden zu gründen. Dann eilte er über das Haff nach Wollin, wo man nach der Bekehrung Stettins nun den Bischof feierlich einholte. Aller Widerstand der Götzenpriester war vergeblich; die Menge fiel dem Bischof zu, und Viele ließen sich alsbald taufen. Auch hier wurden die Continen zerstört, auch hier zwei christliche Kirchen begründet und Priester für dieselben bestellt; die eine abermals eine Adalbertskirche in der Stadt, die andere, St. Peter geweiht, vor dem Thore. Wollin hatte in Ottos Augen eine besondere Bedeutung für die Zukunft: er und Herzog Wratislaw hatten es zum künftigen Bischofssitz ersehen. Denn die Stadt lag, da auch Usedom, Wolgast, Gützkow und Demmin damals zum pommerschen Herzogthum gehörten, inmitten des Landes und bot nach allen Seiten über das Haff leichte Verbindungen. Der Gedanke ließ sich aber nicht sofort zur Ausführung bringen; auch mußte sich Otto schon jetzt die genannten westlichen Städte Pommerns zu besuchen versagen, da er es für seine Pflicht hielt bis zur Osterzeit nach Bamberg zurückzukehren.

Nach längerem Aufenthalt in Wollin ging Otto abermals nach Kamin hinüber. Von hier aus beeilte er sich noch Kolberg und Belgard auf seiner Missionsreise zu berühren. Auf dem Wege nach Kolberg kam er an einen schön gelegenen Ort, wahrscheinlich Klötikow an der Rega, wo sich vieles Volk zur Taufe drängte. Zur Feier des Sieges,

---

*) Man hält diese Burgen für Garz an der Oder und Lübzin am Dammschen See — sicher ist die Annahme nicht, aber in der Nähe Stettins müssen beide Orte gelegen haben.

welchen das Kreuz hier davongetragen, ließ er an der Stelle den Grund zu einer heiligen Kreuzkirche legen, ohne jedoch, wie es scheint, eine besondere Gemeinde zu gründen. Der Weg führte dann an einer großen zerstörten Burg vorüber, vielleicht das vorhin erwähnte Nabam, und durch eine in dem letzten Polenkriege völlig verwüstete Gegend. In Kolberg, wo schon vor Zeiten ein Bisthum bestanden hatte, welches aber völlig aus dem Andenken der Menschen entschwunden war, stieß die Mission zuerst auf Schwierigkeiten; denn die meisten Einwohner waren in Handelsgeschäften über die See gegangen und die zurückgebliebenen wollten in Abwesenheit derselben keine Neuerungen in der Stadt vornehmen. Der Widerstand wurde jedoch überwunden, eine nicht geringe Anzahl getauft, der Bau einer Marienkirche begonnen und ein Priester für sie zurückgelassen. In einer Tagesreise gelangte Otto dann nach Belgard, wo Alles willig dem Evangelium zufiel; eine Kirche zu Ehren aller Heiligen wurde begründet und ihr ein Priester gegeben. Hiermit war Otto an das Ende seiner Missionsthätigkeit gelangt und dachte nun an die Rückkehr nach seinem Bischofssitz an der Regnitz.

Auf demselben Wege, auf dem er bis Belgard gekommen, gelangte er wieder nach Wollin, wo er sich am 2. Februar 1125 von der neuen Gemeinde unter vielen Thränen verabschiedete; von dort eilte er nach Stettin und wahrscheinlich abermals über Pyritz an die Landesgrenze. Noch einmal hatte er auf dem Heimwege alle von ihm gegründeten Gemeinden aufgesucht und sie im Glauben gekräftigt. Er hinterließ ihnen eine Reihe von Satzungen, um den heidnischen Bräuchen ein Ende zu machen und die Neubekehrten an das kirchliche Leben der abendländischen Christenheit zu gewöhnen; Ottos Forderungen an die Pommern waren im Wesentlichen dieselben, welche jeder Bischof damals an die ihm kirchlich Untergebenen stellte. Die früher begonnenen Kirchen konnte Otto auf der Rückreise bereits weihen; sie waren meist in Eile nur nothdürftig aus Brettern zusammengeschlagen worden. Nirgends schied Otto ohne Thränen; überall geleitete ihn das Volk, wie seinen Wohlthäter.

Am Anfange der Fasten (11. Februar) standen Otto und seine Begleiter wieder an jenem großen Grenzwald, durch den sie nach Pommern gelangt waren. Auf dem schon bekannten Wege ging es nach Gnesen, wo Boleslaw seinen Dank aus vollem Herzen den Missionaren bezeigte. Großes war in der That gewonnen. Die Zahl der in Pommern Getauften berechnete man auf 22,166; in acht Städten waren

Gemeinden gegründet, und unter ihnen gerade in den Hauptplätzen des Volkes; elf christliche Kirchen hatte der Bischof geweiht und dem Gottesdienst übergeben.

Nach einigen Tagen verabschiedete Boleslaw reich beschenkt die Bamberger und ließ ihnen Geleit bis zur böhmischen Grenze geben. Als sie dann bei Prag vorbeizogen, lag Herzog Wladislaw in Todesnoth auf dem Wyschehrad. Bischof Otto war es, der dem Herzog die letzten Tröstungen der Religion spendete, ihn auf dem Sterbebette mit seinem Bruder Sobeslaw versöhnte. Noch vor dem Palmsonntag scheint Otto in seiner Diöcese zurückgekehrt zu sein. Den grünen Donnerstag und Charfreitag beging er im Kloster Michelfeld, am folgenden Tage langte er in der Vorstadt Bambergs an und übernachtete dort zu St. Gangulf, um am Ostermorgen (29. März) seinen feierlichen Einzug in die Stadt und den Dom zu halten. Es war den Bambergern ein doppeltes Osterfest; als sie ihren Bischof wiedersahen, war es ihnen, als ob Christus aus dem Grabe erstanden. In tiefster Andacht wurde das Hochamt gehalten und jubelnd das Hallelujah angestimmt. Alles drängte sich herbei, um den Segen des greisen Bischofs zu empfangen und seine Füße zu küssen. Preisend erzählte Otto von den großen Thaten Christi und der Bekehrung der Pommern, und das Feuer seiner Rede entzündete die Seelen Aller.

Einen kurzen Bericht über seine Missionsreise veröffentlichte Otto alsbald, in welchem er besonders die Forderungen darlegte, welche er an die Neubekehrten gestellt hatte. Es scheint nicht, als ob man in Deutschland in dem Augenblick, wo ein Kaiserhaus im Aussterben war, die That Ottos nach Gebühr gewürdigt habe: dennoch war sie von der außerordentlichsten Bedeutung und hat die segensreichsten Folgen gehabt. Seit einem Jahrhundert lag die Mission ganz darnieder; das Christenthum war sogar in Gegenden, wo es bereits den Sieg gewonnen, wieder von dem Götzendienst verdrängt worden. Der Bamberger Bischof war es gewesen, der die Mission aufs Neue belebte, und nun ging sie unaufhaltsam ihren Gang, bis auch die letzten Reste des Heidenthums im Abendlande vertilgt waren. Nachdem der Götzendienst bei den Pommern vernichtet war, blieb es nur eine Frage der Zeit, wann alle wendischen Völker in die christliche Kirche eingehen würden. Allerdings war dieser Götzendienst längst nur eine hohle Form — Ottos schnelle Erfolge ließen sich sonst kaum erklären — aber auch das erforbert Muth, mit fester Hand die leere Form zu zerschlagen und den hohlen Schatten, vor dem Andere erschrecken, beim Namen zu rufen, um ihn für immer zu bannen. Otto zeigte, daß das Heidenthum hinfällig sei und wie es zu Fall gebracht werden könne; Andere haben bann von ihm gelernt.

Bischof Otto war ein Nachfolger Ottos des Großen in der Mission des Ostens. Aber nicht mit dem Schwert hat er das Christenthum den Pommern aufgezwungen, sondern sie mit der Predigt und vielleicht noch mehr mit Werken der Liebe und Güte gewonnen. Das Werk des Bischofs ist dauernder gewesen, als das des waffenmächtigen Kaisers. Auch ein Nachfolger des h. Adalbert und der ihm geistesverwandten Eremitenmönche war Otto von Bamberg und ist sich dessen bewußt gewesen. Dennoch hat er nicht im Sinne jener Männer, denen immer die Krone der Märtyrer vor den Augen schwebte, sein Werk begonnen und durchgeführt. Ihm lag an dem Erfolge, den jene gering anschlugen; er wandte sich dem Volke, welches er bekehren wollte, freundlich zu, während jene sich von der argen Welt loszusagen schienen. Was sie und jener Bernhard, ein später Nachzügler auf ihren Bahnen, nicht durchgesetzt, erreichte Otto und brachte dadurch auch Adalberts Namen zu neuen Ehren.

Gewiß hat Otto weltliche Mittel nicht verschmäht, um zu seinem Ziel zu gelangen, und gewiß sind sie von nicht geringer Bedeutung gewesen: dennoch hat die Liebe bei dem ganzen Bekehrungswerk mitgewirkt und ihm die Weihe gegeben. Sie ließ den alternden Mann alle Mühen der Reise ertragen, gab ihm stets frische Kräfte, hielt seinen Muth aufrecht, machte jedes Opfer ihm leicht. Seitdem er das Pommerland betreten, liebte er es; es schien ihm und seinen Begleitern so reich und gesegnet, daß ihm nur Wein, Oel und Feigen fehlten, um für das Land der Verheißung zu gelten. Auch die Art der Leute hat ihnen trotz aller Gräuel der Abgötterei gefallen; die Ehrlichkeit der Pommern, die Schloß und Riegel entbehrlich machte, ihre Gastfreundschaft, welche stets für den Fremden den Tisch gedeckt hielt, wußten die Bamberger zu rühmen. Otto soll wohl daran gedacht haben, unter den Pommern dauernd zu bleiben: wie aber hätte er sich von seinem Bamberg für immer losreißen können?

Und wie er Liebe dem fremden Volke entgegenbrachte, so erweckte er in ihm Neigung und Vertrauen. Selbst als die Götzenpriester noch einmal nach seiner Heimkehr aus ihren Winkeln hervorkrochen und seine Schöpfung vernichten wollten, bedurfte es nur seiner neuen Dazwischenkunft, um die Pommern dem Evangelium zu erhalten, um die bestehenden Kirchen zu schützen und neue zu gründen. Die Pommern haben immer Ottos als ihres Wohlthäters gedacht, und noch sein Grab war ihnen eine geweihte Stätte.

Als die Kaiser nicht mehr die Mission förderten, als die Päpste, mit ihnen im Streit um die Herrschaft, sich wenig um die Völker des Nordens, welche im Dunkel des Todes wandelten, kümmerten, nahm ein deutscher Bischof die Arbeit auf sich, welche die Kirche nie hätte aufgeben sollen, und führte das unternommene Missionswerk mit eben so viel geistlicher als weltlicher Klugheit durch. Wenn er sich dabei auch auf die Macht des Polenherzogs stützte, gleichsam im Dienste desselben stand, so handelte er dabei doch ganz im deutschen Sinne, und deshalb ist Pommerns Bekehrung von Bamberg aus nicht nur für die Geschichte der christlichen Kirche, sondern auch für die Geschichte der deutschen Nation zu einem Ereigniß reichsten Segens geworden. Nicht einem polnischen Bisthum hatte Otto die neugegründeten Gemeinden unterstellt, sondern sie zunächst in unmittelbarer Beziehung zu Bamberg erhalten. Nach Ottos Tode erhielt Pommern ein eigenes Bisthum, doch auch dann ist die Verbindung der neubegründeten Kirchen mit Deutschland nicht unterbrochen worden; der erste Pommernbischof war Adalbert, des Apostels Freund und Begleiter.

Ottos That hat das Signal zu einer neuen Ausbreitung der deutschen Nationalität nach dem Nordosten gegeben, bei welcher sich diese dort dauernd befestigte. Mit Macht drang deutsche Sitte und Sprache nun über die Elbe, verbreitete sich weiter und weiter dort in den weiten Ebenen, an den Strömen entlang, rückte zugleich weiter und weiter hinauf an den Küsten der Ostsee. Durch und durch deutsch sind diese Gegenden heute, der Sammelpunkt deutscher Kraft und Macht. Das sind Nachwirkungen von Ottos Kreuzespredigt, nicht von jenen unglücklichen Zügen Heinrichs V. nach dem Osten, welche Deutschlands Ansehen nur schwächten.

Umblick.

Von Bamberg, Heinrichs II. gesegneter Stiftung, kehren die Gedanken noch einmal nach Speier zurück. Vollendet stand nun der Riesenbau des Doms da, wie ihn einst Kaiser Konrad gedacht, ein gewaltiges Denkmal für ihn und seine kaiserliche Nachkommenschaft. Ein rastloses, stets umherschweifendes, der Macht in der Weite der Welt nachjagendes Geschlecht, haben sie dort erst im Tode eine gemeinsame Heimath gefunden. Dahin wurden sie alle nach dem Ahnherrn in die Gruft getragen, wo die Wogen des Rheins an dem stolzesten Werke vorüberrauschten, welches bisher deutsche Hände errichtet hatten. Und wohl Wenige sind seitdem den Strom herabgefahren, die nicht zu jenem Dome aufgeschaut und dabei derer gedacht hätten, die ihn gebaut und ihre Ruhestätte in ihm erhalten haben.

Erinnerungen erwachen da, welche die Brust heben; Erinnerungen an jene große Zeit, wo das deutsche Kaiserthum von Sieg zu Sieg schritt, sein Gebiet sich nach allen Seiten erweiterte, wo der deutsche Name gleichbedeutend mit Herrschaft war, wo Deutschland fester zu einem einigen Reich verbunden war, als jemals zuvor oder nachher. Noch einmal schien die Macht Karls des Großen zu erstehen, noch einmal sich das Abendland der Kraft fränkischer Herrscher willenlos zu unterwerfen; das Kaiserthum war nahe daran, in Wahrheit zu werden, was es bisher nur in der Idee gewesen war — eine allumfassende, allbeherrschende, Alles zwingende Macht. Danach hat Konrad, danach haben seine Nachkommen getrachtet, und sie waren Männer festen Willens und entschlossener That. Klugheit und Muth waren in dem Geschlechte erblich, dabei ein starrer und strenger Sinn, der sich bei dem Letzten bis zu tyrannischer Härte steigerte — aber das Glück hat Konrad nur seinem Sohn vererben können. Mißgeschick über Mißgeschick trafen den Enkel und die späteren Nachkommen, und der Speierer Dom erweckt zugleich die traurigsten Erinnerungen unserer Geschichte. Er mahnt an die Tage schmählicher Demüthigung des Kaiserthums, der Zerrissenheit deutscher Nation, an den Bürgerkrieg eines halben Jahrhunderts, an lange Leiden nach kurzer Herrlichkeit. Konrads Dom ist vollendet, aber die Kaiserherrschaft, wie er sie anstrebte, ist nicht zu Bestand gekommen; die Letzten seines Hauses hatten um die Erhaltung nur des kaiserlichen Namens zu kämpfen.

Aber der kaiserliche Name blieb — und blieb der erste der Welt. Nach wie vor bezeichnete er den Gipfel irdischer Hoheit, und selbst die erworbenen Rechte wurden ihm im Ganzen vermindert erhalten. Weder dahin hatten es die Päpste gebracht, daß das Kaiserthum in Vergessenheit fiel, noch daß sich die Kaiser als ihre Vasallen bekannten. Dennoch hatten sie eine Wunde der Kaisermacht geschlagen, die nie mehr ganz zu verwinden war, und zugleich hatte der Investiturstreit eine gewaltige Revolution in allen Verhältnissen der abendländischen Welt herbeigeführt, welche vor Allem die Fundamente des Kaiserthums unterhöhlte, sein Ansehen schwächte.

Die materielle Kraft der früheren Kaiser hatte hauptsächlich in den außerordentlichen Hülfsmitteln gelegen, welche ihnen das deutsche Königthum bot. Daß ihnen die deutschen Stämme fester zu einem Reiche und Volke zu verbinden gelang, als es bisher geglückt war, daß sie dadurch Heere von unvergleichlicher Kriegstüchtigkeit in jedem Augenblick in das Feld stellen konnten, machte sie nach allen Seiten furchtbar und siegreich, dehnte ihre Herrschaft weit über die Grenzen deutscher Zunge aus, erhöhte ihren Thron über jeden anderen Europas. Und die Erfolge außen steigerten zugleich ihre Macht in Deutschland: die unbotmäßigen Großen wurden zum Gehorsam zurückgeführt, ein Aufstand nach dem anderen niedergeworfen, mehr und mehr traten die Stammesunterschiede hinter der Reichseinheit zurück, die geistlichen und weltlichen Fürsten des Reichs waren bald nicht viel mehr, als die Vollstrecker der Befehle der Kaiser, ihre Heerführer im Kriege, ihre Beamten im Frieden, ihre Berather in den Reichsgeschäften. Wie viel Einfluß die Kaiser diesen Fürsten auf ihre Entschließungen auch einräumen wollten oder mußten, sie selbst waren doch die Herren des Reichs, und der Name des Reichs bezeichnete nur ihre eigene Macht.

Wie war das Alles verändert, seitdem das Papstthum die Waffen der Fürsten und des gläubigen Volkes gegen die Kaiser gewendet und einen langjährigen inneren Krieg in Deutschland entzündet hatte! Offen trennten sich da die Fürsten vom Kaiser, entsetzten ihn und reichten einem und dem andern aus ihrer Mitte, der sich ihren Bedingungen fügte, die Königskrone. Schon wird ausgesprochen, daß eine Herabwürdigung des Reichsoberhaupts ein heilbarer Schaden, die Beeinträchtigung der Fürsten dagegen des Reichs Untergang sei. Um den aufständigen Großen zu widerstehen, muß sich nun der Kaiser eine Partei bilden, welche ihn fast mehr beherrscht, als er sie, und als der schwere Streit endlich durchgekämpft wird, haben sich die Stämme wieder weiter vom Reiche entfernt, und mit dem neuerwachten Stammesbewußtsein hat auch das Herzogthum eine neue Bedeutung gewonnen. Das Herzogthum ist zugleich, wie es die Grafschaft schon früher war, factisch erblich geworden, und die Bisthümer werden nicht mehr durch kaiserliche Ernennung, sondern hauptsächlich durch die Wahl der Kapitel besetzt. So hat das deutsche Fürstenthum neben der kaiserlichen Macht eine freiere, selbstständigere Stellung gewonnen. Kaum kann man die Fürsten noch als Beamte des Kaisers ansehen, ihr Verhältniß zu ihm wird fast nur noch nach dem Lehnsrecht beurtheilt; auch die Bischöfe bemessen nur danach ihre Pflichten gegen den weltlichen Herrn. Die Fürsten sind in Wahrheit weniger vom Kaiser abhängig, als er von ihnen; will er ihren Beistand gewinnen, so muß er zugleich ihre Interessen befriedigen. Schon beginnt man mehr in den Fürsten, als in dem Kaiser, das Reich zu sehen; schon spricht man von Kaiser — und Reich.

War das Verhältniß des Kaisers zu den Fürsten ein anderes geworden, so nicht minder zum Volk. Mit der Zersplitterung der alten Gaugrafschaften war die alte Gerichts- und Heeresverfassung in Auflösung gerathen. Das Lehnswesen gestaltete überall das alte Reichsrecht, die alten Volksrechte um; die Ordnungen des Feudalismus drangen in alle Lebensverhältnisse ein. Nicht mehr die freie Geburt bestimmte Rechte und Pflichten des Mannes, sondern seine Stellung im Heerschild, d. h. ob er lehnsfähig war und von wem er seine Lehen empfing. Freiheit ohne Lehen und Ritterleben hatte kaum noch einen besonderen Werth, erlaubte wenigstens keine unmittelbare Theilnahme mehr an den Angelegenheiten des Reichs. Nur hinter den Mauern der Städte fand die alte Gemeinfreiheit noch ein Asyl und wußte sich gegen die immer weiter um sich greifende Gewalt der Lehnsgrafen und kleinen Lehnsherren zu schützen. Die Bürger bewahrten mindestens die Waffenehre, welche der freie Bauer einbüßte. Noch einmal hat Heinrich IV. versucht die Bauernschaften zum Schutze des Kaiserthums aufzubieten, aber der Erfolg war traurig genug. Eine zahlreiche Klasse des Volks verlor allmählich ganz den Zusammenhang mit dem Reich oder stand doch, wenn sie in einem solchen verblieb, nicht mehr in der unmittelbaren Gewalt des Königs. Ueberall wurden Königsbann und Königsdienst durch den Dienst und die Gewalt der Lehnsherren beschränkt.

Wie sich der Reichsverband lockerte, wie das Verhältniß des Kaisers zum Volke ein loseres wurde, machte sich im Innern, wie nach außen fühlbar genug. Wir wissen, wie wenig dauernden Erfolg alle jene Bestrebungen der beiden letzten Heinriche hatten, um einen allgemeinen Frieden im Reiche aufzurichten; ihre Anordnungen richteten weniger aus, als die kirchliche Treuga Dei und die provinziellen Vereinbarungen einzelner Großen. Und mehr noch, als in Deutschland, sank die kaiserliche Autorität in den unterworfenen Ländern. War auch Heinrich V. durch die Erbschaft Mathildens der mächtigste Fürst der Lombardei geworden und schienen ihm damit neue Mittel zur Herstellung der kaiserlichen Herrschaft im Süden geboten, so fehlte doch viel daran, daß er Italien mit der Macht der Ottonen beherrscht hätte. Die Normannen erkannten in ihren ausgedehnten Gebieten im Süden der Halbinsel die Hoheit des Kaisers nicht an, der Papst fühlte sich wenigstens in Rom selbst als ein freier Herr neben dem Kaiser, und die Bürger der lombardischen Städte gehorsamten dem Reichsoberhaupt nur so weit, als es ihnen beliebte oder momentan ihre Botmäßigkeit zu erzwingen war. In Burgund bestand die königliche Gewalt, welche Konrad II. und Heinrich III. wieder geltend gemacht hatten, unter ihren Nachfolgern kaum dem Namen nach fort. In Ungarn war der deutsche Einfluß völlig vernichtet, in Polen durch den unglücklichen Krieg Heinrichs V. tief gesunken, in Böhmen wurde er von den einheimischen Fürsten nur als Mittel benutzt, um sich gegen Prätendenten zu schützen. Im Wendenland fürchtete man wohl den rührigen Sachsenherzog, aber ein kaiserliches Heer war seit Menschengedenken dort nicht mehr gesehen. Mit den Dänenkönigen hatten seit Svend Estrithsons Tode alle Verbindungen des deutschen Hofes aufgehört; selbst der kirchliche Zusammenhang des skandinavischen Nordens mit Hamburg-Bremen war von Papst Paschalis II. gelöst. Nur mit England waren durch Heinrichs V. Ehe wieder engere Beziehungen gewonnen, aber gerade sie hatten zu feindlichen Berührungen mit Frankreich geführt, bei denen sich zeigte, daß das französische Volk jetzt einem Angriff des Kaisers gegenüber geeinigt dastand und die kaiserliche Macht an der Westgrenze Deutschlands schon eine feste Schranke fand.

Aber das Kaiserthum der Ottonen hatte nicht bloß auf seiner kriegerischen Kraft und seinen äußeren Machtmitteln beruht, nicht minder lag seine Stärke darin, daß es sich zum Mittelpunkt aller kirchlichen und geistigen Interessen der abendländischen Christenheit gemacht hatte. Nur bei ihm fand die Kirche in ihrer Bedrängniß Beistand, nur von ihm wurde ihr Nothstand gebessert, nur von ihm das Papstthum in den Zeiten tiefster Herabwürdigung wieder zu Ehren gebracht. Alles kirchliche und christliche Leben suchte und fand in Wahrheit damals seinen Halt und Stützpunkt in der kaiserlichen Macht. Nicht einmal der äußere Bestand der Kirche war zuvor gegen die Angriffe der Heiden gesichert gewesen: erst unsere Kaiser haben jene Angriffe abgewiesen und dann dem Christenthum den Eingang in die Länder des Ostens geöffnet. Und jene mächtigen Schutzherren der Kirche waren damit zugleich die Förderer der Wissenschaft und Kunst gewesen; denn nur in dem Klerus hatten die in der Karolingischen Periode ausgestreuten Bildungskeime bei der Ungunst der Zeit nicht ganz erstickt werden können. Die höher gerichteten, die vorwärts strebenden Geister drängten sich um den Thron der Ottonen und fanden dort Förderung ihrer Absichten; die kaiserliche Macht hob sie, aber zugleich haben sie das Kaiserthum erhoben. Mochte dies Konrad II. nicht begreifen, sein Sohn besaß Verständniß dafür, und es gelang ihm noch einmal alle Fäden der geistigen Entwicklung im Abendlande zusammenzufassen, indem er eine große Reform der Kirche, wie sie allen hochgesinnten Männern der Zeit Bedürfniß schien, ernstlich in Angriff nahm.

Verhängnißvoll war, daß diese Reform nicht von einem Kaiser durchgeführt, sondern von dem Papstthum im günstigsten Moment ergriffen und in andere Bahnen gelenkt wurde. Als dann der Sohn und Enkel Heinrichs III. der Reform sogar einen unglücklichen Widerstand entgegensetzten, kam das Kaiserthum völlig aus der kirchlichen Strömung, welche es bisher getragen hatte, heraus und büßte damit zugleich die geistige Uebermacht in der abendländischen Christenheit ein. Hatte das Centrum der Kirche und Schule vor einem Jahrhundert in Deutschland gelegen, so gravitirten die geistlichen und geistigen Interessen der Völker Europas nun nach Rom; selbst die deutsche Kirche fühlte sich fortan mächtiger, als bisher, dorthin gezogen. Zwar hat es auch in der Folge nicht an Bischöfen und Gelehrten gefehlt, welche entweder Ueberzeugung oder Vortheil eng an die Kaisermacht fesselte, aber nicht mehr die Kirche selbst, sondern nur eine Partei in derselben knüpfte noch ihre Hoffnungen an die Nachfolger Ottos des Großen. Wie die äußeren Mittel der Herrschaft für das Kaiserthum nicht die alten blieben, so sank es auch von der geistigen Höhe, welche es in seinen Anfängen gewonnen hatte.

Das deutsche Kaiserthum hat die Entwicklung des staatlichen Lebens bei den anderen Nationen Europas nicht gehemmt, vielmehr sind unter seinem Schutz die Kräfte derselben im Stillen gereift. Es bedurfte nur einiger Gunst der Umstände und eines neuen geistigen Mittelpunkts, wie er sich jetzt im Papstthum darbot, um den stillen Bann zu brechen, in welchem die deutsche Uebermacht bisher die anderen Völker des Abendlandes gehalten, um sich völlig ihrer eigenen Kraft bewußt zu werden. Vor Allem traten die romanischen Nationen, längere Zeit zurückgedrängt, nun wieder glanzvoll in die Geschichte ein. Unter ihnen war der Gedanke der großen Kirchenreform zuerst aufgetaucht, sie hatten sich mit demselben zumeist durchdrungen, in den Zeiten der höchsten Gefahr hatten sie den Päpsten dann die Mittel zur Durchführung des großen Werks geboten — wie billig, theilten deshalb auch sie vornehmlich mit den Päpsten den Siegespreis. So gespalten sie waren, hatten sie in Rom doch wieder, wie vor Zeiten, einen gemeinsamen Mittelpunkt gefunden, und die geistliche Herrschaft des römischen Bischofs mochte ihnen weniger drückend erscheinen, als es einst der Despotismus der alten Imperatoren Roms gewesen war.

Wenn unter dem Einfluß der neuen Ideen die christlichen Reiche in Spanien neue Kräfte gewannen und die arabischen Herrschaften weiter zurückschoben, wenn sich bei den Christen jenseits der Pyrenäen im unausgesetzten Kampfe gegen den Islam ein freier und selbstbewußter Geist, zugleich voll ritterlichen Stolzes und geistlicher Devotion, in eigenster Art nun entwickelte, so berührte dies das deutsche Kaiserthum, welches nur ganz vorübergehend seine Aufmerksamkeit jenem äußersten Lande Europas zugewendet hatte, allerdings nur im geringen Maße: um so bemerklicher machten sich ihm dagegen die veränderte Lage der Dinge und der nationale Aufschwung in Frankreich und Italien.

Ein frisches Wehen des Geistes ging damals durch Frankreich; es war, als ob sich die Nation, aus langem Schlummer erwacht, in allen Sehnen und Nerven gestählt fühle. Ein mächtiger Thatendrang riß sie fort; nach allen Seiten strömten die Schaaren der französischen Ritter in die Weite hinaus und erfüllten Abendland und Morgenland mit dem Ruhm ihrer Kämpfe und Abenteuer. Wo sie ihr Lager aufschlugen, ob an der Themse oder am Tajo, vor den Thoren Salernos oder in den

schönen Ebenen von Palermo, am Euphrat oder Orontes, an der phö-
nicischen Küste oder im gelobten Lande, wurden sie Herren des Landes,
führten ihre kirchlichen Ordnungen und ihren Feudalstaat, ihre Sprache
und Sitte ein. Zu derselben Zeit, wo die deutschen Eroberungen in
Stillstand kamen, eilte der französische Adel von Sieg zu Sieg, breitete
seine Nationalität in glücklichen Kämpfen aus und nahm überall da
Stellung, wo die Entscheidung der wichtigsten Fragen für die Christenheit lag. Es war ein großer Moment in der Weltgeschichte, als die
Waffen des Occidents sich endlich wieder denen des Orients überlegen
zeigten, als das Christenthum überall den Islam zurückdrängte — und
die französischen Ritter waren es, welche damals Allen voran die Schlachten des Glaubens schlugen. Wo es den Kampf gegen die Moslems
galt, da haben ihn jene Ritter entweder allein auf sich genommen oder
als Vorkämpfer und Mitkämpfer den zunächst betheiligten Völkern zur
Seite gestanden.

 Einem ideal-phantastischen Ritterthum, wie es das französische zu
jener Zeit war, muß die Poesie auf den Fersen folgen. Die Ritter
lernten den Bänkelsängern Aquitaniens und der Provence ihre Gesänge
ab und bildeten die populären Weisen kunstreich weiter. Was in Leid
und Freude, in Liebe und Haß die Brust hob, vertrauten sie ihren Lie-
dern. Lebensfrisch, heißblütig, streitlustig riß ihr ritterlicher Sang die
Gemüther fort und bald fehlte das Beste zur Festesfreude, wo der Sänger fehlte. Und schon gestalteten gelehrtere Meister im kühleren Norden
Frankreichs auch die alten Heldensagen, welche sich das Volk erzählte,
nach dem kirchlich-ritterlichen Geist der Zeit um; sie waren beschäftigt
den Romanen von Karl dem Großen und seinen Paladinen, von König
Arthur und der Tafelrunde, von den Abenteuern der nordischen Recken,
wie sie nachher in immer neuer Umgestaltung Jahrhunderte lang die
Phantasie der Menschen beschäftigt haben, zuerst festere Form zu geben.
Eine nationale Litteratur, neu und eigenartig, entstand so im Norden
und Süden der Loire; die Volkssprache machte sie weiteren Kreisen zugänglich, als bisher von den lateinischen Schriftwerken des Klerus erreicht waren; von Laien großentheils ausgehend, gewann sie auch die
Laienwelt für sich. Durch diese Poesie erhielt die französische Sprache
in ihren beiden Hauptdialekten zuerst eine kunstmäßige Ausbildung,
und schon wurde sie von den Ufern des Tweed bis zu Ländern am
Euphrat gesprochen. So weit die französischen Waffen reichten,

hörte man die Sprache der Franzosen; sie begann eine Weltsprache zu werden.

Den streitbaren Rittern Frankreichs stand ein nicht minder streitbarer Klerus zur Seite. Durch Berengar und Lanfrank war Frankreich wieder zum Mittelpunkt der theologischen und philosophischen Studien geworden; nirgends wurden die Fragen des Glaubens und Wissens eingehender, gründlicher und zugleich hitziger verhandelt, als in Paris. Dorthin strömten aus dem ganzen Abendlande junge Kleriker zusammen, welche eine höhere theologische Bildung suchten. Und wie wuchs erst die Zahl, als der kühne Peter Abälard aus der Bretagne dort auftrat, sich zwischen die habernden Parteien der Philosophen und Theologen warf und, rechts und links die Lehrsätze Anderer bekämpfend, der eigenen Ansicht zum Siege verhalf! Die Anwendung, welche er von der Dialektik auf die Glaubenssätze machte, war nicht nach dem Sinne der Kirchlichen, aber sie weckte die Geister und brachte ein bisher kaum geahntes Leben in die Schule; mochte sein System nicht geschlossen, mochte sein Charakter nicht der festeste sein, er lebte in dem Gedanken freier Wissenschaft und war ein begeisternder Lehrer. Die Verfolgungen, die er erlitt, steigerten nur den Eifer seiner Jünger. Als man ihm das Lehren in Paris unmöglich machte, ihm keine Zuflucht in einem Kloster mehr gewährte, zog er in eine Einöde bei Troyes. Am Rande eines Bachs baute er da mit eigenen Händen Bethaus und Klause, von Eichen überschattet und Rosen umkränzt. In Schaaren folgten ihm hierhin seine Jünger und führten eine steinerne Kirche auf, welche er dem Paraclet, dem heiligen Geiste, weihte. Unter Laubhütten wohnten bei ihm die Jünger des heiligen Geistes, ihre Speise waren die Früchte des Feldes, welches sie selbst bebauten. Eremiten der Wissenschaft, lebten sie in den Worten des Lehrers, welche sie dann in alle Welt hinaustrugen; der Glanz seines Namens verdunkelte bereits den aller anderen Gelehrten im Abendlande.

An Feinden konnte es Abälard um so weniger fehlen, als eine völlig andere Denkart schon seit langer Zeit tiefe Wurzeln in dem französischen Mönchthum geschlagen hatte. Nicht das Begreifen der Glaubenslehren war es, worauf es den Mönchen ankam, sondern das Leben und Wirken im Glauben. Nicht die Freiheit wollten sie, sondern die Unterwerfung unter christliche, nach ihren Vorstellungen besonders klösterliche Ordnungen. Auch sie wollten im Geiste leben, aber

Geistesleben war ihnen Ascese, Gebet, Verzückung. Auch sie waren kampfbereit, aber sie kämpften gegen das eigene Fleisch und die arge Welt, vor Allem gegen den verweltlichten Klerus. Von Cluny war der Kampf ausgegangen, und Jeder weiß, welche Erfolge die Congregation erreicht hatte. Noch war sie mächtig, wie keine andere im Abendlande, doch wollte man finden, daß sich in ihr bereits die Schwächen des Alters zeigten, daß ihr Eifer erkalte, daß sie selbst zu verweltlichen beginne.

Mit frischerer Kraft traten neue geistliche Orden ein, um den begonnenen Kampf gegen die Welt fortzuführen. Nach dem Vorbild der italienischen Eremitenmönche richtete der Kölner Bruno das Leben seiner Freunde ein, welche ihm in das von steilen Felsen überragte Thal La Chartreuse bei Grenoble folgten; im Jahre 1086 wurde so von ihm der Kartäuser Orden, in welchem die Ascese ihre strengsten Forderungen stellte, in das Leben gerufen. Im Jahre 1098 war es dann, daß ein Mönch aus der Champagne, Robert mit Namen, unweit Dijon das Kloster Citeaur anlegte; man entlehnte von Cluny, was sich bewährt hatte, und suchte die Fehler der dortigen Einrichtungen zu verbessern. Bald stand auch Citeaur, gleichsam ein verjüngtes Cluny, an der Spitze einer ausgebreiteten Congregation, und das Glück derselben wollte, daß ihr die gewaltigste Kraft des Mönchthums zu jener Zeit in dem heiligen Bernhard gewonnen wurde. Im Jahre 1115, noch jung an Jahren, doch schon als eine Leuchte der Kirche erkannt, sah sich Bernhard zum Abt von Clairvaur erhoben, und es war das Werk seines Lebens, die Cluniacenser durch die Ordnungen der neuen Congregation in Schatten zu stellen. Auf anderem Wege strebte Norbert nach ähnlichen Zielen, wie sie die Cluniacenser und Cistercienser verfolgten. Ein Chorherr des Stifts St. Victor in Xanten, hatte er nach den Vorschriften des kanonischen Lebens, wie man sie auf den heiligen Augustin zurückführte, sein Stift reformiren wollen. Aber Widerspruch über Widerspruch begegnete ihm in der Heimath, bis er sie mißmuthig verließ. Mehr schien er durch seinen Eifer in Frankreich auszurichten, und der Bischof von Laon übergab ihm endlich dort das Martinsstift, um eine Reform zu versuchen. Als er aber auch da viele Widerwärtigkeiten fand, entschloß er sich mit einigen Gefährten einen abgelegenen unangebauten Landstrich im Walde von Coucy zum Wohnsitz zu nehmen; Traumgesichte hatten ihn auf diese Einöde verwiesen. Im Jahr 1120 bezog Norbert sein einsames Prémontré, bald das Haupt einer lebenskräftigen, weit verzweigten Verbindung ähnlicher Stiftungen diesseits und jenseits des Rheins. Die Prämonstratenser waren regulirte Chorherren und nannten sich so, aber ihre ganze Verfassung war doch dem Mönchthum nachgebildet; die eigenthümliche Stellung zwischen Welt- und Klostergeistlichkeit, welche sie einnahmen, bot ihnen große Vortheile und eröffnete ihnen schnell einen ausgebreiteten Wirkungskreis.

Allerdings waren es zum Theil Deutsche, welche diese neuen Klosterordnungen begründeten: um so bezeichnender ist, daß sie nur in Frankreich damals den rechten Boden für ihre Bestrebungen zu finden hofften und fanden. Klosterbrüder in Kutten aller Art predigten nun in den gallischen Ländern gegen die verweltlichte Kirche, gegen den verweltlichten Klerus. Man wird nicht sagen, daß sie gerade das erreicht hätten, was sie zunächst anstrebten; aber sie beherrschten die Stimmung der Masse, erregten die Seelen, nahmen die Gemüther gefangen. Das französische Mönchthum war, wie das Ritterthum, eine Macht geworden, welcher schwer zu widerstehen war. Abälard hat sie erfahren. Aeußerlich, wie innerlich ist er von ihr überwunden worden: als ein frommer Mönch ist er in einem Kloster Clunys gestorben. Die Zeit rückte heran, wo in dem heiligen Bernhard die höchste Autorität des Abendlandes zu ruhen schien, wo sich Päpste und Könige dem Willen des Abts von Clairvaux beugten.

Diese kriegerischen und mönchischen, poetischen und gelehrten Elemente, welche das Leben Frankreichs durchdrangen, scheinen uns wohl weit auseinander zu streben: dennoch fanden sie sich zusammen und verbanden sich in der mannigfachsten Weise. Schon hatten französische Ritter vor Jerusalem die geistlichen Ritterorden der Johanniter und Tempelherren gestiftet, die eigenthümlichste Vereinigung von Mönchthum und Chevalerie. Jene Asceten, welche die Philosophie bekämpften, waren darum nicht minder von ihr ergriffen; der heilige Bernhard, obwohl ein hitziger Gegner Abälards, stand doch den Ideen nicht fern, welche die Schule beherrschten. Nicht allein die Ritter sangen das Lob ihrer Damen, auch Männer der Wissenschaft, wie Abälard, versuchten sich in Liebesliedern. Die ganze Nation war eben in einer geistigen Erregung, welche neue und seltsame Erscheinungen hervorrief. Uns mag in dieser Verbindung von weltlichem Ritterthum mit mönchischer Weltverachtung, von üppiger Poesie mit grübelndem Scholasticismus etwas Unklares und Phantastisches liegen: aber diese Phantastik, so unfruchtbar sie sich in unseren Zeiten erweisen würde, hat damals auf alle realen Verhältnisse eine unberechenbare Macht geübt. Sie hat die Kreuzzüge ermöglicht und in Allem mitgewirkt, was die abendländische Welt in den nächsten Jahrhunderten geleistet. In ihr wurzeln alle jene wundersamen und seltsamen Erscheinungen, welche das spätere Mittelalter kennzeichnen.

Eine völlig andere Lebensrichtung tritt in Italien zu Tage, namentlich in dem nördlichen und mittleren Theil der Halbinsel; denn der Süden war von französischen Rittern beherrscht. In der Lombardei und in Tuscien ging von den Städten und dem Bürgerthum die Bewegung aus, und von hier empfing dann die ganze Nation Anstoß und Richtung. Was eine kluge und beherzte Bürgerschaft vermöge, hatte längst Venedig gezeigt. Nicht allein hatte es die Freiheit der Stadt durch eine gewandte Politik gegen das morgenländische und abendländische Kaiserreich zu behaupten gewußt, sondern sich auch eine unterthänige Landschaft an den Küsten Istriens und Dalmatiens gewonnen. Es gab eine Zeit, wo Venedig fast allein den Handel des Orients und Occidents auf der See vermittelte, wo die Flotten der Lagunenstadt fast allein die kostbaren Producte der Levante dem Abendlande zuführten. Venedigs Beispiel wirkte zunächst auf die Seestädte Pisa und Genua. Auch ihre Schiffe sah man schon im elften Jahrhundert sich weit hinaus wagen, alle Küsten des mittelländischen Meeres befahren. Auf eigene Hand nahmen die Bürger dieser Städte den Kampf mit den Arabern auf, den namentlich Pisa mit erfolgreicher Kühnheit führte. Von den Inseln im östlichen Becken des Mittelmeeres wurden die Araber vertrieben; schon griff sie Pisa auch in Afrika an. Als die Seestädte Italiens mit ihren Schiffen die Kreuzfahrten der französischen Ritter unterstützten, folgten sie nur einer Richtung, welche sie längst eingeschlagen hatten. Weniger kam ihnen freilich, wenn sie nun ihre Flotten Jahr für Jahr an die Küsten des gelobten Landes sandten, auf Abenteuer an, als auf die Erweiterung ihres Handelsgebiets; nicht so sehr Waffenehre suchten sie dort, wie Gewinn. Ihre Zähigkeit hat mehr als ein Mal verhindert, daß die Unbeständigkeit der ritterlichen Kreuzfahrer nicht aufgab, was im heißen Ansturm eben gewonnen war, und sie waren es, welche durch ihre Klugheit den reichsten Gewinn aus den fernen Eroberungen der Christenheit zogen.

Der wachsende Reichthum der Seeplätze kam auch den Städten im Binnenlande des nördlichen und mittleren Italiens zu gut, theils durch den großen Zwischenhandel in die Länder jenseits der Alpen, der ihnen zufiel, theils durch die Gewerbthätigkeit, die sich mit dem Zufluß neuer Producte und mit dem lebendigeren Verkehr außerordentlich hob. Auch diese Städte, unter denen Mailand voranleuchtete, hatten inzwischen die Waffen ergriffen und sie bald gegen die deutschen Könige, deren Regiment bereits als eine Zwingherrschaft empfunden wurde, bald gegen ihre Bischöfe, welche die ihnen von den Kaisern übertragenen Hoheitsrechte in den Städten durch ihre Vasallen ausüben ließen, nicht unglücklich geführt. Im Investiturstreit hatten die meisten Bürgerschaften die Selbstregierung gewonnen. In allen bedeutenderen Städten standen bereits von den Bürgern und aus ihnen gewählte Consuln an der Spitze der Verwaltung und der Rechtspflege. In wie weit man die Hoheitsrechte des Bischofs noch anerkannte, hing von zufälligen Umständen ab. Die Abhängigkeit vom Reiche ließen sich die Städte mehr im Princip gefallen, als in der Praxis. Man gab dem Kaiser wohl gewisse Abgaben, man achtete die Rechtssprüche, die in Reichsangelegenheiten von ihm selbst oder seinen Bevollmächtigten ausgingen, aber tiefere Eingriffe in die inneren Angelegenheiten der Communen wurden vom Reiche kaum noch versucht, weil sie stets auf den hartnäckigsten Widerstand stießen.

In handel- und gewerbtreibenden Bürgerschaften, welche die Waffen nur um sich Verkehrsstraßen zu bahnen oder ihre Freiheiten zu schützen führen, wird sich ein anderer Geist entwickeln, als in einer abenteuernden Ritterschaft. Wer täglich zu rechnen hat, überläßt sich nicht leicht gefährlichen Lockungen der Phantasie, und in der That hatte man in den Communen Italiens manche schwierige Rechnung zu machen. Auf einem beschränkten Gebiet mit spärlichen Mitteln waren Aufgaben durchzuführen, die Anderen, denen weit größere Kräfte zu Gebot standen, unlösbar schienen. Im Kampf mit fremden Völkern, im Streit mit dem Kaiser und mächtigen Fürsten, in stäter Rivalität unter einander, mußten sich die einzelnen Communen ihr Dasein mühsam gewinnen und vorsichtig sichern. Wie wäre dies anders, als durch die kluge Ausnutzung jedes günstigen Moments und durch die besonnene Pflege vortheilhafter Allianzen, möglich gewesen? Die Lombardei, Tuscien und die Romagna waren nicht der Boden für stürmische Eroberungen, nur eine nüchterne, Schritt für Schritt vorschreitende Politik erzielte hier Erfolge. Nicht allein die Bürgerschaften sahen dies, auch die Fürsten begriffen, daß hier die Zustände nur im mühsamen Ringen mit den gegebenen Verhältnissen umzubilden seien, und selbst das Papstthum trat in diese Kreise einer weitverschlungenen, klug berechnenden Politik ein. Wohl hat der Stuhl Petri die ungestümen Kräfte der französischen Nation für seine Zwecke zu nutzen gewußt, aber er ließ sich von ihnen nicht fortreißen. Die Politik Roms behielt im Wesentlichen die Richtung, welche sie in den Tagen Gregors VII., der großen Gräfin und der Pataria eingeschlagen hatte.

Ueberall finden wir die Italiener jener Zeit auf den Bahnen realer Verhältnisse und in einer eminent praktischen Wirksamkeit; selbst in den wissenschaftlichen Bestrebungen der Nation tritt dies hervor. Man weiß, wie in Italien Litteratur und Schule immer einen mehr weltlichen Charakter behalten hatten, wie hier zuerst neben der Rhetorik die praktischen Wissenschaften der Medicin und der Jurisprudenz Pflege fanden*). Es war namentlich die Rechtswissenschaft, welche etwa zu derselben Zeit, als in Frankreich das theologische Studium eine europäische Bedeutung gewann, in Italien einen Aufschwung nahm, der sich bald in allen Weltverhältnissen fühlbar machte. Die Rechtsschulen in Pavia und Ravenna genossen lange bedeutenden Ruf, aber schon wurden sie durch Bologna verdunkelt, wo Warnerius eine kaum geringere Anziehungskraft übte, als Abälard in Paris. Ein geordnetes Studium der Rechtsbücher des Justinian, welche so lange vernachlässigt waren, brachte er, vorher ein Lehrer der Grammatik, ein Mann aus dem Laienstande, dort zuerst wieder in Schwung und übte damit eine unermeßliche Wirkung aus. Schon beriefen sich die Kaiser, die Kirche, die Städte auf Grundsätze des alten Rechts, gleich als gälte es für alle Orte und alle Zeiten. Und nicht allein das römische Recht wurde von den Juristen bearbeitet, sondern auch die lombardischen Gesetze systematisch geordnet, commentirt und zum Gegenstand eines geregelten Unterrichts gemacht. Gleichzeitig trat das kanonische Recht, nicht ohne die unmittelbare Einwirkung Gregors VII., in eine neue Phase der Entwicklung. Um die alten Ordnungen der Kirche mit den neuen Satzungen des Papstthums in Einklang zu bringen, wurden andere Kanonensammlungen nöthig; sie

---

*) Bd. I. S. 357. 358.

sind besonders in Italien entstanden, obschon auch Frankreich mit solchen Arbeiten nicht ganz zurückblieb. In Bologna hat dann neben dem römischen und lombardischen auch das kanonische Recht zuerst ein geordnetes Studium erhalten. Aus einer Verbindung mehrerer Lehrer und ihrer Schüler entstand hier die erste gelehrte Corporation, welche man als eine Universität bezeichnen kann. Kleriker und Laien drängten sich nun zu dem Rechtsstudium, welches für alle Verhältnisse des Lebens eine bisher kaum geahnte Bedeutung gewann; ein besonderer Doctorenstand, gleichsam in die Mitte tretend zwischen dem Klerus und den Laien, gewann durch dieses Studium Existenz. Wie Handel und Gewerbe, wurden Politik und Rechtswissenschaft die bewegenden Kräfte des italienischen Lebens.

Offenbar hatten sich in den romanischen Nationen neue Kräfte frisch entwickelt, und wohl schien die Frage, ob das deutsche Kaiserthum und die deutsche Nation ihnen gegenüber nach jenen langen inneren Kämpfen noch die politische Ueberlegenheit würde behaupten können. Wer aber die Rechnung auf einen schleunigen Zerfall der deutschen Kaisermacht gestellt hätte, würde sich doch sehr getäuscht haben; jene Entwicklung des südlichen Europa hatte, so rasch und energisch sie hervortrat, doch mindere Gefahren, wie sich bald zeigte, für das Kaiserthum, als man hätte erwarten sollen. Denn nirgends war noch bei den Romanen ein fester nationaler Zusammenschluß, nirgends das Band eines starken Königthums; die Nationen hatten sich nicht so in ihrer Gesammtheit, wie in ihren Ständen entwickelt, und diese strebten meist mehr auseinander, als einem Mittelpunkt zu; die Steigerung der Kräfte wirkte deshalb mehr nach außen, als nach innen. Die Gesammtheit der Romanen hatte allerdings in dem Papstthum einen neuen Vereinigungspunkt gewonnen, aber welche Dienste man in weltlichen Dingen dem Statthalter Petri schulde, war in der Praxis noch heftiger bestritten, als in der Theorie. Die Normannen in Campanien, Apulien, Calabrien und Sicilien waren die unmittelbaren Vasallen des Papstes, und doch hatte derselbe meist mehr von ihnen zu fürchten, als zu hoffen. Selbst der Gehorsam der Stadt Rom und des Adels der Campagna mußte immer aufs Neue erst erzwungen werden. Seitdem das Papstthum seine Ansprüche auf Weltherrschaft erhoben hatte, sah es sich stets entschlossenen Gegnern gegenüber, und hinter ihm standen nur schwierige Vasallen, unzuverlässige Bundesgenossen und selbstsüchtige Freunde.

Durch seine gewandte Politik war es dem Kaiserthum gefährlicher, als durch seine äußere Macht.

Dagegen fand die kaiserliche Herrschaft noch immer eine starke Stütze in der Tradition. Das Herkommen, zu allen Zeiten mächtig, übte damals eine Gewalt, von der wir uns heute schwer eine Vorstellung machen. Bezeichnete man den Kaiser auch nicht mehr als den Statthalter Christi, so war doch die allgemeine Ansicht, daß ihm als den höchsten Gebieter der Welt das weltliche Schwert unmittelbar von Gott übergeben sei, und die zu neuem Leben erwachende Wissenschaft der römischen Jurisprudenz verfehlte nicht zugleich Vorstellungen von einer unbeschränkten Gewalt, die dem deutschen Reichsoberhaupte als Nachfolger der alten Imperatoren beiwohne, zu verbreiten. Daß jede andere weltliche Macht nur ein Ausfluß dieser höchsten Gewalt sei, war noch immer die Meinung, so wenig sie den wirklichen Verhältnissen entsprach. Aber das war mindestens richtig und wurde gefühlt, daß die bestehende Ordnung in der abendländischen Christenheit wesentlich durch das Verdienst des Kaiserthums geschaffen war. Wie hätte man sich namentlich dieser Erkenntniß in Deutschland und in dem größten Theil Italiens verschließen können? Alle jene Rechte und Freiheiten, deren sich die Bischöfe, die weltlichen Herren und die Städte erfreuten, alle jene Urkunden, welche jene Freiheiten und Rechte stützten und schützten, waren sie ihnen nicht von den Kaisern ertheilt? Untergruben sie nicht ihre eigene Macht, wenn sie die kaiserliche Autorität in Vergessenheit fallen ließen? Wohl hatte man eine Reform der Kirche begünstigt, welche das Papstthum neben dem Kaiserthum zu einer Weltmacht erhob, weil man durch sie zu gewinnen hoffte: aber die Vernichtung des Kaiserthums hätte den ganzen Bestand der Dinge doch von tiefstem Grund aus erschüttert. Wer hätte sich unter dem allgemeinen Ruin noch sicher gedünkt? Nimmt man die Rechte des Kaisers, hat man noch später gemeint, so darf Niemand mehr sagen: dieses Haus ist mein.

So hatte das deutsche Kaiserthum noch tiefe Wurzeln in der die Zeit beherrschenden Meinung, und auch die äußeren Hülfsmittel, welche ihm zu Gebot standen, darf man nicht zu gering anschlagen. In dem von Parteiungen zerrissenen Italien gab es immer Fürsten und Communen, welche im Streit mit anderen sich der deutschen Macht anzuschließen bereit waren, und der gesteigerte Reichthum des Landes kam so selbst dem deutschen Hofe zu gut. Nicht anders war es in den burgundischen Ländern, ja überall im Abendlande; wo es ein gekränktes Recht gab, wo Zerwürfnisse in den Nationen eintraten, wurde die Hülfe des Kaisers angerufen und ihm alle Kräfte zur Verfügung gestellt, welche der schutzsuchenden Partei zu Gebot standen.

Die Hauptkräfte des Kaisers lagen aber nach wie vor im deutschen Reiche und im deutschen Volke. Waren auch die Bande, welche Reich und Volk zusammenschlossen, augenscheinlich gelockert, so waren sie deshalb nicht zerrissen. Unter den Kulturvölkern damaliger Zeit war das deutsche immer noch am meisten durch das Königthum geeinigt. Wie viel an Hoheitsrechten der König aufgegeben hatte, jedes Recht wurde ihm doch frei, wo er persönlich erschien und die Regierung führte. Noch war das ganze Reich sein Haus; noch war er dort überall der höchste Herr; noch gab es Niemanden, der sich seinem Gericht entziehen durfte; noch hatten Alle, welche in den Waffen lebten, in ihm ihren höchsten Kriegsherrn. Welche Macht zu Zeiten die Empörung gewonnen hatte, der Grundsatz war nicht erschüttert worden, daß es strafwürdiger Ungehorsam sei sich der Mahnung des Königs zu entziehen.

Sobald der Kaiser nur die Empörung niederzuhalten vermochte, bot ihm das deutsche Reich noch immer eine außerordentliche Macht. Denn Nichts wäre irriger, als die Meinung, daß die Hülfsquellen des Reichs bereits versiegt, die Kräfte des deutschen Volks verbraucht gewesen seien. Gewiß hatte der Investiturstreit gewaltige Opfer gekostet, aber vielleicht nie hat eine Nation die Gräuel eines durch Menschenalter fortbauernden inneren Kriegs leichter überstanden, als damals die deutsche. Man mag zur Erklärung anführen, daß größere Schlachten nur im Anfange des Streits stattfanden, daß längere Zeiten in völliger Waffenruhe vorübergingen, daß der Schauplatz des Kriegs oft gewechselt wurde: der Hauptgrund war doch, daß eine unerschöpfliche Widerstandskraft gegen das Elend und die Verwilderung in unserem Volke lebte und daß sich überdies die Mittel der Existenz und mit ihnen die Thätigkeit in den deutschen Ländern gesteigert hatte.

Bemerkenswerth ist, daß sich gerade in der Zeit, wo sich die französischen Großen mit Vorliebe in auswärtige Kämpfe stürzten, die deutschen Fürsten wenig an ihnen betheiligten. Heinrich IV. hatte 25 Jahre regiert, ehe er seine Romfahrt antrat, und auch da hat ihn nur ein kleines Heer begleitet. Ein zahlreicheres Kriegsvolk brachte er zehn Jahre später über die Alpen, doch war auch dies nicht von fern jenen Heeren zu vergleichen, welche früher den Kaisern gefolgt waren. Nur Heinrichs V. Romfahrt hat fast alle deutschen Fürsten über die Alpen geführt; als er zum zweiten Male nach Italien ging, war kein Heer in seinem Gefolge. Gegen die Völker im Osten hat Heinrich IV. lange ganz die Waffen ruhen lassen; größere Reichsheere hat er nie gegen sie zusammengebracht. Sein Sohn nahm diese Kämpfe in den ersten Regierungsjahren auf, aber nicht mit dem besten Erfolg; wir hören, daß die Fürsten selbst über diese unfruchtbaren Kriege murrten. Noch weniger war man geneigt dem Kaiser gegen Frankreich Waffen zu bieten. Wir wissen, wie gering verhältnißmäßig bisher auch an den Kreuzzügen die Theilnahme des deutschen Adels gewesen war. Und noch weniger, als an den Landkriegen, haben sich die Deutschen an den Kämpfen zur See betheiligt. Schon wurden das Mittelmeer und die Ostsee wieder freie Bahnen für christliche Völker; dort sah man die Schiffe der Franzosen, Catalanen und Italiener, hier wurden die Dänen mächtig, aber deutsche Flotten fehlten. Nur die Nordsee wurde von friesischen und holländischen Seeleuten befahren, um England und dem Dänenlande die Waaren des deutschen Kaufmanns zuzuführen. Die Bemerkung des Annalisten Eckehard, daß die Deutschen seiner Zeit nicht leicht fremde Völker angriffen, hat ihre volle Wahrheit.

Die Zeit und Kraft, welche früher in äußeren Kriegen verwandt waren, blieben dem Lande; dort sind sie allerdings zum Theil in den traurigen Parteiungen verzehrt worden, doch ist auch vielfacher Gewinn dem Adel, der Kirche und dem Bürgerstande daraus erwachsen, daß man die eigenen Interessen nun einmal wieder zunächst in Betracht zog.

Die weltlichen Großen nutzten den günstigen Augenblick, wo die kaiserliche Gewalt gelähmt war, um ihre Besitzungen zu erweitern und abzuschließen, immer ausgedehntere Hoheitsrechte über ihre Hintersassen zu gewinnen, ihre Territorien sich und ihren Nachkommen zu sichern. Auf großen Landbesitz waren sie von jeher bedacht gewesen, und es war eine Zeit, wo sich mit List und Gewalt mehr als je gewinnen ließ. Wie es in Revolutionszeiten zu geschehen pflegt, waren neue Geschlechter schnell emporgekommen. Von den Supplinburgern, den Zähringern, den Staufen, den Askaniern, welche jetzt in den Vordergrund traten, war früher wenig die Rede gewesen. Der italienische Zweig der Welfen war erst neuerdings nach Baiern verpflanzt worden, und nur dunkel erinnerte man sich dort, daß die Vorfahren des Wittelsbachers, welchem Heinrich V. so große Gunst erwies, einst über das Land geherrscht hatten. Die Stammbäume der Grafen von Thüringen und Groitsch, so tief diese Herren in die Dinge eingriffen, waren ziemlich neu; zum hohen Adel hatten die Vorderen dieser Ludwige und Wiprechte nicht gehört. Auch die edlen Geschlechter der Habsburger und Zollern, welchen noch eine weltgeschichtliche Rolle vorbehalten war, traten erst damals bestimmter hervor. Ueberall neue Menschen in den neuen Zeiten, aber mit wunderbarer Schnelligkeit steigen sie zur Macht empor und gewinnen einen massenhaften Besitz. Jener Pfalzgraf Rapoto, welcher Heinrich IV. wichtige Dienste gegen die Gregorianer leistete, konnte von den Grenzen Böhmens bis nach Rom ziehen und überall auf seinen eigenen Burgen und Höfen Quartier machen — und doch hieß nicht er der Reiche, sondern sein Vetter, der Graf Udalrich von Passau. Eine viel nachhaltigere Bedeutung gewann der große Besitz, welchen Ludwig der Bärtige und sein Sohn in Thüringen von der Hörsel bis zur Unstrut zusammenbrachten und den ihr Geschlecht sich dann durch gefälschte Kaiserurkunden zu sichern suchte. Man kann sagen, daß Thüringen, bis dahin in der Gewalt theils Mainzer Vasallen, theils sächsischer Herren, erst durch die Hauspolitik der Ludwige wieder einen provinziellen Zusammenhang gewann.

Sichtlich war der Besitzstand und damit der Wohlstand des hohen Adels im Wachsen, und damit bereicherten sich zugleich die Vasallenschaft und Ministerialität desselben. Aber nicht weniger gewann die Kirche, gewannen die Bisthümer und Klöster. Ein allgemeiner Trieb der Zeit war der Kirche zu opfern. Gab der Arme ihr seine Freiheit, so übertrug der Reiche ihr sein Stammgut, der König ihr die Einkünfte und Rechte des Reichs. Wo die Opferfreudigkeit fehlte, wurde moralischer, auch äußerer Zwang nicht gespart, um einen immer ausgedehnteren weltlichen Besitz in die Hand der Kirche zu bringen. Schon konnten die Erzbischöfe von Mainz und Köln eine Macht entfalten, welche selbst den Kaisern Besorgnisse einflößte, und wo wäre ein Bisthum gewesen, welches seinen Traditionscoder nicht unaufhörlich erweitert hätte? Was sich mit den Mitteln eines einzelnen Bisthums, wenn sie nur zu Rath gehalten wurden, erreichen ließ, zeigt das Beispiel Ottos von Bamberg. Mit besonderer Vorliebe wurden die Klöster gepflegt; nicht nur die alten wurden erweitert, sondern fast Jahr für Jahr mitten in den Stürmen des Investiturstreits entstanden neue Stiftungen in allen Theilen Deutschlands. Geistliche und weltliche Herren wetteiferten in denselben, und die glänzenden Dotationen zeigten den Reichthum der Gründer. Heinrich IV. und sein Sohn haben die Mittel zu solchen Werken nicht gefunden; sie mußten sich versagen, was ihren Fürsten wenig Beschwerde machte.

Allerdings haben die Kirchen wegen ihres Reichthums schwere Stürme bestanden. Weder die Kaiser, noch die abligen Herren, die als Vögte und Vasallen bei der Verwaltung des Kirchenguts unmittelbar betheiligt waren, haben sich ein Gewissen daraus gemacht, in Zeiten der Noth tief in den Besitz des Klerus einzugreifen. Arge Gewaltthaten sind oft genug an Klostergut und Klosterleuten verübt worden, und nicht selten fehlte es selbst in den reichsten Abteien, wie Fulda, an den nothwendigen Lebensbedürfnissen. Aber schneller, als sich erwarten ließ, halfen sich meist die Kirchen wieder auf. Gute Wirthschaft brachte bald meist Alles wieder in den alten Stand, und im Ganzen waren damals die geistlichen Herren bessere Haushalter, als die weltlichen. Wenn diese in Geldnoth waren, halfen häufig die Bischöfe und Aebte aus, freilich nicht ohne daß ihnen liegende Gründe veräußert oder verpfändet wurden. Die geistlichen Aemter gaben nicht nur Ehre, sondern auch vor Allem Reichthum und Macht; Grund genug, daß die vornehmen Familien sie für ihre Nachgeborenen zu gewinnen suchten. Schon war es für einen Kleriker, der nicht einem angesehenen Hause entstammte, sehr schwierig, den Eingang in ein Domcapitel zu gewinnen.

Der Adel und die Kirche erweiterten auf Kosten der Krone und des Bauernstandes ihre Besitzungen und Rechte; diese büßten im Wesentlichen ein, wo jene gewannen. Den Städten ist dagegen das Wachsthum des Wohlstandes bei den Herren eher förderlich, als nachtheilig gewesen. Ein deutsches Städteleben und ein deutsches Bürgerthum hat eigentlich erst im elften Jahrhundert begonnen. Die gesteigerten Lebensbedürfnisse, die leichte und ungehinderte Verbindung mit Italien gaben dem deutschen Handel damals eine früher kaum geahnte Bedeutung, machten größere Handelsplätze mit einem regelmäßigen, festgeordneten Verkehr nothwendig und schufen einen eigenen Handelsstand, der schnell emporkam. Mit dem Reichthum der Kaufleute wuchs der Selbstständigkeitstrieb dieses Standes. Die Meisten aus ihm waren unfreier Geburt, aber bald wußten sie sich die Freiheit zu erkaufen oder sonst zu erwerben. Sie standen Anfangs ganz unter der Botmäßigkeit der Kaiser, Bischöfe oder weltlichen Großen, welchen die Handelsplätze gehörten, mußten ihnen steuern, ihnen Dienste thun, Recht von ihren Beamten nehmen und diese überall in ihre Geschäfte eingreifen lassen; nur allmählich gelang es ihnen einen Antheil an der städtischen Verwaltung, an den städtischen Gerichten zu erlangen, ihre Leistungen an die Herren vertragsmäßig zu regeln. Zum Schutz der Stadt waren sie die Waffen zu führen verpflichtet, aber sie ergriffen sie dann auch wohl gegen ihre Herren. Wieviel sie mit ihren Schwertern vermochten, haben zur Zeit Heinrichs IV. die rheinischen Bischöfe, hat Heinrich V. an sich selbst erfahren. Die Kaufleute bildeten den Kern der städtischen Bevölkerung, aber an sie schloß sich die große Masse derer an, die vom Handwerk lebten und sich immer mehr nach den Städten zogen. Auch die Beamten der Herrschaft theilten oft mehr die Interessen ihrer Untergebenen als ihrer Gebieter, namentlich wenn sie nicht ohne Zustimmung jener eingesetzt werden konnten; sie verwuchsen allmählich mit der übrigen Einwohnerschaft und bildeten so in gewissem Sinne einen städtischen Adel.

Die Zeit des Investiturstreits war der Entwicklung der städtischen Freiheit, wie in Italien, so auch in Deutschland überaus günstig. Wenn der Kaiser mit dem Bischof der Stadt in Streit lag oder wenn Bischof und Gegenbischof mit einander haderten, fiel es schwer in das Gewicht, auf welche Seite sich die Städter wandten; sie wußten es, was sie galten und sorgten dafür, daß ihre Dienste ihnen vergolten wurden. In einer Zeit innerer Wirren, wo ein gesicherter Rechtsschutz sonst kaum zu finden war, mußten sie selbst für denselben sorgen. Um ihn sich zu leisten, schlossen sie nach dem Beispiel, welches gleichzeitig mehrere nordfranzösische Städte gaben, an manchen Orten in Deutschland Eidgenossenschaften. Wir kennen solche in Cambray und Köln, und Kölns Vorgang hat weiter gewirkt. In der mannigfachsten Weise haben sich die Verhältnisse in den verschiedenen Städten dann weiter entwickelt; in jeder Stadt bildete sich durch die Gewohnheit ein besonderes Recht aus, welches im Lauf der Zeit aufgezeichnet, später auch auf Städte neuer Gründung übertragen werden konnte.

Allen deutschen Städten leuchtete damals durch seinen ausgedehnten Handel, durch den Reichthum und die Mannheit seiner Bürger Köln voran. Ihm zunächst standen die anderen bischöflichen Städte am Rhein, wie Mainz, Worms, Speier und Straßburg. Auch die meisten anderen Bischofssitze im Reich waren bereits große Handelsplätze geworden; namentlich begünstigte Augsburg und Regensburg ihre Lage, die leichte Verbindung mit Italien. Auch aus manchen Kaiserpfalzen erwuchsen volkreiche Orte, wie aus Goslar, Ulm, Nürnberg*); andere Pfalzen verfielen, wie z. B. Tribur, welches im Jahre 1119 zum letzten Male genannt wird. Nicht selten bauten sich auch neben den Burgen der Fürsten Kaufleute an und riefen so Landstädte in das Leben. Der gesteigerte Verkehr bot dem Grundherrn manche Vortheile, erhöhte vor Allem seine Einnahmen; er gewährte deshalb nicht allein gern den Markt, sondern rief ihn wohl sogar mit Opfern in das Leben. Im Jahre 1120 berief der Zähringer Konrad zwanzig angesehene Kaufleute, um auf seinem Grund und Boden einen Markt zu errichten, gab ihnen Bauplätze gegen einen bestimmten Zins und gewährte ihnen nicht gewöhnliche Privilegien: so ist Freiburg im Breisgau entstanden.

Man hatte in früherer Zeit zwischen Burg und Stadt nicht unterschieden. Beides bezeichnete einen mit Mauern und Wällen umgebenen Platz; Bürger oder Burgmannen nannte man die Besatzung desselben. Erst jetzt begannen sich die Begriffe zu trennen. Denn neben jenen befestigten Orten, welche Mittelpunkte eines geregelten Handelsverkehrs und einer ausgedehnteren Gewerbthätigkeit wurden, blieben kleinere Burgen, welche nur militärischen Zwecken dienten und einer Kriegsmannschaft Wohnstatt boten, ja die Zahl derselben vermehrte sich noch von Jahr zu Jahr. Sie dienten bald zum Schutz der Grenzen, bald zur Sicherung des gewonnenen Besitzes gegen Gewalt, leider aber auch oft um Gewalt an Anderen zu üben. Die Kaufleute und die Bauern hatten schwer über die Raubburgen des Adels und das schlimme Kriegsvolk in denselben zu klagen.

Seit den großen Bauten, welche Heinrich IV. am Harz und in Thüringen angelegt hatte, fingen auch die geistlichen und weltlichen Herren an ihre Festen umfänglicher und stattlicher einzurichten. Zu zahl-

---

*) Heinrich III. hat unseres Wissens zuerst in Nürnberg in den Jahren 1050 und 1051 Hof gehalten; er war es auch, der dorthin den Markt von Fürth verlegte. Schon gegen Ende des Jahrhunderts, wo es zuerst genannt wird, war Nürnberg ein namhafter und stark bevölkerter Platz.

reichen Burgen am Rhein, in Sachsen und Thüringen, welche noch jetzt durch ihren kühnen Bau auf steilen, die Umgegend weit beherrschenden Bergspitzen Bewunderung erregen, ist in jener Zeit der Grund gelegt worden; die weltbekannten Namen von Drachenfels, Trifels, Wartburg, Kyffhäuser werden damals zuerst gehört. Auch sonst baute man nun mit größerem Aufwand. An die Stelle der alten hölzernen Nothbauten traten mehr und mehr kunstreichere Werke aus Stein. Die Geistlichkeit ging hierin voran. Noch jetzt besitzen wir in allen Theilen Deutschlands Kirchen und Klöster aus jener Zeit; sie legen von der Sicherheit und dem entwickelteren Geschmack der damaligen Architektur klares Zeugniß ab. Der sogenannte romanische Baustil kam zu jener Durchbildung und Vollendung, von welcher dann im folgenden Jahrhundert der Uebergang zum Spitzbogenstil erfolgte. Wir hören in dieser Zeit nicht von fremden Künstlern in Deutschland; einheimische leiteten die großen Bauwerke und führten sie aus. Die unausgesetzte Uebung gab besonders den Geistlichen Kenntnisse der Architektur; sie waren, wie es scheint, fast die einzigen Baumeister jener Epoche. In den Klöstern fand daneben die Sculptur, Malerei und Kalligraphie einen ordnungsmäßigen Betrieb und eine traditionelle Pflege. Ein großartiges merkwürdiges Werk aus dieser Zeit ist das Relief der Kreuzabnahme an den Egstersteinen*) im Fürstenthum Lippe; es zeigt, wie man sich allmählich von den überlieferten Mustern in der Kunst immer mehr zu befreien suchte, nach eigenthümlicher, wirksamer Darstellung strebte. Ein ähnliches Bestreben giebt sich auch in den Miniaturmalereien der gleichzeitigen Handschriften kund. Von den Wandgemälden, mit welchen man die Kirchen zu verzieren liebte, ist leider kein größeres Werk auf uns gekommen.

Wie die Kunstpflege fast ganz der Geistlichkeit zufiel, so war die Wissenschaft völlig ihr Alleinbesitz geworden. Der kaiserliche Hof zeigte den Bestrebungen der Gelehrsamkeit und der Schule nicht mehr die frühere Gunst. Heinrich IV. hatte wohl Sinn für die Arbeiten der Gelehrten, aber konnte wenig für sie thun; seinem Sohne waren, wie es scheint, die Litteratur und die Litteraten fast gleichgültig. Denn daß der Letztere gelegentlich einen oder den anderen Mann der Schule

---

*) Die Egstersteine gehörten dem Kloster Abbinghof.

benutzte, um seine Kaiserrechte zu vertheidigen oder seine Thaten zu
verherrlichen, wird nicht als Neigung zur Wissenschaft zu deuten sein;
der Geschichtschreiber Ekehard, welchen der Kaiser in den Anfängen
seiner Regierung an sich zog, wandte sich bald wieder von ihm ab.
Seine eigene Bildung war, so viel wir wissen, in Nichts von der des
weltlichen Adels unterschieden; der deutsche Adel aber lebte damals von
Jugend auf ganz im Waffenhandwerk und in äußeren Dingen.
Selbst jene dürftige Schulbildung, welche in der Ottonischen Zeit von
ihm verlangt wurde, war ihm längst fremd geworden. Es war ein
Fluch des langen inneren Kriegs, daß der Adel immer mehr in
Fehden und Parteiung verwilderte. Kaum etwas Anderes erweckte
noch sein geistiges Interesse, als die Streitfragen über die Grenzen der
kaiserlichen und päpstlichen Gewalt, da diese auch ihn unmittelbar berührten.

Die geistlichen Schulen blieben von den traurigen Wirren der Zeit
nicht unberührt. Vielfach vernehmen wir Klagen über den Verfall, ja
die völlige Zerstörung derselben, und gewiß ist, daß bei manchen Dom-
kirchen und Klöstern der Unterricht oft ganz unterbrochen wurde. Aber
meist kam die Schule doch bald wieder in Gang, und die Bildung der
Geistlichkeit läßt am Ende des Investiturstreits mindestens keinen wesentlichen Rückschritt gegen die früheren Zeiten erkennen. Die Litteratur
hält sich im Ganzen an die früher ausgebildeten Formen, gewinnt aber
einen lebendigeren Inhalt. Die großen kirchlichen Fragen der Zeit beschäftigten natürlich den Klerus noch lebhafter, als die Laienwelt, und
auch die Litteratur mußte sich ihnen zuwenden. Was sie an Chroniken,
an Gedichten, an theologischen und politischen Tractaten hervorbringt,
trägt nun unverkennbar die Farbe der Partei. Erst in der Hitze des
Streits finden sich wieder Gelehrte, die mit voller Energie die kaiserliche Sache vertreten, während die papistische Partei zugleich immer
entschiedener in ihrer Richtung fortschreitet. Diese klerikale Litteratur
steht ganz inmitten der Tagesinteressen. Nicht ohne Zusammenhang
damit ist, daß sie sich auch nicht mehr so ausschließlich der lateinischen
Sprache bedient, daß der Klerus wieder deutsch zu dichten anfängt.

Der Bamberger Scholasticus Ezzo hatte im Jahre 1065 seinen
Bischof Günther auf der Wallfahrt nach dem gelobten Lande begleitet
und auf den Wunsch des sangliebenden Herrn die Wunder Christi in
deutscher Sprache besungen; zu seinem Gedicht fand der Bamberger

Wille eine Weise, durch welche daſſelbe eine wunderſame Wirkung erhielt*) und ſich weit über Deutſchland verbreitete. Beſonders in Oeſterreich und Steiermark, in jenen ſüdöſtlichen Gegenden, aus denen Günther ſtammte, wo Altmann, der auf jener Fahrt ebenfalls des Biſchofs Gefährte geweſen war, dann eine ſo eingreifende Wirkſamkeit entfaltete, von wo im Jahre 1101 ein großer Theil der hohen Geiſtlichkeit, des Adels, des Volkes, auch der Weiber nach den heiligen Stätten zog, beſonders dort fiel jenes Gedicht auf einen fruchtbaren Boden, und der Sänger von Bamberg erweckte dort Andere, die in ähnlicher Weiſe die Thaten Gottes in deutſcher Sprache zu verherrlichen ſuchten. Mehrere und zum Theil umfaſſende Gedichte, welche ſo entſtanden, ſind in neuerer Zeit bekannt geworden. Der Stoff iſt der heiligen Schrift, beſonders dem alten Teſtament entnommen und in einer Weiſe behandelt, daß ſich epiſche, didaktiſche und lyriſche Elemente durch einander miſchen; die Form iſt poetiſch, doch ſtreift ſie bisweilen an die Proſa, ſo daß ſie an jene Reimproſa erinnert, welche in den lateiniſchen Schriften jener Zeit beliebt war; die Sprache iſt hier und da mit lateiniſchen Worten in uns anſtößiger Weiſe untermengt. Der Einfluß der Kirche und Schule auf dieſe Gedichte iſt überall ſichtbar, doch erfaßten ſie auch die Maſſen des Volks, da es ſeine Sprache in ihnen vernahm. Wie tief ſie auf daſſelbe wirkten, zeigt, daß auch eine Frau, Ava mit Namen, die Mutter zweier Söhne, ein Leben Chriſti in derſelben Weiſe dichtete; ſie ſtarb als Klausnerin im Kloſter Götweih im Jahre 1127. Jene Gedichte waren meiſt wenig zum Geſange geeignet, aber der Klerus ſorgte auch für Lieder, welche eine glücklich erfundene Melodie leicht dem Volke tiefer einprägen konnte. Wir beſitzen ein ſchönes Marienlied, welches im Jahre 1123 im Kloſter Melk niedergeſchrieben wurde, das erſte Zeugniß für jenen poetiſchen Cultus der heiligen Jungfrau, der ſich dann ſchnell über ganz Deutſchland verbreitete.

Auch bei uns feierte, wie man ſieht, die Litteratur nicht; auch bei uns neigte ſie ſich mehr dem nationalen Leben zu, wie gleichzeitig in Frankreich. Aber freilich daran fehlte viel, daß man gleichen Schritt mit der raſchen Entwicklung, welche das Rechtsſtudium in Italien, die Theologie und Poeſie in Frankreich dem geiſtigen Leben gegeben hatten, bei uns gehalten hätte. Wie weit blieben doch jene geiſtlichen Gedichte deut-

---

*) Man erzählt, Alle, welche das Gedicht hörten, ſeien ſo bewegt worden, daß ſie das Mönchsleben hätten ergreifen wollen. Es erinnert das an Stimmungen, wie ſie um das Jahr 1090 in Schwaben herrſchten. Man vergl. oben S. 686.

scher Kleriker hinter dem zurück, was die Provenzalen und Nordfranzosen gleichzeitig in der Dichtkunst leisteten! Man fühlte recht wohl in Deutschland, daß man nicht mehr auf der Höhe der Geisteskultur stand. Schon suchten Alle, welche Ungewöhnliches in der Theologie anstrebten, ihre Studien in Frankreich zu machen. Einst hatte Burchard von Worms mit seiner Kanonensammlung sich im ganzen Abendlande Ruhm gewonnen; jetzt suchte man die kirchlichen Gesetzbücher sich aus Italien und Frankreich zu beschaffen. Als der poetische Trieb dann lebendiger in unserer Nation erwachte, ergriff man mit Vorliebe die Stoffe französischer Dichter, und unter ihnen auch solche, die sie selbst nur aus Deutschland nach Frankreich verpflanzt hatten.

Aber, wohin man auch den Blick wendet, überall zeigten sich doch noch kräftige Lebenstriebe in den deutschen Ländern. Die Gunst des kaiserlichen Hofes thut freilich wenig mehr, um sie zu fördern; die Zeitverhältnisse halten ihr Gedeihen eher auf, als sie es beschleunigen. Der Fortschritt im Leben der Nation ist deshalb langsamer, aber vielleicht um so sicherer; Alles erstarkt mehr von innen heraus aus eigener Kraft, als durch künstliche Pflege. Gelang es nun dem Kaiserthum noch einmal die Nation an sich zu ziehen, ein fester Mittelpunkt für ihre erstarkten, aber mehr auseinander geworfenen Kräfte zu werden, erwachte der Stolz der Deutschen wieder ein kaiserliches Volk zu sein, dem wegen des Imperium der erste Rang im Abendlande gebühre, so standen den Mächten, welche im Investiturstreit emporgekommen waren, gewiß noch harte Kämpfe, schwere Schläge bevor. Wohl war der Welt noch im Gedächtniß, was Karl und Otto der Große geleistet hatten — konnte nicht ein Dritter erstehen, der mit der erstarkten Kraft Germaniens dem römischen Kaiserthum eine neue, noch höhere Bedeutung, einen neuen, noch helleren Glanz gab, der ihm noch einmal die Welt unterwarf?

Aberdings ein Held hätte es sein müssen, größer und gewaltiger als Karl und Otto, und ein solcher ist nicht erschienen. Aber eine Reihe von Fürsten hat noch die deutsche Kaiserkrone getragen, welche muthig den Kampf um die höchste Gewalt unternahmen, mannhaft in ihm die Waffen des Arms und des Geistes führten und die Welt mit ihrem Ruhme erfüllten. Ihre Namen sind ein kostbares Besitzthum unseres Volks, und ihrer Thaten wird gedacht werden, so lange es Deutsche giebt. Um die Zeit, als der erste schwere Streit zwischen Kirche und Reich zum Austrag kam, wurde Kaiser Friedrich der Rothbart geboren, und kein Name ist würdiger neben denen Karls und Ottos genannt zu werden.

Quellen und Beweise.

I. Ueberſicht der Quellen und Hülfsmittel[1]).
1. Gleichzeitige Quellenwerke in Deutſchland.

Die annaliſtiſche Geſchichtsſchreibung, welche in Deutſchland während der erſten Hälfte des elften Jahrhunderts vorzugsweiſe beliebt geworden war, behielt ihre Geltung auch in den nächſtfolgenden Zeiten. Die älteren Annalen wurden bald unmittelbar fortgeſetzt, bald einer Umarbeitung unterworfen und dann, ſo verkürzt oder erweitert, bis auf die Tagesereigniſſe fortgeführt. Es iſt angemeſſen, dieſe Annalenwerke, abgeſehen von den anderen Quellen, hier zunächſt im Zuſammenhange zu verfolgen, da ſie in einem inneren Verhältniß zu einander ſtehen.

In erſter Stelle ſind die Annales Altahenses maiores zu nennen, deren Inhalt ich früher aus Fragmenten und Excerpten herzuſtellen ſuchte und die glücklicher Weiſe in Aventins Abſchrift kürzlich wieder aufgefunden ſind. Die erſte Edition iſt von Edmund von Oefele und mir in den M. G. XX. 782—824 veranſtaltet und auch in einer Handausgabe erſchienen. Dem älteren Theil der Annalen, der bis 1033 beſonders auf den Hersfelder und Hildesheimer Jahrbüchern beruht, hat ein Altaicher Mönch eine ſelbſtſtändige Fortſetzung gegeben, die bis zum Jahre 1073 reicht und für die Anfänge Heinrichs IV., namentlich für das Schisma des Cadalus und den Ungarnkriege die wichtigſten Nachrichten bietet. Der Verfaſſer, über deſſen Perſon Näheres nicht bekannt iſt, verräth überall eine entſchieden kaiſerliche Geſinnung, iſt aber dabei ein eben ſo entſchiedener Anhänger der kirchlichen Reform. Er ſchrieb, ehe der große Kampf zwiſchen Heinrich IV. und Rom ausgebrochen war, und eben dadurch gewinnen ſeine Mittheilungen denen des Lambert gegenüber ein beſonderes Intereſſe. Das Werk ſcheint in einem Zuge geſchrieben, denn ſchon z. J. 1061 werden Ereigniſſe erzählt, welche ſich erſt im folgenden Jahre zugetragen haben, z. J. 1065 wird bereits Ottos von Nordheim Sturz i. J. 1070 angedeutet; der Verfaſſer hat aber offenbar lange zuvor für ſein Werk geſammelt. Obwohl er nicht frei von Parteilichkeit iſt, wie beſonders ſein Ingrimm gegen Otto von Nordheim verräth, ſtellt er die Vorgänge in der Jugendzeit Heinrichs IV. doch im Ganzen richtig und lebendig dar. Seine Nachrichten bis 1068 ſcheint er zum großen Theil ſeinem Abte Wenzel zu verdanken, der

---

1) Durchgängig iſt bei dieſer Ueberſicht auf Wattenbach, Deutſchlands Geſchichtsquellen im Mittelalter (zweite Auflage, Berlin 1866) Rückſicht genommen worden; nur abweichende Anſichten und die Reſultate meiner eigenen Forſchungen habe ich eingehender darzulegen geſucht.

zugleich die Abtei Leno in der Diöcese von Brescia verwaltete und mit dem er eine Zeit lang in Italien gelebt haben muß; auch zu dem Bischof Günther von Bamberg hat er in nahem Verhältniß gestanden. Man vergleiche meinen akademischen Vortrag: Ueber einige ältere Darstellungen der deutschen Kaiserzeit (München 1867).

Bei weitem unbedeutender sind die Annalen des Klosters Weißenburg im Elsaß. Auch sie sind eine Fortsetzung der alten Hersfelder Annalen und geben bis zum Jahre 1075 bald längere bald kürzere Notizen, die wohl den Ereignissen gleichzeitig nach und nach aufgezeichnet wurden und deshalb für die Feststellung der Chronologie nicht ohne Werth sind (M. G. III. 70—72). Es ist bereits früher (Bd. II. S. 564) darauf hingewiesen worden, daß diese Annalen später in die Annales Laubienses übergingen und vielleicht auch in Hersfeld bekannt wurden; hier aber selbst erhielten die alten Annalen des Klosters durch Lambert ihre weitaus wichtigste Fortsetzung.

Lambert, über dessen Familie uns alle Nachrichten fehlen, trat 1058 in das Kloster Hersfeld, welches er jedoch bald ohne Einwilligung seines Abts verließ, um eine Pilgerfahrt nach Jerusalem zu machen. Im folgenden Jahre kehrte er in das Kloster zurück und scheint nun seinen Verpflichtungen als Mönch strenger nachgekommen zu sein. Im Jahre 1071 wurde er nach den Klöstern Siegberg und Saalfeld geschickt, um die durch italienische Mönche dort eingeführten Ordnungen kennen zu lernen; wahrscheinlich auf dieser Reise kam Lambert zuerst mit Erzbischof Anno in nähere Verbindung. Schon in seiner wenige Jahre später geschriebenen Geschichte der Abtei Hersfeld[1]) trat seine Verehrung für Anno und eine abgeneigte Gesinnung gegen den König deutlich hervor. Wir besitzen leider nur einen sehr ungenügenden Auszug aus diesem Werke (M. G. V. 136. 137. 139. 141), aus welchem aber doch hervorgeht, daß die Klostergeschichte zugleich im Hinblick auf die Zeitverhältnisse geschrieben war und das Treiben am Hofe nach Annos Entfernung von Lambert darin in scharfen Worten gerügt wurde. Aus der erhaltenen Vorrede erhellt zugleich, daß Lambert eine Vorliebe für die Darstellung der Zeitgeschichte besaß und sie bereits in Hexametern behandelt hatte. Ad hoc me accendunt studia rerum moderno tempore gestarum, quamquam sciam me ad has describendas minus idoneum. Quas tamen plerasque pro opibus ingenioli mei heroico metro strictim comprehendi. Sed quoniam relata ab aliis, ab aliis refellantur et in versibus plura falsa pro veris scripsisse accusor etc. Nach seiner Neigung kehrte er jedoch bald zur Zeitgeschichte zurück und behandelte sie in einem größeren Annalenwerk, bei welchem er nach der Sitte von den ältesten Zeiten begann. Alles, was er da bis z. J. 1039 giebt, ist im Wesentlichen nur Copie der alten Hersfelder Annalen; seine selbstständige Arbeit beginnt erst in den Zeiten, bis zu welchen seine eigenen Erinnerungen noch herabsteigen mochten. Ein unmittelbares Interesse verräth er erst, wo er z. J. 1044 jenen Herzog Gottfried in die Geschichte einführt, welcher Heinrich III. eine unglückliche, Heinrich IV. eine um so glücklichere Opposition bereitete.

Vieles scheint Lambert gelesen zu haben, was Andere vor ihm über die Zeitereignisse geschrieben hatten. Wir meinen hier und da Spuren verfolgen zu können, daß er den Anonymus Haserensis und die Weißenburger Annalen gekannt habe, aber nirgends hat er sie wörtlich benutzt. Das meiste Material hat er offenbar selbst gesam-

---

1) Das Werk muß zwischen 1074—1078 abgefaßt sein, schwerlich vor 1076. So lange Hersfeld in Heinrichs Gewalt war, konnte ein Mönch dort kaum in Lamberts Ton sprechen.

welt, und es ist bewundernswerth, wie gute Nachrichten er sich im Kloster zu verschaffen wußte. Die Ereignisse am königlichen Hofe und im Lager der Feinde Heinrichs waren ihm gleich vertraut; nur über außerdeutsche Verhältnisse zeigt er sich weniger genau unterrichtet. Vom Jahre 1069 an werden seine Aufzeichnungen immer ausführlicher; vom Jahre 1073 an überschreitet seine Darstellung weit die Grenzen, welche sich sonst die Annalisten zu ziehen pflegten, so daß wir eine fast vollständige Zeitgeschichte erhalten. Im Anfange des Jahres 1077 bei den Verhandlungen über Rudolfs Wahl bricht Lambert ab; ermüdet, wie er selbst sagt, und von der Masse des Stoffs überwältigt, wolle er die Fortsetzung des Werks einem Anderen überlassen. Lambert scheint, wie der Altaicher Annalist, sein Werk in einem Zuge niedergeschrieben zu haben. Die Geschichte des Jahres 1073 (p. 194) verweist bereits auf Ereignisse des folgenden Jahres; die Worte (p. 198): si id rite curassent, facili dispendio et paucis admodum diebus res conficeretur, quae postmodum tanto tempore tracta in extremum pene discrimen cunctas regni provincias attraxerat zeigen bereits Kenntniß der weiteren Entwickelung. Auch die in der Geschichte des Jahres 1076 entsprechende Stelle (p. 250): Quodsi regem consequi et sic efferato milite, sic ferventibus studiis signa conferre contigisset, ut multorum ferebat opinio, tractum tot annis bellum Saxonicum facili compendio confectum fuisset, deutet auf spätere Kämpfe hin, welche die Sachsen erst in den Jahren 1077 und 1078 zu bestehen hatten. Wenn Lambert p. 203 erzählt, daß Rudolf gewiß schon im October 1073, wenn er nicht selbst Schwierigkeiten bereitet, zum König gewählt wäre, so möchte dies kaum vor der wirklich erfolgten Wahl (1077) niedergeschrieben sein. Aber nicht lange nach derselben wird Lambert sein Werk unternommen haben, etwa im Jahre 1078; wenigstens ist kein Beweis für eine spätere Abfassung zu führen.

Das ausgezeichnete Darstellungstalent Lamberts hat Niemand in Zweifel gezogen, und in der That überragt durch dasselbe sein Werk weit Alles, was bisher die Historiographie unserer Kaiserzeit hervorgebracht hatte. Dagegen ist mit Grund neuerdings beanstandet worden, ob Lambert jene in ihrer Art einzige Unparteilichkeit beiwohne, welche ihm noch Stenzel (II. 102) nachrühmte, und ob man seinen Nachrichten so unbedingt, wie es lange üblich gewesen, folgen dürfe. Floto hegt gegen Lamberts ganze Darstellung entschiedenes Mißtrauen und verläßt sie so oft, als sich ihm irgend ein Anstoß bietet, ohne jedoch seine Abweichungen im Einzelnen zu begründen. Eingehender hat L. v. Ranke in seiner Abhandlung zur Kritik fränkisch-deutscher Reichsannalisten (Abhandlungen der Berliner Akademie 1854. S. 436—458) Lamberts Glaubwürdigkeit untersucht und gezeigt, daß der Hersfelder Mönch sowohl über seinem Kreise ferner liegende Vorgänge oft nicht gut unterrichtet ist, wie auch, wo er ihm bekannte Dinge berichtet, die Beschränktheit seiner Parteiansicht deutlich verräth. Mit Recht sagt Ranke: „Lamberts Buch ist mit dazu angelegt, um die Wahl eines Gegenkönigs zu rechtfertigen"; doch darf man hinzufügen, nicht eine Schutzschrift für den gewählten König Rudolf war deshalb beabsichtigt, denn der Verfasser stellt diesen nicht gerade in ein besonders günstiges Licht. Unter den weltlichen Zeitgenossen zollt Lambert gerade jenem Otto von Nordheim, auf den der Altaicher Annalist so schwere Anklagen häuft, große Anerkennung; vornehmlich sind es jedoch die geistlichen Heroen der Zeit, welchen er seine Verehrung widmet: Papst Gregor VII., Erzbischof Anno, Bischof Burchard von Halberstadt. Der Letztgenannte, den er wiederholentlich selbst als die Seele des Sachsenaufstandes bezeichnet, ist recht eigentlich der Mann, mit dem er sich zunächst sinnesverwandt fühlt, an dessen Seite er steht.

Behält man Lamberts Parteistandpunkt und die relative Beschränktheit seines Gesichtskreises im Auge, so wird man seine Darstellung mit dem größten Nutzen verwerthen. Vom Jahre 1069 an habe ich mich ihr vorzugsweise angeschlossen, wenn nicht erhebliche Bedenken bestimmt zu begründen waren[1]); für die frühere Zeit ist Lambert weniger brauchbar, zumal seine chronologischen Bestimmungen vielfach ungenau sind. Leider besitzen wir keine einzige alte Handschrift für den Haupttheil des Werkes. Der Text in den M. G. V. 132—263, von dem auch eine bequeme Handausgabe erschienen ist, beruht im Wesentlichen auf der Editio princeps, welche auf Melanchthons Veranlassung i. J. 1525 veranstaltet wurde; zum Glück scheint bei derselben eine gute Handschrift benutzt zu sein. Lamberts Annalen sind öfters verdeutscht; die letzte Uebersetzung (von Hesse) ist in den Geschichtsschreibern der deutschen Vorzeit XI. Jahrh. Bd. 6 enthalten.

Die älteren Annalen von Hersfeld erhielten noch eine andere bis in die Zeiten Heinrichs IV. reichende Fortsetzung in dem benachbarten Hasungen, wo Erzbischof Siegfried von Mainz ein Kloster für Hirschauer Mönche gründete (1081). Wir besitzen diese Quelle nicht in ihrer ursprünglichen Gestalt, aber sie ist deutlich erkennbar in den sogenannten Annales Ottenburani, welche Pertz in den M. G. V. 1—9 aus zwei Handschriften herausgegeben hat, von denen die eine bis 1111, die andere bis 1113 reicht. Vergl. Waitz in den Nachrichten von der G. A. Universität 1866. S. 299 ff. Die Hasunger Annalen liegen auch den Annales Yburgenses zu Grunde, von denen Ficker vor einigen Jahren zwei einzelne Blätter in der Schrift des zwölften Jahrhunderts entdeckte, und die zuerst Perger in der Zeitschrift für Geschichte und Alterthumskunde Westfalens XVIII. 277—293, dann Pertz in den M. G. XVI. 434—438 herausgegeben hat. Nachrichten der Hasunger Annalen (vergl. z. J. 1074) sind hier mit den alten Fuldaer Annalen in Verbindung gebracht und manches Andere[2]), namentlich mit Bezug auf das Kloster Iburg, ist dann hinzugefügt. Das zweite Blatt bietet für die Jahre 1072—1077 und 1080—1085 einzelne wichtige Notizen. Bei dem fragmentarischen Zustande des Werkes ist die Zeit der Abfassung schwer genau zu bestimmen. Vor dem Anfange des zwölften Jahrhunderts kann dasselbe jedoch nicht entstanden sein, da sich bereits die um 1100 abgefaßte Biographie des h. Benno, des Stifters von Iburg, benutzt findet, aber auch schwerlich viel später, da es schon der sächsische Annalist ausschrieb.

Nicht minder wichtig für die Propagation der Geschichtsschreibung, als die Hersfelder Annalen, war die Chronik des Hermann von Reichenau. Sterbend hatte Hermann seinem Schüler und Klosterbruder Berthold die Vollendung seiner noch nicht vollendeten Arbeiten überlassen. Berthold setzte auch die Chronik fort, doch besitzen wir leider seine Fortsetzung nicht mehr in ihrer ursprünglichen Form. Eine St. Galler Handschrift, die jetzt verloren, deren Inhalt uns aber durch Sicharbs Ausgabe des Hermann erhalten ist, enthielt Bertholds Fortsetzung bis 1066, wenn auch mit einigen Kürzungen, doch im Wesentlichen unverändert[3]). Wir sehen hier,

---

1) Mir scheint dies das einzige Mittel die Darstellung der Geschichte der Jahre 1069—1076 vor Willkür zu schützen. Die Kritik, welche Floto und nach ihm neuerdings Lindner in seiner Biographie Annos II. (Leipzig 1869) gegen Lambert angewendet haben, öffnet dem subjectiven Belieben meines Erachtens weites Feld. Ich beabsichtige dies nächstens an einem anderen Orte näher zu begründen.

2) Beim Jahre 1077 findet sich eine Uebereinstimmung mit Marianus Scottus, die kaum zufällig sein kann.

3) Wiederholt bei Ussermann, Prodromus I. 251—258. Pertz bezeichnet diesen Text in seiner Ausgabe des Berthold mit S.

daß Bertholb Anfangs ganz im Sinn Hermanns das Werk fortführte. Die wichtigsten allgemeinen Thatsachen werden berichtet, besonders die Ereignisse am Hofe verfolgt; die eigene Ansicht des Verfassers tritt wenig hervor. Cabalus gilt Anfangs als der rechtmäßige Papst, weil er vom Könige eingesetzt ist, Alexander II. als Usurpator; die Mißstimmung gegen die Kaiserin Agnes und den Bischof von Augsburg, ihren Günstling, wird nicht verschwiegen. So konnte Berthold, der bald als doctor egregius, in sacris litteris adprime eruditus (Bernold z. J. 1088) von der kirchlichen Partei gerühmt wurde, nicht mehr in späteren Jahren, kaum noch nach dem Mantuaner Concil (1064) schreiben. Berthold muß sich also bald nach Hermanns Tob an die Arbeit gemacht und die Annalen nach und nach fortgeführt haben. In den Jahren 1069—1073 hatte Reichenau viel von dem königlichen Hofe zu leiden: willkürlich wurden Aebte ein- und abgesetzt, die Brüder mißachtet und gekränkt. Auch Berthold gehörte zu den Unzufriedenen und ergriff nun mit allem Eifer die Partei derer, welche für die Freiheit der Kirche stritten und sich Rom anschlossen. Er wurde ein entschiedener Gregorianer, ein Geistesverwandter der Hirschauer Mönche, mit denen er auch in unmittelbare Verbindung getreten sein muß. In diesem Sinne setzte er nun die Chronik fort, doch ist uns diese spätere Fortsetzung nur in Compilationen erhalten, von denen weiter unten die Rede sein wird. Bis z. J. 1073 sind Bertholds Notizen dürftig, dann bieten ihm die sächsisch-thüringischen Wirren, vom Jahre 1075 die Streitigkeiten zwischen Rom und dem königlichen Hofe reicheren Stoff; die Erzählung wird immer ausführlicher, zugleich tritt aber auch die Parteiansicht des Verfassers unverhüllter und schroffer hervor. So ähnlich früher die Darstellung der des Hermann ist, gewinnt sie nun eine ganz andere Färbung. Bis zum Jahre 1080 läßt sich Bertholds Arbeit in jenen Compilationen verfolgen; ungewiß ist, ob er sie nicht noch weiter fortsetzte, da er erst 1088 hochbetagt starb. Berthold zeigt sich im Ganzen gut unterrichtet. Die Vorgänge auf den römischen Synoden und im Lager des Gegenkönigs Rudolf kennt er so genau, daß man annehmen muß, daß er öfters hier als Augenzeuge berichtet. Ueberdies waren ihm alle Actenstücke, welche bei den Gregorianern umliefen, zugänglich und sind fleißig von ihm benutzt worden. Die Sprache, früher einfach, gewinnt im Fortgang mehr und mehr Leidenschaft, so daß sie zuletzt ganz die Haltung des historischen Stils einbüßt. Von einem so hitzigen Parteimann läßt sich eine unbefangene Würdigung der Dinge nicht erwarten, und so wird bei seiner Darstellung stets in Betracht gezogen werden müssen, daß er selbst mitten im Kampfe stand. Aber wir verdanken ihm eine Fülle von thatsächlichen Aufschlüssen, und wo uns Lambert verläßt, wird bis 1080 Berthold geradezu für die deutschen Angelegenheiten unsere wichtigste Quelle.

Bertholds Gesinnungsgenosse war der erheblich jüngere Bernold von Konstanz. Er war ein Schüler des Bernhard, eines in der Theologie und im Kirchenrecht zu jener Zeit hervorragenden Gelehrten, der um 1068 Konstanz verließ und sich nach Sachsen begab, wo er zuerst die Domschule zu Hildesheim leitete, dann in das Kloster Korvei trat. Bernhard, der erst i. J. 1088 starb, faßte in seinen letzten Lebensjahren eine sehr scharfe Schrift gegen Heinrich IV. ab, die nicht mehr erhalten ist; als eifriger Gregorianer hatte er sich jedoch bereits 1076 in einer kirchenrechtlichen Abhandlung über das Verfahren des Papstes gegen die Schismatiker und ihren Gebrauch der Sacramente zu erkennen gegeben. Sie war die Antwort auf Anfragen gewesen, welche von Konstanz aus Adalbert, der frühere Vorsteher der dortigen Schule, und der junge Bernold an ihn gerichtet hatten. Beide, mit Bernhards Ausführungen nicht ganz einverstanden, schrieben gleich damals dagegen, und noch etwa zehn

Jahre später verfaßte Bernold, dem sein alter Lehrer im Eifer zu weit gegangen war, eine neue Entgegnung auf jene Abhandlung (Ussermann, Prodromus II. 187—234). Aber trotz mancher Meinungsverschiedenheit war Bernold ein ebenso hitziger Vertreter der Gregorianischen Grundsätze, wie Bernhard. Dies zeigt sich in dem Briefwechsel, welchen er im Jahre 1076 mit dem Priester Alboin über den Cölibat der Priester führte, wie in seiner bald darauf abgefaßten Vertheidigung der von Gregor VII. 1075 erlassenen Synodalbeschlüsse (Ussermann l. c. 241—318). Wenige Jahre später kam Bernold mit dem Papste in unmittelbare Verbindung; auf der römischen Fastensynode des Jahres 1079 war er zugegen (Ussermann l. c. 435). Unablässig war er seitdem für die kirchliche Partei in Deutschland thätig, und als der Cardinalbischof Otto von Ostia im December 1084 nach Konstanz kam, weihte er nicht nur Bernold zum Priester, sondern ertheilte ihm auch die Vollmacht, reuige Schismatiker wieder in die Kirche aufzunehmen. Zu derselben Zeit setzte der Legat den Zähringer Gebhard, zu dem Bernold in vertrauten Beziehungen stand, zum Bischof von Konstanz ein. Am 11. August 1086 war Bernold im Heere des Gegenkönigs Hermann, als dieser dem Kaiser bei Pleichfeld eine schwere Niederlage beibrachte. Obwohl er damals im Interesse seiner Partei ein wanderndes Leben führte, scheint er doch bereits dem Kloster St. Blasien angehört zu haben, wo er dann lange seinen Wohnort hatte. In einer um 1087 geschriebenen Vertheidigung der Mönche dieses Klosters gegen Vorwürfe, welche der Speierer Propst Adalbert gegen sie erhoben hatte, nennt sich Bernold selbst den letzten der Brüder von St. Blasien (Ussermann l. c. 357). Noch vielfach war er später von seiner Zelle aus mit der Feder für die kirchliche Sache thätig. So schrieb er für Gebhard von Konstanz, als dessen Ordination angegriffen wurde, eine Schutzschrift (l. c. 378); so richtete er an diesen seinen hochgestellten Freund, der damals als päpstlicher Legat wirksam war, eine Abhandlung über die Ordination und die Kindertaufe durch Excommunicirte (l. c. 397). Gegen Ende seines Lebens verließ Bernold St. Blasien — wir kennen den Grund nicht — und nahm in dem von Hirschau reformirten Kloster Schaffhausen Wohnung, wo er am 16. September 1100 starb. Diesem Kloster hinterließ er seine Chronik, welche er fast 30 Jahre fortgeführt hatte. Je wichtiger dieses Werk für die Zeitgeschichte ist, desto erfreulicher ist, daß sich Bernolds Autograph erhalten hat; nach demselben, welches sich jetzt in der Münchener Bibliothek befindet, hat Pertz die Ausgabe in den M. G. V. 400—467 veranstaltet. Die Handschrift zeigt, daß die Chronik bis 1073 im Zusammenhange niedergeschrieben, dann aber in kleineren oder größeren Zeiträumen nach und nach fortgesetzt wurde. Für die Geschichte der früheren Zeiten begnügt sich Bernold mit Auszügen aus Beda und Hermann, denen er nur sparsame Bemerkungen selbst hinzufügt; seine eigene Arbeit beginnt 1055, doch hat er auch hier Anfangs noch Bertholds Fortsetzung des Hermann benutzt, und erst 1073 wird seine Erzählung ganz selbstständig. Bernold war ein fleißiger Sammler von Nachrichten über die Zeitereignisse und hatte Gelegenheit Vieles zu erfahren; seine Wahrheitsliebe ist weniger zu bezweifeln, als man Veranlassung zur Annahme hat, daß ihm manches Irrige zugetragen wurde und ihm die Fähigkeit, Falsches und Wahres scharf zu unterscheiden, mangelte. Die Ruhe des Historikers hat sich jedoch Bernold in seiner Chronik mehr bewahrt, als Berthold; seine Darstellung, obwohl auch sie den Parteimann nirgends verleugnet, ist im Ganzen doch einfach und hält sich mehr an das Thatsächliche, als an Reflectionen. Am eingehendsten berichtet Bernold über die schwäbischen Angelegenheiten; was über die Grenzen seiner Heimath hinausgeht, berührt er meist nur kurz. Ein gleichzeitiges Annalenwerk, welches uns fast durch ein Menschenalter geleitet, besitzt immer einen außerordentlichen Werth, aber auch an sich ist Bernolds Arbeit für die deutsche Geschichte von 1080—1100 eine der vorzüglicheren Quellen. Eine Uebersetzung hat E. Winkelmann in den Geschichtsschreibern der deutschen Vorzeit XI. Jahrh. 10. Band geliefert.

Hermann, Berthold und Bernold sind in einer Compilation verarbeitet, die wir aus zwei Handschriften (Cod. 1. 1* bei Pertz) kennen, welche mit dem Jahre 1053 beginnen und beim Jahre 1080 mit einem unvollendeten Satze, vielleicht den letzten Worten Bertholds, abschließen. Unzweifelhaft ist diese Arbeit in St. Blasien[1]) entstanden: z. J. 1068 wird der Tod des dortigen Abts ausdrücklich bemerkt, und der auf Fructuaria bezügliche Zusatz z. J. 1062 hatte gerade dort nur ein näheres Interesse (man vergleiche Ussermanns Note zu der letztgenannten Stelle). In St. Blasien, einem Mittelpunkt der Gregorianer, mußten Bertholds und Bernolds Arbeiten schnell bekannt werden; der Letztere hat hier selbst längere Zeit gelebt. Zu den Jahren 1053. 1054 wird nun in der Compilation von St. Blasien Hermanns Text benutzt, daneben aber auch Bernold ausgeschrieben; weiter bildet dann Berthold die Hauptgrundlage des Textes, indem jedoch dazwischen häufig wiederum Bernolds Worte eingefügt werden. Nicht allein bis z. J. 1075, wie Pertz angemerkt hat, ist diese Vermischung beider Chroniken in der Compilation wahrnehmbar, sondern fast bis an ihr Ende[2]). Doch hat der Compilator auch anderes Material herangezogen. Die beiden Notizen z. J. 1056: Gotifredus dux imperatori ad deditionem venit. — Fames multas provincias afflixit stehen wörtlich so im Chronicon Wirzeburgense. Die längere Stelle z. J. 1076 (p. 284) von papa Gelasius bis mentiri deliberarent ist genau aus Bernolds Vertheidigungsschrift für Gregor VII. (Ussermann, Prodromus II. 308) ausgeschrieben; andere kirchenrechtliche Excurse, welche die Erzählung sehr störend unterbrechen, werden aus anderen Tractaten genommen sein, an denen jene Zeit nicht arm war und in denen sich besonders die zu den Hirschauer Ordnungen haltenden Mönche gefielen. Römische Synodalbeschlüsse vom 3. März 1078 (Jaffé, Bibliotheca II. 308) sind ganz unpassend in das Jahr 1079 eingeschaltet; Bernold giebt sie dort nicht, und Berthold, der über diese Dinge besonders gut unterrichtet war, konnte jene Beschlüsse nicht in einen so irrigen Zusammenhang bringen — der Compilator schöpfte sie daher aus einer dritten Quelle und brachte sie an die falsche Stelle. So hat er Bertholds Erzählung, welcher er in der Hauptsache folgt, öfters durch anderes Material erweitert, zugleich aber auch Manches in derselben absichtlich geändert, namentlich in den ersteren Jahren, wo Bertholds kirchliche Stellung noch weniger entschieden war und Bernolds Darstellung seiner eigenen Ansicht mehr entsprach. Wie dies geschah, zeigt am besten ein Beispiel. Nach der St. Galler Handschrift schrieb Berthold: Romae Nicolao papa defuncto, Romani coronam et alia munera Heinrico regi transmiserunt eumque pro eligendo summo pontifice interpellaverunt. Qui, ad se convocatis omnibus Italiae episcopis generalique conventu Basileae habito, eadem imposita corona patricius Romanorum appellatus est. Deinde cum communi consilio omnium Parmensem episcopum summum Romanae ecclesiae elegit pontificem. Interim, dum haec aguntur, Anshelmus episcopus de Luca, quibus-

---

[1]) Die älteste bekannte Handschrift gehörte Kloster Götweih, wohin 1094 Mönche aus St. Blasien kamen.
[2]) So stammen z. B. die Worte z. J. 1077 (p. 301) una ecclesia cum plus quam centum hominibus combusta, wie z. J. 1078 (p. 313) Tunc quoque parum minus quam centum ecclesiae in illa expeditione violatae sunt aus Bernold.

dam Romanis faventibus, apostolicam sedem sibi usurpavit. Bernolb, mit sicht-
licher Benutzung Bertholbs, berichtet dies so: Romae Nicolao papa defuncto VI.
Kal. Augusti, Romani, Heinrico regi eiusdem nominis quarto coronam et alia
munera mittentes, de summi pontificis electione regem[1]) interpellaverunt. Qui,
generali concilio Basileae habito, imposita corona a Romanis transmissa, patricius Romanorum est appellatus. Deinde communi omnium consilio Romano-
rumque legatis eligentibus, Chadelo Parmensis episcopus VII. Kal. Novembris
papa eligitur et Honorius appellatur, papatum nunquam possessurus. Sed vicesima
septima die ante eius promotionem Lucensis episcopus, nomine Anshelmus, a
Nordmannis et quibusdam Romanis papa 158 ordinatus, Alexander vocatus sedit annos 12. Der Compilator beginnt: Romae Nicolao papa defuncto VI. Kal.
Augusti, Romani, regi Heinrico coronam et alia munera mittentes, eumque de
summi pontificis electione interpellaverunt und zerstört durch die ungeschickte Ver-
binbung beider Quellen die Construction; dann folgt er wörtlich Bernolb, schaltet
aber nach VII. Kal. Novembris papa noch die Worte ein: multis praemiis quibusdam, ut aiunt, datis symoniace. Der Vorwurf der Simonie, der hier gegen
Cabalus erhoben wird, begegnet uns auch an anderen Orten, aber der Compilator
entnahm ihn weder von Berthold noch von Bernold, sondern entweder einer dritten
Quelle oder drückte seine eigene Ueberzeugung aus. Unmöglich wäre nicht, daß
seine Arbeit, wie sie in den genannten Handschriften mit 1080 abschließt, noch bei
Lebzeiten Gregors VII. entstanden wäre. Von diesem Papste heißt es p. 291: ut
est non minimae compassionis et benignitatis; freilich könnten hier auch lediglich
Bertholbs Worte copirt sein. Wie weit die unbeholfene und an schweren gramma-
tischen Fehlern leidende Diction Berthold oder dem Compilator angehört, ist nicht
zu entscheiden; wir möchten dem bevorzugten Schüler Hermanns gewiß gern Besseres
zutrauen.

Wir kennen dieselbe Compilation aus zwei Handschriften (bei Pertz 2. 2*) noch
in einer anderen Gestalt. Sie bildet dort nur einen Theil einer größeren Weltchronik, bei welcher Bernold durchweg zum Grunde liegt, aber durch zahlreiche Zusätze
aus Beda, Regino, dessen Fortsetzer und Hermann erweitert ist. Von 1053 bis 1079
ist wörtlich die Compilation von St. Blasien aufgenommen; nur die auf dieses Kloster
speciell bezüglichen, oben bereits erwähnten Notizen fehlen. An Stelle der fragmentarischen Nachrichten Bertholds z. J. 1080 in jener Compilation ist dagegen die zu-
sammenhängende Erzählung Bernolds gesetzt, und auch alles Folgende bis z. J. 1091,
wo diese Handschriften schließen, ist nur wörtliche Abschrift aus Bernold. Die
älteste uns bekannte Handschrift dieser Weltchronik aus der Mitte des zwölften
Jahrhunderts befindet sich im Kloster Muri; ob das Werk dort abgefaßt oder
von St. Blasien, welches um 1091 eine Colonie nach Muri sandte, dorthin übertragen wurde, ist schwer zu entscheiden, doch läßt es sich als die Weltchronik von
Muri bezeichnen.

Pertz, von der Ueberzeugung ausgehend, daß Alles, was in dieser Compilation
vom J. 1056—1080 nicht wörtlich der Chronik des Bernold entlehnt sei, Berthold
angehören müsse, hat in seiner Ausgabe von Bertholds Fortsetzung des Hermann
(M. G. V. 269—326) einen Text gebildet, der uns nach Obigem manche Bedenken
einflößt. Pertzs Ansicht mußte zu der Annahme führen, daß Berthold nicht vor 1076
sein Werk begonnen und bis 1073 schon Bernolds Arbeit benutzt habe. Denn in

---

1) Regem ist in Bernolds eigener Handschrift später überschrieben.

der Compilation findet sich z. J. 1056 die Notiz: Heinricus IV., filius Heinrici, regnavit annos 20, die vor 1076 nicht geschrieben sein kann. Aber diese Notiz gehört nur der Compilation an, nicht der St. Galler Handschrift des Berthold, und ist diesem Autor wohl um so zuverstichlicher abzusprechen, als auch in späteren sicher ihm entlehnten Stücken der Compilation Heinrich noch als König bezeichnet wird. Daß sich ferner Bernolds und Bertholds Nachrichten bis 1073 in der Compilation bereits in einer schwer lösbaren Verbindung finden, wird sich nach den obigen Bemerkungen anders erklären lassen. Folgt man nämlich der St. Galler Handschrift, so gelangt man zu dem Resultat, daß Berthold bereits von Bernold benutzt sei, nicht aber das umgekehrte Verhältniß stattgefunden habe[1]). Nur eine Stelle z. J. 1065, auf welche sich auch Pertz besonders bezieht, kann Zweifel erregen. Berthold berichtet nämlich nach der St. Galler Handschrift: Heinricus rex natalem Domini Goslare, diem autem paschae Wormatiae celebravit — domus regalis Goslari concremata est, quod et factum est in VI. Kal. Aprilis indictione III. — et ibidem accinctus est gladio anno regni sui nono, aetatis autem suae decimo quarto. Bei Bernold lesen wir dagegen: Domus regalis Goslari concremata est. Eodem anno ab incarnatione Domini 1065, quando et pascha celebratum est VI. Kal. Aprilis, in qua die et Christus resurrexit, in tertia die paschalis ebdomadae IV. Kal. Aprilis indictione III. rex Heinricus anno regni sui nono, aetatis suae decimo quarto accinctus est gladio in nomine Domini, wobei zu bemerken ist, daß die Worte: quando et pascha celebratum est VI. Kal. Aprilis im Autograph auf radirtem Grund geschrieben sind, so daß sie erst später an die Stelle anderer gesetzt zu sein scheinen. Pertz hält hier nun Bernolds Darstellung für die ursprüngliche, welche Berthold vor sich gehabt und mißverstanden habe. Wir scheinen aber die Worte des Letzteren, wenn man, wie es oben geschehen ist, den Satz von Domus regalis bis indictione III. als ein vielleicht aus einer Glosse entstandenes Einschiebsel betrachtet, keinen Grund zur Annahme eines Mißverständnisses und der Benutzung Bernolds zu bieten; der Brand in Goslar, den Berthold offenbar auf den Ostertag setzt und über den wir meines Wissens keine anderweitige Bestimmung haben, mochte ihm erst später bekannt geworden sein, als er die anderen Notizen dieses Jahres bereits niedergeschrieben hatte. Bernold benutzte auch hier, wie ich glaube, Berthold, und zwar in seiner gewohnten freien Weise. Was ihm gleichgültig schien, ließ er fort und gab dafür ganz zu seinem Geschmack eine weitere chronologische Ausführung. Wir erfahren von ihm allein den Tag, wo die Schwertleite des jungen Königs stattfand, aber nicht den Ort, wie ihn Berthold und Lambert übereinstimmend angeben.

Je einseitiger Bertholds und Bernolds Berichte über die Zeitereignisse sind, um so erwünschter bietet sich eine andere schwäbische Quelle dar, in welcher sich ein abweichender Standpunkt vertreten findet. Es sind Augsburger Annalen, welche nach der jetzt in München befindlichen Handschrift aus der ersten Hälfte des zwölften Jahrhunderts Pertz in den M. G. III. 124—136 herausgegeben hat. Das Augsburger Domstift litt unter der Spaltung in Kirche und Reich besonders schwer. Man war dort kaiserlich gesinnt, aber zugleich im Sinne Heinrichs III. für eine Reform der Kirche. Den Gegenkönigen eben so abgeneigt, wie den Gegenpäpsten, wollte man

---

1) Waitz hat schon früher darauf hingewiesen, daß Berthold von Bernold benutzt sein dürfte. Einige weitere Erörterungen in diesem Sinne von Herrn Dr. von Druffel lagen mir in dessen Handschrift vor.

vor Allem Einheit in Kirche und Reich, und leitete alle Leiden der Zeit davon ab, daß sich die Einheit aufgelöst habe. Diese Gesinnung geht durch die Annalen; am schärfsten drückt sie sich aus in den Worten z. J. 1079: O miseranda regni facies! Sicut in quodam comico: Omnes sumus geminati legitur, papae geminati, pontifices geminati, reges geminati, duces sunt geminati. Die Annalen sind bis 1054 ein Auszug aus Hermanns Chronik, dann folgen bis 1075 ziemlich dürftige Notizen; ausführlicher sind die Aufzeichnungen bis 1088, werden aber dann wieder sparsamer. Der Charakter der Mittheilungen weist auf verschiedene Verfasser im Augsburger Domstift hin, die seit 1054 in kleineren oder größeren Zwischenräumen die Notizen machten. Aber diese originalen Aufzeichnungen sind später überarbeitet worden: der Ausbruch des Investiturstreits wird bereits z. J. 1065 berührt, schon z. J. 1066 des Gegenkönigs Hermann gedacht. Erst um 1090 können die Annalen die Gestalt erhalten haben, in welcher sie uns vorliegen und bis z. J. 1104 dann fortgesetzt wurden. Die vorhandene Handschrift, von einem Schreiber in einem Zuge geschrieben, ist nur Copie. So viel man an diesen Annalen auch vermißt, gehören sie doch zu den werthvollen Quellen der Zeitgeschichte. Vergl. Waitz in den Nachrichten von der G. A. Universität 1857. S. 58 ff.[1])

Eine ähnliche Umarbeitung und Fortsetzung, wie in den Augsburger Annalen, erfuhr Hermanns Chronik in dem Chronicon Wirziburgense (M. G. VI. 17—31). Dies endet in der einzigen bekannten Handschrift mit dem Jahre 1057, muß aber bald nachher in dem Burchardskloster zu Würzburg eine weitere Fortsetzung bis 1099 erhalten haben. Vergl. Jaffé in Pertz Archiv XI. 851—855. Bisher ist keine Handschrift dieser Fortsetzung aufgefunden worden, doch ist ihr Inhalt aus mehreren aus ihr abgeleiteten Annalen, von denen sogleich die Rede sein wird, deutlich genug zu erkennen.

Gleichzeitig mit den bisher genannten Annalen entstand in Mainz die Weltchronik des Irländers Marianus, welche er zuerst mit dem Jahre 1073 schloß, dann bis 1082 fortführte. Dieses Werk, welches in den früheren Theilen für die deutsche Geschichte nur geringes Interesse bietet, enthält gegen den Schluß wichtige Notizen über die Zeitgeschichte. Sie sind um so zuverlässiger, als Marianus dem Parteitreiben ganz fern stand. Nach der Originalhandschrift, welche sich in der Baticanischen Bibliothek befindet, hat Waitz die Ausgabe in den M. G. V. 495—562 besorgt. Eine spätere Fortsetzung in dieser Handschrift giebt noch für die Jahre 1101—1106 selbstständige, aber nicht eben belangreiche Notizen, welche zu Mainz niedergeschrieben sind. Eine andere jetzt in London befindliche Handschrift des Marianus enthält eine andere Fortsetzung, welche über die Vorgänge um Würzburg i. J. 1086 einige beachtenswerthe Nachrichten liefert (M. G. V. 563. 564).

Nahe verwandt der Arbeit des Marianus ist die Weltchronik des gelehrten Siegbert von Gembloux. Wie bei jenem, waren es auch bei Siegbert chronologische Streitfragen, welche ihm noch im hohen Alter, nachdem er seine gewandte Feder früher vielfach zu leichteren Arbeiten benutzt hatte, zu diesem umfänglichen Werke den Anlaß boten. Marianus Buch war ihm bekannt, aber nur ein Antrieb mehr zur eigenen Arbeit. Siegberts Chronik ist eine umfassende planmäßige Compilation, welche sich an Hieronymus und Prosper anschließt und deshalb erst mit dem Jahre 381 beginnt. Hier haben für uns nur die letzten Theile Interesse, in

---

1) Auch eine ungedruckte Arbeit über die Annales Augustani von einem früh verstorbenen jungen Freunde Herrn. Jenke hat mir vorgelegen.

Gleichzeitige Quellenwerke in Deutschland.

welchen der Verfasser über die Geschichte seiner Zeit berichtet. Man sollte erwarten, daß der compilatorische Charakter der Arbeit hier mehr zurücktreten und Siegbert uns eigene werthvolle Mittheilungen machen würde. Leider sieht man sich hierin getäuscht. Marianus wird bis zu seinem Schluß (1082), daneben Lütticher Annalen (M. G. IV. 28. 29) ausgeschrieben und überdies meist nur Actenstücke benutzt, die uns auch anderweitig bekannt sind; nur in wenigen Fällen gewinnen wir eine erhebliche Bereicherung unserer Kenntnisse. Nichtsdestoweniger erweckt die Chronik durch die Ansicht des Verfassers über die Zeitereignisse, wie sie hier und da aus seiner Darstellung hervortritt, einiges Interesse. Siegbert war aus innerster Ueberzeugung ein Gegner Gregors VII. und Urbans II., deren Neuerungen in der Kirche er als verderblich ansah. Wie in seinen theologischen Tractaten, giebt er diese Gesinnung auch in der Chronik deutlich zu erkennen, doch bewahrt er im Ausdruck immer eine maßvolle Haltung. Bald nach dem Jahre 1100 beendete Siegbert die Chronik und machte sie bekannt; setzte sie aber später noch in seiner Handschrift bis zum Jahre 1111 fort. Die Nachrichten sind in dieser Fortsetzung etwas ausführlicher, behalten jedoch auch hier den früheren compilatorischen Charakter; noch die Schlußpartie ist lediglich einem Schreiben Heinrichs V. entlehnt und ohne allen selbständigen Werth. Siegberts Chronik gehörte zu den am weitesten verbreiteten Werken des Mittelalters; noch jetzt sind eine große Zahl von Handschriften vorhanden, nach denen Bethmann mit außerordentlicher Sorgfalt den Text in den M. G. VI. 300—374 hergestellt hat. In den Handschriften finden sich vielfache Zusätze und Fortsetzungen, welche sogar zum Theil einen höheren historischen Werth haben, als das Hauptwerk selbst. Für die Zeiten Heinrichs V. bieten die Fortsetzung, welche der Abt Anselm von Gembloux sogleich nach Siegberts i. J. 1112 erfolgtem Tode der Chronik gab (l. c. 375—385), und die von Bethmann als Auctarium Laudunense bezeichneten Zusätze (l. c. 445. 446) wichtige Nachrichten.

Einen sehr verschiedenen Charakter trägt die Weltchronik eines anderen lothringischen Mönchs, die zu derselben Zeit entstand. Der Verfasser war Hugo, der in jungen Jahren mit seinem Abte das Kloster St. Vannes zu Verdun verlassen und in das Exil nach Frankreich wandern mußte. Dort kam er in unmittelbaren Verkehr mit den eifrigsten Gregorianern, namentlich mit dem Erzbischof Hugo von Lyon. Im Jahre 1096 erhielt der Mönch von St. Vannes die Leitung der Abtei Flavigny in der Diöcese Autun, gerieth aber dort mit seinem Bischof und den Klosterbrüdern in so arge Streitigkeiten, daß er nach einiger Zeit die Abtei zu verlassen und endlich i. J. 1101 ganz aufzugeben genöthigt wurde. Nach längerem Umherirren scheint er dann in St. Vannes wieder Aufnahme gefunden und sich zuletzt auf die kaiserliche Seite gewandt zu haben. Im Exil um das Jahr 1090 begann Hugo seine Arbeit, welche die Geschichte von Christi Geburt bis zu der Zeit des Verfassers fortführen sollte; mit dem Jahre 1102 endet sie in seiner eigenen Handschrift, nach welcher Pertz in den M. G. VIII. 288—502 die erste vollständige Ausgabe veranstaltet hat. Unter dem Einfluß der französischen Gregorianer schrieb Hugo; von ihnen, namentlich von seinem hohen Gönner Hugo von Lyon, erhielt er ein außerordentlich reichhaltiges Material, welches er aber nicht zu bewältigen vermochte. Stets trug er nach und besserte; was jetzt neben einander steht, ist zu verschiedenen Zeiten niedergeschrieben und oft fast ohne allen inneren Zusammenhang. Trotz allem Fleiße hat das Werk so eine sehr unerfreuliche Gestalt erhalten. Die annalistische Form wird oftmals völlig verlassen, die Darstellung gewinnt nicht selten den Ton und die Breite eines kirchlichen Tractats, und auch ganz ungehöriges

Material wird bisweilen dem Buche einverleibt. Bald Weltchronik, bald Kirchengeschichte in biographischer Form, hier Streitschrift, dort Predigt, dann wieder Notizen- und Ausgabebuch des Verfassers, ist das Werk geradezu ein litterarisches Monstrum; an Stilgewandtheit fehlte es Hugo gerade nicht, aber an allem Geschick der Composition. Dennoch ist die ausführliche Darstellung, welche er im zweiten Buche von Gregors VII. Wirksamkeit giebt, vom größten Interesse. Den Mangel einer gleichzeitigen Biographie des großen Papstes ersetzt sie uns in gewisser Beziehung; wichtige Actenstücke für die Geschichte Gregors sind hier allein erhalten. Freilich hat die Darstellung die Gestalt, in welcher sie vorliegt, erst mehr als ein Jahrzehnt nach Gregors Tode erhalten; gleich im Anfang findet sich bereits ein Tractat des Cardinals Deusdedit, welcher erst um 1097 entstanden ist, hier benutzt. Aber Hugo verkehrte mit Männern, welche noch dem Papste persönlich sehr nahe gestanden hatten, und konnte durch sie zuverlässig Nachrichten sammeln. Von nicht geringerer Bedeutung sind Hugos Nachrichten über Victors III. Wahl (p. 466—468) und über die kirchlichen Verhältnisse Lothringens nach Gregors VII. Tode (p. 469—473). Ueberall wird man allerdings im Auge behalten müssen, daß es Männer wie Hugo von Lyon sind, welche durch den Mund dieses Chronisten reden.

Hugos Chronik hat auf die weitere Entwickelung der deutschen Historiographie keinen Einfluß geübt, während für dieselbe die vorhin erwähnten ziemlich dürftigen Würzburger Jahrbücher höchst fruchtbar wurden. Eine Compilation aus ihnen und Marianus sind die Annalen des Klosters St. Alban zu Mainz (bis 1101), welche Pertz aus einer Handschrift des zwölften Jahrhunderts unter dem Namen der Annales Wirzeburgenses in den M. G. II. 238—247 herausgegeben hat. Aus diesen Annalen wurden noch im zwölften Jahrhundert die nicht mehr selbstständig fortgeführten Hildesheimer Jahrbücher ergänzt, wo dann weiter bis 1109 eine ausführliche im feindlichsten Sinne gegen Heinrich IV. geschriebene Fortsetzung angeschlossen wurde; auch diese ist aller Wahrscheinlichkeit nach ursprünglich nicht in Hildesheim, sondern ebenfalls in Mainz oder in Würzburg abgefaßt worden. Vergl. Waitz in den Nachrichten der G. A. Universität 1857. S. 58.

Das Chronicon Wirzeburgense mit seiner Fortsetzung liegt ferner der weitschichtigen Weltchronik zu Grunde, welche der Mönch Ekehard, ein gewandter Litterat, um das Jahr 1099 begann. Die Nachrichten, welche er in seiner Würzburger Quelle vorfand, erweiterte jedoch Ekehard, der auf dem Michelsberge damals gearbeitet haben muß, aus dem reichen Büchervorrath Bambergs nach allen Seiten. So schuf er ein großes Werk, welches selbst für die früheren Perioden unserer Kaisergeschichte von nicht geringem Nutzen ist. Auch für die Regierungszeit Heinrichs IV. hat er zu den Würzburger Annalen wichtige Zusätze theils nach Actenstücken, theils nach mündlichen Mittheilungen gemacht, ohne freilich selbst damals noch den handelnden Personen näher zu stehen. Eben deshalb ist sein Urtheil zu jener Zeit auch noch ziemlich unbefangen; häufig erhebt er Klagen über die Wirren der Zeit, aber er ist weit davon entfernt, die Schuld derselben auf einer Seite zu sehen. Bis zum Jahre 1101, wo er eine Pilgerfahrt nach Jerusalem antrat, war er mit der Chronik beschäftigt. Wie er sie damals zurückließ, besitzen wir sie nur in einer, überdies unvollständigen Handschrift (jetzt in Karlsruhe), welche Waitz in seiner Ausgabe des Ekehard (M. G. VI. 33—267) mit A. bezeichnet hat. Gerade die letzten Notizen zu den Jahren 1100 und 1101 haben trotz ihrer Kürze als völlig gleichzeitig hier ein besonderes Interesse, und ich sehe keinen Grund sie, wie es geschehen ist, Ekehard abzusprechen und als fremdartige Zusätze zu betrachten.

Nicht lange nach seiner Heimkehr nahm Ekehard eine Umarbeitung seiner Weltchronik vor. Der Grund lag wohl hauptsächlich darin, daß er eine entschiedene Parteistellung inzwischen genommen hatte. Er war in Rom gewesen und ganz für die kirchliche Sache gewonnen worden. Bei der Empörung Heinrichs V. gegen seinen Vater ergriff er deshalb offen sofort Partei für den jungen König, von dem er mit so Vielen die Herstellung der Eintracht zwischen Kirche und Reich erwartete. Manches in seinem Werke, das jetzt nicht mehr seinen Ansichten entsprach, entschloß er sich ohne Weiteres zu ändern. Die Geschichte der Jahre 1098—1101 wurde völlig umgearbeitet und die Chronik bis zum Jahre 1106 fortgesetzt. Außerdem nahm Ekehard die Gelegenheit wahr, um manche Irrthümer des ersten Entwurfs zu berichtigen. In dieser Gestalt besitzen wir das Werk noch in des Verfassers eigener Handschrift, welche früher Bamberg gehörte, jetzt in Jena ist (B. 1. bei Waitz). Aber auch dabei blieb Ekehard nicht stehen. Als Heinrich V. in der Herrschaft gesichert war, arbeitete Ekehard die Geschichte des Jahres 1106 nochmals mit der offenkundigen Absicht um, das Verfahren des Königs gegen seinen Vater vollständig zu rechtfertigen; dies war nur möglich, indem er das Bild des alten Kaisers nun in den dunkelsten Farben malte. Eine enthusiastische Anrede an Heinrich V. wurde zugleich dem Jahre 1106 vorangeschickt, um die Anfänge der neuen Regierung zu verherrlichen. Indessen hatte sich ihm auch das Material für die früheren Zeiten, da Siegberts Chronik bekannt geworden war, erheblich vermehrt und wurde nun zu zahlreichen Nachträgen benutzt. Bis jetzt ist keine Handschrift des Werks in dieser dritten Gestalt aufgefunden worden, die nur in späteren Ueberarbeitungen erkennbar ist.

Ekehard war inzwischen von Bischof Otto von Bamberg i. J. 1108 zum Abt des neugestifteten und nach der Hirschauer Regel eingerichteten Klosters Aura eingesetzt und auch Heinrich V. bekannt geworden. Er erfuhr die Gnade des Kaisers und erhielt um 1112 von ihm den Auftrag, die Geschichte der Kaiser von Karl dem Gr. bis auf Heinrich V. selbst zu beschreiben. Ekehard gestaltete darauf seine Chronik so um, daß sie dem Verlangen des Kaisers zu entsprechen schien. Er hielt jedoch für nöthig über den' gesetzten Anfangspunkt zurückzugreifen und vom Ursprung der Franken zu beginnen, deren Geschichte bis zu Karl dem Großen das erste Buch füllte; das zweite umfaßte die Zeiten von Karl bis zum Ende Heinrichs IV., das dritte die Regierungszeit Heinrichs V. bis zum Jahre 1114. Mit der glänzenden Beschreibung der kaiserlichen Hochzeit schloß Ekehard wohl zuerst das Werk in dieser für seinen hohen Gönner bestimmten Gestalt, fügte aber später noch einige Notizen hinzu. Eine überschwängliche Dedication an den Kaiser (M. G. VI. 8) wurde vorausgeschickt. Sehr bemerkenswerth ist, wie vorsichtig Ekehard damals die üblen Vorgänge zu Rom i. J. 1111 behandelte; er folgte bei Darstellung derselben nur der officiellen Schrift des Irländers David, eines Kapellans des Kaisers. Nicht minder verdient Beachtung, daß die schärfsten Stellen gegen Heinrich IV. nun getilgt oder abgeschwächt wurden; Schmähungen gegen den Vater fanden, nachdem der Sohn in dessen Fußstapfen getreten war, nicht mehr den rechten Platz. Das Autograph dieser Umarbeitung (C. bei Waitz) ist erhalten und befindet sich jetzt in Cambridge; vielleicht hat es die Kaiserin Mathilde bereits nach England gebracht.

Als sich die Stimmung in Deutschland gegen Heinrich V. immer mehr verbitterte, änderte sich auch Ekehards Gesinnung gegen ihn; auch die Chronik, welche er unausgesetzt fortführte, giebt davon Zeugniß. In der früheren Gestalt überarbeitete er sie nun noch mehrfach und vervollständigte sie nach und nach bis zum Jahre 1125; die Zeitvorgänge wurden jetzt in einem für Heinrich V. minder günstigen Sinne dargestellt und die Schmähungen auf Heinrich IV. belassen, wie sie sich in der dritten Recension vorfanden. Wir besitzen die Chronik in dieser Gestalt noch in zwei von einander abweichenden Recensionen (D. E.). Es ist das Verdienst von Waitz, die verschiedenen Phasen, welche Ekehards schriftstellerische Thätigkeit und mit ihr sein Werk durchlaufen hat, auf Grundlage der Handschriften gründlich nachgewiesen zu haben.

Man hat bisher in Ekehards Chronik die einzige gleichzeitige Darstellung der gesammten Regierung Heinrichs V. zu besitzen geglaubt. Es sind dabei zwei Annalenwerke übersehen worden, deren Ursprung zwar gleichfalls auf jene Würzburger Quelle des Ekehard zurückführt, die aber in ihren späteren Aufzeichnungen völlig selbstständig neben Ekehard stehen. Leider sind diese beiden Werke in ihrer ursprünglichen Gestalt bisher nicht aufgefunden, aber beide sind so wenig verändert in spätere Compilationen übergegangen, daß über ihren Inhalt kaum Zweifel obwalten können.

Das eine Werk sind Annalen vom Kloster St. Peter in Erfurt, welche in das große um 1355 compilirte und von Menken (Scriptores III. 201 ff.) herausgegebene Chronicon Sanpetrinum Erfurtense vollständig aufgenommen sind. Nach einigen sehr dürftigen und schlechten Notizen, welche gar nicht zur Chronik gehören (Pertz Archiv VII. 457), finden sich hier von 1073 an Notizen, welche der späte Compilator offenbar aus alten Annalen des zwölften Jahrhunderts wörtlich abschrieb. Diese, die uns nur in dieser Copie vollständig erhalten, stimmen bis 1101 mit den Annalen von St. Alban meist genau überein, zeigen bis 1108 mit der in den Hildesheimer Annalen erhaltenen Fortsetzung Verwandtschaft und lassen dann bis 1118 noch eine weitere kurze Fortsetzung der Annalen von St. Alban durchscheinen. Die Grundlage ist somit eine etwas abweichende Recension der alten Würzburger Annalen, welche unzweifelhaft über St. Alban nach Erfurt kam; hier sind nur einige auf Thüringen und besonders auf das Kloster St. Peter bezügliche Notizen hinzugefügt. In diesem Kloster ist dann aber auch jedenfalls die weitere ganz selbstständige Fortsetzung entstanden, welche noch bei Lebzeiten Heinrichs V. begonnen ist, von welchem der Verfasser bereits z. J. 1105 eine wohl ungünstige, aber nicht ungerechte Charakteristik entwirft; bis zum Jahre 1137 scheint Alles die Arbeit eines Verfassers. Die Nachrichten sind besonders für Thüringen wichtig, welches für seine engere Landesgeschichte keine ältere Quelle hat, geben aber auch über die Reichsgeschichte dankenswerthe Aufschlüsse. Nur ein dürftiger Auszug aus diesen größeren Annalen sind die Annales St. Petri Erphesfurdenses, welche Pertz in den M. G. XVI. 15—20 herausgegeben hat[1]). Diese sind erst um die Mitte des zwölften Jahrhunderts ent-

---

[1]) Pertz hält diese kürzeren Annalen für das Original, aber schon der Anfang (Secundum bellum) weist auf ein Excerpt hin. In Bezug auf die Annalen, welche Menken in seiner Handschrift dem Chronicon Sanpetrinum vorausgeschickt fand, bemerke ich, daß sie uns nicht mehr, wie Wattenbach in den Geschichtsquellen S. 463 meint, unbekannt sind. Pertz hat sie unter dem Namen Annales S. Petri Erphesfurdenses am angeführten Orte edirt. Anfang, Endjahr und alle bei Menken mitgetheilten Stellen lassen darüber keinen Zweifel. Man vergleiche hierüber Stübel, das Chronicon Sanpetrinum Erfurtense (Leipzig 1867); das Verhältniß dieser kürzeren Annalen zu dem vollständigen Text im Chronicon Sanpetrinum scheint mir auch hier nicht richtig dargestellt zu sein. Die Annales Lothariani oder Erphesfurdenses von 1125—1137 (M. G. VI. 536—641) sind nur der letzte Theil der größeren Erfurter Annalen, mit dem eine Handschrift des Ekehard vervollständigt wurde.

standen, als auch der Verfasser der Annales Pegavienses bereits die älteren Erfurter Annalen vom Jahre 1116 ab ausschrieb, und zwar in noch weit größerem Umfange. Vergl. Cohn, die Pegauer Annalen S. 23 (Abdruck aus den Mittheilungen der geschichts- und alterthumsforschenden Gesellschaft des Osterlandes IV.).

Die zweite Quelle für Heinrichs V. Geschichte, welche bisher nicht die rechte Beachtung gefunden hat, sind Paderborner Annalen, noch bei Lebzeiten dieses Kaisers begonnen und dann bis 1137 fortgesetzt; ebenfalls, wie es scheint, die Arbeit eines und desselben Verfassers. Diese Annalen liegen uns leider nicht in einer so genauen Copie, wie die Erfurter, vor, sind uns aber doch fast ihrem ganzen Inhalt nach bekannt, so daß eine Herstellung leicht zu ermöglichen wäre. Denn sie finden sich excerpirt in den Hildesheimer Annalen von 1109--1137, wo zugleich Zusätze zu den früheren Jahren aus ihnen entnommen wurden, und in noch größerem Umfange sind sie vom sächsischen Annalisten und in den um 1175 entstandenen Annales Colonienses maximi ausgeschrieben worden. Die letztgenannten umfangreichen Annalen, in den M. G. XVII. 723—847 von K. Pertz herausgegeben, benutzen bis zum Jahre 1106 vorzugsweise Ekehards Chronik, dann nach der Meinung des Herausgebers die Hildesheimer Annalen und den sächsischen Annalisten. Mit Recht hat jüngst Lehmann in seiner Dissertation De annalibus, qui vocantur Colonienses maximi (Berlin 1867) in Abrede gestellt, daß der Annalista Saxo in den Kölner Annalen benutzt sei, aber mit Unrecht hält er selbst einen Zusammenhang letzterer mit den Hildesheimer Jahrbüchern fest und sucht ihn sogar schon von 1070 an nachzuweisen. Denn die Stellen, welche er p. 30. 31 anführt, gehören nicht ursprünglich den Hildesheimern, sondern den Annalen von St. Alban an, und daß aus diesen jene Notizen herstammen, zeigt deutlich die größere Uebereinstimmung z. J. 1081. 1093. 1100. Nur hatte der Verfasser der Kölner Annalen nicht selbst die von St. Alban vor sich, sondern diese waren die Grundlage der Paderborner Annalen, welche der Kölner Annalist neben Ekehard bis 1106 benutzte und dann, als ihn seine Handschrift des Ekehard verließ, in großem Umfange ausschrieb. Daß sich uns so durch die Annales Colonienses eine Quelle der Hildesheimer Jahrbücher und des sächsischen Annalisten zum großen Theil erhalten hat, wird kaum noch zweifelhaft sein, nachdem einmal darauf hingewiesen ist[1]). Diese Quelle, die alten Paderborner Annalen, behandelte die allgemeinen Reichsangelegenheiten, besonders eingehend aber die Ereignisse in Westfalen.

Die Annales Colonienses maximi gewinnen unter solchen Umständen für die Regierungsgeschichte Heinrichs V. fast die Bedeutung einer gleichzeitigen Quelle. Wir besitzen zwei Recensionen dieser Annalen. Die erste (Rec. I.), in einer jetzt in England befindlichen Handschrift erhalten, ist die ausführlichere und giebt die Paderborner Quelle am vollständigsten wieder; die zweite (Rec. II.) zieht den Text derselben bedeutend zusammen, hat aber durch Zusätze, welche sich unmittelbar auf Köln beziehen und auf älteren dort vorhandenen Aufzeichnungen beruhen müssen, ihren besonderen Werth. Die zweite Recension ist im Kloster St. Pantaleon entstanden, dessen Aebte sich in derselben regelmäßig verzeichnet finden.

Die anderen gleichzeitigen Annalen sind ziemlich dürftig. Die Jahrbücher von St. Amand (M. G. V. 13. 14) und Blandigny (M. G. V. 26—28)

---

[1]) Wattenbach in den Geschichtsquellen S. 292. 293. 499 und Lehmann in der angeführten Schrift S. 19—24 haben manche Bemerkungen gemacht, die auf dieses Resultat führen, ohne es jedoch selbst zu ziehen.

wurden fortgesetzt, desgleichen die alten **Annales Einsidlenses** (M. G. III. 146. 147); die Notizen beziehen sich meist auf lokale Verhältnisse, berühren aber bisweilen auch die Reichsgeschichte. Einige interessante Notizen bieten die **Annalen des Klosters Brauweiler** (M. G. XVI. 725. 726), welche von verschiedenen Händen des elften Jahrhunderts niedergeschrieben sind. Gleiches gilt von den **Annalen von Aachen** (M. G. XVI. 684. 685), welche wir freilich nur in einer späteren Abschrift und vielleicht auch Ueberarbeitung besitzen, wie von den **Annalen von St. Jakob zu Lüttich**, welche Pertz aus der Urschrift in den M. G. XVI. 635—645 zuerst herausgegeben hat. Die alten **Lütticher Annalen** (M. G. IV. 29. 30), welche später im Kloster Foffes fortgesetzt wurden, sind für diese Zeit unbedeutend und von 1112 bis 1133 nur ein Auszug aus Anselms Fortsetzung des Siegbert. Die **Annales Laubienses** (M. G. IV. 20—22) beruhen bis 1087 auf den Lütticher und Weißenburger Annalen, dann haben sie eigene, aber wenig belangreiche Notizen. Unbedeutend sind auch die i. J. 1120 niedergeschriebenen kurzen Annalen des Kanonicus **Lambert von St. Omer** (M. G. V. 65). Die **Annales Corbeienses** wurden bis 1117 fortgesetzt; zu den kurzen Aufzeichnungen derselben machte um die Mitte des zwölften Jahrhunderts ein Mönch einige nicht unerhebliche Nachträge (M.G. III. 6—8, Jaffé Bibliotheca I. 40—44). Von größerem Belang sind die **Annales Egmundani**, mit denen die holländische Historiographie beginnt. Sie knüpfen an Siegberts Chronik an und sind von 1112 an als eine gleichzeitige Quelle anzusehen; Pertz hat sie (M. G. XVI. 445—479) zuerst in ihrer ursprünglichen Gestalt herausgegeben. Im Jahre 1123 wurden die ersten **östreichischen Annalen im Kloster Melk** (M. G. IX. 484—501) geschrieben; sie beruhen für unsere Zeit, wie Wattenbach nicht angemerkt hat, auf Bernold, geben aber auch einiges Neue.

Bei weitem größerer Gewinn, als aus diesen kleinen Annalen, erwächst aus einigen Büchern, welche eine in sich abgeschlossene Reihe von Begebenheiten darstellen, und zwar in der bewußten Tendenz, damit einer bestimmten Partei zu dienen. Es sind, obschon sie den historischen Charakter äußerlich zu bewahren suchen, im Wesentlichen Streitschriften, und man wird dessen stets bei ihrer Benutzung eingedenk bleiben müssen.

In erster Stelle tritt uns hier ein Gedicht entgegen, welches der Kritik die schwerste Aufgabe bereitet. Es führt den Titel **Heinrici regis bellum contra Saxones heroico carmine scriptum** und ist zuerst einzeln Straßburg 1508, dann bei Reuber, Scriptores 202—216 gedruckt. Der Dichter zeigt sich als den ergebensten Anhänger des Königs, dessen Tapferkeit und Milde immer von Neuem erhoben wird; die Sachsen sind ihm im vollsten Unrecht, da sie durch ihre Rebellion nur den gesetzlosen Zustand, der sich während der Jugend des Königs befestigt hatte, aufrecht erhalten wollten. Das Gedicht schildert die Vorgänge von 1073—1075 und soll nach unzweideutigen Aeußerungen des Dichters gleich damals, als die Unterwerfung der Sachsen vollendet war, entstanden sein. Wie viele Aufschlüsse ließen sich nicht von einem Werke nicht geringen Umfangs, so mitten aus den Ereignissen hervorgegangen, für uns erwarten? Aber man findet sich in dieser Hoffnung bitter getäuscht. Pertz in seinem Aufsatze über dieses Gedicht (Archiv X. 75—86) sagt mit vollem Recht: „Es enthält Redensarten statt Thatsachen." Wir erhalten über 750 Verse, die leicht fließen, aber uns großentheils bereits aus Virgil bekannt sind; sie sind mit lebhaften Schilderungen (arm freilich an originalen Zügen), mit einigen Reflexionen von untergeordneter Bedeutung, mit überschwänglichen Lobsprüchen auf den König ausgefüllt; Neues über die Sachen selbst findet sich wenig oder

Nichts. Das Meiste erzählt Lambert und der gleich zu nennende Bruno weit eingehender, obwohl sie gerade von entgegengesetztem Standpunkt aus die Dinge betrachten. Diese Armuth des Inhalts und zugleich der auffällige Umstand, daß sich keine Handschrift des Gedichts vor dem ältesten Druck nachweisen läßt, führten Pertz zu der Ansicht, daß das Gedicht erst im Anfang des 16. Jahrhunderts entstanden und dabei vor Allem Lambert benutzt sei. Floto (Heinrich IV. II. 427—432) und Waitz (Nachrichten von der G. A. Universität 1857. 13—38) haben widersprochen, und eingehend hat Waitz nachzuweisen gesucht, daß Nichts in dem Gedicht enthalten, was mit Nothwendigkeit eine spätere Abfassung des Gedichts bedinge, als nach dem Inhalte desselben anzunehmen sei, daß im Besonderen Nichts auf eine Benutzung Lamberts mit Sicherheit schließen lasse. In der That scheint mir nach Waitz Ausführungen klar, daß das Gedicht in den Verhältnissen des 11. Jahrhunderts wurzelt, Vieles nur aus ihnen zu erklären ist. Den Bemerkungen von Waitz füge ich noch hinzu: p. 205. v. 46 und p. 206. v. 4 wird Goslar als villa bezeichnet, und als villa regalis erscheint es bei allen Schriftstellern aus der Zeit Heinrichs IV., während es später ditissima Saxoniae civitas genannt wird. Fraglich bleibt mir aber doch immer, ob wir das Gedicht in ganz unverdorbener Gestalt besitzen. Der Ausfall aus Goslar, wo (p. 205. v. 44)

Sutores, fabri, pistores, carnificesque

mit den Rittern auszuziehen, ist nach Allem, was gegen Pertz Bedenken eingewendet ist, doch immer befremdlich. Für Schilde mit Schlachtendarstellungen (p. 208. v. 49—51):

scutis impicta gerebant
Fortia facta patrum, quo talia visa virorum
Incendant animos, solias laudis avaros

werden sich schwerlich aus der Zeit der Salier Beweise beibringen lassen. Die Verbindung, in welche der Vorstreit der Schwaben mit Karls des Großen Sachsenkriegen gesetzt wird (p. 212. v. 2. 3), findet nicht in älteren, wohl aber in späteren Schriften einen Anhalt (Stälin, Wirtembergische Geschichte I. 393. II. 643). — — Da das Gedicht offenbar nicht für den König allein, sondern auch für weitere Kreise — es ist ja Parteischrift — bestimmt war, so müßte es Verwunderung erregen, wenn wir in unseren Quellen nirgends einer Beziehung auf dieses schon in seiner Form für jene Zeiten doch nicht unbedeutende Werk begegnen sollten. Die einzige Hinweisung auf eine Darstellung von Zeitereignissen im heroischen Maße, welche damals in Deutschland entstanden, ist aber in den oben (S. 1030) angeführten Worten Lamberts enthalten, und zwar spricht er dort von einem seiner eigenen Werke. Es hat sich mir danach die Vermuthung aufgedrängt, daß vielleicht Lambert selbst der Verfasser unseres Gedichts in seiner ursprünglichen Form sei. Die von Pertz hervorgehobene und nicht abzuleugnende Aehnlichkeit seines Berichts in den Annalen mit der Darstellung des Gedichts würde sich dann von selbst erklären; gleiche Flüssigkeit und Lebendigkeit der Rede hier und dort scheinen die Vermuthung zu unterstützen; überdies finden sich manche Lieblingswendungen des Dichters in ähnlicher Weise in den Annalen wieder, wie nec mora, funduntque fugantque, confundunt fasque nefasque[1]). Der Dichter

---

[1]) Vergl. Lambert p. 200 (nec mora). p. 170 (fundunt fugantque), p. 253 (fasque nefasque). Die regales fasces im Gedicht (p. 212. v. 15) sind auffällig; tituli ac fasces finden sich auch bei Lambert p. 225. 249. Die Uebereinstimmung des Ausdrucks im Carmen mit Lamberts Annalen hat Lindner, Anno_der_Heilige_S. 4. 5 noch weiter nachzuweisen gesucht.

spielt zuweilen mit einem griechischen Wörtchen: wie er die Harzburg Arcipolis nennt, so heißt es p. 208. v. 12:

Castellis aliquam tractant obtendere technam;

ähnlich Lambert in den Annalen (p. 216): omnes accusationum strophas dirupit. Aber freilich dies Alles kann täuschen, und die durchaus entgegengesetzte Tendenz der Annalen würde genügen, um völlig die Vermuthung abzuweisen, wenn nicht Lambert selbst in der angeführten Stelle, wo er von seinem Heldengedicht spricht, dies gleichsam desavouirte (quanquam sciam me ad has describendas minus idoneum — in versibus plura (plurima?) falsa pro veris scripsisse accusor). Sollte sich nicht die geringe Verbreitung unseres Gedichts vielleicht daraus erklären, daß der Verfasser bald selbst es unterdrückte? Lambert, der in der Geschichte seines Klosters sagt, er sei in dem Kerker desselben eingeschlossen, kenne nicht die Menschen und sei auch nicht nach ihnen begierig (nos utpote monasterii carcere inclusos nec hominum expertos nec valde curiosos), wird in seinem Heldengedicht vom König nicht anders gesprochen haben, als man im Kloster dachte: aber in Hersfeld, wo Heinrich in seiner Jugend oft verkehrte, war man bis zum Jahre 1075 durchaus königlich. Dann wandte sich freilich dort die Stimmung und hat in der Folge noch öfters gewechselt; Lambert selbst stand schon vom Jahre 1076 an unzweifelhaft ganz auf der Seite der Gregorianer. Es wird Billigung finden, wenn von einer Quelle, deren Natur so zweifelhafter Art ist, von mir kein umfänglicher Gebrauch gemacht ist; die Sache selbst hat dabei sicher wenig verloren.

Einen entschieden feindseligen Charakter gegen Heinrich IV. trägt Brunos Buch vom Sachsenkriege, entstanden im Anfange des Jahres 1082 und dem Bischof Werner von Merseburg gewidmet. Bruno, der eigentlich der Magdeburger Kirche angehörte, hatte sich nämlich nach Erzbischof Wezels Tode nach Merseburg begeben; er scheint aber bald nach Abfassung dieser Schrift in die Dienste des Gegenkönigs Hermann getreten, denn die beiden Urkunden, welche wir allein von diesem besitzen, sind von einem Kanzler Bruno unterzeichnet. Wenn wir Lamberts Tendenz darin sahen, die Wahl des ersten Gegenkönigs zu rechtfertigen, so scheint uns besonders Brunos Absicht, die Nothwendigkeit ferneren Widerstandes gegen Heinrich zu zeigen und damit die Erhebung des zweiten Gegenkönigs den Sachsen und Schwaben zu empfehlen. Mit der Wahl und Salbung Hermanns schließt das Buch, in dessen Verlauf stets aufs Neue darauf hingewiesen wird, wie alles Unglück bisher auf der mangelnden Eintracht zwischen Sachsen und Schwaben beruht habe und günstige Erfolge nur von einer engeren Verbindung der beiden Stämme zu erwarten seien (c. 31. 35. 44. 87. 91. 130). Bruno versichert in der Vorrede wahrheitsgetreu zu erzählen, aber nach Allem, was Stenzel II. 55—67 und Andere bemerkt haben, ist es überflüssig, hier noch weiter nachzuweisen, daß es Bruno im Interesse seiner Partei mit der Wahrheit nicht streng nahm. Die schmutzigen Anekdoten, die in Sachsen von Heinrichs erbittertsten Gegnern verbreitet wurden, erzählt er mit sichtlichem Vergnügen nach und putzt sie noch durch drastische Züge auf. So wird die auf Adelheid bezügliche Schandgeschichte (c. 9) durch die Bemerkung wirksamer gemacht, daß sie die einzige Schwester des Königs sei; das ist unrichtig, und an anderer Stelle (c. 83) erwähnt Bruno selbst einer zweiten Schwester. Mit Historikern, die immer wieder auf diese Scandale zurückkommen, ist nicht zu rechten. Dennoch verdient Bruno, wo er von Vorgängen unter den Sachsen berichtet, volle Beachtung. Er stand inmitten der Bewegung, konnte Vieles leicht erfahren und war bei manchen wichtigen Ereignissen selbst gegenwärtig, wie in der Schlacht an der Elster (c. 123). Ueberdies

ſtanden ihm wichtige Actenſtücke zu Gebote, für deren Mittheilung wir ihm dankbar
ſein müſſen, obwohl er ſie ſelbſt nicht angemeſſener Weiſe zu verwerthen, namentlich
nicht in die rechte chronologiſche Folge zu bringen wußte [1]). Bruno ſcheint auch Lamberts Annalen gekannt zu haben. Die Erzählung von der Belagerung Lüneburgs im
Jahre 1073 (c. 21) ſtimmt zum Theil wörtlich mit Lambert (p. 201); an einer anderen Stelle (c. 47) ſagt Bruno: rex mortuos suos vel sepeliri vel in patriam sepeliendos fecit deportari, während es bei Lambert bei derſelben Gelegenheit von den Leuten
des Königs heißt: occisos terra obruunt; qui clariores inter eos ditioresque extite-
rant, in patriam — sepeliendos remittunt (p. 228). Jedenfalls hat aber Bruno
von Lambert nur einen ſpätlichen Gebrauch gemacht; er erzählt, wo ihm Actenſtücke
fehlten, meiſt nach eigener Kenntniß oder mündlichen Berichten. Wie er die Actenſtücke
für ſeine Darſtellung verwerthete, zeigen c. 33. 34 und 41, wo öfters wörtlich die Dinge
ſo erzählt werden, wie in dem Schreiben der Sachſen, welches Bruno ſelbſt c. 42 mittheilt. Niemand wird Brunos Bericht dem des Lambert, ſo weit ſie zu vergleichen ſind,
im Allgemeinen vorziehen; aber man wird andererſeits nicht in Abrede ſtellen können,
daß die inneren Vorgänge in Sachſen oft Bruno beſſer bekannt waren. Ueber die Stellung
der Sachſen zu Gregor würden wir ohne ihn ſehr irrige Vorſtellungen haben, und
über die Perſon Ottos von Nordheim gewinnt man aus ihm mehr Aufſchlüſſe, als aus
Lambert. Das Werk Brunos iſt im Mittelalter mehrfach benutzt worden, namentlich
in großem Umfange vom ſächſiſchen Annaliſten[2]), doch beſitzen wir jetzt leider nur eine,
überdies ſpäte Handſchrift, nach welcher Pertz die Ausgabe in den M. G. V. 329—384
veranſtaltet hat. Der Text ſcheint in jener Handſchrift im Ganzen getreu überliefert,
doch finden ſich hier und da Corruptelen. Gleich im Prolog iſt ſtatt des hand-
ſchriftlichen a lateris animae stercoribus zu leſen a latebris animae secretio-
ribus, wie Breißig in den Theſen zu ſeiner Diſſertation de continuato Fredegarii
chronico bereits bemerkt hat, und c. 86 iſt das handſchriftliche (Heinricus cum in-
telligeret, se de lupina ferocitate parum proficere,) pellinam non corvinam cogita-
vit induere zu emendiren in pelliciam nunc ovinam u. ſ. w. (pelliciam ſchon
von Pertz verbeſſert).

Lambert verſichert, daß die Kaiſer Gelehrte am Hofe unterhielten, um ihre
Thaten durch die Darſtellungen derſelben verherrlichen zu laſſen (Imperatores
suorum secum habent praecones meritorum. M. G. V. 140). Wipo iſt dieſen officiellen Geſchichtſchreibern aus früherer Zeit zuzurechnen; aus den Tagen
Heinrichs V. kennen wir den Irländer David, welcher früher Vorſteher der Schule
in Würzburg geweſen war und den Kaiſer i. J. 1110 nach Italien mitnahm
um die Geſchichte der Romfahrt zu beſchreiben. Das Buch, welches Ekehard
und in bei weitem größeren Umfang Wilhelm von Malmesbury benutzten, iſt bisher
in keiner Handſchrift aufgefunden worden[3]). Daß die Schrift auch Actenſtücke enthielt,

---

1) Smolla in der Diſſertation De Brunonis bello Saxonico (Breslau, 1856) bezweifelt mit
Unrecht die Echtheit dieſer Actenſtücke und hält ſie für ſpätere Einſchiebſel in den Text. Der ſächſiſche
Annaliſt fand ſie bereits dort vor; überdies ſind viele von ihnen auch an anderen Orten mitgetheilt.

2) Auch die von Waitz nicht bezeichnete Stelle S. 711. Z. 47 ff. iſt aus Bruno c. 103, wie
S. 712. Z. 10 aus c. 108. Die genauen Angaben der Schlachttage Heinrichs in den Annales Mellicenses haben eine Uebereinſtimmung mit Bruno, die kaum zufällig ſein kann.

3) Davids Werk wird auch unter den Aventin benutzten Arbeiten im Syllabus aufgeführt.
Es heißt dort: David Scotus, vir admodum eruditas atque bonus, socius D. Mariani, fuit primo
ludi magister Wirzeburgensis, deinde ob eruditionem et integritatem vitae in aulam ab imperatore
Heinrico V. Caes. Aug. ascitus eius vitam tribus libris complexus est. Beſtimmte Entlehnungen
aus David wüßte ich bei Aventin, obwohl er das Buch noch geſehen zu haben ſcheint, nicht mit Sicherheit nachzuweiſen.

sieht man aus Wilhelm; die betreffenden Stellen dieses englischen Autors hat Waitz nach Harbys Text in den M. G. X. 478—480 herausgegeben. Wahrscheinlich rührt von David auch das Manifest her, welches der Kaiser alsbald über die Gefangennehmung Paschalis II. verbreitete (Codex Udalrici Nr. 261—263. J. 149, Annales Disibodenbergenses in den M. G. XVII. 20 und Gesta Alberonis in den M. G. VIII. 244). Dieser officiellen kaiserlichen Schrift wurde von päpstlicher Seite eine andere Darstellung entgegengestellt, welche unseres Erachtens größere Glaubwürdigkeit besitzt (Annales Romani in den M. G. V. 472 ff. und die Papstleben bei Muratori III. 1. 360 ff.). David hat später Deutschland wieder verlassen; er bekleidete in seinen letzten Lebensjahren das Bisthum Bangor in Wales.

Eine interessante kleine Schrift über das Reimser Concil von 1119 haben wir Hesso, dem Vorsteher der Domschule in Straßburg[1]), zu verdanken. Der Verfasser berichtet, was er selbst gesehen, und war ohne Zweifel im Gefolge der päpstlichen Gesandten an den Kaiser, welchen er sich in Straßburg, wo seine Erzählung beginnt, angeschlossen haben mochte. Der Zweck des Büchleins, welches Wattenbach aus mehreren Handschriften in den M. G. XII. 423—428 herausgegeben hat, ist augenscheinlich, das Verfahren der Gesandten, im Besonderen das des gelehrten und hochgeachteten Wilhelm von Champeaux, zu rechtfertigen. Auch diese Schrift hat Ekehard bereits benutzt, und sie ist in den Cod. Udalr. Nr. 303 (J. 199) aufgenommen.

Verwandt den zuletzt genannten Quellen, die sämmtlich einen polemischen Charakter tragen, sind die zahlreichen kirchlichen Streitschriften, welche in Deutschland während des Investiturstreits entstanden. Nicht wäre hier am Platze weiter auf diese ganze Litteratur einzugehen; nur die Schriften sind zu berühren, welche als historische Quellen nicht zu entbehren sind. Um 1074 entstand ein angeblicher Brief des Bischofs Udalrich von Augsburg an einen Papst Nicolaus (Cod. Udalr. Nr. 10. J. 56), in welchem das Verfahren Roms, um den Cölibat der Priester zu erzwingen, stark angegriffen wird; diesen untergeschobenen Brief censurirte Gregor VII. auf der römischen Synode von 1079 (Bernold zu diesem Jahre). Auf Bernolds Tractate ist bereits oben hingedeutet worden. Wirksamer als sie waren die Streitschriften, welche der Erzbischof Gebhard von Salzburg in der Form von Schreiben an Bischof Hermann von Metz erließ. Die eine vom Jahre 1081 sucht ausführlich die Gültigkeit des von Gregor gegen Heinrich IV. geschleuderten Banns nachzuweisen; sie ist zuerst bei Tengnagel, Vetera monumenta contra schismaticos p. 7—29 herausgegeben und dann bei Gretser, Opera omnia VI. 435 ff. abgedruckt. Die andere nur geringen Umfangs v. J. 1084 bestreitet die Gültigkeit der Ordination des Gegenpapstes und ist uns bei Hugo von Flavigny aufbewahrt (M. G. VIII. 459. 460). Hauptsächlich wurde in Deutschland die polemische Litteratur durch die zweite Excommunication des Königs, welche Gregor durch besondere Anschreiben aller Orten verbreiten ließ, in Gang gebracht. Im Auftrage und im Namen des Bischofs Dietrich von Verdun faßte der Trierer Scholasticus Wenrich um 1083 gegen dieselbe eine Schrift ab, welche mit Recht nicht geringes Aufsehen erregte. Sie hat die Form eines Briefs an den Papst und berührt mit scheinbarer Unbefangenheit alle schwebenden Streitfragen. Weniger durch uns sonst unbekannte Thatsachen, welche sie an das

---

[1]) Hesso scolarum magister in zwei Urkunden vom Jahre 1118 bei Grandidier, Histoire d'Alsace II. Preuves 230. 232 und in einer dritten kaiserlichen Urkunde bei Grandidier a. a. O. 234, welche Stumpf (Nr. 3159) in das Jahr 1119 setzt. Diese Zeugnisse sind bisher übersehen; Wattenbach hielt Hesso für einen Franzosen.

Licht zöge, ist sie wichtig, als durch manche Beiträge zur Charakteristik Heinrichs IV. und Gregors; der Verfasser, einer der geschicktesten Stilisten seiner Zeit, weiß auch durch die Form zu gewinnen. Leider ist der Druck bei Martene, Thesaurus I. 215—230 sehr mangelhaft; vielfache Verbesserungen ergiebt eine Handschrift der Wiener Bibliothek aus dem 12. Jahrh. (J. can. 105), obwohl auch sie zahlreiche Fehler enthält. Der Erfolg von Wenrichs Schrift veranlaßte Manegold, einen jungen Chorherrn im Kloster Lautenbach bei Gebweiler im Elsaß, sich an einer Widerlegung zu versuchen. Seine Arbeit, die noch bei Gregors Lebzeiten zum Abschluß kam, hat er dem Erzbischof Gebhard von Salzburg gewidmet; sie ist umfänglich, aber Vieles freilich nur Compilation aus den Schriften des Petrus Damiani und Bernold. An schriftstellerischem Talent stand Manegold Wenrich weit nach, und seine Ausführungen haben nur durch die ungemessene Parteileidenschaft, die aus ihnen hervorbricht, besonderes Interesse. Manegold hatte selbst schwer unter den kirchlichen Wirren zu leiden; Lautenbach war zerstört worden, und er irrte oft unstät umher. Das Werk ist noch ungedruckt; aus der einzigen bekannten Handschrift, jetzt in Karlsruhe, finden sich Auszüge bei Floto II. 154. 155. 299—303 und in meiner akademischen Abhandlung über Manegold in den Sitzungsberichten der bairischen Akademie der Wissenschaften Jahrgang 1868. Bd. II. 297—330. Eine mit Wenrichs Arbeit verwandte Schrift entstand etwa zu derselben Zeit auf Veranlassung des Erzbischofs Eigilbert von Trier. Ihr Verfasser war ein gelehrter Geistlicher in Trier, Dietrich mit Namen, der zum Lohn dafür die Abtei St. Martin an der Mosel erhielt; bisher ist keine Handschrift aufgefunden worden. Auch Erzbischof Liemar von Bremen und Bischof Benno von Osnabrück hatten Wibo, den Vorsteher der Domschule in Osnabrück, mit einer ähnlichen Streitschrift beauftragt, von der uns wenigstens ein Auszug im Codex Udalrici Nr. 172 (J. 190) erhalten ist. Sie scheint in der letzten Lebenszeit Gregors abgefaßt, gegen den sie eine sehr dreiste Sprache führt; besonders bringt der Verfasser auf Herstellung der kirchlichen Einheit und die allgemeine Anerkennung Wiberts. Etwa derselben Zeit gehört die kleine anonyme Schrift an, welche den Titel: Dicta cuiusdam de discordia papae et regis führt und bei Floto Heinrich IV. I. 437. 438 zuerst herausgegeben ist; mit Unrecht wird sie dort Siegbert von Gembloux zugeschrieben. Bei weitem am wichtigsten für die deutsche Geschichte jener Zeit ist aber die Streitschrift des Bischofs Walram von Naumburg, welche er um das Jahr 1093 unter dem Titel De unitate ecclesiae conservanda absaßte (Freher, Scriptores I. 244—326). Sie besteht aus drei Büchern, deren erstes eine Kritik des bekannten Schreibens Gregors VII. an Hermann von Metz ist, in welchem der Papst die Rechtmäßigkeit seines Verfahrens gegen Heinrich IV. zu begründen suchte (Reg. VIII. 21 in Jaffé Bibl. II. 453—467). Das zweite Buch Walrams enthält eine weit ausgeführte Entgegnung auf eine aus der Hirschauer Schule hervorgegangene, jetzt verlorene Streitschrift; in diesem zweiten Buche wird zugleich das Leben und das Treiben der Gregorianer in Sachsen, Thüringen und Hessen von 1081—1092 eingehend erörtert und dabei ein so reichhaltiger Stoff geboten, daß die Schrift für die Geschichte jener Zeit geradezu unentbehrlich ist. Das dritte Buch, welches die Rechtgläubigkeit Wiberts gegen erfolgte Angriffe zu vertheidigen sucht, bricht in unserer Ausgabe bald ab und ist vielleicht vom Verfasser selbst nicht vollendet worden. Walram führt eine sehr hitzige Sprache; daß seine Gegner ihn darin wo möglich noch überboten, sieht man aus einem Schriftwechsel zwischen ihm und dem Grafen Ludwig von Thüringen, der sich dabei der Feder des Bischofs Herrand von Halberstadt, eines sehr eifrigen Gregorianers, bediente. Diese Correspondenz ist in den Annales Disibodenbergenses (M. G. XVII. 10—14) aufbewahrt, wo sie in das Jahr 1090 gestellt ist; vor dem Jahre 1094 können jedoch die Briefe nicht gewechselt sein. Ein im J. 1109 geschriebener Tractat De investitura episcoporum wurde von dem ersten Herausgeber S. Scharbius ebenfalls dem Walram beigelegt [1]); er findet sich vollständiger in einer Bamberger Handschrift [2]) und ist aus dieser von Kunstmann in der Tübinger theologischen Quartalschrift Bd. 19 u. 20 zuletzt edirt worden; das Ganze macht den Eindruck ungeordneten Materials. Von den Streitschriften, welche Siegbert von Gembloux auf den Wunsch des Lütticher Archidiakonen Heinrich verfaßte, fehlt uns die früheste, welche gegen das vorhin erwähnte Schreiben Gregors VII. an Hermann von Metz gerichtet war; die zweite Contra eos, qui calumniantur missas coniugatorum sacerdotum (Martene, Thes. anecd. I. 230—241) hat nur geringes historisches Interesse; für unsere Zwecke am erheblichsten ist die dritte, eine scharfe, aber begründete Invective gegen den Papst Paschalis II., als er den Grafen von Flandern zur Zerstörung des Lütticher Bisthums aufgefordert hatte. Diese letzte im Jahre 1103 abgefaßte Schrift ist mehrfach gedruckt und findet sich auch im Codex Udalrici Nr. 234 (J. 113) [3]).

Unter den in dieser Zeit geschriebenen Biographien muß in erster Stelle das Leben Heinrichs IV. genannt werden. Reiz der Darstellung wird dieser kleinen Schrift Niemand bestreiten, aber eben so wenig kann nach Jaffés Vorbemerkungen zur Uebersetzung und v. Druffels Erörterungen (Heinrich IV. und seine Söhne 93—108) geleugnet werden, daß sie voll von historischen Unrichtigkeiten ist; selbst die Geschichte der letzten Jahre, welche ausführlicher dargestellt wird und wo der Verfasser scheinbar den Ereignissen näher stand, zeigt große Flüchtigkeit. Gerade da, wo die einzelnen Umstände mit Sorgfalt ausgemalt werden, wie z. B. c. 5 bei der Erzählung von Ekberts Tode, wird man das höchste Mißtrauen gegen die poetisch-rhetorische Manier des Verfassers hegen müssen; die Erzählung von den Vorgängen in Würzburg i. J. 1077 (c. 4) verwirrt die Ereignisse jener Zeit mit anderen aus dem Jahre 1086, wie Ekehards Chronik und besonders die Fortsetzung des Marianus (M. G. V. 563) darthut, in der willkürlichsten Weise. Dem Verfasser kam offenbar wenig auf eine richtige Darstellung aller einzelnen Vorgänge an; er wollte vor Allem nur die Persönlichkeit des Kaisers, der sein Wohlthäter gewesen war, in ein günstiges Licht stellen. Sein Buch sollte Heinrichs Andenken Vielen lebendig erhalten, und je weniger er sich um die Richtigstellung der Thatsachen bekümmerte, desto sorgsamer hat er den Ausdruck studirt. Manche seiner wirksamsten Redewendungen sind freilich nicht sein Eigenthum, sondern die mühsam gesammelten Früchte seiner Belesenheit; so sind gleich im Anfang ganze Sätze aus Sulpicius Severus (ed. Halm p. 143. 145) entlehnt [4]). Die Schrift giebt sich den Schein, als sei sie ein freier Erguß des ersten Schmerzes über den Verlust des Kaisers, lediglich um in der geistigen Gemeinschaft mit dem Freunde, an den sie gerichtet ist, Trost zu finden; der Verfasser

---

1) Wie Kunstmann in der Tübinger theologischen Quartalschrift XX. 348 mittheilt, soll nach handschriftlichen Nachrichten der Verfasser ein Abt Konrad von St. Georg zu Naumburg sein.
2) Ueber den Zusammenhang dieser Handschrift mit dem Cod. Vat. 1984 und anderen siehe Bethmann in Pertz Archiv XI. 841 ff.
3) Eine Uebersicht über diese und die verwandten Streitschriften giebt Helfenstein, Gregors VII. Bestrebungen nach den Streitschriften seiner Zeit (Frankfurt 1856), doch läßt das Buch tieferes Studium vermissen; eingehender, aber voll von leeren Hypothesen und nichtigen Behauptungen ist G. Cassander, das Zeitalter Hildebrands für und gegen ihn (Darmstadt 1842).
4) Wattenbach, Geschichtsquellen S. 319 nach Dümmlers Bemerkung.

wünscht, daß Niemand sein Buch sehe, daß mindestens sein Name, wenn jenes nicht zu verhindern sei, verborgen bleibe. Aber wer hat jemals so effectvoll geschrieben, um keinen Effect zu machen? Allerdings ist das Buch im Mittelalter räthselhafter Weise nicht bekannt geworden; nirgends wird es erwähnt, nirgends auf dasselbe oder seinen Verfasser auch nur hingedeutet. Wir besitzen nur eine einzige, aus Regensburg stammende Handschrift, jetzt in der Münchener Bibliothek; sie gehört der Zeit an, in welcher die Biographie entstand, und ist vielleicht das Autograph des Verfassers. Aus diesem Codex hat Aventin im Jahre 1518 zuerst das Buch herausgegeben und nach ihm ist auch die neueste Ausgabe in den M. G. XII. 270—283 von Wattenbach besorgt worden; eine Uebersetzung mit einer werthvollen Einleitung verdankt man Jaffé (Geschichtsschreiber der deutschen Vorzeit XII. Jahrh. Bd. 2). Wie große Schwächen diese Biographie auch hat, als Darstellung der Persönlichkeit Heinrichs IV. verdient sie volle Beachtung. Das Urtheil des Verfassers ist einseitig, aber nicht unrichtig. Was er dem Kaiser nachrühmt, findet meist auch anderweitig Bestätigung. Daß er die christlichen Tugenden Heinrichs besonders hervorhebt, ist um so wichtiger, als gerade sie von den Widersachern ihm ohne Grund ganz abgesprochen wurden. Die Frage über die Person des Biographen ist mehrfach erörtert worden, scheint sich jedoch mit Sicherheit nicht beantworten zu lassen. Floto, welcher dem Buche meines Erachtens einen viel zu großen Einfluß auf seine Darstellung eingeräumt hat, hält Bischof Otbert von Lüttich für den Verfasser; er folgt hierin einer Ansicht Golbasts, welche sich lange in Ansehen erhalten, deren Probabilität aber Jaffé mit vollstem Recht bestritten hat. Jaffé stellte die Vermuthung auf, daß das Buch in Mainz geschrieben sei und der Abt Dietrich von St. Alban es abgefaßt habe; Druffel hat dagegen darauf hingewiesen, daß aus der Darstellung eher auf die Abfassung in Ostfranken oder Baiern zu schließen sei, specieller auf Würzburg oder Regensburg, zumal an letzterem Ort sich die einzige Handschrift vorgefunden habe. In der That hebt der Verfasser, der sonst in Ortsbestimmungen die Sorglosigkeit selbst ist, gerade Würzburg öfters in ungewöhnlicher Weise hervor (c. 4. 9. 13)[1], und dies hat mich auf die Vermuthung geleitet, daß das Buch von dem Bischof Erlung von Würzburg abgefaßt sein könnte. Erlung war vom Jahre 1103 bis zu Anfang des Jahres 1105 Heinrichs IV. Kanzler gewesen; mit der Person des Kaisers und den Hofgeschäften war er demnach so vertraut, wie man es von dem Verfasser der Biographie längst bemerkt hat. Heinrich IV. hatte Erlung zum Bischof von Würzburg bestellt, aber schon im Sommer 1105, als sich der junge Heinrich gegen den Vater erhob, mußte Erlung aus Würzburg weichen, wo ein Gegenbischof eingesetzt wurde. Freilich wurde bald darauf Erlung vom Kaiser hergestellt, doch nur um nach kurzer Zeit in die Hände des Königs zu fallen, der ihn dann in einer Art von Gefangenschaft bei seiner Kapelle behielt. Erlung war ein Mann, dem der Kaiser spes et unicum solacium gewesen war, der nach dessen Tode, zumal wenn er im Widerstande verharrte, das Schlimmste für sich fürchten konnte (licet in me furorem suum exacuant, licet me per membra discerpere cupiant); ihm ist jener gewaltige Ingrimm gegen die Fürsten, welche die Empörung des jungen Königs begünstigt hatten, zuzutrauen, der recht eigentlich das Buch charakterisirt. Erlung, der Domherr zu Bamberg gewesen war und in vertrauten Verhältnissen zu

---

1) Sedit enim tunc in urbe Wirziburgensi — diese Notiz in c. 9 scheint nur für den Verfasser ein besonderes Interesse gehabt zu haben; für den Gang der erzählten Begebenheiten ist sie ohne Gewicht.

Bischof Otto stand, war kein Gegner der Gregorianischen Ideen, wie sich in seinem späteren Verhalten zeigte, und auch in der Vita ist bemerkenswerth, wie die Feindseligkeiten Roms gegen den Kaiser stets eine milde, ausweichende Beurtheilung finden und Heinrichs Auflehnung gegen Gregor sogar den herbsten Tadel erfährt. In den ersten Monaten nach dem Tode des Kaisers mochte ein Mann, wie Erlung, noch Empfindungen hegen, wie sie sich in der Vita darlegen; aber bald gewann sein Leben eine unerwartet glückliche Wendung. Der Gegenbischof starb im Herbst des J. 1106, und allgemein wünschte man darauf Erlungs Rückkehr nach Würzburg; der König gab diesen Wünschen nach, und die päpstlichen Legaten selbst führten den Vertriebenen auf seinen Bischofssitz zurück. Wäre Erlung in der That der Verfasser unserer Biographie, so würde sich von selbst erklären, weshalb das Werk nun nicht weiter in die Oeffentlichkeit drang. Nicht Viele vermochten in jener Zeit ein Buch zu Stande zu bringen, welches Casaubonus dem Agricola des Tacitus verglich, und ich würde meine Vermuthung kaum auszusprechen gewagt haben, wenn nicht gerade eine ausgezeichnete litterarische Bildung von Ekehard, der sich darauf verstand, diesem Erlung nachgerühmt würde. Denn so äußert sich der Chronist über den ihm nahe stehenden Bischof: Vir singularis probitatis et eximiae prudentiae, Babenbergensis aecclesiae canonicus Erlungus, qui a viro scolasticissimo Meginhardo, avunculo scilicet suo, eiusdem sedis dudum episcopo[1]), diligentissime educatus et apprime liberalibus disciplinis instructus, ob famae suae bonum odorem de claustro Babenbergensi in palatium assumptus, cancellarii per aliquot annos strenue rexerat officium, indeque tam cleri quam populi consensu Wirciburgensem sortitus est episcopatum. Is virtutem boni operis perseverentiam esse considerans, maluit, quandoquidem necdum erat consecratus, loco cedere, quam ab imperatore, cui eatenus indefessa sinceritate servierat, vel minima infidelitate notari. Ekehards Worte finden zum Theil ihre Bestätigung durch Erlungs Schreiben an Otto von Bamberg im Codex Udalrici Nr. 228 (J. 118), wohl das einzige litterarische Denkmal, welches mit Sicherheit Erlung beizumessen ist.

Von den Bischöfen, welche in unserer Periode eine hervorragende Rolle in den deutschen Angelegenheiten gespielt haben, besitzen wir leider nur wenige gleichzeitige Biographien, und keine einzige unter ihnen, welche tiefere Blicke in die Reichsgeschichte ermöglichte. Das Leben Annos von Köln (M. G. XI. 465—514), von einem Siegberger Mönch im Jahre 1105 beendet, hat nur für die Lokalgeschichte einige Bedeutung, für die allgemeinen Verhältnisse hält es sich an Lambert, dessen Erzählung überdies corrumpirt wird. Der Mönch hat Anno geschildert, wie man ihn sich im Kloster vorstellen mochte, aber nicht nach dessen wahrer Gestalt. Höher steht Norberts Biographie des Bischofs Benno von Osnabrück. Der Verfasser war Abt des von Benno gestifteten Klosters Iburg und hatte den klugen, vielerfahrenen Bischof noch gekannt. Sein Werk, um 1100 geschrieben, giebt über den Bildungsgang Bennos, über dessen Thätigkeit im Amte, namentlich über die Gründung Iburgs sehr erwünschte Aufschlüsse. Von der Thätigkeit Bennos für Heinrich IV. erfahren wir dagegen weniger, als wir erwarten. Benno war durchaus kaiserlich gesinnt, aber sucht es doch auch mit der kirchlichen Partei nicht ganz zu verderben;

---

1) Meinhard war Gegenbischof in Würzburg 1085—1088. Er ist unfraglich eine Person mit dem Scholasticus Meinhard in Bamberg, der später an Heinrichs IV. Hof gezogen wurde, um seine Gelehrsamkeit in dem kirchlichen Streit zu benutzen. Man vergleiche Bonizo (Jaffé Bibl. II. 639) und Bernold z. J. 1088.

ähnliche Rücksichten scheinen auch dem Biographen Vorsicht auferlegt zu haben. Die alte Handschrift Norberts ist nicht mehr aufzufinden gewesen; nach einer jüngeren Abschrift hat Wilmans die letzte Ausgabe in den M. G. XII. 60—84 veranstaltet. Ueber das Leben des Erzbischofs Gebhard von Salzburg besitzen wir einige kurze Aufzeichnungen eines Admunter Mönchs aus dem Anfange des 12. Jahrh. (M. G. XI. 25—27). Ueber das dunkle Ende seines Nachfolgers Thiemo auf dem Kreuzzuge wurde wenige Jahre später eine Legende verbreitet, welche Otto von Freising kannte. Diese hat sich nicht erhalten, dagegen eine metrische Bearbeitung derselben (M. G. XI. 28—43) und eine um 1150 geschriebene Biographie in Prosa, in welcher außer der Legende auch anderes Material verarbeitet ist (M. G. XI. 52—62), der legenhenartige Charakter aber besseungeachtet nicht verwischt ist. Ein Leben oder vielleicht nur ein Martyrium des Bischofs Burchard von Halberstadt schrieb Abt Herrand von Ilseburg, später Gegenbischof von Halberstadt. Wir besitzen ein größeres Fragment beim sächsischen Annalisten z. J. 1088; der Inhalt desselben findet sich auch nach dem Original in Winnigstädts Halberstädter Chronik (Abels Sammlung alter Chroniken 289 ff.) wiedergegeben, doch ist weiter über dies Werk Nichts bekannt geworden. Im Codex Hirsaugiensis (Bibliothek des litterärischen Vereins in Stuttgart I. 21) wird eine Biographie jenes Gebhard von Konstanz erwähnt, der zu den Zeiten Heinrichs IV. und V. als päpstlicher Legat eine hervorragende Rolle spielte. Da nirgends bisher eine bestimmte Spur[1]) von ihr nachgewiesen ist, läßt sich nicht sagen, wann und von wem sie geschrieben war. Unbedeutend ist die Vita et passio Conradi archiepiscopi Treverensis, welche um 1075 ein gewisser Dietrich im Kloster Tholey schrieb (M. G. VIII. 213—219), freilich war auch der Stoff des Autors wenig dankbar.

Die Hirschauer Mönche haben in der Zeit des Investiturstreits einen so mächtigen Einfluß geübt, daß eingehende Lebensbeschreibungen ihrer Führer sehr erwünscht sein würden. Wir besitzen nun freilich ein Leben des Abts Wilhelm von Hirschau, welches auf einen Zeitgenossen desselben, den Prior Haimo, zurückgeführt wird (M. G. XII. 211—225), doch ist dasselbe später übergearbeitet und vielleicht dadurch noch das Wenige, was es von charakteristischer Färbung besaß, verwischt worden. Wie es vorliegt, ist es mehr wortreich als unterrichtend. Etwas belangreicher ist die Lebensbeschreibung des Priors Ubalrich von Zell, welche bald nach seinem Tode (1093) abgefaßt wurde; nur Fragmente des Buchs und eine Ueberarbeitung des zwölften Jahrhunderts sind erhalten; jene Fragmente und Excerpte aus der Ueberarbeitung sind in den M. G. XII. 251—267 mitgetheilt. Ein Mann von ähnlicher Richtung war Dietrich, Abt von St. Hubert in den Ardennen; sein Leben wurde bald nach seinem Tode (1087) von einem seiner Mönche beschrieben, und in diesem Werke finden sich brauchbare Notizen (M. G. XII. 37—57). Der Abt Wolfhelm von Brauweiler (starb 1087), ein entschiedener Anhänger Wiberts, eignete sich weniger zum Helden einer Darstellung, wie sie die Mönchswelt damals liebte; dennoch ist es einem gewissen Konrad, der sich um das Jahr 1120 an eine Biographie machte, eine solche in der damals beliebten Weise herzustellen gelungen (M. G. XII. 180—195).

Unter den Chroniken der Bisthümer, die zu jener Zeit entstanden, verdient die erste Stelle die Geschichte der Erzbischöfe von Hamburg (M. G. VII. 280—389 und Handausgabe), welche Meister Adam um 1075 vollendete. Von diesem

---

1) Eine Vermuthung in Bezug hierauf weiter unten.

ausgezeichneten Werke ist bereits früher die Rede gewesen (I. 791. II. 569); für die hier behandelte Periode ist es besonders wegen der vortrefflichen Schilderung Erzbischofs Adalbert wichtig. Adalbert hat keinen Biographen gefunden, doch sind wir durch Adam besser über ihn unterrichtet, als über irgend einen seiner Zeitgenossen. An Adams Urtheil über Adalbert muß man sich halten; denn es beruht auf genauer Kenntniß und ist in einer Weise ausgesprochen, welche der Pietät und Wahrheitsliebe des Autors gleiche Ehre macht. Wie sehr wünschte man, daß auch die Amtsverwaltung und die schweren Schicksale des trefflichen Liemar, dem Adam sein Buch gewidmet hat, uns in ähnlicher Weise dargestellt wären. Sehr unbedeutend sind die anderen sächsischen Bisthumschroniken aus jener Zeit: die um 1079 angelegte Hildesheimer (M. G. VII. 850—873) und die um 1136 abgefaßte Merseburger Chronik der Bischöfe (M. G. X. 163—188). Besonders waren in dieser Periode noch immer solche Arbeiten in Lothringen beliebt. Die ausgezeichnete Chronik von Cambray wurde fortgesetzt, indem um 1080 der Pontificat Lietberts (1051—1076), um 1100 der Gerhards II. (1076—1092) einen Darsteller fand. Die weitere Fortsetzung bis 1135, welche nach und nach entstanden sein wird, liegt uns in ihrer ursprünglichen Fassung nicht mehr vor; den Inhalt dieser Fortsetzung erkennt man aber aus einer französischen Uebersetzung vom Ende des dreizehnten Jahrhunderts, mit welcher ein i. J. 1191 von einem Cambrayer Domherrn verfaßter Auszug der Chronik zu vergleichen ist. Das Leben Lietberts hat um 1130 noch ein Mönch zu Cambray, Namens Robert, überarbeitet; in ähnlicher Weise hat später (1180) ein anderer Mönch, wahrscheinlich von St. Géry, auch die Partie der Bisthumschronik für die Jahre 1092—1095 umgestaltet. Diese verschiedenen Bearbeitungen finden sich zusammengestellt in Bethmanns Ausgabe der Fortsetzungen des Chronicon Cameracense (M. G. VII. 489—525). Die Gesta Treverorum (M. G. VIII. 130—174) sind im Anfange des zwölften Jahrhunderts abgefaßt, aber gerade die letzte Zeit ist in ihnen auffallend dürftig behandelt. Dies empfand ein Fortsetzer, der etwa um 1130 die Arbeit wieder aufnahm und deshalb vom Jahre 1015 abermals begann. Wir erhalten durch diese Fortsetzung (M. G. VIII. 175—200) manche erwünschte Nachricht über die Zeiten Heinrichs IV. und V. Die Fortsetzung reicht bis 1132; von der Regierungsgeschichte Erzbischofs Gottfried (1124—1127) giebt es daneben noch eine besondere Bearbeitung (l. c. 200—204). Auch Gesta episcoporum Tullensium wurden im Anfange des zwölften Jahrhunderts verfaßt (M. G. VIII. 631—648), aber man schöpft aus ihrer Lectüre wenig Gewinn; die alten Bisthumschroniken von Verdun, Metz und Lüttich fanden leider zu jener Zeit keine Fortsetzer. Sehr zu bedauern ist, daß man sich nicht in Mainz und Köln an ähnlichen Arbeiten versuchte, daß auch in Würzburg, Bamberg, Regensburg, Augsburg der Sinn dafür fehlte. Das Fragment, welches uns von der Eichstädter Chronik des Mönchs von Herrieden (M. G. VII. 254—266) erhalten ist, reicht nur bis in die Anfänge Heinrichs IV.; einige brauchbare Notizen finden sich hier und in dem um 1072 angelegten Liber pontificalis des Bischofs Gundekar von Eichstädt, herausgegeben von Bethmann in den M. G. VII. 243—253 und von Suttner im Anhang der Tabula Leonrodiana, Festschrift zur Weihe des Bischofs Franz Leopold von Leonrod (Eichstädt 1867).

Unter den deutschen Klostergeschichten jener Zeit haben die lothringischen den meisten Werth. Das umfassendste und zugleich bedeutendste Werk dieser Art sind die Gesta abbatum Trudonensium. Die ersten sieben Bücher sind von dem Abt Rudolf im Anfange des zwölften Jahrhunderts abgefaßt; mit dem Jahre 1108, wo er die Leitung des Klosters übernahm, schloß er die eigene Arbeit. Weitere sechs Bücher fügte dann über Rudolfs Amtsführung bis 1136 schon bei dessen Lebzeiten einer seiner Freunde hinzu. Vornehmlich sind die Angelegenheiten des Klosters selbst erzählt, und man erhält einen klaren Einblick in die großen Bedrängnisse solcher Stiftungen während des Investiturstreits. Für die Reichsgeschichte hat das Werk hauptsächlich durch die Nachrichten über die Wirren des Lütticher Bisthums Bedeutung, da auch die Kaiser selbst öfters in diese hineingezogen wurden. Die erste brauchbare Ausgabe nach der ältesten Handschrift hat R. Köpke in den M. G. X. 227—317 veranstaltet. Das im Anfange des zwölften Jahrhunderts abgefaßte Chronicon s. Laurentii Leodiensis, ein Werk des federgewandten Rupert von Deutz (M. G. VIII. 261—279), hat geringen historischen Werth und ist überdies nur in fragmentarischer Gestalt uns überliefert. Die Gründungsgeschichte des Klosters Chaumouzey im Sprengel von Toul ist von dem ersten Abt Seher um das Jahr 1109 beschrieben worden; das vielfach interessante Buch bietet zur Charakteristik Heinrichs V. und Paschalis II. schätzbare Beiträge (M. G. XII. 324—347). Noch reichere Ausbeute giebt die Chronik des Klosters St. Hubert in den Ardennen, welche um das Jahr 1120 abgefaßt ist. Der Verfasser war ein vertrauter Freund des Abts Dietrich II. (1087—1109) und beschreibt dessen Amtsführung sehr eingehend; er war aber auch schon mit dessen gefeiertem Vorgänger Dietrich I. (1055—1087) bekannt gewesen, dessen vorhin erwähnte Biographie er benutzt, aber durch manche eigene Nachrichten ergänzt hat. Die Verhältnisse des Klosters brachten diese Aebte mit den Herzögen von Lothringen, mit der großen Gräfin Mathilde, mit Papst Gregor VII. und seinen Nachfolgern in mehrfache Verbindung, und dadurch gewinnt die Darstellung ein allgemeineres Interesse, zumal sich der anonyme Verfasser als ein Mann von scharfer und unbefangener Auffassung bedeutender Persönlichkeiten zeigt. Nach der ältesten vorhandenen Handschrift aus dem 13. Jahrhundert haben Bethmann und Wattenbach das Werk in den M. G. VIII. 568—630 herausgegeben; leider ist die Handschrift am Schluß verstümmelt und die Lücke nicht anderweitig zu ersetzen. Die Chronik des Andreasklosters zu Château-Cambrésis, welche in den beiden ersten Büchern von der Cambrayer Bisthumschronik abhängig ist, giebt im dritten Buch (1076—1133) selbstständige Nachrichten eines Zeitgenossen, die für die Geschichte Flanderns sehr beachtenswerth sind (M. G. VII. 526—550). Ueber die Streitigkeiten zwischen den Mönchen von St. Ulrich und Afra zu Augsburg, welche sich den Hirschauern angeschlossen hatten, und ihrem kaiserlich gesinnten Bischof Hermann haben wir einen eingehenden, aber durchaus parteiischen Bericht unter dem Titel: De Eginone et Herimanno. Es ist eine Verherrlichung des aus seinem Kloster verjagten Abts Egino, welche dessen getreuer Gefährte Udalskalk im Jahre 1120 zu Rom abfaßte, wohin sich Egino zur Betreibung seiner Angelegenheiten begeben hatte. Das Werk ist unvollendet geblieben, da Egino bereits auf der Rückreise starb. Es schließt mit Ereignissen des Jahrs 1118; dann sind unverbunden ein Schreiben des Egino über seine Reise nach Rom, ein kurzer Bericht Udalskalks über den Tod des Abts und ein poetisches Fragment über denselben Gegenstand angefügt. Die interessante Schrift, welcher zahlreiche Actenstücke einverleibt sind, ist von Jaffé in den M. G. XII. 432—448 herausgegeben. Die Streitigkeiten, welche zwischen den Hirschauer Mönchen und den Klöstern alter Art obwalteten, werden durch das Gedicht der aus Lorsch von den Hirschauern um 1110 vertriebenen Mönche an Heinrich V., welches dem Codex Laureshamensis einverleibt ist (ed. Lamey I. 224—228), gut erläutert. Zu den Klostergeschichten kann man auch die Translatio s. Modoaldi (M. G. XII. 289—310) rechnen, welche um 1110 zu Helmershausen, einem Kloster im Paderborner Sprengel, geschrieben wurde und einige brauchbare Notizen über die Synode von Guastalla enthält. Bei weitem wichtiger ist der sogenannte Triumphus s. Remacli, eine Erzählung der Wunderthaten des Heiligen (Ostern 1071), durch welche den Mönchen von Stablo das Kloster Malmedy erhalten wurde. Die Schrift fesselt besonders die Aufmerksamkeit durch die eigenthümliche Beleuchtung, in welche sie die Person des Erzbischofs Anno setzt. Von einem Augenzeugen der Wunder nicht lange nach dem Jahre 1071 abgefaßt, ist das Buch später, wie es scheint, noch ein wenig überarbeitet worden. Nach früher unbeachteten Hülfsmitteln hat Wattenbach zuletzt dasselbe in den M. G. XI. 436—461 herausgegeben.

2. Gleichzeitige Quellenwerke außerhalb Deutschlands.

Es ist bereits früher darauf hingewiesen worden (II. 570), daß in der zweiten Hälfte des elften Jahrhunderts die historische Litteratur Italiens einen bemerkenswerthen Aufschwung nahm. In dem Norden des Landes wurde dieser wesentlich durch die Kämpfe der Pataria hervorgerufen. Mitten in die Anfänge derselben führen die Streitschriften des Petrus Damiani, welche meist in die Form von Briefen eingekleidet sind; sie sind mit den anderen Werken dieses Autors in der Sammlung von Constantin Gaetani (4 Bände) zu finden. Diese Streitschriften sind bei weitem unterrichtender, als die ziemlich farblose Biographie des heiligen Mannes, von einem seiner Jünger, dem Mönche Johannes, bald nach 1072 geschrieben (Petri Damiani Opera T. I.). Von großer, bisher nicht genug gewürdigter Bedeutung für den Beginn des zwischen Kirche und Reich erwachsenden Zwiespalts ist auch die im Jahre 1058 verfaßte Schrift des Cardinals Humbert gegen die Simonisten (Martene et Durand, Thesaurus novus anecdotorum T. V., Migne Patrologia T. 143). Die Verbindung der Patarener mit Rom, der lombardischen Bischöfe mit dem Kaiserthum, brachte dann alle Fragen über die Stellung der Kirche zum Reich in Italien bald zu lebhafter Verhandlung. Nicht allein das kanonische Recht zog man zur Entscheidung herbei, sondern auch das alte römische Recht, welches dadurch wieder eine unmittelbar praktische Bedeutung erhielt. Eine höchst interessante Streitschrift des Petrus Crassus gegen Rom, welche unmittelbar vor dem Brixener Concil (1080) abgefaßt wurde, ist erst neuerdings durch Sudendorf im Registrum I. Nr. 13 und 14 veröffentlicht worden. Man vergleiche über sie oben S. 499. 500. Der litterarische Vorkämpfer Roms nach dem Tode des Petrus Damiani war der Bischof Anselm von Lucca (starb 1086). Manches von seinen Schriften scheint verloren gegangen; bekannt geworden ist bisher nur die noch ungedruckte große Kanonensammlung (vergl. Münchener historisches Jahrbuch für 1866. S. 152), eine Streitschrift gegen Wibert (Canisius, Lectiones antiquae III. 369 ff., Auszüge in den M. G. XII. 3—5) und ein Schreiben an König Wilhelm I. von England (Sudendorf, Berengarius S. 237—239). Wichtiger für die Geschichte als Anselms Schriften ist der um d. J. 1090 verfaßte Tractat des Bischofs Bibo von Ferrara De scismate Hildebrandi, welchen Wilmans zuerst in den M. G. XII. 153—179 nach der einzigen um b. J. 1100 angefertigten Handschrift herausgegeben hat. Wido vertritt in dem ersten Buche seines Werkes die Sache Gregors, in dem zweiten die des Wibert; er bezeichnet damit gleichsam seine eigene Laufbahn, da er bei Lebzeiten Gregors diesem anhing, später aber auf Wiberts Seite übertrat. Am wichtigsten ist für uns, was er aus persönlicher Kenntniß über Gregor mittheilt; namentlich über die letzten Zeiten desselben erhalten wir durch ihn sehr werthvolle Nachrichten. Treuer blieb den einmal bekannten Grundsätzen Deusdedit, ein Mönch von Tobi, welchen Gregor zum römischen Cardinal erhoben hatte. Unter dem Pontificat Victors III. faßte Deusdedit durchaus im Geiste Gregors ein großes Privilegienbuch der römischen Kirche ab, welches sich handschriftlich erhalten hat, aber bisher nur unvollständig gedruckt ist, dann veröffentlichte er zu Zeiten Urbans II. (i. J. 1097) eine Streitschrift unter dem Titel: Libellus contra invasores et simoniacos et reliquos schismaticos, von A. Mai (Patrum nova bibliotheca VII, 3. p. 77 seq.) zuerst i. J. 1854 herausgegeben; wir verdanken der zweiten Schrift einzelne auch für die allgemeine Geschichte belangreiche Notizen (vergl. Münchener historisches Jahrbuch für 1866 S. 180—188). Die von Anselm und Deusdebit mit Eifer vertheidigten Principien wurden von den schismatischen Carbinälen, welche sich um Wibert gesammelt hatten, auf das Heftigste bekämpft. Eine Reihe von ihnen um 1098 erlassener Streitschriften findet sich in einem Brüsseler und in einem jüngeren Hannöverschen Coder; aus dem letzteren hat sie Sudendorf im Registrum II. Nr. 31. 32. 34—39. 41 publicirt, aber leider in einer Weise, welche die Benutzung erschwert [1]). Zu jenen schismatischen Carbinälen gehörte auch Beno [2]), in den letzten Jahren Gregors Cardinalpriester vom Titel des h. Martin (Mansi XX. 577), dann einer der hitzigsten Wibertisten. Von ihm rührt eine Biographie Gregors her, welche zugleich mit jenen Tractaten verbreitet wurde und mit ihnen in den genannten Handschriften vereinigt ist. Sie ist eine durchaus gehässige Parteischrift, bei welcher die längst von Cardinal Hugo dem Weißen verbreiteten Lügen weiter ausgesponnen wurden; Interesse hat sie nur dadurch, daß sie von einem Manne ausging, der mit dem Papste und den römischen Verhältnissen genau bekannt war. Mehrere Drucke sind vorhanden, die aber sämmtlich sehr fehlerhaft sind; die zugänglichste Ausgabe ist bei Goldast, Apologia pro Heinrico IV. p. 1—27. Ein Spätling in dieser polemischen Litteratur ist die Schrift des Placibus von Nonantula De honore ecclesiae (Pez, Thes. anecd. II, 2. 75—180); sie ist i. J. 1112 oder 1113 entstanden und richtet sich gegen Heinrich V. [3]) oder vielmehr gegen das ihm ertheilte Investiturprivilegium (vergl. bes. c. 117).

Nur aus den Kämpfen der Pataria mit den Wibertisten sind die Werke des Bonizo und Benzo zu begreifen, über welche bereits Bd. II. S. 573 und 574 gehandelt ist. Bonizo, in Piacenza zu Hause und früh in die Kämpfe der Pataria verwickelt, wurde unter dem Einflusse Gregors um 1075 zum Bischof von Sutri bestellt; im Jahre 1078 finden wir ihn als Legaten Gregors zu Cremona, bald darauf auf einer Synode in Rom. Im Jahre 1082 gerieth er in Heinrichs Gefangenschaft,

---

1) Die Reihenfolge in den Handschriften ist nach der Biographie des Beno Nr. 34. 35. 38. 39. 31. 36. 37. 41, dann Beschlüsse der Lateransynode von 1110, Gregors VII. Schreiben an Hermann von Metz, endlich Nr. 32.

2) Beno, nicht Benno, ist handschriftlich bezeugt. In einer römischen Urkunde von 1060 (Galletti, Gabio p. 154) unterschreibt sich ein Petrus de Beno de Maroza.

3) Irrig wird meist die Schrift in die Zeit Heinrichs IV. gesetzt.

aus welcher er nach einiger Zeit befreit wurde, ohne jedoch in sein Bisthum wieder zurückkehren zu können. Besonders die große Gräfin Mathilde scheint sich der Noth des unstät Umherirrenden angenommen zu haben. Im Jahre 1086 war er in ihrer Umgebung zu Mantua, und um dieselbe Zeit schrieb er jene kirchengeschichtliche Uebersicht, welche er Liber ad amicum betitelte. Jaffé hat in der Bibliotheca II. 603—689 diese Schrift mit einer lehrreichen Einleitung abermals herausgegeben. Daß das Werk, welches nur für die Geschichte des elften Jahrhunderts Interesse hat, unzuverlässig und einseitig ist, hat man nie verkannt. Dennoch hat Bonizos Darstellung einen großen Werth, weil er für die Zeitereignisse aus unmittelbarer Kenntniß der einflußreichsten Persönlichkeiten berichtete und selbst in denselben eine nicht untergeordnete Rolle spielte; wir würden in der That über die Kämpfe der Patarener in Parma, Piacenza und Cremona ohne ihn fast gar nicht unterrichtet sein, und selbst die Vorgänge in Mailand und Rom gewinnen durch ihn sehr erwünschte Aufschlüsse. Bonizos Glaubwürdigkeit ist in neuerer Zeit stark angefochten worden, besonders von Jaffé, der in der eben erwähnten Einleitung ihn fast als den lügenhaftesten aller Historiker bezeichnen möchte. Mir scheinen die drei Fälle, in welchen Jaffé dies besonders nachzuweisen sucht, ein so scharfes Urtheil nicht ganz zu rechtfertigen, sondern nur darzuthun, daß Bonizo mit historischen Actenstücken nicht minder frei umging, als Andere seiner Partei. Uebrigens lagen ihm die Actenstücke meist nur in der Form vor, wie sie Anselm aufgenommen hatte, und nur für die Abweichungen von diesem scheint er selbst verantwortlich zu sein. Die Darstellung der Synode von Sutri (1046) ist in den Nebenumständen voll Irrthümer, wie schon früher bemerkt ist; Manches ist hier überdies wohl willkürliche Ausschmückung: die Hauptsache aber, daß Gregor VI. sich selbst des Pontificats für unwürdig erklärt habe, halte ich für richtig, und sie durch das Zeugniß des Desiderius gestützt wird und mit den anderen Quellenangaben nicht in unlösbarem Widerspruch steht. Denn auch nach Bonizo spricht die Synode die Absetzung Gregors — nur auf dessen eigenen Antrag — förmlich aus, und Niemand wird bezweifeln, daß die Synode dem Willen des Kaisers folgte. Die Zeit, in welcher Bonizo von seinen eigenen Erlebnissen berichtet, berühren Jaffés Erörterungen wenig, und ich habe mich auch nach erneuter Prüfung nicht überzeugen können, daß Bonizos Darstellung hier, so befangen er offenbar in der Parteiansicht ist, mit anderweitig bekannten Thatsachen im Allgemeinen unvereinbar sei [1]). Mir scheint ein großer Verlust, daß uns Bonizos Werk, welches er Liber in Hugonem schismaticum betitelte, verloren gegangen ist. In diesem Buche hatte er den Sieg Urbans II. über Wibert in Rom (1089) dargestellt: dasselbe kann deshalb erst um das Jahr 1090 geschrieben sein. Nach dieser Zeit schrieb er noch einen kleinen Tractat De sacramentis und ein ausführliches Werk De vita christiana betitelt, ein Mittelding zwischen einer Kanonensammlung und einem theologischen Tractat, aus welchem A. Mai in der Nova patrum bibliotheca VII, 3 Auszüge bekannt gemacht hat [2]). Bonizo, der inzwischen von den Pataren in Piacenza zum Bischof gewählt war, aber bald nach

---

1) Auch H. Saur in seinen Studien über Bonizo (Forschungen zur deutschen Geschichte VIII. 397—464) kommt zu diesem Resultat.

2) Man vergleiche hierüber meine Arbeit im Münchener hist. Jahrbuch für 1866 S. 154 und den angeführten Aufsatz von Saur. Nach einer Stelle, auf welche Saur S. 432 aufmerksam macht, wäre das Buch De vita christiana von Bonizo erst nach dem Jahre 1106 abgefaßt.

den gräulichsten Mißhandlungen seinen Feinden hatte weichen müssen, starb zu Cremona; das Jahr seines Todes ist bisher nicht ermittelt[1].

Ein persönlicher Gegner Bonizos war der schismatische Bischof Benzo von Alba. Ueber die Unglaubwürdigkeit der Streitschriften, welche er in seinem Panegyricus auf Heinrich IV. (M. G. XI. 597—681) gesammelt hat, habe ich bereits Bd. II. S. 574 gehandelt. Seitdem hat Th. Lindner in einer besonderen Abhandlung (Forschungen zur deutschen Geschichte VI. 495—526) abermals Benzos Schrift einer Prüfung unterworfen, deren Resultate mir im Wesentlichen meine Ansicht nur zu bestätigen scheinen. Ein Verdienst dieser Arbeit ist dargelegt zu haben, daß das Buch erst um 1087 die Gestalt erhalten hat, in welcher es uns jetzt vorliegt. Lindners Ansicht, daß Benzo, den Stenzel für einen Deutschen, Sauli dagegen für einen Franzosen oder Savoyarden hielt, seine Heimath im griechischen Unteritalien gehabt haben dürfte, scheint mir nicht ausreichend begründet. Wenn ich die Worte (p. 618. v. 12): perturbavit nostram Liguriam vergleiche mit dem Verse (p. 665. v. 19)

Et nostri Sardi non sunt ad munera tardi,

kann ich die Vermuthung nicht zurückdrängen, daß Benzo aus dem Genuesischen abstammte; bei einem Genuesen möchte auch die Kenntniß der griechischen Sprache, die Einsicht in die Verhältnisse von Amalfi, der weite Ueberblick über die Völker am Mittelmeer nichts Befremdendes haben.

Ganz unter dem Einfluß der Pataria stehen auch die Lebensbeschreibungen des Anselm von Lucca und der großen Gräfin Mathilde. Die Biographie des Anselm verdanken wir einem seiner treuesten Gefährten, dem Priester Barbo von Lucca, der sich bald nach dem Tode seines Bischofs (1086) an die Arbeit machte. Das Werk ist in seiner ersten Gestalt, gleichsam dem Entwurf, erst neuerdings in Brüssel von W. Arndt aufgefunden und in den M. G. XX. 693—696 herausgegeben. Eine vollständige Umarbeitung nahm Barbo selbst wenig später vor und fügte dann seiner sehr erweiterten Arbeit noch die Berichte Anderer über die Wunder am Grabe des heiligen Mannes hinzu (M. G. XII. 13—27). Barbos Mittheilungen sind keineswegs erschöpfend, aber doch brauchbar[2]. Schnell gewann diese Biographie Verbreitung und ist bereits in der poetischen Biographie der Gräfin Mathilde benutzt, welche von dem Priester Donizo, einem Mönche zu Canossa, herrührt (M. G. XII. 351—359). Ueber den Charakter des 1114 abgefaßten Gedichts, welchem später noch eine Todtenklage angefügt wurde, ist bereits Bd. II. 574. 575 gesprochen worden. Wo der Verfasser den selbsterlebten Ereignissen näher tritt, zeigt

---

1) Die Nachricht, wonach Bonizo schon im Jahre 1089 den Märtyrertod erlitten, steht in Bernolds Autograph mitten im Text; sie rührt also von Bernold selbst her und kann nur auf falschen Mittheilungen, die ihm zugegangen waren, beruhen. Wunderbar ist freilich, daß Bernold so elf Jahre der lebenden Gesinnungsgenossen als einen Todten betrauert hat. Als der Todestag Bonizos wird in seiner Grabschrift der 14. Juli angegeben; diese für ein späteres Machwerk zu halten, wie es Baur S. 438 thut, sehe ich keinen Grund, da sie völlig den Charakter der im elften und zwölften Jahrhundert üblichen Epitaphien trägt.

2) Ich kann das in der Brüsseler Handschrift Enthaltene nicht für Fragmente halten, wie es der Herausgeber thut; denn gerade da, wo er die Lücke annimmt, schließt Alles genau zusammen. Es kann wohl nur fraglich sein, ob diese kürzere Biographie oder die längst bekannte und weit ausführlichere die erste Bearbeitung ist. Besonders bewegt mich die Erzählung von der wunderbaren Heilung der Gräfin Berta (p. 695 unten) der Meinung des Herausgebers zu folgen und mit ihm die kurze Biographie für die ältere Arbeit zu halten; doch kann ich mich davon nicht überzeugen, daß die Zusätze der größeren Biographie Bardo abzusprechen seien.

er sich nicht schlecht unterrichtet, aber es fehlt viel, daß er eine unumwundene Sprache führe. So verschweigt er z. B. ganz die unglückliche Ehe Mathildens mit dem jungen Welf. Man wird das Buch mit Vorsicht gebrauchen müssen, aber es ist unentbehrlich. Einige für die Zeitverhältnisse nicht unbrauchbare Notizen finden sich in dem Leben des Abts Benedict von Clusa, welches im Anfang des 12. Jahrhunderts geschrieben ist (M. G. XII. 197—208).

Nicht minder sind die mailändischen Schriftsteller jener Zeit ganz von den kirchlichen Bewegungen beherrscht. Arnulfs Werk (M. G. VIII. 6—31), welches in den drei letzten Büchern die Zeiten Heinrichs IV. bis 1077 berührt, ist eine der zuverlässigsten Quellen aus dieser Periode, von der man sich ungern so früh verlassen sieht. Man vermißt diesen wahrhaftigen Gewährsmann um so mehr, als Landulf (M. G. VIII. 36—100) in seinem dritten Buche zwar die Ereignisse bis zum Jahre 1085 fortführt, aber auch da, wo er den Ereignissen (er schrieb erst um 1100) näher steht, als ein sehr unglaubwürdiger Zeuge erscheint. Das Leben des Arialb, welcher die Pataria zu Mailand in das Dasein gerufen hatte und im Jahre 1066 den Märtyrertod fand, hat sein Schüler, der Abt Andreas von Vallombrosa, beschrieben (Acta SS. Juni V. 281—303), doch giebt das Werk für die allgemeine Geschichte nur geringe Ausbeute. Noch zu den gleichzeitigen Quellen kann man die interessante kleine Schrift des jüngeren Landulf rechnen, eines Neffen jenes Priesters Lipvand, der in den Kämpfen der Pataria eine hervorragende Rolle gespielt hatte. Landulf erzählt vor Allem seine persönlichen Schicksale, wobei aber die Geschichte der Stadt und des Erzbisthums Mailand von 1093 bis 1137 zugleich vielfach berührt wird. Auch über die Kaiser und Päpste, zu deren Zeit er lebte, machte er lehrreiche Mittheilungen, die um so wichtiger sind, als Landulf ohne eine feste Parteistellung seine Beobachtungen unbefangen wiedergiebt. Für die Regierungszeit Heinrichs V. ist das Buch bisher noch zu wenig benutzt worden. Der Text in der Ausgabe bei Muratori, Scriptores V. 469—520 und in den M. G. XX. 21—49 beruht auf einer Mailänder Handschrift des 14. Jahrhunderts, die hier und da kleine Lücken läßt und überdies voll von Fehlern ist; die beiden anderen bekannten Handschriften sind jünger und ganz von jener ersten abhängig. Der Text bietet hiernach zahlreiche Schwierigkeiten, welche in der neuen Ausgabe der Monumenta möglichst zu beseitigen gesucht sind.

Höchst eigenthümlich sind die Schriftwerke der Pisaner aus dieser Zeit. Die kirchlichen Wirren treten in ihnen zurück, und die großen Unternehmungen der Bürgerschaft beschäftigen vorzugsweise die Autoren. Der lebhaften kriegerischen Bewegung Pisas entspricht die poetische Form. Den anziehenden Rhythmus auf den Kriegszug der Pisaner an die Küste Nordafrikas i. J. 1088 entdeckte zuerst Pertz in einer Brüsseler Handschrift des 11. Jahrhunderts; nach dieser Handschrift ist er dann von Reiffenberg im Bulletin de l'Académie de Bruxelles X. 1. p. 523 edirt worden. Ein sehr umfängliches Heldengedicht im heroischen Maße besingt dann die Eroberung von Majorca (1115). Es ist inhaltsreich und auch in der Virgil nachgebildeten Form nicht ohne Interesse. Der Verfasser war ein Geistlicher, welcher den Zug mitmachte; mit welchem Rechte er als Laurentius Veronensis oder Vernensis bezeichnet wird, weiß ich nicht. Wir besitzen zwei Ausgaben, die eine bei Ughelli, Italia sacra X. 127 seq., die andere bei Muratori, Scriptores VI. 112—162. Beide sind gleich fehlerhaft, und eine neue Ausgabe wäre sehr wünschenswerth, wobei die dem zwölften Jahrhundert angehörige Handschrift der Bibliothek Roncioni in Pisa besonders zu berücksichtigen sein möchte; das

Gedicht führt bort den Titel Liber Maiolichini de gestis Pisanorum illustribus. Man vergleiche Bonaini im Archivio storico VI, 1. Pref. XV. XVI. Nicht unerheblich sind auch die prosaischen Aufzeichnungen über die Theilnahme der Pisaner am ersten Kreuzzuge, über den Zug gegen Majorca und über den Streit der Stadt mit Genua wegen der Metropolitanrechte, welche unter dem Titel Gesta triumphalia per Pisanos facta bei Muratori, Scriptores VI. 99—106 gedruckt sind; sie scheinen bald nach dem Jahre 1120 abgefaßt zu sein und sind ohne Zweifel ein Werk des Cardinals Petrus von Pisa, dem wir auch eine gleich zu besprechende Fortsetzung des Liber pontificalis verdanken[1]). Die Annalen des Bernhard Marango, welche erst gegen das Ende des Jahrhunderts entstanden (M. G. XIX. 238—266), sind für unsere Periode nicht von großer Bedeutung.

Was wir aus Rom selbst aus dieser Zeit an historischen Aufzeichnungen besitzen, sind vornehmlich Fortsetzungen der Papstleben des alten Liber pontificalis. Die eine, von Anhängern der kaiserlichen Partei stammend, hat sich nur in einer Ueberarbeitung, bei der auch die päpstlichen Regesten zu Hülfe genommen wurden und die vor der zweiten Hälfte des zwölften Jahrhunderts kaum entstanden sein kann[2]), erhalten. Es sind die sogenannten Annales Romani (M. G. V. 468—480), über welche bereits Bd. II. S. 572 gehandelt ist. Die andere ist unter dem fingirten Namen des Pandulfus Pisanus bekannt. Die Nachrichten erweitern sich hier bei Gregor VII., doch ist dessen Biographie meist nur aus dem Registrum zusammengestoppelt; die folgenden Lebensbeschreibungen Victors III. und Urbans II. sind von noch geringerer Bedeutung. Dagegen ist das Leben Paschalis II. von einem Zeit- und Gesinnungsgenossen in verhältnißmäßig großer Ausführlichkeit dargestellt und der größte Theil schon bei Lebzeiten dieses Papstes niedergeschrieben. Als Verfasser giebt sich ein Diakon Petrus zu erkennen, und dieser kann nur der Cardinaldiakon Petrus von Pisa sein, der eine geraume Zeit an der Curie einen bemerkenswerthen Einfluß übte. Noch eingehender ist das Leben Gelasius II. behandelt, dann kürzer die Pontificate Calixts II. und Honorius II. Diese drei letzten Biographien rühren offenbar von einem Verfasser her, als welchen sich ein Subdiakon Pandulf selbst in dem Texte nennt, offenbar der Cardinaldiakon Pandulf, der mit Petrus von Pisa zu den Anhängern Anaclets II. gehörte. Nicht lange nach dem Jahre 1130 hat Pandulf die letzten drei Biographien geschrieben, mit denen diese Fortsetzung des Liber pontificalis ihren Abschluß gewann. Die älteste uns bekannte Handschrift, jetzt in der Baticanischen Bibliothek, ist i. J. 1142 von Petrus Guillermus, dem Bibliothekar des Klosters St. Gilles und Verfasser der Miracula b. Egidii[3]) (M. G. XII. 316—323), geschrieben. Nach diesem von mir in der Allgemeinen Monatsschrift 1852, S. 266. 267 beschriebenen Codex hat Watterich die Biographien des Petrus und Pandulf in seinen Vitae pontificum Romanorum zuletzt herausgegeben (2 Bände, Leipzig 1862), doch erschwert die Uebersicht, daß sie nicht in ihrer unmittelbaren Aufeinanderfolge gedruckt sind. Meine Ansichten über

---

[1]) Watterich. Vitae pont. Rom. I. Prol. LXIX.
[2]) Bethmann (Archiv XI. 841 ff.) ist anderer Ansicht.
[3]) In der uns vorliegenden Gestalt sind die Miracula b. Egidii wohl auch erst um 1140 entstanden, da Boleslaw von Polen als beatae memoriae bezeichnet wird. Meine frühere Vermuthung, daß Petrus Guillermus ein Genuese war, scheinen die Beziehungen auf Genua in den Mir. p. 318. 321 zu bestätigen; daß er aber damals Bibliothekar in St. Gilles war, hat Watterich dargethan. Auch ist Arcium richtig von Watterich auf die Cistercienserabtei Azay in Burgund bezogen worden.

die Personen der Verfasser sind von Watterich angenommen und in der Einleitung weiter ausgeführt worden; in Bezug auf den Schreiber der Handschrift hat er Wesentliches berichtigt. In dieser Fortsetzung der Papstleben des Liber pontificalis sind kurze römische Annalen benutzt, deren Spuren wir auch an anderen Orten antreffen. Sie sind zum Theil in den sogenannten Annales Seligenstadenses (M. G. XVII. 31. 32), wie in den Cassineser Quellen erhalten. Größere Thätigkeit für die Geschichte herrschte damals in Farfa, dem kaiserlichen Kloster in der Sabina. Namhafte Verdienste um die Geschichte der Abtei erwarb sich Gregor von Catino, der in den Jahren 1092—1132 seine großen Sammlungen der Urkunden und Besitztitel von Farfa in drei Bänden herstellte, von denen der wichtigste, das sogenannte Registrum Farfense in der Vaticanischen Bibliothek, vielfach zwar neuerdings benutzt, aber noch nicht, wie es wünschenswerth wäre, vollständig herausgegeben ist. In einem vierten Bande stellte Gregor die Chronik der Aebte von Farfa bis 1118 zusammen. Bethmann hat aus dem Registrum und der Chronik die für die allgemeine Geschichte wichtigsten Stellen in den M. G. XI. 558—585 edirt und mit einer werthvollen Einleitung versehen. Er weist zugleich auf eine Schrift des Klosters Farfa aus der Zeit des Investiturstreits hin, welche den Titel: Orthodoxa defensio imperialis trägt und wahrscheinlich ebenfalls von Gregor herrührt; sie ist bis jetzt nicht, wie er verheißen hatte, veröffentlicht worden.

Die Quellen der Geschichte Unteritaliens besitzen für die deutsche Entwickelung in dieser Periode nicht mehr die frühere Bedeutung, sind aber um so wichtiger für die Schicksale des Papstthums; denn theils unter dem Schutze desselben, theils im Kampfe mit ihm erhob sich die Macht der Normannen. Es fehlte hier nicht an annalistischen Aufzeichnungen, welche Ferdinand Hirsch in seiner Dissertation: De Italiae inferioris annalibus saec. X. et XI. (Berlin 1864) einer kritischen Prüfung unterworfen hat. Aus Bari besitzen wir historische Notizen unter dem Namen des Lupus Protospatarius, welche bis zum Jahre 1102 fortgesetzt sind (M. G. V. 52—63) [1]; weiter (bis 1115) reicht der sogenannte Anonymus Barensis, der schon seit 1052 mit Lupus keine Verwandtschaft mehr verräth (Muratori V. 147—156). Gute Nachrichten über Robert Guiscard giebt das Chronicon Normannicum breve (Muratori, Scriptores V. 278), welches Hirsch auf Tarentiner Aufzeichnungen zurückführt. Beneventer Annalen aus dieser Zeit sind uns in zwei Handschriften erhalten, welche Pertz in den M. G. III. 173—185 herausgegeben hat, wie in der leider nur unvollständig auf uns gekommenen Chronik des Notars Falco (Muratori V. 82—133). Diese Annalen verweisen bis 1112 auf einen gemeinsamen Ursprung; die eine anonyme Handschrift ist dann weiter bis 1130 fortgesetzt, während Falcos Werk, seit 1112 ganz selbstständig, bis zum Jahre 1140 reicht. Wie diese Beneventer Quellen auf eine gemeinsame Quelle zurückzuführen sind, so in gleicher Weise die Annales Cassinates (M. G. III. 172), der Anonymus Cassinensis (jetzt unter dem Titel Annales Cassinenses M. G. XIX. 305—320) und die Annales Cavenses (M. G. III. 185—197), nämlich auf Annalen von M. Cassino, welche im Anfange des zwölften Jahrhunderts zu vorläufigem Abschluß kamen und am vollständigsten in den Anonymus Cassinensis über-

---

1) Nach Hirsch hätte Lupus Annalen von Matera und eine Geschichte der Normannen benutzt, welche dann in noch weiterem Umfang von 1086 an Romuald von Salerno ausschrieb.

gegangen sind¹). Diese älteren Annalen von M. Cassino sind dann auch bei der großen Klosterchronik herangezogen worden. Ueber Leos Antheil an derselben (M. G. VII. 574—727) ist bereits Bd. II. S. 571 das Erforderliche gesagt. Wo Leo die Arbeit mit dem Jahre 1075 abschloß, nahm sie erst nach längerer Zeit der Diakon Petrus auf. Petrus gehörte dem Geschlecht der Grafen von Tusculum an und war auf seine Abkunft nicht wenig stolz; nicht weniger war er von der Bedeutung seines Klosters durchdrungen. Sein Geschlecht und M. Cassino zu verherrlichen, hat er keine Mühe, aber auch kein Mittel gescheut. Unter den Urkunden, welche in seinem noch jetzt in M. Cassino befindlichen Registrum zusammengeschrieben sind, finden sich eine große Zahl Fälschungen, und nur Petrus selbst kann der Fälscher sein. So wird man auch zu seiner Fortsetzung der Chronik kein rechtes Vertrauen hegen, und in der That wird aus der Vergleichung mit seinen noch vorhandenen Quellen klar, daß er dieselben höchst leichtfinnig benutzte und öfters geradezu entstellte. Dennoch ist die Chronik in vielen Partien dem Forscher sehr nützlich; für den Pontificat Victors III. ist sie geradezu unsere gehaltreichste Quelle. Petrus hat die Chronik bis 1137 fortgeführt; erst um 1140 begann er sich mit dieser Arbeit zu beschäftigen. Die einzige Handschrift befindet sich in M. Cassino; die letzte Ausgabe hat Wattenbach in den M. G. VII. 727—824 besorgt und in der Einleitung sehr eingehend über die Person des Autors gehandelt.

Das uns leider nur in der französischen Uebersetzung erhaltene Werk des Amatus über die normannische Eroberung haben wir schon früher zu würdigen versucht (Bd. II. S. 570. 571)²). Was Amatus vom vierten bis achten Buche (L'Ystoire de li Normant par Aimé, publiée par Champollion-Figeac p. 110—259) über die Ereignisse von 1056—1078 als Zeitgenosse erzählt, giebt uns die wichtigsten Aufschlüsse über die Begebenheiten, welche damals Unteritalien bewegten. Wo uns Amatus verläßt, gewinnt das Heldengedicht des Wilhelm von Apulien auf Robert Guiscard (M. G. IX. 241—298) für uns um so größere Bedeutung. Wilhelm, der auf den Wunsch Urbans II. sein Werk verfaßte und es Roberts Sohn Roger widmete, stand den Ereignissen nahe, von denen er berichtet, und benutzte außer den uns bekannten Quellen noch eine jetzt verloren gegangene Biographie Roberts. Vergl. Bd. II. S. 571. Gleichzeitig mit Wilhelm von Apulien schrieb Gaufredus Malaterra im Auftrage des großen Grafen Roger die Geschichte der Normannen in Sicilien, welche er bis zum Jahre 1099 fortsetzte. Das vielfach interessante Werk giebt besonders für die Geschichte des großen Grafen und Urbans II. die wichtigsten Aufschlüsse.

Die byzantinische Geschichtschreibung berührt in dieser Periode wenig unsere Kaisergeschichte. Nur in der Alexias der Anna Comnena (ed. Schopen) finden sich einige zu verwerthende Nachrichten. Auch die französische Litteratur jener Zeit

---

1) Daß die gemeinsame Quelle auch die oben erwähnten römischen Annalen benutzt hat, ist von Hirsch nicht berührt worden. Meine früheren Bemerkungen über die Annales Cassinates und Cavenses (Bd. II. S. 567) sind nach Hirschs Untersuchungen nicht mehr zutreffend.

2) Seitdem hat Ferdinand Hirsch in den Forschungen zur deutschen Geschichte VIII. 205—325 das Buch des Amatus einer scharfen Kritik unterworfen. Eine gerechte Würdigung wird dadurch erschwert, daß wir das Werk nur in einer „sehr mangelhaften", wie ich wiederhole, und überdies interpolirten französischen Uebersetzung besitzen, und die anderen Quellen, mit denen eine Vergleichung möglich, zum Theil jünger und selbst meines Erachtens von Amatus beeinflußt sind. Ich kann deshalb den Beweis für die Unglaubwürdigkeit nicht immer geführt sehen, wo Hirsch ihn beigebracht zu haben meint. Ueberzeugend ist für mich Hirschs Beweisführung gewesen, daß Amatus nicht Bischof von Nusco war, sein Bisthum vielmehr mit unseren Hülfsmitteln nicht nachzuweisen ist.

giebt wenig Ausbeute. In der um 1088 entstandenen Translation des heiligen Servatius (M. G. XII. 88—125), von welcher bereits Bd. II. 575 gehandelt wurde, ist Einiges für die Jugendgeschichte Heinrichs IV. brauchbar. Hugo von Fleury hat für die Geschichte des Investiturstreits fast mehr Bedeutung durch seinen Tractat De regia potestate et sacerdotali dignitate (Baluzii Miscellanea ed. Mansi II. 186 seq.), als durch sein Buch De modernis Francorum regibus (M. G. IX. 376—395). Das umfassende Werk des Ordericus Vitalis, Mönchs von St. Evreuil in der Normandie, welches den Titel Historia ecclesiastica führt und bis 1142 fortgeführt ist, liefert zur Papstgeschichte dieser Periode werthvolle Beiträge; die beste Ausgabe des vollständigen Werkes ist von le Prevost (Paris 1838—1855, 5 Bände), die für die deutsche Geschichte wichtigen Stellen sind neuerdings von Pertz in den M. G. XX. 51—82 besonders herausgegeben worden. Ueber den Kriegszug Heinrichs V. gegen Frankreich finden sich in des Abts Suger Lebensbeschreibung Ludwigs VI. (Du Chesne, Scriptores hist. Franc. IV. 281—321) gute Nachrichten; Suger, der dieses Werk um 1140 schrieb, macht auch interessante Mittheilungen über Papst Calixt II., dem er persönlich nahe gestanden hatte. Einzelnes Nützliche ist in kleineren französischen Annalen, wie in den Annales Mosomagenses (M. G. III. 160), und bei Wilhelm von Jumièges in der Geschichte der Herzoge der Normandie (Du Chesne, Script. hist. Norm. 215—317) enthalten. Unter den englischen Geschichtschreibern hat für die deutsche Kaiserzeit Wilhelm von Malmesbury durch die bereits berührten Auszüge aus der verlorenen Schrift des Irländers David größere Bedeutung. Die Fortsetzung des alten Chronicon Saxonicum (ed. Benj. Thorpe, London 1861) giebt wenigstens über die Ehe zwischen Heinrich V. und Mathilde von England einzelne Notizen. Die Chronik des Florentius, Mönch zu Worcester, ist eine Bearbeitung des Marianus Scottus mit dem Chronicon Saxonicum, welche Florentius dann bis zum Jahre 1118 fortführte; ein Auszug ist in den M. G. V. 564—567 mitgetheilt.

Von außerordentlicher Wichtigkeit sind die Nachrichten, welche Cosmas von Prag in seiner böhmischen Chronik darbietet (M. G. IX. 31—132). Cosmas, der die Chronik bis zu seinem Todesjahr (1125) fortgeführt hat, berichtet über die Ereignisse dieser Periode durchaus als Zeitgenosse. Ueber die böhmischen Angelegenheiten ist er vortrefflich unterrichtet; über andere Dinge fabelt er bisweilen und erzählt zur Ergötzung seiner Leser Klatschgeschichten; besonders hat er, der verheirathete Priester, die Keuschheit der großen Gräfin in ein übles Licht gestellt. Schon etwas früher entstand die Chronik von Polen (M. G. IX. 423—478) zur Verherrlichung des trefflichen Polenherzogs Boleslaw III. Sie reicht nur bis zum Jahre 1113 und ist wahrscheinlich kurz darauf zum Abschluß gebracht. Der Verfasser, der am Hofe des Polenherzogs lebte, ist natürlich in Bezug auf seinen Helden und die Thaten desselben nichts weniger als unbefangen, aber er ist gut unterrichtet und giebt über die Verhältnisse nicht allein Polens, sondern des gesammten Ostens werthvolle Aufschlüsse; besonderes Interesse hat für uns seine Darstellung des Kriegszugs Heinrichs V. gegen Polen.

3. Quellenwerke aus späterer Zeit.

Die späteren deutschen Annalen sind für die Geschichte Heinrichs IV. und V. unentbehrlich, weil sie manche uns nicht mehr zugängliche ältere Quellen benutzt und nach der Sitte der Zeit meist wörtlich ausgeschrieben haben. Dies war der Fall bei den Annalen des Klosters Disibodenberg bei Mainz (M. G. XVIII. 6—28), welche um 1147 abgefaßt wurden. Für die früheren Zeiten bot Marianus den Hauptstoff; wo er endet, wurden die auf den Würzburger Annalen ruhenden Annalen von St. Alban mit einer Fortsetzung bis etwa 1130 [1]) zu Grunde gelegt, damit aber in sehr unpassender Weise eine Darstellung der Sachsenkriege und des Investiturstreits verbunden. Die letztere ist offenbar einem älteren Werke entnommen, welches einen sehr gehässigen Charakter gegen Heinrich IV. trug und aus welchem auch die Briefe Walrams, Herrands und Anselms entlehnt sind; den Inhalt desselben hat der Annalist willkürlich auf die Jahre 1075—1106 vertheilt. Auch sonst hat derselbe fremdartiges Material seinem Werke einverleibt. So zum Jahre 1100 ein Schreiben der Kreuzfahrer an Papst Paschalis II., z. J. 1110 das Manifest Heinrichs V. über die Gefangennahme des Papstes, endlich am Schluß (1147) einen Bericht des Priesters Dudechin zu Lahnstein über die Eroberung von Lissabon.

Die Annalen des Klosters Rosenfeld bei Stade (M. G. XVI. 100—104) beruhen größtentheils auf demselben Material. Man kann in ihnen die Annalen von St. Alban bis z. J. 1118 verfolgen [2]), und auch die erwähnte Schrift gegen Heinrich IV. (z. J. 1096 und 1105, während die Nachrichten z. J. 1106 einen anderen Charakter tragen) ist hier benutzt. Zugleich wird klar, daß die letztere in näherer Beziehung zu Bischof Herrand stehen mußte, dessen in den Annalen, da auf seinen Betrieb Rosenfeld in eine Abtei nach den Ordnungen der Cluniacenser umgewandelt wurde, öfters gedacht wird. Vom Jahre 1118 erscheinen die Rosenfelder Annalen selbstständig. Wir besitzen sie leider nicht in ihrer ursprünglichen Gestalt, sondern nur in einem Fragment, welches bis 1130 reicht und in dem sie außerdem erhebliche Kürzungen erfahren haben müssen, in abgeleiteten Quellen lassen sie sich bis 1164 verfolgen. Vergl. Jaffé im Archiv XI. 850—867.

Ein umfassenderes Werk, als die Rosenfelder Quelle, sind die Annalen des Klosters Pöhlde am Harz (M. G. XVI. 48—98), entstanden in der zweiten Hälfte des zwölften Jahrhunderts, aber nur in einer jungen Handschrift erhalten, aus welcher sie Pertz zum ersten Mal herausgegeben hat. Sie schließen sich für unsere Periode an Eckehard an, ergänzen ihn aber aus den Rosenfelder und Hildesheimer Annalen. Eine hervorragende Bedeutung haben sie nur durch mehrere sagenhafte Erzählungen, die sich in ihnen vollständiger, als in anderen Quellen, finden. Vergl. Bd. I. 794 und Waitz Abhandlung über eine sächsische Kaiserchronik und ihre Ableitungen im zwölften Bande der Abhandlungen der K. Gesellschaft der Wissen-

---

[1]) Die Vergleichung mit den Annales Rosenfeldenses und anderen verwandten Annalen zeigt dies deutlich bis 1113, aber auch noch später kommen Angaben vor, welche nach St. Alban verweisen. Zum Jahre 1109 ist Poloniam statt Coloniam zu lesen.

[2]) Waitenbach meint, daß die Uebereinstimmung nur bis 1110 reiche. Aber man vergleiche 1117, 1118 und überdies das Chronicon Sanpetrinum.

schaften zu Göttingen [1]). Eine Uebersetzung der Pöhlder Annalen ist in den Geschichtsschreibern der deutschen Vorzeit XII. Jahrh. Band 11 von E. Winkelmann geliefert.

Eine sehr umfassende Compilation historischen Materials fertigte in der zweiten Hälfte des zwölften Jahrhunderts der sogenannte sächsische Annalist an; sie liegt uns nur bis zum Jahre 1139 vor. Waitz hat in seiner Ausgabe in den M. G. VI. 691—1125 die Quellen des Annalisten mit großer Sorgfalt nachgewiesen. Außer den von ihm bemerkten Quellen, wissen wir jetzt, wurden auch die Jburger, Paderborner und Rosenfelder Annalen benutzt; durch die Palidenses sind wir überdies jenen sagenhaften Erzählungen, welche auch der Annalist aufgenommen hat, näher getreten. Nur wenige eigene Nachrichten bleiben so für unsere Periode im Annalisten übrig, die sich meist auf sächsische Bisthümer, vor Allem Halberstadt, und einige Klöster beziehen. Besondere Aufmerksamkeit verdienen die genealogischen Notizen. Der Verfasser ist einer der ersten Autoren, der für genealogische Studien ein besonderes Interesse hegte; freilich zeigt sich auch schon hier, wie leicht diese Studien auf Abwege führen.

Eine andere Compilation, welche um das Jahr 1175 in dem Kloster Bergen bei Magdeburg entstand und früher unter dem Namen des Chronographus Saxo bekannt war, führt in der neuen Ausgabe (M. G. XVI. 105—196) den Titel: Annales Magdeburgenses. In dem uns hier berührenden Theile folgt sie bis 1104 ausschließlich Eckehard, und auch die wichtigen Nachrichten, die sie z. J. 1085 gemeinsam mit dem Annalisten hat und die dort in ähnlicher Verbindung mit Eckehard stehen, scheinen einem sächsischen Additamentum zum Werke des Letzteren anzugehören. Vom Jahre 1104 folgen die Magdeburger Annalen dann fast ebenso ausschließlich den Rosenfelder Jahrbüchern; eigenthümlich sind ihnen hier nur einige Nachrichten über sächsische Klöster. Der sächsische Annalist und die Magdeburger Jahrbücher sind von E. Winkelmann in den Geschichtsschreibern der deutschen Vorzeit XII. Jahrh. B. 5, 2 und 12 übersetzt.

Die Annalen des Klosters Pegau bei Zeitz (M. G. XVI. 234—258), bald nach der Mitte des zwölften Jahrhunderts abgefaßt, sind eine lose Verbindung der Biographie des Stifters, des Grafen Wigbert von Groitsch, mit Excerpten aus Eckehard und einer fast wörtlichen Abschrift aus den alten Erfurter Annalen von 1116—1149. Nur jene biographischen Nachrichten haben Werth; sie beruhen auf mündlicher Tradition, in welcher allerdings Wahres und Falsches bunt vermischt ist. Daß die Erzählungen, welche der Verfasser mittheilt, mit den von ihm ausgeschriebenen Annalen öfters im offenen Widerspruch stehen, scheint er selbst nicht bemerkt zu haben.

Die Staber Annalen des Abts Albert (M. G. XVI. 283—378), eine erst um die Mitte des dreizehnten Jahrhunderts entstandene weitschichtige Compilation, haben für die Zeiten Heinrichs IV. und V. nur durch einige ihnen eigenthümliche

---

1) Die von Waitz gegen meine Ansicht von der Königsberger Weltchronik gemachten Einwendungen verkenne ich in ihrer Bedeutung nicht. Endgültig scheint mir die Sache aber erst entschieden werden zu können, wenn alle Handschriften der Repgowschen Chronik untersucht sind und die Königsberger Chronik, welche ich vollständig früher benutzen konnte, allgemein zugänglich ist. Daß die Worte, welche auf den Abschluß einer älteren Weltchronik bei Heinrich V. hindeuten, bei Waitz keine befriedigende Erklärung finden, scheint mir klar. Die Abfassung dieser älteren Chronik soll ich nach Waitz in den Anfang des zwölften Jahrhunderts gesetzt haben; deutlich genug habe ich aber I. 796 mich dahin ausgesprochen, daß dieselbe nicht vor 1162 anzunehmen sei.

Nachrichten über die Stader Grafen und die Erzbischöfe von Hamburg-Bremen Interesse. Alles Andere ist aus Eckehard, aus der oben erwähnten, in den Annales Disibodenbergenses und Rosenfeldenses benutzten Schrift gegen Heinrich IV. (1074. 1093), aus Adam von Bremen und Helmold zusammengeschrieben. Ueber die besondere Bedeutung der Annales Colonienses maximi und des Chronicon Saupetrinum für die Geschichte Heinrichs V. ist schon oben (S. 1042. 1043) gehandelt worden. Die um 1250 compilirte Weltchronik des Alberich von Trois-Fontaines (Leibnitz, Accessiones II.) bietet für diese Periode nur geringen Gewinn, da wir die Quellen, denen sie hier folgte, meist noch besitzen; vergleiche Wilmans im Archiv X. 174—246. Die Stellen, auf welche Stenzel Werth legte, sind aus den Gestis epp. Vird. ausgeschrieben. Alberichs genealogische Notizen haben für diese Periode eine sehr zweifelhafte Autorität.

Unter den Darstellungen späterer Zeit, in welchen die Geschichte des Investiturstreits freier bearbeitet ist, haben die Werke Ottos von Freising besondere Bedeutung. Otto berichtet in seiner sogenannten Chronik (L. VI. c. 34—36. VII. c. 1—16) über die Zeiten Heinrichs IV. und V. Auch hier schließt er sich meist an Eckehard an; zugleich aber giebt er eigene Nachrichten, die bei einem so nahen Verwandten der Kaiser selbst Aufmerksamkeit verdienen. Auffällig ist, daß wir dennoch starken chronologischen Verstößen und entschieden falschen Auffassungen begegnen. Otto arbeitete an seinem großen Werke, welches er schon um 1143 begonnen hatte, bis zum Jahre 1146 und unterzog es im Jahre 1156 für seinen Neffen Kaiser Friedrich noch einer erneuten Revision; dann legte er Hand an sein zweites Werk über die Thaten des Kaisers Friedrich, von dem er aber nur zwei Bücher vollenden konnte; er kommt hier L. I. c. 1—15 noch einmal auf die Zeit des Investiturstreits zurück. Die beiden Werke sind in den M. G. XX. 116—301. 347—415 nach einem großen Apparat von Wilmans edirt; auch eine Handausgabe ist in zwei Bänden erschienen.

Bei Otto findet sich manches Unrichtige, nirgends aber sagenhafte Tradition. Eine solche, wie sie besonders im sächsischen Volke umlief, begegnet uns in der Slavenchronik des Helmold (Chronica Slavorum Helmoldi et Arnoldi rec. Bangertus 1—239), welche um das Jahr 1170 verfaßt ist. Der Verfasser benutzt Adam von Bremen, im Uebrigen folgt er nur mündlicher Ueberlieferung. Was er da über die Vorgänge in dem ihm bekannten Wendenland mittheilt, verdient volle Beachtung, zumal wir über diese Dinge anderweitig nicht unterrichtet sind. Dagegen ist Alles, was Helmold über die Ereignisse in Kirche und Reich zur Zeit Heinrichs IV. und V. berichtet, durchaus sagenhaft gefärbt und nur mit äußerster Vorsicht zu verwerthen. Eine Uebersetzung des Helmold von J. C. M. Laurent ist in den Geschichtsschreibern der deutschen Vorzeit XII. Jahrhundert Bd. 7 enthalten.

Die auf geistlicher Seite im Investiturstreit hervorragenden Persönlichkeiten haben noch später öfters Biographen gefunden. Unter solchen Arbeiten ist die um 1140 abgefaßte Lebensbeschreibung des Bischofs Theoger von Metz (starb 1120) von nicht geringem Interesse, da sie nicht nur Theogers bedeutsame Thätigkeit, sondern zugleich auch am anschaulichsten die Wirksamkeit des päpstlichen Legaten Kuno von Palestrina schildert. Der Verfasser war ein Mönch des Klosters Priefling, der nach den Erzählungen seines Abts, eines Freundes Theogers, seine Aufzeichnungen machte. Leider ist das Werk nicht vollständig erhalten; die letzte Ausgabe in M. G. XII. 449—479 wird Jaffé verdankt. Die Lebensbeschreibung Altmanns von Passau, um dieselbe Zeit (1140) in dem von ihm gestifteten Kloster Göttweih geschrieben, ist ein nicht unnützliches Werk, giebt aber doch von dem ausgedehnten Wirken Altmanns als päpstlicher Legat nur eine schwache Vorstellung. Nach einem umfänglichen Material hat Wattenbach die letzte Ausgabe in den M. G. XII. 228—243 veranstaltet. Sehr unbedeutend sind das um 1140 abgefaßte Leben des Bischofs Friedrich von Lüttich (M. G. XII. 502—508) und die wenig später entstandene, aber nachher noch stark überarbeitete Lebensbeschreibung des Bischofs Werner von Merseburg (M. G. XII. 244—248). Für die Geschichte des Prämonstratenserordens haben die Biographie des Norbert, des Ordensstifters (M. G. XII. 663—706), die von einem seiner Schüler um 1150 geschrieben wurde, und die etwa gleichzeitig abgefaßte Biographie des Grafen Gottfried, deren Verfasser ein Prämonstratenser des von ihm begründeten Klosters Kappenberg war (M. G. XII. 513—530), hervorragende Bedeutung. Die Biographie Norberts, welche Wilmans a. a. O. zuerst in ihrer ursprünglichen Gestalt herausgegeben hat, bietet auch für die Reichsgeschichte wichtige Mittheilungen, aber hauptsächlich erst für die Regierung Lothars; das Leben Gottfrieds greift in die allgemeinen Verhältnisse nicht ein. Bei weitem wichtiger als die zuletzt genannten Werke sind die drei Biographien, welche wir von Otto von Bamberg besitzen. Nur von der einen, welche ein Prieflinger Mönch schrieb, waren alte Handschriften seit längerer Zeit bekannt; die beiden anderen Lebensbeschreibungen, welche von Ebbo, einem Mönche des Michelsbergs, und dem Scholasticus Herbord herrühren, kannte man allein in Ueberarbeitungen und Compilationen. Nach den eingehenden kritischen Erörterungen von Klempin in den Baltischen Studien IX. hatte Köpke Ebbos und Herbords Text herzustellen gesucht und ihnen eine neue Ausgabe der Prieflinger Biographie angeschlossen (M. G. XII. 746—903). Die glänzendste Bestätigung haben Klempins und Köpkes Untersuchungen dadurch gewonnen, daß es mir i. J. 1865 gelang, eine vollständige Handschrift des Herbord aufzufinden, welche überdies ein Fragment von Ebbo und ein der Prieflinger Biographie nahe verwandtes Stück enthält. Der Hauptgewinn des Fundes ist, daß die sehr anziehende dialogische Form Herbords klarer hervortritt, daß ferner aus der Vorrede erhellt, daß er sein Werk nicht vor 1158 schrieb, also Ebbos Arbeit, die zwischen 1151 und 1158 entstand, ihm bereits vorlag. Die Zeit, in welcher die Prieflinger Biographie abgefaßt ist, läßt sich mit Sicherheit nicht bestimmen, doch gehört auch sie wohl der Mitte des zwölften Jahrhunderts an. Herbords Arbeit in ihrer ursprünglichen Gestalt ist jetzt zum erstenmal von Köpke in den M. G. XX. 704—769 ebirt und zugleich eine besondere Herausgabe von diesem anziehenden Werke veranstaltet worden. Von nicht geringem Interesse ist auch die Lebensbeschreibung des Erzbischofs Konrad I. von Salzburg (M. G. XI. 62—77); sie ist erst um 1175 abgefaßt, aber der uns unbekannte Verfasser[1]) hatte den Erzbischof gekannt und sein besonderes Vertrauen genossen. Was über die Zeiten Heinrichs IV. hier gesagt ist, verdient keinen Glauben, über Heinrichs V. Regierung zeigt sich der Verfasser besser unterrichtet, noch besser über die späteren Ereignisse. Das Werk ist leider unvollendet und führt die Darstellung in der Hauptsache nur bis zum

---

1) v. Meiller (Regesten zur Geschichte der Salzburger Erzbischöfe S. 412) vermuthet, daß Abt Irimbert von Admunt der Verfasser sei, und behauptet, daß sich der Autor selbst als Conventuale dieses Klosters bezeichne. Ich kann dies nirgends finden und bezweifle stark, ob das Buch in Admunt entstanden ist. Es wäre sonst unerklärlich, daß sich in den wenig später dort abgefaßten Vitae Gebehardi et successorum keine Spur von Bekanntschaft mit dieser Biographie zeigt. Alle Handschriften weisen auch nicht auf Admunt, sondern auf S. Peter in Salzburg. Man vergleiche die Dissertation von Christian Meyer, Erzbischof Konrad I. von Salzburg (München 1868) S. 55.

Jahre 1138. Die **Biographie Ermenolds**, des ersten Abts des von Otto gestifteten Klosters Priefling (M. G. XII. 481—500), hat, so wortreich sie ist, wenig Inhalt, sie ist erst 1281 geschrieben. Auch die **Biographien des Bischofs Adalbert von Würzburg**, des Stifters des Klosters Lambach (M. G. XII. 128—136), und des **Grafen Eberhard von Nellenburg**, des Stifters des Klosters Schaffhausen, gehören erst dem dreizehnten Jahrhundert an und sind fast allein für die Geschichte der genannten Klöster von Werth. Eberhards Biographie ist nur in einer alten deutschen Uebersetzung vorhanden, welche von Mone in seiner Quellensammlung der badischen Landesgeschichte I. 83—98 herausgegeben ist.

Die umfassendste **Biographie Gregors VII.**, welche das Mittelalter hervorgebracht hat, rührt von einem deutschen Mönche her, **Paul von Bernried**. Sie ist im Jahre 1128, nachdem Paul lange fleißig gesammelt hatte, von ihm niedergeschrieben. Der Verfasser war in Rom zur Zeit Calixts II. gewesen und seine Nachrichten über Gregors Jugend und den Anschlag des Cencius werden zum Theil aus römischen Mittheilungen stammen. Ueber die Wahl des Gegenkönigs Rudolf hat er sehr werthvolle Notizen, die auf einer älteren Quelle beruhen müssen, vielleicht auf einer verlorenen, Gebhard von Salzburg beigelegten Schrift über Gregor[1]). Alles Uebrige hat für uns keine große Bedeutung mehr. Die zahlreichen Briefe, welche Paul mittheilt, sind theils dem Registrum entnommen, theils uns aus Hugo von Flavigny und dem Codex Udalrici bekannt. Außerdem benutzte Paul die Chronik des Bernold, die Lebensbeschreibungen des heiligen Anselm und der großen Gräfin, zum Theil in sehr freier Weise. Die Reden, welche er einflicht, sind mit Ausnahme der beiden Excommunicationen Heinrichs, freie Stilübungen. Die ganze Arbeit trägt den Charakter der Legende und ist demnach reich mit Wundern ausgestattet, wie solche schon bei Gregors Lebzeiten vielfach erzählt wurden; die meisten hat Paul wohl nach mündlichen Ueberlieferungen aufgezeichnet. Auf gutes handschriftliches Material gestützt, hat Watterich Pauls Werk neu herausgegeben (Vitae pont. Rom. I. 474—546).

Die älteren Bisthumsgeschichten wurden zum Theil in späterer Zeit wieder aufgenommen und kamen dann auch auf unsere Periode zurück. So setzte Laurentius, ein Mönch des Lorenzklosters in Lüttich, nach Mittheilungen des Mönchs Hugo von St. Vannes um die Mitte des zwölften Jahrhunderts die **Gesta episcoporum Virdunensium** von 1047—1144 fort und theilte manche erwünschte Nachrichten mit (M. G. X. 486—525). Unbedeutend ist die etwa gleichzeitig entstandene Fortsetzung der alten **Gesta episcoporum Metensium** (M. G. X. 531—551). Gegen Ende des zwölften Jahrhunderts wurden im Kloster Admunt Aufzeichnungen über Erzbischof Gebhard von Salzburg und seine Nachfolger bis Konrad II. gemacht, die ungeachtet ihrer Kürze nicht ohne Interesse sind (M. G. XI. 34—39). Auch das etwa um die Mitte des zwölften Jahrhunderts angelegte **Chronicon Magdeburgense** (Meibom, Scriptores II. 269—371) hat werthvolle Nachrichten aus früherer Zeit erhalten. Die im Anfange des dreizehnten Jahrhunderts entstandene **Halberstädter Bisthumschronik** schöpft aus Eckehard, den Erfurter Annalen und dem sächsischen Annalisten, giebt aber bisweilen auch Eigenes; sie ist von Schatz (Halberstadt 1839) herausgegeben. Die alte **Lütticher Bisthumschronik** fand erst in der Mitte des dreizehnten Jahrhunderts einen Fortsetzer in

---

1) Man sehe darüber Wilmans M. G. XII. 180.

Aegibius von Orval, dessen Arbeit bis 1251 reicht; sie ist bei Chapeaville, Auctores de gestis pontificum Leodiensium II. 1—270 gedruckt.

Die späteren Klostergeschichten geben im Ganzen nur noch geringe Ausbeute für die Geschichte des Investiturstreits. Die beiden um 1140 geschriebenen Bücher des Ortlieb und Berthold über die Anfänge des Klosters Zwifalten (M. G. X. 64—124), wie die etwa gleichzeitig abgefaßte Chronik des Klosters Benedictbeuern (M. G. IX. 229—238) haben fast nur lokale Bedeutung. Allgemeineres Interesse besitzen die erst neuerdings bekannt gewordenen Annales Rodenses (M. G. XVI. 688—721), welche die Anfänge des 1104 gestifteten Chorherrenstifts Klosterrath bei Aachen darstellen und die Geschichte desselben bis 1157 fortführen; über die lothringischen Verhältnisse und im Besonderen über Friedrich von Köln erhalten wir hier manche schätzbare Notizen. Um die Mitte des zwölften Jahrhunderts entstand auch die Chronik des Klosters Goseck bei Naumburg, welche über das Geschlecht der Pfalzgrafen von Sachsen erwünschte Nachrichten bietet; sie umfaßt die Zeit von 1041—1135 (M. G. X. 141—157). Etwa gleichzeitig sind die Casus monasterii Petrishusensis abgefaßt, in denen die Geschichte des Klosters Petershausen bei Konstanz in größerer Breite bis zum Jahre 1156 erzählt wird. Das besonders für die Geschichte Schwabens wichtige Werk ist von Mone in seiner Quellensammlung der badischen Landesgeschichte I. 114—167 und neuerdings auch in den M. G. XX. 624—683 herausgegeben. Der Verfasser hat manches Fremdartige in sein Werk hineingezogen, namentlich am Schlusse des zweiten Buchs, wo er von der Zeit Heinrichs IV. handelt. Er benutzt hier außer Bernold eine heftige Streitschrift im Sinne der Gregorianer, welche auch Berthold von Zwifalten (p. 101. 102) ausgeschrieben hat [1]); ob auf dieselbe auch die eigenthümlichen und interessanten Nachrichten über die Schlachten der Gegenkönige gegen Heinrich, die sich daneben finden, zurückzuführen sind, wage ich nicht zu entscheiden. Unmöglich wäre nicht, daß wir hier überall nur Bruchstücke der verlorenen Biographie Gebhards von Konstanz besäßen, zumal die Zähringer in diesen Fragmenten viel genannt werden und auch im Folgenden Gebhard besonders hervortritt. Die erst im Anfange des dreizehnten Jahrhunderts abgefaßte Fortsetzung der Casus monasterii s. Galli (M. G. IV. 149—162) ist für unsere Periode nur dürftig. Auch die noch spätere Chronik des Klosters Petersberg bei Halle (Chronicon Montis sereni ed. Eckstein. Halle 1856) hat einige brauchbare Notizen. Bei weitem wichtiger, als die meisten der genannten Klostergeschichten, ist das Chronicon Laurishamense (Codex Laurisbamensis ed. Lamey. Mannheim 1768. I. 1—180), eine Sammlung von Klosterurkunden und historischen Notizen, welche bis 1167 reicht und wenig später entstand. Verwandter Natur und nicht minder nützlich ist der gegen Ende des zwölften Jahrhunderts angelegte Codex Hirsaugiensis (Bibliothek des litterarischen Vereins in Stuttgart Bd. I.). Die etwa gleichzeitigen Arbeiten des schreiblustigen Rainerius, eines Mönchs in St. Lorenz bei Lüttich, sind unbedeutende Compilationen oder haben doch nur lokales Interesse (M. G. XX. 561—620); für die litterarischen Bestrebungen des Klosters, dem er angehörte, ist die De ineptiis cuiusdem idiotae betitelte Schrift (p. 593—603) nicht uninteressant.

---

1) Der neueste Herausgeber in den M. G. hat diese Uebereinstimmung ebenfalls bemerkt, nimmt aber eine unmittelbare Benutzung des Berthold von Zwifalten in der Petershausener Chronik an. Mir ist diese schon deshalb nicht wahrscheinlich, weil die gleichartigen Stellen sich hier in einer ausführlicheren Redaction, als bei Berthold, finden.

Die spätere historische Litteratur Italiens ist auf den Investiturstreit wenig mehr zurückgekehrt und, wo sie es that, brachte sie selten Neues. In den Zeiten Alexanders III. wurde in Rom eine neue Sammlung von Papstleben veranstaltet, welche im Ganzen das Werk des Cardinals Bojo zu sein scheint, von dem sicher ein Theil dieser Biographien herrührt. Die Sammlung des Peter und Pandulf war entweder nicht zur Hand, oder man wollte sie nicht gebrauchen[1]): deshalb brachte man einen nothdürftigen Zusammenhang mit dem alten Liber pontificalis hervor, indem man Stellen des Bonizo zusammenschrieb. Die Biographie Gregors VII. beruht allein auf dem Liber ad amicum; die Leben Victors III. und Urbans II. fehlen ganz; die Geschichten der folgenden Päpste bis auf Eugen III. sind, soweit sie in Einzelnes eingehen, auf die Regesten gegründet, aber im Ganzen für unsere Zeit sehr dürftig. Diese Papstleben sind früher unter dem Namen des Cardinals von Aragonien von Muratori, Scriptores III, 1, neuerdings von Watterich in den Vitae pont. Rom. I. II. unter Bojos Namen herausgegeben worden. Watterich hat sich der Ansicht über die Entstehung dieser Biographien angeschlossen, welche ich in der Allgemeinen Monatsschrift 1852. 268—272 dargelegt habe; nach den dort nachgewiesenen florentinischen und überdies einigen römischen Handschriften ist von ihm ein wesentlich verbesserter Text hergestellt. Von den unteritalienischen Geschichtswerken hat die um 1180 entstandene Chronik des Erzbischofs Romuald von Salerno (M. G. XIX. 398—461) dadurch einige Wichtigkeit für unsere Periode, daß in ihr manche in der ursprünglichen Form nicht mehr erhaltene Quellen ausgeschrieben sind. Nach Hirschs Untersuchungen benutzte hier Romuald besonders die alten Jahrbücher von M. Cassino, daneben bis 1085 im Anfang des zwölften Jahrhunderts zu Salerno niedergeschriebene Annalen, welche auch dem Chronicon Amalphitanum (Muratori, Antiquitates I. 346 seq.) zu Grunde liegen, und von 1086 an eine Geschichte der Normannen, von welcher sich auch bei Lupus Protospatarius Spuren finden. Auf die alten Cassineser Annalen führt Hirsch auch zum Theil die Nachrichten zurück, welche sich in den Annales Ceccanenses (M. G. XIX. 276-- 302) und im Chronicon Casauriense (Muratori, Scriptores II, 2. 775—920) für diese Periode finden. Von den späteren Annalisten der Lombardei wurde wohl öfters noch auf die früheren Zeiten zurückgegriffen, aber mehr die städtischen Angelegenheiten wurden dann in das Auge gefaßt, als die großen Vorgänge in Reich und Kirche. Ungern entbehrt man eine alte Chronica Venetorum, deren Erwähnung geschieht. Wir besitzen nur eine kurze Geschichte der Dogen des zwölften Jahrhunderts in einem Fragment, welches sich in einer Handschrift des Chronicon Altinate (Archivio storico VIII. 152—169) erhalten hat; im Uebrigen ist man auf die erst im vierzehnten Jahrhundert entstandene Chronik des Andreas Dandolo (Muratori, Scriptores XII. 13—416) verwiesen.

---

1) Daß bei den Biographien Gelasius II. und Honorius II. dem Pandulf gefolgt sei, wie Watterich annimmt, scheint mir nicht mit Bestimmtheit zu erweisen.

4. Actenstücke, Urkunden, Briefe.

Die Verträge, Gesetze und Erlasse der Kaiser aus dieser Zeit finden sich in den M. G. Legg. II., die **Beschlüsse** der **römischen Concilien** und **anderen Synoden** in der großen Conciliensammlung von Mansi XIX.—XXI. Ein sehr nützliches Hülfsmittel bei allen Studien über die kirchliche Gesetzgebung jener Zeit ist jetzt in Hefeles Conciliengeschichte (Bd. 4 u. 5) geboten. Die **Kaiserurkunden** sind in **Böhmers Regesten** verzeichnet, in noch größerer Vollständigkeit und neuer Anordnung in dem außerordentlich fleißigen Werke: K. F. Stumpf, Die Reichskanzler II, 2. Die Regesten der fränkischen Kaiser (Innsbruck 1865). Es genügte meist nach diesem unentbehrlichen Hülfsmittel die Urkunden zu bezeichnen [1]), da sich dort auch die Hinweisungen auf Böhmer und alle anderen erforderlichen Nachweisungen finden. Die **päpstlichen Urkunden** sind bei Jaffé, Regesta pontificum Romanorum registrirt und danach mit J. R. und der Nummer von uns angeführt.

Je parteiischer gefärbt fast alle historischen Berichte dieser Zeit sind, desto nothwendiger erscheint es auf Zeugnisse zurückzugehen, in denen wir den hervorragenden Persönlichkeiten selbst nahe treten. Solche sind zum Glück in einer nicht geringen Anzahl gleichzeitiger Briefe vorhanden. Manche derselben — und unter ihnen gerade sehr werthvolle — sind erst in den letzten Jahren an das Licht getreten; die Mehrzahl war längst bekannt, aber theils wegen der Mangelhaftigkeit der Ausgaben, theils wegen der eigenthümlichen Schwierigkeiten der Benutzung nicht nach Gebühr beachtet. Denn bald erfordert es Mühe den Schreiber, bald den Empfänger des Briefes zu ermitteln, und noch häufiger walten über die richtige Datirung des Schriftstücks Zweifel ob.

Für die Zeiten vor Gregors VII. Pontificat ist uns eine Quelle ersten Ranges in den **Briefen des Petrus Damiani** eröffnet, die theils den Charakter von Streitschriften tragen und deshalb schon oben berührt sind, theils vertrauliche Mittheilungen enthalten, in welchem Falle sie uns nur um so wichtiger sind. Nicht geringere Bedeutung für diese Zeiten haben vier **Briefe Annos von Köln** an Papst Alexander und einer **Adalberts von Bremen** an Anno, welche mit anderen sehr werthvollen Actenstücken aus einer Handschrift der Trierer Stadtbibliothek zuerst Floß (Die Papstwahl unter den Ottonen, Freiburg 1858) herausgegeben hat und die ich nach dieser Ausgabe und einer Abschrift von Waitz unter den Documenten wieder abdrucken lasse. Nirgends tritt uns Annos Persönlichkeit so unmittelbar, wie in diesen Briefen, entgegen.

Für Gregor VII. und seine Zeit giebt es keine ergiebigere und zugleich zuverlässigere Quelle, als die große Briefsammlung, welche unter dem Namen **Registrum Gregorii VII.** bekannt ist und außer Briefen Gregors auch Auszüge aus den Concilienacten und einiges andere Material enthält. Schon i. J. 1591 trat durch die Mühwaltung des Cardinals Ant. Carafa das Registrum an die Oeffentlichkeit und ist dann mehrfach wieder gedruckt worden, aber nicht in verbesserter

---

1) Es ist durch St R. und die Nummer geschehen.

Gestalt, sondern vielmehr immer fehlerhafter; denn niemals wurde die alte noch dem elften Jahrhundert angehörige Handschrift im Vaticanischen Archiv, welcher Carafa folgte, bei den neuen Drucken wieder verglichen. Als ich nach Rom kam, schien mir deshalb die wichtigste Aufgabe, eine neue Vergleichung vorzunehmen und die Handschrift zugleich einer kritischen Prüfung zu unterwerfen. Jede Geschichte Gregors schien mir ohne diese Arbeit kein sicheres Fundament zu haben, und dies um so mehr, als die Glaubwürdigkeit des Registrum wie im Einzelnen, so im Ganzen mehrfach angezweifelt war. Die Resultate meiner Arbeit im Baticanischen Archiv habe ich theils in einer Abhandlung, welche Jaffés Regesten p. 402—405 einverleibt ist, theils in einer besonderen Schrift: De Gregorii VII. Registro emendando (Braunschweig 1858) dem Publicum dargelegt und auf Grundlage meiner Collation hat Jaffé dann eine höchst sorgfältige und bequeme neue Ausgabe des Registrum in seiner Bibliotheca II. 9—519 veranstaltet. Die Sammlung enthält in den ersten sieben Büchern über dreihundert Briefe, die nach Jahren des Pontificats geordnet sind; das achte Buch giebt dagegen nur zuerst noch bis Anfang 1081 die Schreiben in chronologischer Folge, dann ist ohne Ordnung zusammengeschrieben, was eben zufällig zur Hand war. Jaffé hat darauf die ansprechende Vermuthung begründet, daß schon i. J. 1081 die Sammlung auf Gregors eigene Veranstaltung angelegt sei. Jedenfalls war sie bald nach Gregors Tode, nachdem man das achte Buch mit den sechszigsten Briefe abgeschlossen hatte, allgemein verbreitet. Die in dem Registrum enthaltenen Schreiben sind theils von Gregor selbst concipirt, theils in seinem Namen und nach seinen Angaben abgefaßt. Aber bei Weitem nicht Alles, was aus seiner Kanzlei hervorgegangen ist, findet sich im Registrum. Es sind uns noch anderweitig 51 Briefe erhalten, welche Jaffé unter dem Titel: Epistolae collectae (p. 520—576) dem Registrum hinzugefügt hat, und auch sie sind nur ein kleiner Theil der Schriftstücke, welche Gregor erließ und die in seinem für die Oeffentlichkeit bestimmten Registrum nicht Aufnahme fanden. Wie viel auch untergegangen, wir haben in den mehr als vierhundert Briefen Material genug, um einen Mann zu beurtheilen, der sich durch die Kühnheit seiner Ideen eben so viel bewundernde Anhänger, als erbitterte Feinde gewann. Es wäre für die Geschichte ein unschätzbarer Gewinn, wenn ähnliche Sammlungen von den Briefen Urbans II., Paschalis II. und Calixts II. vorlägen. Leider haben sich nur vereinzelte Stücke von diesen Päpsten erhalten, welche in der Conciliensammlung von Mansi XX. u. XXI. zusammengestellt sind.

Wichtige Briefe Gregors und der Gregorianer sind uns auch bei Hugo von Flavigny aufbewahrt worden, andere in dem Werke Brunos über den sächsischen Krieg. Von besonderem Werth sind in dem letzteren die Briefe der Sachsen an Gregor, über deren schwierige Datirung wir in den Anmerkungen das Weitere beibringen werden. Zehn Briefe, theils an den König Wratislaw von Böhmen, theils von ihm selbst geschrieben, hat aus einer jetzt nicht aufzufindenden Handschrift von St. Emmeram B. Pez im Thesaurus anecdotorum VI, 1. 286—297 herausgegeben; sie sind nachher vielfach nachgedruckt, aber kaum bisher richtig erklärt worden. Eine Zahl interessanter Briefe, die sich vorzugsweise auf Halberstadt und Mainz in dem Anfange des zwölften Jahrhunderts beziehen, sind in der Pariser Handschrift des sächsischen Annalisten erhalten; sie sind meist von Martene in der Coll. amplissima I. 600 seq. herausgegeben, mehrere hat Jaffé in der Bibliotheca III. 381 seq. wieder nach der Handschrift in verbesserten Texten veröffentlicht. In einer Münchener Handschrift des 12. Jahrhunderts sind neun Briefe Heinrichs IV. zusammengestellt, die aber fast sämmtlich auch anderweitig bekannt sind;

man vergleiche unter unseren Documenten Nr. 12. 13. Andere Briefe sind an verschiedenen Orten zerstreut.

Der erste größere Codex epistolaris wurde unseres Wissens in Deutschland zu Bamberg i. J. 1125 angelegt. Als Sammler nennt sich in den vorgesetzten Versen ein Ubalricus, der sich als pauper und als Bavenbergensis alumnus selbst bezeichnet und sein Werk dem Bischof Gebhard von Würzburg widmet; in denselben Versen wird als Schreiber ein Vitus erwähnt. Es muß das Werk ursprünglich etwa bei Nr. 323 seinen Abschluß gefunden haben; die späteren Stücke sind später zugesetzt, vielleicht noch von Ubalrich selbst. Briefe sind hier mit Urkunden, Manifesten, Streitschriften, Verträgen und anderen Actenstücken bunt zusammengewürfelt; auch Verse finden sich am Anfang und Ende der Sammlung. Stücke aus sehr verschiedenen Zeiten hat der Sammler verbunden und dabei die chronologische Folge nicht eingehalten, was sich um so mehr vermißt, als die Briefe selbst meist nicht datirt sind. Ubalrichs Arbeit war nicht für historische Zwecke bestimmt, sondern für die Ausbildung im Brief- und Urkundenstil, aber er erfand sich Muster nicht, sondern wählte die wichtigsten Actenstücke aus, welche ihm in Bamberg zugänglich waren. So hat er uns etwa zweihundert Schriftstücke aus den Zeiten Heinrichs IV. und V. erhalten, von denen der größere Theil an anderen Orten nicht zu finden ist; eine kostbare Sammlung, deren Gebrauch freilich bis jetzt mit großen Schwierigkeiten verbunden war. Nach einer alten, jetzt in Wien befindlichen Handschrift hat Eccard im Corpus hist. medii aevi II. 2—374 den Codex Udalrici zuerst vollständig, aber sehr mangelhaft herausgegeben. Die für meinen Zweck wichtigsten Briefe habe ich nach dieser und einer Münchener Handschrift in der ersten Ausgabe dieses Bandes emendirt. Ein erneuter Abdruck dieser Stücke erschien mir jetzt meist überflüssig, da sie nach einem vollständigeren Apparat demnächst im fünften Bande von Jaffés Bibliotheca erscheinen werden. Nicht beim Text, aber bei der Revision der nachstehenden Anmerkungen lagen mir durch Jaffés gütige Mittheilung bereits die 25 ersten Druckbogen des neuen Bandes seiner Bibliotheca vor, welche die sämmtlichen hier in Betracht kommenden Stücke des Codex enthalten. Da sie nicht in der Ordnung desselben, sondern in chronologischer Folge gegeben sind, habe ich die Nummern der neuen Ausgabe mit einem vorgesetzten J. hinzugefügt. Eine andere Briefsammlung in einer Hannöverschen Handschrift aus dem sechzehnten Jahrhundert ist aus fünf verschiedenen Sammlungen zusammengestellt, die wohl sämmtlich in Hildesheim im zwölften Jahrhundert angelegt wurden. Viele Stücke aus dem Codex Udalrici finden sich hier wieder, daneben aber sind auch andere aufgenommen, die sich vorzugsweise auf Hildesheim beziehen, ferner eine Anzahl von Schriftstücken über die Händel Berengars von Tours und Streitschriften der Wibertisten nebst einigen späteren Schreiben. Es bleibt das Verdienst von Sudendorf in seinem Registrum (3 Theile 1849—1854) und in seinem Berengarius Turonensis (1850) den Inhalt der Handschrift, so weit er nicht anderweitig bekannt war, zuerst der Oeffentlichkeit übergeben zu haben, wenn auch die erste Edition, deren Schwierigkeiten nicht unterschätzt werden dürfen, manche Mängel darbietet. Unter den von Sudendorf veröffentlichten Briefen finden sich viele, welche über die Geschichte des Investiturstreits neues Licht verbreiten; einzelne haben wir in unseren Documenten wiederholt, um die Benutzung zu erleichtern.

Der große Vorrath an Briefen, welcher sich aus dieser Periode erhielt, ist bisher nirgends übersichtlich vereinigt und geordnet. Was sich bei Martene, Pez und Anderen findet, ist nur durch den Zufall zusammengebracht; verhältnißmäßig wird die größte Zahl der wichtigeren Briefe noch in der Manſiſchen Concilienſammlung zuſammengedruckt ſein. Die Briefſammlung, welche für die M. G. in Vorbereitung ſteht, wird dem Studium eine ungemeine Förderung bieten.

5. Hülfsmittel.

Die Geſchichte Heinrichs IV. und V. iſt neuerdings nicht mehr im Zuſammenhang bearbeitet worden; dagegen haben wir für beide Kaiſer beſondere Biographien in folgenden Werken erhalten:

H. Floto, Kaiſer Heinrich IV. und ſein Zeitalter, Bd. 1 und 2 (Stuttgart und Hamburg 1855. 1856). Das Buch hat eine günſtige Aufnahme gefunden und ſie in mehrfacher Beziehung verdient. Denn ſchon dadurch bezeichnet es einen weſentlichen Fortſchritt in der Kritik, daß ſich der Verfaſſer von der vordem als unumſtößlich geltenden Autorität Lamberts losgeriſſen hat, obgleich meines Erachtens ſein Mißtrauen gegen dieſen Autor zu weit getrieben iſt. Wer die Quellen der Zeit genauer kennt, muß ferner Floto bezeugen, daß er mit großem Fleiß in denſelben gearbeitet und manche vernachläſſigte Stellen derſelben zuerſt wieder zur Geltung gebracht hat. Beſonders aber hat die lebendige Darſtellung dem Buche Freunde erworben; man wird ſie in ihrer faſt poetiſchen Färbung nicht muſtergültig nennen können, aber ſie iſt eigenartig und effectvoll. Floto ſteht weſentlich auf dem Standpunkte jenes ungenannten Biographen Heinrichs, der bald nach dem Tode ſeines Wohlthäters ſo warm für ihn gegen ſeine Feinde eintrat. Mit einer perſönlichen Theilnahme, wie ſie bei einem Manne des neunzehnten Jahrhunderts ſelten ſein wird, nimmt ſich Floto des vielgeſchmähten Kaiſers an und greift rückſichtslos ſeine Widerſacher unter den deutſchen Fürſten an, unter denen er nur der Kraft Ottos von Nordheim eine Art von Huldigung zollt. Die perſönliche Größe Gregors VII. erkennt Floto an, doch ſoll Gregor, indem er das Gute wollte, in Folge von ſelbſt bereiteten Täuſchungen doch nur das Schlimme geſchaffen haben. Denn in den kirchlichen Verhältniſſen, wie ſie ſich ſeitdem unter dem Einfluß des Papſtthums geſtaltet, ſieht Floto gleich den proteſtantiſchen Kirchenhiſtorikern des ſechzehnten und ſiebzehnten Jahrhunderts ſchlechthin nur Verderbniß. In dieſer ſeiner kirchlichen Anſicht möchte ſich Floto wohl am weiteſten von dem Verfaſſer der Vita Heinrici entfernen. Darin freilich ſtimmt er mit dieſem wieder überein, daß er den offenen Angriff Heinrichs gegen Gregor höchlich mißbilligt; nur wenn derſelbe in der Vita Heinrici (c. 6) aus religiöſen Gründen verworfen wird, tadelt ihn Floto als den größten politiſchen Fehler. Nach unſerer Anſicht, daß die Durchführung der von Heinrich III. angebahnten Kirchenreform eine Nothwendigkeit geworden war, und Rom dieſelbe, nachdem ſie der kaiſerliche Hof aufgab, ſelbſt in die Hand nehmen mußte, können wir Flotos Betrachtungsweiſe im Ganzen nicht beiſtimmen, bekennen aber gern in vielen Einzelnheiten ihm Belehrung zu ſchulden.

E. Gervais, Politiſche Geſchichte Deutſchlands unter der Regierung der Kaiſer Heinrich V. und Lothar III. Erſter Theil: Kaiſer Heinrich V. (Leipzig 1841). Dieſes Buch ſchließt ſich eng an Stenzel an und unterläßt Partien, welche dem Verfaſſer dort bereits hinreichend erörtert ſchienen, wie beſonders die

Angelegenheiten Italiens, weiter auszuführen. Eingehender sind vornehmlich die Vorgänge in Sachsen behandelt, und hier findet sich manches Brauchbare. Nicht wohlthuend sind die ausgedehnten Reflectionen, die überdies nicht gerade tief in den Gegenstand eindringen.

Besonders in Betracht kommt hier die ausgedehnte Litteratur über Gregor VII. Alles, was seit der Reformation bis zum Jahre 1815 für und wider Hildebrand geschrieben ist, hat heute, abgesehen von dem Material, welches besonders durch Gretsers und Goldasts Streitschriften zu Tage gefördert wurde, kaum noch großes Interesse. Das epochemachende Werk: Johannes Voigt, Hildebrand als Papst Gregor VII. und sein Zeitalter (Halle 1815) hat die ganze frühere Litteratur über Gregor zurückgedrängt. Voigt war nicht der erste Protestant, der Gregor gegen maßlose Angriffe evangelischer und katholischer Schriftsteller in Schutz nahm, aber es war neu, daß er Gregor als einen Reformator der Kirche in der Parallele mit Luther betrachtete und diese Ansicht mit allen Mitteln, welche damals der Geschichtsschreibung des Mittelalters zu Gebot standen, zu begründen wußte. Bis dahin war kein gründlicheres Buch über Gregor geschrieben, und die Resultate desselben schienen dem Papste günstig. In einer Zeit, wo sich dem Papstthum lange entfremdete Sympathien an vielen Orten wieder zuwandten, mußte eine solche Schrift nicht gewöhnliches Aufsehen erregen. Sie wurde in das Französische und Italienische übersetzt und erlebte im Jahre 1846 eine zweite Auflage, in welcher sich die Parallele mit Luther gemildert, auch Einzelnes nach neu hinzugekommenem Material umgearbeitet findet, der Charakter des Buches im Ganzen aber keine durchgreifende Aenderung erfahren hat. Man wird nicht in Abrede stellen können, daß Voigts Arbeit jetzt nicht mehr auf der Höhe der Forschung steht, daß sie auch in ihrer Einseitigkeit der historischen Reflection unserer Tage kaum noch genügt; aber man verdankt ihr, daß die früher weitverbreitete Ansicht von Gregor als einem durchaus ehrgeizigen und selbstsüchtigen Kirchentyrannen nicht mehr zur Geltung kommen kann. Das i. J. 1832 von Sir Roger Griesley herausgegebene Leben Gregors, eine heftige Invective gegen das Papstthum, ist nur Uebersetzung der Handschrift eines im Elend verstorbenen Italieners, der Voigts Darstellung nicht kannte, überdies keine Arbeit, die in Rechnung kommt[1]). Um so stärker zeigte sich Voigts Einfluß auf ein anderes i. J. 1840 zu London erschienenes Werk: The life and pontificate of Gregory VII. by J. W. Bowden. Das Aufsehen, welches dieses Buch in England erregte, mag nicht allein durch die Parteistellung des Verfassers hervorgerufen sein, sondern auch darauf beruhen, daß die deutschen verwandten Arbeiten dort weniger zugänglich sind; denn auf diesen fußt Bowdens Arbeit größtentheils, so daß es dem deutschen Forscher fast entbehrlich ist.

Indessen hat die Wirkung der einseitigen Auffassung Gregors durch Voigt in Deutschland einen Rückschlag hervorgerufen. Es zeigt sich schon bei Stenzel, dessen Gesammturtheil über Gregor (I. 523. 524) ein hartes ist und nicht völlig mit seiner eigenen Darstellung im Einzelnen harmonirt; gerade im Gegensatz gegen Voigt hat Stenzel den Ausdruck gegen seine sonstige Art hier geschärft. Nicht minder tritt der Widerspruch gegen Voigt bei Floto und in dem Aufsatze von Lipsius: Gregor und Heinrich IV. von Deutschland in Niedners Zeitschrift für historische Theologie 1859 (Heft 2) hervor. Von katholischen, wie von protestantischen Schriftstellern ist diese Oppo-

---

1) Das Buch von Vidaillan, Vie de Gregoire VII. (Paris 1837) ist sehr schwach. Das gleichzeitig zu Brüssel erschienene Buch von V. de la Madelaine habe ich nie zu Gesicht bekommen.

stion fortgeführt worden, und zwar von den ersteren mit besonderem Nachdruck. Söltl (Gregor der Siebente, Leipzig 1847) suchte gerade nach den Briefen, auf welche sich Voigt berufen hatte, ein Bild des Papstes zu entwerfen, welches ganz andere Züge verrieth, und der Pseudonym G. Cassander (Das Zeitalter Hildebrands für und gegen ihn, Darmstadt 1842) warf sich in den entschlossensten Kampf gegen den Panegyristen Gregors.

Man wird als das Resultat dieser litterarischen Bewegung anerkennen müssen, daß Voigts Ansicht von Gregor als Kirchenreformator nicht erschüttert ist, daß sich aber immer bestimmter herausgestellt hat, wie Gregors Reform nicht allein auf die Freiheit der Kirche, sondern zugleich auf die Herrschaft der Kirche über den Staat gerichtet war. Damit ist die historische Frage auf ein Gebiet gerathen, auf dem der alte Haber in unseren Tagen aufs Neue heiß entbrannt ist, so daß ein Friedensschluß zwischen den sich entgegenstehenden Parteien nicht so bald zu erwarten sein dürfte, und nicht so sehr religiöse Ueberzeugung, als politische Anschauungen sind es, welche hier momentan die Parteien verbinden. In allen neueren Werken, welche in der Tendenz den Einfluß der Kirche auf das staatliche Leben zu verstärken stehen, kommt man mit unverkennbarer Vorliebe auf die Rechtfertigung Gregors zurück, und Gfrörer, der sich schon früher als einen beredten Vertheidiger Gregorianischer Principien gezeigt hatte, folgte nur dem Wunsche vieler seiner Gesinnungsgenossen, als er seine Studien endlich ganz der Geschichte Hildebrands zuwandte. Die Frucht dieser Studien ist:

A. Fr. Gfrörer, Papst Gregorius VII. und sein Zeitalter, 7 Bde. und Register (Schaffhausen 1859—1861).

Es wird mir nicht leicht, über dieses Werk ein Urtheil auszusprechen, nachdem der Verfasser mich durch persönliche Angriffe, welche mir nie einer Antwort zu bedürfen schienen, in eine Lage versetzt hat, bei der mir die Unbefangenheit abgesprochen werden muß. Ich habe mich deshalb bisher auch jeder durchgreifenden Kritik enthalten und entschließe mich jetzt nur zu einigen allgemeineren Bemerkungen, weil Schweigen als absichtliches Hintenansetzen gedeutet werden könnte. Schon früher habe ich die enge Verbindung der Reichs- und Kirchengeschichte, ohne welche einmal die Verhältnisse des Mittelalters nicht zu verstehen sind, als einen Vorzug der Gfrörerschen Arbeiten hervorgehoben, auch die große Belesenheit, wie die scharfsinnigen Combinationen, die in diesen Schriften hervortreten, vollauf anerkannt. Man wird dieselben Vorzüge dem letzten Werke Gfrörers nachrühmen müssen, und vielleicht in noch erhöhtem Maße. Aber die Unbefangenheit der Forschung, die ich in seinen anderen Büchern zu vermissen glaubte, habe ich auch im Gregor nicht gefunden, bescheide mich jedoch gern, daß ich, von der eigenen Ansicht eingenommen, mich hierin leicht täuschen kann. Allgemeiner wird man mir vielleicht darin beistimmen, daß auch in diesem Werke die gewagten Hypothesen und willkürlichen Auslegungen der Quellen nicht fehlen, welche Gfrörer so oft zum Vorwurf gemacht sind. Hier kann wenigstens in Einzelnheiten bei Allen, welchen an der Kenntniß des objectiven Thatbestandes gelegen ist, eine Verständigung erzielt werden. Deshalb bin ich auf eigenthümliche Annahmen und Behauptungen Gfrörers öfters näher eingegangen; wie Bd. II. S. 659. 660, so auch in den Anmerkungen zu diesem Bande. Ueberall meine abweichende Ansicht besonders zu begründen, mußte ich mir freilich versagen, wenn ich nicht diesem ohnehin zu starken Bande einen Umfang geben wollte, wie ihn Gfrörer für seinen Gregor nicht gescheut hat. Mir ist nicht unbekannt, daß man auch die Composition desselben als besonders kunstreich gerühmt hat, doch habe ich mich davon nicht überzeugen können, daß sie sachgemäß und maßvoll sei. Sehr abgelegener Stoff scheint mir unnöthig in das Werk hineingezogen; mehrere Bände desselben handeln weder von Gregor noch von seinem Zeitalter. Einen großen Fortschritt gegen Voigt sehe ich darin, daß Gfrörer die politische Wirksamkeit Gregors scharf in das Auge faßt und unzweideutig anerkennt, daß es bei der Reform dieses Papstes auf die Herrschaft des Stuhles Petri über die Reiche der Welt abgesehen war.

Im Uebrigen ist auf die im ersten und zweiten Bande angeführten Hülfsmittel abermals hier zu verweisen. Von dem Buche: **Cornelius Will, Die Anfänge der Restauration der Kirche im elften Jahrhundert** ist inzwischen (1864) die zweite Abtheilung erschienen, welche die Geschichte bis zum Tode Nicolaus II. fortführt. Ueber die Ausführungen des Verfassers, die zum großen Theil in einer eingehenden und oft scharfen Kritik Gfrörers bestehen, werde ich Einiges in den Anmerkungen sagen.

Von allgemeineren Werken ist noch zu erwähnen:

S. Sugenheim, **Geschichte des deutschen Volks und seiner Kultur**. Bisher drei Bände (Leipzig 1866. 1867). Der zweite Band berührt die hier von uns behandelte Periode und verdient wegen der fleißigen Sammlung des Materials nach den neuesten Forschungen bemerkt zu werden. Die Stellung des Verfassers gegen die römisch-katholische Kirche ist hinlänglich bekannt und verläugnet sich auch in dieser seiner neuesten Schrift auf keiner Seite.

II. Anmerkungen.

Buch VI. Heinrichs IV. Jugend.

Quellen. Gleichzeitige Geschichtswerke: Bertholdi Annales. Annales Wirzeburgenses (S. Albani). Annales Elnonenses maiores, Blandinienses, Leodienses, Mosomagenses. Annales Corbeienses. Annales Augustani (später überarbeitet). Marianus Scottus. Annales Altahenses. Gundechari Liber pont. Eichstettensis. Bernoldi Chronicon. Annales Weissenburgenses. Carmen de bello Saxonico (wahrscheinlich später überarbeitet). Annales Brunwilarenses. Annales Aquenses (später überarbeitet). Adami Bremensis Gesta pontificum Hammab. L. III. c. 33 —70. Triumphus s. Remacli. Lambertus de institutione Hersfeldensis monasterii (Excerpt). Passio Conradi archiepiscopi Treverensis. Arnulfi Gesta episcoporum Mediol. L. III. c. 7—25. IV. V. Vita Arialdi. Aimé, L'Ystoire de li Normant L. IV—VIII. Noch bei Lebzeiten Kaiser Heinrichs IV. entstandene Geschichtswerke: Lamberti Annales. Bruno de bello Saxonico. Gesta Lietberti c. 16—24 (Gesta epp. Camerac. Continuatio). Chronicon episcoporum Hildesheim, c. 17. Vitae s. Anselmi episcopi Lucensis. Bonizo ad amicum L. V—VII. Benzo ad Heinricum IV. imperatorem. Secundi Translatio s. Servatii c. 54 seq. Lupi Protospatarii Annales. Vita Theoderici abbatis Andaginensis. Beno de vita et gestis Hildebrandi. Hugonis Flaviniacensis Chronicon p. 408—446. Sigeberti Gemblacensis Chronicon. Vita Bennonis episcopi Osnabrugensis. Vita Annonis archiepiscopi Coloniensis. Ekkehardi Chronicon universale. Gesta Treverorum (Schluß). Leonis Ostiensis Chronica mon. Cassinensis L. II. c. 93 —100. L. III. c. 1—33. Spätere Quellen: Vita Heinrici IV. Rodulfi Gesta abbatum Trudonensium I. c. 10—12. Vita Gebehardi archiepiscopi Salisburgensis. Annales Ottenburani. Annales Yburgenses. Donizonis Vita Mathildis. Annales Egmundani. Annales Lamberti Audom. Chronicon s. Huberti Andaginensis c. 8—38. Annales Mellicenses. Pauli Bernriedensis Vita Gregorii VII. Chronicon s. Andreae Camer. L. II. c. 32—37. Gesta Treverorum, Continuatio I. c. 8— 10. Vitae pontificum Roman. in der Sammlung des Panbulf. Vita Altmanni. Annales Pegavienses. Chronicon Gozecense. Casus monasterii Petrishusensis. Annales Romani. Anonymus Barensis. Chronicon Northmannicum breve. Annales Beneventani. Annales Cassinenses (Cavenses). Annales Disibodenbergenses. Annales Rosenfeldenses. Annalista Saxo. Annales Palidenses. Helmoldi Chronica Slavorum. Chronicon Magdeburgense. Chronicon Laureshamense. Annales Magdeburgenses. Romualdi Salernitani Chronicon. Chronicon Halberstadense.

Gleichzeitige Briefe K. Heinrichs IV., des Carbinals Petrus Damiani, der Erzbischöfe Anno von Köln, Siegfried von Mainz, Adalbert und Liemar von Bremen, Papst Gregors VII. und Anderer in den Werken des Petrus Damiani, im Registrum

Gregorii VII., im Codex Udalrici, bei Sudendorf (Registrum und Berengarius), bei Pez (Thesaurus anecd. VI, 1), Martene (Thesaurus anecd. I. und Coll. ampl. I.), Mansi (Coll. conc. XIX. XX.) und an anderen Orten. Vergleiche auch unsere Documente A. 1—10.

Von den Streitschriften gehören dieser Zeit an: Humbertus contra Simoniacos, mehrere Tractate des Petrus Damiani und Bernold, die fingirte Epistola Udalrici ad Nicolaum papam; von den späteren verwandten Werken kommen besonders auf die frühere Periode zurück der Brief Gebhards von Salzburg an Hermann von Metz über das Schisma, die Dicta cuiusdam de discordia papae et regis, die Schriften des Wenrich und Manegold, das Buch des Wibo von Ferrara de scismate Hildebrandi, des Walram von Naumburg de unitate ecclesiae und des Cardinals Deusdedit contra invasores.

Die Gesetze und die wichtigsten Actenstücke für diese Periode sind abgedruckt in den M. G. Legg. II. 44—50. B. 176—180 und bei Mansi Coll. conc. XIX. XX. Die königlichen Urkunden verzeichnet Böhmer (Regesten) S. 85—94 und Stumpf (Die Reichskanzler II, 2) S. 209—233, die päpstlichen Jaffé (Reg. pont. Rom.) p. 380—424.

S. 11—19. — **Hildebrands Anfänge.** Die officiellen Kataloge gaben in Rom über Gregors VII. Geburtsort und seinen Vater Auskunft. Nach ihnen lesen wir in den Papstleben des Pandulf: Gregorius, qui vocatur Ildebrandus, natione Tuscus, de opido Raovaco, ex patre Bonizo, in der Sammlung des Cencius: natione Tuscus, patria Suanensis, oppido Rovaco ex patre Bonitho. Watterich I. 293 und 308. Hiernach steht fest, daß er aus dem Gebiete von Saona im südlichen Toscana von einem kleinen Orte Raovacum stammte. Daß letzterer Name nur ein Verderbniß von Suana sei, ist eine unglückliche Vermuthung Wattrerichs. Ebenso unzutreffend ist die andere, daß Hildebrand bei Benzo öfters Buzianus als Sohn des Bonizo genannt werde, da Buziani ein damals gebräuchlicher Schimpfname für die Patarener war, welcher vielleicht in engerer Beziehung zu der Person des Bonizo steht. Vergl. Saur in den Forschungen zur deutschen Geschichte VIII. 413 ff. Daß Hildebrand nicht von vornehmer Familie stammte, zeigt der Brief des Abts Wilhelm an ihn bei Watterich I. 740, wo er als vir de plebe bezeichnet wird, und damit stimmt Benzo p. 660 überein:
  Natus matre suburbana de patre caprario,
  Cucullatus fecit nidam in Petri solario,
wo freilich Hildebrands Herkunft gewiß absichtlich noch erniedrigt wird. Unfraglich war er von freier Geburt, und sicher ist, daß er vornehme Verwandte in Rom hatte. Der Abt von S. Maria in Aventino wird bei Paulus Bernr. c. 9 als sein avunculus bezeichnet[1], als sein nepos in den Lebensbeschreibungen des Pandulf (p. 307) ein Rusticus, der eine römische Burg vertheidigte. Die immer zuversichtlich wiederholte Behauptung, daß Hildebrands Vater, wie Joseph von Nazareth, Zimmermann gewesen sei, beruht nur auf jenen jüngst viel besprochenen sagenhaften Nachrichten, die

---

1) Vielleicht derselbe Abt, der in einer Urkunde vom Jahre 1035 (Galetti del Primicero p. 276) erwähnt wird. Dort erscheint als Zeuge Raverius de lu Abate de Aventiau nobile viro.

Anmerkungen zu Seite 11—19.

wir beim Annalista Saxo z. J. 1074 und in den Annales Palidenses (p. 69) ausgeschrieben finden, wo die Notiz in unmittelbarer Verbindung mit einer in Deutschland verbreiteten Sage steht. Hugo von Flavigny (p. 422) nennt Hildebrand einen Römer von Geburt und den Sohn römischer Eltern, Bruno von Segni bezeichnet ihn als einen römischen Mönch. Ein Römer war Hildebrand nicht, aber früh kam er nach Rom, um dort erzogen zu werden. Das sagt er selbst im Reg. I. 39: debito amore apostolorum principis, qui me ab infantia mea sub alis suis singulari quadam pietate nutrivit et in gremio suae clementiae fovit, dann VII. 23: sanctus Petrus a puero me in domo sua dulciter nutrierat, ferner III. 10 a: audi me servum tuum, quem ab infantia nutristi. Mit vornehmen Römern wurde er erzogen, wie er im Reg. III. 21 angiebt: Albericus et Cincius — ab ipsa pene adolescentia in Romano palatio nobiscum enutriti: daher heißt es im Wahlprotokoll (Reg. I. 1): in gremio huius matris ecclesiae a pueritia satis nobiliter [1]) educatum et doctum, wo satis eine verstärkende Bedeutung hat. Die Feuererscheinungen an Hildebrand berichten Beno, Paul von Bernried und andere Quellen. Ueber Odilos Verkehr auf dem Aventin und seine Verbindungen mit Laurentius sehe man die Vita Odilonis I. 17 (Mabillon, Acta SS. ord. s. Benedicti VI, 1). Ueber die Personen, die auf Hildebrands Entwickelung Einfluß hatten, erfährt man Näheres aus Beno (p. 10—12), der hier gut unterrichtet ist, aber freilich Alles in seiner gehässigen Weise darstellt. Hildebrand verschweigt selbst nicht, daß er ungern den geistlichen Stand erwählt habe, und ruft die Apostel dafür als Zeugen an: Vos enim scitis, quia non libenter ad sacrum ordinem accessi et invitus ultra montem cum domno papa Gregorio abii, sed magis invitus cum domno meo papa Leone ad vestram specialem ecclesiam redii (Reg. VII. 14 a). Seine Vorliebe für Venedig spricht er Reg. II. 39 aus: iam ab ineunte aetate terram vestram et libertatem huius gentis valde dileximus atque ob id nonnullorum principum et nobilium personarum inimicitias sustinuimus, und ähnlich IV. 27, wo die Verbindung der politischen Freiheit der Stadt mit ihrem römischen Ursprung hervorgehoben wird (libertate, quam ab antiqua stirpe Romanae nobilitatis acceptam conservastis). Ueber Hildebrands Persönlichkeit sehe man die Verse des Petrus Damiani (Opp. IV. 50):
Parva tigris missas aequat properando sagittas —
Vile quidam ferrum, tamen edomat omne metallum —
und Benzo p. 659:
Falsus monachus Praudellus habet mille vicia,
Quem cognoscimus deformem, carne leprositia,
Ab ecclesia tollendus hac sola malicia.
Bei Wilhelm von Malmesbury (M. G. X. 474) wird Hildebrand homuncio exilis staturae genannt; die modica vox kennen wir aus dem Gedicht des Alphan auf Hildebrand in meiner Abhandlung De litterarum studiis p. 43. Die Gnade, welche Kaiser Heinrich III. ihm gewährt habe, rühmt Hildebrand selbst öfters; so Reg. I. 19: Heinricus imp. inter omnes Italicos in curia sua speciali honore me tractavit, II. 44 in einem Brief an die Königin Judith: imperator Heinricus pater tuus et Agnes mater tua — ex quo me cognoverunt, pro sua magnitudine honorifice et prae caeteris sanctae Romanae ecclesiae filiis caritative habuerunt; vergl. VII. 21. Daß Hildebrand kein gewandter Stilist war, sagt er Reg. I. 50 in einem Briefe an Mathilde: me ipsum labori, licet rusticano stylo, subpono; über

---

1) So die Lesart der Vaticanischen Handschrift, die ich vorziehe.

seine Studien in Köln vergleiche man Reg. I. 70, wo antecessoris vestri zu lesen ist, wie zuerst Floto I. 155 bemerkt hat. Ueber Hildebrands Stellung zu theologischen Fragen geben Berengarii Acta conc. Rom. (Mansi XIX. 766) Auskunft; Alphan in dem erwähnten Gedicht rühmt ihn als Staatsmann und Juristen, nicht als Theologen. Die Legenden über Hildebrands Aufenthalt am Kaiserhofe sehe man an den angeführten Stellen des Annalista Saxo und der Annales Palidenses. Bonizo irrt, wenn er p. 633 Leo IX. bereits Hildebrand zum Oekonomen der römischen Kirche einsetzen läßt, da nach dem Decret der Brixener Synode (M. G. Legg. II. 51) erst unter Nicolaus II. diese Promotion erfolgte. Hildebrand hatte unter Leo die eigenthümliche Stellung eines Cardinal-Subdiakons und unterzeichnet als solcher noch eine Urkunde von 1055 (Perß, Archiv V. 14); nicht übel bezeichnet ihn der Anonymus Haserensis c. 37 als archisubdiaconus. In dieser Stellung leitete er bereits zum großen Theil die weltlichen Verhältnisse der Curie. Seine Verbindung mit einem getauften Juden erwähnt Beno p. 13; ohne Frage ist jener Benedictus Christianus gemeint, dessen die Annales Romani p. 471. 472 [1]) gedenken und dessen Sohn Leo und Enkel Petrus Leonis viel bekannter sind. Der Trasteveriner Johannes Braczutus oder Braciutus wird im Brixener Decret und bei Beno II. c. 4 erwähnt; in den Annales Romani p. 470 ist der Name nicht ausgeschrieben; bei Beno wird er Gerhard genannt, vielleicht nur durch einen Schreibfehler. Die Behauptung Benos, daß durch Hildebrand Leo mit den Tusculanern ausgesöhnt sei, erscheint glaublich, aber die Verbindung, in welche dies mit dem Normannenkrieg gebracht wird, ist ganz sinnlos. Desiderius von M. Cassino bezeichnet Hildebrand als einen Schüler Leos in seinem Dialog (Mabillon, Acta SS. IV, 2. p. 453); man vergleiche auch Hildebrands eigene Aeußerungen in Brunos Biographie Leos IX. Wir besitzen aber von Hildebrand selbst weitere Aufschlüsse im Reg. I. 79, wo es heißt: pro honore ecclesiae vestrae, quod isdem beatus Leo aegre tulit, viribus totis restituimus, woneben auch die Geschichte Anonymus Haserensis l. c. in Betracht zu ziehen. Ueber Hildebrands Stellung zu Berengar ist außer des letzteren eigenen Aeußerungen der Brief des Grafen Gaufried von Anjou an Hildebrand selbst, welchen Sudendorf in seinem Berengarius Nr. 10 zuerst veröffentlicht hat, sehr unterrichtend. Aus demselben haben wir die Worte angezogen: Gloriabaris autem tu et quasi proludebas in eo, Romam tuam fide atque armis semper fuisse invictam — illud etiam, quod tociens ore convolvis: Beati, qui scrutantur etc. Der ganze Brief ist voll von Anschuldigungen, daß Hildebrand seine Ueberzeugung verleugnet habe. Auch später noch standen eifrige Gregorianer, wie der Cardinal Atto, Bonizo von Sutri, Hermann von Metz Beringar nahe, während Heinricianer, wie der Bischof von Padua, entschiedene Widersacher desselben waren. Die Verbindung, in welche Gfrörer Berengars Sache mit den Bestrebungen der kirchenfeindlichen Partei bringt, findet gar keinen Anhalt in den Quellen. Ueber die Chronologie der Synode von Tours sehe man Sudendorf a. a. O. 41 ff.; die Einwendungen bei Will, Anfänge der Restauration II. 56 ff. haben mich nicht überzeugt. Die innere Differenz zwischen Hildebrand und Victor II. erhellt aus dem ganz unverdächtigen Zeugniß Leos im Chronic. Cass. II. c. 86: deshalb sind auch Benzos Worte zu beachten: associavit se mone-

---

[1]) In der Stelle p. 471 ist nach der Handschrift statt a comite de Benedicto Christiano zu lesen: a Leoni de Benedicto Christiano. In einer Urkunde von 1060 (Galetti, Gabin p. 154) unterzeichnete sich Leo de Benedicto Christiano und Johannes Braciuto. Gregorovius, Geschichte der Stadt Rom IV. 110. 120.

tariis, volens placere domno apostolico saltim de monete negocio, et ita, nolente volente papa, intrat et exit, ut inportunus canis, verumtamen a plenitudine gratiae vacuus et inanis. Die Geschichte mit dem Erzbischof von Embrun wird viel erzählt; nach Hildebrands eigenen Mittheilungen gehört sie in die Zeit Victors II. Bonizo p. 640 setzt sie erst in den Pontificat Stephans X.; vergl. Jaffés Note baselbst. Paul von Bernried, welcher die Geschichte dem Papst Calixt II. c. 17 nacherzählt, verlegt sie bereits in die Tage Leos IX. Die Anekdoten, welche Paul c. 18. 19 mittheilt, sind für Hildebrands Verhältniß zu Cluny nicht unbezeichnend.

S. 19—23. — Ueber Stephans X. Pontificat und die Vorgänge nach seinem Tode sehe man Leo Ostiensis II. c. 94—100. Der Stoff ist theils aus Amatus, theils aus den Schriften des Petrus Damiani, theils aus mündlichen und schriftlichen Nachrichten im Kloster entlehnt, und die Darstellung in allem Wesentlichen zuverlässig. Was die Annales Romani p. 470 berichten, beruht zum Theil auf Geklätsch und ist in manchen Punkten erweislich unrichtig. Für die Tendenzen, welche sich damals Bahn brachen, ist die Schrift des Cardinals Humbert contra Simoniacos sehr bezeichnend; besonders beachtenswerth ist L. II. c. 36. Lib. III. c. 6. 7. 11. 15. 20. 21. Die Gesandtschaften, welche Stephan nach Deutschland schickte, erhellen aus Gundekar (M. G. VII. 246). Daß hier Anselms Anwesenheit zu Speier am 17. October bezeugt werde, ist ein Irrthum Wills. Uebrigens haben wir jetzt in den Ann. Altah. ein positives Zeugniß, daß Stephans Wahl am königlichen Hofe bestätigt wurde. Es heißt hier: Fridericus cognomine Stephanus a Romanis subrogatus rege ignorante, postea tamen electionem eius comprobante. Die Bestimmungen Stephans über die Wahl seines Nachfolgers sind eben so falsch aufgefaßt bei Bonizo p. 641, wie bei Bernhard (Ussermann, Prodromus II. 196), und Floto I. 207 hat von beiden Stellen nicht den rechten Gebrauch gemacht. Eingehend hat zuletzt Will, Anfänge der Restauration II. 100—141 über den Pontificat Stephans X. gehandelt. Die Bemerkungen, welche Lindner (Anno II. S. 16. 17) über die Stellung dieses Papstes macht, scheinen mir mit den Thatsachen im Widerspruch; ich verweise nur auf die angeführte Schrift Humberts, dem überdies das Bibliothekariat des apostolischen Stuhls übertragen wurde, welches bisher Anno gehabt hatte. Gerade der letztere, auch für Anno wichtige Punkt hätte in Lindners Schrift hervorgehoben werden sollen.

S. 23—27. — Die Worte der Altahenses über die Erhebung Nicolaus II. lauten: Defuncto igitur papa Stephano piae memoriae, alius substitutus est et consecratus occulte. Quod cum principibus non placeret, deposito illo, Augustam ad regem misere legatum, petentes apostolicae sedi praeferri episcopum Florentinum. Qua eorum petitione approbata etc. Ueber die Verwaltung des Bisthums Florenz durch Gerhard vergleiche (Camici) Notizie istoriche di Gherardo di Borgogna (Florenz 1780). Für die Persönlichkeit Gerhards ist die kleine Schrift des Petrus Damiani, betitelt Apologeticus ob dimissum episcopatum (Opp. III. 227), interessant; sie ist im Winter 1058, nicht im Jahre 1063, wie Floto II. 246 annimmt, geschrieben. Die im Text angeführten Worte des Petrus Damiani finden sich Opp. III. 221. Hildebrands Anwesenheit bei Gottfried am 15. Juni 1058 zu Chiusi steht urkundlich fest; vergl. (Camici)[1]) Goffredo I. Duca p. 5. Die Wahl Nicolaus II. zu Siena bezeugen Bonizo und Benzo; die Zeit hat Pagi auf Grund einer freilich

---

1) Die nicht unnützlichen Arbeiten Camicis gehen unter dem Titel: Della Rena, Serie de' Duchi e Marchesi di Toscana.

ziemlich modernen Inschrift im Dom bestimmt. Ueber die Vorgänge in Rom bis zur Weihe geben die Annales Romani p. 470. 471 erwünschte Aufschlüsse. Ueber den Tag der Weihe sehe man Jaffé in den Regesten p. 384.

S. 27—32. — In der Darstellung der Anfänge der Pataria bin ich Arnulf III. c. 7—14 und Bonizo gefolgt. Landulf (III. c. 5—13) schmückt auch hier ganz willkürlich aus, und ich kann seiner Erzählung im Allgemeinen wenig Glauben beimessen. Es scheint mir bisher übersehen, daß der von Arnulf c. 12 erwähnte Eid bei Petrus Damiani in dem gleich zu erwähnenden Bericht an Hildebrand uns noch erhalten ist.

S. 32—40. — Das Aufkommen Richards von Aversa und Robert Guiscards ist nach Amatus III. c. 40—43. IV. c. 1-14 erzählt. Leo Ostiensis III. c. 15 giebt nur einen Auszug aus Amatus. Irrig ist S. 37 Goffred, dem Bruder Humberts, der Beiname Ridell gegeben. Es beruht das auf einer Annahme Champollions, welcher diesen Goffred mit einem normannischen Ritter Goffred Ridell, der bei dem ersten Angriff auf Sicilien thätig war (vergl. S. 198), für identisch hielt (Aimé p. 342). Die Grundlosigkeit dieser Annahme ist mit Recht von Amari (Storia dei Musulmani III. 59) und Hirsch (Forschungen zur deutschen Geschichte VII. 302) behauptet worden. Ueber die Zerstörung der Burgen des römischen Adels durch Richard findet man gute Nachrichten in den Annales Romani p. 471, wo für tempore messis wohl zu lesen ist tempore mensis; zu vergleichen ist Bonizo p. 643. Ueber den Vicariat des Desiderius sehe man Leo Ost. III. c. 12.

S. 40. 41. — Petrus Damiani hat selbst an Hildebrand über seine Legation in Mailand schriftlich berichtet (Opp. III. 75). Da der Bericht gewiß noch vor dem Concil abgefaßt ist, muß in der Ueberschrift später eine Correctur vorgenommen sein. Ferner ist Arnulf III. c. 14—16 und Bonizo p. 643 zu beachten. Wenn Arnulf sagt: accepto ab eo anulo apostolicae gratiae ac totius potestatis ecclesiasticae, so ist das anders aufzufassen, als es Floto thut.

S. 42—46. — Den Tag des Lateranconcils von 1059 giebt das Wahldecret in der Bamberger Handschrift Q. VI. 51 (Saec. XII.), aus welcher die Kopie im Codex Udalr. Nr. 9 (J. 21) geschöpft ist. Auch die Unterschriften sind in jener Handschrift vorhanden. Daß auf dem Concil 113 Bischöfe zugegen waren, sagt Nicolaus selbst (Mansi XIX. 873. 898. 907). Wenn andere Angaben auf 125 lauten, so sind die anwesenden 12 Cardinalpriester und Cardinaldiaconen mitgerechnet. Das Wahldecret hat nur 78 Unterschriften; mit Ausnahme des Erzbischofs von Besançon gehören sie sämmtlich italienischen Bischöfen an. Daß auch nicht wenige französische Bischöfe anwesend waren, steht fest (Mansi XIX. 900. 901), aber keiner von ihnen hat unterzeichnet. Ueber Benedicts Absetzung hat man in den Annales Romani 471. 472 gute Nachrichten. Ueber den Inhalt und die ursprüngliche Form des Wahldecrets ist neuerdings viel verhandelt. Ich begnüge mich hier auf Waitz Abhandlung in den Forschungen zur deutschen Geschichte IV. 104 ff., die daran geknüpften Erörterungen Wills ebendaselbst 504 ff., Saurs Dissertation: De statuto Nicolai II., meine Untersuchung im Münchener historischen Jahrbuch für 1866 S. 156 ff., Waitz und Saurs Gegenbemerkungen in den Forschungen VII. 401 ff. und von Sybels Historischer Zeitschrift 1867 I. S. 166. ff. lediglich zu verweisen, indem ich demnächst Gelegenheit nehmen werde, die aufgeworfenen Fragen noch einmal an einem anderen Orte zu erläutern. Die höchst interessante Nachricht über die Krönung des Nicolaus findet sich bei Benzo VII. c. 2 (p. 672). Die bisherigen Angaben über die päpstliche Krönung und das Triregnum sind unkritisch und bedürfen einer eingehenden Prüfung.

Anmerkungen zu Seite 46—51.

Daß die päpstliche Krone von Constantin stamme, wird freilich Niemand mehr glauben. Aber auch die oft wiederholte Behauptung, daß Nicolaus I. zuerst gekrönt sei, ist ganz grundlos. Sie beruht allein auf einer Stelle des Liber pontificalis, welche bei Muratori, Scriptores III, 1. 253 so lautet: (Nicolaus) cum hymnis et canticis spiritalibus in patriarchium iterum Lateranense perductus est. Coronatur denique, urbs exultat, clerus laetatur, senatus et populi plenitudo magnifice gratulabatur. Die bisherige Interpunction ist aber offenbar irrig, und man muß lesen: Coronatur denique urbs, exultat clerus, laetatur senatus etc. Man vergleiche nur in der Coronatio Romana (M. G. Legg. II. 192) die Worte coronetur urbs. Vor Nicolaus II. ist keine päpstliche Krönung nachzuweisen. Von Gregor VII. sagt dann Benzo: demonium coronatur, von Paschalis II. Petrus von Pisa (Watterich II. 3): coronatus in urbem rediit, von Calixt II. Kuno von Präneste (D'Achery Spic. II. 513): coronatur in dominica quinquagesimae u. s. w. Daß Bonifaz VIII. zuerst zwei Kronen getragen und dann Urban V. die dritte hinzugefügt habe, sind unerwiesene Behauptungen der Lehrbücher; erweislich scheint nur, daß im Anfange des vierzehnten Jahrhunderts das Triregnum aufkam und vorher eine Doppelkrone im Gebrauch war. Nach Benzo muß man annehmen, daß das Regnum der Päpste von Anfang an aus einem zweifachen Reife bestanden habe. Man vergleiche Hefele, Beiträge zur Kirchengeschichte II. 236. 237, wo übrigens einzelne Versehen zu verbessern sind.

S. 46—48. — Die Kanones des römischen Concils von 1059 finden sich bei Mansi XIX. 897. 907; außerdem muß das Actenstück bei Mabillon, Annales ord. s. Bened. IV. 748, Berengarius de sacra coena p. 71 und der bereits erwähnte Brief des Grafen Gaufried von Anjou an Hildebrand eingesehen werden.

S. 48. 49. — Ueber die Verhältnisse Roms zu Frankreich um 1060 unterrichten die Briefe in Sudendorfs Berengarius, die Vita Lanfranci c. 3 (vor den sämmtlichen Werken Lanfrank's), das interessante Schreiben des Papstes an Lanfrank (Theiner, Disquisitiones p. 206), die Briefe des Papstes an König Heinrich und die Königin Anna, die Correspondenz zwischen ihm und dem Erzbischof von Reims (Mansi XIX. 868—875), endlich die Coronatio Philippi I. (Bouquet XI. 32. 33).

S. 49—51. — Wegen des über Ancona ausgesprochenen Banns sehe man Petrus Damiani (Epist. L. I. ep. 7). Ueber die Synoden zu Melfi und Benevent findet man die Beweisstellen in Jaffés Regesten p. 386 zusammengestellt. Man vergleiche auch die Urkunde Richards von Capua bei Tosti, Storia di M. Cassino I. 398; di Meo, Annali di Napoli VIII. 4 bestreitet freilich die Ächtheit des Documents. Die beiden Eide Robert Guiscards finden sich bei Borgia, Breve istoria del dominio temporale App. 20. 21 und Watterich I. 233. 234 aus der Kanonensammlung des Cardinals Deusdedit abgedruckt[1]). Es ist zu interpungiren: adiuvabo te, ut secure et honorifice teneas papatum Romanum, terramque s. Petri et principatus (so ist die richtige Lesart) nec invadere nec acquirere quaeram. Bei dem Principat ist natürlich an Benevent zu denken, und nichts ist wunderlicher als Gfrörers Erklärung (Gregor VII. Bd. I. 615 Anm.). Man vergleiche Will, Anfänge der Restauration II. 199. 200. Ueber Richards Verhältniß zum Papst sehe man den

---

1) Weber bei Giseler II, 1. 239 noch bei Will II. 196. 197 ist der Abdruck genau; besonders ist Praeter illam statt Pensionem bei Letzterem störend. Uebrigens sind auch die oben angeführten Abdrücke nicht ganz fehlerfrei.

Lebenseid vom 2. October 1061 bei Borgia l. c. 21. 22 und Leo Ostiensis III. c. 15. Bonizo berichtet p. 642. 643 die Belehnung der Normannen, setzt sie aber irrig schon vor das Concil; zu lesen ist a. a. O. omnes (i. e. Normannos) in dediciones accepit. Die Papstleben in der Sammlung des Boso folgen Bonizo, aber entstellen seinen Bericht und haben dadurch zu manchen Irrthümern Anlaß gegeben. Die Pensio sollte nur von dem gegeben werden, was zur terra s. Petri gehörte und noch im unmittelbaren Besitz Richards und Roberts war: dies sagen die Eide ausdrücklich; der erste bezieht sich nur auf diese Abgabe, und im zweiten wird auf die Bestimmungen des ersten ausdrücklich Bezug genommen. Leo von Ostia hat zuerst die Bestimmungen dieser Eide verallgemeinert, und viele Andere sind ihm dann gefolgt. Es ist übrigens völlig grundlos, wenn Do Blasiis, Insurrezione pugliese II. 52 die Echtheit des ersten Eides bestreitet.

S. 52—55. — Die Angaben der Schriftsteller über die Zeit, wo Hildebrand den Archidiakonat und die Leitung der Abtei St. Paul übernahm, differiren sehr und sind sämmtlich ungenau. Aus den Unterschriften des Wahldecrets geht hervor, daß zur Zeit des Concils von 1059 noch Mancinus Archidiakon und der Bischof Ailarbus Abt von Paul, Hildebrand aber Subdiakon war, als solcher erscheint er auch noch auf der Synode in Benevent (Mansi XIX. 921). Aber schon im October 1059 unterzeichnete er dann eine päpstliche Urkunde als Archidiakonus (J. R. 3343). Etwa um dieselbe Zeit scheint er auch die Abtei von St. Paul erhalten zu haben; genauer läßt sich der Zeitpunkt hierfür nicht bestimmen. In einer Bulle vom 1. Juli 1066 in Cocquelines Bullarium magnum I. 6 wird er bald als Oeconomus bald als Rector des Klosters bezeichnet. Ein früheres urkundliches Zeugniß vom 1. December 1059 (Murat. Antiquitates VI.) nennt Hildebrand Abbas s. Pauli und nicht Archidiakon; ob die Echtheit des Documents zweifellos ist, kann ich nicht entscheiden. Wenn bei Nicolai, Basilica di St. Paolo (Rom 1825) p. 50 Hildebrands Leitung des Klosters auf die Zeit von 1059—1085 gesetzt wird, so beruht dies nur auf vager Vermuthung. Wenrich (Martene, Thesaurus I. 217) bezeugt, wie Hildebrand in äußerer Pracht lebte: Constat enim et adhuc in medio sunt, quorum inrefragibili astruitur testimonio, multis modis, maxime in causis ecclesiasticis operam suam venditando, illam ingentem vim pecuniae contraxisse, inde sibi corruptorum hominum et, in quibus nil nisi audacia quaerebatur, satellitium parasse, saecularium patrocinia, potentum familiaritates in primis habuisse, circa municipia et castella conquirenda voto et studio aspirasse, armis, equis ceterisque, quibus illa instruitur disciplina, suos adornasse, ipsum in medio eorum aliis, quam monachum decet, paratibus excultum equitasse, vestem illam, quod solum in eo de monacho remanserat, pretiosis exuviis, ut nihil minus quam monachus videretur, desuper occultasse. Auch Bernold de damnatione schismaticorum (Ussermann, Prodromus II. 219) giebt dafür Zeugniß: Id culminis captus atque coactus cum magno eiulatu ascendit, cui nec divitias nec honores seculares in Romano pontificatu quaerere opus fuit, quibus utrisque cum minori sollicitudine et ante pontificatum abundavit. Die Geschichte mit Hugo erzählt Letzterer mittelbar bei Guilelmus Malmesberiensus (M. G. X. 474). Die Stimmung des Petrus Damiani gegen Hildebrand geht aus allen seinen gleichzeitigen Schriften hervor, die er meist an Hildebrand selbst und den Papst gerichtet hat. Man sehe das Buch De abdicatione episcopatus, dann die Briefe L. I. ep. 7 u. 8, verglichen mit L. II. ep. 8. Der erstgenannte Brief zeigt, wie Petrus Damiani damit unzufrieden war, daß aus politischen Gründen die Stadt Ancona mit dem Interdict belegt war; er

Anmerkungen zu Seite 56 - 63.

fordert den Papſt auf mit Hilbebrand, Humbert und dem Biſchof Bonifacius von Albano (qui vestri videlicet acutissimi et perspicaces sunt oculi) wegen der Milderung der Strafe zu Rathe zu gehen. Dunkel iſt die Notiz der Annales Beneventani z. J. 1061: Mense Februario obsedit Nicolaus papa Alibergum. Ueber Alphanus von Salerno habe ich in der Schrift De litterarum studiis apud Italos p. 30 seq. ausführlicher gehandelt und p. 42 auch einen nach der beſten Handſchrift in Monte Caſſino berichtigten Text des berührten Gedichts gegeben. In einer Urkunde des Abts von St. Miniato vom 4. Januar 1061 wird Hilbebrand verus amator iusticiae (Camici, Godofredo I. p. 99) genannt.

S. 56. 57. — Ueber Agnes Stellung als Wittwe vergleiche man außer der bereits von Floto I. 203 angeführten Stelle des Abts Johann von Fecan (Mabillon, Vet. Analecta I. 133 ff.) beſonders das Werk des Petrus Damiani De fluxa mundi gloria despicienda (Opp. omnia III. 853). Der Bamberger Kleriker, welcher eine ſo üble Meinung von Agnes hatte, iſt der geiſtreiche Scholaſticus Meinhard[1]); er warnt ſeinen Biſchof vor zu großer Vertraulichkeit mit der Kaiſerin. Den Brief hat Sudendorf im Regiſtrum II. Nr. 11 abdrucken laſſen und nach meiner Meinung richtig in das Jahr 1062 geſetzt. „Attamen in aurem volo vobis id comicum dictum: ne quid nimis. Quid hoc? Est utrinque aetas suspecta, hinc etiam sexus, neque solum sexus, sed etiam natura, neque natura tantum, sed etiam patria. Num mater quidem tot nuptias numerat, quot natales dies." Agnes Verhältniß zu Heinrich von Augsburg und die üblen Nachreden, welche ihr daſſelbe zuzog, erwähnt vornehmlich Lambert z. J. 1062. Heinrichs Einfluß ſetzte ſich erſt i. J. 1058 feſt, wie man aus Berthold und der Urkunde vom 7. Februar dieſes Jahres (St. R. 2552) ſieht. Den Zuſtand des Reichs ſchildern die Annales Altahenses z. J. 1060 in folgender Weiſe: Rex enim puer erat, mater vero utpote femina his et illis consiliantibus facile cedebat, reliqui vero palatio praesidentes omnino avaritiae inhiabant, et sine pecunia ibi de causis suis nemo iusticiam inveniebat, et ideo fas nefasque confusum erat; im Weſentlichen übereinſtimmend Adam von Bremen III. c. 33 und der Biograph Heinrichs IV. c. 2, obgleich Letzterer die Agnes in ein günſtigeres Licht ſtellt. Man ſehe auch die Translatio sancti Servatii c. 55.

S. 58—63. — Adalberts von Bremen Händel mit den Billingern berichtet Adam III. 40—42. Das frühere gute Verhältniß Annos zu dem Pfalzgrafen Heinrich erhellt aus der Translatio sancti Servatii c. 54. 55. Die erſte Zuſammenkunft Beider in Andernach war nicht 1062, wie der Herausgeber meint, ſondern 1056 oder 1057, die zweite ſpäteſtens 1059[2]), denn da begann der Wahnſinn des Pfalzgrafen. Ueber die Fehde Annos mit dem Pfalzgrafen und deſſen Ende ſehe man die Annales Weiſſenburgenses z. J. 1058. 1059, Berthold z. J. 1060, Lambert z. J. 1057. 1061, die Vita Annonis I. c. 19. 32. Die hier in den Quellen erwähnten Ereigniſſe fallen in die Jahre 1059 und 1060. Bei 1058 iſt in den Annales Weissenburgenses ein

---

[1] Vergleiche über Meinhard oben S. 1052 Anm.
[2] Lindner (Anno II. S. 100) meint, daß die zweite Zuſammenkunft erſt im Sommer oder Herbſt 1060 ſtattgefunden haben könne, da Gottfried während des Jahres 1059 immer in Italien verweilt habe und erſt im Sommer 1060 nach Deutſchland zurückgekehrt ſei. Aber aus ſeinen eigenen Zuſammenſtellungen S. 110 geht nicht hervor, ob ſich wirklich Gottfried während des Winters 1059 auf 1060 in Italien aufhielt. Meine Annahme beruht, wie bezeichnet, auf den uns bekannten chronologiſchen Beſtimmungen über die Schickſale des Pfalzgrafen, und dieſe Beſtimmungen glaube ich auch nach Lindners Bemerkungen S. 104 aufrecht halten zu müſſen.

Fehler, wie die Erwähnung des Ablebens des Mainzer Erzbischofs ergiebt; Lamberts chronologische Bestimmungen sind auch hier noch ungenau. Beachtenswerth sind die Urkunden bei Lacomblet I. 129. 130. Ueber das Ende des Herzogs Konrad von Kärnthen geben die Annales Weissenburgenses und Berthold z. J. 1061 Auskunft; Lambert setzt den Tod desselben irrig in das Jahr 1058, wie aus den Annales Altahenses zu diesem Jahre hervorgeht. Ueber die Persönlichkeit Günthers von Bamberg sind wir gut unterrichtet. Die Annales Altahenses und Lambert geben z. J. 1065 von ihm ein anschauliches Bild. Klarer noch tritt uns die Gestalt des interessanten Mannes in den auf ihn bezüglichen Briefen, die Sudendorf im Registrum Bd. 2. u. 3 neuerdings veröffentlicht hat, und in einigen Stücken des Codex Udalrici entgegen. Die hier unter Nr. 113 (J. 25) mitgetheilte Urkunde eines gewissen Friedrich zeigt, daß Bischof Günther große Besitzungen wie in den Gegenden zwischen Enns und Ips, so zwischen Enns und Traun hatte, die er jenem Friedrich überließ, dieser aber später nach Bamberg schenkte. Vielleicht gehörte Günther dem babenbergischen Geschlecht an, und seine Händel mit der Kaiserin hängen mit der Erbschaft Ottos von Schweinfurt zusammen; Lambert sagt, er sei geboren ex primis palatii. Die Schlafsucht Günthers rügt der Scholasticus Meinhard in mehreren Briefen, einmal in einem an den Bischof selbst gerichteten Schreiben (Sudendorf a. a. O. III. Nr. 12), dann in einem zweiten (III. Nr. 11) an einen Begleiter des Bischofs, vielleicht den Dechanten Poppo, wie Sudendorf annimmt[1]). An denselben Mann scheint der höchst anziehende Brief (II. Nr. 6) gerichtet, der jedenfalls auch von Meinhard herrührt und den ich unter den Documenten A. 3 abdrucken lasse. Meinhard lege ich auch die bei Sudendorf II. Nr. 27. 28 mitgetheilten Briefe bei, die gewiß nicht an Anno von Köln, sondern wahrscheinlich an Günther gerichtet sind. Die Liebhaberei Günthers für deutsche Sagen zeigt der oben erwähnte Brief bei Sudendorf II. 6; denn dort erwähnte dominus noster kann nur der Bischof sein. Die Händel Günthers mit den Grafen Hermann und Gozwin werden in den Briefen bei Sudendorf II. Nr. 7. 8. 9 erwähnt[2]). Hermann ist kein Anderer, als der Begründer des Klosters Banz, der Gemahl der Alberaba, der in einer Urkunde des Bischofs Adalbero vom Jahre 1069 marchio genannt wird. Graf Gozwin, in der Grafschaft Volkfeld, wird als Zeuge auf der Synode von 1058 (Hartzheim, Conc. Germ. III. 126) und auch sonst in Urkunden jener Zeit erwähnt; später wurde er in Fehden mit dem Bischof von Würzburg verwickelt und fand in ihnen 1065 seinen Untergang (Annales Wirceburgenses M. G. II. 244). Ueber Heinrich von Augsburg haben wir leider nur sehr spärliche Nachrichten; außer oberflächlichen Notizen bei Berthold und Lambert ergeben die Augsburger Annalen und die Urkunden Einiges über seine Verhältnisse. Die Stellung Heinrichs zu Günther erhellt aus dem ziemlich ironischen Brief bei Sudendorf a. a. O. II. Nr. 10, den ich nach seinem Platz in der Handschrift in das Jahr 1059 setze. Es heißt darin: Ego, cum in plurimis laudanda sit tua probitas, in hoc ipsam digniorem laude arbitror, quod tu natura, nutritura, conversatione diutina, ad tempus quoque moribus Suevus, tandem Dei dono tuam suevitatem

---

1) Zu verbessern ist: Nosse velim, in quae munera dominus (statt deus) noster hos soles longissimos distribuerit.

2) Wie sehr von diesen und ähnlichen Händeln damals Ostfranken litt, zeigt eine Urkunde vom 21. August 1058 ausgestellt in comitatu Gozvini comitis in loco, qui dicitur Otbalmeshusen, als dort factus est conventus fidelium principum de pace facienda et sedanda latronum tyrannide et raptorum compescenda seditione (Ussermann, Episc. Wirceburgensis Cod. prob. 21). Man sehe über eine ähnliche Verbindung der Thüringer Lambert z. J. 1069 u. 1070.

Anmerkungen zu Seite 63—65.

vel potius sevitiam exuisti et morigeram lenitatem discretamque fidelitatem viriliter induisti. Heinrich war wohl besser als sein Ruf; ob viel besser, sei dahingestellt. Die Zehntenstreitigkeiten zwischen Halberstadt und Hersfeld berührt Lambert z. J. 1059, den Beginn der vom Erzbischof angeregten Händel mit Hersfeld und Fulda z. J. 1062 u. 1073.

S. 63—65. — Das Geschlecht Bertholds von Zähringen erläutert v. Stälin, Wirtembergische Geschichte I. 549 ff.; den Hypothesen, die Fickler in seinem Buche: Berchtold der Bärtige, erster Herzog von Zähringen (Mannheim 1856) vorgetragen hat und die sich auf eine sehr verdächtige Urkunde stützen, kann ich keinen Glauben schenken. Auch über Rudolfs von Rheinfelden Erhebung sehe man Stälin a. a. O. I. 493, doch halte ich die Erzählung von der Entführung Mathildens, wie sie Eckehard z. J. 1057 giebt, für eine Fabel; sie steht mit Lambert z. J. 1058 in völligem Widerspruch, und Gfrörer I. 308 zieht sie wohl mit gutem Recht in Zweifel. Niemand wird doch das votus meritum Rudolfs um die Kaiserin, dessen Lambert z. J. 1073 gedenkt, für die Entführung der Tochter halten? Auch die Genealogie des Mönchs von Muri beanstandet Gfrörer mit Grund, und ich möchte ihr kaum so viel Vertrauen beimessen, als er selbst I. 319 ff. thut. Daß Rudolph mit Schwaben zugleich die Verwaltung Burgunds erhielt, sagt ausdrücklich Walram in der von Gfrörer angeführten Stelle (Froher, Scriptores I. 195). Rudolfs Erhebung trug wesentlich zu den späteren Wirren bei, wie auch Eckehard z. J. 1057 richtig bemerkt: quod magnum fuit seminarium carum, quibus regnum perturbatur, commotionum. Die erste Erwähnung der Zollern findet sich bekanntlich bei Berthold z. J. 1061. Ueber die Zersplitterung der Mark auf dem Nordgau nach dem Tode Ottos von Schweinfurt handelt Gfrörer I. 395. Vieles ist freilich dort zu berichtigen. So ist es irrig, wenn er Alberada, die Gemahlin des Hermann von Banz, mit Ottos Tochter Bertha identificirt; Letztere war an den Grafen Friedrich von Habsberg, Gründer des Klosters Kastel im Nordgau, vermählt (Moritz, Abhandlungen der hist. Klasse der baier. Akademie der Wissenschaften, Jahrgang 1833. Bd. I.). Es gab auch in der Folge nur einen Herrn, der in diesen Gegenden den markgräflichen Titel führte: z. J. 1069 wird Hermann von Banz Markgraf genannt, z. J. 1078 Dietbold von Giengen, der unfraglich von einer Tochter Ottos von Schweinfurt abstammte; dieses Dietbolds Sohn oder Enkel war, wie mit Sicherheit anzunehmen ist, der zweite Dietbold, der seit 1091 vielfach als Markgraf auf dem Nordgau erwähnt wird; die Mutter des zweiten Dietbold war Luitgarde, die Tochter Bertholds von Zähringen. Bei dem Aussterben der Pfalzgrafen von Vohburg kam an Dietbold Vohburg, und hiernach nannten sich er und seine Nachkommen bann Markgrafen von Vohburg oder auch nach einer anderen Besitzung Markgrafen von Kambe. Unterrichtend für diese Verhältnisse ist die um 1140 ausgestellte Urkunde für das von Dietbold begründete Kloster Reichenbach bei Regensburg, wo Zeugen von Giengen, Naabburg, Kambe, Vohburg neben einander genannt werden, so daß der Zusammenhang der Dietbolde von Giengen und Vohburg hierdurch außer allem Zweifel gestellt wird (Mon. Boica XXVII. 8). Die Hauptstelle über die Nachkommenschaft Ottos von Schweinfurt findet sich beim sächsischen Annalisten (p. 679); über Ottos Tochter Judith und deren Gemahl Boto giebt auch Eckehard Nachrichten. Die Hauptschwierigkeit besteht darin, den Gemahl von Ottos Tochter Beatrix, von dem die Dietbolde abstammen müssen, zu ermitteln. Man kommt dabei über Vermuthungen nicht hinaus; zu vergleichen ist außer der bereits angeführten Abhandlung von Moritz v. Freyberg in den Gel. Anzeigen der baier. Akademie 1838 S. 681 ff. und Brunner in dem Jahresbericht

Anmerkungen zu Seite 65—79.

des hist. Vereins für Schwaben und Neuburg 1863. 1864. S. 20. Wer war der Heinricus marchio, der im Jahre 1078 nach Bernold starb? Vergl. Cod. Hirsang. p. 58.

S. 65—68. — Ueber die Verhältnisse Ungarns in den Jahren 1058—1061 finden sich die besten Nachrichten in den Annales Altahenses; zu vergleichen ist Lambert z. J. 1061, der aber auch hier in der Chronologie irrt, und Berthold z. J. 1060. Neuerdings hat Büdinger diese Dinge in seiner Schrift: Ein Buch ungarischer Geschichte 1058—1100 (Leipzig 1866) sorgfältig behandelt; S. 161 findet sich hier eine interessante Urkunde K. Heinrichs vom 20. September 1058, auf dem Marchfelde ausgestellt, welche die Zeit des Friedensvertrags bestimmt. Der böhmischen Rüstungen gedenkt auch Cosmas Pragensis II. c. 17; nur wird ihm freilich Niemand glauben, daß Spitihnew lediglich, um einer Wittwe in ihrer Noth zu helfen, den Zug aufgegeben habe. In Bezug auf Markgraf Wilhelm von Meißen giebt Lambert gute Nachrichten; des tapferen Grafen Boto erwähnt auch Eckehard z. J. 1104.

S. 68—70. — Die Stellung, welche die deutschen Bischöfe zu den Reformen Nicolaus II. einnahmen, habe ich in dem Anhang zu den Annales Altahenses S. 154 erläutert; Floto und Gfrörer haben sich im Wesentlichen meinen Ausführungen angeschlossen. Lindner (Anno der Heilige S. 103) hat neuerdings nachzuweisen gesucht, daß die gegen Nicolaus gerichtete deutsche Synode erst im Sommer oder Herbst 1060 gehalten und die Gesandtschaft des Cardinals Stephan in den Anfang des Jahres 1061 zu setzen sei; mir bleibt aber wahrscheinlicher, daß die Maßregeln des Papstes unmittelbar die Opposition hervorriefen. Genaue Zeitbestimmungen fehlen in den Quellen. Ueber den Grafen Girard sehe man Ailredi Vita Edwardi (Twysden, Hist. Angl. script. I. 387).

S. 71. 72. — Daß Alexander II. unter dem Schutz der Normannen gewählt und eingesetzt wurde, sagt nicht allein Benzo VII. 2, sondern auch Leo Ostiensis III. 19, und das beste Zeugniß ist Richards Lehenseid bei Borgia, Breve istoria p. 21. 22. Bonizo verschweigt freilich diesen seiner Partei nicht günstigen Umstand. Die Aufregung Roms und die Besorgniß vor einem Bürgerkrieg verhehlt Petrus Damiani in der Disceptatio synodalis nicht. Alexanders erster Brief an die Mailänder findet sich unter den Briefen des Petrus Damiani L. V. ep. 7. Daß die Römer sich zum Theil selbst an die Kaiserin wegen Besetzung des päpstlichen Stuhls wandten, bezeugen auch die Annales Romani p. 472. Die Versammlung der lombardischen Bischöfe unter Leitung des Wibert kennt man nur aus Bonizo p. 645. Ueber Cadalus sehe man Wattenbach in Schmidts Zeitschrift VII. 534—536.

S. 73. — Die Einsetzung Ottos von Nordheim in Baiern berichten die Annales Altahenses und Lambert z. J. 1061. Das übereinstimmende Zeugniß der Annales Weissenburgenses und Bertholds (cod. 3) läßt meines Erachtens keinen Zweifel, daß Agnes bereits 1061 das weltliche Gewand ablegte und das velamen castimonii nahm; denn so ist in den Weissenburgenses nach den Laubienses zu lesen. Bemerkenswerth ist, daß auch Bonizo p. 647 die Kaiserin schon als monacha vor dem Tage von Kaiserswerth bezeichnet.

S. 73—79. — Ueber Cadalus Wahl und dessen ersten Angriff auf Rom habe ich in dem angeführten Anhang zu den Annales Altahenses S. 161 ff. ausführlich gehandelt und dort auch die Quellenstellen angegeben. An neuem Material sind seitdem nur die Annales Romani hinzugekommen, und ihre Nachrichten bestätigen zum Theil, was Benzo über den ersten Zug des Cadalus berichtet, wenn man annimmt, wie es Floto I. S. 252 gewiß mit Recht thut, daß die letzten auf diese Ereignisse bezüglichen Notizen in den Annales Romani irrig mit den früheren in Verbindung

Anmerkungen zu Seite 79—84.

gebracht sind und vielmehr dem zweiten Zuge angehören. Daß die Wahl des Cabalus auf den 28. October fiel, sagt Petrus Damiani contra clericos intemperantes (III. 410) ausdrücklich, und seine Worte lassen gar keine Möglichkeit des Irrthums zu; Gfrörer hätte deshalb nicht der falschen Angabe des Bernold folgen sollen, welcher die Wahl auf den 26. October verlegt. Daß die Wahl bei den Erzbischöfen und vielen Bischöfen Anstand fand, erklären bestimmt die Annales Augustani, und ich sehe gar keinen Grund, diese Angabe mit Floto I. 243 zu bezweifeln. Von Gebhard von Salzburg ist es ganz unbedenkbar, daß er sich bei der Wahl betheiligt haben soll. Schon am 22. Febr. 1062 erhielt er von Alexander II. das Pallium und andere Auszeichnungen übersendet. Man sehe die Vita Gebehardi c. 1. Uebrigens ist der Anno befreundete Bischof von Parma bei Adam von Bremen III. c. 34 nicht Cabalus, wie Lappenberg meint, sondern dessen Nachfolger Eberhard, ein Kölner Kleriker; vergl. Floto I. 286.

S. 79. 80. — Die Verabredungen, welche der That von Kaiserswerth vorausgingen, erwähnt Lambert z. J. 1062. Ueber Günthers Händel mit der Kaiserin sehe man die Briefe bei Sudendorf, Registrum II. Nr. 5 u. 9. Ich nehme an, daß der zweite im März 1061 geschrieben ist, als der Hof in Nürnberg war (Annales Altahenses z. J. 1061). Bernold sagt z. J. 1062: Magna dissensio facta est inter imperatricem Agnetem et Gundharium Babenbergensem episcopum; die Annales Mellicenses: predas et incendia in invicem exagitant.

S. 80. 81. — Als Mitverschworenen bei der That von Kaiserswerth belastet Siegfried allein der Annalista Saxo z. J. 1062, und dieses Zeugniß ist ohne alle Bedeutung [1]). Innere Gründe sprechen sehr stark für die moralische Mitschuld Herzog Gottfrieds, obwohl die äußeren Beweise fehlen. Was Benzo VII. 2 sagt, um Gottfried unmittelbar bei dem Königsraub zu betheiligen, ist offenbar unrichtig. Auch kann weder die erste noch die zweite Zusammenkunft Gottfrieds mit Anno in der Translatio s. Servatii c. 54. 55 in das Jahr 1062 fallen; vergleiche oben S. 1087. Dagegen steht fest, daß Gottfried im Frühjahr 1062 in Italien war und im Mai vor Rom stand. Auf die oft angeführte, zu Verdun ausgestellte Urkunde Gottfrieds (Calmet, Historie de Lorraine II. Preuves p. 317) kann man sich in dieser Beziehung gar nicht berufen, da sie undatirt und Gottfried erweislich in der Zeit von 1057—1064 öfters über die Alpen gekommen ist. (Vergleiche Lindner, Anno der Heilige S. 110). Auch im Winter 1061 wird dies der Fall gewesen sein, da die Urkunden bei Camici, Goffredo I. Duca p. 106—110 darthun, daß Beatrix während des Novembers und Decembers die Verwaltung Toscanas in Händen hatte. Damals mögen zwischen Gottfried und Anno bereits Verabredungen getroffen sein; wie weit sie gingen, wird freilich Niemand sagen wollen. Uebrigens konnte, als Gottfried vor Rom stand, die vollbrachte That recht wohl schon bekannt sein, wenn sie bald nach Ostern erfolgte. Nach einer Urkunde vom 21. September 1062 (St. R. 2611) müßte Gottfried auch im Sommer 1062 in Deutschland gewesen sein. Aber ich hege starken Zweifel an der Echtheit der Urkunde; nicht minder ist auffällig, daß Gottfried lediglich marchio genannt wird, als der Otto marchio de Thuringia und der Lambertus comes de Brussela Bedenken erregen.

S. 81—84. — Der Aufenthalt der Kaiserin in Paderborn am 19. März 1062 ergiebt sich aus einer Urkunde (St. R. 2666), die zugleich darauf hinweist, daß das

---

1) Ann. Saxo schöpft hier ohne Zweifel aus den Yburgenses; diese beruhen auf derselben Quelle mit den Ottenburani, und gerade Anno wird hier statt Siegfrieds genannt.

Osterfest von ihr zu Utrecht gefeiert sein wird, wie Bertholb angiebt, die entgegenstehende Angabe der Annales Altahenses dagegen keinen Glauben verdient. Eine genaue Zeitbestimmung für die That von Kaiserswerth zu gewinnen, ist mit unserem Material unmöglich; es ist ganz willkürlich, wenn sie auf das Pfingstfest von Manchen gesetzt wird. Die Annalen zeigen nur, daß der Raub nach Ostern geschah. Nach Bertholb (his diebus) muß man das Ereigniß bald nach Ostern setzen, also wohl schon in den Anfang des April 1062. Lamberts Darstellung halte ich für wahrhaft; von den Quellen kommen noch neben ihm in Betracht Bertholb, der Triumphus s. Remacli, die Weißenburger, Altaicher, Augsburger Annalen, Siegbert und Ekehard, aber die Ausbeute aus ihnen ist nicht sehr erheblich. Benzo und Bonizo stellen die Sache gleich unrichtig dar, obgleich von sehr verschiedenen Gesichtspunkten. Benzo schiebt Gottfried die Schuld des Königsraubs zu, Bonizo verschweigt den Raub ganz und läßt durch einen Beschluß aller Fürsten die Reichsregentin entsetzt und Anno die Reichsregierung übertragen werden. Wenn Adam von Bremen III. 33 davon spricht, daß man an eine gänzliche Absetzung des Königs gedacht habe, so kann dies nicht auf Anno und seine Mitverschworenen gehen. Aber Andere mögen einen solchen Plan gehabt haben, wie Aehnliches schon i. J. 1057 nach Lambert beabsichtigt wurde. Die moralischen Mängel der That sucht besonders Aeg. Müller, Anno II. der Heilige (Leipzig 1858) zu rechtfertigen; eine ähnliche Tendenz waltet auch bei Krebs, Heinrichs IV. Entführung von Kaiserswerth in den Annalen des historischen Vereins für den Niederrhein, Jahrg. II. Heft 2 (Köln 1857) sichtlich ob, wenn auch die politisch-kirchlichen Beweggründe Annos hier mehr in den Vordergrund gestellt werden. Noch mehr geschieht letzteres bei Gfrörer, mit dem ich darin einig bin, daß die Regentschaft der Agnes sehr schwach war und das verzweifelte Unternehmen Annos so einigermaßen entschuldigt werden kann; dagegen ist in keiner Weise einzuräumen, daß es hauptsächlich die römischen Verhältnisse waren, welche zu der Entscheidung führten. Die Quellen weisen ausdrücklich darauf hin, daß in erster Stelle die inneren Angelegenheiten Deutschlands zu diesem Schritte drängten; mit keinem Wort gedenken sie dabei des kirchlichen Schisma. Wenn Floto (I. 250) den Lehnsstaaten des Mittelalters freilich alle auswärtige Politik abzusprechen geneigt ist, so muß man das mindestens als eine übertriebene Behauptung bezeichnen. Eben so wenig kann ich ihm darin beipflichten, daß er (a. a. O. 200) Annos That allein aus dem Motiv, sein Bisthum zu bereichern, herleiten will, wie er denn auch offenbar Agnes Regiment in ein viel zu günstiges Licht stellt. Siegbert von Gembloux war gut kaiserlich, aber doch schreibt er: Anno consilio primorum regni indigne ferentium, per Agnetem regnum non viriliter gubernari, puerum violenter et industrie captum sub tutela sua accepit. Auch die Darstellung der Annales Altahenses ist in dieser Beziehung interessant und bestätigt meine Auffassung, der sich neuerdings auch Lindner in seiner Biographie Annos angeschlossen hat. Meist wird behauptet, daß Agnes gleich nach ihrem Sturz sich nach Italien und zwar nach dem Kloster Fructuaria begeben habe. Dies geschah erst später. Eben so wenig ging sie in ihre Heimath, wie Gfrörer II. annimmt. In propria bei Lambert erklärt Floto I. 203 ganz richtig: sie zog sich auf ihre Güter zurück. Schon am 26. November 1062 war sie nach einem urkundlichen Zeugniß wieder zu Regensburg am Hofe; eine an diesem Tage ausgestellte Schenkung des Königs erfolgt ob propter petitionem ipsius (Agnetis) et ob interventum Annonis (Stumpf Acta imperii p. 71). Agnes Brief an die Mönche von Fructuaria haben wir unter unseren Documenten A. 1 abdrucken lassen; Gfrörer II. 9 hat manche Stellen mißverstanden.

Anmerkungen zu Seite 85—87.

S. 85. 86. — So kurz die Nachrichten Siegberts von Gemblour z. J. 1062 über Annos Verhalten nach dem Königsraub sind, scheinen sie mir doch beachtenswerth. Welches Regiment damals eingesetzt wurde, sagt Lambert deutlich genug, nur daß er Anno beilegt, was der Natur der Sache nach von den Fürsten ausgehen mußte; übrigens sieht doch auch er die Einsetzung dieses Regiments als eine Maßregel an, die Anno ungern trug. Seine Worte sind: Episcopus, ut invidiam facti mitigaret, ne videlicet privatae gloriae potius quam communis commodi ratione haec admisisse videretur, statuit, ut episcopus quilibet, in cuius diocesi rex tum temporis moraretur, ne quid detrimenti res publica pateretur, provideret et causis, quae ad regem delatae fuissent, potissimum responderet. Man vergleiche dabei seine Bemerkungen z. J. 1063: educatio regis atque ordinatio omnium rerum publicarum penes episcopos erat, eminebatque inter eos Moguntini et Coloniensis archiepiscoporum auctoritas und den Eingang der 1062 zu Köln ausgestellten Urkunde: Quoniam nobis nostrique regni provisoribus iustum et honestum videtur (St. R. 2607). Nähere Aufschlüsse über die Natur des neuen Reichsregiments ergeben die Urkunden, deren chronologische Anordnung freilich wegen der sehr verwirrten Zeitangaben viele Schwierigkeiten macht. Bei eingehendem Studium derselben ist mir die Indiction als die sicherste Norm erschienen, und hauptsächlich nach ihr habe ich die Ordnung im Jahr 1062 und in den folgenden Jahren herzustellen gesucht. Ist eine chronologische Ordnung gewonnen¹), so ergeben sich aus der Rücksichtsnahme auf die Intervenienten folgende wichtige Daten: 1) bis zum Nov. 1062 erscheinen in erster Stelle als Intervenienten meist Siegfried und Anno, dann verschwindet Siegfried bis Pfingsten 1063 und wird in der nächsten Zeit nur selten genannt; 2) statt seiner tritt sofort Adalbert von Bremen besonders hervor, schon früher genannt in einer Urkunde ohne Tag, für Herzog Ordulf²) (St. R. 2607), die wohl bald nach Pfingsten 1062 zu Köln ausgestellt ist, aber niemals vollzogen scheint und auffallender Weise in das Speiersche Archiv gerathen ist; 3) die anderen Intervenienten gehören meist der Partei des Anno an; 4) in der Urkunde vom 27. Juni 1063 (St. R. 2622, von Böhmer mit Unrecht in das Jahr 1062 gesetzt) wird Anno zuerst als Magister, Adalbert als Patronus regis bezeichnet, niemals früher³). Auf diesen Bemerkungen beruht wesentlich meine Darstellung. Ueber die Frage, wie damals das Reich regiert worden sei, ist man bisher ziemlich leicht weggegangen.

S. 86. 87. — Ueber die Umtriebe gegen Anno im Spätsommer 1062 haben wir allerdings kein anderes Zeugniß, als den Brief Günthers an Anno im Codex Udalrici Nr. 202 (J. 23), den ich unter den Documenten A. 2 abdrucken lasse; doch scheint mir dies Zeugniß unumstößlich. Zwar haben Floto I. 195 und Sudendorf, Regestrum II. S. 8 den Brief in die Zeit vor dem Tage von Kaiserswerth verlegen wollen und die darin erwähnte coniuratio für keine andere gehalten, als die gegen die Kaiserin gerichtete; aber es scheint mir nicht zweifelhaft, daß die Verschwörung gerade gegen Anno gerichtet war, und der Markgraf D., Erzbischof Siegfried und Otto von Nordheim dem Schreiber als Theilnehmer derselben galten.

---

1) Stumpf ist auf eigenem Wege ganz zu derselben Anordnung gelangt, die ich meiner Darstellung zu Grunde legte.
2) Ordulf oder Otto von Sachsen ist gemeint, nicht Herzog Otto von Baiern.
3) Eine klare Uebersicht über die Intervenienten in den königlichen Urkunden von 1062—1064 findet sich jetzt bei Lindner, Anno II. S. 104. 105.

Markgraf D. kann meines Erachtens nur der bekannte Markgraf Debi der Lausitz sein, und damit meine ich auch die nächste Veranlassung dieser Umtriebe entdeckt zu haben. Daß Siegfried wegen der Belehnung Ottos von Orlamünde mit der Mark Meißen Händel erregte, sagt Lambert z. J. 1062 ausdrücklich. Debis Unzufriedenheit damit ist an sich leicht erklärlich und findet auch in seinem Verhalten nach Ottos Tode Bestätigung. Herzog Otto von Baiern scheint Debi persönlich nahe gestanden zu haben; auch bei dessen Empörung i. J. 1069 spielte er eine verdächtige Rolle. Neuerdings hat Lindner, Anno II. S. 28. 104 Manches gegen meine Auffassung dieses Schriftstücks eingewandt; an einem anderen Orte werde ich auf seine Einwendungen näher eingehen.

S. 87—92. — Ueber die Augsburger Synode von 1062 habe ich bereits in dem Anhang zu den Annales Altahenses gehandelt und begnüge mich auf die dortigen Ausführungen zu verweisen; Einzelnes habe ich jetzt schärfer zu fassen gesucht. Daß Siegfried auf der Synode zugegen war, zeigt die Urkunde vom 29. October 1062 (St. R. 2613); über das ihm von den Cardinalbischöfen verweigerte Pallium sehe man Petri Damiani Epp. L. III. 4 (der Brief ist vom Ende des Jahres 1059). Annos beherrschenden Einfluß auf die Synode bezeichnet Benzo III. 26 mit starken Farben, denn nur von dieser Synode kann er hier sprechen. Wer seiner verwirrten Erzählung keinen Glauben beimißt, wird doch Annos eigenen Worten Glauben schenken, wenn er an den Papst schreibt: An non ego plus omnibus atque re vera solus usque in hunc diem in vestram gratiam atque statum honoris omni laboravi studio? Et modo, quod coram universa ecclesia tam in Italia quam in Gallia publice studiosus cepi defendere, nunc inquam impugnarem? Man sehe den unter unseren Documenten A. 4 abgedruckten Brief. Daß Anno mit Agnes im November 1062 in Regensburg persönlich wieder zusammentraf oder doch mindestens wieder in Verbindung mit ihr stand, zeigt die bereits oben (S. 1092) angeführte Urkunde; seine Verständigung mit Heinrich von Augsburg geht aus den Annales Augustani zu diesem Jahre hervor.

S. 92—95. — Lambert giebt irrig an, daß der König 1062 Weihnachten zu Goslar gefeiert habe; es geschah zu Freising. Vergleiche meine Anmerkung zu den Annales Altahenses S. 102. Die ärgerlichen Ereignisse, welche Pfingsten 1063 zu Goslar stattfanden, erzählt Lambert ausführlich und im Thatsächlichen wohl zuverlässig, so parteiisch auch sein Urtheil ist. Abt Widerats Brief bei Sudendorf, Registrum III. Nr. 14 ist bei diesen Dingen in Betracht zu ziehen. Was Lambert über die Gesandtschaft Burchards von Halberstadt sagt, ist völlig irrig, wie am klarsten die Bulle Alexanders II. J. R. 3383 zeigt. Sehr begründet ist dagegen Lamberts Nachricht über Siegfrieds Aufregung, welche nicht allein Burchards, sondern auch Günthers Pallium veranlaßte, wie man aus des Letzteren Brief im Codex Udalrici Nr. 203 (J. 27) sieht. Daß nicht allein Worte, sondern auch Thaten Annos den Mainzer beruhigten, zeigt die Urkunde St. R. 2620. Wäre mir Lindners Biographie Annos (S. 29) beim Druck des Textes schon zur Hand gewesen, so würde ich von den „beschwerlichen Bitten" Siegfrieds nicht gesprochen haben; denn es ist auch mir jetzt sehr wahrscheinlich, daß modesta inquisitione statt molesta emendirt werden muß. Am 24. Juni 1063 waren zu Allstädt, wie aus der Urkunde St. R. 2621 hervorgeht, die Fürsten des Reichs versammelt, und in einer drei Tage später an demselben Orte ausgestellten Urkunde erscheinen, wie bereits oben bemerkt, Anno und Adalbert zuerst in ihrer neuen Stellung: hiernach ist das Wahrscheinlichste, daß hier zu Allstädt die im Text hervorgehobene Aenderung im Reichsregiment erfolgte. Bestimmte Angaben über sie fehlen in unseren Annalen. Daß Anno als Erzkanzler Italiens auf die Leitung der Angelegenheiten dieses Landes einen besonderen Anspruch zu haben glaubte, geht aus seinem Brief unter unseren Documenten A. 5 hervor. Die erste Urkunde des Papstes Alexander II., in welcher Anno als Erzkanzler des apostolischen Stuhls erscheint, ist vom 23. März 1063 (J. R. 3384), also unmittelbar nach der Gesandtschaft Burchards von Halberstadt.

S. 95. 96. — Ueber die Schicksale der Kaiserin Agnes nach ihrer Entfernung vom Regiment sind die Quellen sehr ungenügend und widersprechend. Nach einer Stelle, die sich bei Pertz im Berthold z. J. 1062 findet, doch erst dem späteren Compilator angehört, wäre Agnes gleich nach Fructuaria gegangen: aber sowohl Lambert widerspricht, wie eine Urkunde, welche ihren Aufenthalt in Deutschland bis Ende des Jahres 1062 nachweist. Daß Agnes dann nach Fructuaria ging, macht nicht nur der oben angeführte Brief wahrscheinlich, sondern bestätigt auch Eckehard (z. J. 1056) ausdrücklich. Hier nahm sie wohl auch erst ganz das Klostergelübde auf sich; wenigstens sagt Annalista Saxo z. J. 1063: Agnes imperatrix sacrum velamen accepit, wahrscheinlich nach den Ann. Yburgenses. Daß sie aber nicht längere Zeit in Fructuaria blieb, wie Eckehard meint, sondern bald nach Rom ging, zeigt eine Stelle in Petrus Damianis Schrift de fluxa mundi gloria (Opp. III. 863), auf die Floto I. 203 aufmerksam gemacht hat. Die Schrift muß meines Erachtens im Anfang d. J. 1064 geschrieben sein und der an dieser Stelle erwähnte Angriff des Cadalus kann nur der erste von 1062 sein. Wenig später scheinen die beiden Briefe des Petrus an Agnes Lib. VII. ep. 6 u. 7 geschrieben, während ep. 8 wohl in den Winter 1064 auf 1065 zu setzen ist, den Agnes in Deutschland zubrachte. Des Klosters der heiligen Petronella, welches unmittelbar an den Vatican stieß, geschieht in diesem Brief bereits Erwähnung, obwohl aus dem Inhalt desselben selbst klar wird, daß man daran zweifelte, ob Agnes dauernd dort ihren Sitz nehmen würde. Schon im Juli 1064 war die Kaiserin nach Urkunden wieder in Deutschland und am Hofe ihres Sohnes und blieb daselbst bis in den Sommer 1065, wo sie dann nach Rom zurückkehrte und hier nun ihren gewöhnlichen Wohnsitz nahm. Hierauf kann man die Nachricht Lamberts (z. J. 1072) beziehen, daß sie 1072 sechs Jahre oder länger bereits in Rom verweilt habe. Aber vorübergehend war die Kaiserin bereits im März und April 1067 wieder in Deutschland gewesen, wie außer der königlichen Urkunde, am 6. März zu Regensburg gegeben (St. R. 2701), auch die Urkunde Herzogs Gerhard von Lothringen, am 11. April zu Sierque bei Saarburg ausgestellt (Beyer, Urkunden des Mittelrheins I. 423), deutlich zeigt. Eckehard läßt Agnes erst 1069 nach Rom gehen, und seinen Irrthum hat dann in gewohnter Weise der sächsische Annalist weiter verbreitet. Im Sommer 1072 erschien bekanntlich die Kaiserin noch einmal am deutschen Hofe; dann ist sie nicht wieder über die Alpen gekommen und lebte meist in Rom im Kloster der heiligen Petronella, wo sie am 14. December 1077 starb. Ueber den Tod ihres alten Günstlings, des Bischofs Heinrich von Augsburg, sehe man die Annales Augustani z. J. 1063.

S. 96—100. — Die im Text angeführten Worte des Adam finden sich III. c. 33; dieses und das folgende Kapitel bei ihm sind für die Stellung Annos und Adalberts zu einander sehr unterrichtend. Zur Charakteristik Adalberts dient das ganze dritte Buch Adams; in der Unparteilichkeit und Wahrheit der Gesinnung, wie in der Energie der Darstellung eine treffliche Arbeit. Auch Anno scheint mir von Adam richtiger dargestellt zu werden, als von Lambert, der am Schluß des Jahres 1075 zwar eine eingehende Schilderung seines Charakters versucht, sich aber von Parteirücksichten dabei beherrscht zeigt. Der Triumphus s. Remacli ist für die Persönlichkeit Annos wichtig, doch erscheint der Verfasser noch eingenommener gegen Anno, als Lambert für ihn ist. Man sehe auch, was Köpke in der Einleitung zur Vita Annonis (M. G. XI. 462. Nr. 1) gesammelt hat.

S. 100—103. — Die ersten Regierungshandlungen der beiden Reichsregenten zeigen die Urkunden St. R. 2622—2629. Ueber die Art und Weise, wie Anno seinen Bruder auf den erzbischöflichen Stuhl von Magdeburg erhob, sehe man das Chronicon Magdeburgense (Meibomii Scriptores rerum Germ. II. 288), eine Quelle späterer Zeit, welche aber alte gute Nachrichten erhalten hat. Wie Adalbert die Grafschaften in seinem Sprengel an sich brachte, berichtet Adam von Bremen III. c. 45 und zeigen die Urkunden St. R. 2631. 2632. 2634. Den Ungarnkrieg des Jahres 1063 erzählen am ausführlichsten die Annales Altahenses, kürzer ist Lambert; man sehe außerdem die Urkunden St. R. 2630—2634 und Adam von Bremen III. c. 42. Das angebliche Schwert des Attila erwähnt Lambert z. J. 1071.

S. 103—109. — Ueber den zweiten Angriff des Cadalus auf Rom und das Concil von Mantua habe ich bereits in dem Anhang zu den Annales Altahenses eingehend gehandelt. Einige neue Notizen geben die inzwischen bekannt gewordenen Annales Romani; im Uebrigen beziehe ich mich auf die früher angeführten Quellen. Wenn ich auszuführen suchte, daß das genannte Concil nur Pfingsten 1064 gehalten sein könne, so stützte ich mich auf das ausdrückliche Zeugniß des Berthold, und zwar in der nicht interpolirten Handschrift, wie der Annales Altahenses und zeigte, daß die meisten Quellen indirect diese Angaben bestätigen. Daß auch Siegbert von Gembloux, der allein mit Bestimmtheit das Jahr 1067 angiebt, selbst zuerst 1064 angenommen hatte, wußte ich damals noch nicht und hat erst später die Untersuchung der Handschriften ergeben; auf diese schwankende Autorität wird man daher nicht weiter großes Gewicht legen können. Anders steht es mit Benzos Angaben. Wer ihm und namentlich seinen chronologischen Bestimmungen Glauben beimaß, konnte, wie ich nicht verhehlte, meine Gründe nicht gelten lassen und mußte auf ein späteres Jahr, und zwar, wenn er Benzo ganz folgte, auf 1071 geführt werden. Floto und Gfrörer, obwohl sie aus sehr verschiedenen Gründen sonst Benzo mehr Glauben zu schenken geneigt sind, als ich, haben sich doch von seinen chronologischen Bestimmungen losgerissen und sind mir in der Datirung des Concils beigetreten; Andere haben, auf Benzo fußend, mir in diesem Punkte widersprochen. Dies ist geschehen in einer Bonner Dissertation von Koenen (De tempore concilii Mantuani), die aber zu keinem festen Resultat gelangt; nach ihr wäre das Concil weder 1064 noch 1067, sondern vielleicht 1066 gehalten. Besonders angelegen hat es sich Will sein lassen, Siegberts Angabe aufrecht zu erhalten. Nicht allein in einer besonderen Schrift: Benzos Panegyricus auf Heinrich IV. u. s. w. (Marburg 1856) hat er das Concil wieder in das Jahr 1067 hinaufgerückt, sondern seine Ansicht auch dann wiederum gegen Gfrörer in der Theologischen Quartalschrift (Tübingen 1860) ausführlich vertheidigt. Aegidius Müller in seiner Biographie Annos hat gegen meine Zeitbestimmung besonders geltend gemacht, daß Anno noch am 2. Mai 1064 nach der Urkunde St. R. 2654 an einem Ort Namens Werde war. Mag nun Kaiserswerth oder Donauwörth oder Wörth östlich von Regensburg, wo Lothar i. J. 1129 eine Urkunde (St. R. 3247) ausstellte, gemeint sein, nicht abzusehen ist, wie dieses Datum mit dem in Widerspruch stehen soll, daß Anno am 31. Mai in Mantua war. Auch das widerspricht ihm nicht, daß Anno bereits am 11. Juli 1064 wieder in Altstädt nach der Urkunde St. R. 2646 war. Lambert spricht ganz positiv von einer Reise Annos nach

Italien gerade in diesem Jahre. Ob sie nach Rom selbst führte, muß man freilich stark bezweifeln, da Anno in dem unter unseren Documenten A. 4 abgedruckten Briefe nur von einem iter Mantuanum redet. Eine ausführliche Widerlegung der entgegenstehenden Ansichten wird man mir gern ersparen, nachdem ich die entscheidenden Punkte bereits früher hervorgehoben habe und noch neuerdings von Lindner in seiner Dissertation De concilio Mantuano (Berlin 1865) [1]) und in seinem Aufsatz in den Forschungen VI. 497 alles Erforderliche gesagt ist. Interessant für die Stellung des Petrus Damiani zu Hildebrand zu jener Zeit ist der von uns benutzte Brief des Ersteren, der sich L. I. ep. 16 in der Sammlung findet. Anno spricht in dem vorhin angeführten Briefe so von seiner Lage zur Zeit des Concils: Ego memor omnium, quae mihi Mantuam eunti ante et retro in via illa, domi quoque parata fuerant, negotium, quod offerebatur, exhorrui. Daß Annos Einfluß auf die Reichsregierung gleich nach dem Concil von Mantua aufhörte, zeigen deutlich die Urkunden.

S. 110—112. — Ueber Siegfrieds Pilgerfahrt haben wir bei Marianus Scottus und Lambert gute Nachrichten, die beide aus einer Urquelle zu fließen scheinen. Wir besitzen ferner einen häufig übersehenen Bericht [2]) eines Theilnehmers am Zuge selbst; es ist der des Ingulf (Savile, Scriptores rerum Anglic. 903. 904). Ausführlich findet sich jetzt die Fahrt auch in den Annales Altahenses geschildert, die zugleich einen Brief Günthers im Auszug mittheilen. Einige interessante Notizen giebt die spätere Vita Altmanni. Ob Subendorf, Registrum II. S. 14 den dort mitgetheilten Brief richtig mit dieser Pilgerfahrt in Zusammenhang gesetzt hat, läßt sich bezweifeln. Siegfried und seine Genossen sammelten sich nicht am 8. September in Regensburg, sondern brachen erst im November auf [3]). Sehr bemerkenswerth ist der Brief Siegfrieds an den Papst im Cod. Udalr. Nr. 128 (J. 28). Ueber die Schwertnahme des Königs sehe man die Annales Weissenburgenses, Berthold und Bernold, vorzüglich aber Lambert z. J. 1065.

S. 113—119. — Die ersten Schenkungen Heinrichs an die Klöster verfolgt man in den Urkunden St. R. 2658—2670. Ueber Cabalus Stellung i. J. 1065 sehe man den Anhang zu den Annales Altahenses S. 189. Benzos wunderbarer Bericht über seine Gesandtschaft findet sich L. III. c. 13 ff. Sein Cotelinum monasterium kann doch nur Quedlinburg sein, und dort ist eine königliche Urkunde vom 18. November 1064 (St. R. 2654) ausgestellt. Alles, was ich über die Rüstungen zur Romfahrt und die Vereitelung derselben gesagt habe, beruht wesentlich auf dem unter den Documenten A. 4 abgedruckten Briefe Annos an den Papst und dem Schreiben des Petrus Damiani an den König (Epp. VII. 3). Daß das letztere zwischen Ostern 1065 und Januar 1066 geschrieben sein müsse, habe ich bereits in dem Anhang zu den Annales Altahenses S. 191. 192 gezeigt. In Verbindung mit dem Schreiben des Anno betrachtet, wird er sich noch näher datiren lassen, da es seinem Inhalt nach offenbar in einer Zeit abgefaßt ist, wo die ersten Rüstungen bereits aufgegeben waren.

---

1) In den Dissertationen Hegerts: Quae fides sit adhibenda narrationi Benzonis de discordia ecclesiastica (Bonn 1866) und Sellins: Vita Burchardi II. episcopi Halberstadeusis, Particula I. et II. (Halle 1866) wird gleichfalls das Jahr 1064 festgehalten. Auch Will hat neuerdings in einer Recension dieses Buchs (Bonner theologisches Litteraturblatt Jahrg. 1868) wenigstens den entschiedenen Widerspruch aufgegeben.

2) Man vergleiche Guil. Junkmann de peregrinationibus et expeditionibus sacris ante synodum Claromontanam (Breslau 1859) p. 58.

3) Der Brief bezieht sich vielleicht auf den Zug nach Ungarn, der im September 1063 angetreten wurde.

Daß der Brief Annos aber in den Sommer 1065 ¹) fällt, kann wohl nicht zweifelhaft sein. Floß, der ihn zuerst herausgegeben hat, setzte ihn 1064 oder 1065, aber vor der Schwertleite des Königs kann er unmöglich geschrieben sein, also nicht im Jahre 1064. Gfrörer II. 160—164 datirt ihn dagegen meines Erachtens zu spät, wenn er ihn erst auf die verunglückten Rüstungen zum Römerzug im Februar 1067 bezieht. Der ganze Zusammenhang macht klar, daß Abalbert und seine Genossen noch am Ruder waren, der Brief also vor dem Januar 1066 abgefaßt sein muß. Im Mai 1065 war nun nach mehreren Urkunden (St. R. 2665—2667) der König zu Augsburg, von wo Anno die königliche Botschaft kam. Hiernach schrieb Anno an den Papst nach dem Frühjahr, aber vor dem Herbst, wie der Brief selbst ergiebt, und der erwähnte Brief des Petrus Damiani wird ebenfalls nicht vor dem Sommer 1065 abgefaßt sein. Die Mißstimmung des Petrus Damiani gegen den Papst erhellt besonders aus einem an Letzteren gerichteten Brief (L. I. ep. 14), der auch in diese Zeit fallen muß, keinesfalls wegen der Erwähnung des Erzbischofs Heinrich früher geschrieben sein kann. Man kann sich nicht stärker ausdrücken, als es Petrus hier thut. Unter Anderem heißt es: Quid itaque fecerim, quidve pertulerim, examinis vestri censura discutiat, ne coactus digna querela compellar effluere, quod adhuc silentio supprimens vix possum ulterius occultare. Hoc enim necdum Roma me referentem vel scribentem cognovit, necdum aliis per me res ista, quae sanctitatis vestrae famam laceraret, innotuit. Und dann am Schluß: Mens nostra, quae circa vos non dicam tepescere, sed potius frigescere coeperat, in antiquae dilectionis vestrae desiderium recalescat. In Bezug auf meine Uebersetzung des Briefs von Anno muß ich bemerken, daß die Abweichungen von Gfrörers Wiedergabe der Worte größtentheils auf Interpretationen des Letzteren beruhen, die wohl nicht ich allein als unberechtigte ansehen werde.

S. 119. 120. — Ueber die Gesandtschaft des Königs und Abalberts an den Papst in der Lorscher Angelegenheit sehe man den Codex Laureshamensis I. 180. Die Gesandtschaft war etwa im Mai 1065 in Rom; sie ging mindestens nach Ostern ab und war Anfangs Juni, als sich der König in Basel aufhielt, schon zurückgekehrt. Das Fragment der Bulle Alexanders II. an Harald Hardrade, welches das Scholion 90 zum Adam von Bremen mittheilt, setzt Jaffé R. 3375 um 1061 und Andere sind ihm gefolgt, ebenso den Brief des Papstes an die dänischen Bischöfe, von dem Adam III. c. 70 den Anfang mittheilt und in dem eine Gesandtschaft an den Papst erwähnt wird. Beide gehören wohl auch in dieselbe Zeit, aber erst in ein späteres Jahr. Denn aus Adam III. c. 16 (plurima fecit et dixit, quae superbiae eius proximam intentabant ruinam) geht hervor, daß Abalberts Beschwerden in Rom über Harald nicht lange vor dessen Tode (1066) erfolgten. Die Zeit, in welcher Abalbert die große Schleswiger Synode berief, die in Wahrheit nie zusammentrat, läßt sich nicht genau bestimmen, aber nach der Zerstörung der Mission im Jahre 1066 war wohl nicht mehr daran zu denken, und gerade die Zeit, wo Abalbert in der höchsten Macht stand, mochte am ehesten einen solchen Plan in ihm zur Reife bringen. Schon Suhm hat das Jahr 1065 angenommen, bei dem ich stehen bleiben möchte. Was Grünhagen (Abalbert S. 143. 144) für das Jahr 1062 sagt, scheint mir auf unsicheren Voraussetzungen zu ruhen. Petrus Damiani sagt in dem oben angeführten Schreiben an den

---

1) Noch bestimmter setzt ihn Lindner in den Forschungen VI. 525 in den Anfang Juni 1065; mit Recht zieht er die Nachrichten im Chronicon Cassinense III. c. 18 hierher.

Anmerkungen zu Seite 121—126. 1099

König: Quidam consiliarii tui, videlicet aulici ministerii dispensatores, ut foeda per populum vagatur infamia, de persecutione Romanae gratulantur ecclesiae, utrique scilicet parti faventes blandeque canentes, ut modo se venerabilis papae fautores per assentationis lenocinium asserant, modo primogenito satanae falsi successus laeta promittant. Quod tamen de quibusdam sanctis viris, qui tuis consuevere interesse consiliis, nefas est credi. Die letzten Worte gehen unfraglich auf Anno, und ich weiß nicht, ob sie zufällig an die Stelle in Anno's Brief an den Papst erinnern: iis ego interfui consiliis. Ebenso gewiß ist aber bei jenen falschen Räthen in erster Linie an Abalbert zu denken. Auf ihn beziehen sich auch später die Worte: Tu, quaeso, gloriose rex, a pravis consiliariis, tanquam a venenatis serpentium sibilis, aures obtura.

S. 121. — Ueber den Grafen Werner, dessen Bedeutung Lambert vielleicht überschätzt, sind wir auf einige Notizen beschränkt, die dieser Annalist zu den Jahren 1063. 1064 und 1066 giebt. Gfrörer hält ihn wohl mit Recht für einen Hessen; man vergleiche seine Ausführung im Gregor VII. Bd. I. 286—288. Vielleicht ist es derselbe Werner, der in einem Briefe Hezilos von Hildesheim an den König bei Sudendorf, Registrum III. Nr. 15 erwähnt wird. Der Brief ist übrigens vom Herausgeber nicht richtig erklärt; nicht Werner selbst verübte die Gewaltthaten in Goslar, sondern war der Beschützer des Uebelthäters. Der Text ist sehr verderbt. Die ganz sinnlose Stelle: A deo ergo et diis etc. möchte so herzustellen sein: Adeo ergo et dominus et miles iam intumuere in me, cum de scelere suo habendum ad ignaviam iudicium transtuleris, ut pridie, cum sperarem omnia refrixisse, minitarentur vel me vel pro me aliquem pauperum clericorum verberandos intercipere, auctorante Werinhero, eiusdem militis inexpugnabili defensore. Röhrig in seiner Dissertation De secularibus consiliariis Heinrici IV. (Halle 1866) hat den Brief übersehen.

S. 121—126. — Wie sich Abalbert in der Macht zeigte und wie allgemein die Unzufriedenheit mit seinem Regiment war, sieht man besonders aus Adam von Bremen III. c. 36—46 und Lambert von Hersfeld z. J. 1063. 1065 und 1066. Auch die Annales Weissenburgenses, die beim Jahre 1066 am ausführlichsten sind, hat man zu beachten. Die Annalen erwähnen kurz den Anschlag Abalberts gegen Lorsch und Korvei, auch Adam von Bremen berührt ihn III. c. 27 und 44 nur in Kürze. Ausführlicher ist über die Sache Lambert z. J. 1063, wo er zusammenfassend Vieles bereits behandelt, was erst einer späteren Zeit angehört. Das späte Chronicon Laureshamense hat in der Darstellung dieser das Kloster so nahe berührenden Angelegenheiten Lambert benutzt, giebt aber auch eigene Nachrichten, die auf viel besserer Kenntniß beruhen, als der Hersfelder hatte; unter Anderem finden sich drei Briefe des Königs selbst, theils an den Abt, theils an die Mönche gerichtet, die einen klaren Einblick in diese Verhältnisse gewähren. Die Zeitbestimmungen, die in den anderen Quellen sehr verwirrt sind, lassen sich mit Hülfe des Chronicon Laureshamense und der Urkunden des Jahres 1065 ohne Schwierigkeit ermitteln. — Anno's Verfahren gegen die Reichsabtei Stablo schildert mit patriotischem Urtheil, aber in dem Thatsächlichen richtig der Verfasser des Triumphus sancti Remacli, ein Zeitgenosse und Augenzeuge dieser Vorgänge; die Händel während des Jahres 1065 werden l. c. 4—13 erzählt. Die Kritik dieses Buchs, welche Gfrörer II. 272 ff. unternimmt, ist äußerst gewagt und wird wohl Keinen überführen, der nicht ohnehin blind den Ausführungen dieses Schriftstellers Glauben schenkt. Was man auch thun mag um den großen Anno gegen die kleinlichen Stänkereien des Herrn Abts Theoderich in Schutz zu nehmen oder es als einen besonderen Beweis frommer Gesinnung zu erweisen, daß er sich und seiner Kirche den zehnten Theil der königlichen Einkünfte schenken ließ, der unbefangene Sinn wird immer an dem festhalten, was auch die Zeitgenossen glaubten, daß Anno ein habgieriger Herr war, der seine Stellung in nicht zu verantwortender Weise zum Nachtheil des Reichs benutzte. Ohne auf eine ausführliche Widerlegung der Gfrörerschen Hypothesen hier einzugehen, bemerke ich nur, daß sie wesentlich auf der irrigen Voraussetzung beruhen, daß Malmedy bereits 1063 Anno verliehen sei. Der Triumphus sagt dagegen l. c. 4 mit klaren Worten, daß die Verleihung um den Peters- und Paulstag (29. Juni) zu Trier erfolgte, und daß der Peter- und Paulstag 1065 gemeint sei, ergiebt nicht nur der Zusammenhang der Erzählung, sondern zeigen auch Urkunden, namentlich die bei St. R. 2676, welche ausdrücklich bei dieser Gelegenheit im Triumphus erwähnt wird. Lamberts Zeugniß wird hiergegen nicht geltend gemacht werden können, da er in der Darstellung dieser Dinge, wie bereits bemerkt, der Zeit nach Auseinanderliegendes zusammenfaßt. Noch weniger kann man, wie es Gfrörer II. 32 thut, eine ungenaue Bestimmung, die sich in einem dem Vaticanischen Codex des Triumphus vorgeschickten Argument findet, für eine Bestätigung Lamberts ansehen. Es wird dort gesagt, als Anno am 8. Mai 1071 Malmedy wieder herausgeben mußte, habe sein ungerechtes Verfahren septem annis propemodum gedauert. Das heißt weder acht Jahre, wie Gfrörer meint, noch läßt sich darthun, daß man hier Worte des Verfassers des Triumphus vor sich hat. Jedenfalls enthält aber diese Bestimmung einen Fehler; denn Malmedy stand nicht nahezu sieben, sondern nur nahezu sechs Jahre unter Anno, wie auch richtig der gleich darauf folgende Brief der Mönche von Stablo angiebt: Scribimus vobis exultantibus animis in Domino, cum antea quidem amplius quinquennio intus et extra vehemens incubuerit nobis dolor et tribulatio. Daß Altaich erst 1065 an Otto von Nordheim kam, sagen die Annales Altahenses z. J. 1065, und sie sind hier gewiß besonders zuverlässig. Ueber die Erhebung des Adalbero auf den Wormser Bischofsstuhl sehe man Lambert z. J. 1065 und über den Wechsel des Herzogthums in Lothringen den Triumphus s. Remacli l. c. 7 mit Wattenbachs Note. Die Schenkungsurkunden für Adalbert in der zweiten Hälfte des Jahres 1065 verzeichnet Stumpf R. 2683. 2684. 2686. 2687. 2689. „Patron" nennt Adalbert der König noch in dem Brief an den Lorscher Abt im Chronicon Laureshamense p. 183.

S. 126. 127. — Als Häupter der Verschwörung gegen Adalbert bezeichnet Lambert Anno und Siegfried, der Weißenburger Annalist stellt Siegfried in die erste Stelle, aber Beide geben deutlich zu verstehen, daß auch die meisten anderen Fürsten Antheil hatten. Rudolf wird noch ausdrücklich im Chronicon Laureshamense als in Tribur anwesend genannt, neben ihm auch Gottfried; doch möchte ich auf die letzte Angabe nicht viel Gewicht legen, da der gleich anzuführende Brief Gottfrieds nicht gedenkt. Dagegen sind in letzterem als Genossen Annos der Erzbischof von Salzburg, wie die Herzöge Otto von Baiern, Berthold von Kärnthen und Rudolph von Schwaben erwähnt. Im Uebrigen finden sich über Adalberts Sturz gute und wohl vereinbare Nachrichten bei Lambert, bei Adam von Bremen III. c. 46, in den Weißenburger Annalen und dem Chronicon Laureshamense. Die letztgenannte Quelle zeigt, daß die Vorgänge zu Tribur in den Januar 1066 zu setzen sind, denn am 2. Februar war der Lorscher Abt bereits in sein Kloster zurückgekehrt. Nach dem erwähnten Brief muß die Vertreibung Adalberts am 13. Januar oder kurz vorher erfolgt sein.

S. 128. — Die Anordnung der neuen Verhältnisse nach Adalberts Sturz er-

Anmerkungen zu Seite 128.

folgte nach dem Chronicon Laureshamense noch in Tribur. Lambert stellt dieselbe als eine völlige Rückkehr zu den Verhältnissen nach Agnes Sturz dar, wenn er sagt: Sic iterum rerum publicarum administratio ad episcopos rediit, ut singuli suis viribus, quid regi, quid reipublicae facto opus esset, praeviderent. Daß dem nicht ganz so war, bezeugen die Intervenienten in den Urkunden; seltener erscheinen in ihnen die Erzbischöfe, dagegen kehren andere Bischöfe sehr regelmäßig wieder, so Eppo von Naumburg in fast allen Urkunden aus dem Jahre 1067. Einen klareren Blick in die Beschaffenheit des neuen aristokratischen Regiments eröffnet die Urkunde vom 26. October 1069 (St. R. 2728); sie handelt über eine Schenkung an den Dom zu Goslar, die erfolgt ist submonentibus et consilium dantibus fidelibus nostris, Bertha thori regnique consorte, tum Herimanno Bambergensi episcopo, eo tempore in curia communi principum nostrorum consilio negotia omnia administrante. Man vergleiche Gfrörer II. 132. 133. Was Lindner (Anno S. 106. 107) sagt, läßt die Sache im Unklaren und ist mit Lamberts und den eben angezogenen urkundlichen Worten nicht zu vereinen. Unser Bericht über die Vorgänge in Tribur beruht auf der Annahme, daß der von Floß zuerst veröffentlichte und unter unseren Documenten A. 5 wieder abgedruckte Brief Annos an den Papst im Frühjahr 1066 abgefaßt ist (etwa gegen Ostern) und die in demselben erwähnten Berathungen der Fürsten in der Mitte des Januar zu Tribur erfolgten. Floß meint freilich, der Brief sei erst 1067 oder 1068 geschrieben, und Gfrörer II. 182 setzt ihn in den Anfang des Jahres 1068; es ist mir aber nicht zweifelhaft, daß der Brief von früherem Datum ist. Die Veranlassung desselben scheint mir nach dem Zusammenhange nämlich folgende: Herzog Otto war mit einer Botschaft des Reichs nach Rom gekommen, über deren Ausrichtung Anno, da der Herzog noch nicht zurückgekehrt ist, in Ungewißheit steht. Der Papst war sowohl über Ottos Erscheinen befremdet, wie darüber, daß Anno nicht wieder selbst nach Rom gekommen sei, noch über die Botschaft ihm Nachricht habe zugehen lassen, und hatte von ihm Bericht erfordert; dieser Bericht meldet nun die Beschlüsse auf einem Fürstentag nach dem 13. Januar, in Folge deren jene Botschaft entging, und entwickelt, weshalb Anno nicht die Ausrichtung derselben übernehmen konnte. Ist diese Auffassung des Briefes richtig, so ist er nicht im Frühjahr 1068 geschrieben, denn damals gingen Anno und Herzog Otto zusammen als Gesandte des Königs nach Italien, nicht aber Otto allein. Auch in das Jahr 1067 wird das Schreiben nicht gesetzt werden können, denn damals waren alle Briefe Annos, wie er selbst sagt, voll von Klagen über die Trierer Vorgänge, wie auch Otto damals in Baiern anwesend sein mußte, weil ihm zur Last gelegt wurde, daß er die dortigen Unruhen nicht unterdrückte (Annales Altahenses z. J. 1067). Da jener Trierer Ereignisse noch gar nicht gedacht wird, muß der Brief wohl vor dem 18. Mai 1066 geschrieben sein, während er andererseits nach Pfingsten 1064 wegen der Erwähnung des Mantuaner Concils und nach Neujahr 1066 zu setzen ist, da Adalberts nicht mehr Erwähnung geschieht [1]). Daß aber wichtige Fürstenberathungen, wie sie der Brief bezeichnet, gerade im Januar 1066 gehalten wurden, wissen wir aus anderen Quellen, und Annos gutes Verhältniß zu Rom gerade im Frühjahr 1066 thut die Bulle Alexanders II. für Siegberg (J. R. 3406) deutlich dar. In dieser Bulle, die nach der alten, nicht fehlerlosen Copie im Berliner Staatsarchiv bei Lacomblet I. 134 gedruckt ist, muß gelesen werden: At mihi tecum, in Deo dilecte frater, agendum est longe aliter, quippe apud virum

---

1) Man vergleiche auch Lindner, Forschungen VI. 525. 526.

religiosum et revera tam operibus quam nomine episcopum, quique, cum ceu fidelis servus et prudens totis anhelans virtutibus proprie deservis aecclesiae, de medio laborum matrem laborantem respiciens, pios ei subponis humeros, ne labori subcumbens, cum per multa incedat obstacula, declinet a via regia. Atqui hoc est, quod nos preter commune pensum in omnem voluntatem tuam excitat, etiam si ab apostolica sede petisses aliquid difficillimum. Sollte nicht hierin eine Anspielung liegen auf die Worte, die Anno einige Monate früher an den Papst geschrieben hatte: inter has turbationes et collisiones rerum omnium validissimas viam vos tenere oportet regiam?

S. 130. — Der Brief Siegfrieds von Mainz an den Papst findet sich im Codex Udalrici Nr. 126 (J. 31); da Nr. 129 auf ihn sich schon ausdrücklich bezieht, muß er in den ersten Monaten des Jahres 1066 geschrieben sein. Die Worte: Vestram exoramus, paternitatem, ut, quia regni nostri estis corona et tocius Romani imperii diadema, filii vestri domini mei regis H. semper in bono meminisse dignemini et, sicut ei (et codd.) hactenus consilio et auxilio cum vera fide affuistis, ita cum eo usque ad coronam imperii apostolica constantia persistatis, sind so kaum erträglich; ich vermuthe eine Auslassung in der Urschrift, wie sie auch sonst hier und da anzunehmen ist. Vergl. Nr. 130. 135 (J. 40. 43). In Nr. 129 (J. 32) lehrt derselbe Gedanke in folgender klarer Fassung wieder: Vestram deprecamur sanctitatem, ut, quia corona regni et diadema Romani imperii in manu vestra est per manum Petri, filii vestri domini mei H. regis semper in bono meminisse dignemini et, sicut a primitivis sanctae intronizationis vestrae exordiis primicias regni eius adhuc pueriles consilio et auxilio fovistis et enutristis, ita apostolici vigoris constancia usque ad coronam imperii cum eo persistatis. Sehr ähnlich lautete auch wohl die Fassung in dem ersten Briefe. Wem fallen übrigens hierbei nicht die Inschriften auf jener Doppelkrone Nicolaus II. bei, deren Benzo gedenkt: Corona regni de manu Dei und Diadema imperii de manu Petri? Vergl. unseren Text S. 45.

S. 131. 132. — Der Verfasser des Triumphus s. Remacli schildert l. c. 14. 15 das Verhältniß des Königs zu Anno im Frühjahr 1066 so: Regis animum, quem possidebat velut quoddam mancipium, pravo ingenio a recti sententia deduxit. Rex nichil dat responsi, sedens velut mutus et attonitus, sed eius vice pro voto respondet archiepiscopus. Man vergleiche auch c. 18. Ueber die Krankheit des Königs im Jahre 1066 sehe man Lambert, dessen Nachrichten der Triumphus s. Remacli l. c. 16 bestätigt. Die Annales Altahenses berichten hierüber: Rex iam adeo coepit infirmari, ut penitus de eo desperassent medici et quidam principum spe et cupiditate iam occupassent solium regni. Sed agente divina clementia rex, qui castigando salubriter castigatur, citius sanitati restituitur, sicque spes iniqua corvorum hiantium deluditur. Das leichtfertige Leben des Königs in dieser und der folgenden Zeit wird sich nicht in Abrede stellen lassen, wie viel auch absichtlich von Zeitgenossen und Späteren dem König mit Unrecht nachgesagt ist: aber kein Unbefangener wird es billigen, wenn Gfrörer II. 102 ff., auf Bruno's längst in ihrer Unhaltbarkeit dargethane Erzählungen sich stützend, von Heinrich abermals das Bild des ruchlosesten Wüstlings entwirft. Nachdem man endlich erkannt hat, daß Nichts ungerechter wäre, als Hildebrand nach den entstellten Darstellungen eines Beno und Benzo zu beurtheilen, sollte man doch auch aufhören, in Bezug auf Heinrich einem Bruno irgend welchen Glauben beizumessen. Manche seiner Schandgeschichten mag Bruno selbst erfunden haben, aber die meisten raffte er aus dem Geklätſch der Menge auf, welche in ſo aufgeregten Zeiten ſich in den ſinnloſeſten Erfindungen zu gefallen pflegt. Wie Andere an der Ausbeutung dieſer Schmutzgeſchichten noch mehr Gefallen fanden als Bruno, zeigen die Fragmente des Manegold, die Floto II. 154. 155 mitgetheilt hat. Auch Lambert von Hersfeld war in dieſem Betracht leichtgläubig, und man kann nicht behaupten, daß ſeine Darſtellung der Perſönlichkeit des jungen Königs unparteiiſch ſei; erſunden hat er ſelbſt wohl Nichts zum Nachtheil deſſelben, aber manches Unerwieſene ohne Prüfung den Erzählungen Anderer nachgeſchrieben. Beherzigenswerth ſcheinen mir die Aeußerungen des Wibo von Ferrara, eines ſichtlich nach Unparteilichkeit ringenden Mannes. Er ſagt I. c. 3: Tum (cum cod.) vero rex Heinricus, in annis adolescentiae constitutus et eiusdem aetatis consiliariis assuetus, nobilium et maiorum contra regiam maiestatem familiaritates (familiares cod.) horrebat, et cum morum gravitas plurimum habeat laudis — quia decet esse regem constantem, fortem, severum, magnanimum, boneficum, liberalem — relictis senibus gravibusque personis, levibus delectabatur et pueris tam sensu quam annis. Hinc actum est, ut ad vitia propensior haberetur, quia difficile quis, quod diligit, aspernatur. Coepit ergo pietatem negligore, questibus inhiare, omnia venalia habere, studere luxuriae, et cum teneretur vinculo matrimonii, matronas tamen plurimas possidebat. Gaudebat multum consortio puerorum et maxime venustorum; sed utrum id vicio fieret, ut aliqui confixerunt, non satis compertum est. Illud autem manifestum est, quod uxore contempta vagus et lubricus diversis desideriis agebatur, ut susceptae adulterino concubitu soboles attestantur. Man ſieht, Wibo unterſcheidet ſcharf zwiſchen Gerücht und Thatſache. Des Ehebruchs klagt er den König mit Beſtimmtheit an, weil er natürliche Nachkommen deſſelben kannte. Ausdrückliches Zeugniß haben wir allerdings nur von einem Sohne, der im Jahre 1092 im Kampf gegen Mathilde fiel, und dieſer mußte vor der Vermählung des Königs geboren ſein, wenn Bonizo (p. 677) zu trauen iſt, der ihn ſchon 1080 in Italien handelnd auftreten läßt (vergl. Stenzel I. 463. 471. 547). Iſt dem ſo, dann wäre dieſer Sohn gerade kein Beweis für einen Ehebruch Heinrichs, wohl aber dafür, daß er ſchon in früheſter Jugend der Verführung erlag. Floto ſcheint mir über das zuchtloſe Leben am Hofe und Heinrichs Antheil an demſelben an der oben angeführten Stelle richtig zu urtheilen; an einer anderen Stelle ſeines Buchs (I. 320. 321) tritt eine apologetiſche Abſicht merklicher hervor, doch iſt ſie immer noch eher gerechtfertigt, als das Beſtreben ſchmutzige Verdächtigungen, deren Ungrund im Einzelnen nachzuweiſen der Natur der Sache nach oft ſchwer, deren unreiner Urſprung aber kein Geheimniß iſt, für dieſes oder jenes Parteiintereſſe auszubeuten.

S. 133. — Die Krönung Berthas zu Würzburg vor der Vermählung berichten die Annales Altahenses z. J. 1066. Die Hochzeit wäre nach dieſer Quelle in Ingelheim geweſen; Lambert und die Annales Rosenfeldenses verlegen ſie nach Tribur, und eine dort ausgeſtellte Urkunde vom 13. Juli dieſes Jahres erhebt dieſe Angabe über allen Zweifel. In der Urkunde (St. R. 2694) finden ſich die merkwürdigen Worte: Notum esse volumus, qualiter nos de nostri statu regni tractantes Berhdam contectalem nostram, in Christo nobis dilectissimam, a cunctis regni nostri principibus electam, regalibus nuptiis in villa Triburia nostre regalitati copulavimus. Daß Bertha in Deutſchland erzogen war, geht aus den Annales Altahenses hervor, wo es heißt: Cum vero sponsa illius iam esset adulta, quam pater eius secum adduxerat novissime regrediens de Italia. In einem im Jahre 1065 apud Ballani-montem (Blamont bei Luneville) ausgeſtellten Urkunde (St. R.

2672) erwähnt der König bereits der Verwendung Berthas (nostrae dilectissimae sponsae).

S. 133—135. — Den Mord Konrads von Pfullingen kennen wir in seinen näheren Umständen aus mehreren Berichten; die ältesten finden sich in den Weißenburger und Altaicher Annalen, dann erzählt Lambert von diesem Ereigniß, das weiter einem Mönch des Klosters Tholey, Namens Theoderich, Veranlassung zu einer besonderen Lebensbeschreibung Konrads bot, die noch einige Einzelnheiten zu unserer Kenntniß bringt, aber das sichtliche Streben zeigt, einen Mann zum Märtyrer herauf zu schrauben, der wahrlich nicht für den Glauben geblutet hatte und dessen Heiligkeit auch Hildebrand nicht anerkennen mochte. Nicht zu übersehen sind endlich der Triumphus s. Remacli I. c. 17 und die Darstellung der Gesta Treverorum (Cont. I. c. 9), welche für Anno nicht eben günstig ausfällt. Dem Verfasser dieses Theils der Gesta war bereits nicht nur die Vita Conradi, sondern auch Adalberts Schreiben an Anno bekannt, welches Floß S. 134—136 zuerst herausgegeben hat und ich unter den Documenten A. 6 abdrucken lasse: daher stammt die inconsiderata provectio in jenem Bericht. Daß Gfrörer II. 150 ff. sich auch Konrads Blut auf des Königs Haupt zu bringen bemüht, kennzeichnet seine Art, Schandthaten gekrönter Häupter zu wittern, auch wo die Quellen nicht die geringsten Verdachtgründe an die Hand geben. Annos Schreiben an den Papst über die Trierer Vorgänge findet sich bei Floß S. 141. 142 und unter unseren Documenten A. 7. Auch Siegfried von Mainz berührt die Sache in einem Schreiben an den Papst, welches im Codex Udalrici unter Nr. 129 (J. 32) aufbewahrt ist. Ueber das Ende des Grafen Dietrich sehe man Bernold z. J. 1073, über die Buße seiner Genossen die Annales Altahenses z. J. 1067. Wie die Trierer Vorgänge Annos Macht erschütterten, zeigen der Triumphus s. Remacli I. c. 18. 19 und der schon oben angeführte Brief Adalberts an Anno.

S. 136—139. — Die Unglückstage Adalberts von seinem Sturz in Tribur bis zu seiner Rückkehr an den Hof schildert vortrefflich Adam von Bremen III. c. 47—57; Adam war 1068 nach Bremen gekommen und spricht über diese Zustände aus der unmittelbarsten Kenntniß. Siegfrieds Stellung zu Rom erhellt aus dem bereits angeführten Schreiben im Codex Udalrici Nr. 129 (J. 32), welches in den Anfang des Jahres 1067 zu setzen ist, wie schon Stenzel I. 254 bemerkt hat. Siegfried bittet Legaten zu seiner Synode nach Ostern zu schicken; er fährt dann fort: Quod si fieri nequit, aliis vos occupantibus negociis, saltim petimus, ipsam synodum nostram, quae utique et vestra est, apostolicis sanctitatis vestrae litteris roborari, quae et rebellibus anathema denunciet et quaeque inibi canonice gesta vestra auctoritate confirment. Ist dieser Brief in den Anfang des Jahres 1067 zu setzen, so muß der unter Nr. 127 (J. 33) geschriebene Brief an Hildebrand, wie der Schluß zeigt, in derselben Zeit geschrieben sein. Ueber das nähere Verhältniß Siegfrieds zu Hildebrand sehe man auch den Brief des Ersteren im Codex Udalrici Nr. 130 (J. 40) und des Letzteren im Reg. II. 29.

S. 139. — Eine interessante Notiz über Siegfrieds Verhältniß zu Markgraf Otto findet sich in einer Urkunde des Ersteren, die größtentheils in eine andere des Erzbischofs Konrad vom Jahre 1194 übergegangen ist. Siegfried sagt hier: Notum sit, qualiter ego S. Mog. arch. Ottonem marchionem et coniugem Adalheidem, ambos felicis memoriae, qui primi in Thuringia pro remedio animae suae et pro salute animarum omnium parentum suorum Deo et sancto Martino mihique archiepiscopo censum Dei, id est omnium frugum pecorumque decimam, re-

Anmerkungen zu Seite 140—150.

cognoverunt, corpore et spiritu quasi filios in Christo genitos diloxi et, quidquid a me animabus suis profuturum petere voluerunt, tanquam Deo et mihi obedientibus sanctis illis non negare dignum duxi. Löber, De burggraviis Orlamundanis (Jena 1741). Ueber Ottos Tod und die Schicksale seiner Wittwe und seiner Mark, wie seiner thüringischen Lehen berichtet Lambert zu den Jahren 1067. 1068. 1069.

S. 140—143. — Wichtige Aufschlüsse über die Zerwürfnisse Roms mit Richard von Capua und die Persönlichkeit des Wilhelm Monstarola giebt Amatus IV. und VI. 1—12. Ich will nicht unterlassen hier auf das Fragment einer Bulle des Papstes zu verweisen, welches sich auf diese Dinge bezieht und bei Mansi Coll. XIX. 980 abgedruckt ist; für Guillelmo de Monstrolio muß dort de Monasteriolo geschrieben werden. Die Notiz über die Einnahme von Ceperano findet sich bei Lupus Protosp. z. J. 1066. Für das gute Vernehmen, welches damals zwischen dem König und der Curie herrschte, ist ein beredtes Zeugniß der Brief Meinards und der Cardinäle, welchen Sudendorf, Registrum II. Nr. 13 veröffentlicht hat und wohl richtig in das Jahr 1067 setzt. Zu derselben Zeit stellte vielleicht auch Heinrich an Meinard eine Bestätigung der Privilegien der Abtei Pomposa aus. Das freilich nicht unverdächtige Diplom ist bei Morbio, Storia dei municipi I. 73 gedruckt; das fehlerhafte Actum: Reginbach ist wohl auf Regensburg zu deuten, und die Urkunde dann am 12. März 1067, nicht 1066 ausgestellt[1]). Die damalige Anwesenheit der Kaiserin Agnes in Deutschland zeigen die Urkunden bei St. R. 2701 und bei Beyer I. 423. In dieselbe Zeit gehört meines Erachtens der Brief des Petrus Damiani an Agnes Lib. VII. ep. 8, wie auch der damit in Verbindung stehende Brief an Herzog Gottfried Lib. VII. ep. 13. Für das verfehlte Unternehmen des Königs und Gottfrieds Zug gegen Richard ist abermals Amatus VI. c. 9. 10 die Hauptquelle, welche schon Leo Ostiensis III. c. 23 benutzt, der aber hier und im cap. 22 auch eigene Nachrichten giebt. Interessante Notizen über diese Vorgänge finden sich überdies in den Annales Altahenses z. J. 1067 und bei Bonizo p. 652. Der Aufenthalt des Königs zu Augsburg im Februar 1067 erhellt aus den Annales Augustani; man vergleiche auch die Annales Altahenses z. J. 1068. Die Weißenburger Annalen z. J. 1067 geben nur sehr summarische Nachrichten; nititur ist in ihnen statt mittitur zu schreiben, wie die Annales Laubienses darthun. Ueber die Reise Alexanders II. nach dem Süden sehe man J. R. 3429. 3430. Von dem zweiten Aufstand des Wilhelm Monstarola berichtet Amatus VI. c. 11. 12. Desiderius Verhalten zeigt Leo Ost. III. c. 22 und die Bulle bei J. R. 3424.

S. 143—145. — Die Schicksale der königlichen Gesandtschaft, die 1068 nach Italien gesandt wurde, erzählen die Annales Altahenses z. J. 1068 am ausführlichsten; ihr Bericht wird durch den Triumphus sancti Remacli I. c. 22 ergänzt und bestätigt. Ueber die beiden Winterfeldzüge gegen die Liutizen (1067—1068 u. 1069) sehe man L. Giesebrecht, Wendische Geschichten II. 109. 110 und die dort angeführten Quellenstellen.

S. 145—150. — Der vielberufene Scheidungsversuch des Königs wird von Lambert z. J. 1069 ausführlich erzählt, seine Erzählung steht aber vielfach im Widerspruch mit einem Bericht des Erzbischofs Siegfried an den Papst, der im Codex Udalrici Nr. 125 (J. 34) enthalten ist. Hierauf fußend, hat Ranke (Zur Kritik fränkisch-deutscher Reichsannalisten S. 32) Lamberts Bericht verworfen, und unzweifelhaft muß man ihm beistimmen, wenn Siegfrieds Bericht für zuverlässig zu halten ist.

---
1) Anders Stumpf R. 2691.

Aber alle uns noch erhaltenen Briefe Siegfriebs bestätigen Lamberts Urtheil, daß der Erzbischof nichts weniger als ein wahrhafter Charakter war, und so kann ich auch diesen seinen Bericht nicht als glaubwürdig ansehen und mich nicht Lamberts Darstellung bei Seite zu lassen entschließen. Die wichtigste Frage ist: Bestand zwischen dem König und dem Erzbischof ein Abkommen, wonach jener diesem seine Unterstützung in der Zehntensache zugesagt hatte, wenn die Scheidung ermöglicht würde? Lambert behauptet es, und die ganze weitere Geschichte des Jahres 1069, wie sie mindestens der Annalist selbst barstellt, entspricht dieser Behauptung. Nach Siegfriebs Darstellung hat allerdings ein solches Abkommen nicht stattgefunden, aber ich sollte meinen, daß er guten Grund es zu verschweigen hatte, indem er sich den Schein geben wollte, als lege er die Entscheidung völlig in die Hände des Papstes. Ganz klar ist aber aus seinem Bericht, daß er die Absendung eines päpstlichen Legaten selbst veranlaßt hatte, und zwar wie er ausdrücklich sagt, auf seinen Kopf ohne Mitwissen der anderen Bischöfe. Was er in dieser Beziehung that, war sein Geheimniß, und es erklärt sich daraus leicht, wie Lambert in den Irrthum verfallen konnte, der Legat sei Allen unerwartet gekommen; unerwartet kam er den Anderen, aber nicht Siegfried. Mir scheint nun, daß Siegfried auf die Absendung des Legaten brang, gerade ein Beweis dafür, daß die Scheidungssache mit der Zehntenfrage in unmittelbarem Zusammenhange stand. Denn schon im Anfange des Jahres 1067 hatte Siegfried eine endliche Austragung seiner Streitigkeiten durch einen Legaten gewünscht und deshalb, wie aus seinen Schreiben im Codex Udalrici Nr. 127 u. 129 (J. 33. 82) hervorgeht, in Rom Nichts unversucht gelassen. Was ihm damals nicht geglückt war, hoffte er jetzt zu erreichen; er ahnte nicht, daß sich der Legat so gegen ihn wenden würde, wie es geschah. Auf diesen Erwägungen beruht meine Darstellung dieser Dinge, welche auch die Annales Altahenses zu bestätigen scheinen. Dort heißt es: Inlicitis concubinarum complexibus adhaerere (rex) solebat et idcirco reginam, quam consortem regni legaliter duxerat, penitus abiicere cogitabat. Auxit autem hanc eius iniquam. voluntatem episcopi Mogontini confortatio, qui promiserat, se illi hoc permissurum synodali iudicio. Dum autem haec synodus expectatur, interim regina apud Lorasham morari iubetur. Grandis erat multorum admiratio et, quid inde futurum esset, stupens expectatio. Cum vero dies synodi venisset et pontifex procedens iam consedisset, ecce missus domni apostolici adfuit, qui terribiliter ei minando nunciavit, quia, si ipse auctor fieret huius iniustae separationis, papa vivo numquam illam compotem fore ministerii sacerdotalis. Quo audito synodus est soluta et regina regali thoro rursus restituta.

S. 147. 148. — Ueber Debis Aufstand finden sich die besten Nachrichten bei Lambert und in den Altaicher Annalen; kurz erwähnen ihn auch andere Quellen. Der zu Mühlhausen geschlossene Vergleich zwischen Mainz und Fulda steht bei Dronke, Codex diplomaticus Fuldensis p. 370. 371 und ist auch durch die Erwähnung der Zeugen interessant, unter denen sich außer Anno und Herzog Otto auch Markgraf Debi und Graf Abalbert finden. Uebrigens wurde schon i. J. 1073 bekanntlich ein anderer Vergleich getroffen, aber so wenig wie dieser gehalten.

S. 150. 151. — Lamberts Worte in Bezug auf das Verhältniß des Königs zu seiner Gemahlin: statuit deinceps sic eam habere, quasi non haberet, widersprechen, wenn sie streng genommen werden, den bekanntesten und auch ihm völlig bekannten Thatsachen. Wahrscheinlich wollte Lambert nur sagen, der König bekümmerte sich wenig um seine Gemahlin, und in ehelicher Treue ist Heinrich auch wohl in den dem Scheidungsversuch folgenden Jahren kaum ein Muster gewesen. — Von der

Leichtigkeit, mit welcher die Fürsten die Ehen zu jener Zeit schlossen und lösten, handelt Floto II. 316. 317; man sehe auch die dort angeführte Stelle aus Wenrich bei Martene, Thes. anecd. I. 225. Nicht zu übersehen sind die wichtigen Nachrichten über Rudolfs Ehescheidung in den Annales Weissenburgenses zu den Jahren 1069 u. 1071.
S. 151—153. — Wie Anno, Siegfried und Hermann in Rom behandelt wurden, zeigt Lambert z. J. 1070. Daß sich der Letztere nicht durch Bestechung, sondern durch einen Reinigungseid von der auf ihm lastenden Anklage befreite, läßt Lambert die Bamberger selbst z. J. 1075 aussprechen; wenn der Name des Papstes Nicolaus dabei genannt wird, so liegt lediglich eine Namensverwechselung vor. Daß die Uebertragung der Reliquien von St. Maurice nach Siegberg 1070, nicht aber bereits 1068 erfolgt ist, sagt die Vita Annonis I. c. 33 ausdrücklich. Man sehe auch die Bulle Alexanders II. bei J. R. 3452. Annos Leben in Siegberg schildert Lambert z. J. 1075 aus eigener Anschauung. Wie Anno Malmedy endlich aufgab, erzählt ausführlich das zweite Buch des Triumphus s. Remacli. Gfrörer II. 268 ff. unterwirft die Wunder des h. Remaclus und die Erzählung von ihnen einer scharfen Kritik, die aber vielfach für mich nicht überzeugend ist. Floto hat seine Darstellung der Vorgänge in Lüttich (I. 296 ff.) auf jene Erzählung gegründet, aber die Farben wo möglich noch stärker aufgetragen. In Betracht kommt außer dem Triumphus der Brief des Bischofs Dietwin von Lüttich an Immad von Paderborn über die Vorgänge bei Martene, Amplissima coll. I. 488, und die Aeußerungen des Königs in der freilich nicht unverdächtigen Urkunde vom 22. November 1089 (St. R. 2900). Peccator nennt sich Anno in der Aufschrift des Briefes an den Papst unter unseren Documenten A. 8. Ueber Siegfrieds Reise nach Cluny und seine Rückkehr sehe man die Annales Weissenburgenses, Marianus Scottus und Lambert z. J. 1072. Der Brief, welchen universus Moguntinae sedis clerus et populus an Siegfried schrieb und der nach Lambert dessen Rückkehr erwirkt haben soll, steht im Codex Udalrici Nr. 134 (J. 89). Ueber Hermanns Vorliebe für die Mönche sehe man Lambert z. J. 1075 (p. 219. 220).
S. 153. 154. — Die Zurückberufung Adalberts an den Hof erzählt Adam von Bremen III. c. 58. Aus ihm ergiebt sich auch die Zeitbestimmung, gegen die freilich Lindner (Anno S. 68) neuerdings nicht unbegründete Einwendungen erhoben hat; in den Urkunden findet sich Adalbert erst vom Sommer 1071 an wieder am Hofe. Uebrigens zeigen die Urkunden deutlich, daß Adalberts Stellung nicht eine allgebietende wie früher war. Namentlich war Burchard von Halberstadt damals sehr einflußreich; familiaris noster wird er in einer Urkunde vom December 1069 (St. R. 2731) genannt. Anno wird mit großem Ruhm in einer Urkunde vom 4. October 1071 und unter vielen Intervenienten in erster Stelle vor Adalbert in der Urkunde vom 29. December 1071 (St. R. 2747. 2751) erwähnt. Sowohl Adam scheint mir eine zu hohe Meinung von Adalberts Stellung zu haben (summam rerum, quod est vicedomnatus meruit), wie Lambert, wenn er sagt: receptus non modo in gratiam et familiaritatem, sed pene in regni consortium.
S. 154—157. — Der Brief des Petrus Damiani an Gottfried über dessen Zusammenkunft mit Cadalus findet sich in den Epp. L. VII. Nr. 10. Diese Annäherung an Cadalus mag mit den Schritten Annos und Herzogs Otto i. J. 1068, wie Gfrörer II. 186 annimmt, in Zusammenhang stehen, aber die Quellen bringen sie nicht in eine solche Verbindung, und Manches scheint dafür zu sprechen, daß vielmehr Gottfrieds von Petrus so schwer getadeltes Verhalten erst jener Zusammenkunft der königlichen Gesandten mit Cadalus folgte. Die Zerwürfnisse Roms mit Gottfried

berührt auch Gregor VII. im Reg. I. 72. Ueber die letzten Tage Gottfrieds findet sich die ausführlichste Erzählung im Chronicon sancti Huberti c. 23. Der Verfasser giebt den 21. December als Gottfrieds Todestag an, die Annales Laubienses und das Necrologium Lauresbamense (Böhmer, Fontes III. 152) Weihnachten, Bernolb und das Necrologium Mogunt. (Böhmer l. c. p. 153) den 24. December (Stenzel II. 252). Nach den Annales Rosenfeldenses z. J. 1070 soll Gottfried Iherosolimis gestorben sein, wo nur eine Verwechselung mit Gottfried von Bouillon vorliegen kann. Interessant ist die zu Bouillon ausgestellte Urkunde Gottfrieds vom 3. 1069, die auch Beatrix unterzeichnet hat, bei Camici, Goffredo I. p. 118. Petrus Damiani läßt den Herrn zu Gottfried also sprechen: Ego te prae cunctis regni tui principibus extuli, ego per cunctos Romani fines imperii insignem atque conspicuum constitui, ego tibi in peregrinae terrae partibus multo plures, quam de paterno iure successivas, divitias contuli, nullumque te praeter regalis imperii principatum non dicam praecedere, sed ne vel aequiparare permisi. Quod si haec pauca sunt, adde, quod et acuti cordis ingenium et facundiam ad loquendum et vires ad bellandum tradidi ac rigida multorum hostium pedibus tuis colla substravi. Man vergleiche den Triumphus s. Remacli c. 11: Ast in Godefrido ingens virtus corporis et animi, bellis militaribusque exercitiis enitens, claritudinem viro parabat, in quo eloquentia aeque ac prudentia acri ingenio praeminebat. Die Vergleichung zeigt, daß der Verfasser trotz seiner übel angebrachten Reminiscenzen aus Sallust nach der Natur zu malen wußte, wie andererseits, daß Petrus Damiani hier und an anderen Stellen nicht bloß in allgemeinen Umrissen schildert. Ich hebe aus der Schilderung des Ersteren noch die Worte hervor: fide tamen ac veritate (Godefridus) longe discrepabat a Friderico — Fatemur et in Godefrido fuisse artes optimas, quas tamen aliquando praepediebat cupiditas. Die Zeit der Vermählung des jüngeren Gottfried läßt sich nur annähernd nach Lambert z. J. 1077 bestimmen. Fest steht, daß er im Anfang des Jahres 1073 in Italien war (Camici, Goffredo II. p. 55); sah er aber nach Lambert dieses Land erst im dritten oder vierten Jahre seiner Ehe, so wird sie im Jahre 1069 oder 1070 geschlossen sein. Man vergleiche auch das Chronicon s. Huberti Andaginensis c. 23, wo Mathilde als sponsa des jüngeren Gottfried genannt wird, mit c. 25, wo sie bereits als uxor desselben erscheint. Was Floto I. 371 aus einem Briefe Gregors dagegen geltend macht, beweist höchstens, daß die Ehe nur eine Scheinehe war, was auch sonst glaublich ist.

S. 157—161. — Ueber die Anklage gegen Otto von Nordheim und dessen Sturz giebt es mehrere Berichte, aber sie klären mehr Einzelnheiten auf, als sie den Zusammenhang dieses für den König so bedenklichen Handels deutlich erkennen lassen; namentlich erschwert ihre parteiische Färbung ein sicheres Urtheil über Ottos Schuld. Die Notizen in den Annales Corbeienses, Weissenburgenses und Augustani tragen zwar eine objective Färbung, sind aber sehr unbedeutend; wenig mehr erfährt man aus Adam von Bremen III. c. 59. Eingehender spricht von der Sache Bruno c. 19; er ist der Zeuge, der den König am schwersten beschuldigt und ihn unmittelbar Egino bingen läßt, doch weiß man, wie wenig seinem Urtheil über den König zu trauen. Die gleichzeitigen Annales Altahenses stellen dagegen Otto im schwärzesten Lichte dar; so interessant ihre Angaben sind, verdienen sie doch schon deswegen keinen unbedingten Glauben, weil die Altaicher denselben Grund Otto zu hassen hatten, wie die Lorscher Adalbert und die Stabloer Anno. Der ausführlichste Bericht findet sich bei Lambert zu den Jahren 1070. 1071. 1072, und das Thatsächliche bei ihm möchte kaum angreifbar fein, aber in der Beurtheilung der Dinge scheint er mir einen sehr einseitigen Standpunkt einzunehmen und Otto in ein zu günstiges Licht zu setzen. Auffällig ist, daß ihm Floto I. 351 unbedingt in dem Urtheil über Otto folgt, während er sonst auch hier an Lamberts Angaben Manches auszusetzen hat. Das wenigstens kann ich Floto nicht zugeben, daß Otto bis 1070 eine ganz isolirte Stellung eingenommen habe. Bemerkt zu werden verdient, daß die Darstellungen bei Berthold und Bernold, so wenig sie im Sinne der königlichen Partei gefärbt sind, Otto als Schuldigen darstellen; schon Stenzel I. 263 hat darauf hingewiesen. Was Ekehard zu den Jahren 1071 und 1072 berichtet, scheint mir der Auffassung Lamberts ziemlich nahe zu kommen. Man vergleiche über Ottos Proceß auch Franklin, Das Reichshofgericht des Mittelalters (Weimar 1867) I. S. 31—33.

S. 158. — Die innere Fehde in Baiern und die Zusammenkunft zwischen Otto und Gottfried kennt man nur aus den Annales Altahenses, wo auch bestimmtere Nachrichten über den Mordanschlag, der zu Eginos Aussagen den Anlaß bot, zu finden sind. Der hierbei erwähnte Konrad ist wohl derselbe, dem der König durch eine Urkunde vom Jahre 1064 mehrere Güter in der Wetterau schenkte (St. R. 2652). Die Schenkung erfolgt ob fidele servicium humilemque supplicationem Cunonis nostre iuventutis pedissequi. Schwerlich aber ist er zu identificiren mit jenem Konrad, den Bruno c. 11 als einen Rath des Königs nennt und sein räthselhaftes Ende erwähnt.

S. 160. 161. — Floto I. 357 nimmt als wahrscheinlich an, daß eine Urkunde, bei Lacomblet I. 216 mit dem offenbar irrigen Datum des 29. December 1072 abgedruckt, in das Jahr 1070 gehöre, und ändert dieser Annahme zu Liebe auch den Ausstellungsort Worms in Goslar. Sie ist aber sicherlich am 29. December 1071 ausgestellt, wohin sie auch Stumpf R. 2751 gesetzt hat: damals war der König in Worms, und dahin weisen auch die übrigen Zeitbestimmungen. Floto scheint zu seinem Verfahren hauptsächlich dadurch bestimmt zu sein, daß Herzog Ordulf in der Urkunde erwähnt wird und dieser nach seiner Meinung im März 1071 bereits starb. So nahm auch Stenzel I. 267 an, berichtigte aber II. 256 sich selbst und setzte Ordulfs Tod auf den 28. März 1072. Denn Lamberts Zeugniß ist doch zunächst für dieses Jahr, wenn er 1073 sagt, Ordulf sei superiore anno gestorben, und wenn Adam III. c. 50 durch einen Zeitraum von zwölf Jahren Ordulf das Herzogthum verwalten läßt, so kann man, da Ordulfs Vater am 29. Juni 1059 starb, eben so auf das Todesjahr 1072 wie 1071 kommen, je nachdem man das zwölfte Jahr voll rechnet oder nicht. Der Annalista Saxo giebt allerdings das Jahr 1071 mit Bestimmtheit als Ordulfs Todesjahr an, aber seine Autorität kann gegen die der Urkunde nicht in das Gewicht fallen, und Gründe gegen die Echtheit derselben sehe ich nicht. Die Annales Rosenfeldenses, aus denen man allein den Todestag kennt, setzen Ordulfs Tod erst in das Jahr 1073. Das Weihnachtsfest 1070 feierte Heinrich zu Goslar, ging dann nach Baiern und war am 6. März 1071 nach den Annales Augustani in Augsburg. Ueber den Aufenthalt des Königs zu Halberstadt in der Pfingstzeit 1071 finden sich alte und gute Nachrichten beim Annalista Saxo z. J. 1071.

S. 164. — Von den Räthen des Königs handelt Lambert an vielen bekannten Stellen, ebenso Bruno und das Chronicon Petershusanum L. III. c. 3. Neu und nicht uninteressant ist die Stelle bei Wido Ferrariensis I. c. 3. Einzelne consiliarii werden auch schon früher bei den Saliern erwähnt, so der Werinharius miles bei Konrad II. (Wipo c. 4), und ein Berthold unter Heinrich III. (in der gefälschten

Urkunde bei Stumpf R. 2514, wo aber die Zeugennamen aus einem echten Document genommen sind). Unter den Ottonen kommt, wie ich glaube, Aehnliches nicht vor, und deutlicher treten diese consiliarii auch erst unter Heinrich IV. hervor. Vgl. Röhrig, De consiliariis Heinrici IV.

S. 165—167. — Die ersten Mißverständnisse mit Rudolf berichtet Lambert erst z. J. Jahre 1072, sie müssen sich aber gleich nach Ottos Sturz entwickelt haben. Daß Bertholb sofort auf Rudolfs Seite trat, zeigen die folgenden Ereignisse. Für Welf hat man allerdings nur die Notiz Bernolds z. J. 1073, die dort wohl an falscher Stelle steht; doch wird die Sache schon dadurch wahrscheinlich, daß Welf durch Rudolfs Verwendung sein Herzogthum erhalten hatte. Ueber die Burgbauten des Königs berichten mehrere Quellen, besonders Lambert und Bruno, über Abalberts Bauten Adam III. c. 36 und seinen Einfluß hierbei auf Heinrich Bruno c. 16. Die Zusammenkunft Heinrichs mit dem Dänenkönige erwähnen Adam von Bremen III. c. 59, Bruno c. 20 und Lambert z. J. 1073 zweimal. Die beabsichtigte Abtretung bezeichnet Lambert bestimmter, Bruno verallgemeinert. Daß das Bündniß sich gegen Sachsen richtete, sagt doch auch Adam, und Floto I. 361 scheint mir die Bedeutung desselben zu unterschätzen. Das Jahr 1071 nimmt Floto richtig an, aber er irrt meines Erachtens, wenn er meint, Adam sei dagegen; denn gerade dieser setzt ausdrücklich die Zusammenkunft in dasselbe Jahr mit der Unterwerfung Ottos, d. h. in das Jahr 1071. Von der Besetzung von Lüneburg sprechen Lambert z. J. 1073 und Bruno c. 21. Von der Geburt, Taufe und dem schnellen Tode des ersten Sohnes Heinrichs erzählt Lambert; nach der Urkunde bei Remling I. 67 muß das Kind den Namen des Vaters erhalten haben.

S. 167—170. — Ueber die flandrischen Wirren sehe man die Annales Blandinienses und Elnonenses, Lamberti Audomariensis Chronica (M. G. V. 65. 66), Siegbert z. J. 1071 und 1072, das Chronicon Audaginense c. 24, das Chronicon s. Andreae II. 33, die Vita Lietberti des Rudolf c. 58, ferner die von Bethmann zusammengestellten Genealogien und die Flandria generosa (M. G. IX. 299—326), wie die auf Siegbert gegründeten Annales Egmundani (M. G. XVI. 447). Was Lambert z. J. 1071 (p. 180—183) erzählt, enthält offenbar manche Irrthümer, und Floto I. 336 hat es einer scharfen Kritik unterworfen. Irrig ist vor Allem, wenn Lambert Robert von Balduin VI. angegriffen werden läßt, statt daß er selbst dessen Sohn Arnulf angriff, und damit wird zugleich deutlich, wie wenig Gewicht auf die weitläufigen Motivirungen Lamberts zu legen ist. Aber trotzdem ist Vieles in seiner Erzählung anderweitig hinreichend bestätigt. Richtig wird nach den Annales Blandinienses und Lamb. Audom. die Hauptschlacht (bei Cassel) in das Jahr 1071 gesetzt, während sie Siegbert und die Annales Elnonenses maiores irrig in das folgende Jahr verlegen; auch die Annales Egmundani bringen diese Dinge offenbar in einen falschen Zusammenhang. Der Aufenthalt der Richilde in Lüttich und was sich bei Lambert daran knüpft, findet im Wesentlichen durch die Urkunde St. R. 2743 und eine andere Urkunde vom 9. Mai bei Ernst, Histoire de Limbourg VI. 109 Beglaubigung. Auch was über die früheren Schicksale Roberts gemeldet wird, möchte nicht zu bezweifeln sein. Ueber das Auftreten des Königs gegen Boleslaw von Polen sehe man Lambert z. J. 1071 (p. 187). Was Siegbert von ungarischen Angelegenheiten zu 1070 berichtet, gehört erst in eine etwas spätere Zeit.

S. 170—174. — Das Ende des Bischofs Adalbert schildert Adam von Bremen III. c. 60—68. Wie Anno an Adalberts Stelle berufen wurde und wie er sich in derselben zeigte, berichtet Lambert z. J. 1072. Derselbe gedenkt auch der Befreiung

Ottos, wie des über Egino gehaltenen Gerichts; über die späteren Schicksale dieses Mannes sehe man Lambert z. J. 1073 am Ende, wo auch der Ausgang Gisos und seiner Genossen berichtet wird. Ueber den Tod Luitpolds von Mörsburg handelt Lambert z. J. 1071.

S. 174—176. — Die Versöhnung Herzog Rudolfs mit dem Könige und die Rolle, welche dabei die Kaiserin Agnes spielte, schildert Lambert z. J. 1072 (p. 190). Ueber Magnus Haft und die Schritte, welche Graf Hermann und Otto von Nordheim zu seiner Befreiung thaten, sehe man Lambert z. J. 1073 (p. 195. 196). Die Befürchtungen, welche man in Sachsen hegte, erhellen aus Lambert und Bruno deutlich genug, weniger die letzten Absichten des Königs. Nur so viel halte ich für gewiß, daß der König dem Herzogthum der Billinger ein Ende machen wollte. Der Brief Hezilos von Hildesheim bei Sudendorf, Registrum III. Nr. 25 verspricht nach dem Argument des Herausgebers nähere Aufklärungen, die aber leider der räthselhafte Inhalt nicht bietet; es scheint mir fraglich, ob der Brief nicht in eine frühere Zeit zu setzen ist. Nur Eins wird aus demselben klar, daß Hezilo zur Zeit seiner Abfassung das volle Vertrauen des Königs genoß; von der beabsichtigten Knechtung der Sachsen finde ich in ihm kein Wort.

S. 176—178. — Die neuen Händel des Königs mit Rudolf und Berthold erhellen aus den Altaicher Annalen z. J. 1072 und Lambert z. J. 1073 (p. 192). Kaum zu bezweifeln ist, daß Berthold das Herzogthum Kärnthen bereits Weihnachten 1072 entzogen wurde, aber unmöglich kann es damals sogleich förmlich Markwart von Eppenstein übertragen sein. Wäre dies geschehen, wie hätte es der König später in Abrede stellen können, wie es Lambert (p. 197) doch selbst berichtet. Ueber Annos Entfernung vom Hofe handelt Lambert a. a. O. Annos Stimmung nach seiner Entfernung geht aus dem Brief an Papst Alexander bei Floß, Papstwahl S. 143 und unter unseren Documenten A. 8 hervor, der meines Erachtens in den Anfang des Jahres 1073 zu setzen ist [1]; was Eckehard zu diesem Jahre von einer Reise Annos mit Hermann von Bamberg berichtet, beruht lediglich auf Verwechselung mit der Reise des Jahres 1070. Siegfrieds Bestrebungen sich Anno zu nähern sind aus seinem Briefe an Wezel und Burchard, den Bruno c. 18 excerpirt hat, ersichtlich. Dieser ist nicht viel später geschrieben, als der Brief der Mainzer an Siegfried im Codex Udalrici Nr. 134 (J. 39); in beiden werden die Belästigungen des Stifts durch die Königlichen in gleicher Weise erwähnt. Wie man auch sonst Burchards Fürsprache bei Anno in Anspruch nahm, zeigt Hezilos Brief an Burchard bei Sudendorf, Registrum II. Nr. 16. Ueber die Erfurter Synode des Jahres 1073 besitzen wir nur den manche Bedenken erweckenden Bericht Lamberts p. 192. 193. Daß man z. B. Rom absichtlich in Unkenntniß über die Vorgänge auf der Synode erhalten wollte, scheint mir kaum glaublich, da Siegfried nicht viel später Roms Beistand

---

[1] Lindner (Anno S. 51) setzt ihn in das Jahr 1065 und bezieht die Andeutungen am Schluß auf den schon vorbereiteten Sturz Adalberts von Bremen im Anfange des folgenden Jahres. Aber noch in den Briefen, welche Lindner mit mir später theilte, nennt sich Anno, wie früher, dem Papst gegenüber archiepiscopus, hier mit offenbarer Absichtlichkeit peccator episcopus. Der Brief scheint mir ferner deutliche Spuren zu tragen, daß Annos Dienstwilligkeit gegen Rom erkaltet war, wie das auch nach Lindners Meinung in den letzten Lebensjahren des Erzbischofs eintrat. Die Worte: Curiae nostrae facies describi vobis poterat, sed differtur propter spem, ut meliorari debeat scheinen sich mir aus Annos damaliger Lage und der Stellung des Königs zu den Herzögen Rudolf und Berthold unschwer zu erklären. Freilich sind alle Anhaltspunkte, welche der Brief bietet, für eine sichere chronologische Bestimmung nicht genügend.

gegen die Thüringer wegen der Zehnten aufs Neue in Anspruch nahm. Vgl. Cod. Udalr. Nr. 130 (J. 40).

S. 178. 179. — Ueber die Aussöhnung des Königs mit Rudolf und Berthold vergleiche man die Annales Altahenses z. J. 1073 und Lambert (p. 193), über den Aufenthalt des Hofes zu Pfingsten in Augsburg dieselben Quellen und die Urkunden St. R. 2760—2763. Ueber die Rüstungen gegen Polen und die sich daran knüpfenden Befürchtungen sehe man Lambert (p. 195). Als die Urheber der sächsischen Verschwörung giebt Lambert a. a. O. Burchard, Otto von Nordheim und Hermann an. Daß auch Hezilo von Hildesheim von Anfang an äußerst thätig war und Otto nur zögernd an die Sache ging, zeigt der sehr wichtige Brief Hezilos an Otto, den Sudendorf, Registrum III. Nr. 26 zuerst herausgegeben hat und den wir unter unseren Documenten A. 9 wieder abdrucken lassen.

S. 181—188. — Die Entwickelung der Verhältnisse Mailands und der Lombardei 1064—1072 läßt sich bei Arnulf von Mailand III. c. 16—25, IV. c. 1 gut verfolgen; mit ihm stimmt im Wesentlichen Bonizo (p. 648—655) überein, obgleich hier die Dinge gerade vom entgegengesetzten Standpunkt betrachtet werden. Auch die Vita Arialdi c. 16 ff. (Acta Sanctorum Jun. V. 281 ff.) von Arialds Schüler Andreas, Abt von Vallombrosa, giebt manche gute Nachrichten. Landulf berichtet III. c. 18—30 ebenfalls von diesen Begebenheiten, aber seine Darstellung ist auch hier sehr verworren, namentlich in den Zeitbestimmungen; nur in der Charakteristik der damaligen Zustände habe ich geglaubt, sie ohne Scheu bisweilen benutzen zu können. Ein wichtiges Actenstück ist die Constitution der päpstlichen Legaten für die Mailänder Kirche (Mansi XIX. 946); auch einige Fragmente von Briefen Alexanders II. an die Mailänder, gesammelt bei Mansi XIX. 978—980, sind interessant, wie ein Brief des Petrus Damiani an Arialb, Erlembald und andere Paterener, der 1065 oder im Anfange des Jahres 1066 geschrieben sein wird (Epp. L. V. 14). Die Altaicher Annalen geben z. J. 1071 einige nicht unwichtige Notizen über die Abdication des Erzbischofs Wibo und die Einsetzung Gottfrieds. Der Eid, den Wibert im Jahre 1073 dem Papste leistete und dessen Bonizo p. 655 gedenkt, fand ich in der Kanonensammlung des Cardinals Deusdedit und theile ihn unter den Documenten B. 1 mit [1]). Durch den Wortlaut des Eides erledigen sich auch Gfrörers Bemerkungen über denselben im Gregor VII. Bd. II. S. 370 und 374. Die von ihm veränderten Worte des Bonizo gehören diesem an, nicht dem Eide selbst; sie bedürfen keiner Emendation und weisen nur darauf hin, daß Wibert den Eid dem Papste ohne irgend eine Reservation in Bezug auf einen Kaiser, König oder Patricius geleistet habe.

S. 189—195. Ueber das Haus des Alebram vergleiche man die genealogischen Tafeln bei Moriondi, Monumenta Aquensia II. p. 786 ff. und Muletti, Memorie storico-diplomatiche di Saluzzo (Saluzzo 1829) T. I, wie die Zusammenstellung Gfrörers im Gregor VII. Bd. V. 389. Ueber das Haus Este handelt Gfrörer ebendaselbst S. 355; das urkundliche Material findet sich bei Muratori, Antichità Estensi. Die Geschichte des Hauses Turin, die bekanntlich manche schwer aufzuklärende Punkte hat, beleuchtet Gfrörer ebendaselbst S. 365 ff. und in Bd. VI. S. 393 ff. Für die Charakteristik Adelheids von Turin ist der Brief des Petrus Damiani an sie (Opusc. XVIII.) wichtig. Die Worte: quia te novi de iterata coniugii geminatione suspectam faßt Gfrörer offenbar unrichtig, indem er sie auf

---

1) Zu vergleichen ist damit der Eid Heinrichs von Aquileja v. J. 1079, Jaffé Bibl. II. 356.

die Absicht Adelheids zu einer vierten Ehe zu schreiten deutet. Nach dem Zusammenhang handelt es sich um keine Warnung, sondern vielmehr um eine Beruhigung Adelheids über ihre wiederholte Vermählung. Auch Benzo V. c. 9—13 in den offenbar erfundenen Briefen an Adelheid bietet Einiges zu ihrer Charakteristik. Interessante Notizen über Adelheids Verhältniß zu Alexander II. finden sich in den Annales Altahenses z. J. 1069. — Die große Gräfin Mathilde lernt man am besten aus der poetischen Lebensbeschreibung des Donizo kennen, obschon diese eine klar hervortretende panegyristische Tendenz hat. Auch Bonizo giebt einige interessante Züge; bei Benzo ist Mathildens Bild eine bis zur Unkenntlichkeit entstellte Caricatur. Eine reiche Sammlung des Materials für Mathildens Geschichte besitzt man in dem Werke von Franc. Maria Fiorentini, Memorie della gran contessa Matilda (Ausgabe von Mansi, Lucca 1756); zum Theil ist dasselbe wiederholt, aber auch durch einiges Neue in den Abhandlungen von Cosimo della Rena, Della serie degli antichi Duchi e Marchesi di Toscana mit den Anmerkungen von Camici vermehrt. Was sonst in alter und neuer Zeit über Mathilde geschrieben, giebt wesentlich keinen neuen Stoff, sondern ist nur durch die Tendenz von Bedeutung. Lesenswerth ist in dieser Beziehung das lebhaft geschriebene Buch von D Luigi Tosti, La Contessa Matilda e i Romani Pontifici (Firenze 1859).

S. 195—203. — Wie sich durch Gisulf das Verhältniß Hildebrands und des Desiderius lockerte, berührt Amatus IV. c. 52. Damit sich der Recensent in den historisch-politischen Blättern Bb. LVIII. S. 253 nicht „vergeblich den Kopf zerbreche," mag bemerkt werden, daß mein Urtheil über Gisulf besonders auf dem Buch des Amatus ruht; übrigens war Gisulf nie Cardinal, wenn ihn auch Gregor später zu einer Legation benutzte. Ueber die Verhältnisse Richards von Capua und des Wilhelm Monstarola giebt derselbe Schriftsteller im sechsten Briefe neue und wichtige Aufschlüsse. Ihm sind wir auch vorzugsweise in der Darstellung der Verhältnisse gefolgt, welche zur Eroberung Siciliens führten. Nicht allein Leo Ostiensis ist von ihm abhängig, sondern meines Erachtens auch Guillermus Apuliensis und Gaufredus Malaterra, obwohl der Letztere auch einige Nachrichten giebt, die zum Theil auf Roger zurückzuführen sind. Die Anekdoten, die Gaufred einflicht, besitzen keine größere Glaubwürdigkeit, als meist solchen Geschichtchen beiwohnt; viel wichtiger sind alle Zusätze, welche Rogers Verhältniß zu Robert betreffen. Unleugbar verdanken wir hier Gaufred die Kenntniß wichtiger Thatsachen, wie z. B. der Händel zwischen den beiden Brüdern i. J. 1062, des Sieges bei Cerame und der sich daran schließenden Gesandtschaft an den Papst. Aber eben so gewiß ist, daß Gaufred hier auf einem sehr partelischen Standpunkt steht und seine Berichte keineswegs überall Glauben verdienen. So halte ich, was L. II. c. 1 erzählt wird, um darzuthun, daß der erste Angriff auf Sicilien selbstständig von Roger ausgegangen sei, für eine reine Erfindung. Ueber die Jahresrechnung des Gaufred scheint mir di Meo, Annali di Napoli VIII. 26 die richtige Bemerkung zu machen, daß derselbe das Jahr erst mit dem 1. September beginnt, und demnach das Jahr 1060 bei ihm vom 1. September 1060 bis 31. August 1061 läuft; die Einnahme Messinas, die in den Mai fällt, wird demnach in das Jahr 1061 zu setzen sein, wie auch schon Muratori vermuthete. Man vergleiche auch den Anonymus Barensis z. J. 1061. Auffällig ist, daß Amatus den zweiten Zug Roberts nach Sicilien gar nicht erwähnt, wie überhaupt die Geschichte der Jahre 1062—1068 nicht weiter berührt. Ich war früher geneigt nach L. V. c. 25 eine Lücke anzunehmen, aber Hirsch macht in den Forschungen zur deutschen Geschichte VIII. 302 mit Recht dagegen geltend, daß auch dem Leo Ostiensis hier keine vollstänbigere Erzählung im Amatus vorgelegen zu haben scheint; übrigens ist Amari unabhängig von mir ebenfalls hier zu der Annahme einer Lücke gekommen. Von den Neueren hat meines Wissens zuerst Gauttier d'Arc, Histoire des conquêtes des Normands en Italie, en Sicile et en Grèce (Paris 1830) nach Amatus die Eroberung Siciliens dargestellt, aber nicht mit sonderlichem Glück. Eine bessere Anwendung von den interessanten Erzählungen des Amatus hat De Blasiis, Insurrezione pugliese (Napoli 1864) II. 61 ff. gemacht, nur ist zu bedauern, daß ihm die neueren deutschen Arbeiten über seinen Gegenstand unbekannt geblieben sind. Auch Amari in der kürzlich publicirten ersten Abtheilung des dritten Bandes der Storia dei Muselmani di Sicilia geht auf die deutsche Litteratur nicht ein, giebt aber sonst eine auf ein reiches Material gegründete Darstellung, die ich leider für meinen Text noch nicht benutzen konnte. Besonders kommt bei ihm in Betracht die Verwendung der arabischen Quellen, für die ich noch auf Wenrichs ältere Arbeit beschränkt war [1]). Auch die Bemerkungen von Hirsch in seinem Aufsatz über Amatus in den Forschungen a. a. O. sind mir nicht rechtzeitig bekannt geworden, um sie noch im Text zu verwerthen. Ueber die Expedition der Pisaner nach Sicilien sehe man die Chronik des Marango und die dort mitgetheilte Inschrift am Dome von Pisa. Hirsch meint S. 304, daß nach Pisaner Zeitrechnung das Jahr hier bestimmt sei, und setzt deshalb den Zug in das Jahr 1062, nicht 1063, wie ich angegeben habe und auch Amaris Ansicht ist; jedenfalls stellt Amatus V. c. 28 den Zug in eine zu späte Zeit. Auch ist zu bezweifeln, ob das Unternehmen von Robert veranlaßt war, wie Amatus meint; Gaufredus Malaterra II. c. 34 scheint hier den Zusammenhang richtiger anzugeben. Ueber die Unternehmungen Roberts in Apulien sind außer Amatus Lupus Protospatarius, der Anonymus Barensis und das Chronicon Normannicum die wichtigsten Quellen; über die Verhältnisse der Normannen in Calabrien sind sie weniger ausführlich, als Gaufred, der dort gelebt zu haben scheint, ehe er nach Sicilien kam.

S. 203—211. — Von der dem Grafen Roger durch Alexander II. übersandten Fahne spricht Gaufredus Malaterra II. c. 33. Daß Roberts zweiter Zug nach Sicilien in das Jahr 1065, nicht 1064 zu setzen ist, geht aus Lupus Protospatarius hervor; man vergleiche dabei die obige Bemerkung über die Chronologie des Gaufred. Die Eroberung Palermos habe ich hauptsächlich nach Amatus erzählt, dessen Bericht Gaufred wohl schon vor Augen hatte und kaum wesentlich erweiterte. Auffällig ist, wie wortkarg hier Gaufred ist, während Guillermus Apuliensis sich ziemlich breit ergeht, factisch aber auch wenig zu der Darstellung des Amatus hinzufügt. Als das Datum der Einnahme Palermos findet sich bei Lupus und dem Anonymus Barensis der 10. Januar 1072, nach Amatus VII. c. 22 aber müßte sich bereits Weihnachten die Stadt ergeben haben. Nur kann unser Weihnachtsfest dabei kaum in Betracht kommen, da Amatus selbst die Normannen erst im August über das Meer gehen und dann fünf Monate Palermo belagern läßt; ist diese Rechnung richtig, so konnte sich Palermo erst im Januar ergeben. Sollte nicht bei dem Weihnachtsfest des Amatus an Epiphanias zu denken sein, welches wohl immer noch bisweilen als Geburtsfest Christi angesehen wurde? Ergab sich die Stadt am 6. Januar, so würde Robert am 10. seinen feierlichen Einzug gehalten haben; es geschah

---

[1]) Der Tod des Moezz fällt nach Amari erst in das Jahr 1062 und gleich im folgenden Jahre soll dann ein arabisches Heer aus Afrika nach Sicilien gekommen sein.

nach Amatus am vierten Tag nach der Uebergabe. Gauttier d'Arc hatte, wie schon gesagt, den Amatus zur Hand, aber auffälliger Weise benutzt er ihn gerade hier nicht, sondern folgt Gaufred, und zwar an einer Stelle (L. III. c. 11), wo der Autor gar nicht von der Belagerung Palermos, sondern der von Trapani i. J. 1077 oder vielmehr 1078 spricht. Von dieser Darstellung Gauttiers ist in der That kein Wort richtig: die Belagerung Palermos läßt er im Mai 1071 beginnen und die Uebergabe am 10. Juni besselben Jahres erfolgen. Den Mai 1071 hält er für ganz gesichert durch die, wie berührt, auf den Zug gegen Trapani bezüglichen Rhythmen des Gaufred:

> Anno verbi incarnati transacto millesimo
> Adiectoque super mille septies undecimo
> Expeditionem movet comes mense Madio.

Daß siebenmal elf nicht einundsiebzig ist, ist wohl Jedem einleuchtend, und diese Kenntniß würde Gauttier vor Irrthümern bewahrt haben, die selbst in der historischen Litteratur Frankreichs kaum ihres Gleichen haben möchten. Die lokalen Bestimmungen Palermos bei Amatus finden zum Theil ihre Bestätigung in dem interessanten Reisebericht des Mohammed-Ebn-Djobaïr aus dem dreizehnten Jahrhundert, den Amari mit einer französischen Uebersetzung herausgegeben hat: Voyage en Sicile de Mohammed-Ebn-Djobaïr (Paris 1846) p. 46 ff. Man vergleiche jetzt auch Amaris Schilderung in der Storia dei Musulmani III. 118. 119. Die interessante Stelle über die Habgier der Söhne Tancreds steht bei Gaufred II. c. 38. Die Geschichte der Gesandtschaft der Capuaner an den königlichen Hof erzählt Amatus IV. c. 28; Leo Ostiensis schreibt ihm auch hier nur nach.

S. 213—216. — Den Schwur Wilhelms von Burgund und seiner Genossen erwähnt Gregor VII. im Reg. I. 46. Der Brief des Grafen Fulko von Anjou an Hildebrand hat Sudendorf (Berengarius Turonensis S. 235) aus der hannoverschen Briefsammlung zuerst bekannt gemacht. Ueber sein früheres Verhältniß zu Wilhelm dem Eroberer spricht sich Gregor VII. im Reg. VII. 23 bestimmt genug aus.

S. 216—220. — Ueber die allgemeinen Verhältnisse Spaniens im elften Jahrhundert verweise ich auf Schäfer, Geschichte von Spanien II.; leider sind die kirchlichen Angelegenheiten dort nicht eingehend behandelt. Ausführlich nach den Quellen untersucht diese Gfrörer im vierten Bande seines Gregor VII., doch wird man sich schwerlich von seiner Beweisführung des alten Rechts des Stuhls Petri auf Spanien überzeugt fühlen. Den Kriegszug der Franzosen über die Pyrenäen i. J. 1063 erwähnt außer französischen Quellen auch Siegbert zu diesem Jahre. Für die Gesandtschaft Hugos i. J. 1068 sind die bei Mansi gesammelten Acten der damals in Spanien gehaltenen Synoden wichtig, wie das Schreiben des Papstes Alexanders II. vom 18. October 1071 (J. R. 3461). Nicht zu übersehen sind auch die Bemerkungen Bonizos p. 651, welche den Brief Gregors VII. im Reg. I. 6 zum Theil erläutern. Die Rüstungen des Grafen Ebulo zu einem zweiten Kriegszug gegen die spanischen Araber und sein Verhältniß zu Rom gehen aus dem zuletzt angeführten Briefe Gregors VII. und dem unmittelbar im Registrum folgenden Stücke hervor.

S. 220—224. — Nach den bekannten Werken von Thierry und Lappenberg hat Gfrörer im Gregor VII. Bd. III. eine neue und vielfach abweichende Darstellung der Eroberung Englands durch die Normannen versucht, in welcher er ebenso entschieden für die Normannen Partei nimmt, als sein Vorgänger für das unterdrückte Sachsenvolk. Dies ist kaum zu verwundern; aber Befremden muß doch erregen, wie er darzuthun versucht, daß Wilhelm ein Lehensverhältniß zu dem Stuhle Petri anerkannt habe, da der berühmte Brief Wilhelms an Gregor VII. (Epp. Lanfranci Nr. 7) über das wahre Verhältniß nicht den geringsten Zweifel zuläßt. Der Papst verlangte, daß Wilhelm ihm und seinen Nachfolgern den Fidelitätseid leisten solle (quatenus tibi et successoribus tuis fidelitatem facerem); der König dagegen verweigert es, weil weder er, wie er sagt, eine solche Verpflichtung eingegangen sei, noch seine Vorgänger ein Gleiches gethan hätten. Und wie erklärt Gfrörer S. 536 diese ganz unzweideutigen Worte? „Gregor machte geltend," sagt er, „es genüge keineswegs, daß der König von England sich mit dem Mund als Vasallen des heiligen Stuhls bekenne, er müsse vielmehr durch die That, durch Abtretung der Normandie, zeigen, daß er den übernommenen Verbindlichkeiten gemäß handle." Das soll heißen: fidelitatem facere, und diese thatsächliche Bewährung der Vasallenpflicht soll zugleich den Nachfolgern des Papstes gelten, und Wilhelm sich von ihr durch Hinweisung an seine Vorgänger entbinden, bei denen diese thatsächliche Bewährung nicht stattgefunden habe! Begreif's, wer's kann. Von den Quellen für die Geschichte der Eroberung genügten für meinen Zweck das Werk des wohlunterrichteten Kapellans König Wilhelms, des Archidiakonen Wilhelm von Pisieux (Du Chesne, Script. hist. Norm. 172–213), und die Kirchengeschichte des Ordericus Vitalis, die zum Theil die uns verloren gegangenen Stücke in Wilhelms Werk ergänzt. Die schlimme Antwort König Wilhelms an den Legaten Nicolaus II. findet sich bei Ordericus L. III. z. J. 1063. Ueber die Theilnahme Heinrichs III. an der Zurückführung Edwards, Edmunds Sohn, nach England sehe man Lappenberg, Geschichte von England I. 517 und über Edwards Familienverhältnisse a. a. O. S. 463. 464. Das Freundschaftsbündniß Heinrichs IV. mit Wilhelm dem Eroberer erwähnt Wilhelm von Pisieux p. 197. Ueber Adalberts Verhältniß zu Wilhelm sehe man Adam von Bremen III. c. 53, über Annos Lambert z. J. 1074 (p. 216). Lamberts Erzählung thut hinreichend dar, daß Heinrich nicht zu derselben Zeit Wilhelm zur Hülfsleistung gegen die Sachsen eingeladen haben kann, wie Bruno de bello Saxonico c. 36 berichtet.

S. 225–228. — Die ersten Verbindungen Boleslaws des Kühnen mit Rom erhellen aus dem Reg. Greg. VII. L. II. ep. 73; die Verhältnisse Roms zu Salomo von Ungarn und Herzog Geisa aus dem Reg. Greg. VII. L. II. ep. 58, L. II. ep. 13. Ueber die dem Böhmenherzog Spitihnew von Nicolaus II. übersandte Mitra und den von jenem geleisteten Census von 100 Pfd. Silber sehe man das Verzeichniß der Einkünfte der römischen Kirche aus Deusdedit bei Borgia, Breve istoria del dominio temporale App. p. 16. Daß Wratislaw dann die Mitra von Alexander II. erhielt und den Census ebenfalls leistete, geht aus dem Reg. Greg. VII. L. I. ep. 38 und L. II. ep. 7 hervor. Ueber die Streitigkeiten zwischen Wratislaw und seinem Bruder Jaromir handelt ausführlich Cosmas Prag. II. c. 27 ff.; man vergleiche auch den Brief Siegfrieds an Gregor VII. im Codex Udalrici Nr. 130 (J. 40). Das Verhältniß Svend Estrithsons zu Alexander II. und Hildebrand erhellt aus dem Fragment einer Bulle Alexanders bei Mansi XIX. 943 und dem Reg. Greg. VII. L. II. ep. 51. 75 und L. V. ep. 10.

S. 230. 231. — Den Konstanzer Handel kennen wir aus Siegfrieds Brief an den Papst im Codex Udalrici Nr. 122 (J. 36), der officiellen Aufzeichnung über die Mainzer Synode Nr. 123 (J. 37) und dem Begleitschreiben des Erzbischofs bei Uebersendung der letzteren an den Papst Nr. 124 (J. 38). Diese Actenstücke zeigen, daß in den wichtigsten Punkten Lamberts Erzählung hier irrig ist, wie Ranke zur Kritik fränkisch-deutscher Reichsannalisten S. 83. 84 weiter entwickelt hat. Auch die Darstellung bei Berthold zu den Jahren 1069. 1070. 1071 ist nicht frei von Unrichtigkeiten. Beide Annalisten stellen, wie auch der Altaicher Mönch, den König nach dem Zeugniß der Acten in ein zu ungünstiges Licht.

S. 231. 232. — Für die Streitigkeiten, welche durch Roberts Erhebung zum Abt von Reichenau herbeigeführt wurden, ist der Brief Gregors VII. im Reg. I. ep. 82 unsere sicherste Quelle. Was hier erzählt wird, stimmt mit den Angaben bei Berthold, Bernold und dem Altaicher Mönch im Ganzen überein. Dagegen finden sich auch hier die entschiedensten Widersprüche mit der Erzählung des Lambert, die hiernach mit Vorsicht benutzt werden muß, so dankenswerthe Aufschlüsse sie auch im Einzelnen darbietet. Daß der König selbst Geld von Robert genommen habe, sagen Berthold und Lambert, aber in dem Briefe Gregors wird darauf nicht hingedeutet. Ueber Roberts Einsetzung in Gengenbach und seinen Tod belehren die Annales Gengenbacenses (M. G. V. 389. 390). Floto II. 8 bringt die Reichenauer Vorgänge mit dem über die Räthe Heinrichs IV. von Alexander II. verhängten Bann in unmittelbare Verbindung, aber gewiß mit Unrecht. Denn einmal sind die von Robert mit Kirchengut ausgestatteten Herren, wie klar aus dem Schreiben hervorgeht, erst von Gregor VII. gebannt worden, und zwar wurde der Bann am 8. Mai 1074, also erst nach der Aussöhnung mit dem König proclamirt; außerdem werden jene Herren nirgends bestimmt als Räthe des Königs bezeichnet.

S. 232. 233. — Ueber die Mailänder Vorgänge im Jahre 1072 und 1073 sehe man Arnulf IV. c. 2. 3 und Bonizo p. 653. 654; zu vergleichen ist ferner Gregorii VII. Reg. L. I. ep. 15. Den Brief Papst Alexanders II. an König Heinrich erwähnt Bonizo. Man darf mit demselben nicht die ganz grundlose Nachricht bei Eckehard z. J. 1073 combiniren, die ich bereits (Ann. Altah. S. 207. Anm.), dann auch Floto II. 8 kritisirt hat. Gfrörer vertheidigt zwar die Notiz bei Eckehard, aber meines Erachtens nicht überzeugend. Daß Hildebrand öfters vor seinem Pontificat durch briefliche Vorstellungen auf Heinrich einzuwirken versucht habe, sagt er selbst in dem Schreiben bei Bruno c. 72 und im Reg. IV. ep. 1. Bestimmteres über die Bannung der königlichen Räthe findet sich nur bei Bonizo p. 655, aber die Briefe Gregors VII. bestätigen durchaus, was hier gemeldet wird. Von Anfang dieses Pontificats an bestand bereits der Zwiespalt zwischen dem Könige und Rom, und der Grund war Heinrichs communio cum excommunicatis (Reg. I. ep. 21). Der im Text berührte Brief des Anno ist unter unseren Documenten A. 8 abgedruckt.

S. 233—236. Ueber die Klosterreformen jener Zeit sehe man besonders Lambert z. J. 1071 und 1075; auch von der Reliquienverehrung und dem Wunderglauben seiner Zeitgenossen giebt er viele Beispiele, namentlich z. J. 1071 und 1072. Des Landfriedens in Thüringen gedenkt er z. J. 1069 und 1070. Wie Heinrich in Goslar einen Landfrieden für Sachsen beschwor, wird bei Berthold und Bernold z. J. 1069 berichtet. Man vergleiche auch oben S. 1088. Anm. 2.

S. 236—238. Die neue Bedeutung der römischen Fastensynoden habe ich hervorgehoben in dem Aufsatze über die Gesetzgebung der römischen Kirche (Münchener historisches Jahrbuch für 1866. S. 122—124). Die Epigramme des Petrus Damiani stehen in seinen Werken IV. p. 25. Ueber die letzten Lebenszeiten des Bischofs von Ostia sehe man seine Biographie c. 21. 22 und über seinen Nachfolger Gerald die Vita Udalrici Cellensis posterior c. 12.

S. 238—240. Die Worte des Amatus über die Papstwahl stehen am Schlusse des vierten Buches. Die ausführlichste Darstellung der Vorgänge bei Gregors VII. Wahl giebt Bonizo p. 656. 657; sie wird in allen wesentlichen Punkten durch Gregors eigene Angaben im Reg. I. ep. 1—9 bestätigt. Vor dem Registrum findet sich das Wahlprotokoll; Beno p. 2 und 15 behauptet, die Cardinäle hätten es aus Furcht, daß sie der Bann wegen Uebertretung der kanonischen Bestimmungen für die Sedisvacanz treffen könnte, nicht unterschrieben, und in der That liegt es ohne Unterschriften vor. Sehr auffällig ist in demselben der unbestimmte Gebrauch des Worts cardinales, da es heißt: nos sanctae Romanae catholicae et apostolicae ecclesiae cardinales clerici, acoliti, subdiaconi, diaconi, presbyteri, praesentibus venerabilibus episcopis et abbatibus, clericis et monachis consentientibus, plurima turba utriusque sexus diversique ordinis acclamantibus, eligimus. Die Anschuldigungen Hildebrands wegen der Wahl erhellen am deutlichsten aus dem Decret der Brixener Synode (M. G. Legg. II. 51) und Benzo VII. c. 2; auch in Heinrichs Brief z. J. 1076 (M. G. Legg. II. 47) und aus mehreren Stellen bei Beno lassen sie sich erkennen. Ueber den Mangel an Beweisen für alle diese Anklagen sehe man besonders jetzt Wido Ferrariensis p. 154 und 169; auch Gregors Schreiben im Reg. I. 39 ist für die Beurtheilung seiner Absichten nicht unwichtig. Das vertraute Verhältniß zwischen Hildebrand und Hugo dem Weißen zu jener Zeit geht vor Allem aus dem Reg. I. ep. 6 hervor.

S. 241—244. — Die früher gewöhnliche Annahme, daß Gregor die Bestätigung des Königs nachgesucht und erhalten habe, beruht auf Lambert p. 194 und Bonizo p. 657, deren Erzählungen aber in keiner Weise harmoniren. Nach Bonizo sucht Gregor die Bestätigung in der Hoffnung nach, daß er sich so der drückenden Bürde des Pontificats entledigen werde, aber der König sendet sogleich den Kanzler Gregor ab, um die Wahl zu bestätigen und selbst bei der Weihe zugegen zu sein. Nach Lambert prociren die deutschen Bischöfe die Einmischung des Königs, der den Grafen Eberhard nach Rom sendet, um die Wahlvorgänge zu untersuchen. Der Graf wird von Gregor gütig empfangen, der ihn versichert, nur gezwungen das Regiment der Kirche übernommen zu haben, und die Weihe, bis der König seine Zustimmung gegeben habe, zu verschieben verspricht. Als dies dem Könige gemeldet wird, ertheilt er sogleich seine Einwilligung, und die Weihe erfolgt. Lamberts Erzählung hat Ranke S. 34. 35 eingehend kritisirt und ihren Widerspruch mit Bonizos und Gregors eigenen Aeußerungen hervorgehoben. Die Sendung Eberhards will Ranke zwar nicht gänzlich in Abrede stellen, doch bestreitet er, daß Eberhard Aufträge gehabt und Antworten empfangen habe, wie sie Lambert berichtet. Floto, der II. 6 gleichfalls die Glaubwürdigkeit Lamberts in Zweifel stellt, geht weiter und meint, die Sendung Eberhards nach Rom habe überhaupt nicht stattgefunden, weil Eberhard nach Bonizo (p. 664) zu den gebannten Räthen Heinrichs gehört habe. Auch Bonizos Darstellung hält Floto nicht für glaubwürdig und neigt sich der Meinung zu, daß Gregor weder die Bestätigung seiner Wahl beim Könige nachgesucht, noch sie erhalten habe. Und daß beides nicht geschehen ist, halte ich für unzweifelhaft[1]). Was Bonizo von Gregor VII. bei dieser Gelegenheit erzählt, erinnert an die Vorgänge bei der Wahl Gregors I., mit dem Bonizo seinen Helden auch sonst wohl parallelisirt. Daß Gregor VII. so nicht verfahren konnte, zeigen positiv seine Briefe; sie beweisen eben so bestimmt, daß der Papst dem Grafen Eberhard nicht antwortete, wie Lambert ihn antworten läßt, und daß er überhaupt seine Stellung von einer Entscheidung des Königs

---

1) Schon Papencordt (Geschichte der Stadt Rom S. 208) und Damberger (Synchronistische Uebersicht IV. S. 797) haben beides bestimmt in Abrede gestellt. Hefeles Polemik gegen Papencordt und Damberger in der Theologischen Quartalschrift 1861, S. 411—416 und in der Conciliengeschichte V. 3—6 scheint mir hier nicht überzeugend.

nicht abhängig machte. Auch thun die Quellenstellen, die Floto a. a. O. zusammengestellt hat, meines Erachtens ganz unzweideutig dar, daß der König niemals die Wahl förmlich bestätigt hat. Wie hätte man sie sonst auch später auf Grund des Decrets Nicolaus II. bestreiten können? Wenn aber Bonizo in der Annahme irrt, daß der Papst die Bestätigung nachgesucht und erhalten, Lambert in der anderen, daß der König sie beansprucht und ertheilt habe, so können ihre Erzählungen doch anderweitig eine factische Grundlage haben. So scheint mir kein vollwichtiger Grund zu bezweifeln, daß Gregor that, was Bonizo sagt: missis ad eum (regem) continuo literis et mortem papae notificavit et suam ei electionem denunciavit, wenn uns auch im Registrum gerade ein solches Notificationsschreiben an Heinrich fehlt, wie es an andere Personen dort erhalten ist. Noch weniger sehe ich Grund, das von Bonizo gemeldete Factum in Abrede zu stellen, daß der Kanzler Gregor bei der Weihe des Papstes zugegen war. Allerdings hatte der Kanzler mit anderen Lombarden, wie aus dem Brief des Wilhelm von Metz (Watterich, Vitae pontif. I. 741) hervorgeht, anfangs dahin gearbeitet, daß der König die Wahl cassiren möchte, aber die Weigerung desselben änderte seine Stellung, und aus Reg. I. ep. 26 geht hervor, daß der Kanzler sich mit dem Papst verständigte. So scheinen mir ferner auch Lamberts Nachrichten über die Bemühungen der deutschen Bischöfe, die Wahl durch königliche Einsprache ungültig zu machen, nicht zu bezweifeln. Noch mehrere Monate später klagte der Papst über die Kälte der deutschen Bischöfe. Erst im März 1074 schrieb ihm Anno; wenig früher, etwa im Februar ist Siegfrieds Brief im Cod. Udalrici Nr. 130 (J. 40) abgefaßt, den der Papst durch das Schreiben im Reg. I. ep. 60 beantwortete. Die Ueberschrift in Siegfrieds Brief lautet: Reverentissimo patri, novo Gregorio, sacerdotio primae sedis apostolicae infulato, Sigefridus Moguntinae dispensator ecclesiae. Durch die schönen Worte des Erzbischofs hat sich der Papst nicht irre machen lassen, und noch weniger dürfen sie uns zu der Meinung verleiten, als ob Siegfried nichts sehnlicher gewünscht hätte, als Gregors Erhebung. Vergl. Floto II. 9. Schwer zu sagen ist, ob man Lamberts Erzählung von der Sendung des Grafen Eberhard nach Italien irgend welchen Glauben beimessen soll. Vielleicht liegt nur eine Verwechselung mit Eberhards Mission i. J. 1075 vor, aber unmöglich wäre doch nicht, daß er auch damals im Auftrage des Königs nach Italien geschickt wäre, vielleicht um die lombardischen Bischöfe zu beschwichtigen. Offenbar irrig ist Lamberts Angabe, der Papst sei erst am 2. Februar 1074 ordinirt; ebenso falsch sind auch Bernolds Daten in der Chronik und im Necrologium, die überdies differiren; Bonizos Bestimmung wird hier durch das Registrum bestätigt.

S. 244—246. — Gregors Ansichten über die Verderbniß der Zeit sind im Reg. I. ep. 9 ausgesprochen; man vergleiche auch den nicht viel späteren Brief an Lanfrank Epp. coll. 1. — Die Bildung des päpstlichen Vasallenheeres durch Gregor haben wir erst durch Wido Ferrariensis p. 155 bestimmter kennen lernen. Ueber Cencius ist Paulus Bernriedensis c. 46 zu vergleichen, über die Huldigung von Imola Reg. I. ep. 10. Die ersten, eigenthümlichen Beziehungen zwischen Robert Guiscard und Gregor VII. erzählt Amatus VII. c. 8—10; man vergleiche den Brief des Papstes an Erlembald im Reg. I. ep. 25. Der Vertrag mit Landulf findet sich im Registrum I. ep. 18 a. Man sieht aus ihm recht deutlich, welche klägliche Stellung Gregor den von ihm abhängigen Fürsten beließ: Landulf mußte buchstäblich dieselben Bedingungen eingehen, wie damals die Procuratoren der römischen Kirche. Der Eid derselben ist aus Deusdedit bei Borgia, Breve istoria del dominio temporale App.

p. 20 abgedruckt. Der Lehnseid, den Richard Gregor VII. leistete, findet sich im Regiſtrum I. 21 a. Von dem Alexander II. geſchworenen Eide unterſcheidet er ſich nur durch die Auslaſſung des pro meo posse in Bezug auf die Vertheidigung der Rechte und Beſitzungen des heiligen Petrus und die Formel: Regi vero Henrico, cum a te admonitus fuero vel a tuis successoribus, iurabo fidelitatem, salva tamen fidelitate s. R. e., an deren Stelle der frühere Eid die Worte hat: nulli iurabo fidelitatem nisi salva etc.

S. 246–249. — Die Darſtellung der Verſuche, die Eintracht zwiſchen dem König und dem Papſt herzuſtellen, beruht ganz auf den Nachrichten, die ſich im Regiſtrum I. 12–28 finden. Der Brief des Königs an den Papſt ſteht dort nach ep. 29. Ueber die Echtheit deſſelben iſt nach Voigt und Stenzel Nichts mehr zu ſagen; ſie iſt jetzt allgemein anerkannt. Robert Guiscards Angriff auf Capua erzählt Amatus VII. c. 10. 11, den Tod Panbulfs bei Monte Serchio die Chronica S. Benedicti (M. G. III. 203) und die Annales Beneventani z. J. 1073; die falſche Jahreszahl in beiden Quellen iſt leicht zu berichtigen.

S. 249–253. — Ueber die Geſandtſchaft des Papſtes an Heinrich in der Oſterzeit 1074 handeln Lambert p. 215. 216, Bonizo p. 657. 658, Marianus Scottus und Bernold z. J. 1074. Sie geben alle einige gute und brauchbare Notizen, aber bedürfen doch ſämmtlich, wie die Actenſtücke zeigen, vielfacher Berichtigung. Solche Actenſtücke ſind der intereſſante Brief des Liemar bei Sudendorf, Regiſtrum I. Nr. 5, dann mehrere Briefe Gregors (Reg. I. 85. II. 28. 29. 30 und Epp. coll. 14). Lambert nennt als päpſtliche Legaten die Kaiſerin und fünf Biſchöfe, aber alle jene Briefe bezeugen, daß Legaten des Papſtes allein die beiden Cardinalbiſchöfe waren, welche die Kaiſerin begleiteten. Rainald von Como, deſſen Lambert und Bonizo gedenken, war damals häufig der Begleiter der Kaiſerin, und nur in dieſer Eigenſchaft wird er ſich der Geſandtſchaft angeſchloſſen haben, wie auch wohl Heinrich von Chur, den Lambert allein nennt. Daß die Legaten den König förmlich wieder in die Gemeinſchaft der Kirche aufgenommen haben, ſagt Gregor ſelbſt im Reg. I. 85 (peregistis, filium vestrum Heinricum regem communioni ecclesiae restitui) und Epp. coll. 14 (ad poenitentiam susceptus). Aber im eigentlichen Sinn vom Bann gelöſt, wie Lambert meint, wurde er ſchon deshalb nicht, weil das Anathem nicht unmittelbar über ihn, ſondern nur über ſeine Räthe ausgeſprochen war. Daß der König dabei Reue bezeugte, Beſſerung gelobte und beſtimmte Verſprechungen gab, liegt in der Natur der Sache und wird auch ausdrücklich bezeugt. Eine Bußſcene, wie ſie Floto II. 14 nach Manegold darſtellt, die der ſpäteren in Canoſſa nur zu gleich gleicht, hat in Nürnberg gewiß nicht ſtattgefunden; Manegold iſt für ſolche Dinge ein ſchlechter Zeuge. Daß zugleich die gebannten Räthe des Königs abſolvirt ſeien, wird nirgends ausdrücklich geſagt, aber folgt doch theils aus den Nachrichten bei Bernold über die von ihnen geleiſteten Eide, theils war es durchaus nöthig, wenn der König nicht ſofort wieder Cenſuren verfallen ſollte; denn irrig iſt offenbar, wenn Bonizo berichtet, der König habe jene Räthe aus ſeiner Nähe entlaſſen. Was über die von den Legaten geforderte Synode Bonizo und Lambert berichten, wird ergänzt und noch mehr berichtigt durch den erwähnten Brief Liemars, deſſen Abdruck bei Sudendorf einiger Correcturen bedarf. Z. 6 iſt zu leſen vobis domi vestrae ſtatt nobis; S. 9 Z. 11 wohl interna suggestione für in terra oder das von Troß emendirte iterata; auch Tu in Z. 4 vom Schluß möchte ich lieber in Nam ſtatt in Dum ändern, welches letztere ſich dem Gedanken ſchwer anpaßt. Lamberts und Bonizos Bericht zeigen übrigens in gleicher Weiſe, wie behutſam man mit ihren ſubjectiven Deutungen der

Thatsachen sein muß. Nach Bonizo soll der König die Synode eben so absichtlich hintertrieben, wie nach Lambert leidenschaftlich betrieben haben, um sich einiger mißliebiger Bischöfe zu entledigen. Ueber die ersten Zurüstungen des Papstes zu dem Zuge nach Constantinopel sehe man Reg. I. 18. 46. 49. 72. II. 3.

S. 253—260. — Das verunglückte Unternehmen des Papstes gegen Robert Guiscard erzählt weitläufig Amatus VII. c. 12—17; wichtige Notizen finden sich auch bei Bonizo p. 659; die Nachrichten Beider bestätigen die Briefe im Registrum I. 84. 85. II. 9. Der mitgetheilte Brief an Hugo von Cluny steht im Registrum II. 49; im Uebrigen sehe man daselbst II. 3. 30. 31. 40. Durch diese Actenstücke gewinnen die erneuerten Vorbereitungen für den überseeischen Krieg Licht. Dieser Zeit gehört auch der sehr interessante Brief an, den zuerst Sudendorf im Registrum II. Nr. 21, dann in verbessertem Text Jaffé Epp. coll. 11 herausgegeben hat. Der Brief an Svend Estrithson steht im Registrum II. 51. Außer den sonst bekannten Stellen über die Vermählung des Constantin Dukas mit der Helene beachte man auch die Notiz bei Amatus VII. c. 26.

S. 260—266. — Die Zerwürfnisse zwischen Gregor VII. und König Philipp von Frankreich lernt man aus dem Registrum II. 5. 18. 32 kennen; für das Verhältniß des Papstes zu Manasse von Reims und anderen französischen Bischöfen ist der Brief Reg. II. 56 bezeichnend. Die Citationsschreiben Gregors an die deutschen Bischöfe stehen im Reg. II. 28. 29, wo in dem ersten Brief wohl das Datum II. Id. Decem in II. Non. Dec. zu emendiren ist. In dem bereits angeführten Briefe Liemars an Hezilo bei Sudendorf, Registrum I. Nr. 5 sind besonders die Worte bemerkenswerth: Periculosus homo vult iubere, quae vult, episcopis ut villicis suis, quae si non fecerunt omnia, Romam venient aut sine iudicio suspenduntur. Das Schreiben Hermanns von Bamberg an Gregor VII. findet sich im Cod. Udalrici Nr. 135 (J. 43), das Siegfrieds von Mainz daselbst Nr. 132 (J. 42); über die Synode zu Erfurt i. J. 1074 ist Lambert p. 218. 219 einzusehen. Sehr unterrichtend über die Verhältnisse der deutschen Kirche zu Gregor in den Anfängen seines Pontificats ist das Schreiben Udos von Trier, welches Sudendorf im Registrum I. Nr. 4 zuerst herausgegeben hat und in Verbindung mit Gregors Schreiben im Reg. II. 10 zu bringen ist. Der wichtige Brief des Papstes an die oberdeutschen Herzöge steht im Reg. II. 45; man vergl. damit Epp. coll. 10.

S. 266—269. — Ueber die Vorgänge auf der Fastensynode 1075 finden sich Nachrichten im Reg. II. 52a, bei Marianus Scottus, Arnulf von Mailand IV. c. 7, Berthold, Bernold und Bonizo (p. 663), in den päpstlichen Schreiben im Reg. II. 62. 66. 67 und unter den Epp. coll. 3. 4. 5, welche letztere ich dem Jahre 1075 zuschreiben muß, während sie Jaffé mit anderen auf 1074 bezieht. Ueber die legislatorische Thätigkeit Gregors auf dieser Synode sehe man meine Abhandlung über die Gesetzgebung der römischen Kirche im Münchener historischen Jahrbuch für 1866 S. 126 ff., wo namentlich auch über die erste Form des Investiturverbots gehandelt ist. Eingehend ist neuerdings die Geschichte der römischen Synoden in dieser Zeit von O. Meltzer in seiner Schrift: Papst Gregors VII. Gesetzgebung und Bestrebungen in Betreff der Bischofswahlen (Leipzig 1869) behandelt worden; es war mir dieses Buch bei der Revision des Textes noch nicht zugänglich.

S. 270. 271. — Petrus Damiani sagt in dem Buch de privilegio Romanae ecclesiae in der Einleitung Opp. T. III. p. 37: frequenter a me — — postulasti, ut, Romanorum pontificum decreta vel gesta percurrens, quicquid apostolicae sedis auctoritati specialiter competere videretur, hinc inde curiosus excerperem atque in parvi voluminis unionem novae compilationis arte conflarem. Hanc itaque tuae petitionis instantiam cum ego negligens flocci penderem magisque superstitioni quam necessitati obnoxiam iudicarem etc. Ueber den sogenannten Dictatus papae im Reg. II. 55a sehe man die erwähnte Abhandlung im Münchener historischen Jahrbuch S. 128 ff.

S. 274—276. — Die Versammlung der Fürsten zu Goslar erzählt Bruno c. 23. Man hat an seinem Bericht hauptsächlich deshalb Anstoß genommen, weil die Fürsten nach vergeblichem Harren die Antwort erhalten haben sollen, der König sei geeilt ad urbem suam. Stenzel I. 291 meint deshalb, die Fürsten seien nicht in, sondern bei Goslar, etwa in Werla gewesen, und versteht unter der urbs Goslar selbst. Aber Bruno läßt sich die Fürsten ausdrücklich in Goslar selbst versammeln, und schwerlich wird je in Quellen jener Zeit Goslar eine urbs genannt; ich finde es vielmehr stets als villa regalis bezeichnet. Urbs ist ein befestigter Ort, und Bruno selbst braucht es c. 34 gleichbedeutend mit castellum und munitio; so nennt er Lüneburg c. 21 castellum, dagegen c. 26 urbs und c. 27 auch die Harzburg urbs. Hiernach ist bei Bruuos Worten sicher an die Harzburg zu denken, und ich glaube nicht, daß er ohne alle Anschauung schreibt, wie Floto I. 382. Note 2 behauptet. Auch die Annales Altahenses bestätigen jetzt im Wesentlichen Brunos Darstellung, obschon sie in Einzelnheiten abweichen; sie erwähnen ausdrücklich der Versammlung am 29. Juni zu Goslar. Das Verzeichniß der verschworenen Fürsten giebt Lambert p. 196; er nennt unter ihnen auch Adela, Debis schlimmes Weib, omni marchione animosior atque implacatior. Ob Bischof Friedrich von Münster von ihm mit Recht hier genannt wird, ist mehr als zweifelhaft, da er bei Bruno c. 27 noch später als Unterhändler des Königs aufgeführt wird. Die große Versammlung der Sachsen beschreibt Bruno c. 24—26. Daß die Ortsbezeichnung Normeslovo verderbt ist, wird nach den abweichenden Lesearten beim Annalista Saxo und im Chron. Magdeb. sehr wahrscheinlich, obgleich auch diese keinen bestimmten Anhalt für eine Emendation bieten. Die Verbesserung in Vormeslovo (Wormsleben) bei Floto I. 383 Note scheint mir glücklich und jedenfalls der Wedekindschen vorzuziehen, der an Halbensleben denkt. Die Zahl der sich eidlich zum Aufstand verpflichteten Sachsen giebt Lambert an. Ueber die Einschließung der Lüneburg durch Graf Hermann handeln Lambert p. 201 und Bruno c. 21. Ob sie vor oder nach der großen Volksversammlung erfolgte, läßt sich mit Sicherheit nicht bestimmen. Was Lambert p. 197 über die Rechtfertigung des Königs gegen Berthold auf der Harzburg sagt, beruht auf irrigen Voraussetzungen; Berthold war damals Herzog von Kärnthen.

S. 277—282. — Um den ersten August läßt Lambert p. 196. 197 die Sachsen eine Gesandtschaft an den König schicken, der sich damals zu Goslar befunden haben soll. Was diese Gesandtschaft nach ihm dem Könige meldete, hat sie gewiß nicht gesagt, da es theils entschieden unrichtig ist, wie Alles auf dessen Ehe Bezügliche, theils ganz unpassend. Ueberdies sind es zum Theil dieselben Dinge, welche nach Bruno c. 27 Otto von Nordheim später den königlichen Gesandten sagte, und da waren sie mehr an der Stelle. Aber Lamberts Bericht erregt auch andere Bedenken. Der König war um den 1. August nicht in Goslar, sondern auf der Harzburg, wie die Urkunde vom 28. Juli (St. R. 2764) und Bruno darthun. Ferner können alle die Ereignisse, welche Lambert zwischen dem Anfang August und dem 8. dieses Monats, wo der König die Harzburg verließ, zusammendrängt, unmöglich in wenig mehr als einer Woche stattgefunden haben. Deshalb ziehe ich Brunos Bericht vor, der die Sachsen bald nach der Versammlung zu Wormsleben vor die Harzburg rücken läßt;

so konnten sie den König überrumpeln und in ihre Gewalt zu bringen hoffen. Es beirrt mich auch nicht, daß Aehnliches wie Lambert das Carmen de bello Saxonico p. 202. 203 zu melden scheint, da die Darstellung des anonymen Dichters hier, wie meistentheils, sehr unbestimmt gehalten ist. Ueber die Verhandlungen zwischen den Sachsen und den königlichen Gesandten sind die Nachrichten bei Lambert p. 197. 198 und Bruno c. 27 recht wohl zu vereinen; nur die Personen der Gesandten selbst werden zum Theil anders angegeben, und ich glaubte Bruno auch hier deshalb folgen zu müssen, weil die von ihm genannten Männer zu dem Geschäft besonders tauglich waren. Ueber die Flucht selbst ist Bruno kurz, während Lambert sie p. 198 nach seiner Weise ausmalt. Da der König nach wenigen Tagen nach Hersfeld kam, konnte Lambert über diese Vorgänge gut unterrichtet sein. Floto I. 389 scheint mir den Bericht des Hersfelder Mönchs hier nicht ohne Hyperkritik zu betrachten; ich halte ihn im Wesentlichen für authentisch. Freilich wird man schwer glauben, daß der König und sein Gefolge drei Tage lang ohne Speise geblieben seien, obgleich es Stenzel nacherzählt; auch fügt Lambert selbst hinzu: ut fertur. Nach den Fragmenten der Annales Yburgenses wäre Heinrich nicht in der Nacht vom 8.—9. August, sondern erst am 10. geflohen. Ueber die weiteren Ereignisse bis zum Schluß des Jahres ist Lambert fast die einzige Quelle, und er zeigt sich, wenn seine Ansicht auch befangen ist, hier in dem Thatsächlichen sehr wohl unterrichtet. Was er p. 199. 200 über die Verbindung der Sachsen und Thüringer sagt, bestätigt Bruno c. 28. Ueber den Fall der Haimburg berichten Lambert p. 201 und die Altaicher Annalen; ausführlicher das Carmen de bello Saxonico p. 203. 204, wo statt Hennenberg zu lesen ist Haimenburc, doch scheinen mir die Ausführungen des Poeten wenig historischen Gehalt zu haben. Ueber das Verhältniß Liemars von Bremen zum Grafen Hermann sehe man das interessante Schreiben des Ersteren bei Sudendorf, Registrum I. Nr. 2. Der Brief gehört vielleicht erst in das Jahr 1074; bei dem Liemar gewährte Amnestie könnte sich auf den Gerstunger Vertrag von diesem Jahre beziehen. Die Verhandlungen in Hersfeld und Spieskapell kennen wir nur aus Lambert p. 198—201. Die merkwürdige Nachricht über Ottos von Nordheim Auftreten in Franken bald nach der Flucht des Königs findet sich in den Annales Altahenses. Der König blieb während der nächsten Monate unausgesetzt in den fränkischen Gegenden. Die Urkunde, welche am 5. September 1073 zu Regensburg ausgestellt sein soll und nur in einem Transsumpt Kaiser Friedrichs II. vorhanden ist, hat Stumpf (R. 2767) mit Recht als untergeschoben bezeichnet. Berthold z. J. 1073 erzählt, daß der König damals in Worms längere Zeit verweilt und eine schwere Krankheit überstanden habe; ich weiß nicht, ob er dieselbe Krankheit meint, die nach Lambert p. 204 später (um den 1. December) den König befiel.

S. 283—287. — Ueber die Unterhandlungen in Korvei berichtet allein Lambert p. 201. 202. Was die Sachsen bei den Erzbischöfen eigentlich bezweckten, nämlich entehrende Kirchenstrafen von Seiten derselben für den König, scheint mir nirgends bisher nach Gebühr betont; thut man dies, so scheint das Verfahren der Sachsen nicht so unmotivirt, wie Floto I. 392 meint. Heinrichs Verbindungen mit den Liutizen und dem Dänenkönig berichtet allein Lambert p. 202. Die Versammlung der Fürsten war zu Würzburg, wie aus den beiden Urkunden vom 27. October 1073 (St. R. 2768. 2769) hervorgeht; dadurch ist der Irrthum bei Berthold entstanden, daß er auch das colloquium mit den Sachsen nach Würzburg verlegte. Der Tag zu Gerstungen wurde nicht das, was die Erzbischöfe beabsichtigt hatten, weil der König seine Einwilligung zu Siegfrieds Abkommen versagt hatte. Es fand kein allgemeiner Fürstentag dort Statt, sondern die Sachsen unterhandelten lediglich mit den von dem Könige bevollmächtigten Fürsten. Daß sich diese von den Sachsen gewinnen ließen, ist nach der Darstellung bei Lambert p. 202. 203, nach Bertholb z. J. 1073 und dem Carmen de bello Saxonico p. 207 nicht zweifelhaft; ebenso wenig scheint mir ungewiß, worin das ostensible Abkommen bestand, welches die Unterhändler des Königs mit den Sachsen trafen, wenn man die Worte Bertholds iuxta quorundam episcoporum et ducum praedictorum consilium mit condixerant, und nicht mit se facturos, wie es Floto gethan hat, in Verbindung bringt. Fraglicher ist, worin das geheime Abkommen bestand, welches damals zu Stande kam. Nach dem Carmen de bello Saxonico hätten die Unterhändler des Königs sich verpflichtet, den Sachsen nicht zu schaden, d. h. wohl nicht die Waffen gegen sie zu ergreifen. Sehr möglich; aber die Verabredungen gingen, wie es scheint, doch weiter. Lambert versichert sehr bestimmt, daß man bereits die Absetzung des Königs und die Einsetzung eines anderen beschlossen habe und Rudolf nur nicht sogleich gewählt sei, weil er sich der Wahl selbst widersetzt habe. Mir scheint nun allerdings den Verhältnissen zu entsprechen, daß die Sachsen auf die Absetzung des Königs drangen und Rudolf durch Aussichten auf den Thron zu gewinnen suchten; nur so durchgreifende Beschlüsse, wie sie Lambert angiebt, können damals weder gefaßt, noch kann von Rudolfs Wahl bereits ernstlich die Rede gewesen sein. Wie hätten sich jene sieben Fürsten allein auf solche Sachen einlassen können? Ihr Interesse war allein, die Entscheidung an die Gesammtheit der Fürsten zu bringen, bei denen sie sich eines bestimmenden Einflusses für sicher hielten. Darauf weist denn auch Lambert selbst hin; die Unterhändler, meint er, hätten sich anheischig gemacht, bis Weihnachten mit den anderen Fürsten über die Reichsangelegenheiten Rath zu pflegen. Daß ein geheimes Abkommen überhaupt getroffen sei, scheint mir Floto I. 396 mit Unrecht in Abrede zu stellen. Lindner (Anno S. 80) folgt hier Floto und sucht Lamberts Darstellung noch mehr zu entkräften, aber seine Argumente scheinen mir nicht durchschlagend. War das Abkommen auch bei seinem Abschluß ein geheimes, so konnte es Lambert doch zur Zeit, als er schrieb, recht wohl erfahren haben, und auch an anderen Hinweisungen auf den damals gespielten Betrug fehlt es nicht; freilich sucht Lindner (S. 107) die oben angeführten Worte Bertholds umzudeuten und beseitigt das Zeugniß des Carmen de bello Saxonico auf Grund meiner Hypothese, daß Lambert der Verfasser dieses Gedichtes sei.

S. 287—289. — Die Erzählung über Regingers Anschlag bei Lambert S. 203. 204 bestätigt Berthold z. J. 1073; auffällig ist, daß Bruno darüber ganz schweigt. Floto I. 396 hat besonders darauf hingewiesen, daß auf den Sachsen der größte Verdacht ruht, Reginger angestiftet zu haben. Die Urkunde, am 26. November zu Regensburg ausgestellt, welche Stenzel und Böhmer (Reg. Nr. 1858) in das Jahr 1073 gesetzt haben, wird wohl nach den Zeitangaben und dem Inhalt mit größerem Recht, wie es in den Mon. Boica XXIX, 1. p. 189—191 geschehen und von Stumpf (R. 2782) angenommen ist, in das Jahr 1074 verlegt. Daß Heinrich gerade am 1. December nach Ladenburg kam, wie die Randbemerkung zum Lambert in den M. G. und Floto I. 397 angeben, erhellt aus dem Autor selbst nicht.

S. 289—303. — Was Lambert über das Auftreten der Wormser für den König p. 204 erzählt, findet die beste Bestätigung in der berühmten Urkunde Heinrichs vom 18. Januar 1074 (St. R. 2770). Die Zweifel, die an der Echtheit der Urkunde erhoben sind, sind ganz unbegründet; die Verwirrung der Zeitbestimmungen ist die gewöhnliche in den Urkunden jener Zeit, und die Indiction weist auch hier auf das richtige Jahr hin. Ueber den nach Mainz berufenen Fürstentag berichtet Lambert am angeführten Orte. Daß hier über Regingers Anklage verhandelt werden sollte, bemerkt Floto I. 398 mit Recht; aber die Verhandlungen sollten unfehlbar weiter greifen und zwar unmittelbar auf die Thronfolge selbst eingehen, wie Lambert angiebt, dessen Bericht ich hier für viel glaubwürdiger halte, als es Floto und Lindner (S. 108) thun. Die Demüthigung Heinrichs vor den Fürsten zu Oppenheim berichtet nicht allein Lambert p. 204. 205, sondern auch in ähnlicher Weise die Annales Weissenburgenses z. J. 1073. Die folgenden Ereignisse bis zur Zerstörung der Harzburg habe ich im Wesentlichen nach Lambert p. 205—211 erzählt. Ich halte es für sehr bedenklich, wenn Lindner (S. 83) Anno und Siegfried „natürlich" im Jahre 1074 dem Könige gegen die Sachsen folgen läßt, während Lambert direct das Gegentheil sagt; Lindner bezieht sich auf Urkunden, aber die von ihm hier angeführten erwähnen die beiden Erzbischöfe nicht. Was Bruno c. 31—34 giebt, enthält offenbar große Fehler; zum Theil führt er nur aus, was in dem Schreiben der sächsischen Fürsten, von ihm selbst c. 42 mitgetheilt, angedeutet ist, und hier finden sich allerdings wichtigere Notizen, die Lambert ergänzen. Daß die Zehntenfreiheit der Thüringer in Gerstungen bestätigt wurde, zeigt Lambert p. 218. Die Darstellung, welche das Schreiben der Sachsen von der Zerstörung der Harzburg giebt, ist parteiisch; Lamberts Erzählung ist an sich wahrscheinlicher und wird auch durch das Carmen de bello Saxonico bestätigt. In dem Schreiben der Sachsen ist wohl zu lesen: omnes confregimus, nisi quas ipse nobis volentibus stare permisit, wie sich auch beim Annalista Saxo findet.

S. 303—309. — Die Empörung der Kölner gegen Anno schildert ausführlich Lambert p. 211—215. Erwähnenswerth ist der Brief Annos an Udo von Trier bei Sudendorf, Registrum I. Nr. 5. Ueber Heinrichs Unternehmungen gegen Ungarn i. J. 1074 sehe man M. Büdinger, Ein Buch ungarischer Geschichte, S. 43 ff., wo sich die vollständigen Quellenangaben finden; doch dürfte auf die Nachrichten des Keza p. 117 mehr Gewicht zu legen sein, als auf den Bericht des Thwrocz II. c. 54.

S. 309—311. — Ueber die Vorbereitungen zum Sachsenkriege von 1075 handeln Lambert 219. 223. 224, Berthold und viel ausführlicher Bruno c. 35—45. Sehr werthvolle und ganz unrichtige Nachrichten sind bei Letzterem gemischt. Wichtig ist vor Allem das c. 42 mitgetheilte Schreiben der Sachsen an Siegfried, welches in dem Anfange d. J. 1075 abgefaßt sein wird, als der König in Mainz verweilte. Ostern feierte er nicht dort, sondern in Worms; dahin wird demnach auch verlegt werden müssen, was Bruno c. 44 nach Mainz setzt. Ganz irrig ist das Meiste, was in c. 36 berichtet wird. Die Mark Meißen konnte der König nicht dem Böhmenherzog versprechen, da Markgraf Ekbert damals auf seiner Seite stand. Gegen Wilhelm von England und Philipp von Frankreich deckte Heinrich damals die Westgrenze: wie hätte er sie zur Hülfe gegen die Sachsen rufen sollen? Ebenso wenig konnte ihm beikommen, Herzog Wilhelm von Aquitanien um Beistand zu ersuchen. Dies Alles sind lediglich Erfindungen Brunos oder unsinnige Gerüchte, wie sie unter den Sachsen umgingen. Nicht besseren Grund hat die Mordgeschichte c. 38 und Anderes. Wenn Lambert p. 223 sagt, daß die Sachsen erst Ostern die ihnen drohende Gefahr gemerkt hätten, so ist dies nicht nur an sich höchst unwahrscheinlich, sondern steht auch im directen Widerspruche mit Bruno und den von ihm mitgetheilten Briefen. Alles, was Lambert dann von der Gesandtschaft des Königs p. 223. 224 erzählt, hat wohl nur einen Anhalt in dem, was Bruno c. 45 nach Wezels Brief (c. 48) berichtet, und ist rhetorisch ausgeschmückt. Die Gesandtschaften der Sachsen bei Lambert p. 244 werden auch keine anderen gewesen sein, als die von Bruno c. 41 und 43 erwähnten; die Erzählung von dem sächsischen Gesandten, der eingekerkert wurde und dann entfloh, berührt vielleicht dasselbe Ereigniß, welches mit anderen Nebenumständen Bruno c. 44 berichtet. Interessant ist der Brief des Königs an den Abt von St. Maximin bei Beyer, Mittelrhein. Urkundenbuch I. 720, den ich in das Jahr 1075 setze. In den Worten: Expeditionem nostram super Saxones proscripsimus, quam Deo propitio VIII. Id. Jun. finire decrevimus, ist für finire sicher inire zu lesen, für VIII. Id. vielleicht VI. Id. Ich lasse das Schreiben unter den Documenten A. 10 abdrucken.

S. 312—324. — Die Erzählung des Feldzuges gegen die Sachsen i. J. 1075, der Schlacht bei Homburg und der zunächst folgenden Ereignisse bis zur Unterwerfung der Sachsen bei Lambert ist anschaulich und im Wesentlichen gewiß zuverlässig. Wenn in Lamberts Text p. 226 steht: Sequenti die praecipitato nimium gradu duorum pene dierum iter confecit, so kann dies der Autor nicht geschrieben haben, da die Schlacht noch an demselben Tage am Mittag begann. Vielleicht ist statt dierum zu lesen: millium, was etwa der Entfernung zwischen Ellen und Behringen entspräche. Abgesehen von manchen rhetorischen Ausschmückungen stimmt die Darstellung im Carmen de bello Saxonico mit Lambert überein. Einzelne brauchbare Notizen geben noch Berthold und Bruno (c. 46), doch verdienen die Abweichungen des Letzteren wenig Glauben, da er sichtlich die Niederlage der Sachsen zu beschönigen sucht. Ueber den Schlachttag sehe man Stenzel II. 264; zu den von ihm angeführten Zeugnissen kommen jetzt auch die Annales Yburgenses. Die Lage der Sachsen nach der Schlacht ergiebt sich am besten aus den bei Bruno c. 48. 49 u. 51 mitgetheilten Briefen des Erzbischofs Wezel. In c. 48 ist statt suae dampnationis subdere zu lesen: suae dominationi subdere. Die Verleihung mehrerer Besitzungen Ekberts von Meißen an Udalrich von Godesheim berichtet Bruno c. 56.

S. 325—329. — Ueber Annos letzte Lebenszeit und sein Ende handelt ausführlich Lambert p. 237—241. In der Vita Annonis L. II. c. 23—25 und L. III. finden sich neben dem aus Lambert genommenen Stoff auch werthvolle eigene Nachrichten. Die Verwendung des Papstes für die gefangenen Bischöfe erhellt aus dem Brief des Königs an seine Mutter im Codex Udalrici Nr. 186 (J. 46), welchen Floto I. 435 mit Recht in das Ende des Jahres 1075 setzt und mit dem Bruno c. 64 zu vergleichen ist. Ueber die Verhandlungen in Goslar berichtet Lambert p. 241, über Ottos von Nordheim neue Stellung zum Könige und die harte Behandlung Sachsens derselbe Autor p. 244. 245.

S. 330—336. — Um darzuthun, daß der König nach dem Investiturdecret noch ungescheut die Investitur übte, genügt es auf Huzmann von Speier hinzuweisen, der im April 1075 von ihm die Belehnung erhielt. Ob die Räthe des Königs vom Hofe nach der Excommunication entfernt wurden, ist zweifelhaft. Berthold z. J. 1075 bestreitet es, aber nach den eigenen Angaben Gregors (ut excommunicatos in suam familiaritatem et communionem reciperet. Epp. coll. 14) müßte man es doch glauben. — Erlembalds letzte Schicksale berichten Arnulf IV. c. 5—11, Berthold p. 305 und Bonizo p. 663; über den Todestag steht nur so viel fest, daß er nach dem 12. April fällt, aber vor Pfingsten (24. Mai), da Arnulf und Bonizo noch auf die Osterzeit Bezug nehmen. Gute Nachrichten über Cencius und den Cardinal Hugo findet man bei Bonizo p. 661—665 und Paul von Bernried c. 47, doch bringt Bonizo die Sachen vielfach in einen irrigen Zusammenhang. Auf der Fastensynode

1075 ist weder Hugo noch Wibert gebannt worden; erst im Sommer 1075 wird über Beide das Anathem ausgesprochen sein. Nach Lambert p. 242 wäre Hugo sogar erst im Anfange b. J. 1076 excommunicirt worden. Ueber den Handel Hermanns von Bamberg berichtet Lambert p. 219—223. 236. 237 sehr eingehend, aber seine Darstellung enthält doch mannigfache und schwere Irrthümer, wie die Actenstücke beweisen, die gerade hier in nicht geringer Anzahl vorliegen. Von vorzüglicher Wichtigkeit ist der Brief der Bamberger im Codex Udalrici Nr. 141 (J. 44); er ist wohl an den Bischof Embriko von Augsburg gerichtet und muß im Mai 1075 geschrieben sein. Auf ihm und den Briefen Gregors im Regiftrum II. 76. III. 1. 2. 3¹) beruht hauptsächlich unsere Darstellung. Zu vergleichen ist auch der Brief Meinhards in Sudendorfs Regiftrum III. Nr. 29, der etwa im April 1075 abgefaßt und an mehrere Domherren gerichtet ist, die damals mit Hermann nach Rom gezogen waren, wie ein Brief des Propstes Poppo an den königlichen Kanzler Adalbero, ebenfalls von Sudendorf im Regiftrum II. Nr. 22 herausgegeben. Der letztere, der im August 1075 geschrieben sein muß, beweist aufs Neue, wie sich der Hof Hermanns in keiner Weise annahm, was auch der Brief Gebhards von Salzburg an Hermann von Metz bei Gretser (Opp. VI. 445) bestätigt. Dort heißt es: tanta adhuc inter regnum et summum sacerdotium concordia viguit, ut omne, quod ibi in destituto eiusdem loci episcopo alioque substituto actum est, totum iussioni et obedientiae Romani imputaretur pontificis. Daß auch Erzbischof Liemar von Bremen ein entschiedener Gegner Hermanns war, geht aus dem Auftritte hervor, den Bernhard von Hildesheim bei Ussermann, Prodromus II. 207 berichtet und der Oftern 1074 in Bamberg stattfand; auch der oben erwähnte Brief der Bamberger im Cod. Udalrici erwähnt desselben. Der Brief Heinrichs an die Bamberger im Cod. Udalrici Nr. 140 (J. 41) bezieht sich wohl nicht auf diese Dinge, wenn es gleich der Anordner der Sammlung selbst meinte. Auch Floto II. 52 zieht ihn hierher, obgleich er auf die Schwierigkeit, die in der Aufschrift Imperator Augustus liegt, selbst aufmerksam macht. Ein interessantes Zeugniß für Hermann findet sich in einer Urkunde (St. R. 2273), welche in den Mon. Boica XXXI, 1 p. 352 mit Recht in den März 1074 gesetzt wird; sie enthält eine Schenkung des Königs an Hermann: qui in omni temptatione nostra videlicet (fideliter ist wohl zu emendiren) nobis adhesit.

S. 336—340. — Die Verhandlungen zwischen dem König und dem Papst im Sommer 1075 erhellen aus den Briefen des Letzteren im Regiftrum III. 5. 7. Der zweite ist ohne Datum und von dem Sammler, wie die Depositio und das sich daran schließende Stück, an unrechter Stelle später eingeschoben. Der ganze Zusammenhang zeigt, daß der Brief eine Antwort auf das königliche Schreiben ist, welches im fünften Briefe abschriftlich aufgenommen ist und schon vor dem August

---

1) Der Sinn der in dem letztgenannten Briefe enthaltenen Worte: Quod ubi praetor spem evenit, iam de damnatione sua securior, festinanter retrocessit scheint mir nicht zweifelhaft. Die in den historisch-politischen Blättern Bd. LVIII. S. 212 versuchte Deutung: „Da dies gegen seine Hoffnung ausfiel, nun über seine Verurtheilung hinreichend vergewiffert, eilig die Rückreise an", erregt grammatische Bedenken, denn securior bedeutet „sorgloser", und bietet zugleich sachliche Schwierigkeiten. Nach dem Briefe im Codex Udalrici machte Bischof Hermann auf der Reise Halt, als er den schlimmen Stand seiner Sache erfuhr (tristi nuncio rei gestae perculsus substitit), dann schickte er seine Boten nach Rom, und die schon unter dem 20. April ausgefertigte Bulle über seine Entsetzung wurde nicht damals abgesendet, sondern ging erst später (am 20. Juli) von Rom ab. Der Bischof setzte also die Reise, als er über seine Verurtheilung vergewissert war, nicht fort; seine Boten bewirkten, daß diese Verurtheilung keine unmittelbaren Folgen hatte, und so reiste er, schon sorgloser wegen seiner Verurtheilung, eiligst zurück.

Anmerkungen zu Seite 340–359.

in Rom eintraf; der erwähnte nuntius des Königs, der Brief 7 mitnahm, kann auch nur derselbe sein, der im fünften Briefe erwähnt ist (postea praefatis legatis dicendo mandavit): dann ist aber der undatirte Brief vor dem fünften Briefe, also vor dem 11. September geschrieben. Durch diese Erwägung gewinnen die Sachen an Klarheit. Im Anfange des siebenten Briefes scheint aberamus zu emendiren in aherant; der Codex Udalrici Nr. 137 hat maxime propter infirmum aerem aberam, wo richtig causa infirmitatis umschrieben wird. Meltzer, Gregors VII. Gesetzgebung S. 123 schlägt die Emendation: aberamus neque aderant vor.

S. 340–344. — Ueber die Besetzung des Bamberger Bisthums, wie der Abteien Fulda und Lorsch handelt Lambert p. 236. 237, über die Mainzer Synode im October 1075 p. 230. Der Widerstand gegen Bischof Altmanns Bestrebungen für den Priestercölibat wird in dessen Biographie c. 11 berichtet. Ueber die ersten Wirkungen der Pataria in Deutschland sehe man die Annales Augustani 1075, die dort erwähnte Gefangennahme Embrikos ist dunkel. Ueber Graf Eberhards Gesandtschaft berichten Bonizo p. 664 und das sehr interessante Kapitel des Amatus VII. 27. Die Gesandtschaft an Robert, die Arnulf IV. c. 7 erwähnt, fällt wohl in eine frühere Zeit. Ueber die Verständigung zwischen Robert und Richard von Capua handelt Amatus in den folgenden Kapiteln; c. 30 ist für Robert Lanticello zu lesen Robert de Loritelle und c. 32 für Balvenise Balvense (comitatus Balvensis).

S. 344–350. — Die Erhebung Thebalds auf den Stuhl zu Mailand berichtet Arnulf V. c. 5, in Nebenumständen abweichend von Bonizo p. 664. Die darauf bezüglichen Briefe stehen im Registrum III. c. 8. 9. Daß der letzte Brief Gregors an Heinrich (Reg. III. 10) nicht am 8. Januar 1075 geschrieben sein kann, sondern wohl am 8. December 1075 geschrieben ist, hat Floto II. 71. 72 gut gezeigt, nachdem bereits Pertz in den Noten zum Berthold (M. G. V. p. 286) auf den chronologischen Fehler hingewiesen hatte. Die Stelle aus dem Briefe, welche Floto S. 73 unten und S. 74 oben in Uebersetzung mittheilt, ist mißverstanden, was um so auffallender, da Stenzel den Sinn bereits ganz richtig gefaßt hatte. Die geheimen Aufträge der Gesandten erhellen aus Epp. coll. 14. Daß der Papst schon für die Fastensynode 1076 die Strafe der Excommunication Heinrich androhte, sagt nicht nur Lambert, sondern auch Bernold z. J. 1076 und in dem Brief de damnatione schismaticorum p. 217. Bertholds Ausführungen über die Aufträge der Gesandten p. 280 gehören, wie ich glaube, mehr ihm, als Gregor an. Die Aeußerung, die Heinrich besonders Gregor vorwarf, steht in dem Briefe bei Bruno c. 66: mandans, quae nosti, scilicet, ut tuis verbis utar, quod aut tu morereris aut michi animam regnumque tolleres. Wiederholt wird sie in Heinrichs Brief im Codex Udalrici Nr. 144 (J. 49). Ueber die Aufnahme des Gesandten berichten Lambert und Berthold; man vergleiche auch Gregors eigene Aeußerungen in den Epp. coll. 14.

S. 350–352. — Der Anschlag des Cencius wird fast von allen gleichzeitigen Schriftstellern berichtet. So bei Lambert, Bernold und Berthold z. J. 1076, wie bei Arnulf V. 6. Wichtige Notizen geben Bonizo p. 665 und die Vita pontif. (Watterich I. 294); sehr ausführlich stellt den Vorgang Paulus Bernriedensis c. 48–57 dar, doch finden sich hier offenbar neben guten Nachrichten auch willkürliche Ausführungen.

S. 352–359. — Die Namen der zu Worms anwesenden Bischöfe ergeben sich aus dem Briefe derselben an den Papst, wie er sich in den M. G. Legg. II. 44 findet. Ueber das Concil berichten Lambert, Bernold und Berthold im Wesentlichen

Anmerkungen zu Seite 359—368.   1129

übereinstimmend; wichtig ist auch Abalberts und Bernolds Darstellung de damnatione schismaticorum p. 217—220. Den Einfluß Hugos auf die Verhandlungen geben außer Lambert auch Bonizo p. 666 und Donizo I. c. 19 an. Bruno c. 65 stellt die Sache nicht richtig dar, wenn er das Concil lediglich unter dem Zwange des Königs handeln läßt; Bernold de damnatione schismaticorum sagt von den Bischöfen: regi non tam consenserunt, quam persuaserunt. Man vergleiche auch Gebhards Brief an Hermann von Metz (Gretser Opera VI. p. 444. 445). Den Aufenthalt Gottfrieds in Utrecht Weihnachten 1075 giebt das Chronicon s. Huberti Andaginensis c. 31 an. Ueber Hezilos Unterschrift sehe man das Chronicon Hildesheimense c. 17. Die Briefe der Bischöfe und des Königs an Hildebrand stehen im Codex Udalrici Nr. 162. 163 (J. 47. 48) und in den M. G. Legg. II. 44—47. Die wichtigen Beschlüsse über die Einsetzung eines neuen Papstes, den Gottfried nach Rom führen sollte, gehen deutlich aus Berthold z. J. 1076 (p. 284) hervor. Als Gesandte der Synode nennt Berthold p. 282 die Bischöfe von Basel und Speier. Graf Eberhards Anwesenheit damals in der Lombardei bezeugt die Vita Anselmi c. 14; gewiß ist er nicht, wie es Stenzel thut, mit dem servus regis zu identificiren, der auf der römischen Synode nach Berthold p. 282 erschien. Daß die Lombarden zu Piacenza den Wormser Beschlüssen beitraten, kann nach den übereinstimmenden Zeugnissen Bernolds, Bertholds und Bonizos keinem Zweifel unterliegen. Donizo I. c. 19 verlegt die Synode irrig nach Pavia, und ihm ist auch hier Paulus Bernriedensis gefolgt.

S. 359—362. — Die Zeit, in welcher die römische Fastensynode gehalten ist, scheint zweifelhaft. Nach Reg. III. 8 war sie auf die erste Woche in den Fasten angekündigt, nach Lambert p. 241 auf die zweite. In der That muß sie erst in der zweiten Woche abgehalten sein, da Berthold p. 283 sagt, daß Gottfried his synodalibus diebus gestorben sei (er starb am 26. Februar), da ferner der König erst um Ostern (27. März) zu Utrecht Nachricht von seiner Bannung erhielt. Auch über den Gang der Verhandlungen sind die Nachrichten widersprechend. Nach Lambert p. 243 scheint es, als wenn die Gesandten gleich am ersten Tage ihre Botschaft ausgerichtet hätten, die Briefe dann am zweiten Tage verlesen und sogleich die Urtheile gefällt seien; auch Bruno c. 68 und Bonizo p. 666. 667 sprechen von zwei Sitzungen der Synode. Donizo I. c. 19 drängt dagegen Alles mehr zusammen, so daß nach ihm die Synode nur eine eintägige scheint; ebenso Paulus Bernriedensis, der c. 68—76 eine sehr ausführliche Darstellung der Vorgänge giebt, die aber doch im Wesentlichen nur eine Umschreibung der Worte des Donizo ist. Eigenthümlich ist ihm nur die Aeußerung des Cardinalbischofs von Porto und die richtigere Wendung der Aufforderung Rolands an die Cardinäle, welche sich auch aus Bonizo ergiebt. Ueber die Resultate der Synode kann nach den Acten im Registrum III. 10a und dem interessanten Brief der Kaiserin Agnes an Altmann von Passau bei Hugo von Flavigny p. 435 nicht der geringste Zweifel obwalten. Man sieht daraus, daß Lambert sich darin irrte, wenn er über Wilhelm von Utrecht und Rupert von Bamberg besondere Strafen verhängt werden läßt. Vergl. Floto II. 89. Die Zahl der versammelten Bischöfe giebt Bonizo auf 110 an, und diese konnten wohl nicht allein aus Unter- und Mittel-Italien sein.

S. 364—368. — Der Brief, durch den Gregor alle Christen zum Gebet aufforderte, steht Reg. III. 5 an unrechter Stelle und ist dort erst später eingefügt; er gehört in die letzten Tage des Februar 1076. Ueber die Verhandlungen mit den Normannen sehe man den Brief vom 14. März 1076 Reg. III. 11 und den undatirten Brief III. 15, der im April geschrieben sein wird. Die grausame Behandlung der königlichen Gesandten geht besonders aus Heinrichs Brief im Codex Udalrici Nr. 144 (J. 49) hervor; man vergleiche aber auch Bernold z. J. 1076 und den Brief der Agnes an Altmann. Bekanntlich hat auch Anna Comnena wegen dieser Rache den Papst schwer getadelt. Die Truppenwerbungen Gregors erhellen aus dessen Brief an Heinrich von Trient (Epp. coll. 13); er ist wohl schon im April geschrieben. Die Werbungen durch den Erzbischof von Reims und den Bischof von Paris, die Floto II. 91. 92 erwähnt, gehören erst in eine spätere Zeit, in das Jahr 1078, wie aus Manasses Brief (Mansi XX. 487), mit Reg. VI. 2 verglichen, klar wird. Ueber die Versammlung in Pavia sehe man Bonizo p. 670 und Arnulf V. c. 7, über Wifred Reg. III. 15. — Eine Kritik des Schreibens Audivimus quosdam (Epp. coll. 14) giebt Floto II. 95. Was er als falsche Thatsachen in demselben rügt, scheint mir nicht Alles erwiesen, und in mehreren Punkten muß ich Hefeles Einwendungen (Conciliengeschichte V. 74) beipflichten. Aber im Widerspruch mit allen sonstigen Nachrichten steht, daß Gregor die königlichen Räthe schon vor dem Ausbruch der sächsischen Unruhen gebannt haben sollte, und nach dem ganzen Zusammenhange des Folgenden kann an der betreffenden Stelle nur an sein Verfahren gegen die Räthe i. J. 1075 gedacht werden. Durch diese chronologische Verwirrung wird der Verlauf des Streits unrichtig entwickelt; daß die Darstellung überdies unvollständig ist, bedarf keines Beweises. Ueber die von Gregor zurückgewiesenen Anerbietungen zur Ausgleichung des Streits sehe man Reg. III. 15.

S. 369—371. — Ueber Gottfrieds Tod finden sich die besten Nachrichten in den Annales Egmundani z. J. 1075 und dem Chronicon s. Huberti Andaginensis c. 31 und 32; auch Lambert p. 243 und Berthold p. 284 erwähnen desselben. Lambert irrt in dem Ort und wahrscheinlich auch in dem Tage. IV. Kal. Mart. ist, da 1076 ein Schaltjahr war, der 27. Februar; nach den Annales Egmundani starb Gottfried V. Kal. Februar., d. h. am 26. Februar. In der Zeitbestimmung des Chronicon s. Huberti Andag. c. 32 muß ebenfalls ein Fehler liegen. Das Auftreten des Bischofs Wilhelm am Osterfest zu Utrecht wird ausführlich bei Lambert p. 243. 244, Berthold p. 283. 284, Bruno c. 74, Paul von Bernried c. 80 erörtert; am wichtigsten sind die Nachrichten bei Hugo Flaviniacensis p. 458. 459, von denen Stenzel I. 387 bereits bemerkt hat, daß sie nicht in das Jahr 1080, sondern 1076 gehören. Die Urkunde bei Böhmer Nr. 1867 ist unecht; man vergl. St. R. 2789. Der König war im April 1076 nicht in Goslar, sondern begab sich, wie Berthold sagt, von Utrecht durch Lothringen unmittelbar nach Worms; am 21. April war er nach St. R. 2790 in Aachen.

S. 372. 373. — Ueber das verunglückte Wormser Nationalconcil finden sich die ausführlichsten Nachrichten bei Berthold p. 284; Lambert p. 246 geht nur flüchtig über die Sache hin. Der Brief des Königs an Altwin von Brixen steht im Codex Udalrici Nr. 144 (J. 49) und ist auch M. G. Legg. II. 48 abgedruckt. Da er in der Aufschrift nur die Sigle A. trägt, glaubte man ihn früher an Anno gerichtet. Nachdem dieser Irrthum erkannt ist, hat man bei der Sigle A. an Abalbero von Würzburg gedacht. Aber der Empfänger war offenbar bei dem ersten Wormser Concil nicht zugegen, wie es Abalbero war, aber nicht Altwin. Der ganze Inhalt des Schreibens weist darauf hin, daß es an einen Bischof erlassen ist, an dessen Erscheinen beim König und den ihm anhängenden Bischöfen sehr viel gelegen war, und das war bei Altwin der Fall, der als Zeuge auftreten sollte. Den Todestag Wilhelms geben die Annales Egmundani; schon aus dem Tage geht hervor, daß sein Tod nicht in so unmittelbarem Zusammenhange mit seinem Auftreten um Ostern stand, wie

Lambert, Berthold, Bruno, Hugo von Flavigny und Paul von Bernried glauben. Sie malen sämmtlich den Tod Wilhelms auf das Schreckbarste aus, Jeder auf seine Weise, und schon dadurch verlieren die Nachrichten an Glaubwürdigkeit.

S. 373—380. — Von der Verschwörung der oberdeutschen Herzöge mit mehreren Bischöfen handeln Lambert p. 243. 244 und Berthold p. 283. Ueber Hermann von Metz sehe man die Histoire littéraire de la France VIII. 330—334 und Sudendorf, Berengarius Turonensis 176—179. Daß Hermann der Billinger und Dietrich von Katlenburg in Hermanns Haft waren und zuerst von ihm entlassen wurden, hat Floto II. 104 gezeigt. Lambert irrt wohl, wenn er die Entlassung schon längere Zeit vor Pfingsten setzt, so schnell konnten sich die Dinge nicht entwickeln; auch scheint es nach Bruno c. 85, als ob die Fürsten nicht so lange vor dem Mainzer Tage in die Heimath zurückgekehrt sind. Ueber den weiteren Verlauf des Aufstands sehe man Lambert p. 244—246, Bruno c. 82—84. Die Geschichte von Burchards Flucht erzählt Lambert p. 247. 248 sehr ausführlich und im Ganzen wohl zuverlässiger, als Bruno c. 83. Ueber Ottos von Nordheim Abfall und den Zug des Königs zur Bestrafung der Söhne Geros haben wir allein bei Lambert p. 249. 250 Nachrichten. Weshalb Floto II. 108 Lamberts Angabe, daß der König 1076 (nicht 1075) die Mark Meißen, wie früher die Ostmark, dem Böhmenherzog übergeben habe, in Zweifel zieht, ist mir nicht klar. Den Zug der Sachsen gegen die Liutizen i. J. 1076 lernen wir erst jetzt aus den Annales Yburgenses zu diesem Jahre kennen; leider läßt die Notiz Näheres nicht ersehen. Daß der König durch Baiern nach Worms zurückkehrte, sagt Lambert; der Aufenthalt in Regensburg erhellt aus der Urkunde St. R. 2793. Die Geschichte von der Flucht der Söhne Ubos und Debis wird von Lambert p. 251. 252 nach seiner Gewohnheit lebhaft ausgemalt.

S. 380—384. — Der rege Verkehr Gregors mit seinen Anhängern in Deutschland erhellt aus Reg. IV. 1', 2. 3¹) und Epp. coll. 15. Ueber den Tag zu Ulm haben wir Nachrichten bei Lambert p. 250. 251 und Bernold in der Apologia pro Gebehardo Constant. c. 5. Aus der letzteren geht hervor, daß die Versammlung erst im Herbst war, wohl aber nicht später als in der Mitte des September. Auch Berthold p. 286 erwähnt vorübergehend dieses Tages zu Ulm. Gregors Lage im Sommer und Herbst 1076 erhellt aus Reg. IV. 2 und besonders IV. 8.

S. 385—389. — Nach Berthold p. 286 soll die Versammlung der Fürsten statt nach Tribur zuerst nach Parthenopolis (Megdeburg) ausgeschrieben sein, und nur, weil Heinrich den Rhein bei Oppenheim besetzt hielt, die Fürsten diesseits bei Tribur zu bleiben beschlossen haben. An das sächsische Magdeburg kann nicht gedacht werden, vielleicht aber an die Magdeburg, jetzt Madenburg bei Trifels²). In der Murier Bearbeitung des Berthold fehlt der Name, den allerdings der Zusammenhang fordert. Ueber die Verhandlungen in Tribur und Oppenheim besitzen wir die Berichte Lamberts (p. 252—254), Bertholds (p. 286. 287), Brunos (c. 88). Was Bernold mittheilt, ist unbedeutend; die Botschaft des Papstes durch Rabalaus von St. Blasien, welche er besonders hervorhebt, steht mit Gregors Schreiben vom 3. September gewiß nicht in der von Floto (II. 114) angenommenen Verbindung; denn dieses Schreiben mußte den oberdeutschen Fürsten schon, als sie in Tribur zusammentraten, bekannt sein. Zu vergleichen sind auch die kurzen Mittheilungen des Bonizo p. 670. 671. Was ich über die Nachgiebigkeit Ottos von Nordheim zu Tribur gesagt habe, stützt sich auf

---

1) In diesem Briefe hat die falsche Lesart secreta statt se certa zu Irrthümern verleitet.
2) Man vergl. Lehmann, Urkundliche Geschichte der Burgen der bayerischen Pfalz I. 308.

Bruno. A. Schäfer in seinem Aufsatz über den Fürstentag zu Tribur (v. Sybels Historische Zeitschrift VIII. 140—149) meint, daß ich Bruno hier zu viel Glauben beigemessen habe, und führt aus, daß die halben Maßregeln des Triburer Tages besonders auf der Hartnäckigkeit beruhten, mit welcher Otto seine Ansprüche auf Baiern festhielt. Schäfers Argumentation gründet sich auf Vorgänge des Forchheimer Tages vom Jahre 1077, die wir auch allein aus Bruno (c. 91) kennen. Ich habe Ottos Stellung zu den Dingen auf den Tagen zu Tribur und Forchheim in gleicher Weise nach Brunos Mittheilungen dargelegt und glaube darin mindestens die Consequenz für mich zu haben. Meine Darstellung ruht auf der Autorität des Bruno, welcher doch auch Schäfer eine gewisse Bedeutung beimißt, und die anderen Quellen ergeben keinen directen Widerspruch, während Schäfers Ansicht jedes unmittelbaren Anhalts in den Quellen entbehrt. Für den Ausgang der Sache in Tribur erscheint mir sehr wichtig die bisher übersehene Stelle bei Arnulf V. c. 8: Eodem tempore gens Teutonum illa barbarica, praecipue duces Bertaldus, Rodulfus et Welfo cum comitibus et episcopis, cognita excommunicatione Romana, a regio prorsus se subtraxere consortio, in nullo communicantes; insuper, in multis accusantes eum criminibus, infamia denotabant. Interim consilio sanctissimi Cluniacensis abbatis, Agnetis quoque regiae matris, nec non sapientissimae iam dictae Matildae statuitur generale colloquium inter ipsos regem et apostolicum pacis ac iustitiae causa. Das ist ein fast gleichzeitiges Zeugniß eines sehr zuverlässigen Mannes dafür, daß der Augsburger Tag auf den Rath Hugos von Cluny, der Kaiserin Agnes und der großen Gräfin beschlossen wurde. Diese haben ohne Zweifel auf die deutschen Fürsten damals eine ähnliche Pression zu Gunsten Heinrichs geübt, wie sie Hugo und Mathilde später zu Canossa auf Gregor übten, um abermals einen Aufschub der Entscheidung herbeizuführen. Die Vermittelung übernahm Hugo von Cluny, der nach Berthold p. 289 mit dem gebannten König in Verbindung trat und sich dann um wegen dieses Fehls Absolution zu erhalten nach Rom begab, von wo er den Papst nach Canossa begleitete (qui et ipse cum papa, nuper ob regis communicationem Romae reconciliatus, advenerat). Wichtig für die Beurtheilung der Lage ist Gregors Schreiben vom 31. October 1076 (Reg. IV. 7). Das Schreiben des Königs an die Deutschen, worin er seine Unterwerfung unter die Oppenheimer Beschlüsse kund gab, steht im Codex Udalrici Nr. 155 (J. 52) und in den M. G. Legg. II. 49; ebendaselbst findet sich auch das Schreiben an den Papst, welches aber nur in der gefälschten Gestalt erhalten ist. Als untergeschoben sind die Worte: quae in eandem sedem et tuam reverentiam statuerim und der ganze Schlußsatz von Condecet zu betrachten.

S. 390—394. — Die Leges palatinae, auf welche sich die Fürsten gegen den gebannten Heinrich nach Lambert p. 258 beriefen, konnten nur die alten Reichsgesetze d. h. die Capitularien mit ihren späteren Zusätzen sein. Paul von Bernried c. 85 erwähnt eine Lex Teutonicorum, nach welcher Jeder, der ein volles Jahr unter dem Banne stehe, aller seiner Güter und Beneficien beraubt werden solle; aber ein solches Gesetz ist für die Zeit Heinrichs IV. nicht bekannt und würde auch nicht unmittelbar auf diesen Fall Anwendung gefunden haben. Schon aus alter Zeit bestand dagegen eine Bestimmung des kanonischen Rechts über den Verlust des rechtlichen Gehörs für die Excommunicirten nach Verlauf eines Jahres, der auch mancherlei praktische Folgen gegeben wurden; ebenso gab es in den karolingischen Gesetzen Verordnungen über die Einziehung von Gütern und Lehen bei Solchen, die Jahr und Tag königliches Gebot mißachtet und dadurch das Recht verwirkt hatten. Vergl.

Anmerkungen zu Seite 395—402.

Anseg. III. c. 45. IV. c. 23. 36. 74. Aus solchen Bestimmungen mochten die Fürsten ihre Folgerungen ziehen, aber ein Gesetz, welches einen König, der über Jahresfrist im Kirchenbann war, deshalb zu entsetzen ausdrücklich gestattet hätte, war niemals erlassen. Ueber die Zusicherungen, welche die Fürsten Heinrich wegen des Römerzuges gaben, haben wir das Zeugniß des Bonizo p. 671. Das Verhalten des Königs nach seiner Unterwerfung erhellt besonders aus Lambert und Berthold; der Letztere giebt auch p. 287 gute Nachrichten über die Gesandtschaft des Udo von Trier, die zum Theil von Bonizo p. 671 bestätigt werden; nur irrt Bonizo darin, daß er Udo für einen Abgesandten der deutschen Fürsten hält. Im Uebrigen sind Gregors Briefe aus jener Zeit (Epp. coll. 17. 18) zu vergleichen. Ueber den Aufbruch des Papstes zum Augsburger Tage sehe man Reg. IV. 12, eine Urkunde Gregors (J. R. 3764), Lambert p. 256. 257 und Bonizo p. 672.

S. 395—402. — Die Reise des Königs nach Canossa beschreibt ausführlich Lambert p. 255—258, kürzer Berthold p. 288. Beide Berichte lassen sich wohl vereinigen, und es ist kein Grund vorhanden, Lamberts Darstellung im Ganzen zu beanstanden. Graf Wilhelm von Hochburgund war freilich nicht, wie Lambert sagt, avunculus der Kaiserin Agnes, sondern Wilhelms Vater und Agnes Mutter waren Geschwister, Kinder Otto Wilhelms von Burgund. Der Satz Bertholds p. 288, an welchem Floto II. 125 Anstoß nimmt, scheint mir keiner erheblichen Correctur zu bedürfen. Der Sinn ist: wenn Heinrich nach der Lösung vom Banne sich und das Reich von Gregor zu befreien unterließe, so habe er zu gewärtigen, daß dieser ihn durch die Schlauheit und Verwegenheit seines Charakters, verbunden mit dem Ansehen des apostolischen Amts, bald um Reich, Ehre und Leben bringen werde, auch alle getreuen Anhänger des Reichs zu Grunde gerichtet würden. Bedenklich sind mir nur die Worte: regno, honore, partimque vita ipsa privandum; freilich ist schwer zu sagen, was bei solcher Ausdrucksweise unmöglich ist[1]). Für die Vorgänge in Canossa ist besonders Gregors Schreiben an die Deutschen (Reg. IV. 12) wichtig. Ueber die Verhandlungen, zu welchen der Abt von Cluny und die Gräfin Mathilde die Hand boten, berichtet ausführlich Lambert p. 258. 259. Daß solche Unterhandlungen stattfanden, wird auch von anderen Seiten bestätigt, namentlich von Arnulf V. c. 8 und Donizo II. c. 1; die Einzelnheiten bei Lambert lassen sich allerdings nicht verbürgen. Irrig ist gewiß, daß die Buße Heinrichs eine Bedingung war, welche Gregor ihm auferlegte. Aus dem Schreiben des Papstes selbst geht deutlich hervor, daß Heinrich die Buße freiwillig auf sich nahm, um den Papst zur Absolution zu zwingen. Berthold stellt (p. 289), wie ich mit Floto überzeugt bin, diese Vorgänge im Ganzen richtiger dar. Die Securitates, welche sich Gregor vom Könige geben ließ und die er den deutschen Fürsten mittheilte, sind im Reg. IV. 12a enthalten; sie dienen zugleich zum Beweise, daß Lambert die Bedingungen für die Absolution des Königs p. 259 nicht genau angiebt[2]). Die Unterschriften der Securitates, welche Gregor erwähnt, sind nicht im Registrum erhalten; es werden im Actenstücke selbst nur die Personen genannt, welche im Namen des Papstes und des Königs die Securitates feststellten: Floto II. 132 hat dies nicht beachtet. Die Absolution des Königs

---

1) Wattenbach schlägt vor patrimonio zu schreiben (Heidelberger Jahrbücher 1868. S. 4).
2) Gfrörer Bd. VII. S. 581 meint, die Securitates und das Schreiben des Papstes an die Deutschen enthielten nur die Hauptpunkte der königlichen Zugeständnisse, während Lambert die Artikel vollständig mittheilte. Aber die Securitates enthalten ja offenbar den Vertrag selbst, und Gregor spricht nirgends von weiteren Zugeständnissen des Königs. Man begreift schwer, wie Gfrörer in diesen Securitates einen versteckten Lehnseid sehen konnte.

stellt Berthold mit einfachen, aber gewiß richtigen Zügen dar. Die bekannte Erzählung Lamberts von der Abendmahlsfeier zu Canossa hat bereits Döllinger, Kirchengeschichte II. 145 einer eingehenden Prüfung unterworfen, die Divergenz dieser Erzählung mit den anderen Berichten dargelegt und sich für die Glaubwürdigkeit von Bonizos Mittheilungen (p. 672) erklärt. Zu einem ähnlichen Resultat gelangt Hefele, Conciliengeschichte V. 89. Floto II. 133 stellt die verschiedenen Berichte in einer Anmerkung zusammen, hält sich aber im Text an Lambert. Mit Recht sagt er, daß schwer über diese Abendmahlscene zu einer festen Ansicht zu gelangen ist; nicht einmal darüber ist in das Klare zu kommen, ob Heinrich die Hostie nahm oder nicht. Das erstere behaupten Bonizo und Donizo, welche dem Orte der Handlung und ben bei benselben anwesenden Personen nahe standen; das andere dagegen Berthold und Lambert, und ihre Zeugnisse sind älter, und wenigstens Berthold zeigt sich über die Vorgänge in Canossa gut unterrichtet. Nach allgemeinen kritischen Principien möchte man auf Bertholds Darstellung, wonach der Papst dem Absolvirten nach der Sitte einfach das Abendmahl gereicht, dieser es aber unter Betheurung seiner Unwürdigkeit zurückgewiesen und dadurch das Mißtrauen des Papstes erweckt haben soll, das meiste Gewicht legen und sich aus ihr die weiteren Ausführungen bei Lambert erklären. Indessen ist doch auffällig, daß auch Walram (p. 250. 282) ausdrücklich erwähnt, daß der König die Communion empfangen habe; zumal dieser Autor, ein Hersfelder, Lamberts Erzählung kennen mußte. Es scheint hiernach, als seien unmittelbar nach dem Tage von Canossa unter den Gregorianern in Deutschland ähnliche Erzählungen verbreitet worden, wie wir sie bei Berthold und Lambert finden, von denen man aber in Italien Nichts wußte und welche die Königlichen in Deutschland bestritten. Man benutzte diese Erzählungen damals, um Heinrichs Schuld damit zu erhärten; in neuerer Zeit hat man vielmehr Gregors Charakter durch sie in ein übles Licht zu stellen versucht. Namentlich ist dies von Stenzel geschehen, gegen den Kutzen in der Bonner Zeitschrift für Philosophie und Theologie 1834, Heft 11 Gregors Verfahren zu rechtfertigen sich bemüht; seitdem Lamberts Bericht selbst in Zweifel steht, haben diese Erörterungen nur geringes Interesse.

S. 402. 403. — Es ist an sich höchst wahrscheinlich und wird ausdrücklich von Berthold p. 290 und Bonizo p. 672 bezeugt, daß der Papst den König beim Scheiben vor dem Umgang mit den excommunicirten Lombarden warnte. Doch giebt Berthold gleich nachher selbst an, daß Heinrich dabei Hofdienste auf der Reise mit ausdrücklicher Erlaubniß des Papstes von den Excommunicirten annehmen durfte: Cui (regi) solummodo papa in itinere Longobardico servitium necessarium ab eis, canonice autem illorum omnino devitanda communione, sumendi [1]) vix licentiam dedit. Zugleich gab der Papst dem Könige ein bestimmtes Versprechen, sich seiner bei den Fürsten anzunehmen, so weit es zulässig sei. Gregor schreibt dies selbst den Deutschen: In ea fide, quam coepistis, et amore iusticiae omnes permanere studete, scientes, nos non aliter regi obligatos esse, nisi quod puro sermone, sicut michi mos est, in his eum de nobis speraverimus, in quibus eum ad salutem et honorem suum aut cum iusticia aut cum misericordia sine nostrae et illius animae periculo adiuvare possimus. Für die Beurtheilung der Sachlage ist dieses Versprechen sehr wichtig, und Hefele (Conciliengeschichte V. 91) hätte den Wortlaut wohl bestimmter wiedergeben sollen. Vielfach in alten und neuen Zeiten ist behauptet worden, daß Gregor dem Könige

---

1) So ist wohl für das sinnlose sumendum zu lesen.

Anmerkungen zu Seite 413.

auferlegt habe, sich bis zum Austrag des Streits mit den Fürsten der königlichen Insignien und aller Regierungshandlungen zu enthalten. Nicht allein Lambert, sondern auch Bruno c. 90 und Walram (p. 250. 282) versichern es. Dennoch muß man ein solches Verbot bestreiten. Offenbar ist Heinrich gleich nach dem Tage in Canossa wieder als König aufgetreten und hat Regierungsmaßregeln getroffen, doch niemals hat sich Gregor darüber als über den Bruch einer dem König gestellten Bedingung beklagt. Nur die Gefangennehmung seiner Legaten bezeichnet er Reg. V. 7 als eine Verletzung der ihm gegebenen Zusagen. Allerdings hat er in der zweiten Excommunication vom Jahre 1080 ausgesprochen: solam ei communionem reddidi, non tamen in regno, a quo eum in Romana synodo deposueram, instauravi (Reg. VII. 14a) — aber auch da ist von keinem Verbot die Rede. Wenn die Sachsen in dem Schreiben bei Bruno c. 108 sich darauf berufen, daß durch die Lösung vom Bann in den Verhältnissen des Königs nichts geändert sei, so zeigt dies nur ihre Ansicht von der Sache, beweist aber Nichts dafür, daß der Papst Heinrich irgend ein königliches Recht zu üben ausdrücklich untersagt habe. Heinrich verlangte vom Papst nur die Lösung vom Bann (absolutionem ab excommunicatione quesivit sagt dieser selbst), nicht seine Krone, die ihm nach seiner Ansicht der Papst weder geben noch nehmen konnte, wie sehr er ihn auch durch den Bann in der Regierung des Reichs behindert hatte. Man vergleiche hierüber auch Floto II. 131. Bemerkenswerth ist noch, daß von Gregor im Reg. IV. 12. V. 7 und an anderen Orten ohne Anstand Heinrich als rex bezeichnet wird.

S. 413. — Ueber die chronologische Bestimmung für die Eroberung Salernos durch Robert Guiscard sehe man Weinrichs Dissertation De conditione Italiae inferioris Gregorio VII. pontifice (Königsberg 1864) p. 89—91.

Buch VII. Heinrichs IV. Kämpfe.

Quellen. Gleichzeitige Geschichtswerke: Aimé (Schluß). Bertholdi Annales. Bruno de bello Saxonico. Bernoldi Chronicon. Marianus Scottus mit den Fortsetzungen. Annales Weissenburgenses (1087). Vitae s. Anselmi episcopi Lucensis. Bonizo ad amicum L. VIII. IX. Benzo ad Heinricum IV. imperatorem. Carmen in victoriam Pisanorum. Annales Leodienses. Sigeberti Gemblacensis Chronicon. Annales Wirzeburgenses (s. Albani). Ekkehardi Chronicon universale (A. B.). Annales Augustani. Vita Theodorici abbatis Andaginensis. Vita Udalrici prioris Cellensis (Fragment). Beno de vita et gestis Hildebrandi. Vita Bennonis episcopi Osnabrugensis. Gesta Gerardi II. episcopi Cameracensis. Hugonis Flaviniacensis Chronicon p. 446—502. Gesta Treverorum (Schluß). Guillermi Apuliensis Gesta Roberti Wiscardi. Gaufredi Malaterrae Historia Sicula. Lupi Protospatarii Annales. Gregorii Catinensis Opera c. 8—29. Annales Einsidlenses, Corbeienses, Brunwilarenses, Aquenses (später überarbeitet), s. Jacobi Leodienses, Elnonenses maiores, Blandinienses, Mosomagenses. Spätere Quellen: Vita Heinrici IV. Fortsetzung der Würzburger Annalen bis 1109 (Annales Hildesheimenses). Landulfi Historia Mediolauensis III. c. 32—34. Rudolfi Gesta abbatum Trudonensium L. II—V. Vita Gebehardi archiepiscopi Salisburgensis. Passio Thiemonis metrica. Vita Wilhelmi abbatis Hirsaugiensis (überarbeitet). Annales Ottenburani. Annales Yburgenses. Donizonis Vita Mathildis. Anonymus Bareusis. Chronicon Normannicum breve. Annales Beneventani. Annales Cassinenses (Cavenses). Cosmae Pragensis Chronica Bohemorum L. II. c. 35—L. III. c. 18. Vita Wolfhelmi abbatis Brunwilarensis. Chronicon s. Huberti Andaginensis c. 39—99. Annales Egmundani. Annales Lamberti Audom. Annales Mellicenses. Pauli Bernriedensis Vita Gregorii VII. Chronicon s. Andreae Camerac. L. III. c. 1—25. Gesta Treverorum, Cont. I. c. 9—18. Chronicon episcoporum Hildesheimensium c. 18, Merseburgensium p. 184—186. Vitae pontificum Romanorum in der Sammlung des Panbulf. Ortlieb de fundatione monasterii Zwivildensis. Berthold de constructione monasterii Zwivildensis. Chronicon Burense monasterii. Petri diaconi Chronicon mon. Cassinensis L. III. c. 34—IV. c. 26. Landulfi de s. Paulo Historia Mediolanensis c. 1—21. Orderici Vitalis Historia ecclesiastica. Annae Comnenae Alexias. Chronicon Gozecense. Annales Disibodenbergenses. Vita Altmanni. Passio Thiemonis archiepiscopi. Vitae Ottonis episcopi Bambergensis. Annales Pegavienses. Gesta episcoporum Virdunensium, Metensium. Casus monasterii Petrishusensis. Ottonis Frisingensis Chronicon L. VI. c. 34—VII. c. 12, de rebus gestis Friderici L. I. c. 1—9. Annales Romani. Annales Rodenses. Chronicon Magdeburgense. Annales Rosenfeldenses. Annalista Saxo. Annales Palidenses. Chronicon Laureshamense. Helmoldi Chronica Slavorum. Annales Magdeburgenses. Gesta Manassis et Walcheri episcoporum Cameracensium. Gesta pontificum Cameracensium abbreviata c. 5—11. Vita Conradi I. archiepiscopi Salisburgensis. Vitae Gebehardi et successorum eius.

Bernardi Marangonis Annales Pisani. Romualdi Salernitani Chronicon. Vitae pontificum Romanorum in der Sammlung des Cardinals Bofo. Annales Ceccanenses. Vita Adalberonis episcopi Wirzeburgensis. Casus monasterii s. Galli, Cont. II. Chronicon Halberstadense. Chronicon Montis sereni. Annales Stadenses. Aegidii Aureae-Vallis Gesta pontificum Leodiensium. Französische Uebersetzung der Fortsetzung der Cambrayer Bisthumschronik c. 1—24. Andreae Danduli Chronicon Venetum.

Briefe Heinrichs IV., Gregors VII. und seiner Nachfolger, vieler Bischöfe und anderer einflußreicher Personen aus dieser Zeit finden sich im Registrum Gregorii VII., im Codex Udalrici, bei Sudendorf (Registrum und Berengarius), bei Pez (Thesanrus anecd. VI. 1), Martene (Thesaurus anecd. I. und Coll. ampl. I.), Mansi (Coll. conc. XX.) und an anderen Orten. Vergleiche auch unsere Documente A. 11—13.

Von den Streitschriften gehören dieser Zeit an mehrere Tractate des Bernold, die Schrift des Petrus Crassus, die Briefe Gebhards von Salzburg an Hermann von Metz, Anselmi Epistola ad Wibertum, Theodorici Virdunensis episcopi (Wenrichs von Trier) Epistola ad Gregorium VII., die nur im Auszug erhaltene Schrift Wibos von Osnabrück über den Streit zwischen Kirche und Reich, Dicta cuiusdam de discordia papae et regis, Manegoldus ad Gebehardum, Walramus de unitate ecclesiae conservanda, der Briefwechsel zwischen Walram und Herrand, die Streitschriften des Siegbert von Gembloux, Wido Ferrariensis de scismate Hildebrandi, Deusdedit contra invasores, Hugo Floriacensis de regia potestate et sacerdotali dignitate.

Die Gesetze und die wichtigsten Actenstücke für diese Periode sind abgedruckt in den M. G. Legg. II. 51—64 und bei Mansi Coll. conc. XX.; die kaiserlichen Urkunden findet man bei Böhmer (Regesten) S. 94—100 und Stumpf (Die Reichskanzler II, 2) S. 233—252, die päpstlichen bei Jaffé (Reg. pont. Rom.) p. 424—492 verzeichnet.

S. 422. 423. — Ueber die Gesandtschaft des Ebbo an die lombardischen Bischöfe berichtet Lambert p. 260. 261. So unbedingt, wie Lambert es angiebt, kann Gregor ihnen nicht die Absolution haben anbieten lassen. Schon aus dem Schreiben des Papstes Epp. coll. 20 geht dies hervor, wo es heißt: Cumque Langobardorum episcopi totius negocii summam ad communem conventum et prudentiae vestrae consultationem reservatam esse cognoscerent, nec de suis culpis ea, quam sperabant, impunitate absolutionem consequi potuissent, quantam superbiam quantosque maliciae conatus contra nos adorsi sint, ad dicendum quidem triste, ad audiendum est abhominabile. Auch konnte Ebbos Auftrag nicht den Zweck haben, dem König den Umgang mit den Lombarden zu ermöglichen, da der Papst nach Bertholds oben (S. 1134) angeführtem Zeugniß Heinrich ausdrücklich gestattet hatte, Hofdienste von den Excommunicirten anzunehmen. Hiernach wird auch Bonizos Erzählung (p. 673), daß Heinrich aus erheuchettem Gehorsam gegen den Papst am Tage die lombardischen Bischöfe gemieden, aber bei Nacht mit ihnen berathen habe, nur wenig Glauben verdienen. Dies soll namentlich in Piacenza geschehen sein, aber damals verkehrte Heinrich ganz offen mit den lombardischen Bischöfen, wie die Urkunde vom 17. Februar (St. R. 2796) deutlich zeigt. Ebenso unbegründet ist Bonizos Angabe, daß Cencius damals in der Nacht geheime Zusammenkünfte mit dem Könige gehabt habe; aus Berthold (p. 291) und Bernold geht vielmehr hervor, daß Cencius starb, ehe er beim Könige Gehör gefunden hatte. Beachtenswerth sind die Nachrichten, welche Donizo (p. 382) über eine Zusammenkunft des Königs mit dem Papst und Mathilden zu Bianello in den ersten Tagen des Februar giebt. Hier soll der König auf Wiberts Anstiften ein commune placitum zu Mantua in Vorschlag gebracht haben und sein Vorschlag vom Papste und Mathilden angenommen sein. Da aber Mathilde in Erfahrung brachte, daß man zu Mantua sich ihrer und des Papstes bemächtigen wolle, soll sie nach Donizo noch im letzten Augenblicke die Zusammenkunft vereitelt haben. Die Bestimmtheit der Zeitangabe bei Donizo imponirt, aber man darf nicht doch nicht zu viel auf sie geben, da der Poet in solchen Dingen keineswegs so zuverlässig ist, wie es scheint; so läßt er gleich darauf Gregor im Mai nach Rom zurückkehren, während die Rückkehr erst im September erfolgte. Auch auf die Einzelnheiten der Erzählung wird wenig Gewicht zu legen sein und namentlich der angebliche Anschlag auf die Person des Papstes in Zweifel gezogen werden können. Dennoch scheint mir durchaus glaublich[1]), daß damals eine Versammlung zu Mantua stattfinden sollte, über welche sich der Papst mit dem König geeinigt hatte. Der Zweck derselben wird nicht näher angegeben. Stenzel II. 414 nimmt an, daß die deutsche Thronfrage hätte entschieden werden sollen: wie aber wäre das auf italienischem Boden ohne die Anwesenheit der deutschen Fürsten möglich gewesen? Näher liegt die Vermuthung, daß Papst und König zu Mantua mit den lombardischen Bischöfen tagen wollten, um die Zerwürfnisse der Letzteren mit Rom auszutragen, und daß der Papst der Zusammenkunft auswich, weil er Nachstellungen von den Lombarden fürchtete; auf maliciae conatus weist er in dem zuletzt angeführten Briefe selbst hin. Man hat Vorwürfe über Vorwürfe auf Heinrichs damaliges Verhalten gegen den Papst gehäuft. Wie ungerecht viele derselben sind, geht daraus hervor, daß Gregor selbst keine anderen hat verlauten lassen, als daß des Königs Auftreten den Widerstand der Lombarden ermuthigt und daß er im Besonderen durch seine Betheiligung an dem Mißgeschick des Gerald von Ostia die zu Canossa gegebenen Versprechungen gebrochen habe. Man vergleiche das vorher erwähnte Schreiben und Reg. V. 7.

S. 423—425. — Die Reise des Anselm von Lucca und Gerald von Ostia erwähnen Arnulf V. c. 9, Berthold p. 290, die Vita Anselmi c. 17. Aus der letzteren geht hervor, daß Gerald allein in Gefangenschaft blieb, was auch Gregor selbst (Reg. V. 7) bestätigt. Die Gefangennahme erfolgte nach Bernold um den 10. Februar. Von Heinrichs Absicht, sich in Pavia krönen zu lassen, spricht Berthold p. 290. Paul von Bernried (c. 86) will wissen, daß die Krönung zu Monza habe stattfinden sollen, doch schloß er vielleicht nur nach dem Brauch seiner Zeit auf diesen Krönungsort. Die Vermuthung Flotos (II. 140), daß trotz des päpstlichen Einspruchs damals doch eine Krönung stattgefunden habe, hat in den Quellen keinen Anhalt, und die Worte Pauls von Bernried stehen ihr sogar bestimmt entgegen. Ueber Heinrichs Umgebungen in Pavia sehe man die daselbst im Anfang April aus-

---

1) Lipsius in Niedners Zeitschrift für historische Theologie 1859, S. 279 hat mit Anderen auch dies in Zweifel gezogen.

Anmerkungen zu Seite 426—429.

gestellten Urkunden (St. R. 2799 und 2780). Die aus Verona vom 4. März datirte Urkunde (St. R. 2798) halte ich für unecht.

S. 426—429. — Der Papst unterrichtete die deutschen Fürsten von den Vorgängen in Canossa durch das im Reg. IV. 12 aufbewahrte Schreiben. Daß Rapoto es überbrachte, sagt der Papst selbst in den Epp. coll. 20, wo er auch die mündlichen Aufträge desselben andeutet: Nos itaque, sicut vobis mandavimus, vestrae voluntati atque consiliis in omnibus secundum beneplacitum Dei satisfacere cupientes etc. Ueber die Versammlung in Ulm sehe man Lambert p. 262, Berthold p. 291 und Paul von Bernried c. 86; die Zeit ist nirgends näher angegeben, doch folgt aus Paul, daß die Versammlung nach dem 2. Februar zu setzen ist. Lambert spricht von einer zahlreichen Versammlung; nachdem er die von uns genannten Fürsten angeführt, fährt er fort: alii plerique ex principibus Teutonicis convenientes. Berthold dagegen sagt ausdrücklich: pauci convenerunt. Ueber die gefaßten Beschlüsse ist auch das Schreiben Gregors in den Epp. coll. 20 zu vergleichen. Die wichtige Sendung des Rapoto von Rudolf an Heinrich und Gregor empfängt aus diesem Schreiben und Berthold a. a. O. Licht. Berthold sagt ausdrücklich, daß Rapoto erst zu Heinrich, dann zum Papst gegangen sei; Flotos Zweifel (II. S. 142), ob Rapoto wirklich zu Heinrich gekommen, scheint mir deshalb ohne Grund. Ueber die Verhandlungen nach dem Ulmer Tage zwischen Gregor und dem Könige differiren die Angaben Lamberts wesentlich von denen in dem angeführten Schreiben Gregors, wie von denen Bertholds p. 291 und Pauls von Bernried c. 89. 90. Von einer Aufforderung Gregors an Heinrich, selbst nach Forchheim mitzugehen, weiß nur Lambert; nach den anderen Quellen handelte es sich damals nur um das Geleit für den Papst. Wenn ferner Lambert die Sendung des Cardinaldiakonen Gregor und seine Rückkehr zum Papste vor die Abordnung der beiden Bernharde nach Deutschland setzt, so widerspricht dem bestimmt die Darstellung in dem Schreiben Gregors und die Erzählung Pauls von Bernried, welche hier auf guten, wohl gleichzeitigen Nachrichten ruht[1]). Paul giebt mit Bestimmtheit an, daß der Graf Manegold erst am 1. März beim Papste eintraf und daß noch an demselben Tage seine Abordnung an Heinrich erfolgte. Daß der Graf den Papst damals zu Canossa getroffen habe, ist wohl nur eine Vermuthung Pauls; denn nach Reg. IV. 13 war Gregor am 1. März nicht mehr in Canossa, sondern in dem nahen Carpineta. Die mündlichen Aufträge, welche der Papst seinen Legaten an die deutschen Fürsten mitgegeben hatte, erhellen deutlich aus Berthold p. 292 und Paul c. 94; Lamberts Angaben sind auch hier nicht zuverlässig. Die Worte Bertholds: Verumtamen id, quod iniunctum erat eis, non reticebant, quin potius in audientia cunctorum propalabant suae legationis commonitorium, ut si quolibet suae cautionis artificio posset fieri, isto adhuc aliquamdiu qualitercumque sustentato, alium sibi regem nequaquam constituerent; alioquin ipsi, quia multo melius suae necessitatis expertam non ignorarent periculum, quodcumque sibi optimum prae caeteris iudicarent, apostolico non contradicente peragerent werden in den historisch-politischen Blättern Bd. LVIII. S. 245 höchst gezwungen so gedeutet, als hätten die Legaten die Königswahl vereiteln, in anderen Beziehungen (alioquin) nach bestem Ermessen verfahren sollen; dieser Interpretation steht vor Allem die ausführliche Darstellung bei Paul von Bernrieb entgegen.

---

1) Sie scheinen aus einer Art officieller Schrift zu stammen, welche die Wahl Rudolfs rechtfertigen sollte.

S. 431—438. — Die zu Forchheim erschienenen Fürsten werden am genauesten bei Marian und in den Annales Yburgenses angegeben. Wir erfahren hier, daß sieben Bischöfe aus Sachsen anwesend waren und sechs aus anderen deutschen Ländern. Die Erzbischöfe von Mainz und Salzburg, die Bischöfe von Passau, Würzburg und Worms werden unter den Letzteren besonders genannt; der sechste nicht bezeichnete war wohl Hermann von Metz, der auch den Ulmer Tag schon besucht hatte. Im Uebrigen ist Berthold p. 292 zu vergleichen. Das Schreiben der Sachsen an Gregor bei Bruno c. 108 ist für die bei Rudolfs Wahl leitenden Gesichtspunkte nicht unwichtig. Die Vorgänge in der Versammlung werden am besten bei Paul von Bernried c. 93—96 erzählt; er hat hier, wie bereits erwähnt, gute alte Nachrichten aufbewahrt, welche nur mit einigen leicht auszuscheidenden Notizen Bernolds vermengt sind. Was in der allerdings einseitigen Darstellung, welche Paul benutzt hat, verschwiegen wird, erhellt zum Theil aus Bruno c. 91; hier wird auch ersichtlich, was über die Besetzung der Bisthümer bestimmt wurde; während Rudolfs späteres Verfahren bei der Investitur durch Berthold p. 309. 310 Licht empfängt [1]). Aus der Erzählung Pauls von Bernried geht hervor, daß die Verhandlungen zu Forchheim bereits am 13. März eröffnet wurden, die Wahl aber erst am 15. März erfolgte. Den Pilatushof nennen als Wahlstätte die Augsburger Annalen und weisen auf das unglückliche Omen hin; mit Bezug darauf heißt es in einer alten Glosse zur Chronik von Petershausen (p. 646): Unde tunc vulgus de Roudolfo concinebant, quod alter Pilatus surrexisset. Daß der Gegenkönig gleich nach seiner Wahl Boten an den Papst geschickt habe, bezeugt Gregor selbst (Reg. VII. 14 a. p. 402), außerdem Berthold p. 292 und Paul von Bernried c. 98; auch der Inhalt der Botschaft steht nach diesen Zeugnissen fest. Siegbert berichtet bereits, daß der Papst damals Rudolf eine Krone mit der bekannten Inschrift geschickt habe: Petra dedit Petro, Petrus diadema Rodulfo, und Landulf III. c. 31 scheint diese Nachricht zu unterstützen. Aber es liegt auf der Hand, daß der Papst, der damals Rudolf noch nicht anerkannte, ihm auch jene Krone nicht senden konnte; deshalb spricht auch wohl Otto von Freising (de rebus gestis Frid. I. c. 7) von der Sache unbestimmter. Wegen der Krone von Ebermünster sehe man die Historia Novientensis (Böhmer, Fontes III. 16). Ueber den Krönungstag stimmen die Quellen bis auf Eckehard überein, bei dem sich ein leicht erklärbarer Irrthum eingeschlichen hat. Rudolfus a maledictis potius maledicitur, quam consecratur, sagen die Annales Augustani. Die Vorgänge nach der Krönung berichten Bruno c. 92 und Paul ausführlich, kürzer Berthold und Bernold. Sie alle verschweigen den üblen Ausgang des Aufstands in Mainz für den Gegenkönig und seine Genossen, der sich nur aus Eckehard und Siegbert deutlicher erkennen läßt. Die sächsischen Bischöfe und Hermann gingen darauf in ihre Heimath; der Erzbischof von Salzburg hatte schon der Krönung nicht mehr beigewohnt. So blieben bei Rudolf nur noch die Bischöfe von Worms, Würzburg und Passau. Man vergleiche hierüber und über Alles, was in der nächsten Zeit in Rudolfs Nähe vorging, Berthold p. 292—294; dieser Chronist ist hier so gut unterrichtet, daß man ihn für einen Augenzeugen halten möchte.

S. 438—441. — Die Versammlung in Eßlingen erwähnt nur Bernold, aber seine Angabe ist so positiv, daß sie kaum zu bezweifeln. Von dem apostolischen Schreiben an die Bischöfe des Elsaß, Lothringens und Ostfrankens erzählt Berthold

---

[1]) Gregors Bestrebungen in jener Zeit für die Durchführung des Investiturverbots in Frankreich erkennt man aus Reg. IV. 22.

allein (p. 297). An ein Schreiben Gregors selbst kann den Verhältnissen nach nicht gedacht werden, sondern nur an ein solches der päpstlichen Legaten. Daß die litterae apostolicae auctoritatis genannt werden, besagt nicht, daß sie vom Papst selbst herrührten; auch bei Bruno c. 108 sagen die Sachsen, Rudolf sei apostolica auctoritate im Reiche bestätigt, d. h. durch die Legaten. Die Abreise Bernhards von Marseille und seine Gefangennehmung müßte man nach Bernold schon auf die Osterzeit setzen, aber Berthold zeigt, daß beide Ereignisse später fallen. Daß Rudolf nach dem Eßlinger Tage die Belagerung einer Burg an der Donau unternahm, geht aus Berthold und Bernold hervor; den Namen (Sigmaringen) nennen erst die Chronik von Petershausen (p. 646) und die Fortsetzung der St. Galler Klostergeschichte (M. G. II. p. 156), wo freilich die Verhältnisse sonst sehr irrig dargestellt sind. Daß Rudolf Pfingsten in Hirschau feierte, giebt Bernold mit großer Bestimmtheit an; er kann also nicht damals bereits in Erfurt eingetroffen sein, wie Bruno c. 93 meldet, sondern erst später. Beim Urtheil über Rudolf ist ein sehr unverdächtiges Zeugniß zu seinen Gunsten in der Vita Heinrici c. 4 nicht zu übersehen.

S. 441. 442. — Für die Gesandtschaft Heinrichs an Gregor nach Rudolfs Wahl haben wir das Zeugniß des Papstes selbst in der römischen Synode von 1080, dann des Bernold z. J. 1077 und des Bonizo p. 673. Antrag und Antwort werden verschieden berichtet; man wird da dem Papste vor Allem glauben müssen. Ueber Heinrichs Aufbruch von Pavia und seine Rückkehr über die Alpen sehe man die Nachrichten bei Arnulf V. c. 10, Berthold p. 294, die Annales Augustani z. J. 1077 und die Urkunden bei St. R. 2800—2803. 2810. Die Theilnahme Markwards von Eppenstein und seines Sohnes Liutold an Heinrichs Zug erwähnt die zweite späte Fortsetzung der Casus s. Galli II. c. 7, aber in der Umgebung des Königs erscheint in gleichzeitigen Zeugnissen nur Liutold, und zwar schon in der Urkunde vom April 1077 als Herzog von Kärnthen. Seit dem Tode Markgraf Udalrichs i. J. 1070 scheinen Friaul, Istrien und Krain nicht wieder ausgethan zu sein. Udalrich hinterließ einen Sohn gleichen Namens, der aber beim Tode des Vaters noch ein Knabe von wenigen Jahren war. Möglich ist, daß die Zerwürfnisse zwischen Berthold von Zähringen und dem König in den Jahren 1072 und 1073 auch in diesen Verhältnissen ihre Wurzel hatten. Das servitium fidele, magnum, bonum et assiduum des Altwin von Brixen wird von Heinrich in der Urkunde St. R. 2810 gerühmt.

S. 442—444. — Ueber die Rüstungen Heinrichs in Regensburg, seinen Einfall in Schwaben, den Ulmer Tag und den darauf folgenden Umschwung der Stimmung findet sich alles Nothwendige, obschon in sehr parteiischer Darstellung, bei Berthold p. 294—298. Die Zeit für die einzelnen Ereignisse ist nicht näher zu bestimmen, als daß Heinrichs Zugs nach Schwaben und der Ulmer Tag in die Wochen vor Pfingsten fallen, wie aus dem ganzen Zusammenhange und Bertholds Angabe: his postpaschalibus diebus p. 297 hervorgeht[1]). Ueber die Wirkung von Heinrichs Auftreten sehe man auch Walram p. 275. Gebhard von Salzburgs Bauten erwähnt die Vita Gebehardi et successorum eius c. 7.

S. 444—452. — Heinrichs Rückkehr nach Baiern berührt Berthold p. 298 und bezeichnet dort auch die weiteren Absichten des Königs. Die Umgebung des Königs in Nürnberg geht aus den Urkunden St. R. 2802—2804 hervor; es sind

---

1) Daß Heinrich am 28. Mai in Worms gewesen sei, wie Floto II. 161 angiebt, ist unmöglich; die angeführte Urkunde gehört, wenn sie echt ist, in das Jahr 1076, St. R. 2792.

die ersten, welche vom Kanzler Gebhard ausgestellt sind. Dieser, der Bruder des Herzogs Wratislaw von Böhmen, war einer der erbittertsten Gegner des Erzbischofs Siegfried, in dessen Namen nur noch die nächsten Urkunden vom Jahre 1077 unterzeichnet sind, dann fehlt der Name des Erzkanzlers in den Urkunden. Ueber Rudolfs Aufbruch gegen Würzburg und die folgenden Ereignisse ist Berthold die Hauptquelle, nur daß den Zusammenhang der Ereignisse seine unbequeme und außerdem durchaus parteiisch gefärbte Darstellung schwer erkennen läßt. Ich glaube diesen Zusammenhang dem Verständniß näher gebracht zu haben, als es bisher geschehen ist. Für die Verhandlungen der Fürsten am Neckar ist neben Berthold auch Bruno c. 95 und Marianus z. J. 1078 wichtig; aus Letzterem ergiebt sich auch das Datum für das Ende des Waffenstillstandes und den beabsichtigten Fürstentag. Die Schreiben Gregors an seine Legaten und die deutschen Fürsten stehen im Reg. IV. 23. 24. Ueber die Wirksamkeit des Abts Bernhard in dieser Zeit unterrichtet am besten sein Brief bei Sudendorf, Registrum I. Nr. 10. Ueber den Rückzug Heinrichs vom Neckar nach Schwaben und die Verbrennung der Kirche zu Wiesloch sehe man Berthold und Bernold; der Letztere setzt die Zerstörung der Kirche in eine frühere Zeit. Den Aufenthalt des Königs in Augsburg bestimmen die Annales Augustani. Nachrichten über die Flucht Gebhards von Salzburg giebt außer Berthold auch die Vita Gebehardi c. 34, womit die jüngere Lebensbeschreibung c. 7 zu vergleichen. Ueber die Anfragen des Gegenkönigs und Erzbischofs Udo in Rom sehe man Berthold p. 302; das Schreiben des Papstes vom 30. September 1077 steht im Reg. V. 7. Den Zug des Königs gegen Graf Ekbert berichtet Berthold a. a. O., den zweiten Zug nach Weihnachten derselbe p. 306; über das letztere Unternehmen finden sich auch in der Vita Altmanni Nachrichten. In diese Zeit gehören die Urkunden St. R. 2810. 2811. Ueber Rudolfs und Heinrichs Gesandtschaften an den Papst im Anfange des Jahres 1078 berichtet Berthold p. 302 und 306.

S. 453—458. — Die mit Cencius Tode zusammenhängenden Bewegungen in Rom erzählten Berthold (p. 304) und Bonizo (p. 674). Die Schicksale Gisulfs nach der Eroberung von Salerno und die Belagerung von Benevent berichtet ausführlich Amatus VIII. c. 13—32; man vergleiche außerdem die Annales Beneventani und Lupus z. J. 1077. Den Tod der Kaiserin Agnes meldet Berthold p. 303 und ergeht sich dabei in Lobeserhebungen der frommen Frau; einen Beitrag zu ihrem Lebensbilde giebt auch Amatus VIII. c. 3. Das Ende des Gerald von Ostia erwähnt Bernold z. J. 1077. Den früheren Aufenthalt seines Nachfolgers, des Cluniacensers Otto, in Italien kennen wir aus dessen eigenen Worten (J. R. 4100).

S. 458—464. — Gregors Einladungsschreiben an die lombardischen Bischöfe zur Fastensynode des Jahres 1078 steht im Reg. V. 13, die Acten der Synode daselbst 14 a. Auszüge der letzteren geben der Codex Udalrici Nr. 165 (J. 122), Hugo Flav. p. 442, Paulus Bernriedensis und an unrechter Stelle der Abschreiber des Berthold p. 318. Die Acten tragen das Datum des 3. März, und dieser fiel auf den Sonnabend der ersten Fastenwoche, an dem die Synode geschlossen wurde: danach ist das Datum der Eröffnung bei Berthold: III. Non. Mart. irrig, und Jaffés Correctur III. Kal. Mart. empfiehlt sich in jeder Weise. Im Uebrigen sind Bertholds Nachrichten über diese Synode p. 305 sehr brauchbar. Wie Gregor sich gegen die strengen Strafbestimmungen Hugos von Die verhielt, zeigt Reg. V. 17. Ueber Gregors damalige Haltung in der Investiturfrage sind die Schreiben im Reg. V. 6. 7. 18 unterrichtend; man vergleiche auch meine Bemerkungen im Münchener historischen Jahrbuch für 1866 S. 136—139. Die Schreiben Gregors an die Deut-

Anmerkungen zu Seite 465—477.

schen und Ubo von Trier (9. März 1078) stehen im Reg. V. 15. 16. Das bei Bruno c. 108 mitgetheilte Schreiben der Sachsen an Gregor ist, wie Floto II. 189 mit Recht annimmt, erst nach der Rückkehr des Gesandten von der Fastensynode abgefaßt; die Behandlung, welche dieselbe in Rom gefunden haben, wird bereits darin erwähnt. Die Herzensergießungen des Papstes an Hugo von Cluny liest man im Reg. V. 21.

S. 465—472. — Ueber die Verhandlungen zu Fritzlar und die damit zusammenhängenden Ereignisse findet sich allein ein ausführlicherer, aber sehr parteiisch gefärbter Bericht bei Bertold p. 310. 311. Derselbe Annalist berichtet auch allein über Heinrichs Zug gegen Metz und nach dem Elsaß; für die Stellung Hermanns von Metz im Anfange des Jahres 1078 ergiebt sich Näheres aus dem Briefe des Abts Bernhard bei Sudendorf, Registrum I. Nr. 10. Rudolfs auswärtige Verbindungen[1]) und die Stellung des päpstlichen Legaten zu Heinrich erhellen aus Berthold p. 311. Das Schreiben Gregors bei Bruno c. 113 ist weder auf einer Synode noch im Jahre 1079, sondern nach dem Reg. VI. 1 zu Capua am 1. Juli 1078 erlassen. Aber richtig scheint mir, wenn Bruno den c. 114 mitgetheilten Brief der Sachsen als eine Antwort auf jenes Schreiben bezeichnet, denn darauf weist der ganze Inhalt desselben hin. Ist dies begründet, so muß dieser Brief etwa im August 1078 abgefaßt sein; jedenfalls nach der Schlacht an der Streu, da die Worte aliqui illorum occisi sunt, quidam in captivitatem abducti sich nur auf den Tod Wezels von Magdeburg und die Gefangennahme Adalberts von Worms beziehen können. Stenzel setzte diesen Brief Bd. I. 443 in den Herbst 1078, Bd. II. 156 in eine noch spätere Zeit; Floto (II. 189) glaubt, daß er erst dem Sommer 1079 angehöre. Ueber den Kampf des jüngeren Berthold mit den Elsasser Bauern, den Zug des älteren Berthold und Welfs nach Rheinfranken und ihren Sieg über die Bauern berichtet am eingehendsten Berthold p. 311. 312, womit Bernold zu vergleichen ist. Bei der Darstellung der Schlacht an der Streu zeigt sich Bertholds Parteilichkeit im übelsten Lichte; bei weitem zuverlässiger ist Brunos Bericht c. 96—102, doch reicht auch er nicht aus, um eine klare Vorstellung der Vorgänge zu gewinnen. Einige brauchbare Angaben finden sich bei Eckehard z. J. 1078, aber über den Hergang im Ganzen geben auch sie wenig Aufklärung. Auffällig ist, daß in unserem Text des Bruno der Pfalzgraf Friedrich von Sommerschenburg genannt wird, da beim Annalista Saxo sonst dessen Schwiegersohn, der spätere Pfalzgraf Friedrich, diesen Namen führt; auch hat der Annalist hier diese Bezeichnung nicht angewendet. Da Berthold vom Bischof von Paderborn erzählt, was die anderen Quellen vom Bischof von Merseburg berichten, so liegt wohl eine Verwechselung bei jenem zu Grunde. Daß Heinrich unmittelbar nach der Schlacht auf den Kampfplatz zurückgekehrt sei, findet sich in der Chronik von Petershausen (p. 646); diese Angabe beruht gewiß auf einer älteren Quelle. Den Zug Heinrichs gegen Schwaben berichten Berthold p. 313 u. 316, Bruno c. 103 und Bernold z. J. 1078; auch Eckehard giebt hier wichtige Nachrichten, die aber irrig in das Jahr 1077 gesetzt sind. Die Belagerung Tübingens erwähnen auch die Gesta Trevirorum (p. 183) und die Annales Zwifaltenses (M. G. SS. X. 54).

S. 472—477. — Mit den Nachrichten über Jordans Aussöhnung mit dem Papste und über den Tod Richards schließt Amatus; über die darauf unter den

---

1) Ueber die Vermählung von Rudolfs Tochter mit Ladislaw von Ungarn sehe man Büdinger, Ein Buch ungarischer Geschichte, S. 77.

Anmerkungen zu Seite 477—480.

Normannen ausbrechenden Händel handelt nach den Quellen Weinrich, De conditione Italiae inferioris p. 41—52. — Die Beschlüsse der römischen Synode vom November 1078 kennen wir aus dem Reg. VI. 56, wo die Titel vollständig und dann in extenso die allgemein verbreiteten Kanones mitgetheilt sind. Die letzteren finden sich auch bei Berthold p. 314. 315 und Hugo von Flavigny p. 423. 424 mit einigen, aber nicht wesentlichen Abweichungen. Auffällig ist die chronologische Bestimmung bei Berthold, wonach die Synode am 9. statt am 19. November gehalten sein soll. Nach Bruno war die Synode am 15. November, während sie Berengar Acta conc. Romani. Mansi XIX. p. 761) schon zu Allerheiligen tagen läßt; vielleicht fanden in Berengars Sache bereits Verhandlungen vor Eröffnung der Synode statt. Daß die Synode nicht stark besucht war, geht aus Berengars Bericht hervor. Ueber die Reise Abalberts von Worms zum Papste sehe man Gregors eigene Aeußerungen (Epp. coll. 31). Die Forderungen der Gesandten der beiden Könige bezeichnet Berthold p. 313. 314. Daß Gregor, wie Heinrich, so auch die Erzbischöfe und Bischöfe auf Rudolfs Seite zur Rechenschaft zu ziehen versprach, erhellt aus Reg. IX. 28; die dort erwähnte Synode kann wohl keine andere sein, als die im November 1078 abgehaltene. Aus Bruno c. 112 ergiebt sich, daß der Beschluß gegen die Angreifer des Kirchenguts auf den Betrieb der verjagten deutschen Bischöfe gefaßt wurde. Ich halte diesen Beschluß für die unmittelbare Folge des bei Bruno c. 115 mitgetheilten Briefes; denn der Wortlaut desselben weist darauf hin, daß er von den vertriebenen Bischöfen abgefaßt wurde, und zwar nicht lange nach dem Schreiben in c. 114, mit dem es in manchen Beziehungen sich berührt, etwa im October 1078; Stenzel setzt es um ein Jahr später. Im Allgemeinen ist auch über diese Synode meine Abhandlung im Münchener historischen Jahrbuch S. 139—141 zu vergleichen. — Das Schreiben Gregors an Welf steht im Reg. VI. 14; den Zug Welfs vor den Fasten 1079 und die anderen gleichzeitigen Ereignisse erzählt Berthold p. 315. 316. Das Unternehmen Rudolfs gegen die Hessen und Westfalen erwähnen die Annales Ottenburani und Annalista Saxo; der Letztere schreibt hier unzweifelhaft die Annales Yburgenses aus.

S. 477—480. — Von der Fastensynode 1079 handelt ausführlich Berthold p. 316. 317; nur kurz Bernold, obwohl er selbst auf der Synode zugegen war, wie man aus der Schrift De Berengarii damnatione p. 435 sieht. Die Acten stehen im Reg. VI. 17a; nur aus ihnen hat Paul von Bernried geschöpft. Ueber Berengars Sache ist besonders dessen eigener Bericht in den Acta conc. Vaticani (Mansi XIX. 762) einzusehen. Im Uebrigen sind für die Kenntniß der Verhandlungen die Anrede eines Gesandten an die Synode bei Sudendorf, Registrum I. Nr. 11 (wo in der dritten Zeile alterum statt autem zu lesen ist), die Briefe Gregors im Reg. VI. 18—22 und bei Bruno c. 118. 119. 120 (Epist. coll. 25. 26. 27) wichtig. Die beiden zuletzt bezeichneten Briefe Gregors sind bei Bruno ohne den Schluß mitgetheilt, um tadelnde Aeußerungen des Papstes über die Magdeburger Kirche zu unterdrücken. Der Schluß des einen Briefes (c. 19. Epp. coll. 26) ist aber von Pertz aus einer Trierer Handschrift ergänzt, der des anderen (c. 120. Epp. coll. 27) findet sich im Codex Udalrici Nr. 153 (J. 59). Uebrigens glaube ich nach dem Inhalte des Briefes in c. 119, daß er später abgefaßt ist als der folgende, etwa im Mai 1079. Der Inhalt des letztgenannten Briefs erscheint dem Recensenten in den historisch-politischen Blättern Bd. LVIII. S. 247 so bedenklich, daß er ihn ohne weitere Gründe anzugeben für unecht oder gefälscht erklärt. Interessant ist der Brief des Papstes an Labislaw von Ungarn vom 19. März (Reg. VI. 29); die Sigle E.

in demselben ist unfraglich auf Elbert von Formbach zu deuten. Die Absicht des Papstes, die Pataria neu zu beleben, erhellt aus den von Jaffé, Reg. Nr. 3840 angeführten Stellen. Die Aufträge, welche Gregor den neuen Legaten mitgab, erkennt man am deutlichsten aus den Briefen Reg. VII. 3 und Epp. coll. 31.

S. 481—491. — Die Vorgänge zwischen den Fastensynoden von 1079 und 1080 erzählt am eingehendsten Berthold p. 318—326. Neben ihm müssen aber für einzelne Ereignisse andere Quellen zu Rathe gezogen werden. Den Einfall Heinrichs in Ungarn erwähnen allein die Annales Augustani z. J. 1079, aber so positiv, daß ich nicht, gleich Bübinger, an ein Mißverständniß denken kann. Am 16. August 1079 war Heinrich auf dem Wege nach Würzburg zufolge der Urkunde bei St. R. 2817 zu Nürnberg; man sieht aus derselben, daß ihn der Abt von Niederaltaich bei seinen Rüstungen mit Geld unterstützt hatte. Ueber die Rückkehr Heinrichs nach Baiern im October 1079 sehe man die Urkunden St. R. 2818. 2819. Herzog Theoderichs Vermittelungsversuche ergeben sich aus Gregors Brief im Reg. VI. 22; hierauf zielen auch wohl einige Aeußerungen in dem Brief an Rudolf bei Bruno c. 119, welcher erst, wie bereits bemerkt ist, um die Zeit der vereitelten Pfingstsynode 1079 geschrieben sein wird. In dieselbe Zeit setze ich die bei Bruno c. 112 mitgetheilte Proclamatio, welche Stenzel und Floto mit der Fastensynode dieses Jahres in Verbindung bringen; die darin erwähnte synodus nuper habita kann jedoch nicht die Novembersynode 1078 sein, welche nachher ausdrücklich in anderer Weise erwähnt wird, sondern ist die Fastensynode 1079. Gregors anfängliches Verhalten gegen seine Legaten erhellt aus Reg. VI. 38 und dem Briefe in den Epp. coll. 31, welcher etwa dem vorhin genannten gleichzeitig sein wird; der spätere Tadel des Papstes über das Benehmen der Legaten ist im Reg. VII. 3 ausgesprochen. Das Wort Latini steht hier in demselben Sinne, wie Italici VIII. 26; bei Hugo Flav. p. 451 findet sich die auffallende Variante: laici. Daß Heinrich noch gegen Ende des Jahres 1079 einen Zug nach Schwaben gemacht habe, wird nach dem Annalista Saxo zu diesem Jahre wahrscheinlich; auch diese Nachricht stammt gewiß aus den Annales Yburgenses. Ueber die Vorgänge vor der Schlacht bei Flarchheim und die Schlacht selbst sind neben Berthold hauptsächlich Bruno c. 117 und Ekkehard zum Jahre 1079 einzusehen; einige brauchbare Notizen finden sich noch in den Erfurter Annalen und den Annales Mellicenses (M. G. IX. p. 499)[1]). Landau im Correspondenzblatt des Gesammtvereins der deutschen Geschichts- und Alterthumsvereine 1862. Nr. 7. S. 57 meint, der Heroldshäuser Bach, der zu Flarchheim entsteht und unter Groß-Gottern mündet, sei bei Bruno gemeint, aber der Bach ist zwischen Flarchheim und Dorla zu suchen, wo es mehrere kleine Gewässer giebt. Die Gesandten Heinrichs zur Ostersynode 1080 nennt Berthold, und seine Angaben werden durch die Epistola Theoderici (Martene Thes. I. 228) bestätigt; die Aufträge der Gesandten ergeben sich aus Bonizo p. 675. Daß Rudolf gleich nach der Schlacht einen Boten nach Rom gesandt habe, berichtet Bernold z. J. 1080. Der Brief der Anhänger Rudolfs findet sich bei Bruno c. 110. Der Brief wird von Stenzel und Floto in den August 1078 gesetzt, also in die Zeit nach der Schlacht an der Streu. Meine Gründe, den darin bezeichneten Waffenerfolg auf die Schlacht bei Flarchheim zu beziehen, sind folgende: Die Schreiber berufen sich auf Zeugenaussagen der Bischöfe von Passau

---

[1]) Daß Dietrich von Ramburg damals sich vom Gegenkönige trennte, hat zum Theil wohl seinen Grund darin, daß Rudolf Dietrichs Bruder Günther das Erzbisthum Magdeburg versagt hatte und ihn mit Naumburg zu befriedigen suchte. Ann. Saxo z. J. 1079.

und Würzburg[1]); der Bischof von Passau war aber erst zur Zeit der Fastensynode 1079 in Rom. Die Schreiber erwähnen ferner Begünstigungen des Bischofs von Bamberg; solche erfolgten auch erst zur Zeit derselben Synode. Sie sagen, Heinrich sei geflohen solito more; nach der ersten Schlacht Rudolfs mit ihm wäre dieser Ausdruck sehr auffällig. Sie sprechen von frequentes repulsas turpesque deceptiones des Papstes und beklagen sich, daß er nicht thue, was er iam dudum hätte thun sollen; dies Alles weist mehr auf 1080, als 1078 hin. Endlich scheinen mir die Mahnungen, daß der Papst aus Furcht vor den Feinden der Kirche nicht die Kirche selbst zu Grunde gehen lassen solle, leicht aus den Aeußerungen desselben in dem Schreiben vom 1. October 1079 erklärlich, wie ich denn das ganze Schreiben als eine Antwort auf diesen Erlaß des Papstes ansehen möchte. Stenzel und Floto haben offenbar nur die Reihenfolge der Schreiben bei Bruno möglichst bewahren wollen, aber diese Reihenfolge ist ohne Zweifel eine ganz willkürliche.

S. 491—497. — Die Acten der Fastensynode von 1080 stehen im Reg. VII. 14 a; eigenthümliche Nachrichten hat überdies Paul von Bernried c. 106. 107. Die Excommunication findet sich auch bei Pandulfus, bei Hugo Flav. p. 451 und im Cod. Udalrici Nr. 150, wo einige Varianten zu beachten sind; so wird am Schluß cadet et confundetur wohl die richtige Lesart sein. Der Recensent dieses Buchs in den historisch-politischen Blättern Bd. LVIII. p. 177 hat den Versuch gemacht, wenigstens einige Stellen der Excommunication als unecht nachzuweisen; aber schon die angeführten Citate weisen darauf hin, daß der Text auf gute Autoritäten gestützt ist und gerade die Gregorianer ihn, wie er vorliegt, für echt hielten. (Derselbe Recensent behauptet auch S. 171, daß man heute nicht mehr an die Echtheit des sogenannten Dictatus papae glaube, was jedenfalls in solcher Allgemeinheit unrichtig ist.) Der Fastensynode des Jahres 1080 gehören auch die beiden Kanones an, welche bei Mansi (XX. 517) irrig zum Jahre 1078 gesetzt sind; sie sind aus Deusdedits Libellus contra invasores (A. Mai, Patrum nova bibliotheca VII, 3. p. 85) entnommen. Vergleiche hierüber und im Allgemeinen über das Investiturverbot dieser Synode meine Abhandlung im Münchener historischen Jahrbuch für 1866 S. 141—143 und S. 186—188. Die Zahl der auf jener Synode anwesenden Bischöfe giebt Deusdedit a. a. O. an. Die schlechte Behandlung der Gesandten Heinrichs geht hervor aus Heinrichs Brief an die Römer im Cod. Udalrici Nr. 187 (J. 66) und der Epistola Theodorici l. c. Gregors Prophezeiung von Heinrichs nahem Untergange wird bezeugt von Bonizo p. 682. 683; auch Siegbert erwähnt derselben, giebt aber die Worte des Papstes abweichend wieder. Der Brief Gregors an Heinrich von Trient (Cod. Udalr. Nr. 152. J. 50) ist nicht hierher zu ziehen, wie es Stenzel II. 276 gethan hat, da er bereits i. J. 1076 geschrieben ist. Er läßt sich nur dann mit der hier in Rede stehenden Prophezeiung in Verbindung bringen, wenn man sie in das Jahr 1076 setzt, wozu sich Jaffé in der Note zum Bonizo geneigt zeigt, indem er bei diesem Autor und Siegbert gleichmäßig ein chronologisches Versehen für möglich erachtet.

S. 498—502. — Ueber die Bewegung Italiens nach der erneuten Excommunication giebt Bonizo p. 675. 676 gute Aufschlüsse. Die Schrift des Petrus Crassus steht bei Sudendorf im Registrum I. Nr. 13. 14; man vergleiche über sie auch

---

[1] Sollte nicht statt fratres nostri et coepiscopi emendirt werden müssen vestri? Sonst müßte der Brief nur von Bischöfen abgefaßt sein. Auch im Folgenden ist wohl zu lesen: Adventus vester ad nos tantum nobis esset desiderabilis, quantum est (statt et) necessarius.

Stobbe, Geschichte des deutschen Rechts I. 614. 615. Die Gedichte des vierten Buchs des Benzo p. 634 ff. sind nach meiner Ansicht i. J. 1080 abgefaßt. Den Abfall mehrerer deutscher Bischöfe von Gregor zur Osterzeit 1080 in Bamberg erwähnt Gebhard von Salzburg in dem Schreiben an Hermann von Metz bei Greiser, Opp. VI. 439. Ueber die Mainzer Pfingstsynode haben wir Nachrichten bei Marianus z. J. 1079, dem Siegbert folgt, in dem Decret der Brixener Synode (Cod. Udalr. Nr. 164. J. 64 und M. G. Legg. II. 51. 52), welches Ecleharb z. J. 1080 zum Theil ausschreibt, in dem Schreiben des Huzmann von Speier an die Lombarben (Cod. Udalr. Nr. 161. J. 60 und M. G. l. c. 51) und in den beiden Briefen des Dietrich von Verdun und Eigilbert von Trier im Codex Udalrici Nr. 159. 160 (J. 62. 61). Interessant ist auch der Brief Dietrichs an Eigilbert im Cod. Udalr. Nr. 158 (J. 63), der im Sommer 1080 geschrieben ist; er zeigt, daß Dietrich an seinem Verfahren irre wurde, als er in seiner eigenen Kirche auf Widerstand stieß, aber die Sache des Königs doch nicht ganz verließ.

S. 502—504. — Die Ereignisse auf der Synode zu Brixen erhellen vor Allem aus dem Absetzungsdecret Gregors, aus den Notizen der Annales Augustani, des Marianus, der Vita Anselmi c. 18. 19 (wo sich die angezogene kurze Beschreibung Brixens findet), des Bonizo p. 676, des Wibo von Ferrara II. c. 20 und der Vita Bennonis Osnabr. c. 22, wo die Synode aber irrig nach Pavia verlegt wird. Einige brauchbare Angaben finden sich auch bei Benzo L. VI. praef. (p. 656). Er spricht, als ob er auf der Synode zugegen gewesen sei (unanimiter, quae dicebantur, credidimus), aber sein Name findet sich nicht unter dem Decret; vielleicht unterschrieb er nicht aus Furcht vor der Markgräfin Adelheid. Benzo hatte den Kanzler Burchard aufgefordert, sie vor Allem zu gewinnen (Lib. IV. c. 13), doch scheint dies nicht geschehen; denn Keiner der von ihr abhängigen Bischöfe hat das Decret unterzeichnet. Marianus setzt die Wahl Wiberts auf den Tag Johannes des Täufers (24. Juni), aber erst am Tage darauf wurde Gregor abgesetzt. In der Urkunde Heinrichs vom 26. Juni, durch welche er Wibert alle Besitzungen und Rechte der Kirche von Ravenna im weitesten Umfange bestätigte (St. R. 2822), wird dieser bereits als summae sedis electus Apostolicus bezeichnet; wahrscheinlich war er aber erst an demselben Tage erwählt, da auf die Absetzung nach Wibo a. a. O. erst lange Erwägungen über die Neubesetzung des apostolischen Stuhls folgten; Marianus würde dann nur den Tag Johannes des Täufers mit dem Tage Johann und Paul verwechselt haben.

S. 505. 506. — Günstige Zeugnisse für Wibert, die ihm von seinen Anhängern, wie Wibo von Ferrara a. a. O. ausgestellt werden, fallen an sich nicht schwer in das Gewicht; aber sie werden bestätigt durch andere der Gegner, wie Hugos von Flavigny (p. 460). Die Chronik von Petershausen sagt II. c. 30: Hic nefandissimus heresiarcha sanctam matrem ecclesiam infestavit plus quam decem et novem annis. Erat tamen literis adprime eruditus et lingua facundissimus, et, si iustus, huic officio satis esset idoneus.

S. 508—512. — Den Angriff Robert Guiscards auf Rom i. J. 1079 erwähnen die sogenannten Annales Seligenstadenses (M. G. XVII. 31): Dux Robertus venit Romam debellaturus, sed obsistentibus Romanis cum papa Gregorio sine effectu reversus est. Ich weiß nicht, in welcher Verbindung dieser Zug mit einem Angriff auf Tivoli steht, dessen die Annales Beneventani zum Jahre 1080 gedenken; Hirsch in den Forschungen zur deutschen Geschichte VII. 77 setzt ihn in das Jahr 1081 und bringt ihn in andere Beziehungen. Für die Aussöhnung Gregors mit

Robert Guiscard sind besonders die Actenstücke, die sich im Reg. VIII. 1. a. b. c. finden, von Wichtigkeit. Ueber den Ort und die Zeit der Zusammenkunft kann hiernach kein Zweifel sein; bei Guillermus Apuliensis IV. v. 16 ff. ist Alles ungenau oder geradezu falsch dargestellt. Einige brauchbare Notizen finden sich noch bei Bonizo p. 676, die dann in den Papstleben des Cardinals Boso willkürlich ausgeführt sind. Der Einfluß des Desiderius von Monte Cassino auf die Aussöhnung geht aus der Chronica mon. Cassinensis III. c. 45 hervor. Daß Gregor Robert Guiscard die Kaiserkrone versprochen habe, wird als Gerücht bei Guillermus Apul. L. IV. v. 31. 32 erwähnt, als Factum von Petrus Crassus (Sudendorf, Registrum I. 46); man sieht daraus nur, daß das Gerücht, welches auch Anna Comn. I. c. 13 berührt, weit verbreitet war. Daß der Michael, für den Robert die Waffen ergriff, ein Betrüger war, sagt nicht nur Anna Comnena, sondern auch die normannischen Geschichtsschreiber. Im Uebrigen sehe man die Briefe des Papstes im Reg. VIII. 6. 7. 8. Zu vergleichen sind über diese Dinge auch Weinreich in der angeführten Dissertation p. 52—58 und Hirsch a. a. O. S. 72—74.

S. 512—516. — Ueber Altmann als päpstlichen Legaten in Deutschland vergleiche man besonders das Reg. VIII. 26. 33, die Annales Augustani z. J. 1080 und Bernoldi Apologia pro Gebehardo Constant. (Ussermann II. p. 381). Gregors Stellung in dieser Zeit zu Frankreich und zu Spanien erhellt aus Reg. VII. 6. 7. 12. 20, VIII. 2. 17—20, die zu Wilhelm von England und Lanfranf aus Reg. VI. 30, VII. 1. 23. 25—27 und Wilhelms Schreiben bei Baronius; der Brief des Anselm von Lucca an Wilhelm bei Sudendorf, Berengarius Turonensis p. 237—239 scheint in eine etwas spätere Zeit zu gehören, als man Heinrichs Angriff in Italien schon fürchtete und sich Rechnung machte, daß Wilhelm nach Rom kommen und die Stadt vertheidigen würde. Die Briefe Gregors an Harald Hein (Reg. VII. 5. 21) tragen die falsche Aufschrift Aconi, die wohl nur aus Mißverstand der Sigle A. für Araldo zu erklären ist. Ueber das Ende König Boleslaws II. von Polen sehe man Röpell, Geschichte Polens I. 201 ff. Die Verhandlungen Gregors mit Wratislaw von Böhmen werden aus dem Briefe des Ersteren im Reg. VII. 11 klar. Das Ausschreiben Gregors vom 22. September 1080 findet sich im Reg. VIII. 9.

S. 517—521. — Bernold meldet, daß Heinrich nach der Synode von Brixen einen Convent in Mainz gehalten und auf diesem die Wahl Wiberts habe bestätigen lassen. Man hat angenommen, daß hier eine Verwechselung mit der Synode vorliege, die vor dem Brixener Tage die Absetzung Gregors aussprach, doch sehe ich keinen Grund zu solcher Annahme. Vielleicht ist damals die Urkunde bei St. R. 2825 ausgestellt. Den Ort, wo Heinrich die Sachsen traf, nennt Bruno c. 121 Cancul: Pertz denkt dabei an Keula, aber sowohl der Name wie die Lage von Külstädt scheint mir meine Deutung zu empfehlen. Ueber Heinrichs weiteren Marsch und die Schlacht bei Mölsen ist Bruno c. 121—124 die Hauptquelle. Unfraglich war Bruno selbst bei der Schlacht zugegen, da er c. 123 sagt: nulli est credibile, nisi cui contigit haec omnia loca praesentialiter videre und gleich darauf fugientibus et interfectis (res) abstulimus. Die Reste des Gronasumpfs, der zuerst die Kämpfenden schied, bilden den Grunaubach, über welchem mir durch die Vermittelung des Herrn Dr. Ewald ein Ortskundiger, Herr Collaborator Finsch in Halle, gefällige Auskunft ertheilt hat. Landau in seinem Aufsatz: Die Schlacht bei Grona (Correspondenzblatt der deutschen Geschichts- und Alterthumsvereine, Jahrgang 1862, S. 38. 39) denkt als Schlachtplatz an die Umgebung des Dorfes

Grana', Zeitz gegenüber. Die Schlacht müßte danach weiter südlich von Mölsen stattgefunden haben. Aber das Chronicon Pegaviense (p. 233) nennt ausdrücklich Mölsen als Schlachtort, und ebenso die Annales Palidenses und andere spätere sächsische Quellen. Diese Angabe ist durchaus glaubwürdig, aber sehr zu bezweifeln, ob die anderen Angaben des Mönchs von Pegau gleichen Glauben verdienen. Derselbe läßt die Böhmen an der Schlacht Antheil nehmen, obwohl Bruno bestimmt aussagt, daß der König sich noch nicht mit ihnen vereinigt hatte. Noch befremdlicher ist, daß das Chronicon Petershusanum II. c. 38, dem auch hier offenbar ältere Nachrichten zu Grunde liegen, den Böhmen die Hauptrolle in der Schlacht zuertheilt und von König Heinrich selbst gar nicht spricht; man mußte in Schwaben sehr ungenaue Nachrichten über die Schlacht erhalten haben. Floto hat II. S. 225 ff. die Darstellung dieses Kampfes mit besonderer Sorgfalt behandelt, doch scheint er mir Brunos Worte theils nicht richtig aufgefaßt, theils mit willkürlichen Zusätzen vermischt zu haben. Den Tod Rapotos melden mehrere Quellen; er wird bei Bruno unus de summis principibus genannt. Man vergleiche über ihn Moritz in den Neuen hist. Abhandlungen der baierischen Akademie V. S. 518. Daß dieser Rapoto eine Person mit dem oft genannten Unterhändler zwischen Heinrich und Gregor war, scheint mir nach Paulus Bernried. c. 58 kaum noch einem Zweifel unterliegen zu können; hier wird der Unterhändler Rapoto als ein Mann bezeichnet, den wegen seines vornehmen Geschlechts und seiner Rechtschaffenheit gern das Volk zum König erhoben gesehen hätte. König Rudolfs Tod wird in den Nekrologien theils auf den 15. October, theils auf den folgenden Tag angesetzt[1]). Bernold setzt ihn auf den 15. October, aber zugleich ausdrücklich auf den Tag nach der Schlacht, die dann am 14. October hätte geliefert sein müssen. Da aber alle anderen Zeugnisse die Schlacht auf den 15. bestimmen, scheint Bernolds Angabe, daß Rudolf die Schlacht um einen Tag überlebt habe, irrig. Das Chronicon Petershusanum a. a. O. sagt auch ausdrücklich, daß Rudolf an demselben Tage starb und zwar an der Elster, nachdem er im Flusse selbst die tödtliche Wunde empfangen habe; dies widerspricht allerdings der auch sonst nicht sehr wahrscheinlichen Angabe Ekehards, daß Rudolf noch lebend nach Merseburg gebracht sei. Nach Bruno c. 124 starb Rudolf in seinem Lager gleich nach der Schlacht, und auch hierin verdient gewiß dieser Schriftsteller Glauben. Die Worte, die er dem Sterbenden in den Mund legt, stimmen ziemlich mit denen, welche die Chronik von Petershausen berichtet, sind aber schwer vereinbar mit der Rede, welche nach Ekehard Rudolf zuletzt an die Bischöfe gerichtet haben soll, denn mehr sagt Ekehard selbst nicht. Die abgehauene Rechte des Königs mochte leicht Gedanken hervorrufen, wie sie in jener Rede sich ausdrücken; in der Vita Heinrici c. 4 heißt es: abscisa Ruodulfus dextera dignissimam periurii vindictam demonstravit. Ueber Rudolfs Grabmal in Merseburg sehe man Dethier in den N. Mittheilungen des thüring.-sächsischen Vereins I, 2. S. 22 und Puttrichs Denkmale der sächsischen Baukunst II, 1. Serie Merseburg Bl. 8. Daß man in Rudolfs Tod eine Widerlegung der Prophezeiungen Gregors sah, zeigen unter Anderem Wenrichs Worte: Videant, tot prophetico spiritu factas denuntiationes qualis tandem effectus probaverit (Martene, Thes. I. 214). Die Nach-

---

1) Auch in dem Fragment eines alten Nekrologs von St. Blasien, welches sich in einer Handschrift der k. k. Hofbibliothek zu Wien (Nr. 9) befindet und von Büdinger dem Druck übergeben, aber nicht durch den Buchhandel verbreitet ist, steht der 15. October; ebenso in dem Zwiefalter Nekrolog bei Grandidier, Histoire d'Alsace, Preuves II. p. 181.

richt des Albericus von Trois-Fontaines, daß Gottfried von Bouillon die tödtliche Wunde K. Rudolf beigebracht, steht ganz vereinzelt da. Daß auf die Berichte des Bonizo, Wilhelm von Apulien und Landulf über die Schlacht wenig Werth zu legen ist, möchte nur deshalb, weil man ihnen dennoch Bedeutung zuerkannt hat, zu bemerken sein.

S. 522—526. — Die Verhandlungen Heinrichs mit den Sachsen im December 1080 berichtet Bruno c. 125; im folgenden Kapitel erzählt er ausführlich die Vorgänge auf dem Tage im Kaufunger Wald im Februar 1081. Die letzteren werden auch in der Epistola Gebehardi bei Gretser Opp. VI. p. 436 erwähnt; dieser Brief kann deshalb nicht, wie Floto II. 232 meint, im Januar 1081, sondern erst in einem der folgenden Monate geschrieben sein. Die Wiedereinsetzung Elberts und Heinrichs in ihre Marken ist aus dem Gange der Begebenheiten klar. Daß sie nicht vor der Schlacht bei Flarchheim erfolgte, erhellt aus Bruno c. 117; jedenfalls aber fand sie vor dem Römerzug statt. Man wird kaum irren, wenn man sie in den von mir angegebenen Zusammenhang setzt. In nothwendiger Verbindung mit derselben steht die Uebertragung Oestreichs an Wratislaw von Böhmen. Die neue Conspiration Luitpolds gegen den König setzen die Annales Mellicenses auf 1081, und als ihre unmittelbare Folge giebt die Vita Altmanni c. 25 jene Uebertragung an; in dieselbe Zeit fällt die Rückkehr Altmanns nach Passau, wie aus der angeführten Stelle zu ersehen ist. Daß Heinrich Elbert noch zu größeren Dingen bestimmt hatte, sagte er selbst in der Urkunde St. R. 2879: respectu aetatis eius et consanguinitatis, qua nos contingebat, indulsimus, sua sibi misericorditer et restituentes et alia superaddere meditantes. Es scheinen die Verhältnisse Wratislaws und Elberts in Regensburg geordnet zu sein, wo am 18. März 1081 Beide beim Könige waren. Man sehe die Urkunde bei Stumpf, Acta imperii Nr. 74.

S. 526—531. — Die Niederlage des Heers der Mathilde bei Volta war nach Bernold an demselben Tage mit der Schlacht bei Mölsen, nach Bonizo p. 677 einige Tage später. Gregors Lage von dieser Zeit an bis zur Ankunft Heinrichs in Italien wird aus den Briefen im Reg. L. VIII. ep. 12—22, 23—28 und den Beschlüssen der Fastensynode des Jahres 1081 (Reg. VIII. 20a) deutlich. Die Chronologie dieser Briefe, für welche bestimmte Anhaltspunkte fehlen, scheint mir bei Jaffé richtig hergestellt; auch Gfrörer, Gregor VII. B. VII. 798 will sich an dieselbe halten, hat sie aber völlig mißverstanden, wenn er die Stücke Reg. VIII. 23. 26. 27 von dem 15. März datirt. Die Angabe des Bruno c. 129: Heinricus intrante Martio intravit Italiam ist falsch. Nach der oben erwähnten Urkunde bei Stumpf war Heinrich am 18. März noch in Regensburg; er kann deshalb erst in den letzten Tagen des März über die Alpen gegangen sein. Am 4. April feierte der König nach Bernold das Osterfest in Verona. Den Aufenthalt in Mailand am 14. April weisen zwei Urkunden bei St. R. 2829. 2830 nach; daß sich damals wahrscheinlich Heinrich krönen ließ, hat Giulini IV. 233 nachzuweisen gesucht. Von einer Synode in Pavia zu jener Zeit ist Nichts bekannt; auch werden die in den M. G. Legg. II. einer solchen damals angeblich gehaltenen Versammlung zugeschriebenen Stücke nicht Heinrich IV., sondern seinem Vater angehören, und zwar im October 1046 erlassen sein, wo Heinrich III. eine Synode und einen Reichstag in Pavia nach den Annales Altahenses hielt. Weitere Nachrichten über Heinrichs Zug giebt der Brief Gregors an Desiderius Reg. VIII. 33, um den 1. Mai geschrieben. Der hier erwähnten Verhandlungen Heinrichs mit Robert Guiscard gedenkt auch Guill. Apul. L. IV. v. 171—184 und giebt sich absonderliche Mühe Roberts Verfahren gegen Gregor in ein günstiges Licht zu stellen. Wir besitzen kein bestimmtes Zeugniß dafür, daß Normannen bei Heinrichs erstem Anrücken Rom vertheidigt haben. Da aber Benzo V. c. 4 (p. 662) darauf hindeutet, wäre es möglich, daß Roger, welchen der Vater zurückgelassen und mit dem Schutze des Papstes beauftragt hatte, einige Ritter sandte. Man vergleiche Wilhelm von Apulien IV. v. 198 und Anna Comnena I. c. 14, welche Beide hier aus dem Latinus Barensis schöpfen.

S. 532—534. — Ueber Heinrichs ersten Aufenthalt vor Rom finden sich die ausführlichsten Nachrichten bei Benzo (p. 656—658); im Ganzen scheinen sie zuverlässig und werden durch die erhaltenen Urkunden, wie durch die kurzen Notizen des Marianus, Bernold, Bonizo und der römischen Annalen (Annales Seligenstadenses u. s. w.) gestützt. Nach Benzo kam Heinrich am 21. Mai, Freitag vor Pfingsten, vor Rom an, nach Bernold und Bonizo am folgenden Tage; vielleicht wurde an diesem erst das Lager bezogen. Die Proclamation Heinrichs an die Römer steht im Cod. Udalrici Nr. 187 (J. 66). Auf dieses interessante Manifest, welches wohl von Liemar abgefaßt ist, hat zuerst wieder Floto II. 245 aufmerksam gemacht, doch scheint es mir irrig, wenn er es schon von Toscana aus ergehen läßt. Unrichtig ist auch, wenn Floto S. 247 sagt, daß Heinrich nur acht Tage vor Rom geblieben sei; er war dort noch am 23. Juni, wie das berühmte Privilegium für Lucca zeigt. Es ist nicht mehr im Original vorhanden, aber wir besitzen zwei spätere Abschriften, von denen die eine bei Mazzarosa, Storia di Lucca I. 291, die andere bei Tommasi, Storia di Lucca (Archivio stor. X. Doc. p. 3) gedruckt ist. Die zweite scheint interpolirt (die längere Stelle ut si qui homines introierint — Volumus autem deutet darauf hin), aber sie dient zugleich den sehr verderbten Text der ersten zu berichtigen. So sind die Worte: Consuetudines etiam perverse a tempore Bonifatii marchionis vel alia quelibet potestas cum illis pepigerint firme et rate permaneant in der ersten Abschrift sinnlos, und es muß mit der zweiten gelesen werden: Consuetudines etiam perversas, a tempore Bonifatii marchionis duriter eisdem impositas, omnino interdicimus et, ne ulterius fiant, precipimus. Insuper illis concedimus, ut securitates, quas marchiones vel alia quelibet potestas cum illis pepigeruut, firme et rate permaneant. Man sieht, wie der Abschreiber von marchionis auf marchiones mit dem Auge abirrte. In der zweiten Abschrift fehlt die Datumszeile, welche in der ersten wiedergegeben ist. Das Datum bei Fiorentini p. 206 (7. Juli) beruht nur auf einem Versehen (Non. Jul. statt IX. Kal. Jul.). Nach Marianus lag Heinrich von Pfingsten an 40 Tage vor Rom; denn quadragesima kann doch nur ein Schreibfehler für quadraginta sein. Nach den Urkunden bei St. R. 2835—2839 war Heinrich am 10. Juli zu Siena, dann zu Pisa, am 19. und 20. Juli zu Lucca.

S. 534—539. — Der Widerstand Mathildens gegen Heinrich wird nur kurz berichtet in der Vita Anselmi c. 10. 20. 21 und bei Donizo L. II. c. 1. v. 200 seq. Der Brief Anselms an Wilhelm von England bei Sudendorf, Berengarius Turonensis p. 237—239 wird i. J. 1081 oder 1082 geschrieben sein, gewiß noch vor Odos Gefangennahme. Bemerkenswerth sind besonders die Stellen: Ego autem memor beneficiorum, quae in me tua benivolentia contulit, omni conamine secundum Deum servitium meum tuae dignitati impendere, si praeceperis, non gravabor. — Ad quam (Romanam) ecclesiam) quasi ad caput et matrem tuam te oportet venire, ut illam, quantum in te est, de manu alienorum festines eruere. In te enim singulariter confidit, quia prae caeteris principibus maiorem iam fiduciam ex multis tuis impendiis et probitate morum in te haurit. Sed sapienti pauca, tibi itaque nunc ista sufficiunt. Et propter periculosa tempora, quae nunc imminent, in exequendis, quae ad partes nostras literis mandasti et quae rescripta sunt tibi, viriliter age, caute prudenterque solicitudinem tuam impende. Haec ego propria manu scripsi et committo tibi soli.

S. 534—537. — Ueber Gebhards Bemühungen, die deutschen Fürsten zu vereinigen, sehe man seinen Brief an Hermann von Metz bei Gretser Opp. VI. 435. Für die Wahl Hermanns sind besonders wichtig Marianus, Bruno c. 130, Bernold, die Annales Augustani. Das Geschlecht Hermanns erhellt aus Marianus und dem Chronicon Petershusanum; das Letztgenannte bezeichnet ihn als genere Francum de Glisberg. Der Wahlort schien bisher unbekannt. Was die Annales Palidenses und andere späte Quellen über Eisleben sagen, soll wohl nur den Spottnamen Knoblauchskönig erklären; denn bei Eisleben wurde viel Knoblauch gebaut. Die Annales Yburgenses und das Chronicon Petershusanum geben Ochsenfurt an, und diese Angabe verdient vollen Glauben. Unbestimmter ist der Wahltag. Man hat Bernolds Worte: Electus est ante festivitatem s. Laurentii et in sequente die post festivitatem eiusdem sancti de inimicis triumphavit in confinio Baioariae in loco, qui dicitur Hostete, so gedeutet, daß die Wahl am Tage vor Laurentius, also am 9. August erfolgt sei. Aber Bernold sagt nur: vor Laurentius, und man muß bezweifeln, ob die Wahl zu Ochsenfurt am 9. August stattfinden konnte, wenn Hermann schon am zweiten Tage darauf seine Widersacher bei Höchstädt schlug; das Datum dieser Schlacht steht aber durch die Uebereinstimmung der Quellen fest. Wie es zu der Schlacht kam, zeigt am besten das Chronicon Petershusanum, klarer als Bernold. Der in der Schlacht gefallene jüngere Kuno wird von den Annales Yburgenses als Pfalzgraf, vom Chronicon Petershusanum als palatinus de Vohiburch, dagegen von Ekehard genauer als palatini comitis Chuononis filius Chuono bezeichnet. Ueber die Schlacht sind auch die Nachrichten der Annales Augustani wichtig, welche auch über die Vorgänge vor Augsburg berichten. Die Rolle, welche Otto von Nordheim nach Hermanns Wahl spielte, lernt man aus Bruno c. 131 kennen; dieser schließt sein Werk mit der allgemeinen Anerkennung Hermanns in Sachsen und der darauf erfolgten Krönung.

S. 540—543. — Daß König Heinrich noch mitten im Winter über den gefrorenen Po ging, erwähnen Benzo I. c. 20 (p. 607) und Landulf III. 82; der Letztere verwirrt aber den zweiten und dritten Zug Heinrichs gegen Rom, und seine Bestimmung des Monats December bezieht sich auf die Eröffnung der Belagerung der Leostadt im folgenden Jahre. Die Nachrichten über die Belagerung Roms in der Fastenzeit 1082 sind sehr ungenügend; nur einzelne Notizen ergeben sich aus Marianus, Bernold, Bonizo und dem Chronicon Farfense (M. G. XI. 561); die Nachrichten des Benzo sind hier dürftig und verworren. Von Wiberts Kämpfen gegen Rom im Sommer 1082 giebt besonders Bonizo Nachricht. Ueber die römische Synode vom 4. Mai 1082 sehe man Mansi XX. 577 u. 526; er datirt sie an beiden Stellen falsch, da sie weder in das Jahr 1076 noch 1081 gehören kann; das neunte Jahr Gregors giebt die richtige Bestimmung. Mathildens Schenkung des Kirchenschatzes von Canossa an Rom ist urkundlich bezeugt (M. G. XII. p. 385 Note) und damit auch die Zeit dieser Schenkung bestimmt. Ueber Roberts Zug nach Griechenland sind Wilhelm von Apulien, Gaufred, die unteritalischen Annalen und die Alexias der Anna Comnena zu vergleichen; durch genauere Zeitbestimmungen zeichnet sich der Anonymus Barensis aus. Die chronologischen Aenderungen Gfrörers (Gregor VII. Bd. VII. S. 836 ff.) sind durch die Annales Beneventani schwach begründet. Eine sorgsame Darstellung dieser Begebenheiten hat Schwarz, die Feldzüge Robert Guiscards gegen das byzantinische Reich (Fulda 1854) gegeben. Der Brief Gregors Reg. VIII. 40 muß etwa um Ostern 1082 geschrieben sein; was Floto II. 249 von den Gesandten meldet, welche diesen Brief überbracht haben sollen, beruht theils auf Verwechselung mit einer anderen Gesandtschaft, von welcher Hugo Flav. p. 462 z. J. 1084 berichtet, theils auf einer Erzählung in der Vita Simonis (Acta SS. ord. s. Benedicti saec. VI, 2. 385), welche sich nicht chronologisch feststellen läßt. Da die Gefangennehmung Odos in den Herbst 1082 fällt, wird Gregors Brief an König Wilhelm Reg. VIII. 60 in die erste Hälfte des Jahres 1083 zu setzen sein; etwa gleichzeitig ist der Brief an Lanfrank (Reg. VIII. 43). Auch das Schreiben Reg. VIII. 42 kann erst in das Jahr 1083 gehören, da nicht vor dem Anfang dieses Jahres Hugo als Erzbischof von Lyon geweiht wurde.

S. 543. 544. — Hermanns Krieg in Westfalen und die Belagerung der Yburg berichten die Vita Bennonis c. 25 und die Annales Yburgenses z. J. 1082. Der Aufenthalt Hermanns zu Goslar am 3. August ergiebt sich aus der Urkunde bei Erhard, Regesta hist. Westf. I. Cod. dipl. p. 124 (St. R. 2997). Den Zustand im oberen Deutschland schildern die Annales Augustani in wenigen Worten treffend. Ueber die Schlacht bei Mailberg finden sich die ausführlichsten Nachrichten in der Vita Altmanni c. 25; mit ihnen ist Cosmas Pragensis II. c. 35, der aber die Ereignisse willkürlich ausschmückt und die wahre Veranlassung des Streits nicht kennt, zu vergleichen; erwähnt wird Liutpolds Niederlage in den meisten Annalen, doch in den Annales Wirzeburgenses und den aus ihnen abgeleiteten Jahrbüchern fälschlich z. J. 1081. Hermanns Absicht nach Italien zu gehen berichtet Bernold z. J. 1082 und 1083; derselbe giebt auch den Grund der eiligen Rückkehr des Gegenkönigs nach Sachsen an, während Ekkehard den Durchzug durch Ostfranken erwähnt. Der Todestag Ottos von Nordheim ist beim Annalista Saxo angemerkt. Daß Hermann schon um Ostern 1083 wieder in Sachsen war, zeigt eine Urkunde desselben, am 13. April 1083 zu Goslar ausgestellt für Burchard von Halberstadt, der ob devotum et fidele servitium belobt wird (St. R. 2998).

S. 545. 546. — Der Aufenthalt Heinrichs in den Gebieten von Bergamo und Verona im November 1082 wird durch die Urkunden bei St. R. 2846. 2847 bezeugt. Hiernach ist unwahrscheinlich, daß Heinrich selbst schon im December die Belagerung der Leostadt wieder begonnen habe, wie Landulf III. c. 32 angiebt; nach Ekkehard muß es erst nach Ostern 1083 geschehen sein. Die Angabe bei Stenzel II. 281, daß Heinrich das Weihnachtsfest 1082 in S. Rufina gefeiert habe, beruht lediglich auf einem Irrthum. Die vergeblichen Angriffe auf St. Paul und St. Peter berichtet das Reg. Gregorii VII. in den Nachrichten über die Novembersynode 1083 (Reg. VIII. 58a). Den Ausfall und die Niederlage der Römer erzählen die Annales Augustani, und ihre Nachrichten bestätigt das interessante Gedicht auf die Einnahme der Leostadt, welches Sudendorf im Registrum I. Nr. 17 herausgegeben hat, wo auch die allgemeine Lage der Dinge nicht übel gezeichnet wird. Zu emendiren ist iam equos deretorserat und Machtildae malae sociae. Das Gedicht rührt wohl nicht, wie Gfrörer meint, von einem deutschen, sondern von einem lombardischen Kleriker her. Der in demselben genannte Graf Wido, Arardi filius, scheint derselbe, den Benzo VI. c. 4 (p. 663) erwähnt; die Burg desselben, Sezadium mit Namen, deren Lage ich nicht zu bestimmen weiß, hatte Heinrich zerstört. Die Muthlosigkeit der römischen Bürgerschaft wird im Reg. Gregorii VIII. 58a dargelegt; dort findet sich auch der deutlichste Beweis, daß die Leostadt wirklich durch die Unachtsamkeit der Wachen in die Hände der Feinde fiel. Somit bewahrheitet sich in wesentlichen Punkten die Darstellung der Vita Heinrici c. 6, so viel darin auch unbestimmte Phrase ist; auch die Erzählung des Landulf, wenn man von den echt mailändischen Zuthaten absieht, findet im Allgemeinen Bestätigung. Unzuverlässiger sind die Berichte im Chronicon Pegaviense und bei Wilhelm von Malmesbury. Zu vergleichen ist auch Benzo L. VI. c. 4 (p. 663. 664). Nach dem übereinstimmenden Zeugniß des Bernold und der Annales Beneventani setzt Floto mit Recht die Einnahme der Leostadt auf den 3. Juni; die Angabe des Ekehard, so genau sie scheint, muß doch auf einem Irrthum beruhen und ist im Annalista Saxo wenigstens zur Hälfte rectificirt.

S. 546. 547. — Für den Aufenthalt Heinrichs vor Rom und in der Leostadt 1083 sind außer der interessanten Urkunde für Erzbischof Liemar (St. R. 2851) nicht unwichtig die Actenstücke des Registrum Farfense (24. Mai prope urbem Romam, 10. Juni infra porticum s. Petri, 15. Juni Romae), welche ich unter den Documenten B. 2—4 abdrucken lasse. Das Datum der erneuerten Excommunication durch Gregor giebt Bernold z. J. 1084, das der Inthronisation Wiberts die Annales Augustani z. J. 1083. Auch Bernold erwähnt der Inthronisation, verwechselt sie aber mit der Ordination, indem er auf sie jene Worte des Gebhard von Salzburg bei Hugo Flav. p. 459 bezieht, die von dieser gelten; auch Bonizo macht eine ähnliche Verwechselung. Ueber das Castell in Palatiolo sehe man besonders Bernold. Palatiolus hieß jene Anhöhe neben St. Peter, wo jetzt S. Michele in Sassia steht; noch später wird hier einer Kirche S. Maria in Palatiolo erwähnt. Vergl. Gregorovius II. 471. Daß die Mauern der Leostadt fast ganz niedergerissen wurden, ergiebt sich aus den Ann. Cav. (M. G. III. 190) und den verwandten Quellenschriften. Die Entlassung der lombardischen Truppen berichtet Landulf, der hierin glaubwürdig ist. Heinrichs Aufenthalt am 4. Juli in Sutri erhellt aus der Urkunde bei St. R. 2852; nach derselben schenkte Heinrich in Erwägung der großen und treuen Dienste des Bischofs Rainer von Vercelli diesem mehrere Burgen. Den Vertrag Heinrichs mit dem römischen Adel erwähnen Bernold und Ekehard; der Eid, von welchem der Erstere berichtet, ist in seinem Wortlaut erhalten und abgedruckt in den Mon. Germ. VIII. p. 460. Der in dem Vertrage noch nicht bezeichnete Termin findet sich bei Ekehard als der 1. November angegeben. Wenn Gregorovius IV. 223 bei den Verhandlungen Desiderius von Monte Cassino eine Rolle spielen läßt, so beruht das auf einer Verbindung des Eids mit der vorhergehenden Erzählung über eine sonderbare Wasserprobe, die mehrere Anhänger Gregors anstellten. Diese Erzählung und der Eid sind aber meines Erachtens aus dem Zusammenhange gerissene Fragmente einer größeren Zuschrift, welche einige Römer, die dem König anhingen, an ihn richteten.

S. 548. 549. — Roberts Rückkehr aus Griechenland erfolgte im Anfang des Sommers 1082, wie aus Lupus Protosp. hervorgeht; derselbe Annalist bezeugt auch, daß bald darauf Abälard nach Byzanz ging. Der Brief des Alexius, den Anna Comnena III. c. 10 mittheilt, ist für ein echtes Actenstück zu halten, nur ist offenbar auch hier die Chronologie der schriftstellernden Fürstin verworren. Sie setzt ihn bereits in das Jahr 1081, während er erst i. J. 1083 geschrieben sein kann. Denn Abälard war bereits in Byzanz und dachte an seine Rückkehr, wie aus dem Inhalt hervorgeht. Ferner waren bereits die ersten Geldzahlungen an den Kaiser und die für ihn bestimmten Geschenke abgegangen; diese trafen aber nach Ekehard erst im Sommer 1083 ein. Endlich gingen mehrfache Verhandlungen, die längere

Zeit fortnehmen mußten, nach Annas eigener Angabe dem Briefe voran. Der kostbaren Geschenke des Kaisers gedenkt auch Benzo I. c. 17 und VI. c. 4 (p. 606 u. 664) ausführlich.

S. 550—557. — Ueber die Vorbereitungen zur römischen Novembersynode 1083 ist Bernold die Hauptquelle. Daß die Römer auf diese Synode beim Papste gedrungen hätten, steht nicht bei Bernold, wie Hirsch in den Forschungen zur deutschen Geschichte VII. 84 mir entgegenhält. Die Worte: Omnes pene Romani praeter principem Salernitanum hoc cum Heinrico laudaverunt, ut papa Gregorius sinodum in medio Novembri colligeret Romae, cuius sinodi statuta de causa regni nec Heinrico nec Romanis, immo nulli penitus liceret praevaricari heißen doch nur: die Römer und Heinrich willigten ein, daß der Papst eine Synode hielt; von Heinrich ist das ohnehin auch anderweitig bekannt. Das Einladungsschreiben an die französischen Bischöfe und Aebte findet sich im Codex Udalrici Nr. 154 (J. 58); Jaffé setzt dasselbe, wie mir scheint, mit Unrecht in das Jahr 1078. Dagegen beziehen auf die Synode des Jahres 1083 Stenzel und Andere das Schreiben im Reg. VIII. 51 (J. R. Nr. 8950), welches erst dem Jahre 1084 angehört. Ueber die Gefangennehmung des Bischofs von Ostia und die Verhandlungen der Synode selbst sehe man Bernold, Bonizo (p. 678. 679) und besonders die interessanten Notizen im Reg. VIII. 58a. Ueber Heinrichs Rückkehr nach Rom stehen die ausführlichsten Nachrichten bei Bernold. Die Verhandlungen zwischen dem Abel, Papst und dem König bezeugt außer Bernold auch Bonizo p. 679. Bernold sagt, daß Heinrich um Weihnachten 1083 Geld von Alexius empfangen und sich eidlich verpflichtet habe Robert anzugreifen, aber dies Versprechen nicht erfüllt sei. Dagegen meldet Eckehard bestimmt, daß Heinrich um den 1. Februar 1084 einen Zug nach Campanien und Apulien unternommen habe, und diese Nachricht verdient vollen Glauben[1]); Robert selbst wurde allerdings nicht von Heinrich angegriffen. Die von Bernold erwähnte Botschaft des Kaisers kann nur die des Methymnes sein, deren Anna Comnena V. c. 3 gedenkt; nur verwirrt sie auch hier und im Folgenden die Chronologie abermals in bedenklicher Weise. Der Herzog und Markgraf Ranieri, den Heinrich in Spoleto und Camerino 1081 eingesetzt hatte, findet sich mehrfach in Urkunden erwähnt. Man vergleiche Fatteschi, Duchi di Spoleto p. 117 ff. Daß Heinrich den Rückweg durch die Sabina nahm, zeigt das Placitum für Farfa bei

---

[1]) F. Hirsch in den Forschungen zur deutschen Geschichte VII. 86 ist anderer Ansicht. Wenn er aber sagt, daß Eckehard bekanntlich hier sehr parteiisch und selbst lügenhaft sei, so scheint mir das doch nicht so bekannt, um den Beweis überflüssig zu machen; vielmehr halte ich Hirschs Darstellung hier mehrfach für irrig, weil er ohne zureichenden Grund Nachrichten bei diesem Schriftsteller verworfen hat. Meine Combinationen halte ich trotz seiner Einrede für richtig; sie stützen sich außer Bernold und Eckehard hauptsächlich auf die angeführte Stelle des Petrus diaconus. Allerdings verlegt Hirsch S. 82 die dort berührten Thatsachen in eine andere Zeit, als ich es gethan habe; er meint, daß sich bereits um Ostern 1083 Desiderius beim Kaiser eingestellt habe, während ich dieses Ereigniß erst um Ostern 1084 setze. Die Gründe, welche Hirsch für seine Meinung anführt, haben mich jedoch nicht überzeugt. Denn 1) sequenti anno am Anfange des Kapitels 50 bei Petrus diaconus bezieht sich nicht auf alle in demselben Kapitel erzählten Ereignisse; ausdrücklich setzt vielmehr Peter die in Rede stehenden Thatsachen in die Osterzeit, welche der Einnahme der Leostadt und der Inthronisation Wiberts (Juni 1083) folgte, und damit auf Ostern 1084; 2) ist nicht bewiesen, daß Heinrich nur im Anfange des Jahres 1082 in Farfa war, vielmehr läßt sich auch sein Aufenthalt daselbst vor Ostern 1084 wahrscheinlich machen, da er sich damals erweislich in der Sabina aufhielt. Endlich muß Hirsch, um seine Ansicht aufrecht zu erhalten, die Angabe der Quelle über die Zusammenkunft des Otto von Ostia mit Desiderius als unrichtig verwerfen; sie hat aber dieselbe Autorität für sich, wie die ganze Erzählung, und ist ebenso erklärlich i. J. 1084, wie unbegreiflich i. J. 1082.

Galletti, Chiese di Rieti p. 146. Heinrich tagte nach demselben im März 1084 iuxta civitatem Reatinam prope ecclesiam s. Heleopardi; bei ihm war ein Markgraf Guido, dessen Mark wir nicht kennen; vielleicht war es die von Teate. Der Aufenthalt Heinrichs in Albano geht aus der Chronica mon. Cassinensis III. c. 50 hervor. Die dort erzählten Ereignisse gehören nicht, wie der Herausgeber annimmt, in das Jahr 1082, sondern erst in den Anfang 1084. Heinrich hat auf seinem Zuge durch die Sabina wohl auch Farfa damals wieder berührt; in den Annalen des Klosters heißt es z. J. 1082: Heinricus IV. rex ad hoc monasterium primo venit. Mit Otto von Ostia konnte Desiderius am Hofe Heinrichs erst nach dem November 1083 zusammentreffen, und daß es um Ostern 1084 geschah, zeigt die Erzählung selbst, wie die Anwesenheit Wiberts. Der Aufenthalt Heinrichs bei St. Peter am 21. März 1084 erhellt aus der interessanten Urkunde Heinrichs für den Bischof Burchard von Basel (St. R. 2854), die bei Trouillat I. p. 204 aus einer späteren Copie gedruckt ist; in derselben wird der Herzog und Markgraf Ranieri mit anderen nicht besonders bezeichneten Markgrafen erwähnt. Ueber Heinrichs Einzug in Rom sehe man besonders das eigene Schreiben desselben an Dietrich von Verdun in den Gestis Treverorum p. 185, dann Bernold und Ekkehard. Ueber die Synode, auf welcher die Absetzung Gregors ausgesprochen wurde, finden sich die besten Nachrichten bei Benzo VII. Prol. (p. 669); über die Beschlüsse vergleiche man auch Siegbert von Gemblour. Die Ordination Wiberts berichten die meisten Quellen der Zeit; über die Kaiserkrönung besitzen wir das sicherste Zeugniß in dem angeführten Briefe Heinrichs. Daß er auch zum Patricius ausdrücklich ernannt wurde, sagt Siegbert und Andere nach ihm. Nach Bonizo p. 679 wäre Wibert von drei Suffraganen Ravennas, den Bischöfen von Modena, Bologna und Cervia, inthronisirt oder richtiger ordinirt worden; Gebhard von Salzburg in seinem Briefe an Hermann von Metz, der bei Hugo Flav. p. 459. 460 und im Cod. Udalr. Nr. 167 (J. 69) aufbewahrt ist, sagt aber ausdrücklich, daß nur die Bischöfe von Modena und Arezzo bei der Ordination als Consecratoren betheiligt gewesen seien; Bernold schreibt Gebhard nach, giebt aber zu, daß noch andere häretische Bischöfe bei der Ordination mitthätig waren. Den ersten Kampf bei der Engelsburg erwähnt Bernold, die Zerstörung der Burgen der Corsen Bonizo a. a. O. und die Papstleben des Pandulf (Watterich I. 306. 307), die hier eigenthümliche und interessante Nachrichten geben. Der Rath des Benzo wegen des Capitols findet sich VI. c. 4. p. 664. Die Anwesenheit des Kaisers auf dem Capitol am 29. April 1084 erhellt aus einer Urkunde des Registrum Farfense Nr. 1098, im Auszuge bei Gregorovius IV. 231, die ich unter den Documenten B. 5 vollständig abdrucken lasse. Ueber die Berennung des Septizonium und die Umschließung der Engelsburg sehe man die angeführte Stelle der Papstleben. Wie man damals des Crescentius gedachte, zeigt Benzo VI. c. 6 (p. 666).

S. 557. 558. — Ueber die Gesandtschaft des Jarento ist Hugo Flav. p. 462, über die Zusammensetzung und Stärke des Heeres Robert Guiscards Lupus Protosp., Landulf III. c. 33, Wido Ferrariensis I. c. 20 und Guillermus Ap. IV. v. 565 einzusehen. Die Botschaften des Desiderius erhellen aus der Chronica mon. Cassinensis III. c. 53. Daß Robert den Kampf Heinrich förmlich ankündigte, geht hervor aus Wido Ferrariensis a. a. O. und den Papstleben des Pandulf. Ueber den Abzug des Kaisers vergl. die Vitae Pontif. p. 307 und Bonizo p. 680; den Tag geben die Annales Cavenses. Am 23. Mai war Heinrich zu Sutri, nach der Urkunde bei St. R. 2857; bei ihm waren der Patriarch von Aquileja, der Bischof von Padua, viele andere Bischöfe, die Markgrafen Albert und Rainer, der Graf Hugo und andere Fürsten. Am 24. Mai war er in Burgo s. Valentini in der Diöcese Viterbo, nach Gregorius Catinensis (Hist. Farf. c. 8. p. 561, vergl. St. R. 2858). Ob er den Weg über Civita Castellana nahm, wie die Chronik von Monte Cassino angiebt, wird hiernach sehr zweifelhaft sein. Daß sich Wibert nach Tivoli begab, sagt Wido a. a. O. Vor dem 28. Mai, d. h. vor dem Tage des Einzugs Roberts in Rom, war Heinrich nach Bonizo in Siena, am 17. Juni in Verona nach der Urkunde bei St. R. 2860; dort wird auch die Urkunde vom folgenden Tage bei St. R. 2861 ausgestellt sein. Daß Heinrich am Peter- und Paulstage in Regensburg sein wollte, erhellt aus seinem angeführten Briefe, der wohl von Verona aus geschrieben ist.

S. 559—565. — Die glaubwürdigsten Berichte über die Einnahme Roms durch Robert Guiscard scheinen mir bei Wido Ferrariensis, in den alten Papstleben und bei Bonizo erhalten; jedenfalls zeigt sich hier Vertrautheit mit der Lokalität und den lokalen Ueberlieferungen. Diese Berichte lassen sich aber mit dem des Gaufredus Malaterra III. c. 37, dem man meist gefolgt ist, nicht füglich vereinen. Nach dem Letzteren hätte Robert drei Tage vor Rom gelegen; Wibo und Bonizo dagegen berichten ausdrücklich, daß er schon am Tage nach seiner Ankunft vor den Thoren sich der Stadt bemächtigte. Nach Gaufred wäre Robert durch die Porta S. Lorenzo eingedrungen, nach Wibo durch die P. Pinciana und nach den Papstleben durch die P. Flaminia. Daß sich in der That von dieser Seite das Heer über Rom ergoß, zeigt die Verwüstung, die zunächst S. Silvestro und S. Lorenzo in Lucina traf. Wibo meldet, daß der Papst zuerst in Roberts Lager geführt wurde; die anderen Quellen anticipiren den späteren Aufenthalt des Normannen im Lateran. Tag und Stunde des Einbruchs der Normannen giebt die gleichzeitige griechische Note einer Handschrift von Grotta Ferrata (Montfaucon, Diaricum Italicum p. 336) sehr genau an, aber doch mit einem Fehler, denn der Dienstag war nicht der 29., sondern der 28. Mai, und daß an diesem die Normannen einzogen, bezeugt eine Notiz in den Riccardianischen Handschriften des Cencius Camerarius (Gregorovius IV. 235, Watterich I. 293). Bernold giebt einige brauchbare Notizen, die Erzählung im Chronicon mon. Cassin. ist verworren. Als den Führer der normannischen Partei in Rom nennt das Chronicon mon. Cassin. den consul Cencius; mit Recht sieht Gregorovius in ihm den Cencius Frangipani, den schon Benzo II. c. 4. p. 614 als einen der entschiedensten Anhänger Gregors bezeichnet und der sich auch als Zeuge in der Mathilbinischen Schenkung erwähnt findet. Von ihm soll auch Robert Feuer in der Stadt anzulegen veranlaßt sein. Ueber den Umfang der Feuersbrunst findet sich das einzige genaue Zeugniß in den alten Papstleben; damit stimmt die Nachricht des Chronicon mon. Cassin., daß besonders die ecclesia quatuor coronatorum vom Feuer zerstört sei. Die grausame Behandlung Roms durch die Normannen bezeugen alle Quellen; es genügt, sich an die hauptsächlichsten vorhin angeführten Zeugnisse zu halten. Ueber die Einnahme von Sutri und Nepe sehe man Bernold im Vergleich mit dem Brief der Mathilde bei Hugo Flav. p. 463. Daß Gregor und Robert wirklich nach ihrer Absicht zu St. Peter und Paul nach Rom zurückgekehrt sind, meldet Bernold allerdings nicht ausdrücklich, aber es wird durch den Gang der Begebenheiten dargethan. Ueber die Belagerung von Tivoli durch Robert haben wir die einzige, aber zuverlässige Nachricht erst jetzt durch Wido Ferrariensis a. a. O. erhalten. Den Aufenthalt Roberts und Gregors in Monte Cassino erwähnt die Klosterchronik a. a. O., den weiteren Zug nach Benevent verbürgen die Annales Beneventani. Daß Wibert alsbald nach Rom zurückging, zeigen

Anmerkungen zu Seite 566—575.

Bernold und der Annalista Saxo. Ueber den Grafen Odo von Sutri und Hugo den Weißen als Bischof von Palestrina vergl. die bei Gregorovius IV. 263 angeführten Stellen¹). Ueber Rom und die Römer im Allgemeinen ist Amatus III. c. 50, Gaufredus Malaterra und Hildebert von Tours einzusehen, wie das Gedicht unter unseren Documenten D.

S. 566—570. — Ueber die Synode in Salerno und die nach derselben ausgesandten Legaten berichtet Bernold und Hugo Flav. p. 463—465; der Letztere theilt auch das Schreiben mit, welches die Legaten zu verbreiten hatten (Epp. coll. 46). Der Brief an Petrus und Gisulf mit der Aufforderung, Steuern in Gallien zu erheben, findet sich im Reg. VIII. 23; Jaffé setzt ihn in das Jahr 1081, aber die Geschichte weiß nur von dieser einen Legation der beiden Genannten nach Frankreich i. J. 1084. Das Ausschreiben Gregors an die Getreuen im Reg. VIII. 49 scheint mir nach seinem ganzen Inhalt erst in die letzten Lebenstage des Papstes gesetzt werden zu können, nicht in eine frühere Zeit, wie es bisher geschehen ist; Jaffé weist es, freilich nicht mit Bestimmtheit, dem Jahre 1082 zu. Die Hauptstelle über die Schlacht bei Sorbaria findet sich in der Vita Anselmi c. 21, deren Verfasser beim Kampfe zugegen war; zu berücksichtigen sind ferner Donizo II. c. 3, wo schon die Vita Anselmi benutzt ist, und Bernold z. J. 1084. Bald nach der Schlacht scheint der Brief Wiberts an Hugo den Weißen bei Sudendorf, Registrum II. Nr. 31 geschrieben. Ueber Robert Guiscards letzten Feldzug besitzen wir besonders bei Guillermus Apul. V. v. 143 seq. gute Nachrichten.

S. 571—575. — Verschiedene Aufzeichnungen sind über die letzten Tage Gregors VII. vorhanden, die sich aber sämmtlich auf drei Zeugnisse zurückführen lassen: 1) auf ein Schreiben Urbans II., von dem Hugo Flav. p. 466 ein Fragment mittheilt; dasselbe findet sich etwas vollständiger, aber mit einigen Veränderungen auch im Codex Udalrici Nr. 166 (J. 71) und ist bei Paulus Bernriedensis c. 110 ziemlich willkürlich benutzt; 2) auf eine Erzählung, die dem Bischof Hagano von Autun zugeschrieben wird, der bei Gregors Tode anwesend gewesen sein soll (M. G. V. p. 563); sie war Hugo von Flavigny bekannt und wird von ihm theils benutzt, theils kritisirt; 3) auf eine Darstellung, die von dem Erzbischof Wezilo von Mainz herrühren soll und die auch in Siegbert von Gemblour und Florentinus von Worcester übergegangen ist. Aus äußeren und inneren Gründen verdient Urbans II. Zeugniß durchaus den Vorzug. Die letzten Worte Gregors, die er anführt, werden auch durch die Vita Anselmi c. 38 unter Berufung auf die Kapelläne des Papstes bestätigt. Außerdem sind die Notizen des Wido Ferrar. I. c. 20 von Interesse, obwohl sich hier auch manches Unrichtige findet, wie z. B. Robert Guiscard bei der Beerdigung Gregors nicht zugegen sein konnte. Daß Gregors Grab zuerst in der Krypta von Salerno war, erhellt aus den letzten Kapiteln des Paul von Bernried. Ueber die gleichzeitigen Todesfälle in der Lombardei sehe man Bernold z. J. 1085; den Todestag Thebalds von Mailand giebt der Catalogus archiepp. Mediolan. (M. G. VIII. p. 104); das Ende Anselms von Lucca wird in seiner Lebensbeschreibung c. 38—42 erzählt. Robert Guiscards Tod und die damit zusammenhängenden Ereignisse finden sich am klarsten bei Guillermus Apul. V. v. 284 ff. dargestellt; zu vergleichen ist damit auch Lupus Protosp. Den Todestag giebt der Anonymus Barensis, aber

---

1) Bei Donizo II. c. 3 wird Odo genannt de Tullore; Urban II. erwähnt ihn in einem Schreiben v. J. 1089 J. R. 4037. Hugo der Weiße wurde zwischen 1086—1089 Bischof von Palestrina.

nennt fälschlich, obwohl mit Anna Comnena VI. c. 6 übereinstimmend, Kefalonia als die Stelle, wo Robert endete. Man sehe die Noten bei Schwarz a. a. O. S. 45 und Weinreich, De conditione Italiae inferioris p. 70.

S. 577—582. — In den Schriften des Wenrich von Trier und des Wibo von Ferrara wird in ähnlicher Weise Gregor in doppelter Gestalt vorgeführt; die Schriften haben in Anlage und Ausführung viel Verwandtes, obwohl sie selbstständig neben einander entstanden. Merkwürdige Stellen über die Verbindung, in welcher die römische Republik mit der römischen Kirche in Gregors Geiste stand, finden sich im Reg. II. 75, VIII. 5. 25. In einem anderen Briefe (III. 15) wird der heilige Petrus geradezu als imperator in dem Verhältniß Roms zu den Normannen bezeichnet. Wie solche Auffassungen wirkten, sieht man aus dem Briefe des Grafen Bertram von Arles an Gregor, wo die Anrede lautet: Sublimissime domine et princeps totius orbis terrae (Mansi XX. 363. 364). Die Geschichte des Gerbod ist gut bezeugt im Chronicon s. Huberti Andaginensis c. 24.

S. 583—589. — Hirsch in seiner Abhandlung über Desiderius von M. Cassino als Papst Victor III. in den Forschungen zur deutschen Geschichte Bd. VII. hat neuerdings die kurze Amtsführung dieses Papstes S. 91 ff. eingehend behandelt. Die Quellen sind dürftig; außer einigen Notizen bei Bernold ist man hauptsächlich auf die Nachrichten des Petrus diaconus im Chronic. Cassin. III. c. 65—74 angewiesen. Obwohl Petrus hier nicht schlecht unterrichtet ist, sind seine Angaben doch mit großer Vorsicht zu benutzen. Gleich seine Nachricht, daß Gregor selbst Desiderius zum Nachfolger vorgeschlagen habe, unterliegt gerechten Bedenken, obgleich sich auch schon bei Wibo von Ferrara und später bei Paul von Bernried Aehnliches findet; denn Urbans II. Aussage bei Hugo Flav. p. 466 spricht positiv dagegen, und nicht minder die Opposition, die Hugo von Lyon und Richard von Marseille alsbald dem gewählten Papste machten. Von den üblen Vorgängen auf der Synode zu Capua schweigt Petrus ganz; wir kennen sie aber nur zu gut aus den beiden Schreiben Hugos an Mathilde bei Hugo Flav. p. 466—468 und bei Mansi XX. 634—636, wie aus den Beschlüssen der Synode von Benevent, die Petrus diaconus selbst c. 72 mittheilt. Zerwürfnisse zwischen Gregor VII. und Desiderius waren immer von Neuem eingetreten; man sehe darüber nur Amatus IV. c. 52 und die Briefe Gregors v. J. 1079 bei Jaffé, Epp. coll. 29. 30. Ganz sinnlos ist Petrus Darstellung in c. 70, eine Compilation aus Deusdedit contra schismaticos, in welcher Ereignisse, die sich auf die Zeiten Urbans II. beziehen, anticipirt sind. Auch der c. 71 erwähnte Zug der Pisaner nach Mahadia fällt kaum noch in die Lebenszeit des Desiderius. Nach Bernold z. J. 1087 sollen die Gregorianer in Deutschland um den 1. August ein Schreiben[1]) des neuen Papstes erhalten haben, worin er ihnen seine Erhebung und zugleich die Erneuerung des Banns über Heinrich angezeigt habe. Das Letztere ist nicht nur an sich bei der schwankenden Stellung des Papstes zum Kaiser unwahrscheinlich, sondern findet auch sonst nirgends eine Bestätigung; auf der Synode von Benevent wurde über Wibert und die Seinen der Bann abermals ausgesprochen, aber nicht über den Kaiser. Das Mißgeschick des Papstes am Tage seiner Weihe deutet Bernold in den Worten an: in eadem infirmitate ordinatur; natürlich ist dieser Umstand dann von den Gegnern noch weiter im Einzelnen ausgeschmückt worden, wie man aus den bei Laubert, Vita Urbani II. p. 18 gesammelten Stellen

---

1) Hirsch S. 100 spricht von Briefen, Bernold nur von einem Brief.

ersehen kann, aber ich finde keinen Grund, die so viel und so gut bezeugte Thatsache überhaupt zu bezweifeln. Ueber das Schreiben Victors III. an Kaiser Alexius sehe man J. R. 4015; es ist gedruckt bei Mabillon, Ann. ord. Ben. V. 647 und eines der wenigen aus diesem Pontificat erhaltenen Schriftstücke; wir kennen nur noch eine Bestätigung für das Bisthum Ravello (J. R. 4016) und ein Schreiben an den Bischof Jacob von Cagliari vom 29. August 1087 aus Benevent (Martini, Storia eccles. di Sardegna I. 227), auf welches mich Herr P. Gams aufmerksam gemacht hat. Vergl. Möhlers Kirchengeschichte, herausgegeben von Gams II. 370.

S. 590—594. — Die ausführlichsten Nachrichten über die Wahl Urbans II. stehen im Chronicon Cassinense IV. c. 2, doch ist auch hier Petrus diaconus nicht ganz zu trauen. Die Zahl der anwesenden Bischöfe und Aebte giebt er auf 40 an, aber Urban selbst nennt in dem Schreiben an Hugo von Cluny (Bouquet XIV. 689) außer den Cardinalbischöfen nur 16 andere und 4 Aebte, während in dem Briefe an die Deutschen (Mansi XX. 703) außer den Carbinälen 21 Bischöfe angeführt werden. Hier oder dort muß ein Fehler im Abdruck verborgen sein, wahrscheinlich im ersten Schreiben, wo auch die Sigle P in R (Rainerius) zu ändern ist. Uebrigens sind auch im Abdruck des anderen Schreibens mehrere Emendationen nothwendig. So ist in den Worten: Portuensis, legationem et consensum et petitionem ferens omnium fidelium laicorum nostrae parti faventium clericorum Romae eligentium, das unsinnige fidelium laicorum, was aus dem Folgenden vorweg genommen, zu streichen und statt eligentium zu lesen degentium. Der Brief Urbans an Lanfranc vom 10. April 1088 (J. R. 4020) ist zuerst von Theiner, Disquis. crit. p. 207 herausgegeben. Ueber die Steuer, welche Urban i. J. 1093 in Frankreich erheben ließ, sehe man die Schreiben bei J. R. 4106. 4107. Der Almosen, von denen Urban Anfangs in Rom lebte, gedenkt Pandulf (Watterich II. 93). Die merkwürdige Aeußerung des Papstes, daß er selbst mit Kirchenräubern verkehren müsse, wenn er die Welt nicht verlassen solle, findet sich in dem Schreiben bei J. R. 4088.

S. 594. 595. — Den Zug der Pisaner gegen Tamim erwähnen Bernold, Gaufredus Malaterra IV. c. 3, die Annales Cassinenses, Beneventani und Marangonis Annales Pisani. Die ausführlichsten Nachrichten sind enthalten in dem gleichzeitigen Carmen in victoriam Pisanorum. Die Zahlen sind übertrieben — es wird stets nach Tausenden gerechnet — in allen anderen Beziehungen scheint mir die hier gegebene Darstellung ebenso zuverlässig, wie interessant. Zu emendiren ist in Reiffenbergs Text Pantaleo Melfitanus inter Grecos hypatus statt Sipantus und am Schluß Clericis, qui remanserunt pro tuo servitio statt perpetuo. Die das Carmen mehrfach bestätigende Relation eines arabischen Zeitgenossen, des Abul-Salt Omeija, über den Zug der Pisaner ist in Et-Tibjanis Bericht über eine Reise nach Tunis (Journal asiat. Série V. T. I. 375 ff.) zum Theil aufgenommen; ich verdanke diese Mittheilung Herrn Bibliothekar Heyd, der in der Tübinger Zeitschrift für Staatswissenschaft 1864 S. 618 ff. über die Expedition gehandelt hat. Vergl. auch die italienische Bearbeitung der Heydschen Untersuchungen: Colonie commerciali degli Italiani nel Oriente II. 330 ff. Ueber die anderen arabischen Quellen sehe man jetzt Amari in der Storia dei Musulmani III. 171. 172. Die von den Occidentalen genannten Orte Mahadia und Sibilia heißen bei den Arabern: Mehdia und Zawila. Die Chronologie des Zuges ist unsicher. Der 6. August steht als Siegestag der Pisaner fest, aber nicht das Jahr. Ich bin Bernold gefolgt, der den Zug in das Jahr 1088 setzt, womit sich die Bestimmungen bei Gaufred vereinigen lassen; meist ist aber neuerdings 1087 angenommen, wohin auch das Jahr 480 der arabischen

Zeitrechnung weiß. Interessant ist die Erwähnung eines Sohnes Tamims zu Pisa in einer Urkunde über einen zwischen Pisa und Amalfi geschlossenen Vertrag vom Jahre 1126, welche kürzlich Bonaini im Archivio storico Ser. III. T. VIII, 1. p. 6 publicirt hat. Es heißt dort: iuratum in communi colloquio toto populo Pisano acclamante per Timinum, Timini regis Africe filium, publicum praeconem Pisane civitatis, splendidissime ad vocem totius populi.

S. 595—597. — Für die Erhebung des Erzbischofs von Toledo zum Primas von Spanien sind die Schreiben Urbans II, welche Jaffé R. 4021—4024 aufführt, von Wichtigkeit. Ueber die Kämpfe König Alfons VI. vergleiche man Schäfer, Geschichte von Spanien II. S. 373 ff. Die letzten Eroberungen Graf Rogers in Sicilien, die Reise Urbans nach der Insel und die Aufforderung des Kaisers Alexius an den Papst nach Constantinopel zu kommen berichtet Gaufred Malaterra L. IV. c. 5—13. Auch Lupus Protosp. gedenkt z. J. 1088 der Eroberung von Syracus. Bernold erwähnt z. J. 1089 einer Gesandtschaft des Papstes an Alexius; die Legaten desselben sollen damals den Kaiser vom Banne gelöst haben, aber von einer Excommunication desselben verlautet sonst Nichts. Ueber den Streit zwischen Herzog Roger und Bohemund sind Lupus Protosp., Gaufredus Malaterra und Romualdus Salernitanus einzusehen. Der Aufenthalt Wiberts in Ravenna i. J. 1088 erhellt aus den bei J. R. 4001. 4002 verzeichneten Urkunden. Daß damals der junge König Konrad bereits in Italien war, beweist eine Urkunde (St. R. 3002).

S. 597. 598. — Ueber den Aufenthalt Urbans II. in Rom vom November 1088 bis in den Sommer 1089 haben wir Nachrichten bei Bernold und Pandulf; im Uebrigen sehe man J. R. 4025—4037. Die Synode Wiberts, deren Beschlüsse durch den Codex Udalrici Nr. 168. 169 (J. 73) erhalten sind, setzt Jaffé gewiß mit Recht in das Jahr 1089; vergleiche J. R. 4003. In Bezug auf die Zahl der Bischöfe, welche auf der Synode Urbans II. zu Melfi gegenwärtig waren, scheint mir die Angabe der römischen Handschrift bei Mansi XX. 725 den Vorzug zu verdienen vor der Bernolds, welche Jaffé annimmt. Die Beschlüsse der Synode sind zum Theil erhalten und bei Mansi gedruckt; auch Lupus Protosp. und Romuald geben über sie brauchbare Notizen. Ueber Urbans Rückkehr nach Rom gegen Weihnachten 1089, die Vertreibung Wiberts, Urbans abermaliges Zurückweichen und Wiberts Rückkehr finden sich Nachrichten bei Bernold, die freilich sehr ungenügend sind; die Zeitbestimmungen ergeben sich aus Urkunden (J. R. 4042. 4043. 4050—4056).

S. 598—603. — Die Einnahme Augsburgs im Anfange b. J. 1084 erwähnen die Annales Augustani, Bernold und Ekehard; dieselben Quellen berichten dann auch, wie Heinrich wieder Augsburg gewann. Ueber die Rückkehr Hermanns von Metz sehe man die Histoire générale de Metz II. 186 und Calmet, Histoire de Lorraine I. 1156. In Betreff des Lütticher Gottesfriedens ist Kluckhohn, Geschichte des Gottesfriedens S. 64 zu vergleichen. Der Kölner Gottesfrieden findet sich M. G. Legg. II. 58. Die Einführung im Osnabrückischen geht aus den Annales Yburgenses hervor, deren Notiz z. J. 1083: Pax Dei orta est in den sächsischen Annalisten übergegangen ist. Die Friedensbestrebungen am Hofe des Gegenkönigs erhellen aus Bernold z. J. 1084. Ueber Erzbischof Hartwich von Magdeburg und seine Abkunft sehe man Neugart, Historia monasterii ordinis s. Benedicti ad s. Paulum in villa Lavantina (Klagenfurt 1848) I. p. 22; es sind hier alte Klosternachrichten verwerthet, welche über das Geschlecht des Grafen von Sponheim wichtige Aufschlüsse gewähren. Den Zug Heinrichs gegen Liutpold berichten allein die Annales Yburgenses. Ueber den Patriarchen Friedrich von Aquileja handelt Palacky, Geschichte Böhmens I. S. 302. Heinrichs Aufenthalt in Mainz am 4. October 1084 bezeugt eine Urkunde (St. R. 2863); zu vergleichen sind die Annales Augustani. Ueber die beabsichtigte Reichsversammlung sehe man das Schreiben Heinrichs im Cod. Udalr. 142 (J. 70). Die Einnahme von Metz berichten die Annales Augustani, die nähere Zeitbestimmung giebt eine Urkunde (St. R. 2864). Für die Stimmung, wie sie sich nun in Lothringen entwickelte, ist Hugo von Flavigny p. 461, 462. 465. 468. 471 unterrichtend. Hugo gehörte selbst zu den mit Rudolf auswandernden Mönchen und kam mit ihnen am 26. März 1085 nach Dijon.

S. 603—610. — Daß eine doppelte Zusammenkunft in Gerstungen zu unterscheiden ist, zeigen jetzt deutlich die Annales Yburgenses 1084 und 1085. Unsere Nachrichten über die erste sind sehr ungenügend, um so besser sind wir über die andere unterrichtet. Wir haben über sie drei Berichte. Der eine rührt von Otto von Ostia selbst her und ist in einem interessanten Schreiben enthalten, welches Kunstmann aus einer S. Emmeramer, jetzt auf der Hof- und Staatsbibliothek in München befindlichen Handschrift in der Freiburger Zeitschrift für katholische Theologie Bd. IV. S. 114 ff. zuerst bekannt gemacht hat und sich unter unseren Documenten A. 11 findet. Der zweite stammt von sächsischer Seite und ist in den sächsischen Annalisten und die Magdeburger Annalen übergegangen; wenn beide Quellen ihn selbstständig benutzten, so müssen sie ihn bereits in einer Verbindung mit Ekehard vorgefunden haben. Der dritte vom kaiserlichen Standpunkt aus ist der Walrams von Naumburg p. 286. 287. Der Gang der Verhandlungen ist hiernach deutlich genug erkennbar. Man sehe über diesen Convent und die folgenden Synoden zu Quedlinburg und Mainz auch die Zusammenstellungen bei Hefele, Conciliengeschichte V. 158 ff. Ueber die nicht zusammengetretene Fastensynode und den Versuch des Legaten, Bischof Udo von Hildesheim zu gewinnen, haben wir nur in dem Schreiben des Ersteren bei Sudendorf, Registrum I. Nr. 18 Nachricht. Von der Synode zu Quedlinburg handeln Bernold z. J. 1085 und Walram p. 290. 291; die Unterschriften der Acten in den Conciliensammlungen (Mansi XX. 609) sind untergeschoben. Das im Text erwähnte Schreiben des Abts Wilhelm von Hirschau hat mit der Antwort des sächsischen Klerus zuerst Sudendorf, Registrum I. Nr. 15 und 16 herausgegeben. Die Gemahlin des Gegenkönigs Hermann, mit welcher er in zu naher Verwandtschaft stand, ist bisher weder nach ihrem Namen noch nach ihrer Abstammung ermittelt. Nach Tolner (Addit. ad hist. Palat. 19) und Köhler (De familia aug. Lucenb. Prob. 12) wäre Abelheid von Orlamünde die Gemahlin Hermanns gewesen, aber positive Beweise liegen nicht vor, und gegen die Hypothese lassen sich überdies Einwendungen erheben, wie es von Krollius (Erläuterte Reihe der Pfalzgrafen S. 213 ff.) und Anderen geschehen ist. Kremer (Genealogische Geschichte des alten Ardennischen Geschlechts S. 77) stellt die Vermuthung auf, daß eine Irmentrub, die in einer Urkunde von 1098 Domina de Salmona genannt wird, die Gemahlin des Gegenkönigs gewesen sei. Bekannt sind dagegen die Söhne desselben: Hermann, der Stammvater der Grafen von Salm, und Otto, Graf oder Pfalzgraf von Rined. Ueber die Mainzer Synode im Mai 1085 berichtet Walram p. 287 ff., außerdem Bernold, Siegbert, Ekehard; das dort über den Gegenkönig gesprochene Urtheil erwähnt Walram p. 299. Die Urkunde über den Gottesfrieden findet sich M. G. Legg. II. 55 ff.; zu vergleichen ist Ekehard. Ueber Heinrichs Zug nach Metz sehe man Siegbert und die Urkunden St. R. 2883. 2884, die in das Jahr 1085 zu setzen sind. Die von dem Kaiser eingesetzten Gegenbischöfe sind in den Annales Wirzeburgenses, Vita Altmanni c. 15, Gesta abbat. Trud. III. c. 1, Vita Gebehardi et succ. c. 8,

Chronicon epp. Merseburg. genannt. Ueber Heinrichs Zug nach Sachsen i. J. 1085 ist der ältere in den Annales Magdeburgenses und beim Annalista Saxo aufbewahrte Bericht unsere Hauptquelle, mit welcher Bernold und Walram II. c. 28 zu vergleichen sind. Ueber das ius Saxonum, quod a tempore expugnatoris eorum Karoli aptissimum honestissimumque habuerant, sehe man Stobbe, Geschichte der deutschen Rechtsquellen I. 356. 357, wo auch diese Stelle angeführt zu werden verdiente. Die Urkunde St. R. 2868 ist entschieden unecht; denn Heinrich konnte am 12. Juni 1085 nicht in Quedlinburg und Burchard von Halberstadt und Werner von Merseburg nicht in seinem Gefolge sein.

S. 611—613. — Den Tod Abelens bemerken die Annales Yburgenses z. J. 1083. Ueber Ekberts Unterwerfung und den Aufstand desselben im Sommer 1085 sehe man die Urkunden Heinrichs bei St. R. 2879. 2880. 2893, dann Bernold, Siegbert, die Annales Augustani, den alten Bericht in den Annales Magdeburgenses und beim Annalista Saxo, wie auch Walram II. c. 28. Im Ganzen dieselben Quellen berichten auch über Heinrichs Zug gegen Sachsen im Anfange des Jahres 1086. Von einer großen Versammlung und Synode, welche um den 1. April 1086 die kirchliche Partei in Konstanz hielt und auf welcher Welf und die beiden Bertholde gegenwärtig waren, spricht die Gründungsgeschichte des Klosters St. Georgen im Schwarzwalde (Mone, Zeitschrift für die Geschichte des Oberrheins IX. 201. 202). Ueber den darauf in Baiern ausbrechenden Aufstand erfährt man Näheres nur aus den Annales Augustani, wo offenbar statt Friderici civitatem Frisingam civitatem zu lesen ist und in dem frid der Handschrift ein Schreibfehler obwaltet. Wie der Kaiser sich aus Regensburg rettete, wissen wir nicht; denn der Ausdruck der Annalen: per prudentiae patientiam eorum temeritatis vicit insaniam ist sehr unbestimmt. Nach den Zeitbestimmungen der Vita Gebehardi c. 4 muß Erzbischof Gebhard im Sommer 1086 nach Salzburg zurückgekehrt sein; dieses Jahr geben auch die Annales s. Rudberti Salisburg, während die Annales Admuntenses die Rückkehr erst in das folgende Jahr setzen. Bemerkenswerth sind die Worte der Annales Augustani: Dehinc apud Salzpurc et pene per totam Pauwariam seditiones diversae et pugnae sunt commissae.

S. 613—615. — Ueber den Reichstag und die Synode von Mainz i. J. 1086 besitzen wir allein Kenntniß durch Cosmas II. c. 37. 38 und durch die Urkunde Heinrichs für das Bisthum Prag, die nach dem neuen vollständigen Abdruck bei Stumpf Act. imp. Nr. 76 am 29. April 1086 zu Regensburg, und nicht zu Mainz selbst erlassen ist. Es wird hiernach fraglich, ob die Synode im April, wie man bisher glauben mußte, gehalten ist, zumal der Kaiser während dieses Monats sich dauernd in Regensburg aufgehalten zu haben scheint. Daß jene Urkunde, durch welche die Grenzen der Prager Diöcese eine große Ausdehnung erhielten, auf gefälschte Actenstücke älterer Zeit sich stützt, kann nach den Bemerkungen Dümmlers (Piligrim von Passau S. 174) nicht zweifelhaft sein. Ueber die Erlassung des böhmischen Tributs sehe man Palacky, Geschichte von Böhmen I. 319. 320. Die Urkunde bei Lacomblet, Urkundenbuch für die Geschichte des Niederrheins I. 152 (St. R. 2867) muß, wenn sie echt ist, nicht in der ersten Mainzer Synode im Mai 1085 ausgestellt sein, sondern in dieser zweiten; denn unter den Zeugen erscheint Liemar von Bremen, der bei der ersten nicht gegenwärtig war (Walram II. c. 20).

S. 615—617. — Die Rückkehr Salomos nach Ungarn bestimmt das Chronicon Posoniense auf das Jahr 1081, die Einkerkerung Salomos setzt diese Quelle mit Bernold übereinstimmend in das Jahr 1083. Nach dem Chronicon Posoniense ist

Salomo noch in demselben Jahre aus dem Kerker entflohen, nach Bernold 1084 aus demselben freiwillig entlassen: ich ziehe die erste Nachricht vor. Für die Stellung Wratislaws zum deutschen Reiche besitzen wir eine sehr wichtige Quelle in einer kleinen Briefsammlung, welche von Pez im Codex Thesaurus Anecdotorum T. VI. nach einem leider jetzt nicht mehr aufzufindenden S. Emmeramer Codex herausgegeben ist. Sie besteht aus zehn Briefen (Nr. 72—81 bei Pez), die oft dann nachgedruckt und benutzt, aber bisher nicht richtig erklärt sind. Der erste Brief (Nr. 72) ist von Wibert an Wratislaw gerichtet und im Jahre 1084 oder 1085 geschrieben. Der zweite Brief (Nr. 73), an den Gegenpapst adressirt, rührt weder von Wratislaw von Böhmen her, wie Pez meinte, noch von Wladislaw von Polen, wie Röpell (Geschichte Polens I. S. 667) annahm, sondern die Sigle W. bezeichnet Wezilo von Mainz; abgefaßt ist das Schreiben wahrscheinlich in der zweiten Hälfte des Jahres 1086. Etwa in dieselbe Zeit wird der dritte Brief (Nr. 74) fallen, dessen Schreiber der Erzbischof Hartwich von Magdeburg — nicht Heinrich, wie Pez sagt — augenscheinlich war; gerichtet ist dieser Brief, wie alle folgenden, an Wratislaw. Der vierte und fünfte Brief (Nr. 75. 76) sind von den Mönchen des Schottenklosters in Regensburg ausgegangen; der in dem ersteren erwähnte Kriegszug des Böhmenkönigs wird kein anderer sein, als der im Sommer 1087 gegen Ekbert unternommene; der andere Brief muß gegen Ende dieses Jahres geschrieben sein. In dieselbe Zeit fällt auch das sechste Schreiben (Nr. 77), in welchem die Hersfelder Mönche die Bedrängniß schildern, die sie durch die Nähe der feindlichen Heere in diesem Jahre ausgestanden haben. In dem siebenten Briefe (Nr. 78) bittet der Bischof Ladislaw von Krakau, daß Wratislaw seinen Gesandten an den Erzbischof von Köln sicheres Geleit gebe. Der achte (Nr. 79) ist unbedeutenden Inhalts. Der Schreiber des neunten Briefes (Nr. 80) wird mit der Sigle G. bezeichnet, welche nicht auf den heiligen Günther deutet, wie Pez meint, da dieser längst verstorben war, die ich aber nicht mit Sicherheit zu erklären wüßte. Der Tod eines Sohnes des Königs wird hier erwähnt, wie auch bereits im fünften Briefe (Nr. 76). Da aber mehrere Söhne Wratislaws vor dem Vater starben und wir die Todesjahre derselben nicht kennen, läßt sich daraus keine nähere Zeitbestimmung entnehmen. Der letzte und bei weitem wichtigste Brief (Nr. 81) ist wieder von Wezilo von Mainz und gehört dem Jahre 1088 an, da die Zerwürfnisse zwischen Wratislaw und seinem Bruder Gebhard bereits erwähnt werden; in der Sigle O. ist ein Fehler, wie deren mehrere in dem Briefe vorkommen. Noch Floto II. 317 hat, indem er Wratislaw für den Schreiber des Briefs und Boleslaw von Polen für den Empfänger mit Pez hielt, irrige Folgerungen aus demselben gezogen; Röpell in anderer Weise, indem er das Verhältniß geradezu umkehrte. Alle Versehen wurzeln darin, daß man sich nicht vergegenwärtigte, daß nicht Boleslaw damals König von Polen war, sondern daß Wratislaw von Böhmen[1]), wie wir aus Cosmas wissen, diesen Titel führte. Ueber das Verhältniß des Pfalzgrafen Rapoto zum Böhmenkönig sehe man Cosmas z. J. 1073; offenbar verwechselt hier und an anderen Stellen Cosmas den jüngeren Rapoto mit dem älteren, der niemals Pfalzgraf war.

S. 617—619. — Ueber die Schlacht bei Pleichfeld und die folgenden Ereignisse des Jahres 1086 sind die Nachrichten des Bernold, der selbst bei der Schlacht zu-

---

1) Noch 1295 that Böhmen gegen die Erneuerung der polnischen Königswürde Einsprache. Polen mochte als ein von Böhmen abhängiges Land erscheinen, seit es für die abgetretenen Theile Schlesiens einen Tribut zahlte, um den bald nach Wratislaws Tode ein Krieg ausbrach.

gegen war, zunächst von Bedeutung, bann die des Walram II. c. 28, der hier und in dem folgenden Kapitel manche wichtige Notizen über Bischof Adalbero giebt. Außer den Annales Augustani sind ferner auch die Nachrichten in der Cont. II. des Marianus z. J. 1086, die ohne Zweifel zu Würzburg selbst niedergeschrieben sind, in den Annalen von S. Alban (Annales Wirzeburgenses) und bei Ekehard brauchbar. Verwandtschaft mit den zuletzt erwähnten Nachrichten zeigt die Vita Heinrici c. 4, wo aber Ereignisse des Jahres 1077 mit den Vorgängen der Pleichfelder Schlacht ganz wunderlich vermischt sind. Endlich sind noch die Nachrichten Siegberts und des Chronicon Petershusanum II. c. 43. 44 zu beachten [1]).

S. 620. 621. — Nur dürftige Nachrichten über die Verhandlungen zu Oppenheim und Speier finden sich bei Bernold, in den Annales Augustani und beim Annalista Saxo. Floto II. 321 setzt in diese Zeit die Schreiben im Cod. Udalrici Nr. 197 (J. 91) und bei Sudendorf, Registrum I. Nr. 20. Aber das erste gehört in das Jahr 1098 (vergl. unten unsere Bemerkungen zu S. 674—686), das zweite ist schon vor 1084 geschrieben [2]), da Heinrich stets in demselben rex genannt wird. Dagegen wird der Brief im Cod. Udalrici Nr. 199 (J. 107) in diese Zeit zu setzen sein; der Kaiser bittet in demselben den Bischof von Bamberg, daß er Ekbert verfolge velut Judam et sceleratissimum mendacem. Die Unterstützung, welche Ladislaw von Ungarn im Jahre 1087 den aufständigen deutschen Fürsten anbot, erwähnt Bernold; derselbe berichtet auch Salomos Tod. Auch Annalista Saxo setzt dies Ereigniß in das Jahr 1087, und Anna Comnena erzählt VII. c. 1 von der Theilnahme Salomos an den Kämpfen der Griechen mit den Petschenegen und Kumanen. Die späteren Fabeln über Salomos Ende berührt Büdinger, Ein Buch ungarischer Geschichte S. 74. Den Kriegszug Heinrichs nach Sachsen im Spätherbst 1087 erwähnt Bernold und gedenkt auch der Theilnahme der Böhmen. Daß Wratislaw schon im Sommer in die Mark Meißen einbrang, zeigt Cosmas Pragensis zu diesem Jahre. Wichtig sind die Nachrichten bei Walram II. c. 33 und in der Urkunde Heinrichs bei St. R. 2893, wie auch einige Notizen in den Annales Augustani, wo ich jedoch nicht die von Stenzel (II. 289) angegebene Bemerkung finde, daß Heinrich im November nach Baiern gekommen.

S. 621—625. — Der Tod der Kaiserin Bertha wird von Ekehard und anderen Annalisten erwähnt; öfter gedenkt Heinrich noch später in den Urkunden seiner ersten Gemahlin. Wann Konrad gekrönt wurde, sagen die Annales Weissenburgenses; zu vergleichen ist Annalista Saxo. Liutolds Stellung in seiner letzten Lebenszeit erhellt aus Walram II. c. 36. Ueber die Störung des Verhältnisses zwischen dem Kaiser und dem Böhmenkönig sehe man die Briefe des Gegenbischofs Hartwich von Magdeburg und Wezilos von Mainz bei Pez, Thesaurus Anecdotorum VI. Nr. 4 und 81; das vertraute Verhältniß zwischen dem Böhmenkönig und Benno von Meißen erhellt auch aus Walram II. c. 25 und Cosmas Pragensis z. J. 1088. Die in Wezilos Brief erwähnte Zusammenkunft des Böhmenkönigs mit den sächsischen Bischöfen wird in die Zeit fallen, wo nach Cosmas Wratislaw i. J. 1088 wieder in der Mark Meißen war. Ekberts abermalige Unterwerfung unter den Kaiser und die Motive berichtet Walram II. c. 35. Burchards Tod wird von den meisten

---

1) Ueber den Brief im Codex Udalrici Nr. 201 (J. 87), den Floto II. 319 in diese Zeit setzt, siehe unten unsere Bemerkungen zu S. 650—658.

2) Vielleicht 1080. Die erwähnte Mainzer Versammlung wäre dann die bekannte, auf welcher Gregor abgesetzt wurde; Margarethentag müßte der 25. Mai sein.

Quellen erwähnt; die ausführlichsten Nachrichten finden sich beim Annalista Saxo, der aus der von Herrand geschriebenen Passio Burchardi schöpfte. Einiges scheint bei der Uebertragung corrumpirt zu sein; so ist statt VII. Id. April zu emendiren VIII. Id., worauf schon feria V. verweist. Auch kann Burchard nicht am dritten Tage vor Palmsonntag nach Goslar gekommen sein, sondern an den dritten Wochentag vor Palmsonntag muß gedacht werden. Einige brauchbare Notizen über Burchard giebt auch Walram II. c. 31. Von den verschiedenen Angaben über Burchards Todestag handelt Delius in v. Ledeburs Archiv V. 45 ff. Ueber die Unterwerfung Hartwichs von Magdeburg unter die Autorität des Kaisers sehe man Walram II. c. 35. Daß der Gegenkönig i. J. 1088 Sachsen verlassen habe und bald darauf gestorben sei, ist mit dem Zeugniß Bernolds, welches die Annales Augustani unterstützen, zu beweisen. Siegbert setzt den Tod Hermanns in das Jahr 1090 zu spät, Eckehard in das Jahr 1087 zu früh. Der letztere spricht im Anschluß an die Annalen von S. Alban (Annales Wirzeburgenses 1086) von einer förmlichen Abdication Hermanns, von der die anderen Quellen Nichts wissen und welcher Siegberts Worte sogar widersprechen. Als Sterbetag bezeichnen die Annales Brunwilarenses den 28. September 1088. Die sehr divergirenden Nachrichten über Hermanns Ende hat Laubert, Vita Urbani II. p. 38 zusammengestellt. Am ausführlichsten ist die Vita Heinrici c. 4, aber ihre Darstellung ist sehr unzuverlässig. Der Gegenkönig soll sich zum Bischof Hermann von Trier begeben haben; einen Bischof dieses Namens gab es damals nicht in Trier, und nur an Hermann von Metz ließe sich denken, aber auch er kehrte nach Bernold und Hugo Flav. erst 1089, also erst nach dem Tode des Gegenkönigs, aus dem Exil zurück. Durch die Hand eines Weibes soll der Gegenkönig seinen Tod gefunden haben; die anderen Quellen sagen Nichts davon, und die ganze Darstellung schmeckt nach Tendenz. Nach den Ann. Palidenses kam der Gegenkönig vor Kochem um; das spätere Chronicon Magdeburgense (Meibom SS. II. 319) nennt die Burg, bei welcher Hermann fiel, Lindberg, und Wenck, Hessische Landesgeschichte III. p. 211 meint, daß darunter Limburg an der Lahn zu verstehen sei.

S. 625—628. — Daß Adelheid oder Eupraxia (gewöhnlich Praxedis in den Quellen genannt) die Tochter des Großfürsten Wsewolod von Kiew war, der 1078 seinem Bruder Jsäslaw gefolgt war, zeigt Krug, Forschungen in der älteren Geschichte Rußlands II. 603. Sie stammte aus der zweiten Ehe des Vaters, die erst nach 1067 geschlossen wurde, war also im Jahre 1087 eine sehr junge Wittwe. Meine frühere Darstellung des Kampfes zwischen Heinrich und Ekbert stützte sich zum großen Theil auf einige Naumburger und Reinhardsbrunner Urkunden; nachdem Stumpf (R. 2890—2892) mit gutem Grund diese als untergeschoben bezeichnet hat, gewinnen die chronologischen Bestimmungen der Annales s. Disibodi an Glaubwürdigkeit, und ich bin jetzt ihnen gefolgt. Ueber das Fürstengericht zu Quedlinburg sehe man die Urkunde Heinrichs bei St. R. 2893. Die Belagerung Quedlinburgs durch Ekbert erzählt Walram II. c. 35; die Vorgänge vor Gleichen außer ihm auch Bernold, der jedoch über Ekberts Aufstand nicht besonders unterrichtet ist, außerdem der Augsburger Annalist und Eckehard nach den Annalen von S. Alban, aber in falscher chronologischer Verbindung; beachtenswerthe Angaben finden sich auch in den Annales s. Disibodi und beim Annalista Saxo. Ueber die Metzer Verhältnisse zu jener Zeit sehe man außer Bernold und Hugo von Flavigny Walram II. c. 30; auch über Erzbischof Hermann, den Nachfolger Siegwins, findet man bei Letzterem II. c. 26 einige brauchbare Notizen. Die zu Metz angeblich vom Kaiser am 5. April 1089 ausgestellte

Urkunde hat Stumpf (R. 2896) als verdächtig bezeichnet. Die Vermählung Heinrichs mit Adelheid zu Köln erwähnt Ekkehard, die Krönung durch Erzbischof Hartwich Walram am zuletzt angeführten Orte. In der Urkunde vom 14. August 1089 (St. R. 2899) wird Adelheid als Königin genannt; es ist das einzige Mal, daß ihrer in den bekannten kaiserlichen Urkunden gedacht wird. Ueber die Stellung der Parteien zu den Mainzer Beschlüssen sehe man besonders Walram II. c. 25. 26. 35; der Aerger der Hersfelder über die Aufgabe dieser Beschlüsse durchbringt das ganze Buch Walrams. Das Ansehen, welches damals Erzbischof Hartwich beim Kaiser genoß, erhellt auch aus Heinrichs Brief im Codex Udalrici Nr. 190 (J. 75), der i. J. 1089 geschrieben sein wird. Den erlahmenden Eifer der Gregorianer kennzeichnet Bernold; er erwähnt ihre Verhandlungen mit Heinrich, deren auch die Annales Augustani z. J. 1089 gedenken. Den unterbrochenen Zug des Kaisers gegen Ekbert in diesem Jahre erwähnen Bernold und die Annales Ottenburani.

S. 628—630. — Die Belagerung Hildesheims durch Ekbert i. J. 1089 erzählen Walram II. c. 19 und die Annales Hildesheimenses; zu vergleichen ist auch das Chrouicon epp. Hildesheim. c. 18. Die Annales Pegavienses z. J. 1080 gedenken auch eines Kampfes Ekberts gegen Wiprecht von Groitsch bei Zuchern, doch ist auf diese Nachrichten bei der Natur dieser Quelle nicht viel Gewicht zu legen. Den Kampf gegen Markgraf Heinrich berichtet Walram II. c. 35. Was sich hier, bei Ekkehard, in den Annales Ottenburani und den alten Erfurter Annalen (Chronicon Sanpetrinum) über Ekberts Ende findet, verdient den meisten Glauben; in der ausführlichen Darstellung der Vita Heinrici c. 5 halte ich Vieles für willkürliche Ausschmückung. Ueber Ekberts Todestag sehe man Wedekind in den Noten I. 430 und Böttger, die Brunonen S. 681. Die Stelle, wo Ekbert das Schicksal ereilte, kann nach den alten Erfurter Annalen nicht mehr zweifelhaft sein; nach Bernold, welcher Adelheid von Quedlinburg einen besonderen Antheil am Tode des Markgrafen nach dem Gerüchte beimißt, scheinen es Leute dieser Aebtissin gewesen zu sein, welche Ekbert überfielen. Ueber den Tod des Bischofs Gebhard von Prag, den Aufstand des Bretislaw und dessen Auswanderung sehe man Cosmas Pragensis II. c. 41—50. Die Rückkehr des Mieczislaw nach Polen und die Vermählung des Polenherzogs mit Judith, der Wittwe König Salomos, erzählt die Chronica Polonorum I. c. 80. II. c. 1.

S. 630—636. — Die Lebensumstände Wilhelms von Hirschau und seine Wirksamkeit erhellen besonders aus seiner Biographie und dem Codex Hirsaugiensis; auch die Vita Udalrici Cellensis und die Historia fundationis des Klosters St. Georgen (Mone, Zeitschrift IX. 193 ff.) bietet einiges Material. Besonders schwer in das Gewicht fällt Alles, was Bernold über die von den Schwarzwaldklöstern ausgehende religiöse Bewegung mittheilt; man vergleiche besonders seine Nachrichten zu den Jahren 1083 und 1091. Auch bei Walram findet sich über die Bedeutung der Hirschauer manches Beachtenswerthe. Das Buch von Kerker, Wilhelm der Selige (Tübingen 1863) scheint mir nicht nach allen Seiten erschöpfend.

S. 637—639. — Die Erhebung Gebhards von Konstanz meldet Bernold z. J. 1084, womit die Chronik von Petershausen II. c. 48. 49 zu vergleichen. Ueber die Ernennung Gebhards zum päpstlichen Legaten sehe man J. R. 4031. Den Lehnseid Bertholds von Zähringen erwähnt Bernold z. J. 1093. Die Eroberung Augsburgs durch Welf im Jahre 1088 berichten die Annales Augustani. Die Ehe der Gräfin Mathilde mit dem jungen Welf setzt Bernold in das Jahr 1089; Stenzel II. 291 meint, vor Ostern sei sie wegen des von Bernold nachher erwähnten Waffenstillstandes geschlossen, aber als Ziel desselben ist offenbar nicht Ostern 1089, sondern 1090 gemeint. Zu welchen ärgerlichen Gerüchten die Ehe Anlaß bot, zeigt besonders Cosmas Prag. II. c. 32; bezeichnend ist auch, daß Donizo ganz von der Ehe schweigt. Der junge König Konrad hielt bereits im Januar 1088 ein Gericht in Bergamo (St. R. 3002).

S. 639—641. — Daß der Kaiser Weihnachten 1089 zu Regensburg zubrachte, sagt Annalista Saxo, der hier gute Nachrichten aufbewahrt hat. Stenzel (II. 293) meint, Heinrich habe dieses Weihnachtsfest zu Mainz verlebt und bezieht sich auf Walram II. c. 25. Aber Walram spricht hier ohne Zweifel von Weihnachten 1088, wo freilich Heinrich auch nicht in Mainz sein konnte, da er vor Gleichen lag. Ueber die zwischen dem Kaiser und den schwäbischen Fürsten gepflogenen Unterhandlungen sehe man außer Bernold auch den Annalista Saxo. Der Aufenthalt des Kaisers in Speier in der Mitte des Februar 1090 erhellt aus den Urkunden bei St. R. 2901. 2902, der in Verona am 10. April aus der Urkunde bei St. R. 2903. Nach einer bei Miraeus, Notitia ecclesiae Belg. cont. p. 49 gedruckten Urkunde, in welcher es heißt: Henrico palatino comite, cui, imperatore in Italia exercitum ductante, imperii commissae sunt habenae, ist öfters angenommen worden, daß Heinrich den Pfalzgrafen zum alleinigen Stellvertreter im deutschen Reiche bestimmt habe. Aber in einer Urkunde Bischof Hermanns von Metz bei Meurisse, Histoire de Metz p. 377 finden sich die merkwürdigen Worte: anno inc. 1090 ind. XIII. regnante Domino nostro Iesu Christo, imperante Heinrico tertio caesare Romanorum nobilissimo, monarchiam autem regni tenente duce Theodorico, comite Folmaro, iudice Burchardo, cum regnum et sacerdotium a se invicem dissiderent et idcirco tam mundana quam ecclesiastica miserabiliter fluctuarent. Den Tod des Grafen Hugo von Egisheim, des Gegenherzogs Berthold von Rheinfelden, des Herzogs Liutold von Kärnthen und die Wahl des Erzbischofs Thiemo von Salzburg berichtet Bernold.

S. 642—649. — Ueber die Belagerung Mantuas in den Jahren 1090 und 1091 und die damit zusammenhängenden Ereignisse haben wir allein bei Donizo II. c. 4—6 ausführlichere Nachrichten, die Bernold hier und da ergänzt. Von Bedeutung sind einige Urkunden aus dieser Zeit. Die Urkunde Mathildens und des jungen Welf bei Camici, Guelfo con Mathilda p. 41 aus Mantua vom 27. Juni 1090 in das Jahr 1089 mit Anderen zurückzusetzen, sehe ich keinen Grund; Donizo sagt keineswegs, daß Mathilde die Stadt sogleich beim Beginn der Belagerung verlassen habe. In der Urkunde werden den Mantuanern einzelne Rechte zugesagt, dann heißt es: insuper illam bonam et iustam consuetudinem eos habere firmamus, quam quaelibet optima civitas Longobardiae optinet. Eine Urkunde des Kaisers vom 26. Juni 1090 ist ausgestellt apud castrum Rivaltae (St. R. 2904); als Intervenienten sind in derselben genannt Wibert, der Kanzler Oger und Konrad von Utrecht (Heinrich ist ein Fehler); der Kaiser übergiebt durch dieselbe dem Bischof von Padua die Stadt. Zu Padua sind zwei Urkunden des Kaisers ausgefertigt: die eine vom 31. December 1090 (St. R. 2905), die andere vom 6. Januar 1091 (St. R. 2906); Wibert stellte am 19. Januar ebendaselbst eine Urkunde aus (J. R. 4007). Eine am 5. Mai 1091 zu Bassano ausgefertigte Urkunde des Kaisers (St. R. 2907) verleiht dem Bischof Udalrich von Eichstädt das Gut Grebing im Nordgau; sie ist durch die Namen der Intervenienten interessant, wie nicht minder zwei andere Urkunden, die bald darauf erlassen sind, von denen die eine vom 17. Mai von Mantua eine Schenkung für Meißen enthält (St. R. 2909), die andere vom 23. Mai ohne

Ort die Güter eines Klosters zu Vicenza bestätigt (St. R. 2911). Die Wirkungen des kaiserlichen Kriegsglücks auf Rom und auf die schwäbischen Verhältnisse sieht man aus Bernold; die Zusammenkunft Welfs mit dem Kaiser erwähnen auch die Annales Augustani. Das angeführte merkwürdige Gedicht, welches damals entstanden sein wird, findet sich im Cod. Udalr. Nr. 2 (J. 79). Der Kaiser war am 2. September 1091 zu Verona nach der Urkunde bei St. R. 2913; auch die Urkunde vom 21. September (St. R. 2914) mit denselben Intervenienten ist wahrscheinlich in Verona ausgestellt. Ueber den Sieg des Kaisers bei Tricontai sehe man Donizo II. c. 6, über die Bestätigung der Freiheiten von Mantua die Urkunde bei St. R. 2910, über die Investitur der Bischöfe von Prag und Olmütz Cosmas Pragensis II. c. 49. Die Investitur des Gegenbischofs Arnold von Konstanz setzt die Continuatio II. cas. s. Galli c. 7 auf Ostern nach Mantua, Bernold in das Jahr 1092. Den Tod der Markgräfin Adelheid und die mit ihm zusammenhängenden Ereignisse erwähnt allein Bernold. Die Kämpfe des Kaisers im Süden des Po gegen Mathilde lernen wir nur aus Donizo II. c. 7 kennen. Die Belagerung von Monteveglio wird chronologisch näher durch die Bulle Wiberts vom 9. August 1092 bei J. R. 4009 bestimmt, die Versammlung in Carpineta durch die sehr interessante Urkunde Mathildens vom 5. September 1092 bei Camici a. a. O. p. 54. Ueber die Vorgänge in Schwaben und Baiern im Jahre 1092 sehe man Bernold, die Annales Augustani, die Continuatio II. cas. s. Galli c. 7 und das Chronic. Petershus. III. c. 29. Den zwanzigjährigen Bund der vier lombardischen Städte gegen den Kaiser erwähnt allein Bernold.

S. 650—658. — Die Persönlichkeit K. Konrads tritt am deutlichsten aus den Nachrichten bei Eckehard z. J. 1099 hervor; über die Umstände des Abfalls sehe man Bernold, mit welchem die Annales Augustani zu vergleichen sind. Was die Vita Heinrici c. 7 bringt, ist in Einzelheiten unrichtig; Donizo II. c. 11 giebt nichts Genaueres und setzt irrig Konrads Abfall erst nach dem der Adelheid. Aus der scandalösen Erzählung der Annales s. Disibodi z. J. 1093 kann man nach meiner Meinung nicht mehr Thatsächliches entnehmen, als im Text geschehen ist; sie zeigt mindestens, daß man Adelheids Sache mit Konrad verband. Der Aufenthalt des Kaisers zu Pavia nach Ostern 1093 erhellt aus den Urkunden St. R. 2917—2921. Die Krönung Konrads erwähnt außer Bernold auch Landulfus junior c. 1. Daß Erzbischof Arnulf sich vom König investiren ließ, geht aus den Papstleben des Pandulf (Watterich I. 572) hervor; die dort gegebenen Nachrichten lassen sich nur auf Arnulf beziehen. Ueber Urbans II. Rückkehr nach Rom im November 1093 sehe man Ivonis epist. 27 (Opp. II. 13) und Bernold. Den Verrath der Adelheid berichten Bernold und Donizo, womit die Annales s. Disibodi z. J. 1093 zu vergleichen sind. Ueber die Uebergabe des Lateran an Urban II. finden sich gute Nachrichten in Goffridi abb. Vindoc. epp. L. I. 8. 9. 14 (Sirmondi Opp. III. 424 seq.). Die Augsburger Vorgänge i. J. 1093 berichten die Annales Augustani und Bernold; die Metzer Bernold und Hugo Flaviniacensis, doch sind zwischen Beiden nicht auszugleichende Differenzen, auch die Schriftstücke Urbans II. J. R. 4062 und 4091 sind für die Metzer Sachen von Wichtigkeit. Die Gesandtschaft und Gefangennahme des Kanzlers Oger erwähnt Bernold z. J. 1093. Die gleichzeitige Gesandtschaft nach Sachsen erhellt aus dem interessanten Brief im Codex Udalrici Nr. 201 (J. 87), den Floto II. 319 in das Jahr 1086 setzt. Er besteht aus zwei Theilen, dem Bericht der Gesandten und dem Begleitschreiben Roberts von Bamberg. Der Comes H. de Saxonia ist Heinrich, der Sohn Ottos von Nordheim, wie aus der Erwähnung Grebings hervorgeht, welches der Kaiser durch die vorhin (S. 1168) angeführte Urkunde dem Bischof von Eichstädt übergeben hatte; Grebing stammte wohl aus der Erbschaft Ottos von Schweinfurt und war durch die Hand von Ottos Wittwe an Ekberts Vater gekommen. Daß der Bericht in diese Zeit zu verlegen ist, erhellt auch aus dem, was über die neue Besetzung des Bisthums Merseburg gesagt wird, welches seit dem Anfange des Jahres 1093 erledigt war. Die vacuae terrae erklären sich aus der Verödung Sachsens, von welcher Bernold z. J. 1092 Nachricht giebt. Schwierigkeit machen die Worte, die bei Jaffé lauten: Inceptio enim causaque sua erga vos amicis inimicis universoque displicet regno. In der Wiener Handschrift (V.) ist ein Zeichen, das der Abschreiber Eckards für H. nahm, ich hielt es zuerst für die bekannte Abbreviatur für enim, glaubte aber dann deutlich N zu erkennen, Jaffé hat es jedoch als Abbreviatur für enim gefaßt, und die Zwettler Handschrift hat dies vielleicht bestätigt. Nach dem Zusammenhange erwartet man hinter Inceptio einen Namen, und N, die allgemeine Bezeichnung für einen ausgelassenen Namen, ließe sich meines Erachtens nach den obwaltenden Verhältnissen nur auf den jungen König Konrad deuten. Ist an der Lesung Jaffés festzuhalten, so muß in sua entweder eine Beziehung auf den Grafen Heinrich oder die Fürsten gesucht werden, und beides scheint mir nicht ohne Bedenken. Ist die Erwähnung der Nürnberger in Roberts Begleitschreiben richtig, so muß sich der Bischof damals in Nürnberg befunden haben. Ueber die gleichzeitigen Kämpfe der sächsischen Großen sehe man die Annales Hildesheimenses z. J. 1092 und 1093, über Herrand von Halberstadt und Hartwich von Magdeburg die Schreiben Urbans im Codex Udalrici 180. 181. 182 (J. 83. 82. 75). Ueber die damaligen Vorgänge in Schwaben, namentlich den Ulmer Landfrieden und seine Folge, berichtet Bernold ausführlich z. b. J. 1093. 1094; den Tod des Gegenbischofs Eberhard melden die Ann. Augustani z. J. 1094.

S. 658—674. — Ueber die Reise Urbans in den Jahren 1094—1096 sehe man die in Jaffes Regesten verzeichneten Urkunden, aus denen sich ein vollständiges Itinerar ergiebt. Wichtiges wüßte ich nicht weiter nachzutragen, als daß die Urkunde für Schaffhausen (J. R. 4288) nach Fickler, Quellen und Forschungen S. 27 am 8. October 1095 zu Lyon ausgestellt wurde. Der vom Kaiser eingesetzte und dann vertriebene Bischof von Piacenza erscheint in der kaiserlichen Urkunde bei St. R. 2932. Die Acten der Synode von Piacenza, welche bald in die gangbaren Kanonensammlungen eingetragen wurden, sind bei Mansi XX. 804 abgedruckt; sie lagen bereits Bernold vor, bei dem sich überdies auch sonst gute Nachrichten über die Synode finden, denen aus Donizo nur wenig hinzuzufügen ist. Die Acten stehen auch in einer aus dem 12. Jahrh. stammenden Handschrift, die sich jetzt im brittischen Museum befindet und aus der Pertz in den M. G. VIII. 474 einen merkwürdigen Zusatz über die Zusammenkunft des Papstes mit König Konrad mitgetheilt hat, der auch Bernold bekannt war. Diese Notizen müssen deshalb gleichsam officiell den Acten beigefügt sein, womit sich die Bemerkungen v. Druffels, Kaiser Heinrich IV. S. 8 erledigen. Ueber den Ausgang der Adelheid sehe man Krug, Forschungen II. 603. Für die Ehesache des Königs Philipp ist von Wichtigkeit das päpstliche Schreiben bei J. R. 4134, dann mehrere Briefe des Ivo von Chartres und die Nachrichten bei Bernold. Ueber das Zügelhalten des Kaiser Ludwigs II. sehe man die Nachrichten der Vitae pontif. bei Muratori SS. III. 253[1]). Von König Konrad heißt es: fecit sacra-

---

[1] Auch Pipin hatte bereits dem bedrängten Stephan III. i. J. 754 die Dienste eines Marschalls geleistet (Vitae pont. l. c. p. 168). Nach der falschen Schenkung Constantins sollte sogar schon Constantin Silvester in gleicher Weise gedient haben.

mento securitatem ei (papae) de vita, de membris, de captione, de papatu Romano et regalibus s. Petri tam intra quam extra Romam acquirendis, tenendis ac defendendis contra omnes homines[1]). Der Eid der normannischen Fürsten enthielt: in consilio vel facto, unde vitam aut membrum perdas vel captus sis mala captione, non ero — s. Romanae ecclesiae tibique adiutor ero ad tenendum, acquirendum et defendendum regalia s. Petri eiusque possessiones pro meo posse contra omnes homines et adiuvabo te, ut secure et honorifice teneas papatum Romanum. Aber die Worte dieses Eides: ab hac hora et deinceps ero fidelis s. Romanae ecclesiae beschwor Konrad nicht, und deshalb war sein Eid kein Lehnseid. Ueber die Ehe K. Konrads mit der Tochter des Grafen Roger sehe man Bernold, Eckehard z. J. 1099 und Gaufred Malaterra IV. c. 23. Die Erhebung der Gebeine Herlembalds in Mailand bezeugt eine Inschrift bei Ruinart, Vita Urbani II. p. 184. Die im Text (S. 663) angeführten Worte Ivos finden sich in ep. 43. Wie die Reiseroute des Papstes nachweist, ist Bernolds Angabe irrig, daß derselbe den Weg zur See eingeschlagen habe, um nach den gallischen Ländern zu gelangen. Die Acten der Synode von Clermont, die sehr umfangreich gewesen sein müssen, haben wir nur in verschiedenen Fragmenten, welche sich bei Mansi XX. 815 seq. zusammengestellt finden. Die Zahl der anwesenden Bischöfe wird sehr verschieden angegeben; ich ziehe die Angabe im Cencius Camerarius (Mansi a. a. O. 908) vor, weil sie durch eine Urkunde des Papstes selbst (a. a. O. 829) bestätigt wird. Ueber die Kreuzpredigt zu Clermont und die darauf folgenden Rüstungen zum Kreuzzuge sehe man v. Sybels Geschichte des ersten Kreuzzuges S. 225 ff., wo sich alle erforderlichen Quellennachweise finden. Die Acten der Fastensynode zu Tours v. J. 1096 haben sich nicht erhalten, dagegen sind die der folgenden Synode zu Nimes. auf uns gekommen und bei Mansi XX. 933 seq. gedruckt. Ueber Emehard von Würzburg und Otto von Straßburg ist Bernold zu vergleichen. Die Predigt Urbans in Mailand erwähnt Landulfus de s. Paulo c. 40. Ueber die Rückkehr des Papstes nach Rom sehe man sein Schreiben an Hugo von Lyon bei J. R. 4252. Die sich auf die Bestätigung der Privilegien Benedigs beziehende Urkunde wird im Archiv für ältere deutsche Geschichte III. 601 (St. R 2924) erwähnt. Der Besuch des Kaisers in Benedig, über den sich Weiteres bei Dandolo (Muratori SS. XII. 251) findet, wird durch die interessante Urkunde des Kaisers vom Juni 1095, in Mestre vom Kanzler Bischof Walbrun ausgestellt (St. R. 2930), bestätigt; sie gewährt dem Kloster S. Zaccaria Schutz und erwähnt der Anwesenheit des Kaisers daselbst. Die Verhandlungen des Kaisers mit Ungarn gehen aus dem wichtigen Brief desselben an Herzog Almus hervor, der sich im Codex Udalrici Nr. 200 (J. 88) findet. In den Handschriften heißt es: foedus, quod cum patruo tuo inivimus, nicht patre, und damit löst sich die vielfach discutirte Frage[2]), ob Koloman und Almus Söhne oder Neffen des letztverstorbenen Königs waren. Das Schreiben des Papstes an Koloman (J. R. 4240) ist vom 27. Juli 1096, etwa gleichzeitig dem Briefe des Kaisers an Almus. Der Angriff Heinrichs auf Nogara wird nur bei Donizo II. c. 9 berichtet; die Zeit ist nicht näher festzustellen, doch ge-

---

1) Man vergleiche damit die Eide, welche Heinrich V. im Februar 1111 leistete. M. G. Legg. II. 67. 68.

2) Zuletzt hat darüber Büdinger, Ein Buch ungarischer Geschichte S. 163 ff. gehandelt, ohne jedoch dieses merkwürdigen Schreibens zu gedenken. Ueber Ladislaws Todestag sehe man daselbst S. 84.

schah er nach der Synode von Piacenza. Die Notizen über die Anhänger des Kaisers in den Jahren 1095 und 1096 beruhen auf den Angaben der Intervenienten in den gleichzeitigen Urkunden. Die Lösung des Verhältnisses zwischen Mathilde und den Welfen wird allein eingehender von Bernold berichtet; einige kurze, aber wichtige Notizen giebt Eckehard z. J. 1096. Die Gegenwart des alten Azzo erhellt aus der Urkunde bei St. R. 2934; sie ist in der zweiten Hälfte d. J. 1096 ausgestellt. Daß die Markgrafen Burchard und Werner dem Kaiser nach Deutschland folgten, geht aus den Urkunden der nächsten Jahre hervor. Im Uebrigen sind über die Rückkehr des Kaisers Bernold, die Annales Augustani, Eckehard und die Urkunden aus dem Jahre 1097 (St. R. 2935—2937) zu vergleichen.

S. 674—686. — Ueber die Theilnahme der Deutschen an dem ersten Kreuzzug sehe man besonders Eckehard v. J. 1096—1099. Die Judenverfolgungen erwähnen außer ihm auch Bernold z. J. 1096, Cosmas Pragensis III. c. 4, die Gesta Treverorum Addit. I. c. 17, Albertus Aquensis I. c. 27, Annalista Saxo z. J. 1096. Der Widerstand, den K. Koloman den zügellosen Banden der Kreuzfahrer entgegenstellte, erhellt außer aus Eckehard auch aus den Annales Augustani z. J. 1096. Daß der Kaiser Weihnachten 1097 zu Straßburg feierte, geben die Annales Ottenburani und Eckehard an. Der Fürstentag zu Worms geht aus dem Schreiben des Kaisers an den Bischof zu Bamberg im Cod. Udalrici Nr. 197 (J. 91) hervor. Dort heißt es: Remota omni occasione Wormatiam ad nos venias, quia plurimum consilii tui prudentissimi et auxilii indigemus. Illic negotium ducis W. et filiorum suorum tractaturi sumus et nostrum, et praeterea multos Saxones et eorum legatos illic habebimus. Floto (II. 321) setzt das Schreiben, wie ich glaube, mit Unrecht in das Jahr 1087. Die Aussöhnung des Kaisers mit Welfs Söhnen erwähnt Eckehard z. J. 1098. Ueber die Verständigung mit den Zähringern haben wir nur spätere Nachrichten bei Otto von Freising De gestis Frid. I. L. I. c. 8. 9 und im Chronicon Petershusanum III. c. 30. Der Zeitpunkt steht nicht fest; wahrscheinlich ist, daß die Zähringer erst nach den Welfen sich mit dem Kaiser verglichen. Daß ihre Besitzungen damals von der herzoglichen Gewalt eximirt worden seien, wird nirgends berichtet. Den unglücklichen Aufstand Konrads von Hohenburg erwähnen die Annales Wirzeburgenses. Ueber die Wahl des jungen Heinrich zum König finden sich die verläßlichsten Angaben in dem Briefe des Kaisers an Hugo von Cluny (d'Achery, Spicilegium III. 441); Anderes ergiebt sich aus der Vita Heinrici c. 7 und den gleichzeitigen Annalen, wie auch aus dem Chronicon s. Huberti Andagin. c. 97. Daß der junge Heinrich zu Mainz gewählt wurde, sagt der Kaiser selbst; wahrscheinlich geschah es auf dem Fürstentage daselbst, dessen Eckehard gedenkt und den man nach einer Urkunde vom 10. Mai 1098 (St. R. 2940) wohl in diese Zeit setzen muß; eine andere Urkunde vom 23. Mai dieses Jahres (St. R. 2941) ist bereits zu Köln ausgestellt. Die Krönung des jungen Heinrich am 6. Januar 1099 zu Aachen ist durch Eckehard bezeugt. Daß der Kaiser noch am 30. Januar in der Krönungsstadt verweilte, zeigen die Gesta abbat. Trud. I. c. 7; seinen Aufenthalt am 10. Februar daselbst weist die Urkunde bei St. R. 2943 nach. Den Aufenthalt des Kaisers um Ostern 1099 zu Regensburg und den Tod des Pfalzgrafen Rapoto und seines Vetters Udalrich berichten mehrere gleichzeitige Annalen. Ueber Engelbert, den Nachfolger Rapotos in der Pfalzgrafschaft, sehe man Muffat in den Sitzungsberichten der baierischen Akademie der Wissenschaften 1866, II. 199. Die Anwesenheit Markgraf Liutpolds III. in Regensburg ergiebt sich aus der Urkunde bei St. R. 2944. Daß Liutpold II. schon im Jahre 1095 gestorben war, geben Bernold und Ekehard an; die späteren österreichischen Annalen setzen den Tod meist erst in das folgende Jahr und ihnen schließt sich v. Meiller, Regesten S. 11 an. Ueber die Verhältnisse des Ostens besitzen wir ziemlich ausführliche Nachrichten in der Chronik von Polen und bei Cosmas von Prag; überdies sehe man die Darstellungen von Palacky, Röpell und Büdinger. Des Hoftags in Bamberg zu Peter und Paul 1099, wie der vergeblichen Friedensbestrebungen des Kaisers gedenkt Ekehard (Cod. A.); hier finden sich auch gute Nachrichten über das Zerwürfniß des Kaisers mit Erzbischof Rutharb, auf welches sich die Schreiben Wiberts im Cod. Udalrici Nr. 170 und 171 (J. 90. 89) beziehen, das erste vom Jahr 1097, das andere vom folgenden Jahre. Wiberts Schreiben an die Mainzer vom 31. Juli 1099 ist in Schunks Beiträgen zur Mainzer Geschichte II. 115 (J. R. 4013) gedruckt. Gewöhnlich wird nach Alberich von Trois-Fontaines angegeben, daß Erzbischof Friedrich von Köln ein Ortenburger gewesen sei. Dies ist irrthümlich, wie die hier gut unterrichteten Annales Rodenses beweisen, in denen es zum Jahr 1122 heißt: Conduxit connubio Adolphus comes Margaretam, quae neptis erat Friderici Coloniensis archiepiscopi, nata de Suarcenburch castro Bawarie, quod situm est iuxta terminos Boemiae, de quo etiam castro constat ipse Fridericus fuisse. Ueber das Verhältniß des Kaisers zu Heinrich dem Fetten sehe man die Annales Wirzeburgenses. Daß der Kaiser Weihnachten 1099 zu Speier feierte, erhellt aus Ekehard (Cod. A.).

S. 687—690. — Ueber das Verhältniß Urbans II. zu Graf Roger von Sicilien sehe man besonders Gaufred Malaterra IV. c. 24—29, außerdem über die normannischen Angelegenheiten Lupus Protosp. Neben der berühmten Urkunde Urbans für Roger, welche Gaufred mittheilt, ist auch das wichtige, von mir aufgefundene Schreiben Paschalis II., welches Jaffé R. 4846 publicirt hat, in Betracht zu ziehen. Die Quellenstellen über die Synode von Bari hat Jaffé in seinen Regesten p. 472 sehr vollständig zusammengestellt; die Acten dieser Synode sind nicht erhalten. Ueber die römische Synode der Wibertisten im August 1098 und die von ihr ausgegangenen Schmähschriften belehren die Actenstücke bei Sudendorf, Registrum II. Nr. 34—39. Die Uebergabe der Engelsburg wird datirt durch Notizen beim Cencius Camerarius, welche Gregorovius, Geschichte Roms IV. 283 mittheilt; im Uebrigen ist Bernold zu vergleichen. Die Acten des römischen Osterconcils von 1099 finden sich bei Mansi XX. 961—965.

S. 690—695. — Den Tod Odos von Sutri erwähnt Donizo II. c. 10. Wiberts Rückzug nach Argento wird von Deusdedit (contra ivasores p. 94) mit folgenden Worten berichtet: in oppidulo suo, quod Argentum dicitur, quasi ad sui munitionem excelsa turri fabricata praestolatur simoniacos angelos. Daraus nahm Petrus diaconus, was er im Chronicon mon. Cassin. III. c. 70 sehr verworren berichtet. Die geringe Macht des Königs Konrad in der Lombardei zeigen die wenigen Urkunden, die nach seinen Regierungsjahren zählen oder überhaupt nur seiner Regierung gedenken. Der Notar Gosbertus stellte noch 1098 und 1099 Urkunden Mathildens aus regnante imperatore Henrico (Camici, Guelfo con Matilda p. 77 und 92), worauf ich freilich weniger Gewicht lege, als v. Druffel, Heinrich IV. S. 10. Iudices et missi imperatoris Henrici und regis Chonradi finden sich neben einander erwähnt in der Abschrift einer Urkunde für Cluny, welche Champollion-Figeac zum Amatus p. 321 hat abdrucken lassen. Guido Guerra unterzeichnet sich in einer Urkunde v. J. 1099: Ego Wido comes, qui dicitur vere filius Widonis comitis, factus adoptionis filius dom. comitissae Matildae (Camici a. a.

O. p. 94). Eine gemeinschaftliche Urkunde Mathildens und Guidos v. J. 1100 ist gedruckt bei Camici (Matilda sola dopo il divorzio I. p. 57). Das Verhältniß Guidos zu Mathilde, über welches Donizo ganz schweigt, scheint sich später aufgelöst zu haben. Ueber die Wahl des Erzbischofs Anselm von Mailand und Liprands beabsichtigte Reise nach Rom berichtet Landulfus de s. Paulo c. 1. Die Acten der Synode zu Mailand im April 1098 stehen bei Giulini, Memorie di Milano IV. 539—542. Ueber die von Wibert beabsichtigte Synode zu Vercelli sehe man Codex Udalrici Nr. 171 (J. 89); der Brief kann, da schon dreimalige Citation erfolgt war, wie aus Vergleichung mit Wiberts Schreiben bei J. R. 4013 ersichtlich ist, nur in das Jahr 1098 gesetzt werden. Ueber Urbans II. Tod, die Wahl Paschalis II. und die Anfänge des neuen Pontificats findet man die besten Nachrichten in der Lebensbeschreibung dieses Papstes im Liber pontificalis, die Petrus von Pisa verdankt wird (Watterich II. 1. 2). Eine neuere genügende Biographie Paschalis II. fehlt. Für die Geschichte Urbans II. ist nach Ruinarts bekanntem Werk wenig mehr geschehen; die Dissertationen von Grünhagen (Halle 1848), Simon (Berlin 1851), Laubert (Breslau 1858) sind sämmtlich nur in ihren Anfängen veröffentlicht, und die Schrift von Adrien de Brimont, Un pape au moyen âge: Urbain II. (Paris 1862) ist unkritisch und dem Gegenstande in keiner Weise entsprechend. Ueber Wiberts Tod ist außer den von Jaffé in seinen Regesten p. 447 gesammelten Stellen auch Ordericus Vitalis einzusehen; von den angeblichen Wundern an dem Grabe des Gegenpapstes erhält man im Codex Udalrici Nr. 173 (J. 108) Bericht.

S. 695. 696. — Die Verbindung, welche Paschalis II. gleich nach Antritt seines Pontificats mit Gebhard von Konstanz anknüpfte, erhellt aus J. R. 4349. Die Absicht des Kaisers, damals in Italien einzuschreiten, geht aus seinem Brief an den Abt von Tegernsee (M. G. Legg. II. 60) hervor. Das Resultat der Berathungen in Mainz berichten die Annales Wirzeburgenses. Ueber die beiden ersten Gegenpäpste gegen Paschalis II. finden sich Nachrichten in dem Liber pontificalis und in den Annales Romani (p. 477), aber Vieles bleibt dabei dunkel. Sie wurden gleich nach Wiberts Tode und gleich nach einander erhoben: alter post alterum duo statim eliguntur antipapae, sagt der Liber pontificalis bei Watterich II. 4. Der nach Cava gebrachte heißt hier Theodoricus; die Annales bezeichnen ihn als episcopus sancte Rufine, und er ist der erste. Wibert selbst nennt ihn in dem Schreiben bei J. R. 4013 Bischof von Albano; vielleicht vereinigte er beide Sprengel. Er wollte nach den Annales Romani die Stadt verlassen, wurde aber gefangen genommen: hiernach wird es der Gegenpapst sein, dem der Liber pontificalis nur einen Tag giebt. Der zweite muß dann der in dem Liber pontificalis erwähnte Albert sein. Die Annales Romani bezeichnen diesen als episcopus Savinensis; in den Schriftstücken bei Sudendorf, Registrum II. p. 97 und 111 finden sich unter den Wibertisten zwei Adalberte; der eine ist Bischof von S. Rufina, der andere von Nepe. Der zweite Gegenpapst blieb in Rom, flüchtete in die Burg des Johannes und wurde von seinem Schützer endlich verrathen. Quid plura? ad ultimum data pecunia etc. heißt es in den Annales Romani. Nur er kann meines Erachtens der sein, welchem der Liber pontificalis 105 Tage des Pontificats beilegt. Hiernach komme ich zu dem Resultat, daß Theodorich noch im September gewählt ist, gleich nach ihm Albert, der sich dann bis zum Anfang d. J. 1101 hielt; anderer Ansicht ist Jaffé in seinen Regesten p. 519 und 520. Die Stelle des Ekkehard, die Jaffé beizieht, scheint mir nicht hierher zu gehören, da kein Grund zu der Annahme vorliegt, daß der Kaiser bei der Erhebung dieser Päpste unmittelbar betheiligt war, wie v. Druffel S. 84 ff. weiter ausführt.

S. 697—700. — Die allmähliche Verbreitung des Consulnamens für die erwählten städtischen Magistrate erläutern Hegel in der Geschichte der Städteverfassung II. p. 168 ff., Pawinski in der Dissertation: Zur Entstehungsgeschichte des Consulats in den Communen Nord- und Mittel-Italiens (Berlin 1867) und Waitz in den Forschungen zur deutschen Geschichte VII. 409 ff. Consuln in Asti werden schon in Urkunden von 1095 und 1098 bei Ficker, Acta imperii selecta p. 815 und Muletti, Storia di Saluzzo I. 398 erwähnt. Die vornehmen Corsen bezeichnet Gregor VII. als Consules im Reg. V. 2. Ueber das beabsichtigte Bündniß von Vicenza und Padua sehe man das merkwürdige, bisher unbeachtet gebliebene Schreiben eines Grafen M. (wahrscheinlich Mainfred) an den Kaiser im Cod. Udalrici Nr. 198 (J. 81). Ueber die Empörung Ferraras gegen Mathilde finden sich Nachrichten bei Donizo II. c. 13. Ueber das Ende König Konrads sehe man Eckehard, Donizo II. c. 13 und Landulfus de s. Paulo c. 1; den Todestag giebt das Necrologium Aquense (ed. Quix). Das Jahr des Todes kann nicht zweifelhaft sein, obwohl es auffallend ist, daß die Annales Augustani schon z. J. 1100 Konrads Tod anmerken. Die Händel des Kaisers mit Heinrich von Limburg werden von Eckehard, Siegbert und in den Ann. Hildesheimenses berichtet; zu beachten sind auch die Urkunden des Kaisers bei St. R. 2951—2954. Den Tod des Markgrafen Heinrich von Friesland erwähnen die Würzburger und die meisten anderen Annalen, am ausführlichsten Eckehard z. J. 1103, die Annales Magdeburgenses und Annalista Saxo z. J. 1101. Die beiden zuletzt genannten Annalen gedenken auch der Kämpfe des Markgrafen Ubo nach den Annales Rosenfeldenses z. J. 1100 und 1103.

S. 701—714. — Für die Quellen der Geschichte des ersten Kreuzzuges genügt es auf v. Sybels treffliches Werk zu verweisen; unter den deutschen Quellen ist hier am wichtigsten Eckehard, von dem wir auch besonders über die Schicksale der deutschen Kreuzfahrer, die Herzog Welf folgten, unterrichtet werden; Eckehard selbst nahm an dieser Kreuzfahrt Theil. Ueber Welfs Todestag vergl. man v. Stälin, Wirtembergische Geschichte II. 254. Der von Eckehard genannte Graf Bernhard ist sicher kein anderer, als der Graf Bernhard von Scheiern, dessen Tod auch von Aventin in das Jahr 1101 gesetzt wird; er stand den Hirschauern nahe, wie aus einer Notiz im Codex Hirsaugiensis p. 42 hervorgeht. Daß auch sein älterer Bruder Eckehard, wie die gewöhnliche Tradition ist, sich dem Kreuzzug damals angeschlossen und im gelobten Lande gestorben sei, findet sich in gleichzeitigen Quellen nirgends und beruht vielleicht nur auf Verwechselung. Ueber die Hirschauer Giselbert und Gebhard geben Bernold, die Erfurter Annalen (Chronicon Sanpetrinum) und die Vita Gebehardi et succ. c. 11 Nachricht, über Abt Hartmann von Götweih sehe man Bernold z. J. 1094 und die Vita Altmanni c. 3. Ueber die Absicht des Kaisers, auf einer Synode in Rom im Anfange des Jahres 1102 die Streitigkeiten mit der Kirche beizulegen, sehe man Eckehard z. J. 1102. Der damit in Verbindung stehende Brief an Hugo von Cluny findet sich bei d'Achery, Spicilegium III. 443. Von der Verkündigung des Kreuzzuges sprechen Eckehard und die Annales Hildesheimenses z. J. 1103.

S. 714—721. — Der Kriegszug Roberts von Flandern gegen Cambray und der Krieg des Kaisers gegen Robert wird ausführlich berichtet in der Fortsetzung des Chronicon Cameracense, von welcher wir leider nur französische und lateinische Auszüge besitzen; am eingehendsten handelt darüber der französische c. 15 seq. Einzelne erhebliche Notizen finden sich auch im Chronicon s. Andreae III. c. 23, in den Annales Elnonenses maiores, bei Siegbert und im Annalista Saxo; Lamberti Waterlos Annales Cameracenses und die Annales Aquenses geben nichts Neues. Ueber die Händel zwischen Friedrich von Köln und dem Grafen Friedrich von Arnsberg spricht allein Annalista Saxo, der auch allein die dunkle Nachricht von der Eroberung der Burg Gleiberg mittheilt. Die Abschließung des vierjährigen Landfriedens erwähnen außer der Vita Heinrici c. 8 die Annales Augustani und Siegbert; auffälliger Weise schweigen Ekkehard und die Annales Hildesheimenses davon. Der Eid auf den Mainzer Reichsfrieden steht in den Mon. Germ. Legg. II. 60; die auf denselben gegründete Friedenseinigung Friedrichs mit den Bischöfen von Augsburg und Eichstädt und mehreren Grafen findet sich daselbst II. 61; von dieser Urkunde existirt nur ein Fragment. Die Friedenseinigung, welche Gebhard von Konstanz in Gegenwart eines Legaten in der Konstanzer Diöcese schloß und sich eben dort p. 61. 62 findet, wird einer späteren Zeit angehören. Ueber die wohlthätigen Wirkungen des allgemeinen Friedens berichtet der Verfasser der Vita Heinrici zu günstig; daß sie aber vorhanden waren, zeigen Ekkehards bisher zu wenig beachtete Worte z. J. 1104: undique terra satis quievit, pace simul et fertilitate .... delectabiliter iocundata. Wie Gebhard von Konstanz aus seiner Stadt i. J. 1103 vertrieben wurde, melden die Annales Augustani, neben denen das Chronicon Petershusanum III. c. 31, wo sich Wahres und Irriges verbunden findet, zu benutzen ist. Die damalige Stimmung der Fürsten gegen den Kaiser erhellt besonders aus den Hildesheimer Annalen. Die Fehde zwischen Udo und den sächsischen Fürsten berichten die Rosenfelder und nach ihnen andere Annalen. Ueber das Ende Konrads von Beichlingen handelt Ekkehard am ausführlichsten. Den Tod des Grafen Ludwig erwähnen die Annales Einsidlenses z. J. 1102 mit den Worten: Ludewicus, comes de Montpilicart, a servis suis occiditur. Ueber den Aufstand gegen Siegharb finden sich die besten Nachrichten bei Ekkehard, in den Annales Augustani und Hildesheimenses; alles Andere ist ohne Bedeutung. Man hat an diesen Nachrichten zu viel gedeutet, wie man das Nähere bei v. Druffel, Heinrich IV. S. 23. 24 nachsehen kann. Ich finde auch keinen Beweis dafür, daß Siegharb Stiftsvogt von Regensburg gewesen sei, wie Franklin in den Forschungen IV. S. 522 sagt; es ist dies nur eine Annahme Stenzels. Der Todestag Siegharbs ergiebt sich aus dem Verbrüderungsbuch von St. Peter, herausgegeben von Karajan, und dem Nekrologium von Michelbeuern bei Filz, Geschichte von Michelbeuern S. 860. Ein Stammbaum der Grafen von Burghausen findet sich bei v. Meiller, Regesten zur Geschichte der Salzburger Erzbischöfe S. 544. Die Bestimmungen, welche zu Regensburg über die Vogteirechte auf den Gütern des Augsburger Domcapitals am 14. Januar getroffen wurden, erhellen aus der Urkunde bei St. R. 2968. Später sind diese Bestimmungen verallgemeinert und auch auf andere Stiftungen übertragen worden; in dieser Form sind sie in den M. G. Legg. II. 62 abgedruckt. Interessant sind in der bei Nagel, Orig. dom. Boic. p. 276 am besten gedruckten Urkunde die aufgeführten Zeugen. Es sind außer den Domherren von Augsburg die Geistlichen: Bruno Trever. archiepiscopus, Fridericus Colon. archiep., Bertholdus Salzburg. electus, Emehardus Wirziburg. episcopus, Otto Babenberg. episcopus, Johannes Spirensis episc., Burchardus Monaster. episcopus, Utto Hildesheim. episc., Witelo Minden. episc., Eberhardus Aistat. electus, Heinricus Frising. episc., Adelbero Trident. episc., Udalricus Augiensis abbas, Babo abbas de s. Emmeramo, Erlungus cancellarius, und die Weltlichen: Dux Welf et frater eius Heinrich, Peringer de Sulzbach, Sigehart et frater eius Friderich de Tengelingen, Otto de Diezzen, Adelpreht de Alechingen, Wicpreht et filius eius de Saxonia, Werinhere de Uresperch, Heinrich de Sconunburc, Heriman de Ratelenberga, Gerloch de Orth, Arnold de Goltbach, Folcmar dapifer imperatoris, Gundekar et Erchenbolt, camerarii imperatoris. Volkmar und Erkenbold erscheinen auch ohne Bezeichnung ihrer Hofämter in der Urkunde St. R. 2976. Wie 1104 für die Augsburger Kirchenvögte Bestimmungen erlassen wurden, so waren schon früher andere über die Befugnisse des Vogts der Abtei Prüm durch den jungen König ergangen, welche der Kaiser i. J. 1103 bestätigte (St. R. 2961). — Paschalis höchst feindselige Stellung gegen den Kaiser erhellt aus seinen Schreiben bei J. R. 4349, 4355, 4432, 4448, 4449; die beiden letzten sind wohl erst vom 10. Februar 1104. Ueber das Auftreten des Papstes auf der Synode b. J. 1102 und am folgenden grünen Donnerstage berichtet Ekkehard, der damals in Rom war. Die Kritik des Schreibens des Paschalis an Robert von Flandern steht im Codex Udalrici Nr. 234 (J. 113). v. Druffel a. a. O. S. 22 sagt, „sie sei wohl von Alger, dem damaligen Scholaster in Lüttich verfaßt," aber Siegbert nennt sie ausdrücklich selbst unter seinen Werken (M. G. VI. 272) und giebt an, daß er sie auf Betrieb des Archidiaconus Heinrich zu Lüttich verfaßt habe.

S. 721. 722. — Ueber die früheren Jahre Ottos von Bamberg sehe man Volkmanns Dissertation: De Ottone I. episcopo Bambergensi (Königsberg 1860) und Köpkes Anmerkungen zum Herbord (M. G. XX. 763—765). Ottos Heimath ist Schwaben, aber sein Geschlecht ist trotz Allem, was bisher darüber geschrieben ist, nicht mit Bestimmtheit ermittelt. Man hat neuerdings Otto mehrfach zu einem Geschlechte Mistelbach gerechnet, und dieses Mistelbach im Vorarlbergischen Muselbach gesucht. Aber Mistelbach, von dem sich im zwölften Jahrhundert ein abliges Geschlecht nannte, liegt in Oberfranken (L. G. Baireuth). Man vergleiche Mon. Boic. VIII. 166 und Bavaria III. 586. Dieses Geschlecht war allerdings mit Otto verwandt und stammte vielleicht von seinem Bruder Friedrich ab. Auf das fränkische Mistelbach hat mich Stälin aufmerksam gemacht, wie zugleich darauf, daß unter dem Albuch, an dem Otto eine Kirche erbeigenthümlich besaß (Ebbo I. 18), nicht an ein Buch bei Bregenz gedacht werden kann. Albuch ist immer nur gebraucht worden als Bezeichnung eines nordöstlichen Ausläufers der schwäbischen Alb. Ist anders die Leseart des Ebbo richtig, so müssen also Erbgüter von Ottos Geschlecht am Albuch gelegen haben. In eine andere Gegend Schwabens führen Aufzeichnungen im Codex Hirsaugiensis. Dort heißt es (p. 55): Fridericus frater episcopi Babenbergensis dedit nobis hubam et dimidiam in villula Altheim iuxta Randingen (so ist nach Stälins Mittheilung zu lesen) sita. — Liutfrid frater eius dedit in Schafhusen predium. Es kann hier nur von den Brüdern Ottos die Rede sein; die geschenkten Güter sind aber bei Böblingen zu suchen. In der unter unseren Documenten B. 6 gedruckten Urkunde werden zwei Allodien Ottos genannt, welche er an Michelsberg schenkte: Altenbolevelt et Horwa (vergl. M. G. XII. 908); die Lage dieser Güter weiß ich nicht zu bestimmen. Man wird nicht viel weiter nach Ottos Erbgut zu suchen haben; sein Geschlecht war nach den Quellen nicht sehr begütert.

S. 725—737. — Der Inhalt des Eides, welchen der junge Heinrich seinem Vater schwören mußte, geht aus den bei v. Druffel S. 25 zusammengestellten Quellen hervor; besonders wichtig sind darüber Heinrichs eigene Aeußerungen in dem Briefe an König Philipp und den Abt Hugo von Cluny. Die Unterwürfigkeit des jungen Heinrich in dieser Zeit erhellt aus seinem Schreiben im Codex Udalrici Nr. 183 (J. 94); über die Chronologie dieses Stücks vergl. Floto II. 388. Daß die Fürsten, welche den Gedanken des Aufstandes in dem jungen Heinrich hervorriefen, besonders Dietbold, Berengar und Otto von Habsberg waren, sagt Eckehard z. J. 1105; was die Vita Heinrici c. 9 über die verführenden Künste der Fürsten ausmalend berichtet, läßt den jungen König zu unschuldig erscheinen. Ueber die Magdeburger Angelegenheiten, welche den Anlaß zum Ausbruch der Verschwörung gaben, sehe man Eckehard, die Annales Rosenfeldenses, Magdeburgenses und den Annalista Saxo. Aus der Zeit nach Herrands Tode i. J. 1102 ist wohl der Brief Rutharbs an die Halberstädter bei Martene et Durand, Coll. ampl. I. 604, worin zu einer Synode am 1. December eingeladen wird. Der bei Sudendorf, Registrum II. Nr. 40 abgedruckte Brief Rutharbs an einen Bischof von Würzburg, welcher zu einer Synode nach Erfurt zum 9. März bescheidet, dürfte in das Jahr 1103 oder 1104 zu setzen sein; die Sigle E. wäre dann nicht mit Erlung, sondern mit Emeharb zu erklären. Von der Flucht des Königs berichten Eckehard, die Annales Hildesheimenses und der Annalista Saxo; daß der von Eckehard genannte Hermann jener Hermann von Winzenburg sei, der später große Gunst bei dem König genoß, nimmt Floto mit großer Wahrscheinlichkeit an. Ueber die folgenden Ereignisse berichten Eckehard, die Annales Hildesheimenses, Rosenfeldenses und Annalista Saxo so, daß sich ihre Berichte gegenseitig ergänzen; interessant sind die Briefe einiger Fürsten aus jener Zeit im Codex Udalrici Nr. 224. 225 (J. 116. 117). Die Ueberschrift des ersten lautet in der Handschrift: F. palatinus comes, comes O., comes D. B. comiti salutem, fidelitatem et perpetuum bonum, die des zweiten, der eine Einlage zum ersten ist: Domno regi H. F. palatinus comes, comes O., comes L. a Deo coronam aeterni regni, ex se promptissima servitia. Ich glaube, daß D. im ersten nur aus L. verschrieben ist. Daß Nr. 224 an Berengar von Sulzbach gerichtet war, halte ich trotz Jaffés Einwand für sicher; der eine Schreiber des Briefs ist unzweifelhaft der sächsische Pfalzgraf Friedrich, aber die mit O. und L. bezeichneten Grafen lassen sich weniger deutlich erkennen. Bei O. denkt Floto II. 391 an Otto von Ballenstedt, und ich weiß keine bessere Auskunft; sicherer aber scheint mir doch bei L. die Beziehung auf Ludwig von Thüringen, der im Anfange der Regierung Heinrichs V. eine sehr einflußreiche Rolle spielte. Ueber die Verhandlungen mit den Sachsen sehe man Eckehard, die Annales Hildesheimenses und Annalista Saxo. Wenn Eckehard die Synode zu Nordhausen auf den 29. Mai setzt, d. h. auf den Tag nach Pfingsten, so waltet hier offenbar ein Irrthum in der Zahl ob, da aus seiner eigenen Darstellung hervorgeht, daß die Synode vor Pfingsten war. Ueber die Ereignisse bei Mainz im Sommer 1105 geben Eckehard und die Annales Hildesheimenses nur unzureichende Nachrichten. Wenn Eckehard sagt: Plura tamen hinc et inde nuncia navigabant, multa et consilia communes regni proceres inter se trutinabant, patre regni divisionem et hereditariae successionis confirmationem pollicente, filio vero nil nisi apostolicae subiectionis et aecclesiasticae unitatis efficientiam expostulante, so widerspricht dem ein bisher nicht benutzter Brief Erlungs an Otto von Bamberg, wo es heißt: Dominus noster laudavit obedientiam papae et reditum Moguntini archiepiscopi et se facturum do filio, quicquid principes consulent; alia omnia adhuc stant in medio. Der Brief ist im Codex Udalrici Nr. 228 (J. 118) enthalten. In diese Zeit gehört nach meiner Ansicht auch der Brief Kaiser Heinrichs an den Papst, der sich fragmentarisch im Cod. Udalr. Nr. 215 (J. 120) und vollständig in einer Münchner Handschrift findet, aus der er jetzt auch bei Jaffé ergänzt worden ist; unter den Documenten A. 12 lasse ich ihn wieder nach der erwähnten Handschrift abdrucken. Floto II. 409 hat diesen Brief erst in das Jahr 1106, v. Druffel S. 40 bereits in den Anfang des Jahres 1105 gesetzt;

er ist nach meiner Ansicht im Sommer 1105 abgefaßt. Frühestens im Anfange des Juli 1105 konnte die Belagerung von Nürnberg beginnen; da sie zwei Monate dauerte, muß Nürnberg erst im September gefallen sein. Beachtenswerth sind die Briefe des Kaisers aus dieser Zeit an Otto von Bamberg im Codex Udalrici Nr. 210. 211 (J. 121. 122); sie werden etwa im August geschrieben sein. Daß der Kaiser selbst Nürnberg zur Unterwerfung gerathen habe, wie in der Vita Heinrici c. 9 erzählt wird, ist schwer glaublich. Erst nach dem Fall von Nürnberg brach der Kaiser von Würzburg auf (Vita Heinrici); die Angabe der Annales Hildesheimenses, daß es schon um den 1. August geschehen sei, muß hiernach irrig sein. Ueber die Vorgänge am Regen finden sich die besten Nachrichten bei Ekkehard, womit die Vita Heinrici c. 9, die Annales Hildesheimenses, Cosmas Prag. L. III. c. 10 zu vergleichen sind; die folgenden Ereignisse bis zur Uebergabe von Mainz erläutern die Notizen bei Ekkehard und in den Hildesheimer Annalen. Ueber den Abt Gebhard von Hirschau sehe man außer den Annales Hildesheimenses auch den Codex Laureshamensis p. 223 und den Codex Hirsaugiensis p. 7, wo aber offenbar irrig berichtet wird, daß Gebhard zu Regensburg am 31. October Lorsch und Speier erhalten habe. Der im Text (S. 736) erwähnte Brief des Papstes an Ruthard über die Investitur ist bei J. R. 4511 verzeichnet. Das Schreiben der Mainzer im Codex Udalrici Nr. 213 (J. 123) wird von Floto II. 397 richtig gedeutet; die Erinnerungen v. Druffels dagegen (S. 50) scheinen mir nicht erheblich, und am wenigsten sehe ich einen Grund, die Echtheit anzuzweifeln. Comes H. filius comitis O. ist ohne Zweifel Heinrich, der Sohn des Grafen Otto von Zütphen, der auch in zwei Urkunden vom 28. December 1107 erwähnt wird (St. R. 3022. 3023). Daß Herzog Heinrich damals gegen den Kaiser stand, erhellt aus Siegbert; er hat bald wieder Partei gewechselt, wie er es noch öfter in der Folge gethan hat.

S. 738—746. — Die traurigen Verhältnisse, welche zur Gefangennahme und Absetzung des Kaisers führten, lernen wir nicht nur aus Ekkehard, den Hildesheimer Annalen und der Vita Heinrici c. 10 kennen, sondern auch aus drei Schreiben des Kaisers selbst. Das erste ist an den Abt von Cluny gerichtet und kurz nach der Flucht des Kaisers zu Köln abgefaßt (d'Achery, Spicilegium III. 441), das zweite ist wenig später an den König Philipp von Frankreich zu Lüttich geschrieben[1]) und findet sich im Codex Udalrici Nr. 216 (J. 129), wo auch unter Nr. 214 (J. 134) das dritte an den Sohn im Juli 1106 gerichtete Schreiben aufgenommen ist. v. Druffel unterwirft S. 89 ff. die beiden ersten Schreiben einer Kritik; daß die Thatsachen nach der Wirkung, welche die Schreiben üben sollten, und nach den Personen, an welche sie gerichtet waren, eine verschiedene Färbung erhielten, liegt in der Natur der Sache, aber daß geradezu Falsches der Kaiser berichtet habe, ist an sich unwahrscheinlich und auch von v. Druffel, wie mir scheint, nicht erwiesen. Auch die anderen Berichte sind durch das Parteiinteresse getrübt und ihren Verfassern stand überdies noch weniger eine genaue Kenntniß zur Seite. Man wird deshalb wohl am sichersten gehen, wenn man vor Allem den eigenen Mittheilungen des Kaisers folgt. Die zu Köln ausgestellten Urkunden des Kaisers vom 24. November und 3. December 1105 (St. R. 2975. 2976) sind wichtig, weil man daraus den Anhang des Kaisers erkennt. Daß der Sohn an der Mosel zuerst eine Unterredung verlangt

---

1) Von diesem Brief sagt Hermann von Tournay: si quis legerit et non fleverit, videtur mihi duri esse cordis (M. G. SS. XII. 662).

habe, sagt der Kaiser selbst in den Briefen an den Abt von Cluny und König Philipp; da die Unterredung zu Coblenz stattfand, muß aber der Kaiser sich dann zum König begeben haben. In dem Brief an Philipp schreibt der Kaiser: in locum, qui Confluentia dicitur, ad colloquium evocavit me. Die Hildesheimer Annalen stellen die Sache unrichtig dar und haben dadurch Floto und v. Druffel nach verschiedenen Seiten beirrt. Daß der Kaiser schon zu Bingen ein Gefangener war, sagt er selbst; die Burg Bödelheim, wohin er gebracht wurde, bezeichnen nicht nur die Hildesheimer Annalen, sondern auch das Chronicon Andaginense c. 91. Herzog Friedrich I. von Schwaben starb vor dem 21. Juli 1105; vergl. v. Stälin, Wirtembergische Geschichte II. 37. Ueber die Person des Cardinals Richard finden sich zu beachtende Notizen bei Hugo von Flavigny am Schluß des zweiten Buchs seiner Chronik und bei Scheri Primordia Calmosiacensia (M. G. XII. 334. 339. 340); ebendaselbst (p. 334. 335) sind zwei Briefe des Königs mitgetheilt, welche seine Unterwürfigkeit gegen Rom zu jener Zeit aufs deutlichste bezeichnen.

S. 746. 747. — Von der Erhebung des Gegenpapstes Maginulf spricht Papst Paschalis in dem im Cod. Udalrici Nr. 239 (J. 235) erhaltenen Briefe; andere Nachrichten, nach einem Bericht des Markgrafen Werner an den Kaiser, finden sich bei Siegbert z. J. 1105; einiges Detail bieten ferner der Liber pontificalis (Watterich II. 4) und die Annales Romani p. 477. Die Annales Ceccanenses (M. G. XIX. 281) geben als den Tag der Wahl den 18. November an; die weiteren Zeitbestimmungen ergeben sich aus dem Brief des Paschalis, der im Cod. Udalrici: VI. Kal. Oct. datirt ist. Jaffé, der gewiß richtig VI. Kal. Dec. emendirt, faßt die in dem Text des Briefes enthaltenen Daten jedoch nach meiner Meinung nicht richtig auf, wenn er die dort erwähnte Weihe in der Peterskirche erst als am folgenden Tage geschehen annimmt und die Rückkehr des Papstes in die Stadt auf den 20. November verlegt (Reg. p. 490. 520). Am Tage der Wahl Maginulfs — so kann ich den Brief nur verstehen — war Paschalis in der Leostadt, da er Tags zuvor die Weihe in der Peterskirche vorgenommen hatte, also am 17. November[1]); am Tage nach der Wahl kehrte er über den Tiber nach Rom zurück, d. i. am 19. November.

S. 748. 749. — Ueber die Gesandtschaft deutscher Fürsten, welche im Anfang d. J. 1106 an den Papst ging, giebt Ekkehard, der selbst dieselbe begleitete, gute Nachrichten. Ueber die Zeit des Ueberfalls der Gesandten drückt sich Ekkehard unklar aus. Tunc etiam a prima ebdomada quadragesimae, qua et mediante haec passi sumus, cometam immensi fulgoris usque ad passionem Domini conspeximus sagt er und läßt damit zweifelhaft, ob Mitte der ersten Fastenwoche (14. Februar) oder Mittfasten (28. Februar) gemeint ist; mir scheint das Erstere wahrscheinlicher. Von dem im Text erwähnten Brief des Papstes Paschalis an den König findet sich ein Auszug bei Petrus diaconus (Chron. mon. Cassin. IV. c. 36), offenbar an ganz unrichtiger Stelle. Der Brief kann nicht im Jahre 1111, sondern nur 1105 oder im Anfang des Jahres 1106 geschrieben sein; ich nehme das Letztere an, weil die Beziehungen auf die Reise des Papstes nach Deutschland sich so am besten aus den uns sonst erhaltenen Nachrichten erklären.

---

[1]) Jaffé macht jetzt in den Noten zum Cod. Udalr. dagegen geltend, daß der 17. November ein Freitag gewesen sei, wo eine Kirchweihe nicht gebräuchlich war. Aber die Worte des Briefs scheinen mir unzweideutig; die Bestimmung der Tage hängt freilich ganz von der Zuverlässigkeit der Notiz in den Ann. Ceccanenses ab.

S. 749—753. — Die aufständige Bewegung im Elsaß erwähnt Eckehard; Näheres über die Ereignisse in Ruffach giebt die Vita Heinrici c. 11, das Einzelne wohl nach gewohnter Weise ausschmückend. Die Bemerkung in den Annales Brunwilarenses z. J. 1105: Unde pravis consiliis et infidelitate principum atque episcoporum confusum est regnum ubique rapinae et incendia vel cedes hominum fuerunt ist wohl nur auf die rheinischen Gegenden zu beschränken; jedenfalls ist dieselbe nicht örtlich und zeitlich so weit zu fassen, wie es Franklin in den Forschungen IV. 523 gethan hat. Am 14. Februar war der König schon nach Speier zurückgekehrt (St. R. 3007). Ueber die Flucht des Kaisers bis zu seiner Ankunft in Lüttich finden sich Nachrichten in der Vita Heinrici, in den Hildesheimer Annalen, den Annales Colonienses maximi und dem Chronicon s. Huberti Andaginensis c. 97. Die Bildung der neuen kaiserlichen Partei erhellt aus der letztgenannten Quelle und den Gesta abb. Trudon. p. 258—260. Ueber die Schlacht bei Visé sehe man Jaffé in der Uebersetzung der Vita Heinrici S. 38; der Bericht des Hermann von Tournay (M. G. SS. XII. p. 661) ist ungenau, doch ist es nicht richtig, wenn v. Druffel S. 74 sagt, daß Hermann in der falschen Angabe des Schlachttages mit der Vita Heinrici übereinstimme. Daß der Kaiser fast während des ganzen April in Köln blieb, geht aus dem Chronicon s. Huberti c. 98 hervor. Die Absetzung Herzog Heinrichs erfolgte nach den Hildesheimer Annalen Pfingsten 1106 zu Worms, nach Eckehard schon früher zu Bonn; nach den Annales Colonienses könnte es scheinen, als ob sie sogar erst nach dem Tode des Kaisers stattgefunden habe. Das Schreiben des Königs an die Fürsten in der Vita Heinrici c. 13 mag, wie andere Schriftstücke in der Lebensbeschreibung, vom Verfasser stilisirt sein, beruht aber seinem Inhalt nach gewiß auf einem echten Actenstück.

S. 753—762. — Außer Eckehard und der Vita Heinrici geben die Annales Colonienses über die Belagerung von Köln gute Nachrichten. Das zweite Schreiben des Kaisers an den Abt von Cluny findet sich bei d'Achery, Spicilegium III. 442. Den Brief des Kaisers an seinen Sohn erwähnt Eckehard; er findet sich vollständig bei Ursitius I. 398; Floto (II. 409) setzt ihn in eine frühere Zeit und verwirrt dadurch seine Darstellung. Den ersten Brief des Kaisers an die Fürsten hat Eckehard mitgetheilt; bei ihm findet sich auch die Antwort. Eckehard sagt, daß Graf Dietrich von Katlenburg vor Köln gestorben sei; ihn berichtigt der Annalista Saxo, dessen betreffende Notiz im Druck hervorzuheben war. Ueber die weiteren Verhandlungen zwischen Vater und Sohn sehe man Eckehard. Das letzte Schreiben des Kaisers an die Fürsten ist unter unseren Documenten A. 13 gedruckt; auch diesen Brief setzt Floto (II. 416) zu früh, obwohl Stenzel hier, wie in dem vorhin erwähnten Falle, schon die richtige Zeitbestimmung getroffen hatte. Ueber den Tod des Kaisers sehe man besonders die Nachrichten bei Eckehard, in den Hildesheimer Annalen und der Vita Heinrici; außerdem die sehr interessanten Notizen der Verduner Handschrift des Siegbert von Gemblour (A.) z. J. 1106. Es geht daraus hervor, daß die Leiche des Kaisers, als sie aus dem Dom entfernt werden mußte, in aecclesia nondum consecrata et extra urbem in Cornelio monte sita beigesetzt worden sei. Dieselbe Nachricht giebt auch Aegidius Aureae-Vallis, der Lütticher Chronist des 13. Jahrhunderts, in seinen Gestis Leodiensium pontificum bei Chapeaville, Gesta pontif. Tungr. II. p. 46: extra civitatem Leodiensem in loco, qui mons Cornelii dicitur, tumulatus, ubi erat quondam domus religiosarum, nunc vero est abbatia Praemonstratensis ordinis. Nach den gütigen Mittheilungen des Herrn Stanislaus Bormans, Conservators der Archive der Provinz Lüttich, welche ich der Vermittelung des Herrn Dr. Loersch in Bonn verdankt, ist die Lage des Cornelius mons durch Cornillon bestimmt worden. Cornillon trägt noch jetzt eine kleine Kapelle, welche aber erst 1180 gebaut ist; ob die ältere Kapelle gerade genau an derselben Stelle auf Cornillon gestanden hat, ist fraglich. Auf Cornillon sollen zuerst Nonnen gewohnt haben; im Anfang des 13. Jahrhunderts entstand dort ein Kloster der Prämonstratenser, welche aber den Ort 1233 verließen, um sich in Beaureport anzusiedeln; Karthäuser traten dann an ihre Stelle. Da über den Ort, wohin die Kaiserleiche nach ihrer Entfernung aus dem Dom gebracht wurde, jetzt kein Zweifel mehr obwalten kann, zeigt sich die Angabe der Annales Hildesheimenses über die Maasinsel als irrig. Der in den Hildesheimer Annalen erwähnte treue Kämmerer des Kaisers Erkenbold erscheint auch in Urkunden; vergl. oben die Bemerkungen zu S. 714--723. Die Anfrage des Königs in Rom wegen der Bestattung der Leiche des Vaters im Speierer Dom berichten die Annales Hildesheimenses; die Antwort erhellt aus dem Excerpt eines päpstlichen Schreibens bei Petrus diaconus (Chron. mon. Cassin. IV. c. 36), welches abermals dort an falscher Stelle steht. Ueber die endliche Beisetzung der Leiche im Dome sehe man die Hildesheimer Annalen z. J. 1111 und die berühmten auf dies Ereigniß bezüglichen Urkunden (Remling, Speyersches Urkundenbuch I. 88. 89).

S. 763. — Die Belagerung Kölns nach dem Tode des Kaisers berichten die Annales Hildesheimenses, Coloniense und Brunwilarenses. Die Bewältigung Heinrichs von Limburg erwähnen Siegbert, die Annales Leodienses, Aquenses und andere lothringische Annalen z. J. 1107. Daß Heinrich schon im Anfange des Jahres sich dem Könige unterworfen hatte, geht aus den Gesta abb. Trudon. VII. c. 5 hervor. Man vergleiche auch die Annales Colonienses z. J. 1106.

S. 764. 765. — Für die Charakteristik Heinrichs IV. giebt sein alter Biograph die wichtigsten Beiträge; Manches mag zu günstig gefärbt sein, aber die wesentlichsten Züge werden doch auch anderweitig bestätigt. Pater pauperum wird der Kaiser in den Annales Ottenburani genannt, und die Anhänglichkeit der Armen an ihn erhellt am deutlichsten aus dem Additamentum zum Siegbert 1106. Heinrichs Neigung zum Umgang mit gelehrten Männern erwähnt Eckehard z. J. 1106: More patris sui clericos et maxime literatos adherere sibi voluit, hosque honorifice tractans nunc psalmis nunc lectione vel collatione sive scripturarum ac liberalium artium inquisitione secum familiarius occupavit. Man beachte hierbei auch, was Herbord L. III. c. 34—36 über Ottos Umgang mit dem Kaiser berichtet. Schwerer, als das Lob der Freunde, wiegt bei Heinrichs Beurtheilung die Anerkennung der Feinde. Lambert sagt z. J. 1075: Regis prudentia, qua supra aetatem mirum in modum callebat, omnia seperat. Bonizo legt p. 673 folgendes Zeugniß über Heinrich ab: homo magni consilii et mirabiliter sagax est. Eckehard, von dem Heinrich archipyrata et heresiarcha genannt wird, schreibt dennoch: Pluribus etiam testibus approbare poterimus, quod nemo nostris temporibus natus ingenio, fortitudine et audacia, statura quoque totaque corporis elegantia fascibus aptior videretur imperialibus. Nirgends finden sich größere Schmähungen auf Heinrich, als in den Annales Disibodenbergenses, und doch liest man dort z. J. 1106: Erat valde misericors. Aliqui enim, dum sederet ad requisita naturae, eum perforare volentes, capti sunt et ante eum ducti; qui convicti et confessi abire iussi sunt impuniti. Multi etiam principes, qui ei multa mala fecerunt atque magnum contemptum ingesserunt, mox ut ei se prostraverunt, omnia eis condonavit. Et quamvis esset valde compatiens et misericors in elemosinis pau-

perum, obstinata tamen mente in excommunicatione permansit, quae omnia
bonitatis eius opera obnubilant (obnubilavit?). Ein ähnliches Verdict, wie hier
am Schluß gegeben ist, spricht auch Eckehard über den Kaiser aus, aber kein unbefangener Historiker wird sich heute bei einem solchen Urtheil beruhigen.

Buch VIII. Heinrich V.

Quellen. Gleichzeitige Geschichtswerke: Fortsetzung der Würzburger Annalen
bis 1109 (Annales Hildesheimenses). Ekkehardi Chronicon universale (C. D.
E.). Sigeberti Gemblacensis Chronicon mit der Fortsetzung des Anselm und dem
Auctarium Laudunense. Seheri Primordia Calmosiacensia. Translatio s. Modoaldi. Rodulfi Gesta abbatum Trudonensium L. VI. VII. und die Fortsetzung L.
VIII.—XI. Annales Ottenburani. Anonymus Barensis. Annales Beneventani.
Donizonis Vita Mathildis. Petri Pisani Vita Paschalis II. und Pandulfi Vita
Gelasii II. mit den Fortsetzungen im Liber pontificalis. Chronicon Saxonicum.
Florentii Wigorniensis Chronicon. Chronica Polonorum L. III. c. 2—15.
Hessonis Relatio de concilio Remensi. Udalscalcus de Eginone et Herimanno.
Annales Lamberti Audom. Carmen de bello Maioricano. Gesta triumphalia
Pisauorum. Guillelmi Malmesberiensis de rebus gestis regum Anglorum. Annales
Mellicenses. Cosmae Pragensis Chronica Bohemorum L. III. c. 18—62. Falconis
Beneventani Annales. Annales Cassinenses (Cavenses). Gregorii Catinensis
Opera c. 31—43. Annales Einsidlenses, Corbeienses, Brunwilarenses, Aquenses
(später überarbeitet), s. Jacobi Leodienses, Elnonenses maiores, Blandinienses,
Mosomagenses. Fortsetzung der Würzburger Annalen in den Annales Paderbornenses (Annales Colonienses maximi, Annales Hildesheimenses und Annalista
Saxo). Fortsetzung der Würzburger Annalen in den Annales s. Petri Erfurtenses
(Chronicon Sanpetrinum Erfurtense, Annales Pegavienses). Spätere Quellen:
Chronicon s. Andreae Camer. L. III. c. 25—34. Gesta Treverorum, Cont. I. c.
19—26. Chronicon episcoporum Hildesheimensium c. 18. 19, Merseburgensium
p. 186—188. Vita Godefredi archiepiscopi Trevirensis. Vita Theogeri episcopi Metensis. Vita Frederici episcopi Leodiensis. Ortlieb de fundatione monasterii Zwivildensis. Berthold de constructione monasterii Zwivildensis. Chronicon Burensis monasterii. Petri diaconi Chronicon mon. Cassinensis L. IV.
c. 27—87. Landulfi de s. Paulo Historia Mediolanensis c. 22—52. Sugeri Vita
Ludovici VI. p. 289. 290. 312. 313. Orderici Vitalis Historia ecclesiastica.
Chronographus Corbeiensis. Chronicon Gozecense. Annales Disibodenbergenses. Vita Norberti archiepiscopi Magdeburgensis. Vita Godefridi comitis
Capenbergensis. Vitae Ottonis episcopi Bambergensis. Annales Pegavienses.
Gesta episcoporum Virdunensium, Metensium. Lamberti Waterlos Annales

Cameracenses. Casus monasterii Petrishusensis. Ottonis Frisingensis Chronicon L. VII. c. 13—16, de rebus gestis Friderici L. I. c. 10—15. Annales Romani. Annales Rodenses. Chronicon Magdeburgense. Annales Rosenfeldenses. Annalista Saxo. Annales Palidenses. Chronicon Laurishamense. Helmoldi Chronica Slavorum L. I. c. 33—40. Annales Magdeburgenses. Gesta pontificum Cameracensium abbreviata c. 11—13. Vita Conradi I. archiepiscopi Salisburgensis. Vitae Gebehardi et successorum eius. Bernardi Marangonis Annales Pisani. Romualdi Salernitani Chronicon. Vitae pontificum Romanorum in der Sammlung des Cardinals Bojo. Chronicon Altinate L. V. Annales Ceccanenses. Casus monasterii s. Galli, Cont. II. Chronicon Halberstadense. Chronicon Montis sereni. Annales Studenses. Aegidii Aureae-Vallis Gesta pontificum Leodiensium. Französische Uebersetzung der Fortsetzung der Cambrayer Bisthumschronik c. 22—38. Andreae Danduli Chronicon Venetum.

Eine erhebliche Anzahl von wichtigen Briefen finden sich im Codex Udalrici; andere sind gesammelt bei Pez (Thesaurus anecdotorum VI, 1), Martene (Thesaurus anecd. I. und Ampliss. coll. I.) und Mansi (Coll. conc. XX. XXI.); einzelne Stücke sind an anderen Orten zerstreut gedruckt. Vergleiche auch unsere Documente A. 14. 15.

Von den Streitschriften über die Investiturfrage gehören der Zeit Heinrichs V. an: 1) der dem Walram von Naumburg beigelegte Tractat de iuvestitura episcoporum, 2) Placidi Nonantulani prioris Liber de honore ecclesiae.

Die Gesetze und wichtigsten Actenstücke aus der Zeit Heinrichs V. sind in den M. G. Legg. II. 64—77 und bei Mansi Coll. conc. XX. XXI. gedruckt; die kaiserlichen Urkunden finden sich bei Böhmer (Regesten), S. 100—107 und Stumpf (Die Reichskanzler II, 2), S. 253—274, die päpstlichen bei Jaffé (Reg. pont. Rom.) p. 492—551 verzeichnet.

S. 773—776. — Die Reise Erzbischofs Bruno von Trier nach Rom erwähnen die Gesta Treverorum (Cont. I. c. 18) und setzen sie in den März 1106; ich finde keinen Grund, diese Reise des Erzbischofs mit der nach Guastalla zu identificiren, wie es Hefele in der Conciliengeschichte V. 257 thut. Ueber Ottos von Bamberg Weihe sehe man seinen eigenen Brief im Codex Udalrici Nr. 229 (J. 131). In Bezug auf das Concil von Guastalla haben wir gute Nachrichten bei Edehard und Seher (p. 336), die Beide selbst zugegen waren, dann aus den Paderborner Annalen in den Annales Colonienses maximi. Einige brauchbare Notizen finden sich ferner bei Donizo II. c. 17, bei Udalscalcus de Eginone et Herimanno c. 14 (M. G. XII. 438), in der Translatio s. Modoaldi c. 10—12 (l. c. 295. 296) und in der Vita Paschalis II. (Watterich II. 6). Der Auszug der Acten, den Mansi XX. 1210 aus Cencius Camerarius (Muratori SS. III. 1. 364) mittheilt, ist sehr dürftig und ganz Unpassendes ist hier mit ihm verbunden. Paschalis Brief an Gebhard von Konstanz (Cod. Udalr. 240. J. 136) kann nicht vom Concil sein, da Gebhard selbst nach Ubalstalls Bericht dort gegenwärtig war; dieser Brief scheint mir nach Vergleichung mit J. R. 4386 aus dem Jahre 1101 zu sein. Noch weniger gehört die Cassatio privilegii v. J. 1112 mit ihren Unterschriften in diesen Zusammenhang.

Daß die Bischöfe von Bamberg und Chur zu Guastalla gegenwärtig waren, erhellt aus dem Schreiben des Papstes J. R. 4562. Die Botschaft des Königs giebt leider nur in sehr allgemeinen Ausdrücken Donizo an; die Worte: quaerens ut ins sibi regni concedat möchte ich nach dem Zusammenhange nicht, wie es Stenzel I. 613 thut, auf die Investiturfrage beziehen. Ueber die Veränderung des päpstlichen Reiseplanes finden sich die besten Nachrichten bei Ekehard. Nach diesem Chronisten hat man bisher angenommen, daß der Papst bis Verona gekommen sei und dort wegen eines Tumults seinen Plan geändert habe. Aber die Worte: quasi proterviam Teutonicorum declinans, maxime proptor seditiosum quendam tumultum, qui sibi Veronae hospitanti dudum occurrerat, deuten auf einen früheren Vorgang, und bei Verona muß vielleicht an Bonn gedacht werden, welches auch an anderer Stelle Ekehard mit dem Namen Verona bezeichnet. Unser Volk nennt der Papst eine natio prava et perversa in dem Schreiben J. R. 4540. Die Reiseroute des Papstes in Frankreich läßt sich in den Auszügen bei Jaffé verfolgen.

S. 776—778. — Die Gesandtschaft des Königs von Frankreich, die im Februar 1107 in Queblinburg empfangen wurde, erwähnen nach den Paderborner Annalen die Annales Colonienses. Mit Ekehard und der Fortsetzung der Würzburger Annalen in den Annales Hildesheimenses sind sie die Hauptquelle für die deutschen Vorgänge in den nächsten Jahren; doch sind die Nachrichten aller dieser Annalen nur dürftig und bedürfen der Ergänzung von anderer Seite. Ueber den Tod des Markgrafen Udo und des Herzogs Magnus, wie die mit beiden Todesfällen verbundenen Verhältnisse sehe man den Annalista Saxo; den Todestag des Herzogs Magnus überliefert das Chronicon s. Michaelis bei Wedekind, Noten III. 61. Ueber Lothars Geschlecht vergleiche man Jaffé, Geschichte des deutschen Reichs unter Lothar dem Sachsen S. 1—3 und Beilage I. (S. 226—229). Der große Einfluß Hermanns von Winzenburg und Wiprechts von Groitsch in jener Zeit geht besonders aus den Urkunden hervor. Ueber die Winzenburger sehe man Koden, Beiträge zur Niedersächsischen Geschichte (Hildesheim 1833) Bd. I. und Cohn in den Forschungen zur deutschen Geschichte VI. 529 ff. Die Geschichte des Wiprecht von Groitsch ist zuletzt in dem Archiv für sächsische Geschichte III. 82 ff. behandelt worden.

S. 779—783. — Die Verhandlungen der königlichen Gesandtschaft mit dem Papst zu Chalons berichtet Suger in der Vita Ludovici VI. (Duchesne SS. IV. 289); einige wichtige und bisher unbeachtete Zusätze zu diesen Nachrichten geben die Annales Colonienses maximi. Stenzel I. 615 entdeckt in den Worten, welche Suger dem Erzbischof Bruno in den Mund legt, Unrichtigkeiten, welche er Bruno nicht zutraut, und ändert deshalb die Worte; meines Erachtens kam es weniger auf historische Genauigkeit und Brunos Ansicht der Dinge, als auf die Forderungen des Königs an, und ich bin nicht überzeugt, daß diese unrichtig angegeben sind. Daß sich Heinrich damals auf das gefälschte Privilegium Karls berufen habe, erwähnt Ekehard; derselbe gedenkt auch der Erklärung des Königs, daß er in einem fremden Reiche keine Entscheidung über sein Recht dulden werde. Ueber die Stellung des Kanzlers Adalbert zu Bruno von Trier sehe man die interessante Stelle in den Gestis Treverorum, Cont. I. c. 19. Einige Beschlüsse des Concils von Troyes sind aus einer Münchener Handschrift M. G. Legg. II. B. 181 mitgetheilt; andere hat Mansi XX. 1223 zusammengestellt. Welche deutsche Bischöfe suspendirt wurden, sieht man aus den Annales Colonienses und Hildesheimenses. Wenn die letzteren behaupten, daß auch Gebhard von Konstanz die gleiche Strafe getroffen habe, so sind sie im Irrthum, wie aus dem Schreiben des Papstes J. R. 4563 erhellt; daß die

Strafe Rutharbs alsbald aufgehoben wurde, beweist das päpstliche Schreiben J. R. 4564. Die sparsamen Nachrichten, welche wir über die letzten Lebensjahre Gebhards haben, sind zusammengestellt bei K. Zell, Gebhard von Zäringen, Bischof von Constanz (Freiburg im Breisgau 1865) S. 96—99. Ueber die Kämpfe des Papstes mit den aufständigen römischen Großen finden sich in der Vita Paschalis II. p. 6. 7 zuverlässige Nachrichten. Daß der König zur Zeit des Concils von Troyes eine nicht unerhebliche Macht zusammengebracht hatte, zeigen die Gesta abb. Trud. VII. c. 3. Am 25. März 1107 war der König zu Metz nach der Urkunde St. R. 3014; als Intervenienten erscheinen hier meist dieselben Männer, welche als Gesandte des Königs in Chalons genannt werden, und unter ihnen auch Otto von Bamberg. Der König feierte Pfingsten zu Straßburg, nicht zu Metz, wie die Annales Hildesheimenses irrig angeben. Die Entrüstung des Papstes über Abalgots Investitur zeigt das Schreiben desselben J. R. 4588. Abalgot war ein Schützling Brunos von Trier und hatte mit Reinharb ihn nach Guastalla begleitet (Translatio s. Modoaldi l. c.).

S. 783—786. — Ausführliche Nachrichten über die böhmischen Verhältnisse dieser Zeit finden sich bei Cosmas von Prag III. c. 19—22; sie sind im Ganzen zuverlässig. Einige Zusätze ergeben sich aus den deutschen Annalen, namentlich aus den Annales Colonienses; die Notizen der Annales Pegavienses über die böhmischen Angelegenheiten sind mit Vorsicht zu benutzen. Daß Swatopluk sich in Merseburg dem König stellte und zu Goslar im September 1107 belehnt wurde, erfahren wir aus den Annales Colonienses; sie sprechen nur von 5000 Mark Silber, welche Swatopluk für Böhmen gegeben. Das Bündniß zwischen Boleslaw und Koloman erwähnt die Chronica Pol. II. c. 29. 32; die gefährlichen Kämpfe in Folge desselben werden in den folgenden Kapiteln erzählt.

S. 786—788. — Ueber die Veranlassungen zu dem Zuge des Königs gegen Flandern und den Zug selbst macht die Fortsetzung der Gesta epp. Camerac. ausführliche Mittheilungen; leider besitzen wir nur die französische Uebersetzung und den dürftigen Auszug (Versio gallica c. 22—26, Gesta abbreviata c. 11). Mit diesen Nachrichten sind die im Chronicon s. Andreae III. c. 26 und in den Annales Cameracenses des Lambert Waterlos (M. G. XVI. 511) zu vergleichen. Mehrere brauchbare Notizen finden sich auch in den Gesta abb. Trud. VII. c. 13—15. Werth haben ferner die Nachrichten der Kölner Annalen und der Annales Blandinienses; unbedeutender und nicht ohne Irrthümer sind die Mittheilungen Siegberts, Ekehards und der Hildesheimer Annalen. Das Jahr ist bei Siegbert und in den Ann. Bland. falsch angegeben. Ekehard verdient darin keinen Glauben, daß der König damals einen Hoftag zu Regensburg gehalten und auf demselben den Zug gegen Flandern angesagt habe; denn aus dem Briefe des Königs an Otto von Bamberg im Codex Udalrici Nr. 254 (J. 140) sieht man, daß gerade der Krieg gegen Robert jenen Hoftag vereitelte, und die Urkunden (St. R. 3018. 3020) zeigen, daß der König unmittelbar von Sachsen aus in den Krieg zog. Die Hildesheimer Annalen geben irrig an, daß sich Robert Weihnachten 1107 zu Mainz dem König unterworfen habe, da der König das Fest zu Aachen feierte. Im Uebrigen sehe man die Urkunden St. R. 3021—3023.

S. 788—790. — Die Nachrichten der Annalen über den Kriegszug d. J. 1108 gegen die Ungarn sind sehr dürftig; glücklicher Weise lassen sie sich aus mehreren Urkunden (St. R. 3030—3033) ergänzen. Ueber die Theilnahme der Böhmen am Kriege erfährt man Näheres aus Cosmas Pragensis III. c. 22--25. Siegbert sagt zwar vom Könige: facto pacto redit, aber nirgends verlautet sonst etwas von einem Frieden, und der Fortgang des Krieges zwischen Ungarn und Böhmen macht ihn unwahrscheinlich. Wenn Ekehard sagt: pene inacte redit, so verschleiert er nur den ganz unglücklichen Ausgang des Unternehmens. Ueber die Fortsetzung des Kampfes zwischen Ungarn und Böhmen sehe man Cosmas Pragensis III. c. 25. 26.

S. 790—792. — Daß der König Ostern 1109 in Lüttich verlebte, erhellt aus den Annales Blandinienses. Die Nachrichten der deutschen Annalen über den Polenkrieg b. J. 1109 sind unzureichend. Ekehard und die Annales Hildesheimenses geben nur dürftige Notizen und stellen den Ausgang des Krieges in ein falsches Licht; die Kölner Annalen schweigen ganz. Die Annales Disibodenbergenses erwähnen kurz, daß Heinrich Polen geplündert habe; denn statt Coloniam ist Poloniam zu emendiren, wie die in engster Verwandtschaft stehenden Annales Rosenfeldenses und Magdeburgenses zeigen. Die Annales Pegavienses z. J. 1110 geben einige nähere Nachrichten, aber von fraglichem Werth; schon die Chronologie ist fehlerhaft. Zuverlässiger und eingehender sind die Nachrichten bei Cosmas von Prag III. c. 27, und am ausführlichsten ist die Chronica Polonorum III. c. 2—16, wo aber Vieles in der Weise des Verfassers rhetorisch ausgeschmückt wird.

S. 792—795. — Die Wirren in Böhmen nach Swatoplus Tode schildert Cosmas Pragensis III. c. 28—32 in sehr anschaulicher Weise. Heinrich, dessen Aufenthalt in Böhmen die Annales Pegavienses bestätigen, überschritt am 1. Januar 1110 nach Cosmas c. 32 die böhmische Grenze. Wenn Ekehards Angabe, daß der Kaiser schon am 6. Januar einen Fürstentag in Regensburg eröffnet habe, richtig ist, müßte dieser in unglaublich kurzer Zeit die Reise von Pilsen dorthin vollendet haben; nach der Urkunde St. R. 3036 scheint Heinrich bis in den Anfang des Februar in Regensburg geblieben zu sein. Ueber die weitere Entwickelung der Dinge in Böhmen und Ungarn handeln Cosmas und die Chronica Polonorum mit großer Ausführlichkeit.

S. 795—798. — Die Ankündigung der Romfahrt des Königs zu Regensburg erwähnt Ekehard. Ueber die Gesandtschaft des Königs nach Rom haben wir Nachrichten in den Annales Colonienses, bei Donizo II. c. 18 und in der französischen Uebersetzung der Gesta epp. Camerac. c. 27. Der Brief des Königs an Otto von Bamberg im Codex Udalrici Nr. 255 (J. 173. M. G. Legg. II. 65) wird im April 1110 geschrieben sein[1]); etwas früher sind die Briefe Brunos von Trier und des Speierer Klerus (Cod. Udalr. Nr. 252. 253. J. 144. 145) an Otto abgefaßt. Von Heinrichs Verlobung berichten die Annales Hildesheimenses und Colonienses. Die englischen und normannischen Quellen, welche über diese Angelegenheit handeln, sehe man bei Lappenberg, Geschichte Englands II. S. 247. 248; Burchard war damals noch nicht Bischof von Cambray, sondern wurde es erst im Jahre 1114. Ein näheres Verhältniß zwischen Heinrich und der Königin Mathilde von England geht aus dem Briefe im Cod. Udalr. Nr. 256 (J. 142) hervor. Den Todestag Rutharbs, 2. Mai, giebt das Mainzer Nekrologium bei Böhmer Fontes III. 141. Ueber

---

1) Jaffé setzt das Schreiben, wie auch schon Stenzel früher gethan hat, in das Jahr 1116; ich glaube jedoch, daß das Jahr 1110 größere Wahrscheinlichkeit für sich hat. Von einer Gesandtschaft Heinrichs nach Rom vor dem zweiten Zuge über die Alpen wissen wir Nichts, desto mehr von der Gesandtschaft i. J. 1110. Daß der König in diesem Jahre noch nach Mariä Himmelfahrt am 16. August in Speier war, steht urkundlich fest. Das imperator in der Aufschrift ist nicht entscheidend, da sich irrig imperator für rex auch in anderen Stücken der Sammlung findet (vergl. Nr. 254. J. 140).

Anmerkungen zu Seite 798—806.

den Wendeneinfall des Jahres 1110 finden sich in den Paderborner Annalen (Ann. Colonienses, Hildesheimenses und Annalista Saxo) und bei Helmold V. c. 35. 36 Nachrichten. In Bezug auf den Speierer Tag sehe man den oben erwähnten Brief des Königs an Otto von Bamberg und die Urkunde St. R. 3041. Ueber den Aufbruch des Königs und den Weg, welchen er über die Alpen nahm, giebt Ekehard Auskunft; man beachte auch den Brief Heinrichs an den Abt Pontius von Cluny (D'Achery, Spicilegium III. 449), nach welchem der König schon am 22. August in Lausanne sein wollte.

S. 798—800. — Von den im Jahre 1107 zerstörten Raubburgen in Thüringen und Oberlothringen berichten die Annales Colonienses, bei denen sich auch die Notiz über die Execution in Utrecht findet. Das Verfahren Heinrichs gegen Pfalzgraf Siegfried erwähnt am ausführlichsten Ekehard z. J. 1109; die Annales Rodenses (M. G. XVI. 705) behaupten, die Anklage sei erfunden gewesen und der König nur gegen den Pfalzgrafen eingeschritten, um ihm seine Güter zu nehmen. Von dem Handel Herzog Gottfrieds hat man nur aus den Annales Colonienses z. J. 1110 Kunde. Ueber Heinrichs Verfahren in Fulda sehe man Ekehard z. J. 1109. David und sein Werk erwähnen Ekehard z. J. 1110 und Wilhelm von Malmesbury (Gesta regum Anglorum L. V. c. 420). Die wunderbare Rettung des Königs zu Goslar erzählen im Wesentlichen übereinstimmend die Annales Hildesheimenses und Colonienses, etwas abweichend der Annalista Saxo und andere Quellen.

S. 801—803. — Ueber die Händel Paschalis II. i. J. 1109 in der Campagna und in Rom finden sich gute Nachrichten bei Petrus Pisanus (Watterich II. 7). Nicht in Montalto sind die Corsen zur Unterwerfung gebracht, wie Gregorovius IV. 130 angiebt, sondern auf dem Capitol; der richtige Text läßt darüber keinen Zweifel[1]). Es muß damals durch einen förmlichen Friedensvertrag die Ruhe hergestellt sein. Petrus Pisanus hat eine eigenthümliche Zeitrechnung nach Jahren des Friedens, die er vom 4. März 1107 zu beginnen scheint, denn er zählt am 30. März 1116 schon das zehnte Jahr; aber der Friede kann nach seiner eigenen Darstellung nicht vor dem März 1109 hergestellt sein. Die Canones der Lateransynode vom 7. März 1110 stehen am vollständigsten aus den Paderborner Annalen in den Annales Colonienses; aus derselben Quelle schöpfte der Annalista Saxo, ließ aber wichtige Stellen aus. Vergl. Mansi XXI. 7. Ueber die Verhandlungen des Papstes mit den Normannen giebt das Chronicon mon. Cassinensis IV. c. 35 brauchbare Notizen.

S. 804—806. — Ueber den Zug Heinrichs bis gegen Rom giebt Ekehard, der hier aus dem Buche des David schöpfte, gute Nachrichten; wichtige Beiträge zu diesen Nachrichten bieten Donizo II. c. 18 und Otto von Freising im Chronicon VII. c. 14, der hier einer uns unbekannten Quelle folgt. Die übliche Heeresmusterung auf dem Roncalischen Felde beschreibt Otto von Freising (Gesta Fred. II. c. 12); man sehe Weilands Erläuterung dieser Stelle in den Forschungen zur deutschen Geschichte VII. 167 ff. Von einem Widerstande Piacenzas sagt Ekehard Nichts, wohl aber Wilhelm von Malmesbury L. V. c. 438. Ueber Heinrichs Anwesenheit in Pisa sehe man die Chronik des Marango, wo das Jahr 1107 in den Handschriften irrig ist. Die Urkunde vom 12. October 1110 mit dem Actum: Vercellis (St. R. 3043) halte

---

1) Es ist zu lesen: Hic, inquit, Mons-altus et caetera b. Petri patrimonia de Stephani Alberti manibus evellenda sunt, et ob pertinacem eius superbiam et in propriam ipsius per sonam vindictam sine pietate est irrigare.

ich für untergeschoben. Die sinnlose Erwähnung des Abtes Johann aus der Zeit Heinrichs II., wie der sapientes Mediolanenses, obwohl gerade sie sich dem König nicht beugten, sprechen gegen die Echtheit; auch konnte Heinrich, wenn man die Zeitangaben Eckehards nachrechnet, am 12. October nicht mehr in Vercelli sein. Für den längeren Aufenthalt des Königs in Arezzo haben wir Zeugnisse in den Urkunden St. R. 3044. 3045. Das Schreiben Heinrichs an die Römer steht im Cod. Udalr. Nr. 257 (J. 148), daraus M. G. Legg. II. 65.

S. 806—821. — Die Verhandlungen zwischen Kaiser und Papst, welche dem Einzuge Heinrichs in die Leostadt vorangingen, und die Umstände, welche zur Verhaftung des Papstes führten, lernen wir aus zwei officiellen Actenstücken kennen. Das eine ist ein Manifest Heinrichs, in den Cod. Udalrici Nr. 261. 262. 263 (J. 149)[1]), in die Annales Disibodenbergenses (M. G. XVII. 20) und die Gesta Alberonis (M. G. VIII. 244) aufgenommen; das andere ist aus dem Registrum des Papstes in die Annales Romani (M. G. V. 472), in Bosos Sammlung der Papstleben (Muratori III, 1. 360 ff.) und in das Chron. mon. Cassin. IV. c. 35—40, hier jedoch mit fremdartigen Zusätzen vermischt, später übergegangen. Aus beiden Actenstücken ist die Zusammenstellung in den M. G. Legg. II. 66 seq. gemacht. Der Bericht des Kaisers läßt absichtlich Manches im Dunkel und verschweigt das ihm Ungünstige; so werden die Zusagen in der kaiserlichen cartula conventionis[2]) gar nicht mitgetheilt, dagegen die des Papstes, und auch diese mit absichtlichen Aenderungen. Es ist daher nicht zu verwundern, wenn Siegberts Darstellung, die wesentlich auf jenem Manifest beruht, manches Irrige enthält. Wenn Eckehard sagt, daß der König den Vertrag ausdrücklich von der Zustimmung der gesammten Kirche und der Reichsfürsten abhängig gemacht habe, so mag er das David nachgeschrieben haben, aber es ist nichtsdestoweniger unrichtig; nicht einmal der König selbst stellt in dem Manifest ähnliche Behauptungen auf. Die Darstellung im Registrum verdient in allem Wesentlichen Glauben, namentlich scheint der Wortlaut der Convention hier getreu wiedergegeben zu sein. Auch die Erzählung, welche sich in dem Schreiben des Bischofs Johannes von Tusculum an den Bischof Richard von Albano bei Baronius z. J. 1111 Nr. 11 findet, stimmt in den meisten Punkten mit der Darstellung des Registrum überein; nur wird hier von dem Privilegium, welches der Papst Heinrich vor der Krönung zugestand, geflissentlich nicht geredet. Ueber die Vorgänge in und bei St. Peter verdienen noch Beachtung der Bericht des Petrus Pisanus (Watterich II. 8. 9) und die Aufzeichnungen der Paderborner Annalen, die sich am vollständigsten in den Annales Colonienses, etwas abgekürzt auch in den Annales Hildesheimenses und beim Annalista Saxo finden. Aus diesen Aufzeichnungen geht hervor, daß wirklich am Krönungstag, wie Heinrich in seinem Manifest hervorhebt, Angriffe von den Römern auf die Deutschen gemacht wurden. Sie werden aber hier in die Zeit verlegt, als der König den Dom bereits betreten hatte, während Heinrich selbst sagt, sie seien schon früher erfolgt. Das letztere möchte um so glaubwürdiger sein, als Heinrich wohl nur mit diesen Angriffen die Forderung begründen konnte, daß der Dom vor seinem Eintritt von seinen Kriegern besetzt werden müsse, worüber Petrus Pisanus zu vergleichen ist. Die Zusätze, welche Petrus diaconus im Chro-

---

1) Die Abschrift ist im Cod. Udalr. durch mehrere Umstellungen unbrauchbar; Jaffé hat die richtige Ordnung hergestellt.
2) Der hier erwähnte Folkmar ist gewiß eine Person mit dem früheren Truchseß Heinrichs IV. Vergl. oben die Anmerkungen zu S. 725—737.

nicon mon. Cassinensis macht, sind von sehr verschiedenem Werthe. Was er über das damalige Verhalten der Normannen, über die Verwendung des Kaisers für Stephanus Normannus, über die Kämpfe Heinrichs mit den Römern sagt, erscheint völlig glaubwürdig. Die Briefe des Papstes aber, welche er c. 36 in diese Zeit setzt, gehören in das Jahr 1106; man vergleiche oben die Anmerkungen zu S. 724. 725 und S. 728—738. Wenn Petrus ferner meldet, daß der König dem Papste damals die Dienste des Stallmeisters geleistet habe, so steht dies gleich anderen seiner Einschaltungen an dieser Stelle mit seiner eigenen Erzählung nach dem Registrum im Widerspruch. Auch was er über eine eidliche Zusicherung Heinrichs berichtet, nach welcher die Lehenshoheit über Apulien, Calabrien, Sicilien und Capua dem Papste verbleiben sollte, verdient nicht den geringsten Glauben. Wenn Hermann von Tournai (M. G. XII. 662) den h. Norbert in die römischen Vorgänge zu jener Zeit verflicht, so erregt große Bedenken, daß hiervon nicht einmal die Vita Norberti spricht. Glaubwürdig erscheint dagegen, was Otto von Freising im Chronicon VII. 14 von dem damaligen Auftreten des Erzbischofs Konrad von Salzburg erzählt. Die Vita Chuonradi (c. 9), Gerhoh von Reichersberg de antichristo c. 22, und aus ihm die Annales Reicherspergenses (M. G. XVII. 452) berichten Aehnliches; nur sind die Motive von Konrads Verfahren hier und dort anders aufgefaßt, als bei Otto. Gerhoh schmückt sonst seine Darstellung hier mit willkürlichen Zuthaten aus, und es ist deshalb bedenklich ihm im Detail so weit zu folgen, wie es Gregorovius (IV. 328) gethan hat. Heinrich Kopf, besser Haupt (Caput oder cum capite) ist unzweifelhaft der erste der Heinriche von Pappenheim, die nachher als Reichsministerialen und Reichsmarschälle so oft genannt werden; vergl. Ficker, Die Reichshofbeamten der Staufenschen Periode S. 10 ff. Daß der von den Italienern Heinricus Testa ein Pappenheimer war, hat Töche (Heinrich VI. S. 148) aus einer Urkunde erwiesen, und Testa ist nur Uebersetzung von Haupt. Das alte Wappen der Pappenheimer zeigt einen Kopf, und Haupt ist noch jetzt Vorname in der Familie. Den Kampf Heinrichs mit den Römern erwähnen die genannten Quellen und außer ihnen Landulfus de s. Paulo c. 26; die einzelnen Notizen sind nicht leicht zu verbinden. Ueber die Gefangenschaft des Papstes, das erzwungene Investiturprivilegium und die Kaiserkrönung ist wiederum die Erzählung des Registrum, mit welcher die Actenstücke und die Erzählung bei Guillelmus Malmesberiensis L. V. c. 421—425, die auf David beruhen, zu vergleichen sind, am zuverlässigsten. Daß der König und Papst auf dem Forum vor der Krönung zusammengekommen seien, wie Wilhelm zu sagen scheint, ist unmöglich, da Heinrich die eigentliche Stadt gar nicht betrat. Auch die Erzählung, welche er von der Verleihung des Patriciats durch den römischen Adel giebt oder wohl nachschreibt, erregt Zweifel. Der bei Heinrichs V. Krönung beobachtete Ordo findet sich dem Chronicon Altinate angehängt (Archivio storico App. V. 19. p. 122 ff.). Ueber das Ende des Maginulf sehe man die Annales Romani p. 478, die Abrenuntiatio des Gegenpapstes findet sich in Pertz Archiv X. 464.

S. 821—823. — Ueber die Rückkehr des Kaisers nach Deutschland sind unsere Nachrichten dürftig. Die Zusammenkunft des Kaisers mit der großen Gräfin Mathilde schildert Donizo II. c. 18; natürlich sieht der Panegyriker die Dinge anders, als sie wirklich waren. Für das Itinerar des Kaisers sind die von Stumpf R. 3055 —3064 verzeichneten Urkunden von Bedeutung. Besonders wichtig ist die Urkunde Heinrichs V. für Venedig, die bei Lünig, Cod. dipl. Italiae II. 1951, aber fehlerhaft gedruckt ist. Die damalige Stellung Mailands und Pavias zum Kaiser und ihre Verbindung unter einander erhellt aus Landulfus de s. Paulo c. 33. Die Schrift-

Anmerkungen zu Seite 823—830.

stücke bei Jaffé R. 4665. 4667. 4668. 4671. 4672, sämmtlich im Codex Udalrici (J. 152—157), erläutern das Verhältniß des Papstes zum Kaiser, nachdem dieser Rom verlassen hatte. Die eigenthümliche Einrichtung der italienischen Kanzlei unter Heinrich V. wird aus den Angaben in Stumpfs Regesten S. 253 klar. Der Eindruck, welchen Heinrichs Erfolge in Italien machten, wird besonders von Otto von Freising (Chronicon VII. c. 14. Gesta Friderici I. c. 10) hervorgehoben; man vergleiche auch Wilhelm von Malmesbury (M. G. X. 483. 484).

S. 823. 824. — Die Fürsten, welche dem Leichenbegängniß Heinrichs IV. beiwohnten, lernt man aus den Urkunden bei St. R. 3068—3072 kennen; als anwesend wird auch Mathilda regina in Nr. 3069 genannt. Ueber Adalberts Investitur am 15. August 1111 sehe man Ekkehard und die Kölner Annalen; Stenzel setzt II. 319 die Investitur irrig nach Speier. Die Weihe erfolgte erst am 26. December 1115. Die Echtheit der Reinhardsbrunner Urkunden vom 26. und 27. August 1111 (St. R. 3073—3075), in denen Adalbert noch als cancellarius unterzeichnet ist, scheint mir sehr fraglich. Ueber die Investitur Odos von Cambray sind die früher bezeichneten Cambrayer Quellen, über die damalige Stellung des Klosters Schaffhausen die Urkunden St. R. 3076. 3077 zu vergleichen. Die allgemeinen Zustände des Reichs zu jener Zeit schildert Ekkehard in anschaulicher Weise; Manches stellt er wohl von seinem damaligen Standpunkt aus zu günstig dar.

S. 824—826. — Seine schwere Krankheit erwähnte der Kaiser selbst in einem Schreiben an den Papst, wie aus dessen Brief vom 26. October 1111 in Codex Udalrici Nr. 271 (J. 158) hervorgeht. Auch in dem vom Kaiser gegen Adalbert später erlassenen Manifest, welches Böhmer in den Neuen Mittheilungen des thüringisch-sächsischen Vereins Bd. VII. H. 2. S. 98 zuerst bekannt gemacht hat und von welchem unter unseren Documenten A. 14 ein neuer Abdruck gegeben ist, geschieht der Krankheit Erwähnung, und man erfährt hier, daß sie in Worms eintrat. Der Kaiser war noch am 4. September in Mainz (St. R. 3077); die Erkrankung kann wohl nur in die Zeit fallen, als er auf dem Wege von dort nach Straßburg, wo er am 24. September verweilte (St. R. 3078), Worms berühren mußte. Im Uebrigen sind die sehr interessanten, bisher wenig beachteten Nachrichten des Landulfus de s. Paulo c. 27 verwertet worden. Das Kloster, welches Landulf erwähnt, kann nur Neuhausen dicht bei Worms sein, wo der Kaiser oft verweilte und später eine Burg baute. Ueber die Streitigkeiten zwischen Herzog Lothar und Markgraf Rudolf geben die Annales Colonienses Notizen, welche bisher übersehen sind. Aus diesen Notizen erhellt, daß es irrig ist, wenn der Ausbruch des Zwistes Beider mit dem Kaiser schon auf Weihnachten 1111 gesetzt wird. Die Freigebung des Pfalzgrafen Siegfried erwähnen Ekkehard und die Kölner Annalen. Ueber die Entlassung des jüngeren Wiprecht sehe man die Annales Pegavienses z. J. 1112. Flathe in dem Aufsatze über Wiprecht von Groitsch (Archiv für sächsische Geschichte III. 111) zieht die Zeitangabe der Pegauer Annalen in Zweifel, weil an einer anderen Stelle derselben davon die Rede sei, daß der jüngere Wiprecht im Dienste des Kaisers nach Italien gegangen sei, und dabei nur an den Zug des Jahres 1110 gedacht werden könne. Aber an der bezüglichen Stelle ist nicht ausdrücklich von einem Kriegszuge die Rede, sondern die Worte können sich auch auf eine Gesandtschaftsreise beziehen, und nahe liegt, an die Gesandtschaft des Jahres 1106 zu denken, da Ekkehard in derselben einen Wiprecht nennt, wobei freilich unklar bleibt, ob Vater oder Sohn gemeint ist.

S. 826—830. — Die Heftigkeit der Opposition Brunos von Segni gegen das Investiturprivilegium geht am deutlichsten aus seinen Briefen bei Baronius z. J.

1111 Nr. 30. 31 hervor; im Uebrigen ist das Chron. mon. Cassin. IV. c. 42 und das Schreiben des Papstes J. R. 4673 zu beachten. Der Widerstand des französischen Klerus erhellt besonders aus den Briefen Jvos von Chartres (Nr. 233. 236). Wie das Investiturprivilegium auch in der Lombardei eine große Aufregung hervorrief, zeigt das Buch des Placidus von Nonantula, welches damals entstand. Die Acten der römischen Lateransynode von 1112 besitzen wir in einer doppelten Recension. Die eine findet sich bei Guilielmus Malm. V. c. 427 und Florentius Wigorn. (M. G. V. 506), in einer Handschrift des Burchard (Mansi XXI. 68) und im Cod. Vat. 1984, und ist aus letzterem in den M. G. Legg. II. B. 181 herausgegeben; die andere ist in den Gestis pauperis scholaris Albini (Cod. Vatic. Ottob. 3057) enthalten und mit einigen Kürzungen in die spätere Biographie Paschalis II. (Muratori SS. III, 1. 313) übergegangen. Aus der Vergleichung beider Recensionen ergiebt sich leicht der ursprüngliche Text. In den Unterschriften ist zu lesen: Galo Leonensis et legatus pro Bituricensi et Viennensi archiepiscopis.

S. 830—833. — Von der Gesandtschaft Gerards von Angoulême an den Kaiser handelt die Historia pontificum et comitum Engolismensium bei Bouquet XII. 394. Stenzel I. 647 setzt diese Gesandtschaft mit Unrecht schon vor die Lateransynode und nimmt irrthümlich an, daß der erwähnte Kanzler des Kaisers Adalbert gewesen sei; Andere sind Stenzel auch hierin gefolgt. Das Schreiben des Papstes an Guido von Vienne (J. R. 4678) ist meines Erachtens nicht, wie Stenzel und Andere angeben, vor der Lateransynode, sondern erst einige Monate nach derselben geschrieben; es ist dasselbe, welches Guido in seinem Bericht über die Synode von Vienne an den Papst erwähnt. Dieser Bericht und die anderen auf die Wiener Synode bezüglichen Nachrichten sind bei Mansi XXI. 73—78 zusammengestellt; hinzuzufügen sind die Notizen Sugers in der Vita Ludovici c. 9.

S. 833. 834. — Ueber die Verhandlungen des Papstes mit dem griechischen Hofe sehe man das Schreiben des Abts von Farfa im Codex Udalrici Nr. 259 (J. 162), welches etwa im Mai 1112 geschrieben ist. Nach Petrus diaconus IV. c. 46 ging damals eine zahlreiche Gesandtschaft von Römern nach Constantinopel, welche über M. Cassino den Weg nahm. Das Schreiben des Kaisers Alexius, von dem Petrus berichtet, findet sich bei Muratori Antiquitates V. 389, doch hat der Chronist in gewohnter Weise den Inhalt desselben nicht genau wiedergegeben. Den weiteren Fortgang der Unterhandlungen ersieht man aus dem merkwürdigen Schreiben des Papstes an Alexius, welches Albinus aufbewahrt und Jaffé R. 4782 nach meiner Abschrift edirt hat. Jaffé setzt das Schreiben in das Jahr 1115, doch muß es, da es dem L. XIV. des Registrum entnommen ist, in die Zeit zwischen August 1112 und 1113 gehören. Damit steht auch der Ausstellungsort: Troiae nicht im Widerspruch; denn der Papst hielt sich vom November 1112 bis März 1113 in Unteritalien auf, meist zu Benevent, und konnte damals in dem nahen Troja recht wohl griechische Gesandte empfangen. Da von einer im October nächsten Jahres beabsichtigten Synode die Rede ist, scheint das Schreiben gegen Ende des Jahres 1112 abgefaßt zu sein. Die mailändischen Verhältnisse jener Zeit erhellen aus Landulfus de s. Paulo c. 31—33 und dem interessanten Schreiben des Bischofs Azzo von Acqui im Codex Udalrici Nr. 258 (J. 161), welches im März 1112, wie aus Erwähnung der römischen Synode hervorgeht, entstanden ist. Azzo von Acqui, der später mehrfach als Unterhändler diente, stammte aus dem Geschlecht des Alebram und war dem Kaiser und dem späteren Papst Calixt II. verwandt. Er nahm damals für den Kaiser, der sein Geschlecht vielfach begünstigt zu haben scheint, entschieden Partei.

Anmerkungen zu Seite 835—846.

S. 835—838. — Die späten Annales Stadenses geben gute Nachrichten über die Ereignisse, welche den Bruch zwischen dem Kaiser und Herzog Lothar herbeiführten. Ueber die weiteren Vorgänge berichten die Annales Colonienses, wie die Rosenfeldenses nebst den aus ihnen abgeleiteten Jahrbüchern; der Annalista Saxo combinirt aus beiden Berichten und nennt allein Goslar als den Ort, wo der Kaiser über Lothar und Rudolf Gericht hielt. Sicher erfolgte der Urtheilsspruch dort nicht zu Weihnachten 1111, wie aus den Annales Colonienses klar wird, vielleicht aber gegen Ende des März 1112, wo sich der Kaiser wieder zu Goslar aufhielt (St. R. 3084); Ostern scheint Heinrich dann zu Münster gefeiert zu haben. Die Belagerung Salzwedels wird chronologisch durch die Urkunde vom 16. Juni 1112 (St. R. 3087) näher bestimmt. Die Theilnahme der jungen Neffen des Markgrafen Rudolf an diesen Ereignissen und ihre unglücklichen Schicksale erhellen aus dem Chronicon Sanpetrinum. Zu beachten ist auch die merkwürdige Urkunde Friedrichs von Putelendorf vom 4. Mai 1114 in Heidenreichs Entwurf einer Historie der Pfalzgrafen von Sachsen S. 101; daß bei derselben nicht an den damaligen Pfalzgrafen Friedrich von Sommerschenburg gedacht werden könne, scheint mir außer Zweifel zu stehen.

S. 838—842. — Den Todestag des Grafen Udalrich giebt das Necrologium s. Michaelis bei Wedekind, Noten III. 26. Der Kaiser konnte nur die Reichslehen, nicht die Allodien des Verstorbenen einziehen. Wenn es in der kaiserlichen Urkunde vom 14. April 1114 (St. R. 3112) heißt: nos quoque, ad quos allodia supradicti Oulrici communi iudicio principum nostrorum devenerunt, so kann dabei nur von Allodien die Rede sein, die zunächst an Pfalzgraf Siegfried gefallen und nach dessen Empörung dem Kaiser zugesprochen waren. Ueber den von Siegfried veranlaßten Aufstand berichtet Ekehard am ausführlichsten. Die Verhaftung Adalberts von Mainz erwähnen fast alle deutschen Quellen; die näheren Umstände werden besonders in dem Manifest des Kaisers (Documente A. 14) angegeben. Es ist mir nicht unbekannt, daß die Echtheit dieses Actenstückes angezweifelt wird, aber ich habe keine vollwichtigen Gründe für die Verwerfung desselben entdecken können; jedenfalls rührt es von einem gut unterrichteten Autor her. Die Verhaftung fand nach den Annales Corbeienses bei Langesdorp statt, dessen Lage ich näher zu bestimmen gesucht habe. Daß Adalbert vor ein Fürstengericht gestellt und verurtheilt wurde, sagt Ekehard (re cognita custodiae traditur). Wo Adalbert seinen Kerker fand, wird nirgends berichtet; meist meint man nach einer irrthümlichen Auslegung der Ann. Hildesheimenses, daß Adalbert nach Trifels gebracht sei, doch war gerade diese Burg damals von den Leuten des Erzbischofs besetzt und wurde erst später dem Kaiser ausgeliefert. Bemerkenswerth ist, daß schon vom 30. November 1112 an (St. R. 3092) der Kanzler Bruno die Urkunden ohne Angabe eines Erzkanzlers unterzeichnet; der Kaiser scheint also schon damals Adalbert im Erzkanzleramte suspendirt zu haben. Das Urtheil über die aufständigen Fürsten Sachsens berichtet Ekehard. Die Verwendung des Papstes für Adalbert erfolgte in dem Schreiben vom 25. Januar 1113, welches im Codex Udalr. Nr. 272 (J. 163) erhalten ist (J. R. 4701). Ueber die Schicksale Konrads von Salzburg sehe man die Vita Chuonradi c. 9—12. Was über die Hirschauer gesagt ist, geht besonders aus der Vita Theogeri und dem Codex Hirsaugiensis hervor.

S. 842—846. — Den Zug des Kaisers nach Sachsen im Anfange d. J. 1113 erwähnen Ekehard, die Annales Colonienses und die ihnen verwandten Quellen, wie auch die Annales Corbeienses. Annalista Saxo und die Annales Magdeburgenses haben hier übereinstimmende Nachrichten, welche wohl auf die Annales Rosenfeldenses zurückzuführen sind, obwohl sie in dem uns erhaltenen Auszuge derselben fehlen. Ueber das Mißgeschick der Verschworenen bei Warnstädt geben die Annales Pegavienses gute Nachrichten, aber irrig erst z. J. 1114. Das Ereigniß wird gewöhnlich auf den 21. Februar gesetzt, doch beruht dies Datum nur auf einer fehlerhaften Angabe Tolners (Hist. Palat. p. 289), nach welcher der Pfalzgraf an diesem Tage im Kampfe seinen Tod gefunden habe; Siegfried starb aber erst einige Zeit nach dem Ueberfall an seinen Wunden, und sein Todestag war nach dem Necrologium s. Maximini (Hontheim, Prodromus I. 972) der 9. März. Ueber den Tag zu Worms Ostern 1113 sehe man die Annales Colonienses und die verwandten Quellen. Von dem Schicksal des Wiprecht von Groitsch handeln die Annales Pegavienses; die Unterwerfung Reinhards von Halberstadt melden die Annales Hildesheimenses und Annalista Saxo, welche hier vollständiger die Paderborner Jahrbücher ausschreiben, als die Colonienses; über Ludwigs Unterwerfung sehe man die Nachrichten im Chronicon Sanpetrinum. Der marchio Herimannus de Saxonia, welcher in zwei Urkunden vom 18. März 1114 (St. R. 3110. 3111) erscheint, kann wohl nur Hermann von Winzenburg sein. Die Erhebung der Wenden geht aus den übereinstimmenden Nachrichten im Annalista Saxo und den Annales Magdeburgenses hervor, die ich auf die Rosenfelder Jahrbücher zurückführe. Weiteres berichtet Helmold l. c. 36—39, aber ohne nähere chronologische Bestimmungen.

S. 846—849. — Ekkehard und Otto von Freising im Chronicon VII. c. 15 handeln nur kurz über Heinrichs Zug gegen den Grafen Reginald; ausführlicher kommt Otto de rebus gestis Friderici L. L. I. c. 11 auf denselben zurück. Sehr beachtenswerth sind die Nachrichten in den Gesta epp. Virdunensium c. 22; Albericus, dem Stenzel folgte, schöpft hier allein aus dieser Quelle. Die Urkunde, am 11. November 1113 zu Metz ausgestellt (St. R. 3098), bestimmt die Zeit des Zuges gegen Reginald näher. Ueber den Aufenthalt des Kaisers zu Bamberg Weihnachten 1113 sehe man Ekkehard, der auch die ausführlichsten Nachrichten über die glänzende Hochzeitsfeier des Kaisers bietet. Er giebt an, daß fünf Herzöge anwesend waren, de quibus dux Boemiae summus pincerna fuit. Wer die anderen Herzöge waren, geht aus den Urkunden St. R. 3100. 3101 hervor. Ueber Lothars Unterwerfung finden sich bei Otto von Freising im Chronicon VII. c. 15 gute Notizen; über Ludwigs Verhaftung und ihre Folgen sehe man die Annales Colonienses mit den ihnen verwandten Quellen und das Chronicon Sanpetrinum. Wie schon in Mainz neue Verschwörungen vorbereitet wurden, betont besonders Otto von Freising a. a. O.

S. 850—855. — Den Aufenthalt Heinrichs zu Dollendorf ergiebt die Urkunde St. R. 3114. Den Zug gegen die Friesen und den Aufstand Kölns berichtet Ekkehard, und weit ausführlicher die Annales Colonienses, deren zweite Recension hier noch besondere kölnische Nachrichten hat. Die Notiz z. J. 1112: Coniuratio Coloniae facta est pro libertate ist sehr interessant und scheint mir von Ennen in seiner Geschichte Kölns nicht nach ihrem ganzen Umfange gewürdigt zu werden. Was solche städtische Eidgenossenschaften bezweckten, erhellt am deutlichsten aus den Zuständen in Cambray, über welche wir genauer unterrichtet sind. Ueber den Aufstand der lothringischen Großen sagt Ekkehard (C.) nullam aliam occasionem habebant, unde ipsum possent accusare, nisi quod testabantur, quendam suum ministerialem nimis ferociter dominium in suis partibus exercere; in den späteren Bearbeitungen der Chronik hat er diese Worte selbst getilgt. Auffällig ist, daß in manchen Urkunden des Kaisers, wie in den beiden vom J. 1114 St. R. 3107. 3108, die lothringischen Bischöfe und Grafen von denen aus den anderen Reichstheilen geschieden

Anmerkungen zu Seite 855—858.

werden. Die Worte der Annales Colonienses: continuo sagittis excepti ad sex in momento sunt extincti deutet Stenzel: nur sechs von der Schaar entkamen; es ist zu übersetzen: sogleich von den Pfeilen getroffen, starben etwa sechs im Augenblick. Das Mißgeschick von St. Trond berichten ausführlich die Gesta abbatum Trud. X. c. 14. 15. Die Anwesenheit des Kaisers am 26. August 1114 zu Erfurt geht aus der Gründungsurkunde für das Kloster Paulinzelle in Thüringen (St. R. 3116) hervor; das Document ist interessant durch die Zeugen: Adelgotus Magdeburgensis archiepiscopus, Reinhart Halberstatensis episcopus, Heinricus Padelbrunnensis episcopus, Heriwicus Misnensis episcopus, Didericus Cicensis episcopus, Gerhardus Merseburgensis episcopus, Herimannus et Rudolfus marchio, Fridericus palatinus, item Fridericus palatinus, Didericus comes et filius eius Milo, Helpericus comes, Sizo comes, Erwinus comes, Hoger, Heinricus cognomine cum capite et alii quam plures divites et pauperes. Die Urkunde St. R. 3118 ist, wie auch Stumpf annimmt, gleich so vielen anderen Reihardsbrunnern, sicher unecht; wie weit die darin enthaltenen Angaben über den Loslauf des jüngeren Ludwig richtig sind, läßt sich schwer entscheiden. Die Urkunde St. R. 3119, wichtige Privilegien für Worms enthaltend und noch im angeblichen Original vorhanden, bietet scheinbar keinen Grund, um ihre Echtheit zu bezweifeln. Dann wäre aber die Recognition: Arnoldus vice Brunonis archicancellarii sehr merkwürdig. Hatte der Kaiser die Erzkanzlei der Mainzer Kirche entzogen und sie seinem bisherigen Kanzler Bruno übertragen? Kaum ist daran zu denken, daß sie dem Erzbischof Bruno von Trier übergeben sein sollte. Ueber den neuen Ausbruch des Aufstandes in Sachsen findet man bei Eckehard, in den Annales Coloniensis und den ihnen verwandten Quellen Nachrichten, welche durch die Annales Pegavienses gut ergänzt werden.

S. 855—858. — Ueber den Zug des Abobriten Heinrich nach Rügen giebt Helmold I. c. 38 Bericht. Den Zug Lothars erwähnen der Annalista Saxo, die Annales Corbeienses und der Chronographus Corbeiensis; der Letztere berichtet die Unterstützung des Markgrafen Heinrich, dem die Zirzipaner folgten. Das Jahr 1114 steht für diesen Zug fest, aber er kann nicht in die letzten Monate desselben fallen, da Lothar damals wieder persönlich tief in den sächsischen Aufstand verwickelt war, demnach auch nicht in unmittelbarer Verbindung mit jenem zweiten Zuge des Abobriten Heinrich stehen, der von Helmold a. a. O. erzählt wird. Hiernach bin ich mehrfach von der Darstellung in den Wendischen Geschichten II. 200. 201 abgewichen. Den Sieg des Grafen Otto berichten Annalista Saxo und die Annales Magdeburgenses nach einer gemeinsamen Quelle, ohne Zweifel den Annales Rosenfeldenses. Otto soll nur sechzig Mitstreiter gehabt haben; darunter können nur Herren verstanden sein, von denen jeder ein zahlreiches Gefolge von Dienstmannen hatte. Der Schlachttag wird in beiden Quellen übereinstimmend angegeben. Die Annales Palidenses und die von ihnen abgeleiteten Quellen berichten, daß Ottos Kampf an demselben Tage mit der Schlacht am Welfesholz stattgefunden habe — ein Synchronismus, wie er der Sage eigen ist. Im Uebrigen vergleiche man v. Heinemann, Albrecht der Bär S. 313. Ueber die Niederlage des Kaisers am Welfesholz sind die Nachrichten bei Eckehard, in den Annales Colonienses und den ihnen verwandten Quellen unzulänglich; eingehender berichten darüber die Annales Pegavienses. In der Angabe des Schlachttages stimmen die meisten Quellen überein; IV. Id. Febr. im Chronicon Sanpetrinum ist wohl nur Druckfehler. Was Helmold I. c. 40 über die Schlacht berichtet, ist ungenau; er setzt sie irrig auf den 1. Februar. Die Annales Corbeienses berichten z. J. 1115, daß der Abt Erkanbert am 25.

März in Gefangenschaft gerathen sei und sich von einem gewissen Burchard durch
große Geldsummen habe lösen müssen. Es ist über diesen Vorgang Nichts weiter
bekannt, aber nach der Zeitbestimmung nicht anzunehmen, daß eine Verwechselung
mit dem Unglück desselben Abts vorliege, welches der Annalista Saxo z. J. 1116
erzählt und welches erst in den Spätherbst dieses Jahres zu setzen ist.

S. 858—860. — Die Nachrichten der Quellen über den Cardinallegaten Kuno
von Präneste hat Schöne in einer besonderen kleinen Schrift über ihn (Weimar
1857) zusammengestellt. Es ist irrig, wenn daselbst S. 4 Kuno in einen verwandtschaftlichen Zusammenhang mit Otto von Bamberg gebracht wird. Denn die Stelle
im Briefe Friedrichs von Köln an Otto (Cod. Udalrici Nr. 277. J. 167), auf welche
sich Schöne beruft, lautet in den Handschriften Chuono Praenestinus episcopus,
nicht pronepos tuus episcopus, wie in dem ersten Drucke; schon Maslow p. 175
hat die Stelle richtig emendirt. In demselben Briefe hat man die besten Nachrichten
über die Bannung des Kaisers zu Beauvais; zu vergleichen sind die Fortsetzungen
des Siegbert (Auctarium Laudunense und Continuatio Atrebatensis). Daß Erzbischof Friedrich schon zuvor den Bischof von Münster excommunicirt hatte, erhellt
aus dem Briefe des Letzteren im Cod. Udalrici Nr. 292 (J. 169), der nicht mit
Stein (De Friderico archiepiscopo Coloniensi p. 16) in das Jahr 1112, sondern
in den September 1114 gesetzt werden muß; denn erst damals war Westfalen der
Schauplatz verheerender Kämpfe zwischen den Kaiserlichen und den Kölnern. Auch
von Hechelmann in seiner Biographie Burchards des Rothen (Zeitschrift für west-
fälische Geschichte und Alterthumskunde, dritte Folge Bd. VI. S. 281 ff.) sind diese
Vorgänge nicht richtig dargestellt. Der vorhin erwähnte Brief Friedrichs an Otto
von Bamberg ist im Anfange des Jahres 1115 geschrieben. Daß Kuno auch auf
deutschem Boden den Bann über den Kaiser ausgesprochen habe, bezweifelt Schöne
S. 31. 32 meines Erachtens ohne Grund. Die alte Notiz (M. G. VI. 251. N. 53)
spricht ganz positiv über Kunos Excommunication in Köln; überdies sagt der Kaiser
selbst im Cod. Udalrici Nr. 318 (J. 178), daß Kuno nach Köln und Sachsen gegangen sei und dort den Bann verbreitet habe. Danach wird Ekehard Recht behalten, wenn er z. J. 1116 schreibt: (excommunicationis sententiam) in Grecia,
Ungaria, Saxonia, Lotharingia, Francia — confirmavit. Auch über die Erneuerung
des Bannes auf der Synode zu Chalons genügt das Zeugniß der erwähnten alten
Notiz.

S. 860—863. — Die Erfolge der Aufständigen in Sachsen berichtet ausführlich
Annalista Saxo, der hier wohl am genauesten den Paderborner Annalen folgt.
Das castrum imperatoris munitissimum Luofereskit kann wohl nur Lüdenscheid
sein; vergl. Erhard, Reg. hist. Westph. I. 223. Der Name ist vielleicht bei dem
Annalisten verderbt; in der Urkunde bei Lacomblet I. Nr. 209 wird die Burg Liu-
dolvesceith genannt. Ueber das Auftreten des Cardinals Theoderich sehe man die
Translatio s. Auctoris (M. G. XII. 315), Ekehard, die Annales Colonienses mit
den verwandten Quellen und das Chronicon Sanpetrinum. Das Schreiben des
Papstes vom 10. October 1115 steht im Codex Udalrici Nr. 274 (J. 170). Von
dem Tode der großen Gräfin Mathilde berichtet ausführlich Donizo am Schluß
seines Werkes. Ueber den verunglückten Reichstag zu Mainz und den Tag zu Fritzlar
sehe man Ekehard, die Annales Hildesheimenses und Annalista Saxo; die beiden
letzteren haben hier vollständiger die Paderborner Annalen ausgeschrieben, als die
Annales Colonienses. Florentius von Worcester (M. G. V. 567) spricht von einer
Belagerung von Köln i. J. 1115 und einem zu Neuß geschlossenen Frieden, doch

finden seine Notizen nirgends sonst Bestätigung. Der Kaiser kann erst am 1. November in Mainz angekommen sein, denn noch an demselben Tag ist von ihm in Rüdesheim eine Urkunde ausgestellt (St. R. 3120).

S. 863—865. — Die Freilassung des Erzbischofs Adalbert berichten Ekkehard, die Annales Colonienses mit den verwandten Quellen und das Chronicon Sanpetrinum (Annales Pegavienses). Die Bedingungen, welche die Mainzer eingehen mußten, erhellen am deutlichsten aus Heinrichs Brief an sie im Codex Udalrici Nr. 319 (J. 177). Die alte Mainzer Chronik, von welcher Serrarius bei Joannis Scriptores rer. Mog. I. 536 und nach ihm Stenzel I. 666 Gebrauch macht, ist eine Quelle von zweifelhaftem Werth. Die Bürgschaft des Erzbischofs von Trier für Adalbert bezeugen die Gesta Trevororum Cont. I. c. 19. Daß Ekkehard nicht übertreibt, wenn er die Behandlung Adalberts im Kerker als eine sehr harte darstellt, zeigt die Urkunde Adalberts bei Guden, Codex diplomaticus I. 116 (corpore ex toto attenuatum, vix semivivum). Da die Freilassung Adalberts erst im November 1115 erfolgte, können die Urkunden desselben mit dem Datum vom 15. Mai 1115 (Ind. VIII.) und dem Actum: Maguntie für die Abtei Clingenmünster (Guden, Cod. dipl. I. 42 und Grandidier, Histoire d'Alsace II. Preuves 222. 223) nicht echt sein. Adalberts Willfährigkeit in Speier geht aus dem angeführten Brief des Kaisers im Codex Udalrici hervor. Der Kaiser war nach Urkunden am 13. und 20. December 1115 (St. R. 3121. 3122) in Speier; aus denselben wird zugleich klar, daß Adalbert sofort wieder in sein Erzkanzleramt eintrat. Ueber die Berathungen der Aufständigen in Köln sehe man Ekkehard, die Annales Colonienses und Hildesheimenses; den Tod des Cardinals Theoderich erwähnt auch das Chronicon Sanpetrinum. Daß Adalbert der Citation des Kaisers nicht folgte, berichtet Heinrich selbst in seinem erwähnten Schreiben an die Mainzer. Die berühmte Stelle des Ekkehard: imperator ducatum orientalis Franciae, qui Wirziburgensi episcopio antiqua regum successione competebat, Chuonrado, sororis suo filio, commisit scheint mir in Verbindung mit den Worten Adams von Bremen III. c. 45: cum teneat omnes comitatus suae parrochiae, ducatum etiam provintiae gubernat episcopus und dem Inhalte der Urkunde vom 1. Mai 1120 (St. R. 3164) kaum einer anderen Auslegung fähig, als im Text gegeben ist. Die Recognitionen der Urkunden weisen nach, daß nicht allein Adalbert das Erzkanzleramt abermals entzogen, sondern auch Friedrich von Köln genommen wurde.

S. 866. 867. — Die Anwesenheit des Abtes Pontius von Cluny beim Kaiser im December 1115 ergiebt sich aus den Urkunden St. R. 3121. 3122. Von ihm sagt Ordericus Vitalis, er sei regum et imperatorum consanguinitate proximus gewesen, und in der That wird er vom Kaiser selbst öfters als sein consanguineus bezeichnet [1]). War er das, so mußte er auch ein Verwandter Guidos von Vienne, des späteren Papstes Calixts II. sein, und wohl nur darauf, nicht auf eine Verwandtschaft mit Paschalis II., können sich Ekkehards Worte beziehen: consanguineus, ut ajunt, domni papae. Guido von Vienne war es auch, der Pontius die Weihe als Abt ertheilte. Pontius war Paschalis II nicht blutsverwandt, aber er wird von Ordericus als filiolus papae bezeichnet, d. h. Paschalis hatte ihn aus der Taufe gehoben. Nachdem Pontius i. J. 1109 die Leitung Clunys übernommen hatte, trat er alsbald in enge Beziehungen zum Kaiser und zu Rom. Schon bei seinem ersten Zuge nach Italien suchte Heinrich eine Zusammenkunft mit ihm zu erreichen; gegen

---

1) So auch als dilectissimus cognatus noster in der Urkunde vom 5. August 1124 (St. R. 3200).

Ende des Jahres 1114 war Pontius in Rom und kam nach Weihnachten, wie Donizo berichtet, zur Gräfin Mathilde nach Bondena. Petrus diaconus (Chron. mon. Cass. IV. c. 60) erwähnt, daß sich Pontius abbatem abbatum zu nennen liebte. Der Brief des Kaisers an den Papst zur Einführung des Pontius als Unterhändlers steht im Codex Udalrici Nr. 273 (J. 174). Eckehard sagt, der Kaiser habe Italien verlassen, scandala principum declinans; Anselm in der Fortsetzung des Siegbert berichtet: in Italiam secedit propter asperos motus regni. Aus Eckehard geht hervor, daß der Kaiser seinen ganzen Hofstaat mit nach Italien nahm; die Personen, welche ihn außerdem begleiteten, erfahren wir aus den in Italien ausgestellten Urkunden. Nach Otto von Freising (Chronicon VII. c. 15) wird gewöhnlich angegeben, daß der Kaiser seine beiden Neffen Friedrich und Konrad zu Reichsverwesern bestellt habe. Die Chronik von Petershausen spricht nur von Friedrich, und keine ältere Quelle, außer Otto, weist auf eine ähnliche Stellung Konrads hin. Dagegen erwähnt der Kaiser in zwei Briefen (Cod. Udalrici Nr. 284. 319. J. 176. 177) neben Friedrich den Pfalzgrafen Gottfried in einer Weise, daß anzunehmen ist, dieser sei mit Friedrich zum Reichsverweser ernannt worden, und dafür spricht die Analogie früherer und späterer Zeit. Man vergleiche oben die Noten zu S. 639—641 und die Stelle im Codex Laureshamensis I. 231: per Godefridum palatinum Reni comitem, cuius sententia momentum curiae per id temporis fuit, restitutionem obtinuit, wo von der Zeit während Heinrichs Aufenthalt in Italien die Rede ist. Ueber die Reise des Kaisers sehe man die Urkunden St. R. 3125—3127. Das Leben des Bischof Ubalrichs II. von Konstanz hat Fickler in einer kleinen Schrift (Mannheim 1856) beschrieben; Ubalrich wird als Intervenient in der kaiserlichen Urkunde St. R. 3147 erwähnt.

S. 868—871. — Für den Aufenthalt des Kaisers in Venedig sind besonders die dort ausgestellten Urkunden St. R. 3128—3131 wichtig. Ueber Orbelaso Faliero sehe man das Chronicon Altinate (Archivio storico VIII. 152. 153) und die Chronik des Dandolo (Muratori SS. XII. 266). Die Gesandtschaftsreise des Bischofs Burchard von Münster nach Constantinopel erwähnen außer anderen Quellen die Annales Colonienses; erst Ende des Jahres 1117 kann sie angetreten sein. Das Itinerar des Kaisers für die Zeit vom April bis December 1116 geht aus den Urkunden St. R. 3134—3152 hervor. Das Original der Mathildinischen Schenkungsurkunde vom 17. November 1102 existirt nicht mehr. Die alten Abschriften sind wohl sämmtlich aus Albinus f. 135 geflossen; nach diesem hat Cenni, Mon. dom. pont. II. 238, nach der Abschrift des Cencius zuletzt Watterich I. 407 das Document herausgegeben. Außerdem findet sich in den Vaticanischen Grotten ein bedeutendes Fragment einer Marmortafel, in welche die Urkunde eingegraben war; dasselbe ist von Borgia, Memorie istoriche di Benevento II. 84 und besser von Sarti, Ad Dionysii opus de Vaticanis cryptis appendix (Romae 1840) p. 40 publicirt worden. Sehr bemerkenswerth bleibt immer, daß man allgemein damals den Kaiser als Erben Mathildens ansah. Eckehard sagt z. J. 1115: Directi ab Italia nuncii obitum illius inclitae Mathildis nunciant eiusque prediorum terras amplissimas hereditario iure possidendas caesarem invitant und Anselm z. J. 1116: Heinricus in Italiam secedit — — et maxime propter marchisae Mathildis cognatae suae, quae recens obierat, hereditatem, quae sibi iure competebat, optinendam. Aehnlich nach Anselm die Annales Leodienses (M. G. IV. p. 30). Weder von Rom noch von irgend einer anderen Seite ist Heinrich damals unseres Wissens die Erbschaft bestritten worden. Es ist später (Arnoldus Lubecensis III.

c. 8) von einer Urkunde gesprochen worden, wonach Mathilde ihre Länder dem Reiche vermacht habe, aber eine solche ist niemals zum Vorschein gekommen und hat auch schwerlich jemals existirt. Daß die Markgrafschaft in Tuscien nach Mathildens Tode zunächst an einen Rapoto kam, ist unbezweifelt. Ich halte ihn für einen Deutschen und zwar einen Seitenverwandten der Bohburger, nicht allein wegen des Namens, sondern auch weil die Bohburger nach Cosmas Pragensis II. c. 28 sehr begütert in Italien waren und Rapotos Nachfolger Markgraf Konrab, der ihm wohl geschlechtsverwandt war, ein Gut zu Beutenhausen (Landgericht Schrobenhausen) an das Kloster St. Ulrich und Afra in Augsburg schenkte (M. G. XXII. 14). Wenn Wilhelm von Malmesbury V. c. 438 sagt, Heinrich habe auf seinem zweiten und britten (?) Zuge nach Italien Cremona und Mantua durch Feuer zerstört, so findet dies nicht allein keine Unterstützung in den anderen Quellen, sondern steht mit urkundlichen Zeugnissen in Widerspruch. Die Begünstigung Pisas erhellt aus der Urkunde St. R. 3143. 3144; die Privilegien für Mantua, Novara, Turin und Bologna sind in den Urkunden St. R. 3137. 3148. 3145. 3140 erhalten. Die Markgrafen Werner, Bonifacius, Anselm und Rainer erscheinen öfters in den kaiserlichen Urkunden jener Zeit als Zeugen. Bonifacius gehörte dem Zweige der Nachkommen des Alebram an, der sich von Savona, später von Saluzzo nannte; schon seine Söhne führen diesen Namen. Vergl. Muletti, Memorie di Saluzzo I. 423 ff. Anselm war ebenfalls aus Alebrams Geschlecht, ein Bruder des Bischofs Azzo von Acqui; er wird urkundlich als Markgraf von Busco bezeichnet (Moriondi, Mon. Aquensia II. 822). Montferrat selbst gehörte damals dem Markgrafen Rainer (Moriondi, l. c. II. 830. 831).

S. 872—875. — Die besten Nachrichten über die römische Fastensynode b. J. 1116 finden sich bei Eckehard, wo p. 250, 22 der Sinn die gut bezeugte Lesart tractari statt tractaturi forbert. Eckehard schöpfte wohl aus den Acten der Synode. Auf derselben war Landulfus de s. Paulo, der c. 41 namentlich über die Sache Grossolans manche interessante Nebenumstände mittheilt, selbst anwesend. Eigenthümliche Nachrichten über die Synode hat Aventin in den Annales Boiorum (ed. Gundling) p. 586. 587 und beruft sich dabei auf einen Bericht an den Kaiser: Servantur in bibliothecis nostris relata a quodam legato Augusti, qui interfuit et quid quoque die a singulis dictum factumve fuerit, imperatori renunciavit. Bemerkenswerth ist besonders, was er von der damaligen Anwesenheit byzantinischer Gesandten in Rom und von den Verhandlungen über den Anschluß an Constantinopel meldet, doch erweckt allerdings Verdacht, daß als Kaiser von Constantinopel Calojohannes genannt wird, während noch Alexius regierte.

S. 875—877. — Bei Petrus Pisanus im Leben Paschalis II. (Wattorich II. 10) muß nach meiner Meinung emendirt werden: die transitus calicis de manu Domini, ira eius de terra ascendit. Dann ist der Stadtpräfect Petrus am grünen Donnerstag, d. h. am 30. März 1116 gestorben[1]). Auch Falco Beneventanus setzt den Tod des Präfecten in den März, und die Randglosse der Annales Romani, welche den 2. April als Todestag angiebt, kann daneben kein Gewicht haben. Mit der Annahme, daß der Präfect am grünen Donnerstag gestorben und noch

---

1) Petrus sagt nicht, daß der Präfect am 26. März gestorben sei, sondern im zehnten Friedensjahre, im ersten Monat desselben und am 26. Tage des Monats. Es scheint hiernach, als ob jener Friede am 4. März geschlossen wurde; das zehnte Jahr ist jedenfalls irrig, da erst das achte begann. Vergl. oben S. 1188.

an demselben Tage sein Sohn erhoben sei, stimmt auch die ganze weitere Erzählung des Petrus Pisanus überein. Daß sich der Papst, als er Rom verlassen mußte, zunächst nach Albano wandte, sagt Petrus Pisanus p. 12, und die Urkunden vom 11. und 13. April J. R. 4812. 4813 bestätigen es. Am 23. und 24. Mai war der Papst wieder apud Transtiberim nach den Urkunden J. R. 4814—4816. Die Kämpfe um Rom zu jener Zeit erzählt Petrus Pisanus p. 12. 13 ausführlich. Den Rückzug des Papstes nach Sezze erwähnt Falcus Beneventanus, den Aufenthalt in Piperno erweist die Urkunde J. R. 4719, und die abermalige Rückkehr nach Trastevere geht aus den Urkunden J. R. 4820—4831 hervor. Die beiden unter 4822. 4823 verzeichneten und in der Narratio de Eginone et Herimanno c. 17. 18 enthaltenen Schreiben gehören, wie aus dem Zusammenhang der Erzählung selbst klar ist, nicht in das Jahr 1116, sondern zum 13. November 1110, so daß das Wort quinquennium keiner Aenderung bedarf. Denn bald darauf ist Erzbischof Adalberts Brief an die Augsburger c. 19 geschrieben, und zu jener Zeit war der Bischof Hermann in regia expeditione in der Lombardei, d. h. im November und December 1110. Das dann c. 20 mitgetheilte Schreiben Paschalis II. aus Benevent ist am 1. April 1113, nicht 1117 erlassen, und erst nach demselben wird c. 22 erzählt, wie Bischof Heinrich zum zweiten Male (iterum), d. h. im J. 1116, nach Italien gezogen sei. Papst Paschalis ist im Winter 1116 nicht mehr nach Rom zurückgekommen und hat seinen Sitz im Lateran genommen, wie man oft nach Falco Beneventanus angenommen hat; der Bericht des Petrus Pisanus, der Annales Romani und die Urkunden wissen von dieser Rückkehr Nichts. Als Vertreter der Stadt erscheinen zu jener Zeit der Präfect und Consuln. Man vergleiche die Ann. Romani p. 477. 478: Prefectus et consules miserunt legatos ad imperatorem — prefectus et consules basilicam b. Petri retinebant — consules miserunt nuntios ad imperatorem — imperator misit nuntios ad consules.

S. 877. 878. — Abt Pontius, der Unterhändler des Kaisers, war nach der Fastensynode 1116 noch zu Reggio und Fontana-Frebba am 8. April und 29. Mai (St. R. 3134. 3141) am Hoflager des Kaisers. Daß Erzbischof Moritz von Braga später mit den Unterhandlungen zu thun hatte, sieht man aus einem Schreiben Gelasius II. (Mansi XXI. 168), wo es heißt: Audivimus etiam, quod ille amicus noster domnus imperator familiarem nostrum Mauritium Bracarensem archiepiscopum, antea sibi super tractanda pace legatum, in nostram ecclesiam ingesserit. Von den früheren Schicksalen des Moritz handelt Baluze in dessen Biographie (Baluzii Miscellanea edidit Mansi I. 317 seq.). Daß im Sommer 1116 eine Annäherung zwischen dem Kaiser und Papst eintrat, geht aus der Urkunde vom 1. Juli St. R. 3147 hervor. In derselben wird der interventus spiritualis patris nostri, domni videlicet Paschalis beatissimi papae erwähnt; überdies sind als Intervenienten die Bischöfe von Münster, Konstanz, Trient und Verden, der Abt Erluf von Fulda und der Propst Arnold von Aachen aufgeführt. Es sind dies dieselben Personen, welche im Schreiben des Kaisers an Hartwich von Regensburg im Codex Udalrici Nr. 317 (J. 175) erwähnt werden. Ich glaube deshalb annehmen zu müssen, daß dieses Schreiben, in welchem statt abbatem Vuldensem Arnoldum entweder Ernolfum zu emendiren oder ein et zu ergänzen ist, gleichzeitig mit jener Urkunde erlassen wurde. Der in Heinrichs Schreiben gleichfalls erwähnte Bischof Azzo von Acqui erhielt am 30. Juni 1116 die kaiserliche Bestätigung seiner Privilegien St. R. 3146. Ekehard spricht z. J. 1117 über Heinrichs Verhandlungen mit dem Papst nur im Allgemeinen.

Anmerkungen zu Seite 878—892.

S. 878—880. — Das Erdbeben, welches im Anfange d. J. 1117 Italien beunruhigte, erwähnen die meisten Quellen jener Zeit; mehrere Zeugnisse hat Muratori in den Annalen gesammelt. Ueber die durch dasselbe veranlaßten Versammlungen in Mailand berichtet Landulfus de s. Paulo c. 43. 44. Heinrichs Zug nach Rom i. J. 1117 ist von mir besonders nach dem Schreiben des Kaisers im Codex Udalrici Nr. 318 (J. 178) nach Petrus Pisanus, den Annales Romani und Petrus diaconus (Chronic. mon. Cass. III. c. 60. 61) dargestellt. Die natürliche Tochter des Kaisers, welche dem Sohne des Grafen von Tusculum vermählt oder verlobt wurde, erwähnt Petrus. Nur auf ihre Taufe kann es wohl Bezug haben, wenn Heinrich V. in der Vita Gelasii II. (p. 93) als impius compater Paschalis II. erwähnt wird. Von der Krönung durch Burdinus sagt der Kaiser selbst in seinem Schreiben Nichts, wohl aber berichtet Petrus Pisanus darüber; die Reden, welche er einfügt, sind seine eigene Composition und ohne weitere Bedeutung. Daß der Einzug des Kaisers am Ostersonntag erfolgte, geht meines Erachtens aus Petrus diaconus IV. c. 61 hervor. Ueber die Vorgänge auf dem Capitol spricht der Kaiser selbst: Postero die Capitolium cum universis ordinibus ascendimus et magnificantibus nos magna impendimus. Die Investitur des Präfecten mit dem Adler erwähnen die Annales Romani p. 477.

S. 881—885. — Ueber die Synode zu Benevent und den dort über Moritz verhängten Bann sehe man Falco Beneventanus und das Schreiben Gelasius II. bei Mansi XXI. 167. Die Verbindungen des Papstes mit den deutschen Bischöfen erhellen aus Ekehard z. J. 1117 und aus dem Briefe an Friedrich von Köln J. R. 4843. Das Unternehmen des Fürsten von Capua in der Campagna erzählt Petrus Pisanus p. 15 und Petrus diaconus IV. c. 61. Die Annales Romani p. 477 erwähnen, daß der Kaiser noch das Pfingstfest in Rom gefeiert und seine Gemahlin dort habe krönen lassen. Ist letzteres begründet, so kann nur die gewöhnliche Festkrönung gemeint sein; denn Mathilde wird nie in den kaiserlichen Urkunden Kaiserin genannt und ist gewiß niemals zur Kaiserin gekrönt worden. Von den letzten Zeiten Paschalis II. handelt ausführlich Petrus Pisanus p. 15. 16; von den Kämpfen in Rom zu dieser Zeit erfährt man Näheres aus den Annales Romani p. 477, und die chronologischen Bestimmungen ergeben die bei J. R. 4846—4850 verzeichneten Schriftstücke des Papstes. Sehr bezeichnend für Paschalis Regiment sind die J. R. 4842 und 4846 abgedruckten, dem Ende seines Pontificats angehörenden Briefe an Roger von Sicilien und den Dänenkönig. Die griechische Gesandtschaft, welche bei Paschalis noch kurz vor seinem Tode eintraf, erwähnt Petrus Pisanus p. 16; derselbe erzählt auch, daß Paschalis sterbend die Cardinäle ihm in execratione Gibertinorum et enormitatis Teutonicae zu folgen aufgefordert habe. Die Bauten des Papstes in Rom berührt Petrus Pisanus p. 16. 17; man vergleiche darüber Gregorovius IV. 573. Ueber den Aufenthalt und die Thätigkeit des Kaisers während des Jahres 1117, nach seiner Rückkehr von Rom, sind wir sehr mangelhaft unterrichtet. Wir haben aus dieser Zeit nur zwei Urkunden von ihm St. R. 3155. 3156; die von Böhmer unter 2062 aufgeführte, in Pisa am 19. Juli ausgestellte Urkunde gehört Heinrich VI. an (St. R. 4873).

S. 885—892. — Erzbischof Adalberts Auftreten gegen die Kaiserlichen um Ostern 1116 erhellt aus Heinrichs bereits angeführtem Brief an die Mainzer; die gleichzeitigen Vorgänge in Sachsen und Thüringen erzählen Annalista Saxo (nach den Paderborner Annalen) und die Annales Pegavienses, doch geben die letzteren irrig das Jahr 1117. Dieselben Quellen handeln auch über die deutschen Ereignisse im Sommer 1116; überdies enthält das Chronicon Sanpetrinum über die Lösung Ludwigs von Thüringen und Otto von Freising (de gestis Frid. I. L. I. c. 13. 14) über die Unternehmungen Friedrichs von Schwaben bemerkenswerthe Nachrichten. Die Belagerung von Worms erfolgte nach dem sächsischen Annalisten circa festum s. Petri apostoli, und dies kann wohl nur auf Petri Kettenfeier (1. August) bezogen werden. Einen Kampf bei Worms erwähnen auch die Annales Corbeienses z. J. 1116 (Jaffé Bibl. I. 49); ob der Brand, der in diesem Jahre Worms zum größeren Theile zerstörte, mit den Kriegswirren in Verbindung stand, wissen wir nicht. Der öfters erwähnte Brief des Kaisers an die Mainzer (Cod. Udalrici Nr. 319 J. 177) muß im October oder November 1116 geschrieben sein; das letzte Ereigniß, welches in ihm berührt wird, ist die Weihe des invasor Verdensis, denn so muß mit Stenzel statt Virdunensis emendirt werden. Ueber die Vorgänge vor Mainz in den Jahren 1116 und 1117 findet man besonders beim sächsischen Annalisten und Otto von Freising a. a. O. Auskunft; Ekkehard hält sich über diese Vorgänge sehr im Allgemeinen. Für die Thätigkeit Burchards von Worms haben wir nur sein eigenes Zeugniß im Codex Udalrici Nr. 280 (J. 185); der dort mitgetheilte Brief scheint im Jahre 1117 geschrieben[1]). Burchard meldet dem Kaiser: Re infecta ab urbe (Moguntia) exivi, in qua tamen multos beneficiis meis vobis conciliavi et, ubicunque possum, in villis, civitatibus et oppidis fautores vobis acquiro, ita ut nuper meo labore et consilio coniuraverint omnes a Wormatia usque Argentinam, vobis terram illam et omnes homines retinere atque tueri. Propter quod vos rogo, ne modo ita festinetis, ut ex aliqua festinantia vestris commodis minus consulatis, quia vita comite istam terram ad vestrum honorem et inimicorum vestrorum confusionem, licet per multos labores, vobis retinebimus. Der Kaiser mißtraute Burchard, und wir wissen nicht, wie weit jene Aeußerungen aufrichtig waren. Die Bedrängnisse Speiers schildert der Brief des dortigen Kapitels an den Kaiser im Cod. Udalrici 284 (J. 176); er wird um Ostern 1117 geschrieben sein, denn man nahm an, daß der Kaiser entweder in Rom sei oder doch bald dahin gehen werde. Die Zustände in Lorsch erhellen aus dem Chronicon Laureshamense p. 231. Ueber die Fehde zwischen dem Würzburger Bischof und Konrad von Staufen giebt Ekkehard z. J. 1116 Nachricht. Die Entsetzung des Abts Burchard von St. Peter in Erfurt durch Erzbischof Adalbert melden die Erfurter Annalen; die Verbindungen des Erzbischofs in Augsburg kennen wir aus seinem Brief an Abt Egino bei Udalscalcus c. 22. Der Todestag der Markgräfin Gertrud wird in der Translatio s. Auctoris (M. G. XXI. 316) angegeben. Daß ihrem Sohne die Ostmark und die Mark Meißen verblieben, zeigen deutlich die alten Erfurter Annalen (Chronicon Sanpetrinum und Annales Pegavienses z. J. 1123). Wenn der Verfasser der Pegauer Annalen, im Widerspruch mit sich selbst, bereits i. J. 1117 Wiprecht die Mark Lausitz gewinnen läßt, so anticipirt er, einem anderen Bericht folgend, nur Späteres. Daß sich Konrad von Wettin in einigen Urkunden vom Jahre 1119 bereits marchio nennt, beweist nicht, daß er vom Kaiser belehnt wurde, sondern nur, daß er Ansprüche auf Meißen erhob. Den Parteiwechsel Hermanns von Winzenburg

---

[1] Jaffé legt nach Stenzels (T. 698) Vorgang diesen Brief, dessen Schreiber nur mit der Sigle B. bezeichnet ist, dem Bischof Bruno von Speier bei. Aber mir scheint sehr unwahrscheinlich, daß Bruno so von seinem Bruder gesprochen hätte, wie der Schreiber hier von dem Mainzer Erzbischof spricht. Ueberdies folgt nach der Anordnung des Cod. Udalr. dieser Brief auf zwei andere, die unzweifelhaft von Worms ausgegangen sind.

laſſen die aus den Paderborner Annalen ſchöpfenden Quellen deutlich erkennen; er möchte ſich am leichteſten dadurch erklären, daß ihm bei Gertruds Tode die früher verliehene, aber von ihm nicht behauptete Mark entzogen wurde. Abweichende Anſichten finden ſich in den Wendiſchen Geſchichten II. 206 entwickelt. Die Wirren in der Metzer Kirche, welche den Cardinal Kuno zu abermaliger Einmiſchung in die deutſchen Angelegenheiten Anlaß boten, werden in der Vita Theogeri L. II. c. 1—8 ausführlich erzählt. Die gedrückte Stimmung damals in Deutſchland ſtellt Eckehard z. J. 1117 gut dar: Dum cuncta per circuitum regna nationum, suis limitibus rebusque contenta, diu sanguine madentes gladios caeteraque vasa mortis iam in vagina concordiae recondèrent, universalis etiam aecclesia mater post numerosa persecutionum, heresium ac scismatum bella iam sub vera vite Iesu lassa oppido membra per multas gratiarum actiones mandatis divinis inservitura locaret: solus heu Teutonicus furor, cervicositatem suam deponere nescius, et quam multa sit pax legem Dei diligentibus, immo qualiter per presentis prosperitatis tranquillitatem ad aeternae visionem pacis pertingi possit, ediscere nequaquam voluntarius — solus, inquam, nostrae gentis populus (dum) [1]) pre omni terrarum orbe in perversitatis inolitae pertinacia incorrigibiliter perstitit. Man vergleiche auch die Annales Disibodenbergenses z. J. 1117.

S. 892—895. — Die Wahl Gelaſius II. erzählt Pandulf in ſeiner Biographie des Papſtes, welche für alle Vorgänge während dieſes kurzen Pontificats die zuverläſſigſten Nachrichten bietet. Die Aeußerungen des Cardinals Kuno über den neuen Papſt und das Witzwort Konrads von Salzburg finden ſich in der Vita Theogeri II. c. 9. Daß Konrad zu jener Zeit in Frankreich geweſen ſei, wie Schöne (Cardinallegat Kuno p. 48) annimmt, iſt unwahrſcheinlich und wird in den Quellen nirgends geſagt. Die Annales Romani p. 478 berichten, daß die römiſchen Conſuln den Kaiſer zur Reiſe nach Rom aufgefordert haben. Der Kaiſer ſoll nach dieſer Quelle damals in obsidione Verone geweſen ſein, aber wir wiſſen von dieſer Belagerung ſonſt Nichts. Nach Landulfus de s. Paulo c. 45 befand ſich Heinrich in Taurinensium partibus, nach Eckehard Paduanis regionibus, wo Padanis regionibus zu emendiren oder zu erklären iſt. Außer den genannten Quellen giebt über die Flucht des Papſtes auch Falco Beneventanus brauchbare Nachrichten.

S. 895—901. — Die Verhandlungen des Kaiſers mit Gelaſius II. und die Erhebung des Gegenpapſtes ſind nach den Briefen des Gelasius (J. R. 4842. 4884. 4891), nach Pandulf, Landulf, den Annales Romani p. 479 und Petrus diaconus IV. c. 64 dargeſtellt. Ein Recenſent in den Hiſtoriſch-politiſchen Blättern Bd. LXVI. S. 445 macht mir zum Vorwurf, daß ich von einer Papſtweihe des Burdinus rede, da er bereits Erzbiſchof war und es eine eigene Papſtweihe nicht gäbe. Aber ich habe nur geſagt, was die Annales Romani berichten: consecraverunt eum Romanum antistitem. Allerdings fand ſpäter bei einem Biſchof, der auf den Stuhl Petri kam, keine neue Weihe ſtatt. (Vergl. Mabillon im Museum Italicum II. p. 254); im elften und zwölften Jahrhundert war dagegen eine Consecration auch in dieſem Fall gebräuchlich, wie ſchon ein flüchtiger Blick in Jaffés Regeſten zeigt. (Man ſehe auch das Caeremoniale Romanum editum iussu Gregorii X. im Museum Italicum II. 226). Von dem Angriff Roberts von Capua auf Rom haben wir durch eine nur fragmentariſch erhaltene Beſchwerdeſchrift des Erzbiſchofs Bruno an

---

[1]) Dum iſt zu ſtreichen und fehlt auch in guten Handſchriften.

den Kaiſer (Brower, Antiquitates et Annales Trevir. II. 14) Kunde. Gregorovius IV. 373 ſetzt die darin erwähnten Ereigniſſe in eine zu ſpäte Zeit (1120). Denn Robert war armatus pro Gelasio, und der Kaiſer hatte Rom vor Kurzem verlaſſen. Heinrich wandte aber für immer der Stadt bald nach Pfingſten 1118 den Rücken, und nach dieſer Zeit machte ſich Gelaſius allein auf den Weg nach Rom, da ihm Robert die Unterſtützung verſagte; man vergleiche Pandulf und Petrus diaconus. Aber ſchon vorher hatte vorübergehend der Kaiſer Rom verlaſſen, um ſich die Umgegend zu unterwerfen und namentlich Torricella zu belagern. In die Zwiſchenzeit zwiſchen der Erhebung des Burdinus und der Belagerung von Torricella muß demnach Roberts Angriff auf die Stadt fallen, etwa in den April 1118. Brunos Schrift an den Kaiſer wird erſt nach der Rückkehr des Erzbiſchofs nach Deutſchland verfaßt ſein. Ueber Gelaſius Reiſe nach Rom ſehe man außer Pandulf und der Chronik von M. Caſſino auch die Annales Romani und das päpſtliche Schreiben J. R. 4893. Daß Burdinus bald nach dem 6. Juli nach Sutri ging, ſagen die Annales Romani; nach Landulfus de s. Paulo c. 45 hatte er ſogar ſchon früher die Stadt verlaſſen; jedenfalls geſchah es vor dem 23. Juli, denn damals war Gelaſius bereits bei St. Peter (J. R. 4894). Ueber die zweite Flucht des Gelaſius und ſeinen Aufenthalt in Frankreich giebt Pandulf einen ausführlichen und glaubwürdigen Bericht.

S. 902—905. — Wir beſitzen vier Schreiben Adalberts, welche die Kölner und Fritzlarer Synode betreffen: zwei an Otto von Bamberg und deſſen Klerus im Cod. Udalrici Nr. 290. 291 (J. 189. 187), eins an den Augsburger Klerus bei Jaffé, Bibl. III. 389 und eins an die Würzburger im Cod. Udalr. Nr. 289 (J. 188). Ueber die Kölner Synode handelt am ausführlichſten die Vita Theogeri II. c. 13. 14, doch wird meiſt Nebenſächliches berichtet; über die Fritzlarer Synode finden ſich in den Gesta abb. Trud. XI. c. 2 beachtenswerthe Notizen, wie auch in der Vita Norberti c. 4. Die Erfurter Annalen erwähnen beider Synoden, der erſten auch die Annales Colonienses z. J. 1118. Eckehard gedenkt beider Synoden erſt nachträglich zum folgenden Jahre, in welches die Continuatio Sigeberti Valcellensis irrig die Kölner Synode ſetzt. Daß die Kölner Synode am Sonntag Rogate (19. Mai) eröffnet ſei, hat Stenzel II. 329 mit Calles nach Mabillon (Annales ordinis s. Benedicti VI. 17) angenommen. Mabillon ſagt: id factum diebus rogationum, und man nahm an, daß er dies der Vita Theogeri entlehnt habe, welcher er ſonſt hier folgt. In Jaffés Text dieſer Vita ſucht man aber die Worte vergebens, und es fehlt ſomit für Mabillons Angabe, obwohl ſie große Wahrſcheinlichkeit hat, an einer alten Beweisſtelle. Weshalb Schöne, Cardinallegat Kuno S. 61 und 79 die Synode auf den 13. Mai ſetzt, iſt mir unbekannt. Der Tag der Fritzlarer Synode (28. Juli) geht aus Adalberts Schreiben an den Augsburger und Bamberger Klerus hervor; bei Stenzel II. 330 iſt durch einen Druckfehler der 26. Juli genannt. Im Sommer 1118 muß Adalbert das große Mainzer Privilegium erlaſſen haben, welches er 1135 beſtätigte (Guden, Cod. dipl. I. 119); die genannten Zeugen konnten nur im Sommer 1118 in Mainz um ihn vereinigt ſein. Die kriegeriſchen Ereigniſſe in dieſer Zeit berichtet am ausführlichſten Annalista Saxo nach den Paderborner Annalen; auch die Erfurter Annalen ſind neben ihm zu berückſichtigen. Ueber den beabſichtigten Tag zu Würzburg und die Rückkehr des Kaiſers nach Deutſchland ſehe man Eckehard und Udalscalcus de Eginone c. 27. Treffend bemerkt Anſelm in der Fortſetzung des Siegbert: Henricus imperator ab Italia in Lotharingiam repatriat et secundum illud: Qui a multis timetur, necesse est, ut multos timeat, coniuratos in se principes modo minis modo blanditiis modo vi modo satisfactione ad pacem invitat. Die beiden interessanten Briefe Erzbischof Friedrichs bei Martene, Ampl. collectio I. 640—642 gehören offenbar zusammen und sind zu derselben Zeit abgefaßt; wie aus dem Inhalt der zweiten hervorgeht, müssen sie dann i. J. 1118 geschrieben sein. Von einer anderen allgemeinen Mailänder Synode, als die auf den 18. October 1118 angesagt war (J. R. 4884), ist in dieser Zeit nirgends die Rede; sie werden also für diese Synode bestimmt und etwa im September 1118 erlassen sein. Stein, De Friderico archiepiscopo Coloniensi (Münster 1855) hat die Bedeutung dieser Briefe meines Erachtens verkannt.

S. 905—909. — Das Ende Papst Gelasius II. und die Erhebung Calixts II. berichtet Pandulf in den Lebensbeschreibungen beider Päpste. Der Einfluß, welchen Kuno von Palestrina auf die neue Wahl übte, erhellt aus Falco Beneventanus. Im Uebrigen sehe man Calixts Brief an Abalbert von Mainz bei Edehard z. J. 1119, das Schreiben Kunos an Hugo von Nevers bei Schöne a. a. O. S. 99 und die Briefe der Carbinäle im Codex Udalrici Nr. 294—299 (J. 192—197); die letztgenannten Schreiben finden sich auch bei Martene, Ampl. coll. I. 644—646, wo ihnen 646—650 noch zwei andere mit vielen Unterschriften des nicht zum Carbinalat gehörigen römischen Klerus angereiht sind. Die Carbinalbischöfe in Rom schrieben an ihre Collegen, die um den neuen Papst waren: ex consilio nostro, si vocis placet, domno papae suggerite concilium celebrare de pace, si fieri potest, et de ecclesiae liberatione tractare. Der Brief des Papstes an Friedrich von Köln vom 16. April 1119 findet sich bei Martene, Ampl. collectio I. 631 (J. R. 4916); in ähnlicher Weise schrieb Calixt von Brioude aus am 6. Mai b. J. an Bruno von Trier, wie aus Brower Antiquitates Trevir. II. 15 hervorgeht.

S. 909. — Des vom Kaiser berufenen großen Reichstags zur Herstellung des inneren Friedens in den deutschen Ländern geschieht in unseren Quellen vielfach Erwähnung, aber die Angaben schwanken über den Ort und die Zeit der Versammlung. Edehard sagt, daß der Reichstag nach Tribur berufen sei; die Annales Hildesheimenses und Colonienses berichten nach den Paberborner Annalen von der Zusammenkunft der Fürsten am Johannistag (24. Juni), ohne den Ort näher zu bezeichnen; die Erfurter Annalen nennen als Ort der Zusammenkunft die villa Ecstein (so die Pegavienses, während das Chronicon Sanpetrinum dafür Erstein hat) super ripam fluminis Moeni, ohne die Zeit zu bestimmen. Die Vita Theogeri II. c. 30 spricht davon, daß die Versammlung auf den Johannistag nach einer Rheininsel (ad curiam in insula Rheni constitutam) berufen war. Die Annales Disibodenbergenses endlich verlegen, den Annalen von St. Alban folgend, den Reichstag nach Mainz, wo er am Peter- und Paulstag (29. Juni) gehalten sei. Hiernach steht so viel mindestens fest, daß derselbe in der Gegend des Einflusses des Mains in den Rhein gehalten und Elstein oder Erstein nicht weit von Mainz zu suchen sei, daß ferner die Fürsten gegen Ende des Juni versammelt waren. In der letzten Recension des Edehard finden sich in seine Bemerkungen: Quo scilicet conventu Reninis in partibus habito die Worte: circa Novembris initium eingeschoben, die mit allen obigen Zeitangaben, ja mit Edehards eigener Erzählung in entschiedenem Widerspruch stehen. Deshalb emendirt Stenzel II. 332 Septembris und verlegt die Versammlung in den Anfang des September, wo sie aber nach den angeführten Zeugnissen eben so wenig gehalten sein kann. Unzweifelhaft stammen die anstößigen Worte aus einer Randglosse, die an unrechter Stelle in den Text gerieth; unmöglich wäre nicht, daß sie sich auf die vorher (S. 1204) erwähnte Versammlung bezögen, die im Spätjahr 1118 zu Würzburg beabsichtigt war. Edehard giebt an, daß die deutschen Bischöfe sich schon auf dem Reichstage des Jahres 1119 sämmtlich Calixt unterworfen und der Kaiser sich persönlich in Reims einzufinden versprochen hätte. Dies ist irrig; wir wissen mit Bestimmtheit aus Ordericus Vitalis, daß sogar Friedrich von Köln erst in Reims seine Anerkennung Calixt anzeigte. Genauer ist der hierauf gerichtete Beschluß der Versammlung in den aus den Paderborner Annalen schöpfenden Quellen (Ann. Hildesh. und Colon.) wiedergegeben.

S. 910. 911. — Ueber die Verhandlungen zu Straßburg und ihre nächsten Folgen ist der Bericht des Hesso unsere Hauptquelle. Der Straßburger Scholasticus erzählt, was er selbst erlebt hat, zwar nicht ohne Parteirücksichten, aber im Thatsächlichen unzweifelhaft richtig. Schon Eckehard hat Hessos Schrift benutzt, doch sie nur flüchtig gelesen; denn er erzählt, daß die Friedensvermittler den Kaiser zu dem Versprechen vermocht hätten, selbst auf dem Concil zu Reims zu erscheinen, während dieser Punkt von Hesso gar nicht berührt wird. Die Zusammenkunft in Straßburg war um den 1. October, wie deutlich daraus hervorgeht, daß die Vermittler nach Paris eilten, um dem Papste den Erfolg ihrer Sendung möglichst schnell zu melden. Dort befand sich aber der Papst am 8. October und war vor dem 3. October keinesfalls dort angelangt (J. R. 4914. 4915). Hiernach kann man nicht mit Stenzel II. 331, der sich dabei auf eine willkürliche Aenderung des Annalista Saxo in Eckehards Worten stützt, die Straßburger Zusammenkunft in den August und vor die Versammlung zu Tribur verlegen. Gervais (S. 257) folgt Stenzel und knüpft an dessen Annahme dann weiter wenig haltbare Betrachtungen.

S. 912—919. — Auch über das Reimser Concil ist Hessos Bericht unsere wichtigste Quelle, neben welcher vorzugsweise die lebendige Darstellung der Verhandlungen bei Ordericus Vitalis L. XII. (M. G. XX. 69—75) in Betracht kommt. Hesso faßt besonders alle Vorgänge auf dem Concil in das Auge, welche das Verhältniß der römischen Kirche zum deutschen Reiche berührten; Ordericus beschäftigt sich dagegen zunächst mit den französisch-englischen Angelegenheiten, doch finden sich in dem von ihm mitgetheilten Bericht des Johann von Crema auch über die Verhandlungen von Mouzon wichtige Nachrichten. Diese Berichte hat mit mehreren anderen Notizen Mansi Coll. conc. XXI. 233—256 zusammengestellt. Die am Schluß hier aus einer alten Handschrift des Archivs von Tours mitgetheilte Notiz über die anwesenden Bischöfe ist durchaus zuverlässig; weder die allgemeinen Angaben bei Ordericus kommen daneben in Betracht, noch die angeblichen Acta (235. 236), welche nur ein Auszug aus Ordericus sind. Ueber die Anwesenheit des Königs Ludwig auf dem Concil vergleiche man dessen Brief an den Papst bei Mansi XXI. 218. Während der Verhandlungen zu Mouzon war der Kaiser nach Anselm in der Fortsetzung des Siegbert zu Jvois, nach den Annales Mosomagenses (M. G. III. 162) am 24. October apud Beureliacum villam sanctae Mariae cum omni exercitu. Beureliacum liegt nur 3000 Schritte von Mouzon. Erwähnenswerth ist, daß Anselm die Schuld des Abbruchs der Verhandlungen nicht vorzugsweise bei dem Kaiser sucht, denn er bemerkt: dissensu quorundam invidorum lux pacis perturbatur.

S. 919—924. — Die Zeit der Erhebung Erzbischof Adalberts zum ständigen Legaten des Papstes in Deutschland erörtert Huperz, De Adalberto archiepiscopo Magontino (Münster 1865) p. 48. Ueber die Lütticher Wirren nach Otberts Tode sehe man besonders die Gesta abb. Trud. L. XI. c. 3 seq. und die Vita Friderici episcopi Leodiensis; auf diese Wirren bezieht sich auch das Fragment eines Briefes des Bischofs Gobebald von Utrecht an Friedrich von Köln bei Martene, Ampl. coll. I. 642. Die Gegenwart des Kaisers in Maastricht erhellt aus der Urkunde vom

Anmerkungen zu Seite 919—924.

21. November 1119 (St. R. 3161). Das Verhältniß des Kaisers zu Erzbischof Friedrich von Köln in dieser Zeit tritt durch das interessante Schreiben des Letzteren, welches v. Druffel in einer Berliner Handschrift entdeckt und Jaffé (Bibl. III. 391) zuerst herausgegeben hat, in ein klareres Licht; die Annales Colonienses geben weitere Nachrichten. Daß sich Friedrich bald nach Sachsen begab, wird durch die Urkunde für Korvei vom Jahre 1120, in celebri curia et conventu Goslariae erlassen, bei St. R. 3162 erwiesen. Eckehard sagt, der Kaiser habe Weihnachten 1119 zu Worms non imperialiter gefeiert, dagegen berichten die Annales Colonienses nach ihrer Paderborner Quelle, daß Heinrich damals zu Münster gewesen sei, und hierfür sprechen alle anderen Umstände; vielleicht war der Kaiser Weihnachten 1118 zu Worms und Eckehards Angabe beruht nur auf einer Verwechselung. Ueber die Anwesenheit des Kaisers zu Goslar im Januar 1120 finden sich Nachrichten bei Eckehard und in den Annales Hildesheimenses; zu beachten ist ferner außer der erwähnten Urkunde für Korvei eine andere für Goslar selbst (St. R. 3163). Das Juramentum des neugewählten Erzbischofs Rudger von Magdeburg findet sich bei Martene Ampliss. coll. I. 659. Ueber die Hildesheimer Verhältnisse nach Bischof Udos Tode sehe man die Briefe bei Jaffé Bibl. III. 389 und Sudendorf Registrum III. Nr. 32. 33. Für die Stellung Brunos zur kirchlichen Partei ist der an ihn gerichtete Brief Kunos von Palestrina, der sich bei Brower Antiquit. Trevir. II. 15 findet und von Schöne übersehen scheint, von Bedeutung; er muß im Sommer 1118 geschrieben sein. Daß Bruno sich in den letzten Zeiten des Gelasius der kirchlichen Partei näherte, geht aus der Vita Theogeri II. c. 25 seq. hervor, nicht minder aber wird daraus sein damals noch schwankendes Verhältniß ersichtlich. Auf der Synode von Reims war Bruno nicht, wie Brower behauptet, persönlich erschienen, sondern nur zwei seiner Suffragane, und unter ihnen Theoger von Metz. Ueber die Reise, welche Bruno gegen Ende des Jahres 1119 zum Papste machte, sehe man außer den päpstlichen Urkunden J. R. 4970. 4971 die Gesta Treverorum, Cont. I. c. 23, wo sich aber manche Irrthümer eingeschlichen haben; denn Brunos Reise ging weder nach Rom, noch war sie durch das Benehmen Stephans von Metz veranlaßt worden, da dessen Vorgänger Theoger erst am 20. April 1120 starb. Der sehr interessante Brief der Trierer Archidiakonen wird von Brower, der ihn in den Antiquitates II. 14 herausgegeben hat, in das Jahr 1118 gesetzt und mit Brunos damaligem Aufenthalt in Rom in Verbindung gebracht. Der Brief muß aber nach seinem Inhalt kurze Zeit vor Fastenanfang geschrieben und Bruno bereits auf dem Heimwege nicht allzuweit von Trier gewesen sein. Dies paßt nicht auf Brunos Aufenthalt in Rom im Jahre 1118, der sich mindestens bis über die Osterzeit ausdehnte. Außerdem würde Alles, was in dem Schreiben von den Verhältnissen Kölns und Sachsens gesagt wird, in den Zuständen jener Zeit keine Erklärung finden. Wir werden dasselbe deshalb mit der Reise Brunos nach Frankreich in Verbindung bringen müssen; diese wurde gegen Ende des Jahres 1119 angetreten, und im Februar 1120 konnte Bruno auf dem Heimwege sein. Auch die Verhältnisse in Köln und Sachsen lagen zu dieser Zeit gerade so, wie sie in dem Briefe dargestellt werden. Vielleicht gehört in den Anfang des Jahres 1120 auch der Brief Kunos von Palestrina an Friedrich, den Mansi Coll. conc. XXI. 181 in das Jahr 1118, Schöne S. 36 sogar schon in das Jahr 1115 setzt. Dem Legaten, der sich damals in der Nähe des Papstes und Friedrichs befinden mußte, waren Nachrichten über eine Sinnesänderung des Kölner Erzbischofs zugegangen, den er bei der kirchlichen Partei festzuhalten sich bemühte; zugleich tritt er mit einer Aeußerung des Papstes der Meinung entgegen, daß der

Bann des Kaisers ungültig sei, weil er nicht von dem unmittelbaren geistlichen Vorgesetzten desselben in seiner Parochie ausgesprochen war. Denuntiamus vobis in nomine Domini, ut non cito moveamini a vestro sensu tam dictis pseudofratrum nostrorum quam aliorum, dicentium non pertinere ad nos (so muß mit Schöne statt vos geschrieben werden) excommunicare regem, quia nec rex nobis commissus, nec de parochia nostra esse videtur. Quibus ex ore domni papae efficaciter respondemus, quia etsi nobis parochiali iure commissus non fuerit, auctoritate tamen spiritus sancti et sanctorum patrum pro tanto scelere merito excommunicare debuimus, attendentes, quod b. Ambrosius Theodosium imperatorem Romanum non sibi commissum, licet non papa, non patriarcha, non ecclesiae Romanae legatus, excommunicavit pro scelere, quod non in parochia sua, sed Thessalonicae commiserat. Quidam falsi fratres mandaverunt nobis, quod pax esset inter vos et regem, sed domnus papa nec nos credere voluimus, quousque vos videremus. Sollte sich dies Alles nicht darauf beziehen, daß man mit dem über Heinrich auf französischem Boden vom Papst und französischen Bischöfen ausgesprochenen Bann in Deutschland unzufrieden war? Ueber Erlungs Versöhnung mit dem Kaiser sehe man Ekkeharb und die Urkunde vom 1. Mai 1120 (St. R. 3163). Noch immer wird Stenzel nachgeschrieben, daß Konrad zur Entschädigung für das Herzogthum Würzburg die Markgrafschaft Tuscien erhalten habe, obwohl Jaffé (Lothar S. 237) längst dargelegt hat, daß der damalige Markgraf Konrad von Tuscien eine andere Person war.

S. 924—926. — Die Reise Calixts II. nach Rom wird durch die von Jaffé R. p. 534—536 verzeichneten Urkunden und Schreiben des Papstes erläutert; besonders wichtig sind die unter Nr. 5008. 5024. 5034 aufgeführten Stücke. Außerdem sehe man die Lebensbeschreibung des Pandulf bei Watterich II. 115 und die daselbst II. 138—141 gesammelten Quellenstellen; auch die auf den Einzug des Papstes in Rom bezüglichen Verse des Ubaldall M. G. XII. 448 sind zu beachten. Daß St. Peter in Folge von Bestechung an Pier Leone kam, sagen die Annales Romani p. 479. Die unglückliche Lage des Gegenpapstes erhellt am deutlichsten aus dessen Schreiben an den Kaiser (J. R. 5195), welches in Baluzii Misc. III. 12 publicirt ist und unter unseren Documenten A. 15 wieder abgedruckt wird, nachdem ich mich den sehr entstellten Text zu emendiren bemüht habe. Wann Calixt Sutri eroberte, zeigt am besten sein dort am 27. April erlassenes Schreiben J. R. 5041. Ueber den traurigen Ausgang des Gegenpapstes finden sich Nachrichten bei Ekkeharb, Pandulf, Falco und in den Annales Romani p. 479.

S. 927—930. — Von dem Lütticher Bischofsstreit erfährt man aus den Gesta abb. Trud. L. XI. c. 9 Näheres; außerdem sind die Annales Rosenfeldenses zu vergleichen. Ueber den Landfrieden in Sachsen finden sich bei Ekkeharb gute Nachrichten; er erwähnt auch den Einfall Herzog Lothars in das Münsterland, über welchen dann die aus den Paderborner Annalen schöpfenden Quellen weitere Auskunft geben. Nach dem späten Chronicon Osnabrugense (Meibom II. 210) standen Lothar und seine Genossen erst Johannis 1121 vor Münster, während man nach Ekkeharb den Zug in den Anfang des Jahres zu verlegen geneigt ist. Die Rundreise des Kaisers durch Baiern und Schwaben im März und April 1121 bezeugen die Urkunden St. R. 3168. 3169; über das Verhalten des Bischofs Ubalrich von Konstanz zu jener Zeit berichtet die Chronik von Petershausen IV. c. 7. Den zu Fulda i. J. 1120 beabsichtigten Fürstentag erwähnen allein die Erfurter Annalen (Chronicon Sanpetrinum, Annales Pegavienses). Die Zeit, in welcher Otto von Wittelsbach die Pfalzgraffchaft in Baiern erhielt, hat Muffat in den Sitzungsberichten der baierischen Akademie der Wiffenschaften 1866, Bd. II. H. 2. S. 195 ff. näher erörtert und manche bisher verbreitete falsche Angaben berichtigt. Für das Unternehmen des Kaisers gegen Mainz ist Ekehard die Hauptquelle.

S. 931—933. — Ekehard giebt ausführliche Nachrichten über die Verhandlungen zu Würzburg. Der rivus, qui Werna dicitur, ist nicht, wie Stenzel und Andere nach ihm annehmen, die Wernitz, welche weder eine Tagereise von Würzburg fließt, noch auf dem Wege der Sachsen lag, sondern der Wernbach bei Wernfeld. Das consilium beim Annalista Saxo z. J. 1121 ist keine Friedensurkunde, sondern nach Gervais im Ganzen richtiger Auffassung enthält es die Vorschläge, welche dem Kaiser und den Fürsten vorgelegt wurden. Das Verfahren, welches in Würzburg beobachtet wurde, wird durch die sehr ähnlichen Maßregeln, welche Calixt II. auf der Lateransynode von 1123 zur Entscheidung des Streits zwischen Pisa und Genua ergriff, gut erläutert. Auch hier wurde ein Ausschuß von 24 Schiedsrichtern ernannt, welche ihr consilium dann dem Papst und der Synode vorlegten (Cafari Annales Januenses M. G. XVIII. 16). Schwerlich ist das consilium der Fürsten zu Würzburg, wie es uns vorliegt, vollständig; schon die Worte ad collaudatam in presentia domni papae audientiam deuten darauf hin, daß früher einer Synode Erwähnung geschehen sein müsse, und es war hier gewiß ausgesprochen, daß erst auf dieser Synode die kirchlichen Streitfragen endgültig ausgetragen werden sollten. In dem Instrument geben auch die Worte: de hereditate palatini comitis Sigefridi, sicuti Mettis inter ipsum et domnum imperatorem constitutum est, ita permaneat Anstoß. Ist der Text richtig, so muß ipsum sich auf den Papst beziehen und schon zu Metz im October 1119 über Siegfrieds Erbschaft ein Abkommen getroffen und die Kämpfe mit den Anhaltinern, als der Metzer Vertrag nicht ratificirt wurde, von Neuem ausgebrochen sein. Vielleicht ist mit diesen Kämpfen der in einer Urkunde St. R. 3171 erwähnte Zug des Kaisers gegen ein castrum, quod comes Otto contra eum erexerat, in Verbindung zu bringen und in Otto der bekannte Graf von Ballenstedt, der Vertheidiger seiner Neffen, zu sehen. Die von Stenzel I. 699 angezogenen Schreiben Lamberts von Ostia und Adalberts von Mainz beziehen sich nicht auf die Würzburger Verhandlungen, sondern auf den späteren Reichstag zu Worms. Wenn Anselm in der Fortsetzung des Siegbert die Würzburger Verhandlungen nach Quedlinburg irrthümlich verlegt, so darf man deshalb nicht, wie es von Stenzel und Anderen geschehen ist, von einem zweiten Reichstage sprechen; was Anselm von der Anwesenheit päpstlicher Legaten bei den Verhandlungen des Reichstags sagt, wird von keiner anderen Seite bestätigt. Fickler, Odalrich II. von Konstanz S. 37 sucht nachzuweisen, daß schon im Anfange des Jahres 1120 auf einem Hoftage in Bamberg der Würzburger Friede angebahnt sei, aber seine Argumentation stützt sich auf eine Urkunde (St. R. 3167), welche Stumpf mit vollem Recht als unecht bezeichnet hat; sie ist nur eine entstellte Copie einer Urkunde von 1122 (St. R. 3184). Adalbert wird als Erzkanzler wieder in den Urkunden von 1122 genannt. In den beiden Urkunden von 1119 und 1121 St. R. 3159. 3168 ist sein Name offenbar erst später hinzugesetzt, wie schon die ungewöhnliche Stellung desselben anzeigt. Ueber die damalige Rückkehr Konrads von Salzburg in sein Erzbisthum sehe man die Vita Chuonradi c. 13 und Wattenbachs Anmerkung zu dieser Stelle.

S. 933—935. — Das Ende Friedrichs von Lüttich und die folgenden Wirren im Bisthum Lüttich berichten die Vita Friderici und die Gesta abb. Trudonensium XI. c. 12—17. Der Aufenthalt des Kaisers zu Aachen um Ostern 1122 und der dort gehaltene Hoftag wird durch Urkunden (St. R. 3173. 3174) bezeugt. Daß der Kaiser dann nach Lüttich kam, sagt Anselm, der auch die Zerstörung von Bauquemont erwähnt. Die Annales Colonienses gedenken ebenfalls dieser Ereignisse; sie nennen den Besitzer der Burg Gozwin, Anselm ihn Gothuin, die Gesta abb. Trud. c. 13, welche ihn als eifrigen Fridericianer bezeichnen, Gozguin. Die ärgerlichen Vorgänge am Pfingstfest zu Utrecht erzählen im Wesentlichen übereinstimmend die Annales Colonienses und Aquenses; man beachte dabei die Urkunden St. R. 3176—3179. Aehnliche Vorfälle erzählt Eckehard, verlegt sie aber auf die Weihnachtszeit 1122, welche der Kaiser schwerlich wieder in Utrecht verlebte; man wird nicht anders annehmen können, als daß Eckehard über diese Dinge nicht genau unterrichtet war. Dagegen giebt er sehr gute Nachrichten über den gefährlichen Streit, der wegen des Bisthums Würzburg entbrannte. Außer seinem Bericht kommt besonders die Vertheidigungsschrift Gebhards im Codex Udalrici Nr. 335 (S. 233) in Betracht; Gebhard verschweigt natürlich Manches, so vor Allem die ihm vom Kaiser ertheilte Investitur, aber man erfährt doch wichtige Umstände nur aus dieser Schrift. Klar wird auch aus derselben, daß der Kaiser nicht sogleich nach Erlungs Tode nach Würzburg kam; es mußten Wochen, ja Monate nach der Erledigung bis zur Wahl und Investitur Gebhards vergangen sein. Bei der Anwesenheit des Kaisers in Würzburg, die etwa in den Februar 1122 zu setzen sein wird, ist wohl die undatirte Urkunde St. R. 3172 ausgestellt. Im Zusammenhange hat über die Streitigkeiten um das Bisthum Würzburg in den Jahren 1122—1127 v. Hefele im Anzeiger für Kunde der deutschen Vorzeit Jahrg. 1862 Nr. 1—5 gehandelt; den Einwendungen, die hier gegen die factischen Angaben in Gebhards Vertheidigungsschrift gemacht werden, kann ich jedoch zum Theil nicht beistimmen.

S. 935. 936. — Bischof Azzo von Acqui war bereits i. J. 1120 nach Deutschland gegangen, wie aus Udalstalt de Egivone am Schluß hervorgeht. In diese Zeit wird auch das päpstliche Empfehlungsschreiben für Azzo J. R. 5092 gehören; es ist von demselben Tage mit dem Gnadenbrief des Papstes ausgestellt, welchen der gleichzeitig abreisende Abt Egino erhielt (J. R. 5009). Das sehr bedeutsame Schreiben des Papstes an den Kaiser vom 19. Februar 1122 ist bei Neugart, Codex diplomat. Alem. II. 50 und daraus bei Watterich II. 146. 147 gedruckt (J. R. 5079)[1]). Daß Bruno von Speier und Erluf von Fulda nicht unmittelbar nach dem Würzburger Reichstage, wie gewöhnlich angenommen wird, nach Rom gingen, zeigt die vorhin erwähnte Vertheidigungsschrift Gebhards von Würzburg. Denn zufolge derselben war Bruno noch im Anfange des Jahres 1122 in Deutschland, und Anselm sagt auch ausdrücklich, daß erst in diesem Jahre die Abfertigung dieser Gesandten beschlossen wurde. Gervais Bemerkungen S. 337 Note 2 haben hiernach keinen Anhalt. Von welcher Natur die Aufträge Brunos und Erlufs waren, erhellt aus dem Schreiben des Cardinals Lambert an den Kaiser im Cod. Udalrici Nr. 332 (J. 210): Religiosi viri, nuncii videlicet magnitudinis vestrae, apostolicam sedem nuper adierunt, dicentes, pacis et concordiae inter regnum et sacerdotium iam tandem excellentiae vestrae consilium placuisse, si tamen salva maiestate imperii et absque diminutione regni fieri potuisset. Ueber die päpstliche Gesandtschaft,

---

1) Was bedeutet der Ausstellungsort Leguntii episcopi? Der Papst war am 26. Januar zu Bitonto, am 23. Februar zu Benevent. S. Leuclo bei Benevent führte damals noch den Namen Collina, doch war die Kirche dem heiligen Bischof Leutius geweiht. Vergl. Borgia, Memorie di Benevento II. 231.

welche darauf nach Deutschland ging, berichten Eckehard und Anselm. Die Ankündigung des allgemeinen Concils erhellt aus dem Schreiben des Papstes J. R. 5093; daß sich der Papst damals auch an Erzbischof Adalbert wandte, sieht man aus dem Brief des Letzteren an ihn bei Mansi XXI. 275.

S. 937—941. — Wir erkennen den Zustand, welchen die päpstlichen Legaten in Deutschland vorfanden, am deutlichsten aus Eckehards Darstellung. Das Verhalten Ottos von Bamberg in jener Zeit geht aus Adalberts Brief an ihn im Cod. Udalr. Nr. 333 (J. 213) hervor. Die Zerstörung der Burg Kerpen berichten die Kölner Annalen, rec. II. Ueber das Ausschreiben eines deutschen Concils nach Mainz und die Bemühungen der Legaten um dasselbe sehe man die Actenstücke im Cod. Udalr. Nr. 304. 331—333. Mascow, Stenzel und Andere nehmen an, daß die Berathungen der Fürsten über den Vertrag zu Mainz, die Vollziehung desselben aber zu Worms stattgefunden habe. Jenes stützt sich allein auf die zuletzt erwähnten Schreiben im Codex Udalrici, aus denen allerdings unzweideutig hervorgeht, daß die Verhandlungen nach dem Verlangen der Legaten am 8. September zu Mainz eröffnet werden sollten. Aber ebenso gewiß ist, daß sie nicht in Mainz wirklich stattfanden, sondern in Worms. Keine Quelle spricht von Mainz; Eckehard nennt ausdrücklich Worms als den Ort, wo der Reichstag berieth, ebenso Anselm und die Erfurter Annalen (Chronicon Sanpetrinum, Annales Pegavienses); nur die Paderborner Annalen (Annales Hildesheimenses und Colonienses) geben irrthümlich Speier als Versammlungsort an. In diesem Punkt hat Gervais S. 345 bereits das Richtige bemerkt, aber unbegründet ist seine Annahme, daß die Verhandlungen bis zur Mitte des September verschoben seien; Anselm sagt bestimmt, daß die Wormser Versammlung am 8. September zusammengetreten sei, und die Notiz, welche aus den Paderborner Annalen in die aus ihnen abgeleiteten Quellen übergegangen ist, stimmt damit überein. Ueber den Gang der Verhandlungen wissen wir nicht viel mehr, als was Adalbert darüber an den Papst in dem Schreiben bei Mansi XXI. 275 berichtet. Die beiden Urkunden, auf welchen der Wormser Vertrag beruht, sind in den M. G. Legg. II. 76 von Pertz herausgegeben; man vergleiche auch Cod. Udalr. Nr. 305. 306 (J. 214). Die kaiserliche Urkunde ist nach dem Original zuletzt von Theiner, Cod. diplom. dom. temp. I. 11 veröffentlicht worden. Aber sollte das Original wirklich im Anfange statt Dei gratia das seltsame de gratia, statt dimitto Deo et sanctis Dei apostolis das sonst unverbürgte dimitto et dono sanctis Dei apostolis haben? Das Leben Calixts II. in der Sammlung des Cardinals Boso (Muratori Scriptores III, 1. 420) theilt die Urkunde aus demselben Exemplar mit, und diese Abweichungen finden sich dort nicht. Dagegen wird in den Unterschriften des Originals die des Bruno von Trier, welche Pertz nach mehreren Handschriften aufgenommen hat, ohne Zweifel fehlen; sie fehlt auch in dem Leben Calixt II. und ist unbedenklich zu streichen. Für diese Unterschriften ist von Interesse die zu Lobwisen bei Lorsch ausgestellte kaiserliche Urkunde für das Kloster Kappenberg bei Erhard, Cod. West. I. 152 (St. R. 3182). Sie ist ohne Tag und vom Jahre 1123 ausgestellt, gehört aber ohne Zweifel in den September 1122, quando dominus imperator anulum et baculum ecclesiae remisit. Als Zeugen sind hier erwähnt: Adalbertus Mogontinus archiepiscopus, Fridericus archiepiscopus Coloniensis, Hartwicus Ratisbonensis episcopus, Otto Bavenbergensis episcopus, Bruno Spirensis episcopus, Herimannus Augustensis episcopus, Gebehardus Herbipolensis episcopus, Heinricus dux Boioariorum, Fridericus dux, Symon dux, Pertolfus dux et frater eius Chuonradus, marchio Thiepoldus, marchio Engelbertus, Berengarius comes. Die päpstliche Urkunde des Vertrags habe ich nach der meines Erachtens am besten verbürgten Fassung bei Ekkehard und Anselm übersetzt; in der von Pertz gegebenen Recension finden sich einige wesentliche Abweichungen. Das Datum dieser Urkunde (23. September) steht bei Ekkehard und ist doch wohl dem Original entnommen; die kaiserliche Urkunde trägt auffälliger Weise kein Datum.

S. 942—945. — Der Brief des Abts Laurentius an Erzbischof Adalbert ist zuletzt von Jaffé in der Bibl. III. 395 herausgegeben. Das wichtige Schreiben Adalberts an den Papst über den Wormser Vertrag, auf welches ich mich im Text öfters bezogen habe, findet sich in der Pariser Handschrift des sächsischen Annalisten; der Abdruck bei Mansi XXI. 275. 276 ist lückenhaft und so fehlervoll, daß man den Sinn kaum erkennt. Aus den verloschenen Zügen der Handschrift hat Jaffé neuerdings den Text glücklich hergestellt und wird danach das Schreiben neu herausgeben; für mich war es von großem Werth, daß mir Jaffé die Einsicht in den verbesserten Text gewährte. Die Vertreibung des Bischofs Kuno von Straßburg und die Einsetzung des Bruno erwähnt der Annalista Saxo z. J. 1123; Bruno wird als Bischof schon in der Urkunde vom 28. December 1122 St. R. 3185 genannt. Ueber das Ende des Herzogs Berthold haben die Annales Colonienses z. J. 1122 eine bemerkenswerthe Notiz. Steht als Todesjahr Bertholds 1122 hiernach fest[1]), so wird der Todestag nicht nach Stälins Annahme der 3. Mai sein können; denn Berthold wird noch in den oben erwähnten Urkunden vom September 1122 genannt. Sollte nicht in der bei Stälin II. 296 angeführten Urkunde Bischof Rudolfs von Lüttich im Abdruck bei Outremann (Constantinopolis belgica) ein Fehler sein und statt fratris mei dort fratris sui oder eius zu lesen sein? Dann würde Bertholds III. Tod auf den 8. December 1122 fallen, womit alle unsere Notizen sich gut vereinigen ließen. Adalberts Schreiben an den Papst in der Straßburger Sache ist zuletzt von Jaffé, Bibliotheca III. 393 herausgegeben worden. Imperator, heißt es hier, tam gravi cum (Cononem) odio persecutus est, ut omnibus rebus suis cum abraserit et de civitate expulerit. Quod totum assecutus est imperator compositione huius pacis. Hec non ideo dicimus, ut iniusticiam episcopi studeamus defendere vel approbare, sed ideo in Deo coram Christo loquimur, quia, si tam absoluta potestas imperator conceditur seviendi in qualemcunque istam episcopum, reliquis fidelibus, qui cum ecclesia Dei permanserunt, scandalum et intolerabilis persecutio generabitur. In ähnlicher Weise hatte sich Adalbert schon in dem früheren Schreiben an den Papst über die Gefahren ausgesprochen, mit welchen der Wormser Vertrag die Kirche bedrohe. Ueber den Hoftag zu Bamberg im November 1122 sehe man Ekkehard und die Urkunden St. R. 3083. 3084. Die päpstlichen Legaten Lambert und Saxo werden noch als Zeugen in der kaiserlichen Urkunde vom 24. Januar 1124 genannt (St. R. 3187); auffälliger Weise stehen sie dort in letzter Stelle. Das Schreiben des Papstes an den Kaiser vom 13. December 1122 findet sich bei Mansi XXI. 380 und ist auch bei Watterich II. 150 abgedruckt (J. R. 5104). Perpendat, heißt es in diesem Schreiben, imperialis excellentia tua, quantum diuturna ecclesiae imperiique discordia Europae fidelibus intulerit detrimentum et quantum nostra pax afferre poterit boni fructus, Domino cooperante, incrementum.

---

1) Auch in der Historia fundationis des Klosters St. Georgen (Mones Zeitschrift IX. S. 208) wird, worauf mich Stälin aufmerksam gemacht hat, als Todesjahr Bertholds 1122 angegeben.

S. 945—949. — Die Zahl der auf dem Laterenconcil b. J. 1123 versammelten Bischöfe giebt Suger (Du Chesne IV. 311), der gegenwärtig war, auf über dreihundert an; Pandulf berechnet die anwesenden geistlichen Würdenträger, wohl ebenfalls als Augenzeuge, auf 997. Daß erst hier der Investiturstreit völlig zum Abschluß kam, bemerken Suger und Falco ausdrücklich. Die Continuatio Sigeberti Atrebatensis (M. G. VI. 443) sagt: Concilium fuit apud Romam, in quo pax inter papam et imperatorem confirmatur, und diese Worte sind dann mehrfach nachgeschrieben worden. Die Acten dieses allgemeinen Concils besitzen wir in verschiedenen Recensionen (M. G. Legg. II. 182, Mansi XXI. 281—286, 299—304), aber in keiner, wie es scheint, vollständig. Die vorhandenen Nachrichten und die überlieferten Kanones des Concils finden sich bei Hefele, Conciliengeschichte V. 339 ff. gut zusammengestellt. Calixts II. Bestrebungen, dem Kriege gegen die Ungläubigen neue Nahrung zu geben, erkennt man besonders aus seinem Schreiben J. R. 5160. Ueber seinen Einfluß auf die Verbreitung des Turpin sehe man Gaston Paris, de Pseudo-Turpino (Paris 1865). Nach den hier niedergelegten Untersuchungen sind die ersten 5 Kapitel schon um 1050 in Compostella abgefaßt, Kapitel 6—32 sind dagegen zwischen 1110 und 1115 geschrieben, und zwar von einem Mönche des Klosters St. André zu Bienne, der wahrscheinlich Erzbischof Guido auf seiner Reise nach Compostella i. J. 1108 begleitet hatte; der Brief, durch welchen Papst Calixt II. den Turpin für echt erklärt haben soll, ist gleich einem ähnlichen Schriftstücke Innocens II. untergeschoben. Die M. Cassino betreffenden Verhandlungen der römischen Synode werden im Chronicon Cassinense IV. c. 78, die Pisa betreffenden in den Annalen des Casarus, der selbst zugegen war (M. G. XVIII. 16), berichtet; über die letzteren sehe man auch die Urkunde des Papstes J. R. 5138. Die Vergünstigungen, welche Calixt II. zur Zeit der großen Lateransynode der deutschen Kirche ertheilte, lernen wir aus den Urkunden J. R. 5120. 5126. 5128. 5131 am besten kennen. Ueber die Weihe des Abts von Fulba vergleiche man Schannat, Historia Fuldensia p. 162, über die Verhältnisse Hamburg-Bremens den Annalista Saxo. Die Worte des Annalista, welche unzweifelhaft den Paderborner Annalen entlehnt sind, verdienen wiederholt zu werden: Adalbero, Bremensis archiepiscopus post Fridericum, qui III. Kal. Februarii obierat, canonice electus, pro reposcenda pallii dignitate Romam vadit. Ibi a domno apostolico Calixto honorifice excipitur, in archiepiscopum ab eo consecratur, habitaque sinodo canonico et iudiciario ordine pallium obtinuit, negligentia duorum antecessorum suorum amissum et in Danos translatum. Antiqua enim et nobilis illa Bremensis eclesia iure metropolitano super Danos et Suethos et Norwegon et Scridevingos principatum habuit. Addidit quoque domnus apostolicus hanc auctoritatem, ut predicte eclesie pontifex liberam predicandi licentiam habeat, quousque terra ad occanum versus partes illas extenditur. His ita actis, in hoc quoque domnus papa honorem sibi adauxit, quod quendam bone conversationis clericum, qui secum Romam venerat, Suethis episcopum ordinavit. Post ad patriam remeat, addito sibi cardinale viro religioso, qui ex decreto domni apostolici omnibus Datie episcopis, ut ei sicut metropolitano obedirent, ediceret. Ab inperatore gloriose exceptus, Bremam venit, frequentissimis tocius provincie illius conventibus sollempniter eum excipientibus. Für die Lateransynode hatte Ubalstalk seine Vita Chunradi episcopi Constantiensis geschrieben, wie aus der Dedication an Papst Calixt hervorgeht (M. G. IV. 440).

S. 950—954. — Die Wirksamkeit des Cardinallegaten Wilhelm von Palestrina können wir nach dem Schreiben des Papstes in den Gesta Godefredi archiepiscopi Treverensis (M. G. VIII. 201) J. R. 5185, der Vertheidigungsschrift des Bischofs Gebhard von Würzburg im Codex Udalrici Nr. 335 (J. 233) und dem bei Jaffé Bibliotheca III. 396, 397 abgedruckten Schreiben des Cardinals Gerhard beurtheilen. In der Urkunde des Kaisers, vom 25. Juli 1124 zu Worms ausgestellt (St. R. 3199), wird der Legat als Zeuge genannt; in dieselbe Zeit fällt der in der Vertheidigungsschrift Gebhards erwähnte Wormser Hoftag. Man vergleiche auch den Bericht über einen anderen Hoftag zu Neuhausen vor Worms, bei welchem der Legat zugegen war, in der Urkunde vom 8. Januar 1125 (St. R. 3204). Interessant ist das Schreiben des Papstes an König Ludwig von Frankreich vom 19. Februar 1124 (J. R. 5168); man sieht aus demselben, daß damals eine persönliche Zusammenkunft zwischen dem Papst und dem Kaiser beabsichtigt war. Landulfus de s. Paulo berichtet c. 51 von der Sendung der Palmenzweige von Mailand an den Kaiser. Die Stellung des Papstes zu Wilhelm von Apulien und Roger von Sicilien ist besonders aus dem Schreiben des Ersten J. R. 5073 deutlich zu erkennen. Die Kämpfe Calixts II. mit den Herren in der Campagna werden in den Annales Ceccanenses z. J. 1123, die Zerstörung der Thürme des Cencius von Pandulf (Watterich II. 117) berichtet. Fere iam antiqui Octaviani tempora, sagt Pandulf, redibant, iam Christus continue in mentibus fidelium nascebatur; beim Tode Calixts braucht er die Worte (p. 118): pacis pater cum ipsa pace recedit. Falco von Benevent bestätigt die Darstellung des Pandulf: Audivimus autem et, quod re vera est, comperimus, tale tantumque pacis firmamentum infra Romanam urbem temporibus praedicti apostolici advenisse, quod nemo civium vel alienigena arma, sicut consueverat, ferre ausus est. Ueber die Bauten des Papstes in Rom sehe man die beiden Lebensbeschreibungen desselben und die Bemerkungen von Gregorovius IV. 381; eine Abbildung der alten Darstellungen in der Kapelle des heiligen Nicolaus findet sich bei Gattula, Hist. Cassinensis I. 362. Die persönliche Haltung des Papstes wird in dem Briefe des Abts Egino (M. G. XII. 446) und von Suger im Leben König Ludwigs p. 310 aus unmittelbarster Kenntniß geschildert. Ueber die Anfänge der Regierung Honorius II. giebt Pandulf (Watterich II. 157) gute Nachrichten.

S. 959—963. — Ueber die Landplage der Reiter (equites) sehe man Eckehard z. J. 1123. Mir scheint kein Grund zu der Annahme vorzuliegen, daß die Grafschaften in Baiern früher in einem anderen Verhältniß zu der Reichsgewalt gestanden hätten, als in den übrigen deutschen Ländern; sie wurden dort, wie hier, von dem Kaiser verliehen und standen in keinem Lehnsnexus zu dem Herzogthum. Vergl. L. Weiland, Das sächsische Herzogthum unter Lothar und Heinrich dem Löwen (Greifswald 1866) S. 7. Nach den Untersuchungen Fickers und Anderer steht jedoch fest, daß sich im zwölften Jahrhundert die Markgrafen und Grafen Baierns in Lehensabhängigkeit von ihrem Herzog befanden, und nur Zustände, wie sie gegen Ende des elften Jahrhunderts in Baiern obwalteten, in denen sich Welf siegreich Heinrich IV. gegenüber als Herzog behauptete, können diese eigenthümliche Erscheinung meines Erachtens erklären. Eine Sonderstellung Baierns im Reiche tritt seit dem Jahre 1097 vielfach hervor. Auffällig ist schon, wie Heinrich IV. um Ostern 1099 zu Regensburg seinen Sohn von den baierischen Großen, die bei der Wahl nicht zugegen waren, noch besonders als König anerkennen läßt (Eckehard Cod. A.). In Bezug auf den Fürstentag zu Frankfurt i. J. 1116 heißt es beim Annalista Saxo: Principes Bawarie non veniunt. Auf dem Würzburger Reichstage i. J. 1121 waren nach

Eckehard nur Herzog Heinrich und Graf Berengar zugegen; die anderen baierischen Fürsten bestätigten dann erst besonders auf einem Landtage zu Regensburg die Würzburger Beschlüsse. Die baierischen Großen nannten sich vom Anfange des zwölften Jahrhunderts an principes ducis, principes terrae, principes terrae ducis; man sehe die Beweisstellen bei Heigel und Riezler, Das Herzogthum Baiern zur Zeit Heinrichs des Löwen und Ottos I. von Wittelsbach (München 1867) S. 183. Sehr bemerkenswerth ist auch, wie wenig Heinrich V. unmittelbar in die baierischen Angelegenheiten eingriff, obwohl er im Lande von Anfang an den stärksten Anhang hatte; seine Macht beruhte aber hier vor Allem auf dem guten Verhältniß zu den Welfen, welches er stets aufrecht erhielt. Wie die herzogliche Gewalt im oberen Deutschland zu der Zeit Heinrichs IV., als man die kaiserliche Autorität nicht mehr anerkannte, eine größere Bedeutung gewann, sieht man besonders aus Bernold z. J. 1093, 1094.

S. 963—967. — Die Stellung Lothars zu Heinrich V. ist in Weilands oben angeführtem Buche gründlich erörtert; in allen wesentlichen Punkten treffe ich mit den hier gewonnenen Resultaten zusammen. Außerdem ist die Einleitung von Jaffés Lothar von Sachsen (Berlin 1843) und die gleichzeitig erschienene Berliner Dissertation von Panten, Commentarii de rebus a Lothario III. gestis (Pars I.) zu berücksichtigen. Der Zug Lothars gegen die Wenden i. J. 1121 wird beim Annalista Saxo erwähnt; man vergleiche Jaffé, Lothar S. 17. 234. Wie der Sachsenherzog in die Streitigkeiten der Staber Grafen mit Friedrich eingriff, berichten die Annales Stadenses 1112—1123. 1124. Die Kämpfe Lothars um die Heimburg erzählt Annalista Saxo z. J. 1123. Der Todestag Reinhards von Halberstadt ist in den Annales Rosenfeldenses und den aus ihnen schöpfenden Quellen angegeben; über die Wahl seines Nachfolgers sehe man Adalberts Brief an die Halberstädter und das Schreiben des Erzbischofs von Magdeburg an Otto von Bamberg bei Martene, Ampl. coll. I. 680. 681. Den Tod Ludwigs des Springers und die ihm folgenden Ereignisse in Thüringen berichten die Erfurter Annalen (Chronicon Sanpetrinum, Annales Pegavienses, Annales S. Petri Erphesfurdenses M. G. XVI. 17).

S. 967—971. — Nach Eckehard müßte der Kaiser Weihnachten 1122 zu Utrecht gefeiert haben, aber die damit in Zusammenhang gebrachten Ereignisse gehören in eine frühere Zeit, und nach einer Urkunde St. R. 3185 war Heinrich am 28. December 1122 in Speier; dort wird er ohne Zweifel auch das Weihnachtsfest verlebt haben. Daß Heinrich vom Anfang des Jahres 1123 bis gegen Pfingsten in den rheinischen Gegenden verweilte, zeigen die Urkunden St. R. 3186—3191 und Cosmas Pragensis III. c. 51. Ueber die Unternehmungen des Kaisers gegen die Gräfin von Holland und den Bischof von Utrecht, wie über den Antheil Lothars an diesen Händeln sehe man außer Eckehard den Annalista Saxo und die Annales Colonienses; beide Quellen beruhen hier in gleicher Weise auf den alten Paderborner Annalen. Die Ausgleichung des Kaisers mit Bischof Godebald bezeugt die in Utrecht am 2. August 1123 ausgestellte Urkunde St. R. 3193. Den Tod des Markgrafen Heinrich melden die Erfurter Annalen z. J. 1123 und fügen hinzu, daß die eine von dessen Marken Wiprecht von Groitsch, die andere der Winzenburger erhalten habe. Der Pegauer Annalist bezeichnet z. J. 1117, wo er auch spätere Ereignisse zusammenfassend erzählt, die Lausitz als die Mark, welche Wiprecht auf einem Hoftage zu Worms erhalten habe: dann mußte Hermann von Winzenburg die andere von dem Verstorbenen verwaltete Mark Meißen zufallen, und dies wird dadurch bestätigt, daß wir später in der Lausitz Wiprechts Sohn finden, während uns Hermann von Winzenburg gleichzeitig in Meißen begegnet. Man vergleiche die Erfurter Annalen z. J. 1130. 1131. Hiernach muß man einen unbestimmten Ausdruck annehmen, wenn von den Annales Colonienses und vom Annalista Saxo übereinstimmend nach ihrer Paderborner Quelle gemeldet wird: Imperator Wigberto marchiam in Misne tradit; man darf dies wohl nur auf eine Schutzgewalt Wiprechts über den jungen Markgrafen Hermann beziehen, und hiermit lassen sich auch am besten die Worte des Cosmas III. c. 52: imperator marchionatum dederat Wiperti sub potentiam vereinbaren. Man vergleiche Weiland a. a. O. S. 58. Was Cohn in den Göttinger Gelehrten Anzeigen 1866, S. 705 gegen Weiland eingewendet hat, beruht auf der Annahme, daß Alles, was der Pegauer Annalist z. J. 1117 erzählt, in dieses Jahr gehöre, aber der Annalist pflegt, was er nicht den Erfurter Annalen nachschreibt, ziemlich willkürlich unter dieses oder jenes Jahr zu vertheilen. Die Auffassung dieser Verhältnisse bei Heinemann, Albrecht der Bär S. 322 scheint mir zu gesucht. Ueber Lothars Eingreifen in die Marken und seine Erfolge geben der Annalista Saxo und die Annales Colonienses gute Nachrichten aus ihrer Paderborner Quelle; auch Cosmas Pragensis III. c. 52. 53 handelt hierüber ziemlich ausführlich. Ueber Wiprechts Tod sehe man die Annales Pegavienses z. J. 1124.

S. 971. 972. — Eckehard berichtet über den Zug des Kaisers gegen die Gräfin Gertrud i. J. 1124 und das darauf beabsichtigte Unternehmen gegen Herzog Lothar. Ueber das letztere haben wir auch bei Cosmas Pragensis III. c. 55. 56 Nachrichten; Cosmas giebt über den Bamberger Tag und die gegen Lothar angekündigte Heerfahrt genauere chronologische Bestimmungen, als Eckehard. Das Ende Friedrichs von Arnsberg und die Zerstörung seiner Burgen, wie der Zug Lothars gegen die Wenden im Anfange des Jahres 1125 wird vom Annalista Saxo berichtet.

S. 972—976. — Ueber das Unternehmen des Kaisers gegen Frankreich handelt Eckehard nur kurz. Ausführlichere Nachrichten besitzen wir bei Suger in der Vita Ludovici p. 312. 313, doch bemerkte schon Mascow mit Recht, daß den Zahlen bei Suger nicht große Glaubwürdigkeit beizumessen ist. Otto von Freising (Chron. VII. c. 16) sagt bestimmt, daß der Kaiser nur bis Metz gekommen sei. Interessant ist die gleichzeitige Notiz im Auctarium Laudunense zum Siegbert: Henricus, rex Lotharingie, congregata quanta potuit militum multitudine, intrare voluit terram regis nostri, qui similiter infinitam multitudinem tam militum quam peditum adunaverat. Quo audito, rex Lotharingie destitit a temerario incepto suo. Et hoc factum est XIX. Kal. Septembris. Die Continuatio Praemonstratensis hat diese Notiz aufgenommen und willkürlich erweitert. In den Cambrayer Annalen des Lambert Waterlos, in welchen z. J. 1122 die Uebergabe Cambrays an Karl von Flandern gemeldet wird, findet sich z. J. 1123 die Bemerkung: Intrante Augusto mense facta est non minima populi adunatio a Ludovico, rege Gallorum, timore Henrici imperatoris in Francia; selbstverständlich sind diese Notizen auf die Ereignisse des Jahres 1124 zu beziehen. Am 5. August 1124 ist eine kaiserliche Urkunde (St. R. 3200) mit dem Actum: Bovenegnae ausgestellt. Es wird dabei nicht an Boubignes südlich von Namur gedacht werden können, denn der Kaiser war damals in Metz oder auf dem Wege von Worms nach Metz. Ueber Böwingen, südlich von Luxemburg, worauf Stumpf jetzt hingewiesen hat, hätte eher der Heereszug gehen können. Der Inhalt der Urkunde, obwohl die Kanzleibestimmungen auffallend sind, spricht eher für als gegen die Echtheit. Otto von Freising sagt a. a. O. von Heinrich V.: Consilio generi sui, regis Anglorum, totum regnum vectigale

facere volens, multum in se optimatum odium contraxit. Der Vers des Udalstall
(M. G. XII. 448)
            Cum socero pugnas, civile malum dominatur
läßt sich wohl nur so erklären: während du in Verbindung mit deinem Schwiegervater Krieg führst, waltet im Innern des Reichs das Elend. Wäre diese Erklärung richtig, so ergäbe sich zugleich, daß das Gedicht in der zweiten Hälfte des Jahres 1124 entstand.

S. 977. 978. — Die Empörung der Wormser berichten Ekehard, die Annales Colonienses und Otto von Freising; zu vergleichen ist auch die Urkunde St. R. 3204, aus welcher man sieht, welche Fürsten bei der Belagerung von Worms um den Kaiser waren. Neuhausen wurde nach den Annales Colonienses erst i. J. 1124 befestigt, aber der Kaiser hat sich schon früher häufig in dem dortigen Kloster aufgehalten. Dieselben Annalen sagen, daß die Wormser mit 2000 Mark ihre Empörung büßen mußten, während Ekehard von 5000 Talenten spricht. Die traurigen Umstände im Anfange des Jahres 1125 schildern Ekehard, Anselm, die Erfurter Annalen und andere Quellen in gleicher Weise. Die Fürsten, welche zu jener Zeit besonders am Hofe verkehrten, lernt man aus den Urkunden St. R. 3203—3206 kennen. Man sehe auch Historia fundationis von S. Georgen (Mone Zeitschrift IX. 208). Der Aufenthalt des Kaisers Ostern 1125 zu Lüttich wird von Anselm berichtet, und die Urkunden St. R. 3208. 3209, wie das Schreiben des Kaisers an den Erzbischof Gottfried von Trier in den M. G. Legg. II. 77 bezeugen denselben.

S. 978—981. — Das Leiden des Kaisers wird allein von Anselm genauer bezeichnet: morbo dracunculi, qui sibi erat nativus, molestari cepit. Anselm giebt überdies die besten Nachrichten vom Tode des Kaisers. Der Aufenthalt des Kaisers am 14. April 1125 in Aachen wird durch die Urkunde für Otto von Wittelsbach St. R. 3211 dargethan, welche Stenzel II. 338 ohne Grund als verdächtig bezeichnet. Die interessante Urkunde vom 7. Mai 1125, deren Original noch im Stadtarchiv zu Trier ist, wurde apud Tuisburc (St. R. 3212) ausgestellt; darunter ist ohne Zweifel Duisburg am Rhein zu verstehen, nicht Doesburg an der Yssel, wie Stenzel II. 339 anzunehmen geneigt war. Ueber die letzten Bestimmungen des Kaisers sehe man Ekehard. Die Angabe, daß die Reichsinsignien nach Trifels gebracht werden sollten, ist völlig glaubwürdig; statt Trifels wird nur in einer interpolirten Handschrift Ekehards, welche dann von Burchard benutzt wurde, Hammerstein genannt. Der Todestag des Kaisers steht durch die Uebereinstimmung Ekehards, der Erfurter, Rosenfelder und anderer Annalen fest. Der 23. Mai war aber der Sonnabend nach Pfingsten, und bei Anselm, der sich sonst hier gut unterrichtet zeigt, ist deshalb wohl nur ein Versehen anzunehmen, wenn in seiner eigenen Handschrift der fünfte Wochentag (feria quinta in pentecoste) genannt wird. Das Urtheil der zu Speier beim Begräbniß versammelten Fürsten über Heinrich V. ergiebt sich aus ihrem Schreiben an Otto von Bamberg im Codex Udalrici Nr. 320 (J. 225). Memor oppressionis, heißt es hier, qua ecclesia cum universo regno usque modo laboravit, dispositionis divinae providentiam invocetis, ut in substitutione alterius personae sic ecclesiae suae et regno provideat, quod tanto servitutis iugo amodo careat et suis legibus uti liceat, nosque omnes cum subiecta plebe temporali perfruamur tranquillitate. Ueber die Sage, daß Heinrich V. noch in einer Wüste bei Chester längere Zeit gelebt habe, sehe man Giraldi Cambrensis Itinerarium II. c. 11. Von dem falschen Heinrich in Solothurn erzählt Sigeberti Continuatio Praemonstratensis z. J. 1138: His temporibus quidam pseudoimperator in partibus Alemanniae surrexit, qui per aliquod annos apud Solodurum in reclusione vivens, egressus inde imperatorem Henricum se esse mentiendo dixit. Qui cum multos seducendo sibi allexisset in tantum, ut pro eo etiam graves pugnae et homicidia fierent, aliis eum recipientibus, aliis seductorem palam profitentibus, tandem declarata eius falsitate, Cluniaci in monachum attonsus est. Man vergl. auch Richardi Cluniacensis Chronicon z. J. 1139 (Muratori Antiquitates IV. 1075). S. 981. 982. — Ekehard faßt sein Endurtheil über Heinrich V., welchen er früher so hoch erhoben hatte, in den Worten zusammen: primo sub specie religionis patrem excommunicatum imperio privavit, confirmatus in honoribus mores mutavit, sed post iniurias apostolicae sedi illatas semper se ipso inferior fuit; iusticiis regni non multum invigilavit; acer fuit ingenio, fortis et audax, licet parum felix in praeliis, nimius in appetendis alienis; pecunias, ut aiunt, infinitas congesserat, quas secundum scripturas cui thesaurizasset, ipse sine liberis obiens heu! heu! ignorabat. Die Erfurter Annalen (Chronicon Sanpetrinum z. J. 1105) bestimmen dieses Urtheil in einigen Punkten noch näher; es heißt hier: adepto regno ex integro, cepit se ad alta quaeque extendere, praedia et castella qualicunque occasione quibusque eripere, magna et grandia affectans, tamen parva et minima ambire, ignobiles extollere, nobiles et potentes sine audientia, proscriptis praediis et facultatibus, captivos et victos abducere, inter quos etiam ab apostolico manus suas non servavit innoxias. Es sei hier auch noch einmal daran erinnert, daß Anselm z. J. 1118 auf Heinrich das Wort anwendet: qui a multis timetur, necesse est, ut multos timeat. Von Interesse ist die Zusammenstellung Calixts II. und des Kaisers in dem mit dem Reime auf atur spielenden Gedichte des Udalstalt M. G. XII. 448. Nachdem der feierliche Einzug des Papstes in Rom beschrieben ist, fährt der Dichter fort:

Pompa triumphalis tibi, Caesar, tanta negatur.
Te veniente decus patrum cum lege fugatur,
Huius in adventu lex iusticiae renovatur.
Cum socero pugnas, civile malum dominatur,
Per te nulla quies, dum Cato siti moriatur;
Hoc sed patre pio gens genti pacificatur,
Ecclesiaeque status ius in proprium reparatur.

Günstig urtheilt von allgemeineren Gesichtspunkten aus über Heinrich V. Wilhelm von Malmesbury L. V. c. 437 (M. G. X. 483. 484); er rühmt von ihm die Beendigung des Investiturstreits in Deutschland und die Herstellung der kaiserlichen Macht in Italien. Magnum gaudium, quisquis christiane sapuit, accepit, quod is imperator, qui proxima fortitudinis gloria acriter Karoli Magni invaderet vestigia, etiam a devotione ipsius in Deum non degeneraret, qui praeter Teutonici regni nobiliter sopitas rebelliones etiam Italicum ita subegit, ut nullus adeo. Von dem Urtheil des Engländers weicht das des Franzosen Suger weit ab. Ueber Mathildens Rückkehr sehe man Wilhelm von Malmesbury in der Historia novella I. c. 1 (M. G. 484) und die Annales Disibodenbergenses z. J. 1125.

S. 982—1000. — Eine reiche Litteratur hat sich über Otto von Bamberg gebildet, in welcher besonders seine Missionsthätigkeit in das Auge gefaßt ist. Die Kritik hat, seitdem durch Köpke die alten Lebensbeschreibungen Ottos in den M. G. herausgegeben sind, eine festere Grundlage gewonnen. Die Vortheile, welche Köpkes Edition bietet, sind in den beiden Arbeiten von W. Vollmann: 1) de Ottone I. episcopo Bambergensi I. Pars prior (Königsberger Dissertation 1860) und 2) Bischof

Ottos erste Reise nach Pommern (Programm des Gymnasiums zu Rastenburg 1862) meines Wissens zuerst benutzt worden; zugleich hat der Verfasser die früheren Untersuchungen angemessen zu verwerthen gewußt. Die Dissertation handelt von Ottos Jugend, dem Antritt des bischöflichen Amtes und seiner Theilnahme am Investiturstreit, das Programm, wie der Titel anzeigt, nur von der ersten Missionsreise: die ganze Thätigkeit des ausgezeichneten Mannes wird demnach durch diese Schriften nicht beleuchtet. Eine vollständige Biographie hat neuerdings Franz Xaver Sulzbeck in seinem Leben des heiligen Otto (Regensburg 1865) zu geben versucht. Der erbauliche Ton, welchen der Verfasser bisweilen anschlägt, thut meines Erachtens der historischen Darstellung einigen Abbruch, doch ist nicht zu verkennen, daß sie sich auf ein fleißiges Studium der älteren und neueren Hülfsmittel stützt. Die Bedeutung, welche Otto für Bamberg hatte, scheint mir freilich nicht in gleichem Maße hervorgehoben, wie seine Thätigkeit in der Mission und in der Gründung von Klöstern, und doch wird man den Mittelpunkt seiner Wirksamkeit in dem suchen müssen, was er für sein Bisthum selbst that. Ueber Otto in seinem Verhältniß zu Heinrich V. und Lothar III. hat zuletzt M. J. Höfner in einer kleinen Schrift (Tübingen 1865) gehandelt. Für eine auf kritischer Grundlage ruhende, allseitig erschöpfende Biographie Ottos bleibt noch immer Raum, und es wird für eine solche von Bedeutung werden, daß der wieder aufgefundene und von Köpke in dem M. G. XX. 705—769 herausgegebene echte Text des Herbord außer allem Zweifel stellt, daß Ebbos Arbeit die ältere ist und bereits von Herbord benutzt wurde. Mir mußte hier genügen Ottos Wirksamkeit nach den verschiedenen Seiten anzudeuten und besonders seine Bedeutung als Apostel der Pommern hervorzuheben. Ich habe mich dabei durchaus an die Quellen gehalten und kann mich im Allgemeinen auf dieselben berufen; wenige Bemerkungen werden hinreichen, um meine Angaben, wo ich von Anderen abweiche, zu begründen oder auf bisher weniger beachtete Punkte hinzudeuten. Die Eroberung Stettins durch Boleslaw im Winter 1120 auf 1121 berichtet Herbord II. c. 5; ein älteres merkwürdiges Zeugniß für dieselbe ist auch in den Miraculis s. Egidii (M. G. XII. 320) vorhanden. Der Name Nabam ist zweifelhaft; die Handschrift des Herbord II. c. 5 giebt Naclam und diese Form hat jetzt Köpke aufgenommen. Von der Missionsreise des Bernhard erzählt nur Ebbo II. c. 1. 2; Herbord und der Prieflinger Biograph erwähnen des Vorgängers Ottos in der Pommerschen Mission nirgends. Offenbar gehörte Bernhard den italienischen Eremitenmönchen an, und seine Mission stand mit früheren ähnlichen Bestrebungen dieser Mönche in Verbindung. Bisher ist dieser Punkt kaum hervorgehoben, obwohl Ebbo darüber keinen Zweifel läßt (hereticam vitam cum aliis servis Dei duxerat — — a fratribus suis heremitis per multa terrarum spatia requisitus). Der Brief Boleslaws bei Herbord II. c. 6 ist gewiß ein echtes Actenstück und deshalb für die Geschichte Ottos von großem Werth. Auffällig ist, daß Herbord die Genehmigung zu Ottos Missionsreise irrig von Papst Honorius II. ertheilen läßt, da Ebbo ihm den richtigen Papstnamen bot. Das gleichzeitige Zeugniß des Eckehard über Ottos Anwesenheit auf dem Bamberger Hof- und Reichstag ist so positiv, daß kaum Zweifel dagegen Raum fassen können. War auch der Kaiser bereits am 25. April 1124 (St. R. 3196. 3197) zu Bamberg, so war der Reichstag doch erst auf die ersten Tage des Mai ausgeschrieben, und schwer ist zu glauben, daß Otto vor dem Kaiser Bamberg verlassen habe. Hiernach muß man annehmen, daß der Bischof erst im Anfange des Mai abreiste, wenn er sich auch bereits am 25. April, wohl dem Tage des kaiserlichen Einzuges, von Klerus und Volk verabschieden mochte (Herbord II. c. 8). Der Reisebericht bei Herbord verdient im Allgemeinen den Vorzug vor dem bei Ebbo, da jener sich auf die Mittheilungen des Sefrid stützt, der selbst Otto begleitete. Der Episcopatus Calissensis, der sich bei Herbord II. c. 8 auch im echten Text findet, ist schwer zu erklären. Der Sitz dieses Bisthums kann nur auf dem directen Wege zwischen Breslau und Posen gesucht werden; erst vor Kurzem hatte der Cardinallegat Aegidius von Tusculum die polnischen Diöcesen neu geordnet, doch sind wir über die damals getroffenen Einrichtungen schlecht unterrichtet. Die zwei Wochen, welche Ebbo II. c. 3 auf die Reise bis Gnesen rechnet, scheinen sich auf die Zeit vom Abgange von Bamberg zu beziehen. Nach Sefrid bei Herbord II. c. 9 blieb der Bischof acht Tage in Gnesen, nach Ebbo drei Wochen, was sich höchstens auf den Gesammtaufenthalt in Polen umdeuten ließe. Der Fluß, an welchem der Pommernherzog den Bischof beim Eintritt in Pommern begrüßte, wird in der Prieflinger Biographie II. c. 3 Wurta genannt; Herbord bezeichnet ihn nicht mit Namen, doch ist er nach seinem Bericht in der Nähe von Pyritz zu suchen. Ebbos Darstellung ist hier ganz abweichend: nach ihm wäre der Herzog, durch Paulitius benachrichtigt, nachdem man bis Uscz gekommen, bereits herbeigeeilt und hätte den Bischof empfangen, noch ehe man den großen Wald erreichte. Die erste gesicherte chronologische Bestimmung für Ottos Aufenthalt in Pommern ist die Angabe des Ebbo II. c. 5, daß der Einzug in Kamin in nativitate s. Johannis baptistae (24. Juni) erfolgte. Die Prieflinger Biographie II. c. 9 giebt an, daß die erste Taufe in Stettin in festo beatorum martyrum Crispini et Crispiniani (25. October) stattgefunden habe, und erwähnt vorher c. 8, daß per novem continuas ebdomadas Ottos Arbeit eine vergebliche gewesen sei; das letztere bezeugt mit denselben Worten Ebbo II. c. 8, und auch Sefrid bei Herbord II. c. 25 stimmt damit im Ganzen überein; denn die Worte: per duos menses et plus ibi morantes, nichil paene profecimus sind nicht so auszulegen, daß erst nach zwei Monaten die Gesandten an Boleslaw abgegangen seien. Sind die neun Wochen genau gezählt, so mußte Otto am 23. August in Stettin angekommen sein. Herbord berichtet, daß Otto noch drei Monate nach der ersten Taufe — nur so kann die Stelle II. c. 36 verstanden werden — in Stettin verweilt und dann weitere zwei Monate in Wollin II. c. 37 zugebracht habe: nach dieser Rechnung hätte Otto Wollin nicht vor Mitte März verlassen können; wir wissen aber aus Ebbo II. c. 18, daß sich der Bischof bereits circa purificationem s. Mariae (2. Februar) von den Wollinern verabschiedete. Herbords ohnehin allgemeine Angaben sind also hier jedenfalls sehr ungenau, und es müssen von dem Stettiner und Wolliner Aufenthalt bedeutende Abzüge gemacht werden. Nach der Prieflinger Biographie III. c. 1 war Otto am Aschermittwoch 1125 (11. Februar) wieder am Grenzwald. Da diese Angabe allen Glauben verdient, so muß Otto um den 2. Februar bereits zum dritten Mal in Wollin gewesen sein, und die Reise nach Kolberg und Belgard wird etwa in die zweite Hälfte des Januar 1125 fallen. Vielleicht ist der im älteren Necrologium des Bamberger Doms (Siebenter Bericht des historischen Vereins zu Bamberg p. 101) unter dem 21. Januar angeführte Hermann diaconus frater noster derselbe, der in der Persante bei Kolberg nach der Prieflinger Biographie II. c. 20 auf dieser Reise den Tod fand. Daß auch in Belgard damals eine Kirche errichtet sei, sagt Herbord nicht, wohl aber der Prieflinger Biograph, und es scheint mir auch aus dem von Otto selbst herrührenden und bei Eckehard mitgetheilten ältesten Missionsbericht zu folgen; denn dort sind nach meiner Ansicht nur die Orte genannt, wo ein Kirchsprengel begründet war. Wenn Otto in diesem Bericht sagt, daß seine Reise Pommern cum quibusdam civitatibus terrae Liuticiae berührt habe, so können unter den

Städten der Liutizen nur Orte am linken Oberufer verstanden sein, welche damals unter pommerscher Herrschaft standen; Stettin und vielleicht auch Garz wären dahin zu rechnen. Ueber die Zeitbestimmungen für Ottos Rückkehr sehe man Eckehard, Ebbo II. c. 18 und die Prieflinger Biographie III. c. 2. Herbords Angabe am Schlusse des zweiten Buches ante diem palmarum ad sedem suam Otto reversus est muß, wenn unter sedes die Stadt Bamberg und nicht der Bamberger Sprengel verstanden werden soll, unbedingt verworfen werden.

S. 1004. — „Man spricht von Kaiser und Reich." Erzbischof Adalbert schreibt dem Papst Calixt II. (Mansi XXI. 275): Tam imperium quam imperator tanquam haereditario quodam iure baculum et annulum possidere volebant.

S. 1014. — Ueber den Einfluß Gregors VII. auf das Studium und die Litteratur des kanonischen Rechts habe ich in dem Münchner Jahrbuch für 1866 S. 151 ff. eingehender gehandelt.

S. 1018. — Eckehard sagt z. J. 1124: Teutonici non facile gentes impugnant exteras. So befremdlich dieser Ausspruch ist, hat er doch für Eckehards Zeit seine volle Bedeutung. Eine aggressive Nation waren in den Tagen Heinrichs IV. und V. vor Allem die Franzosen, nächst diesen die Italiener der Seestädte.

S. 1022. — In den Annales Altahenses heißt es z. J. 1050: (imperator) in Nuorenberg, suo fundo, principes, convocat Baioariae totius. Ueber die Gründung von Freiburg im Breisgau sehe man v. Stälins Wirtembergische Geschichte II. 287. 670.

S. 1023. — Die Wartburg wird zuerst bei Bruno de bello Saxonico c. 117 z. J. 1080, Trifels zuerst in den aus den Paderborner Annalen schöpfenden Quellen z. J. 1113 genannt; die Erfurter Annalen und Annalista Saxo erwähnen Kyffhausen z. J. 1118. Drachenfels und Wollenburg sollen von Erzbischof Friedrich von Köln während seiner Kämpfe mit dem Kaiser begründet sein, und diese Tradition findet darin einen Anhalt, daß beide Burgen sich schon vor der Mitte des zwölften Jahrhunderts urkundlich nachweisen lassen. Man vergleiche Stein, De Friderico archiepiscopo Coloniensi p. 27. Ueber die Egstersteine sehe man Schnaase, Geschichte der bildenden Künste IV. 2. S. 515 und die dort angeführten Werke.

S. 1024. 1025. — Der Leich des Ezzo von den Wundern Christi ist mit den ihm verwandten Stücken zuerst aus der Vorauer Handschrift von Diemer, Deutsche Gedichte des 11. und 12. Jahrhunderts (Wien 1849) publicirt worden. Durch diese Publication wurde ein neuer tiefer Einblick in früher sehr dunkle Theile unserer Litteraturgeschichte gewonnen. Man vergleiche die Bemerkungen von Gervinus (Geschichte der deutschen Dichtung I. 109 ff.) und von W. Wackernagel (Geschichte der deutschen Litteratur S. 86. 87. 95. 158—160. 274. 275). Mehrere Stücke der Vorauer Handschrift haben nach einer durchgreifenden kritischen Revision Müllenhoff und Scherer in den Denkmälern deutscher Poesie und Prosa aus dem 8.—11. Jahrhundert (Berlin 1865) abermals herausgegeben; unter ihnen auch das Ezzolied (S. 56—63) mit werthvollen Erläuterungen Müllenhoffs (S. 339—342). Noch einmal hat dann Diemer selbst dieses Gedicht in den Beiträgen zur älteren deutschen Sprache und Litteratur Bd. VI. (Wien 1867) bearbeitet und commentirt. Daß das Ezzolied gerade in den südöstlichen Gegenden Deutschlands eine besonders nachhaltige Wirkung übte, steht wohl mit der Persönlichkeit Altmanns, der als päpstlicher Legat die kirchliche Partei im oberen Deutschland leitete, in Verbindung. Wie er die Massen in Schwaben erfaßte, sieht man aus den interessanten Mittheilungen Bernolds z. J. 1091;

noch tiefer griff Altmann offenbar in seiner eigenen Diöcese ein, nachdem er in dieselbe hatte zurückkehren können. Die eigenthümliche Stimmung der Gemüther im Passauischen und Salzburgischen im Anfange des zwölften Jahrhunderts erhellt besonders auch aus der großen Kreuzfahrt im Jahre 1101, die hier eine damals in deutschen Ländern ungewöhnliche Betheiligung fand. Wie das Lied Ezzos in der Passauer Gegend noch um 1140 bekannt war, sieht man aus der Vita Altmanni c. 3. Das in unserem Text erwähnte Melker Marienlied ist von Müllenhoff und Scherer in dem angeführten Werke S. 115—118 herausgegeben; ebendaselbst findet sich S. 118—121 ein Marienlob aus der Vorauer Handschrift und S. 107—115 der von einer frommen Frau gedichtete Arnsteiner Marienleich.

III. Documente.

A. Die unter A. mitgetheilten Briefe waren sämmtlich schon früher veröffentlicht, doch entweder fehlerhaft oder an Orten gedruckt, wo sie allgemeiner Benutzung wenig zugänglich sind. Bei den meisten Stücken stützt sich unser Text auf abermalige Vergleichung der Handschriften; alle wesentlichen Abweichungen von denselben sind angegeben und nur ganz unerhebliche Schreibfehler, welche fortzupflanzen kein Interesse hatte, nicht bemerkt.

Nr. 1 ist von Guichenon, Bibliotheca Sebusiana (Lyon 1660), Cent II. Nr. 77 aus einem Cartularium von Fructuaria zuerst herausgegeben worden; ein Abdruck findet sich bei Hoffmann, Nova scriptorum ac monumentorum collectio (Leipzig 1731) I. 304. Nur diese Drucke habe ich benutzen können und mich auf die Verbesserung der Interpunction beschränkt. Der Name des Abts, an welchen der Brief gerichtet, ist nach Mabillon (Vetera Analecta I. 164) Albertus, nicht Andreas, wie Guichenon annahm.

Nr. 2 ist dem Codex Udalrici entnommen. Ich hatte dieses Stück mit anderen nach einer der Wiener Handschriften und einem Münchener Codex in der ersten Auflage in verbessertem Text abdrucken lassen. Bei den anderen Stücken ist ein erneuter Abdruck überflüssig, da sie demnächst in Jaffés Bibliotheca V. nach einem reicheren Apparat zur Publication kommen werden. Nur dieser Brief von besonderem Interesse (Nr. 202. J. 23) schien mir als Beweisstelle hier nicht wohl entbehrlich; ich bin jetzt Jaffés Recension gefolgt.

Nr. 3 und 9 gehören der bekannten hannoverschen Briefsammlung an und sind von Sudendorf im Registrum II. Nr. 6 und III. Nr. 26 zuerst herausgegeben worden. Der fehlerhafte Text der Handschrift ist von Sudendorf bereits an vielen Stellen emendirt worden; auch Haupt hat in seiner Zeitschrift XII. 311 eine Stelle in Nr. 3 verbessert. Der von mir festgestellte Text wird das Verständniß dieser interessanten Briefe, wie ich hoffe, erleichtern.

Nr. 4—8 hat Floß in seiner Schrift über die Papstwahl unter den Ottonen (Freiburg 1858) zuerst aus der Handschrift der Trierer Stadtbibliothek Nr. 1081 (LXXI) herausgegeben; sie finden sich unter den Urkunden zu jener Schrift Nr. 31—34 (S. 134—146). Mir lag außer diesem Abdruck durch Pertz Güte auch eine genaue Copie der Handschrift vor, welche Waitz für die Herausgabe in den M. G. angefertigt hat. Der Codex, welchen ich früher selbst einzusehen Gelegenheit hatte, gehört dem Ende des elften oder dem Anfange des folgenden Jahrhunderts an.

Nr. 10 ist zuerst von Beyer im Mittelrheinischen Urkundenbuch I. 720 bekannt gemacht worden. Die Abschrift dieses königlichen Briefes steht auf der Rückseite einer offenbar falschen Urkunde von 970 (Beyer a. a. O. 233).

Nr. 11 hat sich in einer Briefsammlung vom Ende des zwölften Jahrhunderts erhalten, welche aus S. Emmeram in Regensburg in die Hof- und Staatsbibliothek zu München (Cod. lat. 14596) gekommen ist. Die Sammlung enthält außer diesem Stück Nichts von allgemein historischem Interesse. Kunstmann hat das Schreiben zuerst in der Zeitschrift für Theologie (Freiburg 1840) III. 126—132 mitgetheilt. Ein abermaliger Abdruck nach der Handschrift (f. 4—8) wird nicht unerwünscht sein; der Orthographie derselben bin ich genau gefolgt.

Nr. 12. 13 hat zuerst Aventin mit sieben anderen Briefen Heinrichs IV. nach einer S. Emmeramer, jetzt in München befindlichen Handschrift (Cod. lat. 14096 f. 116—124) im Jahre 1518 als Anhang zur Vita Heinrici IV. publicirt. Diese Ausgabe ist dann von Anderen, namentlich auch bei Urstisius I. 393—400, nachgedruckt worden. Die meisten Stücke der in der Mitte des zwölften Jahrhunderts entstandenen Handschrift¹) sind inzwischen nach anderen besseren Hülfsmitteln edirt; nur die zwei wichtigen hier mitgetheilten Briefe sind meines Wissens in keinem anderen Codex aufgefunden, und ein neuer Abdruck nach der einzigen Handschrift schien mir um so wünschenswerther, als die erste Ausgabe manche Fehler enthält, die in den späteren noch erheblich vermehrt sind. Nr. 12 ist auch im Codex Udalrici Nr. 215 (J. 120), aber am Schluß verstümmelt, enthalten; Jaffé hat den Brief dort jetzt nach der Münchener Handschrift ergänzt.

Nr. 14 ist eine Encyclica Heinrichs V., deren Ueberschrift fehlt. Böhmer fand das wichtige Actenstück zu Rom in dem Cod. Pal. Nr. 217 und machte es in Förstemanns Neuen Mittheilungen aus dem Gebiete historisch-antiquarischer Forschungen (1844) Bd. VII. H. 2. S. 97 ff. bekannt. Gregorovius hat auf meine Bitte die Handschrift abermals verglichen, und ich verdanke seinen Bemühungen einige belangreiche Verbesserungen des ersten Abdrucks. Die bezeichnete Pergamenthandschrift (gr. 8°) enthält nach Gregorovius Mittheilung f. 1—53 Liber enchiridion s. Augustini de fide, spe et caritate, f. 54—86 Vita s. Brandani, am Schluß f. 86—88 unser Actenstück; der durchgehende Schriftcharakter (es sind drei verschiedene Hände) weist auf die erste Hälfte des zwölften Jahrhunderts als die Zeit hin, wo der Codex entstand.

Nr. 15 hat Baluze in seinen Miscellanea (Ausgabe von Mansi III. 12) aus dem Codex 5040 der Bibliothek Colbert zuerst veröffentlicht. Leider stand mir keine Vergleichung der Handschrift zu Gebot; ich habe mich deshalb entschließen müssen den überaus entstellten Text durch Conjecturen zu emendiren. Sie mögen zum Theil gewagt erscheinen, doch war anders ein lesbarer Text nicht zu erreichen.

B. Nr. 1. Aus der Kanonensammlung des Cardinals Deusdedit (Cod. Vatic. 3833) f. 140 mit der Ueberschrift: Juramentum episcoporum, qui in Romana aecclesia consecrantur et ab ea pallium accipiunt. Gleich darauf folgt ein anderer Eid mit der Ueberschrift: Juramentum eius, qui deponitur, der mit den Worten beginnt: Ego Guibertus promitto omnipotenti Deo. Am Schluß ist hinzugefügt: Ex registro septimi papae Gregorii cap. XIX. libri III. Es ist derselbe Eid, der sich im Registrum III. 17 a. findet, aber ohne Zweifel absichtlich geändert ist. Der Schwörende ist hier der Bischof Robert von Chartres; statt Robertus ist bei Deusdedit

---

1) In den M. G. Legg. II. 48 ist die Handschrift wohl nur durch ein Versehen dem elften Jahrhundert zugeschrieben. Auch ist es irrig, daß der dort mitgetheilte Brief contra fidem codicis dem Anno beigemessen sei. Die Ueberschrift im Codex lautet: Epistola regis Heinrici ad Annonem Coloniensem archiepiscopum.

Guibertus, statt Carnotensem episcopatum Ravennatem archiepiscopatum geschrieben, und am Ende sind die Worte hinzugefügt: neque aliquo inveniam studio, ut Romanae legationi resistatur. Sic me Deus etc. Bei Albinus (Cod. Vat. Ottobon. 3057) ist der erste Eid aus Deusdedit auf fol. 136 entlehnt, f. 138 aber das Juramentum Roberti dicti Carnotensis episcopi unverändert aus dem Registrum aufgenommen.

Nr. 2—5 sind aus dem Registrum Farfense in der Vaticanischen Bibliothek (Cod. Vatic. 8487) entnommen. Sie stehen dort unter Nr. 1078. 1079. 1099. 1098. Da die früher von mir gemachten Copien nicht zur Hand waren, hat mich Gregorovius sehr verpflichtet, indem er auf meine Bitte genaue Abschriften nahm, welche dem Abdruck dieser bisher meines Wissens nicht veröffentlichten Stücke zu Grunde liegen.

Nr. 6 ist von mir aus dem Cod. Bamb. 182 abgeschrieben. Diese Handschrift enthält die Regeln des Benedict und Cäsarius. Auf die leeren Blätter 59—61 hat eine Hand des zwölften Jahrhunderts die mitgetheilte Urkunde eingetragen. Sie scheint mir nicht sowohl Abschrift des Originals wie Entwurf desselben, woraus sich auch die Lücken und der Nachtrag am leichtesten erklären möchten. Fol. 61 auf der Rückseite findet sich noch eine undatirte Urkunde, nach welcher Bischof Otto das predium aput Rintpach mit den Ministerialen von dem Abt und den Brüdern zu Hirschau für hundert Talente gekauft und per manum Willihalmi cuiusdam liberi hominis de Giche dem Kloster Michelsberg übergeben hat. Es werden einige besondere Bestimmungen über die Ministerialen und die an den Grafen Ratpoto übertragene Vogtei hinzugefügt. Unter den Zeugen erscheint auch Fridericus de Mistelbach.

C. Das interessante Gedicht auf Rom hat Dümmler aus einer Handschrift von S. Peter in Salzburg (V. 32) abgeschrieben und mir zur Veröffentlichung gütigst überlassen. Es ist auf einer vorher leer gebliebenen Seite dort eingeschrieben. Meines Wissens ist dasselbe bisher nicht gedruckt.

A. Briefe.

1.
Kaiserin Agnes an den Abt und die Mönche von Fructuaria. 1062.

A[gnes] imperatrix et peccatrix A[lberto] patri bono et fratribus in Fructuaria congregatis in nomine Domini servitutem ancillae, cuius oculi in manibus dominae suae sunt. Conscientia mea terret me peius omni larva omnique imagine. Ideo fugio per sanctorum loca, quaereus latibulum a facie timoris huius, nec minimum desiderium est mihi veniendi ad vos, de quibus comperi, quia vestra intercessio certa salus est. Sed nostrae profectiones in manu Dei sunt, et non in nostra voluntate. Interim vero mente adoro ad pedes vestros, rogans ut Gregoriana pietate in Traianum petatis mihi veniam a Domino; quia namque ille unus homo ab infernis claustris exoravit paganum, multi vos facile salvabitis christianam unam. Quodsi decreveritis, peto ut in signum pietatis societatem et fraternitatem vestram mandetis et mittatis mihi quam primum. Rogo etiam, ut parvum, quod mitto, munusculum admonitionis signum suscipere dignemini, quatenus credam, quia de me curare inceperitis. Valete, et tu, pater bone, diligenter commenda me spiritalioribus fratribus de coenobiis atque cellis, ut faciant me participem in orationibus et ieiuniis atque omnibus benefactis suis.

2.
Bischof Günther von Bamberg an Erzbischof Anno von Köln. Spätsommer 1062.

Reverentissime diligendo ac dilectissime verendo domino archipraesuli A[nnoni] G[untherus], licet indignus, episcopus quicquid devotionis et obsequii homini ab homine praestari potest inpensius. — Quod vestra dignatio de fidei devotionisque nostrae constantia tam sincero praesumit iudicio, id vero et debita me afficit gratulatione et multa in futuris onerat sollicitudine, ut tam bonam de me persuasionem perpetuam vobis commendem. Porro quod nostrae parvitatis officium erga vos exile nimis et ieiunum tam magnifica appenditis estimatione, ne quidem meum meritum, sed propensum vestrae caritatis intelligo affectum. Est enim hoc sollempne prorsus et familiare sincere diligentibus, ut tenuissimam operam eorum, quos diligunt, velut egregiam et singularem admirentur. Et nostro et totius regni nomine gratulor vobis, quod perditis emulorum consiliis tam mature vos occurrisse, tam prudenter ea dissipasse ex literis vestris cognovi. Verumtamen, dum singula mecum etiam atque etiam retracto, solidum sincerumque gaudium vix audeo concipere. Suspectum quippe mihi est, quod de marchione D. et de archiepiscopo Moguntino, qui se velut caput coniurationis effert, nichil scripsistis. Movet me etiam ducis

Bawariorum tam facile recepta purgatio, tam facile credita excusatio. Dolosis enim consiliis nichil dissimulatione aptius est. Quam ob rem velim vos unice commonitum, ut in omnes partes circumspecte vos agatis, nichil de priori diligentia remittatis. Nostis mores, nostis tempora. Quid credat aut cui credat, nemo habet, et in tam dubiis rebus periculosa est securitas, dampnosa facilitas, perniciosa credulitas. Novi, quam supereffluenti hec instillem, sed exacto amori difficile modum persuaseris. De comite N. quam sim exacerbatus, utinam dissimulare possem. Verumtamen, quia id non licet mihi nolle, quod vos tantopere intelligo velle, imperavi dolori, extorsi animo, ut, cum ad vos venero, ex vestra praecipue sententia et ducis B [ertholdi] consilio rem paciar componi. Comitis N. causam etiam atque etiam vestrae fiduciae commendatam esse volo, ne comes N. in nostram iniuriam sub alieno nomine de illo triumphet. De mea cum domna imperatrice disceptatione id solum volo ad praesens rogare, ut, ubi occasio aliqua dederit, solitam ecclesiae nostrae opem et tutelam praetendere non gravemini.

3.

Scholasticus Meinhard von Bamberg an einen Domherrn im Gefolge Bischof Günthers. Wahrscheinlich October 1063.

Dum ego de die in diem in adventum vestrum inhiarem, quęm ipse mihi cupidior quam verior augur cottidie spopondi, solenni literarum officio abstinui, ociosas eas reputans, quae iam iamque presenti redderentur. Nunc vero tandem vana illa spe ablactatus, desiderium vestri, quo langueo, scribendo solari et temperare statui. De provincia nostra [1]) id primum nuncio, quia parum citra optimum est statum. Monstra quidem hominum, quae intra nos degunt [2]), se ipsos non deserent. Quidnam monstriosius, quam ut monicrures nostri cursu et inquietudine etiam quadricrures vel, ut aptius, quadrupedes superent! Dictum puta de ceteris. Quid vero agit dominus noster? Quid suus ille exercitus galeatorum leporum? Quae bella, quas acies tractant? Quos triumphos celebrant? Dii boni, quanta ibi colluvio non virorum, sed muscarum! Quam magnifici et vani strepitus! Nulla ibi gravitas, nulla disciplina. Et o miseram et miserandam episcopi vitam, o mores! Nunquam ille Augustinum [3]), nunquam ille Gregorium [4]) recolit, semper ille Attilam [5]), semper Amalungum et caetera id genus portenta [6]) tractat; versat ille non libros, sed lanceas, miratur ille non literarum apices, sed mucronum acies. Eripite, eripite, queso, vos ex hac vivendi sentina et reddite vos nobis desiderantissime exspectantibus. Dominum vero nostrum ut virum sanctum, religiosum, lectioni deditissimum salutate, oro. Nam, ut ille ait, per me sint [7]) omnia protinus alba.

---

1) vestra Handschrift. 2) tegunt Handschrift. 3) august Handschrift. Die Emendation ist von Eubendorf. 4) Gregor Handschrift. Die Emendation ist ebenfalls von Eubendorf. 5) Attalam Handschrift. 6) portare Handschrift. Die Emendation ist von Haupt (Zeitschrift XII, 311). 7) sunt Handschrift. Persius I. 110: per me equidem sint omnia protinus alba.

4.
Erzbischof Anno von Köln an Papst Alexander II. Sommer 1065.

Domino meo A[lexandro] pape A[nno] Coloniensis ecclesie archiepiscopus cum orationibus et fideli servitio perpetuam corporis et anime salutem in Deo. — Inter alia tam sancte Dei ecclesie quam imperii titubantis pericula ad exaggerationem doloris mei me apud vos audio insimulari, quasi vivente atque sedente Romano pontifice sacram hanc sedem apostolicam ego affectaverim. Cui quidem rumori si vel cor apposuistis aut ullam fidem adhibuistis, magis vestram vicem quam meam doleo, quippe quod vir tantae sanctitatis atque magnae prudentie tam incredibili mendatio capi potuit plebis insane. An non ego plus omnibus atque re vera solus usque in hunc diem in vestram gratiam atque statum honoris omni laboravi studio? Et modo, quod coram universa ecclesia tam in Italia quam in Gallia publice studiosus cepi defendere, nunc inquam inpugnarem? Ne dicam per memetipsum, etiam si per alium aliquem econtra niti voluissem, nonne quovis Juda infelicior apparerem? Tantum enim abest, ut etiam si id fieri potuisset, Rome manere cogitem, ut vel ad horam oratum venire durum estimem. Nemo igitur, queso, vestre paternitati persuadeat de me quicquam huiusmodi. Sic enim volo me Deus adiuvet, quomodo res Romanas vestris precipue temporibus salvas cupio. Definitum erat ad presens exercitum in Italiam[1]) ducere: iis ego interfui consiliis. Qualiter remanserit, nec plane scio nec nescio: unum scio, quia, quod dissipatum est, me factum est inconsulto. Omnibus enim instrumentis ita parati fuimus ego et dux Godefridus, vir fidelis absque dubio, ut iam ascensuris[2]) proficisci nobis non esset[3]) ambiguum. Et ecce, cum instaret proficiscendi articulus, cum magna festinatione de Augusta domni nostri regis ad nos venit nuntius ante nostrum exitum die quinta prius. Is nobis indicavit ex parte domni nostri regis, ipsum, quod institutum erat, in autumnum transtulisse proximum. Et nos quidem per Franciam et Burgundiam ire disposuimus, maxime propter Tridentine vallis angustias, ubi nec victum militibus nec equis pabulum nos inventuros cognovimus; Verone[4]) vero cum exercitu iungi voluimus. Et fortassis, ut de papatu, male nobis haec omnia interpretatur inimicus. At ego vobis per Deum iuro, nihil aliud nos molitos in occulto, quam quod fecimus in publico. Poteramus etiam ego et dux Godefridus ex benignitate domni nostri regis, ipso in Italiam eunte, domi remanere. Visum enim est ipsi[5]) suisque fidelibus, illis inquam, quos nunc habet magis familiares, absque nobis res Italicas satis posse confici. At nobis longe videtur aliter, videlicet ut super hoc negotio nullius audiamus consilium, immo fidelitatem regis servantes, quandocunque ierit, ut etiam veniamus cum illo, insuper ei gratias agentes ad beneficium singulare, scilicet pro gratis indulta nobis requie, invitis et coactis, ut in hostem irent, aliis; erimusque tanto studiosiores in eius servitio, quanto remissius apud nos[6]) factum est ex eius gratuito beneficio. Ut salvis reverentia et gratia vestra commoneri[7]) vos

---

1) Italia Handschr. 2) ascensurus Handschr. 3) esse Handschr. 4) venero Handschr. 5) ipsis Handschr. 6) nunc (nc) Handschr. Die Correctur ist von Waitz. 7) commoveri Handschr.

liceat, inter has turbationes et collisiones rerum omnium validissimas viam vos tenere oportet regiam. Nam cum in omnibus negotiis, etiam in minimis, divina sit imploranda clementia, necessarium est tum id exequi propensius, cum dormiente Domino mare fluctuat violentius. Spero, nulla vos necessitate compelli supplicem in vestris rebus quicquam agere, quippe cum testimonium habeatis satis amplum prima de investitura sedis apostolicae. Sed et postea, cum de ingressu vestro, ut fieri solet, certe magis ex levitate sua quam ex zelo iusticiae mussare[8]) cepissent, nonne manifestum est aecclesiae, bis atque tercio iam vos in sedem vestram ex verbo regis, ut dignum erat, esse reductum, principibus, episcopis, ducibus, marchionibus in hoc obsequio vos comitantibus? Quapropter nulla remaneat in animo vobis hesitatio, quoniam, quoad vixerimus, ego et dux nullatenus[9]) vobis deerimus. Et etiam, si nulla nobis esset causa eundi in Italiam, certe sola hec nos ire compelleret, ut adiuvante Domino et sacerdotio provideamus et imperio, ne vel hoc vel illud ab illis conculcetur aut violetur hominibus, qui nunc ea sese putant habere in manibus et revera ad quos minime pertinet, et talibus [10]). Valeat et augeatur et crescat apud Deum et homines honor et gloria vestra.

5.
Erzbischof Anno an Papst Alexander II. Frühjahr 1066.

Domino meo et patri A[lexandro] pape A[nno] archiepiscopus non fictam servitutem cum intimis orationibus. — Post proximas litteras novi nichil nobiscum contigit. Otto dux Bawaricus et qui cum eo modo venerant ad vos, nescio, qualiter ea, quae ipsis iniuncta erant, ad vos pertulerint. Ego enim de adventu illorum atque legatione significasse vobis debueram, sed scriptoris remansit neglegentia. Aperiam tamen vobis modo rem omnem ex ordine. Cum post octabas epiphaniae domnus noster rex cum quibusdam principibus haberet colloquium — aderam enim ego et Mogontinus, Salzburgensis quoque, ceterique quam plures episcopi, duces: hic ipse, qui modo venerat, Otto Bawaricus, Alemannicus, Carentanus, — convenientibus nobis [1]) in unum, super imperii negotiis quesivit consilium. Siletur ab omnibus. Mihi qui consederant, ut ad verba regis responderem, innuunt, nec ego multum invitus hoc accepi negocium, sic exorsus atque respondens: quandoquidem sibi videretur[2]) necessarium, me promptum esse; si sequi me vellet, sanum sibi me dare consilium, hoc videlicet primum et maximum, ut ipse cessaret ab ea, qua diu iam sedem apostolicam vexavit, calumnia; oportero quoque, ut post multas iniurias cum satisfactione dignum exiberet honorem summo pontifici. Quod cum omnibus acclamantibus ipse, ut cunctis videbatur, libenter suscepisset consilium seque promisisset ita

---

8) mussare Handschr. Die Correctur ist von Waitz. mussitare Floß.   9) nulla Handschr. Die Correctur ist von Waitz. Vielleicht nulla re.   10) atalibus Handschr. a talibus Floß.

1) vobis Handschr.   2) videtur Handschr.

facturum, per quem hoc amministraretur, positum est in medium. Ad me est perventum, utputa archicancellarium atque per quem pre omnibus amministrari oporteret Italiae negotium. Rex, voces audiens acclamantium, rogat, ut prosequar officium. At[3]) ego memor omnium, quae mihi Mantuam eunti ante et retro in via illa, domi quoque parata fuerant, negotium, quod offerebatur, exhorrui, idque absque retractatione refutavi. Quod audientes atque diligentius, quam ego ipse, intuentes, amici mei Rodulfus atque Bertoldus secreto me abduxerunt atque, ut legationem susciperem, persuaserunt. Intellexerant enim ipsi, certum fuisse regem, me, ut in Italiam irem, sibi contradicturum, talique occasione, si res Italicae remanerent infecte, omne pondus et culpam eum in me transferre. Igitur ego eorum audiens consilium, reversus ad conventum constanter spopondi, me iturum, cum propter aecclesiae pacem tum propter imperii tocius honorem. Eo audito rex et omnes, qui cum eo aderant, siluerunt, nec unquam michi postea inde verbum fecerunt.

6.
Erzbischof Adalbert von Bremen an Anno von Köln. Frühjahr 1067.

Domino multum desiderabili et spiritualibus brachiis karitatis suscipiendo, patri et archiepiscopo A[nnoni] A[dalbertus] gratia Dei, quod est, eterne remunerationis bravium in consorcio electorum presulum. — Accepimus litteras vestras, in quibus erga nos tanta dilectionis vestrae inditia eminebant, ut tam excellenti benevolentie pares referre gratias nulla facundia[1]) nullusque sermo sufficiat. Sed quia karitas animi res est eiusque sedes in corde consistit, cui carnis lingua non possumus, mentis respondemus affectu. Persuadeat igitur suavissimo nobis pectorj vestro vera et fraterna dileccio, neminem fore, qui vos germanius nobis et inter precipua membra Christi familiarius amplectatur. Unde non mediocriter ammiramur, cur paternitas vestra parvitati nostre voluerit succensere, quod, ut verbis vestris utamur, super immanitatem scelerum, que in morte nepotis vestri sancte memoriae Kunonis patrata est, nullam vobis consolationem dederimus, cum illud silentium nobis non neglegentia, sed ratio indixerit, qua interlucente perspeximus illi tempori non verba, sed conpassionem et mesticiam congruisse. Tanta enim vis scandalorum fuit, tanta utrobique miseriarum moles, ut, ex qua parte culpa penderet, incertum foret, dum et vobis, quod salva reverentia vestri dixerimus, imputaretur illius inconsiderata provectio et istis crudelis extinctio. Nunc vero iam vos securius consolamur, quia quibusdam, ut speramus, claret indiciis, dolore necis tanti viri cum vobis culpe illius, si qua fuit, purgationem, tum illi aeternitatis gloriam adquisitam. Quod autem illa mala, quibus animus impugnatur, molestius fertis, quam si gladiis appeteretur caro, profecto ex illius ignis ardore descendit, quo Finees

---
3) A u ober A u Handschr. Corrigirt von Waitz und Floß.
1) secunda Handschr.

sanctus ardebat, quando virum Israhelitam cum Madianite cubantem arrepto pugione percussit. Sed quoniam super his nostrum consilium et auxilium flagitatis, petimus, a nobis interim huius negotii pondus suspendi, ne propter dissensionem, quae inter nos et illum²) olim exorta est, demus locum suspicioni, qua videri possemus non ecclesiasticum zelum, sed pristinas inimicitias exercere. Verum quia votis³) semel cepimus locum, nunc dicendum esse videtur, quod iam dudum desideraveramus vos petere, quod⁴) scilicet causa salutis animae vestrae apostolicique privilegii⁵) intuitu, cum magna obtestatione facti Malmundariense monasterium suo capiti reformetis, misericorditer postponentes, si qua de abbate illo vobis dicta sunt, que lenitatem vestram merito possint offendere. At illud, quod vestris litteris monuistis, ut fatigarer ad curiam, noveritis, me tanta debilitate corporis et etatis esse confectum, ut vel tam brevis itineris non potuerim inire laborem. Vale.

7.
Erzbischof Anno an Papst Alexander II. 1066 oder 1067.

Domino meo et patri A[lexandro] pape A[nno] archiepiscopus fidele servitium cum orationibus. — Vereor, mi pater, propter assiduos clamores et lacrimas importunus tibi tuisque videri, sed maxime latus fodere [cogor]¹), ne dormites in causa mea, que non modo penes me non veterascit, immo semper novo recrudescit vulnere. Poteram enim ab Treverensibus illatas iniurias usque ad publicam vindicasse iusticiam²), nisi tuam sententiam prestolaret Dei iudicium. Et ecce qui apud eos apellatur episcopus ceterique complices eius ad te veniunt, onusti munusculis, quibus te inescare cupiunt, ne super eis nostrarum parcium et Gallicanum expectes iudicium. De quibus etiamsi ad presens aliquos habere poterit, si inveni gratiam coram te, mei memor eris, in cuius iniuriam totius istius mali redundat pestis. Servabis, o domine mi, primam apostoli super huiusmodi sententiam, in perdicionem apud ipsos suam remanere pecuniam, per quam Petri successorem³) ab paterna traditione separari posse autumant. Et, ut finem dicendi faciam, si quid unquam penes te bene merui vel in futurum me meriturum estimas, de pallio sive de commissi sceleris purgatione nullum hac vice, queso, tecum finem faciant.

---

2) illnm Handschr. Corrigirt von Walß. Man muß wohl denken an Ubo von Trier. 3) vobis Handschr. 4) que Handschr. 5) Vergl. Triumphus v. Remacli I. c. 19.
1) Dies oder ein ähnliches Wort ist zu ergänzen, wenn nicht in maxime ein Fehler verborgen ist. 2) publicum vindicasse iusticium Handschr. 3) successores Handschr.

8.

Erzbischof Anno von Köln an Papst Alexander II. Vielleicht im Anfange 1073.

Domino meo et patri A[lexandro] pape A[nno] peccator episcopus fidele servitium cum orationibus. — Si vestrae paternitatis erga nos affectus¹) indigeret probationibus, quid manifestius, quibus in dies reficimur, apostolicae vestrae benedictionis affatibus? Suscepimus enim iam in brevi quatuor vestrae dignationis epistolas, magnum videlicet apostolicae humilitatis inditium atque, ut dignum est, non modicum nobis gaudium. Continebatur autem in omnibus illis eadem ferme materia: putamus, quoniam ad nullam illarum nostra redierit epistola. Sed et nos quoque tanti tamque pii patris sedulitati non adeo ingrati fuimus, ut quasi obstipo stantes capite non, ut oportuit, totum corpus inflecteremus tot benedictionibus. Nam esset desidie vel superbiae deputantum atque correptione dignissimum, si totiens ad vocem paternam excitatus filius, silentio se comprimens, apparuisset ingratus, revera dum sit dignius, patrum gravitatem filiorum temperari studiis, scilicet ut quod in parentibus naturalis operatur affectio, hoc ab eis iugi atque pio filiorum exigatur officio. Et nos quidem nobis in hac parte non defuimus, sepius iam vobis significantes litteris de his, que nobiscum fiunt, singulis, in omnibus epistolis²) hoc orantes maxime, certum aliquid audire de vestro vestrorumque statu et salute. Litteras nostras, ut ad vos non pervenerint, quid impedierit, ignoramus. Credimus tamen, proximas ante has iam ad vos pervenisse, in quibus continebatur, quicquid tunc necessarium estimavimus. Dominum Deum sanctumque Petrum apostolum laudamus atque benedicimus pro pace vobis reddita. Sollicitamur tamen adhuc pro vobis non modicum, donec certi erimus, quid vel qualiter vobiscum egerint viri, qui nuper ex nobis vos convenerant; ex quorum legatione si secundum Deum et honorem ecclesiae Romanae vestrumque actum est, letas et uberrimas agemus Deo gratias. Reliquum novi nichil nobiscum est, quod vobis hac vice transcribi dignum estimemus. Curiae nostrae facies describi vobis poterat, sed differtur propter spem, ut meliorari debeat. Hoc tamen ad presens vestrae paternitati sufficiat, quoniam apud universos fideles imperii, etiam apud hostes pro deformi habitu olim florentis imperii dolor indignationem superat.

9.

Bischof Hezil von Hildesheim an Otto von Nordheim. Juni 1073.

Amico suo O[ttoni] H[ezilo] potiora queque. — Admonendus videris, quia amicus, ut scintillam ingenii tui boni foveas, fovendo nutrias, obiurgandus, si hanc negligenter pretereas, approbandus, si, que preclare domi positus mina-

---

1) effectus Handschr. Corrigirt von Waitz und Floß.
2) ⸺ ps Handschr. episcopis Floß. Die Correctur ist von Waitz.

baris, preclare exequaris, ut debeas. Caeterum, quia persuadeo tibi ut facias dicam et, quonam modo perficias. Nullam excusationis pretentionem[1]) recipiens, volo, rogo, ut venias. Dico autem id maxime propter te, quia fieri id posse video honore salvo, commodo tuo in melius mutato, nec, quo nunc uteris, commodum appello. Nolo, te gravet viae prolixitas, que non magna est, nec abstineant pericula, que putantur, nec sunt, vel titubare[2]) faciat animum puerilis inconstantia. Socius noster dominus B[urchardus] bene tibi vult, benigne de te promittit. Certe quia eum[3]) ut unum ex nobis experti sumus, quia in nullo, quod honestum, tibi deerit, promittimus; tu fac cogites, si fide vel promissis eum[4]) tibi obligasti. Quod si factum per te confringitur aut minus ratum redditur, indignum facis te, nobilitati tuae vim diceris[5]) inferre. Cave facias. Ego et Hermannus, socii sui — tui, si veneris, futuri — nostram tibi devotam promittimus operam. Fac virum te iudicem. Salutat te Hermannus et Heinricus, socius noster, valens clericum. Vale.

10.
König Heinrich IV. an Abt Theoderich von S. Marimin. Frühjahr 1075.

H[einricus] Dei gratia rex T[heoderico] abbati cunctisque fratribus salutem cum dilectione. — Vota iustorum placabilia; quecunque autem spiritus benignitatis, in quo omnes iusti sunt, quo[1]) fit vota vovere[2]), iustum quemlibet docuit, hec ut ipse[3]) sibi solvat, pius, iustus, fidelis potens erit. Unde servientis nostri H. peticionibus gavisi sumus, quem beneficium, quod ex vobis habet, ad evacuandum prebendae vestrae detrimentum, ad augendum salutis suae propositum vobis reddere[4]) novimus. Redditum ergo recipite, et nunquam alicui in beneficium concedite, quod nos cum illo rogamus. Memores igitur pro illo orare, pro nobis quoque orate. Expeditionem nostram super Saxones proscripsimus[5]), quam Deo propitio VIII. Id. Iun. inire[6]) decrevimus. Hoc igitur tempore incipiatis orare et, quamdiu maneat expeditio, vestra nos prosequatur oratio. Pro illo vero iugiter exorate et, ne in proposito suo deficiat, precibus Dominum[7]) exorate.

---

1) pretensionem Handschr. Emendirt von Sudendorf, wie die folgenden Fehler der Handschrift. 2) titillare Handschr. 3) iam Handschr. 4) cum Handschr. 5) vindiceris Handschr.
1) quod Handschr. 2) novere Handschr. 3) ipsa Handschr. 4) Vielleicht fehlt paratum oder ein ähnliches Wort. 5) prescribsimus Handschr. 6) finire Handschr. 7) domni Handschr.

11.

Rundschreiben des päpstlichen Legaten Otto von Ostia. Februar 1085.

O[tto] Ostiensis episcopus, legatus sanctae Romanae aecclesiae, una cum archiepiscopis, episcopis, abbatibus aliisque melioribus, qui sunt in Saxonia, omnibus, qui volunt in Christo pie vivere et christianam fidem ac religionem defendere, salutem in Domino. — Placuit nobis et his, qui nobiscum sunt, indicare karitati vestrae, quid actum sit in colloquio dudum inter nos et nostros, immo sanctae Dei aecclesiae adversarios habito. Non enim hoc ignoramus, quod multis iam et gravibus experimentis didicimus, scilicet eosdem inimicos crucis Christi nunc ut semper fallaciarum nebulas spargere, ut persuadeant, quibus possint, se in eadem disceptione victores, nos victos extitisse. Quapropter ad destruendas illorum versutias ita evidentes tractatae rei formas noticiae vestrae imprimere voluimus, ut tam vos, qui absentes fuistis, quam nos, qui audivimus et vidimus, inde iudicare valeatis. Nam ita prius inter nos et illos convenit, ut omnis illa controversia non ex communibus vel propriis assertionibus, sed ex scripturarum testimoniis constaret. Quecumque autem de sacris autoritatibus ab utraque parte dicebantur, adeo manifeste in auribus omnium, qui aderant, lecta et exposita sunt, ut nulla tergiversatione vel augeri vel minui valeant: eadem vobis scribere et scripta transmittere curavimus. Primum tamen hoc vos nosse convenit, quod nos nihil approbandum suscepimus, nisi quod ab illorum communione nobis abstinendum esset, quos in synodo Romana praesidente papa G[regorio] excommunicatos esse litteris et legatis cognovimus. Postquam igitur convenimus et consedimus, prolatis in medium literis apostolicis eandem excommunicationem continentibus, priores nos scripturas nostrae causae congruentes legimus et exposuimus, inprimis illud de evangelio, ubi Dominus et salvator noster discipulis suis, quorum vicem episcopi nunc tenent, ligandi atque solvendi potestatem tradidit, dicens: Quaecunque alligaveritis super terram, erunt ligata et in caelo, et quaecunque solveritis super terram, erunt soluta et in caelo. Item post resurrectionem suam: Accipite, inquit, spiritum sanctum; quorum remiseritis peccata, remittuntur eis, et quorum detinueritis, detenta sunt. Quae verba dominica nostrae humilitatis verbis hoc modo prosecuti sumus: Quandoquidem hec scimus et vere credimus, quotiescumque eadem ligandi atque solvendi potestas ab illis exercetur, qui id officii iuxta aecclesiasticae institutionis ordinem acceperunt, nec ab eodem officio more aecclesiastico depositi vel suspensi sunt, condecens et iustum est, ut eodem ordine, quo ab illis amministratur, a nobis quoque habeatur usque ad examinationem legitimam, si tamen orta contentione res indiget approbatione. Huic dominicae sententiae sententiam apostolorum adiunximus, quae in canonibus illorum posita excommunicatis communicare prohibet. Deinde CCCXVIII patrum testimonia proposuimus, qui in concilio Niceno sic statuerunt: De his, qui communione privantur, seu ex clero seu ex laico ordine, ab episcopis per unamquamque provinciam, sententia regularis obtineat, ut qui abiciuntur, ab aliis non recipiantur. Item de Sardicensi concilio capitulum, quod sic incipit: Si episcopus quis forte iracundus, quod esse non decet, cito et aspere commovetur et caetera, sic autem in fine concluditur: tamen priusquam omnia diligenter et fideliter examinentur, eum, qui fuerat a communione separatus, nullus debet praesumere, ut eum communioni societ. In quo capitulo illud notandum esse diximus et dicimus, quod etiam illae episcoporum sententiae, quae minus legaliter et non mature in subditos proferuntur, sed per iracundiam et asperam commotionem, tamen observandae sunt usque ad diligentem et cautam examinationem. His synodicis sententiis decretalem sancti Calisti sententiam addidimus, ita continentem: Excommunicatos a sacerdotibus nullus recipiat ante utriusque partis iustam examinationem et caetera. Haec nos de scripturis, non quantum copia suggessit, sed quantum sufficere visum est, protulimus. Ad haec illi respondentes: Omnia, inquiunt, quae dixistis, vera esse fatemur, et sic observanda de excommunicatis, sed dominus noster non est excommunicatus, quia non potuit excommunicari, quod et nos in libris approbare volumus. Deinde aperto libro legerunt quaedam, quae post dicemus, prius autem hoc dicimus, quod neque libri, neque eorum, quae in eo lecta sunt, auctorem aliquem designaverunt. Nec id mirum, nam nec nunc quidem nec amodo unquam invenire poterunt prolatae a se sententiae auctorem praeter se ipsos. Id ipsum tamen, quod ab eis prolatum est, ex quadam Isidori sententia, sicut post patuit, ad suae partis adiumentum intorserunt. Nos autem utrumque suo ordine exponimus, et qualiter ab Isidoro eadem sententia scripta sit et qualiter ab illis falsata ad subversionem audientium. Isidorus in praefatione libri, quem ipse collegit ex decretis pontificum, tractans de oppressione episcoporum, capitulum, de quo agitur, his verbis depromsit: Nullus, qui suis est rebus exspoliatus aut a sede propria vi aut terrore pulsus, antequam omnia sibi ablata legibus ei restituantur et ipse pacifice diu suis fruatur honoribus sedique propriae regulariter restitutus, eius multo tempore libere potiatur honore, iuxta canonicam accusari, vocari, iudicari aut damnari institutionem potest. Quam laudabilem scripturam scripturarum subversores pro sui negotii qualitate vitiatam atque praecipuis et honestioribus membris suis inhoneste mutilatam hoc modo protulerunt: Nullus, qui suis rebus exspoliatus est, vocari, accusari, iudicari, damnari potest. Sperabant autem illud furtum eorum ideo ad praesens non posse deprehendi, quod illa Isidori dicta non de excellentioribus illis auctoritatibus sunt ac proinde minus usitata et magis ignota. Talibus quidem depravationibus atque fallatiis fallaciter hoc imperitae multitudini persuadere conati sunt, quatenus hoc, quod specialiter de episcopis dictum est, generaliter de omnibus dictum esse putarent, ita ut et laici, si in aliquo depraedarentur, non essent ad sinodum vocandi, ac per hoc claresceret, quod dominus illorum, qui utique laicus est, non potuisset ad sinodum vocari, accusari. Nam rudes et illiterati, ad quorum seductionem haec fabrica structa est, verba illa iudicialia- scilicet vocari, accusari, iudicari, damnari, solummodo ad sinodalia iura pertinere arbitrantur, quamquam in humanis legibus nihilominus eadem nomina locum habeant. Nam quemadmodum aecclesiastici viri ad conventus aecclesiasticos, ita etiam saeculares ad placita saecularia vocantur, accusantur, iudicantur, damnantur, quod praedictus Isidorus satis evidenter distinguit, qui ad praelibatae sententiae suae probationem tam de mundanis quam de divinis legibus testimonia assumit, astruens, quod neque saeculares neque aecclesiastici homines iuxta utriusque legis tenorem ante rerum suarum restitutionem, si expoliati sint, ad obiecta respondere debeant, illi quidem in conciliis sacerdotum, isti in tribunalibus iudicum. Cuius rei duo proponit exempla, unum de imperialibus edictis, aliud de statutis pontificalibus, unum quidem de muliere, quae a marito accusabatur, de qua dictum est, quod iuxta legem ab imperatore prolatam prius deberet suis bonis libere frui et tunc respondere obiectis, aliud exemplum ponit de sancto Leone Romano pontifice, qui in epistola Calcedonensi concilio missa agens de episcopis iniuste eiectis, in quorum locum alii subrogati sunt, statuit, ut prioribus episcopis cum omni privilegio suo ius proprium reformetur. Has utrique rei competentes differentias illi silentio praetereuntes, hoc, quod in ultima eiusdem tractatus parte continetur, prioribus suis confectionibus legendo adiunxerunt, illud videlicet, ubi dicitur: Si de mulieribus et saecularibus hominibus haec constituta sunt, quanto magis aecclesiasticis et sacerdotibus sunt concessa. In anterioribus siquidem, quae ab eis lecta sunt, et sensum et verba adulterantes, in istis autem sequentibus non scripturae statum, sed sensum perverse exponendo perverterunt, astruentes, hoc de mulieribus et saecularibus hominibus constitutum esse, ut si direptionem bonorum suorum in aliquo patiantur, nequaquam ulterius pro criminibus suis sacerdotalibus iudiciis subiaceant. Si huec illorum fermentata doctrina in aecclesia, quod absit, fructificare caeperit, quisquis laicorum sive beneficii sui parte aliqua spoliatus fuerit, aut si quis ei forte equum, bovem, asinum abstulerit, postmodum neque de periurio neque adulterio sive de incesto coniugio vel aliis huiusmodi spiritualibus aecclesiae praelatis rationem redditurus est. Sed et illud vos, qui ista legitis, attendere cupimus, quod Isidorus, in praefato capitulo de episcopo expulso verba[1]) faciens, non ita absolute dicit, quod omnino non possit vocari, accusari, iudicari, damnari, sed quod iuxta canonicam institutionem non possit vocari, accusari, iudicari, damnari. Quam discretam Isidori interpositionem eadem illi industria, qua et alia, reticentes, hoc quasi causam impossibilitatis videri voluerunt, si sine additamento sic pronuntiarent: Nullus, qui suis rebus expoliatus est, potest vocari et caetera. Hanc assertionem suam tantum suis etiam interpretationibus ita subsecuti sunt, ut verbis illorum utamur: Quandoquidem, inquiunt, liber dicit, quod nullus expoliatus possit accusari, iudicari, vocari, damnari, consequens est, ut quod fieri non potuit, non sit factum: ergo dominus noster non est excommunicatus. Ad haec respondimus, nihil horum ad nos vel illos pertinere, ut discutiamus de vocatione, accusatione vel iudicio sedis apostolicae, cum nulli liceat de eius iudicio iudicare vel sententiam eius retractare; si discutiendum sit inter excommunicatorem et excommunicatum, oportet discuti rem ibi terminandam, ubi orta est; illud solummodo nostrum esse, ut excommunicatis non communicemus ante utriusque partis iustam examinationem. Ecce vos, qui veritatem diligitis, in veritate compertum habetis, quid nos, quid illi dixerint, quibus utrimque auctoritatibus innixi simus. Novit prudentia vestra, quod illae scripturarum sententiae, quarum nos testimonio usi sumus, notae in aecclesia reverentiae semper fuerunt et auctores earum nequaquam vel obscuri vel incerti nominis sunt. Quod autem contraria pars ad suae fraudis velamentum invenit, nullius sententia, nullius capitulum iuste dici — nisi W[ezilonis] suorumque sequentium, qui illud confixerunt — nulli scripturae autenticae, nulli de sanctis patribus attribui potest, sed ipsimet sui figmenti patres dicendi sunt, eo locutionis modo, quo et diabolus pater mendacii dicitur.

---

1) v e u̅ Handſchr., wohl verbum mit ausgefallenem r b.

12.
Kaiser Heinrich IV. an Papst Paschalis II. Nach Ostern 1105.

Heinricus imperator Romano pontifici Pascali. — Si illa inter nos pax esset et concordia, que inter nostros olim et tuos fuit antecessores, que inter nos eciam et Nicolaum et Alexandrum, viros catholicos et religiosos Romanos pontifices, plena caritate et integra devocione viguit, mandaremus tibi, quicquid filius patri. Sed distulimus, exspectantes et cognoscere desiderantes, si in beneplacito Dei sit, nos [1]) caritative et amicabiliter posse convenire et ecclesiam suam nostris temporibus nostro labore, ipso cooperante, in statum redire unitatis pristine. Hoc quoque iam dudum, Deo teste, desideravimus, sed cognita nimia eorum austeritate, qui in Romana erant ecclesia, non utile nobis visum est vel competens, eos de hac causa convenire, quia magis videbantur nos persequi odio et indignacione, quam zelo iusticie, vel etiam quam velle nos amplecti dulcedine karitatis ad profectum ecclesie. Effectus hoc probat, quia, cum ipsi regnum, hereditario iure nobis collatum, tempore religiosorum virorum Romanorum pontificum pacifice a nobis diu possessum, contra nos commmovere studerent et armare, multa inde orta est strages populorum, tam corporum, quam etiam, quod magis dolendum est, animarum. Nunc quoque filius noster, quem adeo affectuose dileximus, ut [2]) usque ad solium regni nostri exaltaremus, eodem veneno infectus, consilio quorundam [3]) perfidissimorum et periuratorum sibi adherentium insurgit in nos, postpositis omnibus sacramentis, quibus se nobis obligaverant [4]), posthabita omni fide et iusticia, tantum ut ecclesiarum bona et regni libere valeant perdere, rapere et inter se dividere [5]). Et cum multi nobis persuadeant, absque dilatione in eos vi et armis esse ulciscendum, maluimus tamen sustinendum adhuc differre, ut tam in Italico quam in Teutonico regno sciatur manifeste, quod nec nostre sit voluntatis nec culpe, si tandem inviti et coacti in eos insurrexerimus, queque mala vel infortunia seu populorum strages inde contigerit [6]). Preterea, quia audivimus, te hominem discretum, Deum timentem, caritati insudantem, sanguinem humanum non sitire, rapinis et incendiis non gaudere, unitatem ecclesie supra omnia diligere, consilio et suggestione principum nostrorum, religiosorum virorum nos diligentium, mittimus tibi nuncium istum cum legacione nostra. Per hunc quippe volumus cognoscere, si est tibi voluntati, te nobis caritative et amicabiliter et nos uniri tibi, salvo nobis honore regni et imperii et totius nostre dignitatis, sicut et avus et pater noster aliique antecessores nostri habuerunt, servato etiam tibi a nobis honore apostolice dignitatis, sicut antecessores nostri tuis antecessoribus servaverunt et nos prefatis pontificibus. Quodsi tibi placuerit paterne nobiscum agere et eam, quam mundus dare non potest, pacem, Deo prestante, integre nobiscum conponere, mitte nobis familiarem nuncium tuum cum privatis litteris et secreta legacione cum hos nuncio nostro, ut hoc modo possimus indubitanter cognoscere omnem de hac re certitudinem voluntatis tue. Qua cognita, mittemus tibi de maioribus principibus nostris, quales et nos tibi mittere et te deceat a nobis recipere, ad tantam rem componendam, per quos exclusa omni ambi-

---

1) So im Codex Udalrici; nobis die Handschr. von S. Emmeram. 2) eum fügt der Cod. Udalr. hinzu. 3) So im Cod. Udalr., die Handschrift von S. Emmeram hat quorum. 4) obligavera't im Cod. Udalr. 5) Hier enbet'jber Brief jim Cod. Udalr. 6) Überschrieben über evenerit.

guitate manifeste possis cognoscere, nos veraciter velle complero, que tibi mandamus secrete. Preter ea, que hic inscripta sunt, commisimus huic fidelissimo nuncio nostro quedam tibi dicenda, quibus tam veraciter quam scriptis credas.

13.
Kaiser Heinrich IV. an die deutschen Fürsten. Um den 1. August 1106.

H[einricus] Dei gratia imperator Romanorum augustus archiepiscopis, ducibus, comitibus ceterisque regni principibus gratiam et dilectionem, dignantibus eam recipere. — Rogavimus filium nostrum et vos multum precati sumus, ut dimisso exercitu ordinaretur, quomodo possemus convenire, ut de iniuria nostra et pace componenda ad honorem regni posset digne et decenter difliniri[1]). Placuit vobis remandare, unde nobis longe gravior[2]) priori oritur querimonia, quod dimissa obsidione Colonie vultis super nos et super fideles nostros sub specie colloquii cum exercitu venire, datis induciis octo dierum, que nunquam date sunt homini alicuius condicionis, ut bene scitis, usque ad hanc diem pro legitima diffinicione alicuius minoris negocii, nedum pro tanta re, secundum legem divinam vel humanam vel eciam secundum usum hominum. Oportet enim nos habere, si vobis placeret, saltem tales inducias, infra quas possemus convocare et precibus invitare ad hanc eandem causam, ut sint nobiscum, Moguntinum et Treverensem et Bremensem archiepiscopos, Frisingensem et Augustensem, Curensem, Basiliensem episcopos, ducem Magnum cum duce Theoderico et ducem Boemicum et comitem Flandrensem cum comite Burgundie W[illelmo] et alios, qui ad prefatum negocium, ut bene scitis, valde sunt necessarii. Quapropter, sicut prius rogavimus, et[3]) obnixe precamur, quatenus pro Deo et anima vestra et pro apellacione domini Romani pontificis Paschalis et Romane ecclesie et pro honore regni dignemini apud filium nostrum efficere, ut dimisso exercitu cesset nos persequi et ordinetur, quomodo secure et absque omni ambiguitate possimus vos cum ceteris supra dictis ad agendum de nostra iniuria et pace in regno componenda quiete et pacifice convenire. Quod si nullatenus cessare voluerit, proclamacionem inde fecimus et semper facimus Deo et sanctae Marie et beato Petro patrono nostro et omnibus sanctis et omnibus christianis et vobis maxime, omni devocione precantes, ut dignemini cessare eum prosequi[4]) ad persecucionem tante iniurie. Et ad hoc, ut ipse cesset nos persequi et vos eum imitari, apellavimus et tercio apellamus dominum Romanum pontificem Paschalem et sanctam et universalem[5]) sedem et Romanam ecclesiam. Quod si hoc tamen[6]) nobis prodesse non poterit, committimus nos omnipotenti patri et filio sanctoque spiritui paraclito et beate Marie perpetue virgini et beato Petro et Paulo et sancto Lamberto omnibusque sanctis, ut divina miseracio[7]) omniumque sanctorum intercessio humilitatem nostram respicere nosque contra tantum tamque iniuriosum impetum defendere dignetur. Amen.

---

1) diffinire Handschr. 2) graviorum Handschr. 3) nunc ist zu ergänzen. 4) persequi Handschr. 5) ecclesiam steht zwischen universalem und sedem abundirend in der Handschr. 6) tantum Handschr. 7) meseracio Handschr.

14.
Manifest Kaiser Heinrichs V. über die Gefangennahme des Erzbischofs Adalbert von Mainz. Anfang 1113.

Longa et inaudita quamdiu confracti molestia, Iude quociens pacis osculo venundatio¹) traditiove²) domestica omnium, quorum in corde cor, corda moveat; quorum deus Deus est, divine censura pietatis flectat; ipsa super infidelitate diabolica tanta, si qua fidelis anima, pie obstupescat. Scimus, quoniam in aliquas descendere querelas imperialis nostra non sinit dignitas: verum, que crudeliter patimur et passi sumus, eloqui tandem crudelis et inopinata compellit iniquitas. Adelbertum cancellarium nostrum quam³) de humili sublimem, quam³) de inope locupletem, qualem et quantum de paupere principem fecerim, non alicui incognitum personarum, sed ipse totus in me clamat orbis terrarum. Maxima siquidem circa illum nostra familiaris familiaritas universum sibi subiecit regnum, preter quod nomen et imperii nostri sola et singularis denegavit dignitas. Totum cum illo, nil sine illo disposuimus; secretorum regni conscius, nullius consilii inscius⁴); totam sibi curiam, omnem subiecimus miliciam; non modo nobis secundum, verum dimidium animi nostri fecimus. Ut autem fidei sue vigor et mutue dilectionis commercia incrementis dignitatum accederent affectiorque affectus in nos et amor suus accresceret, metropolim maiorem regni, potentissimam opum, copia precinctam militum, Mogontinam sedem caritate sibi constravimus et multo multorum rancore tamen intronizavimus. Ille vero, tanta gloria se tam gloriose super se exaltatum videns, dignitati nostre statim invidens⁵) parem non patitur. Dominus quasi regni extollitur; ineffabilibus divitiarum acervis suffocatus, maxima militum et armorum copia conglobatus, hominem exuit, fidem proicit, humanarum limites rerum excedit; nec Deum nec hominem reverens, religione viciata divinas ruit in leges; discordie et cuiuscunque mali letale virus propinat, quod in exitium⁶) vite nostre et regni fideliumque nostrorum necem evomat. Qui vero tam malum propinavit errorem, filius Belyal pace disturbata, unitate ecclesie discussa sacramenta, quibus se multociens coram fidelibus nostris devinxit, velut verba violat; castra nostra fidei sue commendata⁷), quedam non concessa sibi usurpat; hereditatem patrum nostrorum, terras ecclesiarum, possessiones regni, immo cuncta regalia transrenina, episcopatus, abbatias sibi vendicat; conventiculis et coniurationibus omnium, quos vel pecunia vel arte corrumpere potest, manus in nos nostramque perniciem armat; in ipsum imperii nomen intendere non formidat. Preterea, dum infirmitate valida Wormacie prerepti essemus, in ipso vite nostre articulo loricata manu crucem et lanceam nobis insidiose temptat preripere; episcopum ibidem clerus et populus⁸), me summotenus valente, cogitur eligere, ut sic conventiculis factis in mortem meam irruerent. Videns autem, quia Deo non annuente nec sic profecit, filium sororis mee, ducem Fridericum, omni dolo

---

1) Es die Handschrift; venundati Böhmer. 2) traditione Handschr. 3) quem Handschr. 4) erat ist zu ergänzen. 5) dign. n. st iuvid. fehlt bei Böhmer. 6) exitum Böhmer. 7) et scheint zu ergänzen. 8) clerum et populum Handschr. Böhmer hat das folgende cogitur in cogit geändert.

ingenii circumvenire molitur, quatenus in nos assurgere et sue se velit machinationi consociare. Hac quia cassatus non bene procedit via, alia captat insidiarum ingenia. Loudewico et Wicberto audendi in nos ansam [9]) prebet et semina discordie totam, qua potest, per Saxoniam seminat. Nec tanti mali sufficit traditio. Contra sanctiones divinas, contra iura legum, contra apostolica tradita nobis et sub anathemate confirmata precepta decretorum Viennensi Burgundo scisma suadet, totam pene Longobardiam tali nisu aggreditur. Traditiones, periuria, maleficia illius singula referre audienti quidem et cordi humano inhumanum, verum pleraque sunt aperta et nota, que nulli credimus incognita. Tandem, cum nullum finem nec modum tantis malis poneret, sed traditioni traditionem apponeret, consilio fidelium nostrorum, quibus vita nostra et fides cordi est, quia res pro vita agitur, tam maligne machinationi nos opponere hortamur. Vocatus ad curiam, nusquam venire preter Wormaciam remandat. Qua [10]) tandem armatorum copiosa manu veniens, tocius pene civitatis cives in nos armaverat, qui iam pridem in necem meam conspiraverant. Tamen, periculo periculose me cum paucis opponens, ipsum ad nos domestice vocavi. Ipse vero, tanta multitudine militum conglobatus, totam curiam nostram latenter armatis vallavit, ita ut nullum insidie et conspirationes in nos laterent. Quod tamen, licet non equo animo, dissimulans, solum, quod preripuerat nobis et ecclesie Spirensi, castrum cum episcopis et aliis principibus requisivi. Ut verba ipsius refferam: Nec castrum, inquit, me vivente reddam, nec gratis [11]) serviam; et vos et vestra, si quoquomodo carere possem, omnino respuerem. Hac indignatione, hoc morbo animi semotus [12]), a nobis Mogonciam rediturus recedit; venire tamen nobiscum proximo itinere in Saxoniam promittit. Nuda ergo et aperta traditio eque [13]) nobis et omnibus innotuit. Iam nec clam modus conspirationis, sed apperte locus Erphesfurt indicitur nostre traditionis et mortis. Ad quod tam nefandum tamque inauditum nefas coniurati nominatim et, quicquid [14]) poterant, erroris satellites vocantur. Eodem autem itinere licet veniret, conscius sibi tante malignitatis, vocatus venire ad nos rennuit. Forte tamen, dum preterire nos vellet, accidit, ignarus nostri ut in via nos offenderet nullaque salva ocasione transire posset. Locuturus quasi nobis ingreditur. Ego mansueta velut pridem peticione castrum beate Marie, quod vi tenebat, repetii. Eo vero affirmante, se vivente nunquam redditurum, cetera sibi commissa castra commotus non modice requisivi, nec eum detentum dimitterem, nisi nostra vellet nollet rehaberem. Divina benedicta potentia, que superborum et sublimium colla calcat, que superbis resistit, istum quoque tam nefande malignitatis scelere deprehensum et convictum tradidit.

15.

Der Gegenpapst Gregor VIII. an Kaiser Heinrich V. Herbst 1120.

G[regorius] episcopus servus servorum Dei dilectissimo filio H[einrico] Romanorum imperatori semper augusto salutem et apostolicam benedictionem. —

---

9) ausum Handschr.   10) Quo (?).   11) gratis Handschr.   12) emotus (?).   13) in qua Handschr.   14) quiqui (?).

Postremae litterae, quas per nostrum fidelem [1]) vestri magnificentia transmisit imperii, plurimum, serenissime fili, dulcedinis habuere, sed in his [2]) doloribus solatii [3]) vel utilitatis omnino nihil, onustae quidem floribus, spem maximam promittentes, sed maiorem tractu diutino desperationem [4]) praebentes. Una nuntius [5]) afferebatur, transmittendos [6]) a curia, quae [7]) XIV. Kal. Novembr. celebrari debuit, alteraque [8]) marchiones [9]) multis comminationibus incitatos [10]) ad auxilium nostrum pollicebatur venturos. Porro venit ad nos Warnerus cum LXX pene militibus, qui fere per dies XV nobiscum commoratus, sumpto pretio Iudae Scariotae, sine licentia recedens plus nobis contulit debilitatis, quam virium nostris abstulit inimicis, nos praesens potius impedivit, quam praesens vel absens nostris nocuerit adversariis. Fredericus autem, postquam Cunradi patrui [11]) adventum praesensit, a nobis recedens nihil apud nos dignum memoria reliquit. De ipso Cunrado [12]) incerti eramus, quid facere [13]) conaretur, cum litteris frequenter vocatus et nuntiis nil boni respondisset et suis potius, quam nostris, inhiare commodis videretur, de quo plurimi fidelium aliud autumabant [14]), quam vestra velit moderatio designare. Exitus rerum satis intentionem cordium demonstrabit. Sed quaerit nodum in scirpo, qui fidem [15]) sperat in illo, cuius nunquam habuit dilectionem. In hoc potissimum inquirere [16]) vobis non erit [17]) inutile, quod, ut credimus, vestra putat serenitas, nos de parte vestra aliquod habere subsidium, cum nobis plus omnibus hostibus obfuerunt, quos iuvisse aestimatis. Inde nobis tot [18]) pericula, tot angustiae, quot et quanta scribere nequimus et non putamus evadere auxiliante [19]) pecunia. Cunctando [20]) tempora in graviora dilabimur iuxta proverbium vulgi: exspectando transit temporis nescis quantum [21]). Dicite, quae tanta saevitia, unde mansuetudini talis potuit impietas accidere, qua sic nostri voluistis oblivisci nec in tantis manus porrigere periculis, ut mirentur omnes, qui noverunt, et vos [22]) ipsi quoque criminentur inimici, animo [23]) aliud vos tractare atque aliud lingua [24]) proferre, unde terror fidelibus et hostibus audaciae fomenta parentur. Testis nostrae est altissimus conscientiae, cuius intuitus omnium secretorum rimatur arcana, quia pro veritate Dei et defensione iustitiae, clementissime fili, quo nihil est nobis [25]) sub sole carius [26]), illa patimur, quae intoleranda videntur, ne locum victoriae haereticorum superstitio capiat aut veritas mendacio succumbat vel sanctorum patrum auctoritas destruatur aut vestri dignitas imperii, quam ad iuvamentum [27]) ecclesiae Deus instituit, in nihilum [redigatur] . . . .

---

1) pedites Baluze. 2) intus flatt in his Bal. 3) duobus clasu Bal. 4) maiori fructu divina desperatione Bal. 5) nuntios Bal. 6) trausmittendo Bal. 7) quia Bal. 8) altera quae Bal. 9) marchionibus Bal. 10) invitatos Bal. 11) curandi per Bal. 12) procurando flatt ipso Conrado Bal. 13) facile Bal. 14) accumabant flatt aliud autumabant Bal. 15) quae fides Bal. 16) neque Bal. 17) etiam Bal. 18) tot fehlt bei Bal., doch scheint es geforbert. 19) auxiliorum Bal. 20) Confundo Bal. 21) quando Bal. 22) nos Bal. 23) aut Bal. 24) liga Bal. 25) vobis Bal. 26) clarius Bal. 27) una manus für iuvamentum Bal.

B. Urkunden.

1.
Eid Wiberts von Ravenna. Februar oder März 1073.

Ego Guibbertus Ravennas archiepiscopus ab hac hora in antea fidelis ero sancto Petro sanctaeque Romanae aecclesiae et domino meo papae Alexandro suisque successoribus electione meliorum cardinalium intrantibus. Non ero in consilio neque in facto, ut vitam perdant aut membra aut capti sint mala captione. Consilium vero, quod mihi credituri sunt per se aut per nuntios suos sive per litteras, nulli manifestabo ad eorum damnum me sciente. Papatum Romanum et regalia sancti Petri adiutor eis ero ad retinendum et defendendum salvo meo ordine. Legatum Romanum eundo et redeundo honorifice tractabo et in suis necessitatibus adiuvabo. Vocatus ad synodum venire non differam, nisi prepeditus canonica excusatione vel prepeditione. In nataliciis apostolorum eorum limina visitabo aut per me aut per nuntium meum, nisi apostolica licentia remaneam. Sic me Deus adiuvet et haec sacra evangelia. — Ex registro papae Alexandri [1]).

2.
Guido entsagt zu Gunsten der Abtei Farfa den usurpirten Kirchengütern in Minione und Viterbo. 24. Mai 1083.

In Christi nomine. Breve pro modernis et futuris temporibus securitatis ac firmitatis ad memoriam habendam vel retinendam, qualiter in loco et finibus prope urbem Romam, ubi dicitur Pusterula ad Pertusum, intus tentorium domini regis Heinrici presentia bonorum virorum, quorum nomina suptus leguntur, Guido quondam Guidonis comitis per fustem, quem in manu habebat, refutavit in manu domini B[erardi] abbatis, quantum ipse habebat aut detinebat aliquo ingenio de bonis ecclesie sancte Marie in loco, ubi dicitur Minione. Similiter refutavit iam dictus Guido in manu predicti domini abbatis B[erardi] id est omne ius et malam consuetudinem, quam usque modo ipse fecit vel sui homines adversus predictam ecclesiam et albergarias, et omnem violentiam, quam soliti erant ibi facere aut in loco Viterbo, et silvas et vineas, pascua, culta et inculta, quanta sunt pertinentia ad predictam ecclesiam, seu per alia loca et vocabula esse inveniuntur de iure predicte ecclesie, et quantumcunque agere aut causare ipse Guido posset adversus predictam ecclesiam aut de consuetudine vel de alio quolibet iure de mobilibus vel immobilibus seu familiis pertinentibus ad ipsam ecclesiam de Minione vel de Viterbo, que sunt pertinentes ecclesie sancti Marie de Pharpha. Insuper spopondit se iam dictus Guido at-

---

1) Ex reg. p. Al. in der Handschrift am Rande.

que obligavit adversus predictum abbatem B[erardum], ut si unquam in tempore per se vel per suas submittendas personas aut per aliquod suum ingenium de iam dictis rebus, videlicet de Minione aut de Viterbo pertinentibus iam dictis ecclesiis, aut de vineis, campis, silvis, pascuis, tam cultis quam et incultis, sive de mobilibus vel familiis eorum sive de albergariis faciendis aut violentia aliquo tempore adversus rectorem iam dictarum ecclesiarum vel adversus predictas res in aliquo exinde intentionaverit aut causare per aliquam consuetudinem vel molestare seu per placitum fatigationem facere presumpserit ipse aut sui heredes aliquo ingenio, aut si exinde taciti et contenti omni tempore non permanserint, quod componere debeat ipse Guido et sui heredes ad iam dictum B[erardum] abbatem et ad suos successores vel ad suum advocatum aut illos rectores, qui ibi in iam dictis ecclesiis pro tempore fuerint ordinati, penam argenti optimi libras C. Et pro ipsa obligatione et sponsione fecit meritum iam dictus abbas ad predictum Guidonem anulum unum de auro. Presentia archiepiscopi Bremensis, episcopi Novariensis et episcopi Aureliensis[1]) et Tretonensis[2]) et Saxonis comitis et Corbonis de Flagiano, Benedicti Montanarii, Baruncelli quondam Alberti, Rustici quondam Mainardi, Brictonis iudicis et reliquorum hominum bonorum hoc factum est anno dominice incarnationis millesimo LXXXIII. IX. Kal. Iun. Ind. VI.˙ Quidem et ego Andreas notarius et iudex domini imperatoris ex iussione predicti Guidonis hoc breve scripsi feliciter actum. Subscripsit Saxo ibi fuit. SS. Corbo ibi fuit. SS. Benedictus ibi fuit. SS. Rusticus ibi fuit. Qui supra Andreas notarius et iudex domini imperatoris confirmando subscripsi.

3.

Rodiland entsagt zu Gunsten der Abtei Farfa den usurpirten Kirchengütern in Minione und Viterbo. 10. Juni 1083.

In Christi nomine. Breve pro modernis et futuris temporibus securitatis ac firmitatis ad memoriam habendam vel retinendam, qualiter in loco et finibus infra porticum sancti Petri apostoli prope ecclesiam sancte ecclesio[1]) presentia bonorum hominum, quorum nomina suptus leguntur, Rodilandus quondam Roccionis comitis per fustem, quem in manu habebat, refutavit in manu domini B[erardi] abbatis de ecclesia sancte Marie de Pharpha, id est omne ius et malam consuetudinem, quam usque modo fecit ipse vel sui homines adversus ecclesiam sancte Marie de Minione. Similiter refutavit in manu iam dicti abbatis, quantumcunque ipse habebat vel detinebat aliquo ingenio de bonis predicte ecclesie sante Marie in loco Minione aut in loco et finibus Viterbensium seu per alia loca et vocabula, ubicunque inveniuntur, et quicquid agere vel causare posset adversus predictam ecclesiam aut de consuetudine mala vel de alio quo-

---

1) Wahrscheinlich Vercellensis; wir wissen, daß der Bischof von Vercelli damals im Heer des Königs war.   2) Ohne Zweifel ist Dertonensis zu emendiren.
   1) So die Handschrift. Für ecclesie muß offenbar der Name einer Heiligen stehen.

libet iure de mobilibus vel immobilibus seu familiis, pertinentibus ad iam dictam ecclesiam S. Marie de Minione, que sunt pertinentia²) ecclesie sante Marie de Pharpha. Insuper spopondit atque obligavit se iam dictus Rodilandus adversus predictum B[erardum] abbatem, ut si unquam in tempore per se vel per suas submittendas personas aut per aliquod ingenium suum de iam dictis rebus, videlicet de Minione aut de Viterbo sive de eorum pertinentiis, vineis, campis, silvis, tam cultis quam et incultis, sive de mobilibus vel familiis eorum, sive de albergariis faciendis aliquo tempore adversus rectorem predicte ecclesie vel adversus predictas res in aliquo exinde intentionaverit aut causare vel molestare seu per placitum fatigationem facere presumpserit ipse vel seu heredes aliquo ingenio, aut si exinde taciti et contenti omni tempore non permanserint, quod componere debeat ipse Rodilandus et sui heredes ad iam dictum B[erardum] abbatem vel ad suos successores vel ad advocatum suum penam argenti optimi libras C. Et pro ipsa sponsione et obligatione fecit meritum predictus abbas ad iam dictum Rodilandum spatam unam. Presentia Rodulfi quondam Petri, Berardi quondam Rustici, Benedicti Montanarii, Baruncelli quondam Alberti, Bennonis Teutonici, Massari quondam Gisonis et reliquorum hominum bonorum hoc factum est anno dominice incarnationis millesimo LXXXIII. IV. Idus Iun. Ind. VI. Quidem ego Andreas notarius et iudex domini imperatoris ex iussione predicti Rodilandi hoc breve scripsi feliciter actum. SS. Rodulfus ibi fuit. SS. Berardus ibi fuit. SS. Benedictus ibi fuit. SS. Baruncellus ibi fuit. SS. Benno ibi fuit. SS. Massarus ibi fuit. Qui supra Andreas notarius et iudex domini imperatoris confirmando subscripsi.

4.

Kaiser Heinrich IV. schenkt der Abtei Farfa das Feld zu Kinzica am Arno und andere Güter. 15. Juni 1083.

In nomine sancte et individue trinitatis. Heinricus divina favente clementia rex. Omnes quidem sanctos honorare debemus, sed sanctam sanctorum plus quam virginem Mariam cum omnibus et pre omnibus venerari et diligere indigemus, quam ut dominam honorare student omnes sancti, utputa per quam solam a solo omnium Domino sunt sanctificati. Per quam et nos misericordiam sperantes consequi, patrem misericordiarum de nostra substantia honorare fuimus parati, matri misericordie concedentes illa, que concedere a fidelibus nostris sumus rogati ad illud monasterium sancte Marie, quod est in Pharpha, ubi specialiter eius a querentibus fidelibus inveniuntur beneficia. Petentibus ergo cum abbate Pharphensis abbatie B[eraldo] regni principibus Henrico patriarcha, Licmaro Hummaburgensi archiepiscopo, Thedaldo Mediolanensi archiepiscopo aliisque fidelibus nostris, concessimus et tradendo firmavimus, firmando tradidimus omnipotenti Deo eiusque matri gloriose virgini Marie in Pharpha campum illum, qui est in Kinzica, qui fuit vinea dominicata regis et modo

---

2) So die Handschrift.

sunt cassinae et horti. Unum caput cum uno latere tenet in via publica, et
aliud caput tenet in terra quondam Ursi de Paulo, que fuit similiter regalis,
et· aliud latus tenet in fluvio Arno. Secundum petium de terra donamus in
loco et finibus Revolta, quod unum caput tenet in via publica, latus unum tenet
in terra, que fuit Landulfi, et aliud latus in terra Belloni, et est ad iustam
mensuram sextariorum VI. Tertium petium est in loco et finibus Pictignano,
qui vocatur Plage, quod unum caput tenet in via publica et aliud caput cum
uno latere in terra, quam nobis servamus, latus unum tenet in terra quondam
Rainaldi, et est illud, quod donamus, ad iustum sextarium duorum modiorum.
Quartum petium 'donamus in Gonfo, quod tenet unum caput cum uno latere
in terra, que fuit silva, quam nobis reservamus, et aliud caput tenet cum alio
latere in terra — — — — ¹) et est per mensuram totum simul ad iustum
sextarium modiorum XIV. Quodsi qua persona magna vel parva monasterium
sancte Marie in Pharpha vel abbatem eius monasterii B[erardum] vel eius successores super his, que sibi in proprium dedimus, inquietare presumpserit, sciat,
mille libras auri se compositurum et redditurum, medietatem nostre camere,
medietatem Pharphensi abbati. Cuius donationis nostre in eternum mansure
testem cartam hanc scribi iussimus, quam, ut infra videtur, manu propria corro-
boratam et nostro sigillo signatam omnis generationis tam future quam presentis noticie reliquimus. Signum domini Heinrici quarti regis invictissimi ²).
Burchardus episcopus et cancellarius vice Sigeguini ³) archicancellarii recognovi.
Data XVII. Kal. Iul. anno dominice incarnationis MLXXXIII. indictione V.
anno autem ordinationis domini Heinrici quarti regis XXIX ⁴) regni XXVI.
Actum Rome feliciter in Christi nomine Amen ⁵).

5.
Graf Saro übergiebt die Hälfte der Stadt Civita-Vecchia der Abtei Farfa. 29. April 1084.

In nomine Domini Iesu Christi. Anno Deo propitio pontificatus domini
Clementis summi pontificis et universalis tertii pape primo et imperante domino
Heinrico a Deo coronato summo imperatore anno primo imperii eius mense
Aprili die XXIX. Ind. VII. Quia primi hominis exigente culpa in omnibus successoribus suis fuit mors propagata, iccirco visum est sapientioribus ac prudentissi-
mis viris, ut per scripta commodarentur memorie futurorum, quicquid tractare-
tur per definitionem presentium. Quapropter ego Gregorius iudex notum facio
omnibus Deum colentibus, quod Saxo comes, filius Rainerii, Saxonis comitis filii,

---

1) In der Handschrift fehlen hier etwa vier Worte. 2) In der Handschrift ist das königliche
Monogramm und weiter unten das königliche Siegel nachgebildet. 3) So in der Handschrift statt
Siguini. 4) So in der Abschrift von Gregorovius. Vergl. St. R. 2850. 5) Im Registrum
Farfense folgt noch unter derselben Nummer wörtlich die Erzählung Gregors über die erste An-
kunft Heinrichs IV. zu Farfa, welche Bethmann M. G. XI. 561 aus dem Registrum und der Chronica
mitgetheilt hat.

fecit cartam de medietate Civitatis Vetule in ecclesia sancte Marie supra fluvium
Pharpha posita, sicut pater eius Rainerius pro remedio anime sue concessit
per B[erardum] abbatem Pharphensis cenobii ad proprietatem predicte ecclesie.
Tum interveniente humane fragilitatis cupiditate idem Saxo cepit charte, quam
fecerat, contradicere et contra abbatem litigare, quod, dum viveret, usum fructus terre illius sibi debebat retinere. Huius rei optentu tanta inter eos orta
fuit intentio, ut ante presentiam imperatoris H[einrici] huius litis perlata fuit
disceptatio. Tunc ex precepto augusti et sub banno eius et legali obligatione
statutus fuit terminus diffinitionis istius. Termino itaque statuto utreque partes cum iudicibus et advocatis ad placitum faciendum convenientes, parate
fuerunt veritatem decernere, sed assensu imperiali et multorum prudentium
hominum salubri consilio actum est, ut amicabili compositione prefatus comes
spontanea voluntate refutavit sancte Marie et eius abbati B[erardo] presentibus
subscriptis iudicibus totam ipsam medietatem prenotate civitatis cum omni usu
fructus sui et cum ecclesiis suis omnibusque pertinentiis, sicut pater eius vita
comite tenuit et sicut per cartam, quam ipse fecerat, legebatur. Insuper etiam
obligavit se suosque heredes, quod neque per se neque per aliquam personam
ab eis submissam de predictis rebus, que supra leguntur, quas et ipse refutavit,
litem aliquam quocunque tempore adversus predictum Pharphense monasterium
vel abbatibus aut servitoribus eius movere temptaverint. Quod si fecerint aut
aliis litigantibus ipsi iure et legaliter non defenderint, scilicet quod iure facere
potest [1]), centum libras Papiensium denariorum nominati s. Marie monasterii
abbatibus componant, insuperque etiam refutatio et definitio ista stabilis et
firma permaneat. Actum civitate Romana apud Capitolium. Signum † manus
supradicti Saxonis comitis, qui hanc chartam diffinitionis ac refutationis fieri
rogavit. † Ego Guilielmus iudex sacri palatii interfui et subscripsi. † Ego Iohannes
iudex subscripsi. † Seniorictus iudex domini imperatoris ibi fui. † Ego Britto
iudex interfui. † Caro urbane causidicus prefecture, quia interfui, subscripsi.
† Ego Cencius urbis causidicus hoc transactionis instrumentum confirmo. † Signum
manus Sarracini a sancto Eustatio testis. † Signum manus Corbonis de Gregorio
Latro testis. † Signum manus Astaldi filii Astaldi testis. † Signum manus Gregorii Adulterni testis. † Signum manus Horrigis a sancto Eustatio. † Ego Gregorius sancte Romane ecclesie scriniarius atque iudex, qui sum scriptor huius
charte, post testium subscriptiones et traditionem factam complevi et absolvi.

6.

Abt Hermann von Michelsberg verordnet Gedenkfeste für Kaiser Heinrich II. und Bischof Otto von Bamberg. Um 1135.

Hermannus Babenbergensis caenobii provisor indignus omnibus eiusdem
ecclesiae filiis tam futuris quam praesentibus. — Quamvis idcirco rerum curas mundanarum abiecerimus, ut in castris aeterni regis expediti militemus,

---

1) So die Handschrift.

nostrique sit officii continuae orationis libamina pro cunctis offerre fidelibus, res ipsa tamen exigit et sacrae institutionis ordo compellit, ut eorum memoriam nostris cordibus artius affigamus, quorum cottidianis stipendiis utimur et elemosinis sustentamur. Cum enim bonum debeamus operari ad universos, maxime tamen convenit ad domesticos, qui nos possessionum suarum haeredes relinquentes, dum nos rebus propriis alunt, dum nobis sollicitudinem cottidianae necessitatis adimunt, nos perpetuos debitores animarum suarum reliquerunt. Dicimus autem primum Heinricum christianissimum imperatorem et dominum nostrum Ottonem dignum Deo pontificem, quorum unus loci nostri fundator, alter vero reparator, unus qui primus monasterii nostri aedificia construxit, alter qui dilapsa et iam iamque ruitura nobiliori structura reformavit, cuius videlicet erga nos et locum nostrum tanta caritas, tanta fuit benignitas, ut, licet ille beatus in construendis etiam aliis quam pluribus caenobiis esset intentus, ita se totam nostris utilitatibus impenderet, ac si cum nulla ex latere privata cura pulsaret. Unde meritis eius suffragantibus locus noster, obolita conversatione veteri, novarum disciplinarum caepit exultare provectibus, et cuius uterus in filiorum procreatione iam fuerat sterilis et effetus, nunc superni roris infusione factus est religiosi germinis prole faecundus. Huic ergo tantae pietatis viro, tam nobis dilectissimo patri et domino quid dignum retribuemus? in quo meritis illius respondebimus, ne apud beatam eius animam culpabiles inveniamur? Equidem totum, quod sumus, — — — [1]) totum, quod possumus, ipsi debemus, et ubicunque seu publice seu privatim Deo supplicantium vota persolvimus, pii pontificis nostri animam Domino speciali devotione iure committimus, sed tamen oportet, ut presentis privilegii testimonio memoriam eius etiam ad posteros transmittamus. Igitur communi fratrum assensu et consilio — — — statuimus eidem presuli nostro Ottoni post obitum eius omni ebdomada — — — cum pulsatione campanarum missam in conventu celebrari, post missam quoque priorem, quae privatis diebus more solito pro defunctis canitur, psalmum: Levavi cum oratione una specialiter pro ipso decantari et cottidie prebendam unius fratris pro eo in elemosinam dari, anniversarium quoque eius sollempni studio agi fratribusque eo die consolationem impendi, pauperibus elemosinam largiri. Post orationem quoque psalmorum, qui ad singulas horas pro familiaribus dicuntur, in fine semper adiungatur: Et animam famuli tui episcopi sanctorum tuorum iunge consortio. Eodem modo domini nostri Heinrici imperatoris decernimus feria secunda, si festum aliquod non impedit, cum pulsatione signorum et missa pro defunctis commemorationem fieri, cottidianam fratris unius prebendam pro eo pauperibus dari, diem depositionis eius sollempniter — — celebrari. Haec ego Hermannus indignus abbas et nos fratres de caenobio sancti Michahelis unanimi voluntate conscribi fecimus. Haec nos, dum vita nobis superstes est, inconvulsa Domino opitulante servabimus. Haec vobis posteris nostris plena devotione et devota plenitudine perpetuo servanda committimus, obtestantes vos per nomen Domini — — — — — — — — ne hoc fraternae institutionis privilegium evacuari sinatis, sed prefatis patronis perpetuo fidem conservetis, quatinus per eorum suffragia gaudia simul adipiscamur aeterna. Amen.

---

1) Lücke in der Handschrift, welche etwa für drei Worte Raum bietet; in gleicher Weise sind auch später die Lücken in der Handschrift bezeichnet.

Universa aedificia in hoc monte posita tam in structura templi quam in officinis claustri dominus noster venerabilis Otto episcopus a fundamentis exstruxit, item capellam sanctae Mariae et basilicam beati Bartholomei, nec non et muri ambitum propriis sumptibus aedificavit. Predia quoque multo precio empta ecclesiae nostrae delegavit, scilicet Gestineshusen, Rintpach, his addens duo allodia, videlicet Altenholevelt et Horwa, a quibus duobus ad missarum sollempnia cottidie hostiae id est oblatae et ad sepulchrum eius singulis noctibus perpetualiter candela prebeatur, basilicam quoque sanctae Fidis cum prediis ad se pertinentibus, hospitales domos citra et ultra flumen cum suis prediis. Casulam cum aurifrigio ecclesiae nostrae donavit, item aurifrigium, quod albae circumpositum est, stolam unam, unum dorsale laneum, duo tapetia, quorum unum rotundum, scutellam argenteam ad suscipiendas hostias in commemoratione defunctorum; quae videlicet scutella ne unquam ab aliquo auferatur vel in alios usus deputetur, banni interpositione inhibuit. Puteum claustri dato pretio comparavit. [Puteum apud sanctam Fidem fieri iussit]²).

Haec, quae annotata sunt, volumus, ut singulis annis in eius anniversario publice in Capitolio legantur, quatinus secutura posteritas noverit, quantum eius munificentia locum nostrum sublimaverit.

C.
Gedicht auf Rom. Um 1110.

Roma, caput mundi, terrarum summa potestas,
Ecclesie facies et pontificalis honestas,
Roma, color mundi mirabilis et pretiosus,
Ecclesie baculus sublimis et imperiosus,
Queso, tuum nomen, quod erat sine suspicione,
Nunc ¹) quid avaricia dampnatur et ambicione?
Tres contra Dominum coniuravere potentes,
Rex et Wigbertus et Roma, Deum reprobantes:
Rex, diademate quo ²) Wigbertus eum decoraret,
Wigbertus, quod cum papam sua Roma vocaret,
Roma, quod amborum thesauros evacuaret.
Sed neque rex neque Wigbertus neque Roma videbunt,
Quod cupiere, diu, nec habent requiem nec habebunt.
Rex male mortuus est, diademate despoliatus.
Wigbertus Stygios disponit pontificatus.
Romam vexat adhuc amor immoderatus habendi,
Quem non extinguit nisi iudicis ira tremendi.

---

2) Die eingeklammerten Worte sind nachgetragen und dann zwei Zeilen, offenbar zu Nachträgen, freigelassen. Cf. M. G. XII. 908.
1) Ut Handschrift. 2) So die Handschrift, doch ist quod, wie in den beiden folgenden Versen steht, zu vermuthen.

www.ingramcontent.com/pod-product-compliance
Lightning Source LLC
Chambersburg PA
CBHW021424300426
44114CB00010B/640